Finance actuarielle

Simon Parienté, université de Toulouse 1 Capitole

Coordination éditoriale par
Roland Gillet, université de Paris 1 Panthéon-Sorbonne

PEARSON

L'auteur

Simon Parienté est professeur émérite de finance à l'université de Toulouse 1 – Capitole (IAE). Dans cette université, il a été plus particulièrement responsable de la maîtrise de sciences de gestion (1991-2003), directeur du master finance d'entreprise (2006-2013) et Vice-président chargé des finances (2008-2014).

Le diagnostic financier, la finance d'entreprise et l'évaluation des sociétés figurent parmi les principales matières enseignées par l'auteur.

Les ouvrages qu'il a déjà publiés, chez Vuibert (1991), Économica (1995,1996) et Pearson (2006, 2009, 2013), portent sur les enseignements dispensés. Ses travaux de recherche concernent, principalement, les relations entre information comptable et perception boursière des sociétés. Simon Parienté a également rédigé un très grand nombre de rapports d'expertise sur les performances financières des distributeurs et des industriels de produits de grande consommation, en France et en Europe.

Publié par Pearson France
Immeuble Terra Nova II
74, rue de Lagny
93100 Montreuil

Mise en page : Desk – Desk53.com.fr

ISBN : 978-2-3260-0130-5

Table des matières

Introduction générale

Une part importante des mathématiques financières est centrée sur la prise en compte du déroulement du temps pour évaluer des décisions d'investissement et de financement. Ces deux décisions stratégiques, dites de haut de bilan, engagent le devenir de l'entreprise et sont à évaluer en termes de rendement pour les premières et au plan du coût pour les secondes. Cet angle de la mesure financière, que cette dernière concerne une captation d'enrichissement (investissements, voire placements) ou qu'il s'agisse du prix de l'enveloppe budgétaire, donne au décideur une information additionnelle de tout premier plan.

Une telle perspective technico-économique complète rationnellement l'approche strictement politique des actes d'investissement et de financement. En matière d'investissement, le leader politique réfléchit au type de croissance (interne, externe), aux modalités de l'investissement direct (matériel, immatériel) et à ses formes ou objectifs (capacité de production, remplacement de matériel obsolète, productivité, rationalisation…). Mais toutes ces options pratiques sont nécessairement traversées par des arguments d'efficacité économique. Le dirigeant peut porter son choix sur une solution justifiable par des considérations d'image, de signalisation, de mimétisme, voire spéculatives (par exemple, pénétration d'un marché à fort potentiel mais aléatoire). Si la prise de décision risque fort d'être sous-optimale, au plan de la richesse créée, au moins l'analyse économique informera le responsable des conséquences (coût financier) du privilège accordé à tel ou tel motif qualitatif profond. Ce sera le prix à payer.

De la même manière, une réflexion purement politique sur la structure financière encourage le décideur à se poser des questions sur le comportement du marché à l'annonce du choix du mode de financement. Par exemple, comment le marché réagirait-il à l'événement que représente toute variation externe de capitaux propres ? Faut-il la repousser lorsque la réaction attendue du marché est négative, comme en témoignent beaucoup d'études d'événement, au profit d'un recours éventuel à de nouveaux emprunts pour discipliner les dirigeants ? Ici aussi, l'approche économique de la décision peut apporter des preuves comptables utiles capables de s'inscrire dans une logique factuelle de minimisation du coût du capital et de maximisation de la valeur d'entreprise. Mais, sur le fond, la valeur intrinsèque est-elle vraiment influencée par le choix du mode de financement ? Les contours multidimentionnels du cadre de la réflexion théorique tout comme la pertinence pratique des propositions faites en la matière seront rappelés dans ce livre. Outre l'importance liée à l'exposé du contexte proprement dit, la finance actuarielle, par le traitement de flux périodiques appropriés, peut aider à mieux comprendre les abstractions produites par les modèles.

C'est par conséquent à cette partie concrète des mathématiques financières, et aux nombreuses applications managériales sous-jacentes, que cet ouvrage est consacré. Tout ce dont on a besoin, au plan des instruments, pour réaliser des opérations à terme, gérer un portefeuille de titres, appréhender la marche aléatoire d'un cours ou valoriser des options sort du cadre de ce livre bien que ces sujets soient habituellement traités dans un manuel de mathématiques financières. En fait, notre contribution académique et pédagogique se concentre sur la gestion actuarielle des annuités ainsi que sur les destinations fondamentales et singulières qui se rattachent à ce champ thématique. Un tel ciblage périmétrique des mathématiques financières et le groupage opérationnel proposé, avec des applications liées, forment la première des originalités de ce travail écrit.

Citons quelques problèmes fondamentaux de finance résolus par le calcul actuariel :

- la mesure de rentes viagères financières et immobilières ;
- l'amortissement d'emprunts *indivis* ou *divis* avec formules synthétiques d'agrégation annuelle des paiements périodiques (intérêts, capital) ;
- les contrats d'assurance-vie ;
- la cotation d'obligations et la mesure de leur sensibilité au taux d'intérêt sur le marché ;
- l'évaluation de projets d'investissement et la valorisation globale d'entreprise ;
- la détermination du prix des actions incluant une recherche de cohérence avec les modèles de la finance de marché ;
- l'estimation du coût des financements simples et combinés (emprunts, fonds propres, crédit-bail mobilier et immobilier…) ;
- le dégagement des termes de l'arbitrage économique entre l'acquisition directe d'actifs et l'appropriation différée des mêmes biens par crédit-bail.

Les applications très nombreuses de ce livre sont adossées à des exemples concrets et actuels, avec prise en compte du nécessaire socle fondamental (paradigmes reconnus) et des variables exogènes influentes spécialement comptables et fiscales.

Un placement financier ou un projet industriel structurant entraîne, habituellement, une mise initiale et se traduit, par la suite (fenêtre du retour sur investissement), par des rentrées de trésorerie. Comme les flux d'entrées et de sorties sont décalés, on ne peut comparer la dépense de départ aux revenus subséquents qu'après les avoir actualisés. L'autre choix, qui permet également de se placer à un même moment, consiste à comparer deux valeurs futures : la mise initiale capitalisée et la valeur capitalisée des retours attendus ayant pris la forme de flux récurrents. Dans l'un ou l'autre de ces deux cadres, le temps (segment) est plus souvent considéré comme une variable discrète que comme un terme continu. Un raisonnement analogue est tenu pour traiter les conséquences d'un financement. À une rentrée de trésorerie, le plus souvent immédiate, succèdent des décaissements contractuels ou probables qu'il faut honorer. Ici aussi, on pourrait se placer à la date de décision ou à la date de bouclage de l'opération.

On dispose, par conséquent, de deux dispositifs pour gérer temporellement des flux : le mécanisme de l'actualisation, qui convertit en équivalent de capitaux actuels des rentrées/sorties futures de trésorerie ; le principe inverse, celui de la capitalisation, qui propose une projection de capitaux vers le futur (terme de la fenêtre du retour sur investissement, par exemple).

Techniquement, quatre variables sont toujours interdépendantes : la valeur présente ou future, les sommes à percevoir ou à payer de la fenêtre prévisionnelle globale de référence, la durée de cette période et le taux d'actualisation ou de capitalisation. Plus aléatoire est le flux futur de la fenêtre de référence, plus grand doit être le taux d'intérêt utilisé pour pénaliser l'annuité différée ou pour accentuer la valeur capitalisée. Par exemple, pour un même revenu futur espéré, sur une action et une obligation, le taux d'actualisation applicable au titre de propriété sera plus fort que celui permettant de déterminer le prix du titre de créance. La raison est simple : l'obligataire prend moins de risques que l'actionnaire, car son coupon (intérêt) est beaucoup plus sûr que le revenu du titre de propriété (dividende) qui n'a aucune force contractuelle.

Les flux financiers, sûrs ou espérés, font ainsi l'objet d'une capitalisation (valeur future) et d'une actualisation (recherche d'un équivalent de capitaux à une date antérieure donnée). Les flux, dès lors qu'ils apparaissent comme une force récurrente (annuités au sens de périodicités), sont constants ou variables. Dans ce second cas, la déformation du flux peut être facilement captable. Telle est la situation d'une annuité qui varie selon un taux de croissance périodique constant (progression géométrique) ou qui évolue en augmentant/diminuant à chaque fois d'un même montant (suite arithmétique de nombres).

D'autre part, en matière d'actualisation, la finance se place souvent sur un horizon artificiellement borné bien que les flux futurs attendus n'aient pas véritablement de terme. Cela oblige l'analyste à introduire des valeurs de sortie, à une date prédéterminée, équivalentes à des rentes perpétuelles. Ces valeurs, également qualifiées de terminales, interviennent de façon parfois décisive sur le prix d'une entreprise tout entière, d'un projet particulier d'investissement ou d'un actif financier. C'est l'une des faiblesses des approches limitées dans le temps pour valoriser un bien ou une entreprise dans son ensemble.

Lorsqu'il faut fixer la durée d'une fenêtre prédictive, pour le calcul des cash-flows notamment, la difficulté consiste à trouver un point d'équilibre entre des avantages et des inconvénients. Les avantages d'une période pluriannuelle plutôt courte se retrouvent dans la plus grande fiabilité des prévisions. Sur le principe, ces anticipations sont crédibles du fait de leur apparente bonne visibilité (courte période). En revanche, la valeur terminale aura un poids discriminant. Quant au choix d'une fenêtre prédictive plutôt longue, il a pour inconvénient majeur le manque probable de justesse des cash-flows proches du terme de la période globale. Mais la valeur terminale introduite dans les calculs actuariels aura moins d'influence. C'est probablement la recherche de ce dernier avantage qui pousse les établissements présentateurs d'une offre publique (OPA, OPE, OPR…) ou les experts indépendants, chargés d'évaluer une entreprise par la méthode des *Discounted Cash-Flows* (*DCF*), à extrapoler les données d'un *business plan* sur une période additionnelle de plusieurs années. On met ainsi en place un mécanisme de rente décroissante (*cash-flow fade model*).

Nous allons tout d'abord présenter, dans un chapitre technique et méthodologique (chapitre 1), les principes, les règles et les formules utilisables pour spécifier un rendement, un coût, une valeur ou un flux. Une telle logistique financière « couvrante » a de multiples objets : le calcul de versements consécutifs à un prêt, la détermination des loyers d'une location-financement, le provisionnement d'une échéance future lourde, le traitement ou la recherche de primes sur contrats d'assurance-vie, l'impact des retraits partiels programmés sur capital accumulé ou encore l'évaluation de rentes viagères sur opérations de placement et sur actifs réels avec mesure informative de la valeur de l'usufruit et de la nue-propriété.

Ce premier chapitre de formules logiques débouche naturellement sur une application financière élémentaire de l'actualisation. Elle se rapporte à l'amortissement des emprunts *indivis* et *divis* incluant une large couverture des possibilités de remboursement (chapitre 2). Outre la présentation des techniques habituelles, avec ou sans différé, une forme possible d'acquittement de la dette est proposée en situation de forte inflation ou dans un cadre d'engagements graduels programmables. Par ailleurs, les lois financières d'amortissement, reconstituées, facilitent le calcul de paiements agrégés de capital et d'intérêts. Ces blocs, notamment annuels, impactent les besoins lourds d'une entreprise ainsi que sa capacité d'autofinancement (CAF), le tout étant logé dans un *business plan*. Un tel plan d'affaires formalise le développement futur d'une organisation puisqu'il regroupe des besoins et des ressources représentant une somme de prévisions financières stratégiques.

Nous verrons ensuite (chapitres 3 et 4) comment le principe de l'égalité des valeurs actuelles des engagements réciproques permet, d'un point de vue théorique pour le moins, l'évaluation fondamentale des titres de créances (obligations à coupon fixe et variable) et de propriété (actions). Dans ces applications, le prix actuel de l'actif financier est tiré d'une approche par les revenus qui stipule que la valeur est dépendante de la chronique attendue des rentrées futures de trésorerie, qu'il s'agisse d'intérêts, de principal (capital), de dividendes ou encore de bénéfices situés au-delà de la norme requise.

Si l'évaluation des titres de créances par les revenus (chapitre 3) n'est pas trop contestable, en raison du caractère fréquemment obligatoire des rémunérations, l'approche de la valeur d'une action par les coupons espérés (*Dividend Discount Model*) ou par les profits anormaux (chapitre 4) est plus facilement discutée.

À propos des obligations (chapitre 3), nous chercherons à savoir comment déterminer une cotation et de quelle manière déduire du prix un degré de sensibilité ainsi que la période garantissant le rendement contre toute variation du taux d'intérêt. Une structure par terme des taux d'intérêt peut être reconstituée avec des obligations de coupon zéro, réelles (OAT de capitalisation notamment) et synthétiques (titres adéquatement appariés). Les exemples pris touchent des sociétés bien connues comme Veolia Environnement, Crédit agricole, Pernod Ricard ou encore Alstom.

En matière d'évaluation d'actions par les revenus actualisés (chapitre 4), les principaux modèles théoriques et leur contexte sont présentés et discutés. C'est spécialement le cas pour le *Dividend Discount Model* (*DDM*) à une ou plusieurs périodes, dans une perspective de croissance fixe et différenciée (par exemple, *PRAT Model*[1] pour la marche de départ et *H Model*[2] ensuite). Le modèle d'Ohlson, adossé à des bénéfices anormaux, est lui aussi examiné. Tout comme pour les obligations, les applications proposées concernent des actions cotées sur le marché français et à large notoriété : Air Liquide, Essilor, Total, Zodiac Aerospace…

Les chapitres de la seconde partie de l'ouvrage (chapitres 5 à 8) portent sur la rentabilité des investissements ainsi que sur la mesure du coût actuariel des financements.

1. *Profit Margin Rate Asset Turnover and Financial Leverage.*
2. Formule approximative de Fuller et Hsia (1984) qui traite de façon linéaire et décroissante une première série de taux ayant vocation à converger vers la croissance à l'infini.

À propos de la détermination des survaleurs induites par l'acquisition d'actifs (chapitre 5), la démarche présentée est globale avec déclinaison des deux étapes fortes de la procédure. Dans un premier temps, nous montrons comment il faut calculer les cash-flows d'un projet particulier d'investissement. Dans une phase d'analyse complémentaire mais déterminante (sélectivité) sont présentées les mesures effectives de performance susceptibles de représenter des instruments économiques de décision, lorsqu'il faut se prononcer sur un acte unique ou quand il est nécessaire d'arbitrer entre projets mutuellement exclusifs.

L'exposé technique est élargi à des portefeuilles d'actifs économiques représentant toute une entreprise (chapitre 6). On trouvera, également dans ce chapitre 6, une transposition des modalités d'analyse économique de projets à des titres de créances négociables (TCN) et à des placements financiers en actions. Les détentions ininterrompues de titres, sur des fenêtres temporelles données, font ainsi l'objet d'une perception en termes de rendement actuariel et d'enrichissement net en pourcentage de la mise initiale.

La partie de ces chapitres 5 et 6 consacrée aux applications financières est, elle aussi, suffisamment étoffée pour que les concepts présentés soient bien assimilés par le lecteur. Figurent notamment dans ces chapitres une évaluation de projet dans le secteur automobile, une valorisation réelle d'entreprise ou encore une mesure de la structuration du rendement actuariel pour des actions françaises cotées (rôle joué par la hauteur du dividende, sa croissance et la variation de cours).

La détermination de ce que coûte un financement structurel est abordée indépendamment du destin de la ressource (chapitre 7), mais aussi en termes de stratégie d'acquisition d'actif, c'est-à-dire en comparant les modalités de couverture d'un emploi les unes par rapport aux autres (chapitre 8). Des développements techniques très adaptés, avec intégration de variables fiscales et comptables, sont ainsi proposés notamment pour évaluer des décisions de couverture d'emplois par la formule du crédit-bail mobilier et immobilier. L'extraction de flux différentiels permet d'arbitrer entre des options différentes de financement, spécialement par emprunt et capitaux propres comparativement à une appropriation différée *via* la technique du crédit-bail.

La recherche portant sur le prix d'un financement particulier est, en soi, une démarche utile lorsqu'il faut se rapprocher du coût moyen pondéré du capital (chapitre 7). C'est important puisque, techniquement, sa minimisation augmente la valeur d'entreprise. Les interrelations entre structure financière et valeur représentent cependant un problème dont la résolution s'avère pour le moins imparfaite en raison de la multiplicité des déterminants de la liaison et des difficultés de captation de toutes les conséquences imputables au choix de telle ou telle source de financement. Cela a été rappelé au début de cette introduction et nous y reviendrons, théoriquement et empiriquement, dans la première section du chapitre 7.

Mais, de façon plus discriminante, et au-delà des aspects conceptuels à contourner, c'est la comparaison entre des ressources alternatives qui déclenche des décisions économiques sélectives (chapitre 8). Ce travail comparatif est néanmoins complexe parce qu'il faut tenir compte d'un grand nombre de variables influentes, plus particulièrement pour ce qui concerne le crédit-bail immobilier (taux d'intérêt implicite et amortissement financier, loyers déductibles et non déductibles, réintégration fiscale...). Sur cette formule d'acquisition différée d'actifs (crédit-bail), les propositions techniques sont très fouillées et opérationnelles. Elles devraient intéresser à la fois les étudiants de master et les professionnels. Par ailleurs, ce travail sur flux différentiels suppose une réflexion et une prise de position pragmatique sur les contreparties d'un financement complémentaire en fonds propres (restitutions aux actionnaires). Plus finement, nous proposons au chapitre 8 une méthode d'analyse des solutions alternatives par les flux différentiels qui aboutit à une réponse dépendante du taux d'actualisation retenu. On trouvera donc, dans ce dernier chapitre, des applications concrètes arrimées à des choix méthodologiques forcément actuariels qui tiennent compte de contraintes réglementaires. *In fine*, de telles créations pratiques délivrent une réponse économique sur la meilleure option de financement.

On l'aura remarqué à la lecture de cette présentation de l'ouvrage, dans tous les chapitres figurent des modèles de comportement relativement à des concepts opératoires utiles en matière de décisions financières. Des outils numériques peuvent être créés (programmes informatiques) pour faciliter les tests, les simulations et les études de sensibilité car la plupart des constructions logiques proposées sont dépendantes d'un grand nombre de variables influentes. De telles possibilités interactives sont rappelées dans tous les chapitres de l'ouvrage.

Enfin, dans chacun des huit chapitres du livre, les exercices sont regroupés à la fin. Ils sont nombreux et variés afin que les concepts théoriques soient mieux compris et assimilés. Il s'agit, aussi, par ce moyen, de montrer dans quels domaines concrets les formules actuarielles sont utilisables. Les applications financières proposées, dans l'ouvrage lui-même et sur le site de l'éditeur, complètent avantageusement l'information méthodologique et pragmatique du lecteur.

Remerciements

Ce projet éditorial n'aurait pas abouti sans l'implication active du Professeur Roland Gillet qui a soutenu et encouragé, de bout en bout, sa publication. Qu'il soit ici, chaleureusement et amicalement, remercié. Ma reconnaissance va également à Pierre Morin, Éditeur senior chez Pearson, pour avoir défendu en interne l'ouvrage ; comme pour mes précédentes publications, Pierre Morin a été présent sur toute la chaîne de production, chapitre après chapitre. Ses conseils ont été judicieux.

Je remercie aussi mes collègues du département finance de l'IAE de Toulouse pour leur amitié, leur compétence et leur bienveillance.

Comment ne pas terminer par un merci au plus grand nombre, à ce public attachant d'étudiants du master Finance de l'IAE de Toulouse 1 – Capitole (M1 et M2). Ces étudiants, par l'intérêt porté aux différentes matières que je leur ai enseignées, par leur motivation et par leurs questions pertinentes, m'ont toujours incité à améliorer le produit éducatif livré. J'espère les retrouver dans cette nouvelle publication qu'ils ont contribué, sans le savoir, à façonner et à parfaire.

Chapitre 1
Annuités et rentes viagères

> **Les connaissances acquises dans ce chapitre permettront au lecteur de :**
> 1. Comprendre la notion générale et très pratique d'annuité.
> 2. Capitaliser des annuités constantes et variables par terme et par an.
> 3. Transformer des annuités futures, sur des horizons fini et infini, en capitaux actuels.
> 4. Calculer des rentes viagères, financières (assurance-vie) et immobilières.
> 5. Prendre la mesure de l'utilité managériale des formules financières livrées.

Les formules proposées dans ce chapitre sont adossées au principe des intérêts composés qui reconnaît, contrairement au mécanisme des intérêts simples, la possibilité de calculer des intérêts sur les intérêts (capitalisation). C'est ainsi que la recherche d'une valeur à une borne future est la conséquence de l'application de ce principe de capitalisation. À l'opposé, la transformation d'un flux futur en équivalent de capitaux actuels est acquise par l'actualisation. De tels mécanismes (capitalisation/actualisation) s'appliquent à des sommes uniques (dépôts effectués en une seule fois) ou à des engagements futurs récurrents (annuités au sens le plus général qui soit). Les valeurs capitalisée et actualisée d'annuités (versements périodiques) sont notées *VFU*, comme valeur future, dans le premier cas, et *VPR*, comme valeur présente, dans le second cas.

Les valeurs futures obtenues par immobilisation d'un dépôt initial et/ou règlement d'annuités incluent des intérêts acquis. Ces produits financiers peuvent servir de socle à la livraison de primes (plans d'épargne spéciaux) ou représenter l'assiette sur laquelle sont calculables des emprunts à taux réduit, voire des prélèvements sociaux et fiscaux (contrats d'assurance-vie, par exemple). Les formules facilement utilisables de *VFU* sont celles acquises avec des annuités constantes, mais également celles obtenues avec des versements périodiques dont on sait qu'ils vont suivre une progression géométrique ou arithmétique. Les suites de nombres peuvent être croissantes ou décroissantes. Ajoutons que le traitement mathématique des progressions arithmétiques est un peu plus subtil que la recherche d'un agrégat résultant d'une suite géométrique de termes. Cela dit, la triple possibilité évoquée de versements constants, de paiements évoluant suivant une progression géométrique et, enfin, de flux représentant une suite arithmétique enrichit le champ des options en matière de valeurs acquises par des placements financiers. C'est le cas notamment pour l'application de ces projections à un contrat d'assurance-vie, illustration incluse dans ce chapitre (voir sections 1.3.1 et 2.6.1).

Pour leur part, les valeurs présentes de sommes futures (*VPR*), à percevoir ou à payer, prennent la forme d'une expression mathématique relativement simple lorsque les annuités attendues sont constantes ou quand elles forment une suite numérique. Dans ce dernier cas, les versements à actualiser augmentent ou diminuent selon un rythme homogène. Le changement se fait sur chaque terme récurrent ou par paliers annuels. De telles annuités futures sont positionnées sur un horizon pluriannuel comprenant une borne prédéterminée, que l'on peut fixer contractuellement, mais elles peuvent aussi être perpétuelles. Pour être exhaustif, disons que le nombre qui tend vers l'infini est celui qui se rapporte aux périodes ou celui relatif aux années étant entendu que dans ce second cas le nombre de termes de chaque année est limité. Par exemple, une action peut verser des dividendes trimestriels qui croissent annuellement. Comme les capitaux propres se caractérisent par un degré d'exigibilité nul, le propriétaire touche quatre revenus par an sur un nombre total d'années qui tend vers l'infini. Il va de soi que si les restitutions aux actionnaires se font une seule fois dans l'année, c'est le nombre de périodes, ou d'années dans ce cas particulier, qui tend vers l'infini.

Les applications financières du chapitre sont suffisamment nombreuses pour qu'un grand nombre de cas pratiques soient abordés. C'est ainsi que certaines opérations sont de nature à combiner une approche par capitalisation et la technique du calcul actuariel. C'est le cas déjà cité de l'assurance-vie qui prévoit une phase d'épargne suivie d'une sortie en capital, de retraits partiels répétitifs (rachats), sur une durée convenue à l'avance, ou d'une rente viagère. Ce principe de la rente sur placement financier est transposable en matière immobilière (cession d'un actif par démembrement de la pleine propriété en nue-propriété et usufruit). Des exemples, qui prennent en compte l'espérance de vie, nous montrent comment ces rentes sont calculées.

1. Valeur capitalisée d'annuités

L'annuité peut être définie comme un flux périodique, d'un montant fixe ou variable, positionnée en début ou en fin de période élémentaire. La période dont il s'agit n'est pas obligatoirement l'année. Cela peut être le mois, le trimestre, le semestre, l'année ou toute autre période renouvelable à l'identique. Pour passer d'un taux d'intérêt annuel (i) à un taux d'intérêt périodique (i_k), connaissant le nombre de périodes dans l'année (k), il est nécessaire de recourir à la méthode dite des taux équivalents. Celle-ci nous dit que les valeurs futures/présentes acquises avec ces deux taux doivent être égales. En d'autres mots, la valeur de 1 € au bout d'un an, par exemple, doit être la même que la capitalisation se fasse une fois, avec i, ou k fois dans l'année, avec i_k.

1.1. Valeur future d'un capital initial, taux équivalents et taux continus

Selon le mécanisme des intérêts composés, le capital investi au départ (C_0) varie suivant une progression géométrique croissante. Si les produits financiers devaient être calculés sur du capital seulement (intérêts simples), le placement effectué évoluerait en respectant une progression arithmétique croissante de raison $i_k C_0$. Les investissements à court terme, de moins d'un an généralement, tels les placements en titres de créances négociables (TCN), rapportent des intérêts, précomptés ou postcomptés, qui sont évalués d'après ce principe des intérêts simples (voir chapitre 6, section 2.3).

Revenons aux intérêts composés et à la valeur acquise, au terme de nk périodes élémentaires (C_{nk}), par la mise initiale C_0. Cette valeur future, qui tient compte du replacement systématique des intérêts générés, s'écrit :

$$C_{nk} = C_0(1 + i_k)^{nk}$$

nk est le nombre total de périodes élémentaires acquis en multipliant *n*, le nombre d'années, par *k* représentant le nombre de termes à l'intérieur de l'année ($nk = n \times k$).

Par ailleurs, la relation entre les taux d'intérêt annuel (i) et périodique (i_k) doit respecter l'égalité suivante afin que les valeurs capitalisées soient toujours les mêmes quelle que soit la durée du placement (voir ci-dessus) :

$$(1 + i) = (1 + i_k)^k$$

De cette égalité, sont tirées les formules relatives à i et i_k :

$$i = (1 + i_k)^k - 1\ ;\ i_k = (1 + i)^{1/k} - 1$$

Par exemple, le taux mensuel équivalent à 12 % l'an n'est pas 1 % (i/k), qui serait le taux proportionnel, mais 0,95 %. Le taux de 1 % par mois correspond en fait à 12,68 % par an car 1 % et 12,68 % donneront toujours les mêmes valeurs futures ou actuelles, ce qui n'est pas le cas pour 1 % par mois et 12 % par an. C'est ainsi que 1 000 € aujourd'hui, placés à 12 %, valent 1 120 € au bout d'un an. Si le dépôt initial est réinvesti mensuellement au taux proportionnel de 1 %, une telle valeur future ne serait pas la même. Elle s'élèverait à 1 126,8 € ($1\,000 \times 1{,}01^{12}$).

Sur un même pas, disons annuel, le taux équivalent ou effectif est toujours supérieur au taux nominal dès lors que les intérêts sont à payer sur des termes inférieurs au palier de référence. C'est bien le cas pour l'exemple ci-dessus où le taux nominal de 12 % a pour équivalent un taux effectif de 12,68 % lorsque le service des intérêts se fait mensuellement. Cela dit, dans ce chapitre nous aurons systématiquement recours au principe, plus rigoureux, des taux équivalents même en matière d'amortissement d'emprunts *indivis*, domaine où les banques utilisent des taux proportionnels en matière de communication initiale pour la détermination des annuités. Une information est ensuite donnée par la banque au client sur le taux effectif global incluant tous les paramètres du crédit (temporalité et structuration de l'échéancier des paiements).

Ajoutons qu'une valeur future (C_{nk}) est toujours décomposable en capital (C_0) et intérêts acquis ($C_{nk} - C_0$).

Lorsque le temps est traité comme une variable continue et non discrète, un lien est établi entre taux à composition annuelle (i) et taux continu (i_c). Dans ce contexte, les égalités se présentent ainsi en partant de la relation entre taux équivalents annuel (i) et périodique (i_k) :

$$ln(1 + i) = kln(1 + i_k)$$

Comme la période pour le calcul des intérêts est infiniment petite ($k \to \infty$), les termes i_k et k fois $ln(1 + i_k)$ sont au voisinage de 0 de telle sorte que :

$$kln(1 + i_k) \approx ki_k$$

En somme :

$$ln(1 + i) \approx ki_k \text{ et } \frac{ln(1 + i)}{k} \approx i_k$$

Par conséquent, le taux annuel continu, noté i_c, tend vers $ln(1 + i)$. Les équivalences entre taux à composition annuelle des intérêts et taux continu sont donc les suivantes :

$$i_c = ln(1 + i) \text{ et } i = e^{i_c} - 1$$

Par exemple, une capitalisation en continu selon un taux de 7,7 % rapporte autant que 8 % applicable une seule fois dans l'année. L'explication est simple. Lorsque le temps est une variable continue, davantage d'intérêts rapportent des intérêts de telle sorte que la valeur future devient plus importante.

Dans tout ce qui suit, c'est-à-dire dans les formules proposées pour extraire un rendement ou un coût actuariel, ou pour évaluer un actif, le temps est considéré comme une variable discrète. Si le temps devait être traité comme une donnée infiniment petite, l'application du principe des taux continus à des rentes (flux récurrents), à capitaliser ou à actualiser, nécessite le calcul d'intégrales.

La formule élémentaire des intérêts composés est maintenant appliquée à des annuités qui représentent des flux périodiques répétitifs, d'un montant fixe ou variable. Cette notion d'annuité est importante en finance. Nous la retrouverons fréquemment dans cet ouvrage, pour gérer des placements financiers, amortir des emprunts, évaluer des actifs ou encore pour estimer le coût d'une source de fonds.

1.2. Valeur capitalisée d'une annuité constante

1.2.1. Formules de la valeur capitalisée

Cette expression donne une mesure de la valeur acquise, au terme de la borne future choisie, par une série de flux constants. Il s'agit, en définitive, d'une somme de valeurs futures notée *VFU*. C'est, par exemple, le capital disponible à la fin d'un plan d'épargne, du fait de versements récurrents effectués en début ou en fin de période élémentaire. Si V désigne le flux de chaque période et que i_k représente le taux d'intérêt de chaque terme, alors l'une ou l'autre des deux formules de *VFU*, ci-après, donne cette valeur acquise au terme de la fenêtre de référence constituée de nk périodes élémentaires.

Disons, préalablement à la livraison des procédés, que pour obtenir une expression qui agrège les valeurs futures, il faut utiliser une règle donnant la somme des termes d'une suite numérique (géométrique, pour l'heure). Celle-ci, notée *SPG*, s'écrit :

$$SPG = a\frac{(1 - q^n)}{(1 - q)}$$

Dans cette formule (*SPG*), a désigne le premier terme de la progression, q la raison et n le nombre de termes de la série.

On peut maintenant fournir des formes intégrées de valeurs futures en procédant comme suit, avec, successivement, des flux de début et de fin de terme :

$$VFU = V(1+i_k)^{nk} + V(1+i_k)^{nk-1} + ... + V(1+i_k) = V\sum_{t=1}^{nk}(1+i_k)^t$$

$$VFU = V\left[\frac{(1+i_k)^{nk+1} - (1+i_k)}{i_k}\right]$$

$$VFU = V(1+i_k)^{nk-1} + V(1+i_k)^{nk-2} + ... + V(1+i_k)^0 = V\sum_{t=0}^{nk-1}(1+i_k)^t$$

$$VFU = V\left[\frac{(1+i_k)^{nk} - 1}{i_k}\right]$$

La première formule de *VFU* est donc à utiliser lorsque les versements *V* sont positionnés en début de période (terme à échoir), la seconde lorsqu'ils sont placés en fin de période (terme échu). Le cas numéro 1 est plus logique parce qu'il permet à tous les versements, y compris le dernier, de rapporter des intérêts. On remarquera que *VFU*, addition de valeurs futures, correspond bien à la somme des termes d'une progression géométrique ayant pour raison $(1 + i_k)$ et pour nombre d'éléments *nk*. La valeur capitalisée de l'annuité *V* est toujours constituée du capital total mis de côté, égal à *nk* fois *V* (*nkV*), et des intérêts acquis, soit *VFU* – *nkV*.

1.2.2. Exemple

Prenons un exemple simple et pratique pour appliquer la première des deux formules ci-dessus de *VFU*. Admettons qu'un individu veuille se procurer 100 000 € dans 6 ans pour faire l'acquisition d'un bien immobilier. Pour atteindre cet objectif, il s'adresse à une banque qui lui propose de souscrire à un plan d'épargne moyennant des versements mensuels rémunérés au taux annuel de 3,5 %. Au bout de 6 ans, l'individu aurait la possibilité d'emprunter à un taux préférentiel une somme égale à 9,12427 fois les intérêts acquis. Vérifions que si notre épargnant accepte de mettre de côté 650 € tous les mois, son objectif est atteint :

$$100\,000 = (\text{Capital épargné} + \text{Intérêts acquis}) + (\text{Emprunt})$$

$$\text{Capital épargné} + \text{Intérêts acquis} = 650\left[\frac{(1+i_k)^{72+1} - (1+i_k)}{i_k}\right] = 52\,054{,}70\text{ €}$$

$$\text{avec } i_k = (1+i)^{1/k} - 1 = 1{,}035^{1/12} - 1 = 0{,}2871\%$$

$$\text{Emprunt} = (52\,054{,}70 - 72 \times 650) \times 9{,}12427 = 47\,945{,}30\text{ €}$$

L'addition de ces deux résultats, représentant des capitaux propres (52 054,70 €) et un emprunt (47 945,30 €), donne bien 100 000 €. Trouver le dépôt mensuel de 650 €, si celui-ci n'était pas donné, ne présentait pas de difficultés. Il aurait fallu prendre le problème à l'envers et poser une équation à une seule inconnue (*V*) facile à résoudre.

Ce type de relation financière, entre quatre variables interdépendantes, permet la reconstitution de chacune d'entre elles dès lors que les trois autres sont disponibles. La durée du placement et le taux d'intérêt acquis sont les variables les moins commodes à retrouver hors logiciel ou calculatrice financière. Si l'on passe par les logarithmes, le nombre total de périodicités (*nk*) est néanmoins facile à dégager quand les flux sont de terme échu (voir les applications numériques à la fin du chapitre).

Considérons le taux d'intérêt. Hors instruments adéquats (préprogrammés), la rémunération ne peut être reconstituée que par approximations successives et interpolation linéaire, sachant que *VFU* croît au fur et à mesure que le taux d'intérêt augmente (courbe croissante légèrement convexe). Effectuons un retour sur l'exemple précédent et écartons pour cette illustration la possibilité d'emprunter qui ne présente pas de pertinence pour notre démonstration. On sait que les 72 dépôts mensuels (terme à échoir), de 650 € chacun, procurent un capital de 52 054,70 € au bout des 6 ans du plan. Ainsi, nous disposons de trois informations : *VFU*, *V* et *nk*. On peut donc retrouver la variable i après avoir, dans un premier temps, recherché i_k. Pour obtenir une bonne approximation de ces deux taux liés, on commence par faire varier la rémunération afin d'obtenir une série de valeurs futures (*VFU*) et la courbe convexe auparavant évoquée (voir tableau 1.1 et figure 1.1).

Tableau 1.1 – Valeur acquise par un versement mensuel de 650 €, au bout de 6 ans, selon différents taux d'intérêt ; les dépôts sont de début de période

Taux d'intérêt		**Valeur future (*VFU*)**
Annuel (i)	**Mensuel (i_k)**	
0,00 %	0,0000 %	46 800,00
1,00 %	0,0830 %	48 245,24
2,00 %	0,1652 %	49 734,77
3,00 %	0,2466 %	51 269,77
4,00 %	0,3274 %	52 851,46
5,00 %	0,4074 %	54 481,11
⋮	⋮	⋮
14,00 %	1,0979 %	71 524,77
16,00 %	1,2445 %	75 955,53
18,00 %	1,3888 %	80 646,47

Le taux d'intérêt recherché est compris entre 3 % et 4 % (entre 0,2466 % et 0,3274 % en rémunération mensuelle équivalente), puisque c'est sur cette fourchette que se trouve le résultat de 52 054,70 € (voir tableau 1.1). Considérant qu'entre ces deux taux, proches l'un de l'autre, la relation de la figure 1.1 est linéaire, le taux mensuel recherché est égal à :

$$i_k = 0{,}002466 + (0{,}003274 - 0{,}002466)\left[\frac{52\,054{,}70 - 51\,269{,}77}{52\,851{,}46 - 51\,269{,}77}\right]$$

$$i_k = 0{,}2867\ \%$$

$$i = (1 + i_k)^k - 1 = 1{,}002867^{12} - 1 = 3{,}50\ \%$$

Figure 1.1 – Relation entre valeur capitalisée d'un dépôt mensuel de 650 €, sur 6 ans, et taux d'intérêt

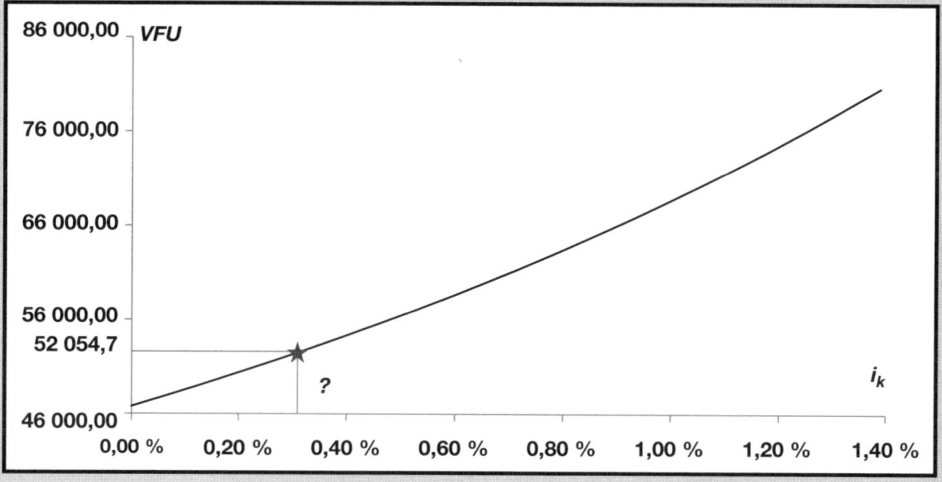

Avec un formatage à deux décimales, le taux annuel équivalent à 0,2867 %, soit 3,50 %, est bien celui initialement utilisé pour le calcul de la valeur future des versements mensuels (650 €) du plan d'épargne à 6 ans.

Si la variable manquante est le nombre total de périodes, en situation de dépôts effectués en début de terme, la procédure de recherche est semblable à celle qui vient d'être décrite puisque la forme de la relation entre *VFU* et *nk* a la même allure que celle de la figure 1.1. En pratique, il faut réduire, le plus possible, la plage à l'intérieur de laquelle se trouve la valeur *nk* recherchée. Une fois ce segment de valeurs acquis, il suffit, ensuite, d'effectuer une interpolation linéaire. Pour une plage de quelques périodes, entre 3 et 5 dans notre exemple, les 72 termes mensuels de l'exercice (*nk*) sont retrouvés.

1.3. Valeur capitalisée d'une annuité variable

En matière de variabilité des flux dans le temps, les conséquences de deux cas de figure sont faciles à traiter du fait de la formule courte acquise après arrangement logique de la série des valeurs futures. Le premier cas est celui d'une annuité évoluant selon une progression géométrique. La seconde hypothèse, dont les effets sont mathématiquement plus compliqués à agréger, est celle d'une déformation homogène du flux suivant une suite arithmétique. La première option, qui consiste à appliquer un taux de croissance constant, sur le terme de l'annuité ou sur chaque palier annuel, est, en première lecture, la plus intéressante voire la plus pratique.

Nous livrons maintenant les formules de la valeur capitalisée d'une annuité (*VFU*) dans le cas où celle-ci varie suivant une progression arithmétique et proposons ensuite, pour davantage d'applications concrètes, le cas d'une mutation du flux selon une progression géométrique.

1.3.1. Les dépôts récurrents suivent une progression arithmétique croissante ou décroissante

Les versements peuvent augmenter, voire diminuer, d'un montant q, qui est la raison de la progression, lors de chaque terme ou par paliers annuels. Dans chacun des deux cas (changement par terme et annuel), nous proposons une formule relativement facile à utiliser pour calculer la valeur future (VFU), après une procédure un peu complexe de simplification. Cette méthode de contraction des expressions va nous servir pour d'autres cas d'arrangement (voir plus loin). La démarche et les points d'aboutissement se présentent ainsi pour chacune des deux hypothèses relatives à la déformation temporelle des flux.

Principe d'une modification par terme du dépôt

V_1 est le premier des nk versements périodiques rémunérés au taux d'intérêt i_k (terme général à échoir pour la capitalisation). Dans ces conditions :

$$VFU = V_1(1+i_k)^{nk} + (V_1+q)(1+i_k)^{nk-1} + \cdots + \big(V_1 + (nk-1)q\big)(1+i_k)$$

$$VFU = \left[V_1\sum_{t=1}^{nk}(1+i_k)^t\right] + \left[q(1+i_k)^{nk-1} + 2q(1+i_k)^{nk-2} + \cdots + (nk-1)q(1+i_k)\right]$$

$$VFU = (1+i_k)\left[\begin{array}{l}\left(V_1\sum_{t=0}^{nk-1}(1+i_k)^t\right) + \\ \Big(q(1+i_k)^{nk-2} + 2q(1+i_k)^{nk-3} + \\ 3q(1+i_k)^{nk-4} + \cdots + (nk-2)q(1+i_k) + (nk-1)q\Big)\end{array}\right]$$

Pour parvenir à une formule simplifiée de VFU, commençons par remplacer la seconde partie du terme entre crochets par X. L'expression précédente est donc allégée et se présente comme suit :

$$VFU = (1+i_k)\left[\left(V_1\sum_{t=0}^{nk-1}(1+i_k)^t\right) + X\right]$$

Ce second élément du terme entre crochets, noté X, peut être arrangé en effectuant un petit travail mathématique. Celui-ci consiste à soustraire X de $X(1+i)$ afin d'obtenir une formulation exploitable de X. Ainsi :

$$\left[X(1+i_k)\right] - X = Xi_k =$$

$$\left[q(1+i_k)^{nk-1} + 2q(1+i_k)^{nk-2} + 3q(1+i_k)^{nk-3} + \cdots + (nk-2)q(1+i_k)^2 + (nk-1)q(1+i_k)\right]$$

$$-\left[q(1+i_k)^{nk-2} + 2q(1+i_k)^{nk-3} + \ldots + (nk-3)q(1+i_k)^2 + (nk-2)q(1+i_k) + (nk-1)q\right]$$

On effectue tout d'abord des soustractions avec les termes ayant les mêmes exposants. Nous conservons, ensuite, les deux termes non appariés se situant au début et à la fin de chacun des deux blocs entre crochets pour aboutir, en définitive, à :

$$Xi_k = q(1+i_k)^{nk-1} + q(1+i_k)^{nk-2} + q(1+i_k)^{nk-3} + \cdots + q(1+i_k)^2 + q(1+i_k) - (nk-1)q$$

$$Xi_k = \left[q\sum_{t=1}^{nk-1}(1+i_k)^t \right] - (nk-1)q = \left[q\sum_{t=0}^{nk-1}(1+i_k)^t \right] - (nk)q = q\left(\sum_{t=0}^{nk-1}(1+i_k)^t - nk \right)$$

$$\Rightarrow X = \frac{q}{i_k}\left(\sum_{t=0}^{nk-1}(1+i_k)^t - nk \right)$$

La formule finale de *VFU* peut être maintenant déclinée après le remplacement de *X* par la valeur que l'on vient de trouver. Cela donne, dans le cas d'une variation par terme du dépôt :

$$VFU = (1+i_k)\left[\left(V_1 \sum_{t=0}^{nk-1}(1+i_k)^t \right) + \frac{q}{i_k}\left(\sum_{t=0}^{nk-1}(1+i_k)^t - nk \right) \right]$$

avec :

$$\sum_{t=0}^{nk-1}(1+i_k)^t = \frac{(1+i_k)^{nk} - 1}{i_k}$$

Cette valeur capitalisée des versements futurs (*VFU*) inclut une certaine quantité d'intérêts. Après déduction de la somme des termes d'une progression arithmétique (*SPA*)[3], correspondant à tous les versements périodiques (capital épargné), les intérêts acquis se montent à :

Intérêts acquis =

$$(1+i_k)\left[\left(V_1 \sum_{t=0}^{nk-1}(1+i_k)^t \right) + \frac{q}{i_k}\left(\sum_{t=0}^{nk-1}(1+i_k)^t - nk \right) \right] - \left[\frac{\big(2V_1 + (nk-1)q\big)nk}{2} \right]$$

Concernant notre série de nombres (suite arithmétique), le premier est V_1 et le dernier $V_1+(nk-1)q$. Quant à nk, il représente le total des termes. L'application de la règle, sur la somme des nombres d'une progression arithmétique (*SPA* ; voir note 3), donne bien le terme entre crochets de droite ci-dessus.

Hypothèse d'une variation annuelle du dépôt

Une autre projection des dépôts futurs est imaginable, toujours dans le cadre d'une progression arithmétique. Cette seconde hypothèse considère que la variation du versement répétitif, à la hausse ou à la baisse, se fait par paliers annuels. Autrement dit, V_1 devient l'un des k versements de l'année 1 (début de terme). Pour sa part, n exprime le nombre d'années de la fenêtre des dépôts. L'équation générale de la valeur future des versements se présente donc ainsi :

---

3. La somme des termes d'une progression arithmétique s'obtient en multipliant le bloc formé du premier et du dernier terme de la suite par le nombre d'éléments de la série et en divisant ensuite par 2 le résultat trouvé. Plus explicitement, si a, l et n désignent, dans l'ordre, le premier terme de la suite, le dernier terme et le nombre total d'éléments de la progression, alors $SPA = \frac{(a+l)n}{2}$.

$$VFU = \left(V_1 \sum_{t=1}^{k} (1+i_k)^t \right)(1+i)^{n-1} + \left((V_1 + q) \sum_{t=1}^{k} (1+i_k)^t \right)(1+i)^{n-2} + \cdots$$

$$+ \left(\left(V_1 + (n-1)q\right) \sum_{t=1}^{k} (1+i_k)^t \right)(1+i)^0$$

$$VFU = \left[\sum_{t=1}^{k} (1+i_k)^t \right] \left[V_1(1+i)^{n-1} + (V_1+q)(1+i)^{n-2} + \cdots + \left(V_1 + (n-1)q\right)(1+i)^0 \right]$$

Cette formule de *VFU* doit être arrangée pour être facilement utilisée. Une nouvelle expression, plus agrégée et commodément exploitable, est acquise en respectant la même instruction que celle auparavant suivie. Conformément au traitement mathématique déjà entrepris pour des modifications par terme du dépôt, la réécriture se présente comme suit :

$$VFU = \left[\sum_{t=1}^{k} (1+i_k)^t \right] \left[V_1 \sum_{t=0}^{n-1} (1+i)^t + \begin{pmatrix} q(1+i)^{n-2} + 2q(1+i)^{n-3} + \cdots \\ +(n-3)q(1+i)^2 + (n-2)q(1+i) + (n-1)q \end{pmatrix} \right]$$

Comme précédemment, on remplace la seconde partie du terme entre crochets de droite par *X*. En conséquence :

$$VFU = \left[\sum_{t=1}^{k} (1+i_k)^t \right] \left[V_1 \sum_{t=0}^{n-1} (1+i)^t + X \right]$$

La composante *X* soustraite de *X* fois $(1 + i)$ donne Xi, soit :

$$Xi =$$

$$\left[q(1+i)^{n-1} + 2q(1+i)^{n-2} + 3q(1+i)^{n-3} + \cdots + (n-2)q(1+i)^2 + (n-1)q(1+i) \right]$$
$$-\left[q(1+i)^{n-2} + 2q(1+i)^{n-3} + \ldots + (n-3)q(1+i)^2 + (n-2)q(1+i) + (n-1)q \right]$$

Après soustractions effectuées sur les termes appariés (mêmes exposants) et conservation des facteurs qui ne le sont pas (premier et dernier) :

$$Xi = q(1+i)^{n-1} + q(1+i)^{n-2} + q(1+i)^{n-3} + \ldots + q(1+i) - (n-1)q = q\sum_{t=0}^{n-1} (1+i)^t - nq$$

$$\Rightarrow X = \frac{q}{i} \left(\sum_{t=0}^{n-1} (1+i)^t - n \right)$$

Au bout du compte, on arrive à une nouvelle formule pour *VFU* qui concerne le cas de versements variant selon une progression arithmétique de raison q sur un pas annuel. Celle-ci a le contenu suivant :

$$VFU = \left[\sum_{t=1}^{k} (1+i_k)^t \right] \left[V_1 \sum_{t=0}^{n-1} (1+i)^t + \frac{q}{i} \left(\sum_{t=0}^{n-1} (1+i)^t - n \right) \right]$$

avec :

$$\sum_{t=1}^{k}(1+i_k)^t = \frac{(1+i_k)^{k+1}-(1+i_k)}{i_k} \text{ et } \sum_{t=0}^{n-1}(1+i)^t = \frac{(1+i)^n-1}{i}$$

Tout comme dans le cas d'une augmentation périodique de la valeur des dépôts (variation sur chaque terme), cette nouvelle expression de *VFU*, qui prévoit une modification annuelle des versements, comprend des intérêts acquis (*IA*). Ceux-ci se montent à :

$$IA = \left[\sum_{t=1}^{k}(1+i_k)^t\right]\left[V_1\sum_{t=0}^{n-1}(1+i)^t + \frac{q}{i}\left(\sum_{t=0}^{n-1}(1+i)^t - n\right)\right] - \left[\frac{\left(2kV_1+(n-1)qk\right)n}{2}\right]$$

Le troisième terme entre crochets de cette dernière expression, celui qui vient en diminution de *VFU* (produit des deux premiers termes entre crochets), est la somme de tous les versements effectués. Ce capital mis de côté est le total des versements récurrents appelés à croître ou à décroître, annuellement, suivant une quantité constante en euros (q). Pour déterminer rapidement cette épargne globale (règle simple de calcul), il suffit de la considérer comme la somme des termes d'une progression arithmétique. kV_1 est le total des dépôts de la première année et $[kV_1 + (n-1)qk]$ constitue le dernier terme de la suite (cumul des versements de l'année de clôture du plan)[4]. Après simplification de la formule donnant le total des termes d'une progression arithmétique (*SPA* ; voir note 3), on retrouve bien le troisième terme entre crochets ci-dessus dans *IA*.

Application à un contrat d'assurance-vie

Éléments techniques d'information

En matière d'assurance-vie, placement numéro 1 des Français, coexistent deux contrats principaux et, depuis 2015, une nouvelle formule a vu le jour, le contrat « euro-croissance ». Le plus fréquent des contrats est celui en euros qui préserve le capital épargné et les intérêts acquis. La rémunération de ce type de placement comprend un taux minimum garanti auquel s'ajoute une participation à la quasi-totalité des bénéfices de l'assureur. Le taux garanti est adossé au rendement des emprunts d'État (TME). Le contrat multisupport est la seconde possibilité principale de placement. Il permet à l'investisseur de prendre beaucoup plus de risques en acceptant que son épargne soit placée sur les marchés financiers en unités de compte (actions, obligations, Sicav, fonds garantis, parts de sociétés immobilières…). Dans ce deuxième cadre, à placements diversifiés, la rémunération n'est garantie que sur la partie du capital investie, le cas échéant, sur un support en euros. Cela veut dire qu'il existe, pour ces contrats en unités de compte, un risque de baisse de la valeur de l'épargne immobilisée. Le contrat euro-croissance, ouvert en 2015, propose des placements risqués dans un premier temps et, après une détention minimale de 8 ans, des versements à rémunération sécurisée.

L'assurance-vie permet d'atteindre trois objectifs possibles : la constitution d'un capital au terme de la durée du placement, l'obtention d'un complément de revenus (rachats, avances de l'assureur ou rente viagère) et la transmission aux ayants droit.

Le rachat, seulement partiel, comprend du capital préalablement épargné et des intérêts (part imposable). Seule cette seconde portion (plus-value) est imposée au-delà d'un

4. En conséquence, la somme des termes de la progression est égale à : $\frac{n\left(kV_1+\left(kV_1+(n-1)qk\right)\right)}{2}$.

seuil de retrait pour des contrats de 8 ans et plus (voir ci-après). La part imposable (IA_R) incluse dans le rachat (R) est déterminée réglementairement de la façon suivante :

$$IA_R = R - \left((TV \times R) / CAP_{brut}\right)$$

TV est le total des versements effectués et CAP_{brut} représente la valeur du contrat, hors prélèvements sociaux et fiscaux, à la date du rachat.

Tactiquement, l'épargnant peut retirer chaque année, en franchise d'impôt, l'abattement prévu qui devient alors un complément régulier de revenu. Le rachat, quand il est total, met fin au contrat (voir application numérique ci-dessous).

Pour ce qui est de l'avance sur contrat, elle s'analyse comme un prêt consenti par l'assureur. L'avance faite coûte ce que rapporte le fonds, avant frais de gestion mais après frais fixes (0,5 % à 1 %). Un prêt non remboursé prend la forme d'un retrait partiel soumis à l'impôt.

Enfin, la rente viagère est un revenu compensatoire et perpétuel. Il est la contrepartie de la cession du capital total à l'assureur (voir section 2.6).

C'est par le biais d'un dépôt unique et/ou de versements libres, susceptibles d'être programmés, que les buts principaux d'une assurance-vie sont accessibles.

Le mécanisme des versements capitalisés, à l'origine d'une valeur future ou d'une rente subséquente, est soumis à des frais au moment des dépôts et au titre de la gestion du contrat par l'assureur. Les versements, dits primes, sont soumis à des frais qui dépendent des assureurs. Ces coûts, qui peuvent être dégressifs, gravitent autour de 3 à 4 %. Ils viennent en diminution des sommes versées pour le calcul des intérêts. Les frais de gestion (seconde catégorie de charge principale) représentent, habituellement, moins de 1 % de la valeur acquise par tous les dépôts. Ces frais de gestion sont payés tous les ans.

Les plus-values tirées de ces contrats d'assurance-vie sont soumises aux prélèvements sociaux (15,5 %) et à une ponction fiscale libératoire dont le taux dépend de la durée de détention du contrat. Si le rachat intervient avant 4 ans, les intérêts acquis sont imposés au taux de 35 %. Ce taux tombe à 15 % s'il est mis un terme au contrat entre 4 et 8 ans. Enfin, le rachat au-delà de 8 ans entraîne une imposition des revenus au taux réduit de 7,5 %, après abattement de 4 600 € par an (9 200 € pour un couple). Quelle que soit la durée de détention, l'épargnant peut choisir de soumettre les intérêts obtenus au barème de l'impôt progressif sur le revenu[5].

Exemple

Considérons un contrat d'assurance-vie dont le dispositif prévoit un dépôt initial de 50 000 € et des versements programmés pour ce qui est de la périodicité et des montants. La fréquence des primes est trimestrielle et les dépôts récurrents augmenteraient tous les ans de 600 € (q). Le premier versement trimestriel s'élève à 1 500 €. Le contrat choisi est en euros avec capital et intérêts garantis. On estime à 3 % le taux d'intérêt réel, net de frais sur l'épargne déposée et gérée, mais avant prélèvements sociaux et impôt sur

5. Quatre situations singulières entraînent une exonération d'impôt sur les revenus du contrat d'assurance-vie : le licenciement, une mise anticipée à la retraite, l'invalidité et la liquidation judiciaire.

les produits obtenus. Un rachat total est prévu au bout de 10 ans afin de bénéficier des avantages fiscaux liés à une détention supérieure à 8 ans (voir plus haut). Pour simplifier les calculs, on admettra des prélèvements sociaux effectués à la clôture du contrat et non pas tous les ans comme c'est le cas pour les seuls contrats en euros. Quel capital, net d'impôt et de prélèvements sociaux, obtiendrait le souscripteur unique d'un tel contrat au terme des 10 ans du plan d'épargne ?

Nous sommes dans le cas d'un placement de primes trimestrielles (k = 4) dont le total annuel suit une progression arithmétique croissante de raison égale à 2 400 € ($k \times q$). Le premier des versements (V_1) s'élève à 1 500 € et il fait l'objet d'une rémunération sur un pas trimestriel au taux i_k de 0,7417 % (équivalent à 3 % par an). À la clôture du contrat (n = 10), le capital net disponible (CAP_{net}) est représenté par la valeur future du dépôt initial (DI) et des primes capitalisées (VFU), soustraction faite des prélèvements sociaux (15,5 %) et de l'impôt (7,5 % après abattement de 4 600 € par an). Ces déductions sociales et fiscales (DSF) sont calculées sur les intérêts acquis (IA), lesquels représentent la rémunération d'un dépôt initial et de primes trimestrielles. Les décomptes (DSF) viennent en diminution du capital brut disponible (CAP_{brut}). Par conséquent :

$$CAP_{net} = CAP_{brut} - DSF$$

$$= \left(DI(1+i)^{10} + VFU\right) - \left(\left(IA \times 0{,}155\right) - \left(IA - 2 \times 4600\right) \times 0{,}075\right)$$

$$VFU = \left[\sum_{t=1}^{k}(1+i_k)^t\right]\left[V_1\sum_{t=0}^{n-1}(1+i)^t + \frac{q}{i}\left(\sum_{t=0}^{n-1}(1+i)^t - n\right)\right]$$

Avec un taux d'intérêt annuel i de 3 % :

$$VFU = \left[\frac{(1+i_k)^{k+1} - (1+i_k)}{i_k}\right]\left[V_1\left(\frac{(1+i)^n - 1}{i}\right) + \frac{q}{i}\left(\frac{(1+i)^n - 1}{i} - n\right)\right]$$

$$VFU = \left[\frac{1{,}007417^5 - 1{,}007417}{0{,}007417}\right]\left[1500\left(\frac{1{,}03^{10} - 1}{0{,}03}\right) + \frac{600}{0{,}03}\left(\frac{1{,}03^{10} - 1}{0{,}03} - 10\right)\right]$$

$$= 189\,366\text{ €}$$

$$IA = \left[DI(1+i)^{10} + VFU\right] - \left[DI + \frac{\left(2kV_1 + (n-1)qk\right)n}{2}\right]$$

$$IA = \left[67\,196 + 189\,366\right] - \left[50\,000 + 168\,000\right] = 38\,562\text{ €}$$

$$CAP_{net} = \left(67\,196 + 189\,366\right) - \left(\left(38\,562 \times 0{,}155\right) - \left(38\,562 - 2 \times 4\,600\right) \times 0{,}075\right)$$

$$= 248\,383\text{ €}$$

En définitive, les prélèvements sociaux et fiscaux, nets, représentent un pourcentage relativement faible du capital acquis par l'épargnant du fait des dépôts effectués (mise initiale et flux réitérés). Pour cet exemple, le taux de prélèvement est de 3,19 % sur CAP_{brut} (256 562 €) et de 21,2 % sur les seuls intérêts acquis (38 562 €). Cela s'explique par la petitesse de l'impôt (7,5 % pour une durée de détention du contrat supérieure à 8 ans) et par l'abattement de 4 600 € par an. Si le rachat devait intervenir 7 ans après la signature du contrat d'assurance-vie, et non 10 ans, ce taux de prélèvement monterait à 3,74 % (30,5 % sur les intérêts acquis).

1.3.2. Les versements suivent une progression géométrique

Nous traitons maintenant le cas de versements qui varient selon un taux constant, progressif ou dégressif. Sont exposées les deux mêmes options pertinentes que celles traitées dans l'hypothèse d'annuités formant une suite arithmétique, à savoir une croissance du flux d'un terme à l'autre et la variation par paliers annuels. L'année est divisée en k termes. Le nombre total de périodes élémentaires, noté nk, est donc égal à n (nombre d'années) multiplié par la fréquence k.

Taux de croissance constant du dépôt (g), d'un terme à l'autre, sur la durée du placement (nk périodes élémentaires)

Formules

Avec des versements de terme à échoir (cas général), la valeur capitalisée de l'annuité s'écrit :

$$VFU = V_1(1+i_k)^{nk} + V_1(1+g)(1+i_k)^{nk-1} + \dots.. + V_1(1+g)^{nk-1}(1+i_k)$$

Après mise en forme et développement de la suite géométrique dégagée :

$$VFU = V_1(1+i_k)^{nk}\sum_{t=0}^{nk-1}\left(\frac{1+g}{1+i_k}\right)^t = V_1(1+i_k)^{nk}\left[\frac{1-\left(\frac{1+g}{1+i_k}\right)^{nk}}{\left(\frac{i_k-g}{1+i_k}\right)}\right]$$

VFU est toujours décomposable en intérêts acquis et capital épargné. Ces intérêts acquis (IA) sont le résultat du calcul logique suivant :

$$IA = VFU - \text{Total versements}$$

$$IA = VFU - V_1\sum_{t=0}^{nk-1}(1+g)^t = VFU - V_1\left(\frac{(1+g)^{nk}-1}{g}\right)$$

V_1, i_k et nk ont toujours la même signification. Ces symboles désignent, dans l'ordre, le premier flux (début de terme dans le cas présent), le taux d'intérêt de chaque pas et le nombre total de périodes élémentaires ($n \times k$)[6].

Exemple

Pour illustrer ces nouvelles propositions de forme opérante, effectuons un retour sur l'application numérique de la section 1.2 (plan d'épargne sur 6 ans). Nous conservons

6. Pour le cas particulier de flux de terme échu, VFU s'écrit : $V_1(1+i_k)^{nk-1}\sum_{t=0}^{nk-1}\left(\frac{1+g}{1+i_k}\right)^t$.

la même hypothèse en matière de capacité future d'emprunt (9,12427 fois les intérêts acquis) et le même taux d'intérêt annuel pour la capitalisation des dépôts (3,5 %).

Dans le cas d'une croissance de 1 % du versement mensuel, pour atteindre le même objectif (budget de 100 000 € au bout de 6 ans), il faut que le premier de tous les flux (V_1) soit de 477,6 € et le dernier (V_{72}) de 968 €, contre 650 € pour des annuités constantes V (voir section 1.2).

Vérifions ces nouveaux résultats en posant l'équation ayant pour inconnue unique V_1. Une fois ce premier versement obtenu, tous les autres sont faciles à connaître puisque l'on sait qu'ils augmentent mensuellement de 1 %. Cette équation à une inconnue se présente ainsi :

$$100\,000 = V_1(1+i_k)^{nk}\left[\frac{1-\left(\dfrac{1+g}{1+i_k}\right)^{nk}}{\left(\dfrac{i_k-g}{1+i_k}\right)}\right]$$

$$+9{,}12427\left(V_1(1+i_k)^{nk}\left[\frac{1-\left(\dfrac{1+g}{1+i_k}\right)^{nk}}{\left(\dfrac{i_k-g}{1+i_k}\right)}\right]-V_1\left(\frac{(1+g)^{nk}-1}{g}\right)\right)$$

On remplace i_k, nk et g par leur valeur qui est connue, respectivement 0,2871 %, 72 termes et 1 %. Cela donne, après remplacement et calculs :

$$100\,000 = V_1(1{,}2293)\big(93{,}5916\big)+9{,}12427\big(V_1(1{,}2293)(93{,}5916)-V_1(104{,}7099)\big)$$

La résolution de cette équation simple à une inconnue donne bien, aux erreurs de formatage près (quatre décimales), $V_1 = 477{,}6$ €. Le flux du dernier terme mensuel, soit 968 €, est également vérifiable. C'est le résultat de $477{,}6 \times 1{,}01^{71}$.

Taux de croissance constant du dépôt récurrent, d'une année sur l'autre

Valeur future et intérêts acquis

À l'intérieur de ce nouveau cadre, l'annuité augmente ou diminue par paliers annuels et il y a k flux par an. Le symbole g désigne toujours la croissance, sauf qu'elle se rapporte, ici, à l'année et non plus à la période élémentaire. Au terme de la fenêtre de référence, la nouvelle valeur acquise (VFU) par des annuités (début de période) qui varient annuellement selon un taux g s'écrit :

$$VFU = \left[V_1\sum_{t=1}^{k}(1+i_k)^k\right](1+i)^{n-1}$$

$$+\left[V_1(1+g)\sum_{t=1}^{k}(1+i_k)^k\right](1+i)^{n-2}+\ldots+V_1(1+g)^{n-1}\sum_{t=1}^{k}(1+i_k)^k$$

Nous répétons ce qui a été dit antérieurement en matière symbolique. V_1 est le flux constant de la première année (k fois V_1 sur le palier 1).

Après mise en évidence d'une suite géométrique de premier terme $(1 + i)^{n-1}$ et de raison $(1 + g)(1 + i)^{-1}$, il vient, une fois les développements effectués :

$$VFU = V_1\left(\sum_{t=1}^{k}(1+i_k)^t\right)\left[(1+i)^{n-1}\frac{1-\left(\frac{1+g}{1+i}\right)^n}{\frac{i-g}{1+i}}\right]$$

Les intérêts acquis (IA) sont facilement déductibles de l'expression ci-dessus, sachant que les versements annuels (kV_1 pour l'année 1) suivent une progression géométrique croissante de raison $(1 + g)$, d'où :

$$IA = VFU - kV_1\sum_{t=0}^{n-1}(1+g)^t = V_1\left(\sum_{t=1}^{k}(1+i_k)^t\right)\left[(1+i)^{n-1}\frac{1-\left(\frac{1+g}{1+i}\right)^n}{\frac{i-g}{1+i}}\right] - kV_1\left(\frac{(1+g)^n-1}{g}\right)$$

Si les versements sont de terme échu, la formule de VFU et celle des intérêts acquis (IA) ont les contenus suivants :

$$VFU = V_1\left(\sum_{t=0}^{k-1}(1+i_k)^t\right)\left[(1+i)^{n-1}\frac{1-\left(\frac{1+g}{1+i}\right)^n}{\frac{i-g}{1+i}}\right]$$

$$IA = VFU - kV_1\sum_{t=0}^{n-1}(1+g)^t = V_1\left(\sum_{t=0}^{k-1}(1+i_k)^t\right)\left[(1+i)^{n-1}\frac{1-\left(\frac{1+g}{1+i}\right)^n}{\frac{i-g}{1+i}}\right] - kV_1\left(\frac{(1+g)^n-1}{g}\right)$$

Application numérique et interactivité des formules

Pour une illustration de ces nouveaux résultats, on peut revenir sur le contrat d'assurance-vie de la section 1.3.1 et supposer maintenant que le plan est assorti de versements respectant, annuellement, une progression géométrique et non plus arithmétique. Nous conservons les mêmes données que celles initialement retenues et changeons uniquement la raison de la suite. On remplace la hausse de 600 €, par an, du flux périodique par une augmentation annuelle de 10 % du versement. Dans ces conditions, le capital après prélèvements sociaux et fiscaux (CAP_{net}) est le résultat du calcul suivant :

$$CAP_{net} = 67\,196 + 1\,500\left(\sum_{t=0}^{k-1}(1+i_k)^t\right)\left[(1{,}03)^9 \frac{1-\left(\frac{1{,}1}{1{,}03}\right)^{10}}{\frac{0{,}03-0{,}1}{1{,}03}}\right]$$
$$-\left(IA \times 0{,}155\right) - \left(IA - 2 \times 4\,600\right) \times 0{,}075$$

67 196 € est la valeur future, inchangée, du dépôt initial de 50 000 €, i_k représente le taux trimestriel équivalent à 3 % par an (0,7417 %) et IA désigne le bloc d'intérêts acquis. Cette plus-value (IA) se monte à :

$$IA = 67\,196 + 1\,500\left(\frac{1{,}007417^4 - 1}{0{,}007417}\right)\left[1{,}03^9 \frac{1-\left(\frac{1{,}1}{1{,}03}\right)^{10}}{\left(\frac{0{,}03-0{,}1}{1{,}03}\right)}\right] - 50\,000 - 4 \times 1\,500\left(\frac{1{,}1^{10}-1}{0{,}1}\right)$$
$$= 29\,897\ €$$

Dans l'équation initiale du capital net (CAP_{net}), ci-dessus, IA est remplacé par cette valeur que l'on vient de trouver. Cela donne :

$$CAP_{net} = \left(67\,196 + 108\,326\right) - \left(\left(29\,897 \times 0{,}155\right) - \left(29\,897 - 2 \times 4\,600\right) \times 0{,}075\right)$$
$$= 169\,335\ €$$

Pour trouver un rachat total (CAP_{net}) proche de celui obtenu avec des versements qui suivent, annuellement, une progression arithmétique (600 € de raison), il aurait fallu que le pourcentage d'augmentation du flux trimestriel de dépôts soit beaucoup plus fort sur chaque pas annuel. Une construction interactive sur Excel, avec élaboration de procédés logiques et interdépendants, donne un taux g de l'ordre de 21,8 % pour arriver aux 248 383 € nets de la progression arithmétique (21,9 % pour retrouver le même capital brut de 256 562 €).

En définitive, et sur un plan très pratique, les formules proposées autorisent la réalisation de programmes informatiques ou des applications micro-informatiques très ouverts. La conception de ces calculateurs est destinée à obtenir, instantanément, des valeurs futures, sur dépôt initial et versements périodiques, dans un très grand nombre de cas. C'est ainsi que les placements récurrents de capitaux peuvent être constants ou représenter des suites numériques programmées, géométriques et arithmétiques. Autrement dit, les versements à capitaliser sont susceptibles d'augmenter, ou de diminuer, selon un taux défini à l'avance ou de varier d'un montant fixe donné. Pour ce qui concerne le moment de la modification de l'importance du dépôt récurrent, celui-ci pourrait être le terme périodique (mois, trimestre, semestre…) ou l'année. Par exemple, l'épargnant peut décider de placer une somme tous les bimestres et s'engager à l'augmenter, annuellement, de x % ou de x €. Par ailleurs, la fréquence annuelle des versements est également une donnée très ouverte du modèle. On peut même imaginer que la part d'intérêts acquis, dans la valeur future, serve de socle pour la mesure d'avantages supplémentaires possibles pour l'investisseur. Enfin, un modèle interactif de ce type est de nature à pouvoir intégrer des taux sur prélèvements obligatoires, qu'ils soient sociaux ou fiscaux, des abattements, voire même des frais sur les dépôts et la gestion institutionnelle de l'épargne. De telles charges sont à calculer sur les seuls intérêts acquis ou sur la valeur prise par le capital épargné majoré des produits obtenus (voir notamment les contrats d'assurance-vie).

Sur un autre plan fonctionnel, spécialement dans les opérations financières d'épargne retraite, *VFU* est un capital accumulé auquel renonce le bénéficiaire au profit d'une rente. L'importance du revenu alternatif (versement périodique) dépend du capital abandonné, du taux d'intérêt utilisé sur la période postérieure à la phase de capitalisation et, enfin, de la durée de cette seconde fenêtre. Il s'agit de rechercher, par un calcul d'actualisation et non plus de capitalisation, des flux futurs répétitifs. C'est ce que nous allons examiner maintenant.

2. Valeur actualisée d'annuités

Nous devons à présent chercher à savoir comment faire pour transformer une série de flux futurs en valeur d'aujourd'hui. Techniquement, la procédure consiste à additionner une chronique de valeurs présentes. Les annuités espérées sont constantes ou variables et se réfèrent à un horizon fini ou infini. Tout comme pour la recherche de valeurs futures, la programmation d'annuités destinée à déterminer des sommes présentes peut s'inspirer des suites arithmétiques et géométriques de nombres. La progression arithmétique d'annuités est gérable seulement dans un cadre temporel borné. En revanche, les annuités tirées d'une progression géométrique font l'objet d'un regroupement grâce à des formules agrégées utilisables, à la fois, sur les horizons fini et infini. Les applications dérivées de telles perspectives d'agglomération des flux futurs sont nombreuses et pratiques. Citons, par exemple, le cas des rentes viagères, financières et immobilières, ou encore les lois d'amortissement des emprunts qui livrent des formules simplificatrices utiles à titre prédictif ainsi qu'en matière de prix réel (coût du capital).

2.1. Principe élémentaire de l'actualisation

L'actualisation est le mécanisme inverse de celui des intérêts composés. Il s'agit de passer du futur au présent. Pour reprendre les notations précédentes, on cherche à extraire C_0 d'une anticipation de capital futur C_{nk}. La liaison entre les deux est simple et déductible de la formule (ressemblante) destinée à capitaliser une mise initiale (voir section 1.1). Elle s'écrit :

$$C_0 = C_{nk}(1 + i_k)^{-nk}$$

C_0 est la valeur aujourd'hui de C_{nk} disponible au bout de nk périodes, i_k étant le taux d'actualisation relatif au terme (taux périodique équivalent au taux annuel i). La fonction précédente, qui établit une relation entre valeur présente et taux d'intérêt, pour un capital futur et une durée donnés, a la forme d'une courbe convexe. Plus grande est la durée nk, plus prononcé est l'arc de la courbe avec une tendance asymptotique horizontale (axe des ordonnées) pour des taux d'intérêt i_k élevés (voir figure 1.2).

On voit bien la chute exponentielle des valeurs présentes et leur extrême petitesse (limite de la nullité) pour de forts taux d'intérêt et des durées devenant significatives. Tout cela nous dit que la notion d'infini en mathématique financière est, en définitive, toute relative compte tenu de la rapidité avec laquelle la valeur actualisée tend vers 0 lorsque la rémunération pour le temps devient significative.

Figure 1.2 – Formes de la relation entre valeur présente de 1 000 € et taux d'intérêt, pour des durées d'éloignement variables du capital disponible dans le futur

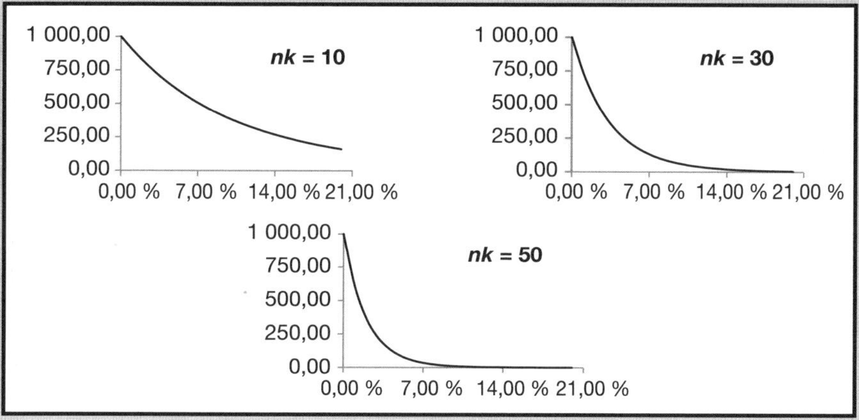

En somme, la valeur présente décroît au fur et à mesure que la durée augmente et/ou que le taux d'intérêt croît. Par exemple, il est préférable de régler une facture de 100 € tout de suite moyennant une remise forfaitaire de 3 % plutôt que de l'honorer à 90 jours, si le taux d'intérêt annuel est de 8 %. Pour valider cette option, il suffit de considérer que 100 € à 90 jours ne peuvent être comparés à 97 € aujourd'hui, à moins d'actualiser la dette à un taux trimestriel équivalent au taux annuel de 8 %, soit 1,943 %. C'est ainsi que, en monnaie d'aujourd'hui, 100 € payables à 90 jours représentent une somme supérieure à 97 € ($100(1{,}01943)^{-1} = 98{,}09$ €). Donnons à cet exemple une valeur plus large. Tant que le taux d'intérêt annuel est inférieur à 12,96 % (3,09 % par trimestre), le choix de la remise forfaitaire pour règlement immédiat (3 %) est supérieur à l'option du paiement à 90 jours. En revanche, pour des taux d'intérêt situés au-delà de 12,96 %, le débiteur a meilleur compte d'attendre l'arrivée normale de l'échéance. Ce taux d'indifférence trimestriel, désignons-le par le symbole i_{k0}, doit satisfaire l'égalité ci-après :

$$100 - 100(1 + i_{k0})^{-1} = 3 \quad \Rightarrow i_{k0} = \frac{100}{97} - 1 = 3{,}09\,\% \quad \Rightarrow i_0 = 12{,}96\,\%$$

Plus généralement, nous retrouvons, ici aussi, les quatre variables liées que sont les valeurs, future et présente, le taux d'intérêt et la longueur de la période concernée par les paramètres du calcul. Si trois variables sont fournies, la quatrième est aisément déductible en basculant de la formule de l'actualisation vers la formule opposée des intérêts composés. C'est notamment le cas pour le taux d'intérêt et le nombre de périodes, facilement calculables en passant par les logarithmes népériens et la racine *nk*-ième.

C'est ce principe élémentaire de l'actualisation, applicable à des flux futurs, sur un horizon fini ou infini, qui est fréquemment utilisé pour comparer des décisions financières stratégiques au plan du rendement ou du coût. La technique est également celle utilisée pour procéder à la valorisation d'actifs singuliers et l'entreprise tout entière. Par exemple, le coût d'un financement quelconque est le taux d'actualisation pour lequel la somme des conséquences monétaires induites par la décision financière s'annule (principe de l'égalité des valeurs actuelles des engagements réciproques des parties). Le calcul est théoriquement applicable à une variation externe de capitaux propres, à un emprunt ou encore à un contrat de crédit-bail mobilier/immobilier. Nous abordons ces sujets, importants en finance d'entreprise, aux chapitres 7 et 8.

2.2. Valeur actualisée d'une annuité constante sur un horizon fini

2.2.1. Les formules à utiliser

Par commodité pédagogique, la valeur présente d'une annuité est notée *VPR*. Dans le cadre de cette section, *VPR* donne la valeur, aujourd'hui, d'une suite de flux futurs identiques dont chacun peut être représenté par la variable *V*. Pour bien visualiser l'objet de la démarche, il suffit de considérer une fenêtre pluriannuelle prévisionnelle découpée en nk périodes élémentaires. Cette période globale peut être celle durant laquelle une entreprise va devoir respecter ses engagements contractuels, suite à un emprunt, en supportant des échéances constantes de capital et d'intérêts. C'est aussi l'horizon sur lequel l'individu, qui a bouclé un plan d'épargne retraite, décide de sortir en rente certaine plutôt qu'en capital (voir plus loin).

Pratiquement, le versement *V* de chaque période élémentaire de la fenêtre globale de référence peut se situer en début ou en fin de terme répétitif. Quel que soit le cas, *VPR* fournit la somme d'une suite de valeurs actualisées comme le montrent bien les deux polynômes ci-après pour des annuités de terme échu (première formulation) et de début de période élémentaire (seconde expression).

Dans le cas, plutôt général, de flux de terme échu, on a :

$$VPR = V(1+i_k)^{-1} + V(1+i_k)^{-2} + ... + V(1+i_k)^{-nk} = V\sum_{t=1}^{nk}(1+i_k)^{-t}$$

$$VPR = V\left[\frac{1-(1+i_k)^{-nk}}{i_k}\right]$$

Lorsque les annuités sont de terme à échoir, la formule s'écrit :

$$VPR = V + V(1+i_k)^{-1} + ... + V(1+i_k)^{-nk+1} = V\sum_{t=0}^{nk-1}(1+i_k)^{-t}$$

$$VPR = V\left[\frac{(1+i_k)-(1+i_k)^{-nk+1}}{i_k}\right]$$

À la manière de la valeur présente d'un capital futur unique, *VPR* diminue au fur et à mesure que le taux i_k croît. La forme de la relation décroissante est également celle d'une courbe convexe avec un arc plus accentué pour de grandes valeurs *nk*. Comme les revenus futurs se renouvellent sur la durée de l'horizon fini, la tendance asymptotique horizontale ne touche pas l'axe des abscisses mais une droite, au-dessus, qui lui est parallèle. La vision de cette configuration est nette quand le nombre total de termes (*nk*) est élevé et/ou quand le taux de pénalisation (i_k) des flux futurs est fort. Autrement dit, la valeur présente d'une annuité atteint un plancher actuariel pour une période globale longue mais ce même résultat est acquis plus rapidement lorsque les taux d'intérêt sont élevés (voir figure 1.3 et, plus loin, la formule des rentes perpétuelles).

Figure 1.3 – Relation entre valeur actualisée d'une annuité de 1 € et taux d'intérêt (0 à 20 %), pour des durées croissantes

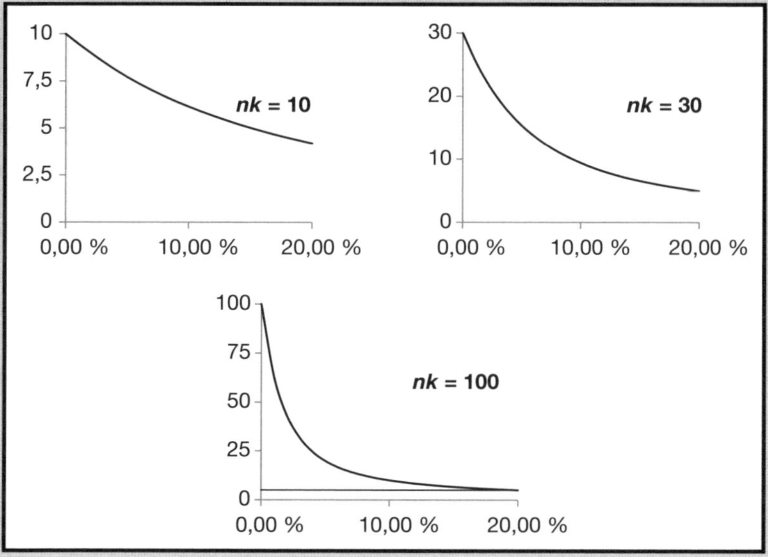

Si parmi les quatre variables des deux équations présentées un peu plus haut l'intérêt est inconnu, l'approche par approximations successives et interpolation linéaire fournit la solution (voir section 1.2 pour la méthode). En pratique, des outils adaptés (Excel, calculatrice financière ou programme informatique spécifique) donnent immédiatement une réponse. La démarche « manuelle » suivie est semblable lorsqu'il faut rechercher le nombre *nk* en présence de termes à échoir. Quand les flux sont de terme échu, la procédure est plus rapide en passant par les logarithmes.

2.2.2. Cas pratiques

Prenons deux cas pratiques pour montrer l'intérêt des deux formules principales de cette section 2.2.

1. La première formule de *VPR* peut être utilisée pour porter un jugement sur deux alternatives de règlement d'une facture, dans le droit fil d'une illustration précédente. Par exemple, un crédit gratuit sur 12 mois (option A) comparé à une remise pour paiement comptant (option B). Supposons que la dette s'élève à 18 000 € et qu'il

soit possible, tout d'abord, de l'éteindre sans frais sur 12 mois (1 500 € par terme échu). La seconde option pourrait être représentée par un règlement immédiat permettant d'obtenir un escompte de 2,5 % (450 €)[7]. Formons l'hypothèse que le taux du marché, pour le débiteur, est de 6,168 %. Notre redevable a-t-il intérêt à accepter le paiement différé ou à régler comptant ?

Le gain du crédit gratuit est la différence entre 18 000 € et la valeur actualisée, au taux du marché, de la série des 12 annuités de 1 500 € chacune. Plus fort est le taux d'intérêt, plus intéressant est le crédit gratuit ; il existe même un taux pour lequel les deux avantages sont équivalents tout comme pour le cas d'un paiement en une seule fois (voir section 2.1). Écrivons la formule de ce gain :

$$\text{Gain de l'option A} = 18\,000 - 1\,500\sum_{t=1}^{12}(1+i_k)^{-t} = 18\,000 - 1\,500\left[\frac{1-(1+i_k)^{-12}}{i_k}\right]$$

Le taux mensuel équivalent (i_k) à un taux annuel de 6,168 % est égal à 0,5 %, soit $1{,}06168^{1/12} - 1$, d'où la valeur de la proposition A qui permet un règlement, sans frais, sur un an :

$$\text{Gain de l'option A} = 18\,000 - 1\,500\left[\frac{1-(1{,}005)^{-12}}{0{,}005}\right] = 571{,}62\ €$$

Le gain du crédit gratuit étant supérieur à la prime pour règlement comptant de l'option B (450 €), il est préférable de choisir le décalage de paiement (option A). Par ailleurs, les deux options sont équivalentes pour un taux d'intérêt i_k tel que :

$$18\,000 - 1\,500\sum_{t=1}^{12}(1+i_k)^{-t} = 450 \quad\Rightarrow \sum_{t=1}^{12}(1+i_k)^{-t} = \left[\frac{1-(1+i_k)^{-12}}{i_k}\right] = 11{,}7$$

Les calculatrices financières ou le logiciel Excel donnent, instantanément, la solution de tels polynômes. On pourrait, aussi, par approximations successives et interpolation linéaire obtenir le taux (voir plus haut). Celui-ci est de 0,3917 % par mois (4,8 % par an).

En conséquence, le crédit gratuit est préférable au règlement comptant dès lors que le taux d'intérêt sur le marché dépasse 4,8 %. L'incitation au règlement comptant, en revanche, profite au débiteur lorsque le taux d'intérêt est inférieur à 4,8 %. Par exemple, si le décideur peut emprunter au taux de 4 %, il a intérêt à s'endetter pour 17 550 € (18 000 × 0,975) à ce coût-là. Ce que la banque lui demandera tous les mois, pendant un an, sera inférieur à 1 500 € qui est le versement du crédit gratuit. On trouve, en effet, 1 493,8 € (voir, chapitre 2, l'amortissement des emprunts).

2. La seconde formule de *VPR*, initialement présentée dans cette section 2.2, est fréquemment utilisée en matière de crédit-bail qui est une technique de financement permettant à l'exploitant d'un actif de l'utiliser sans immobilisation immédiate de

7. Jusqu'en 2010, toute entreprise qui proposait à ses clients un règlement différé sans frais, sur plus de 90 jours, devait parallèlement dire quelle remise (escompte) était associée au paiement comptant. La loi sur le crédit de juillet 2010 supprime cette obligation formelle d'escompte pour paiement immédiat.

fonds et sans titre de propriété au départ (pour des détails techniques, voir chapitre 7). Dans le cadre de l'opération, les loyers sont payables d'avance et l'existence d'une valeur résiduelle (option d'achat) permet au locataire initial de devenir propriétaire du bien au terme du contrat.

Admettons qu'une publicité nous propose de recourir à cette technique d'appropriation soumise à une location préalable pour acquérir une petite voiture de marque japonaise. On nous dit que le véhicule coûte 9 000 €. Les loyers mensuels, sur 5 ans, sont de 110 € chacun et la dépense additionnelle de fin de contrat (valeur résiduelle) est fixée à 3 200 €.

Cette combinaison de variables est juste pour un taux d'actualisation de 2,654 % par an. Vérifions-le après avoir noté l le loyer mensuel et respecté le principe de l'égalité des valeurs actuelles des engagements réciproques.

Les données communiquées sont à relier de la façon suivante :

$$9\,000 = l\sum_{t=0}^{59}(1+i_k)^{-t} + 3\,200(1+i)^{-5}$$

Dans cette égalité, i désigne le taux actuariel sur un pas annuel (2,654 %) et i_k le taux mensuel équivalent, soit 0,219 % (taux d'intérêt composé du placement pour le crédit-bailleur). L'équilibre financier des flux entrant et sortants (équation ci-dessus) est bien assuré avec un loyer mensuel de 110 €. En effet :

$$l = \frac{\left(9\,000 - 3\,200\left(1{,}02654\right)^{-5}\right)}{\left(\dfrac{1{,}00219 - 1{,}00219^{-59}}{0{,}00219}\right)} = 110\text{ €}$$

2.3. Valeur actualisée d'une annuité variable (suite arithmétique de nombres)

Les flux futurs peuvent suivre une progression arithmétique, croissante ou décroissante, au niveau du terme ou lorsqu'ils sont observés à l'échelle de l'année. Nous calculons la valeur actualisée de l'annuité variable (*VPR*) pour chacune de ces deux hypothèses.

2.3.1. L'annuité augmente à chaque terme

La fenêtre de référence, sur laquelle sont positionnés les flux futurs, est divisée en nk périodes élémentaires et chaque annuité varie selon une valeur constante (raison, notée q), en plus ou en moins. Si V_1 désigne la première annuité de terme échu, *VPR* s'écrit :

$$\begin{aligned}VPR &= V_1(1+i_k)^{-1}\\ &+\big((V_1+q)\big)(1+i_k)^{-2} + \big((V_1+2q)\big)(1+i_k)^{-3} + \dots + \big(V_1+(nk-1)q\big)(1+i_k)^{-nk}\end{aligned}$$

On met en facteur $(1 + i_k)^{-nk}$ pour que la série des termes comprenant la raison q fasse l'objet d'une formule resserrée. Une fois cela effectué, il vient :

$$VPR = (1+i_k)^{-nk}\left[\left(V_1\sum_{t=1}^{nk}(1+i_k)^{-t+nk}\right) + \left(\begin{array}{l} q(1+i_k)^{-2+nk} + 2q(1+i_k)^{-3+nk} + 3q(1+i_k)^{-4+nk} + \\ \cdots + (nk-2)q(1+i_k)^{-nk+1+nk} + (nk-1)q(1+i_k)^{-nk+nk} \end{array}\right)\right]$$

Nous remplaçons, provisoirement, le bloc de droite du terme entre crochets par X. On utilise, ensuite, le même procédé mathématique de simplification que dans le cas d'une valeur capitalisée déterminée avec des flux représentant une progression arithmétique (voir section 1.3). Cela donne, dans le cas présent, les relations suivantes :

$$VPR = (1+i_k)^{-nk}\left[\left(V_1\sum_{t=1}^{nk}(1+i_k)^{-t+nk}\right) + X\right]$$

$$\left[X(1+i_k)\right] - X = Xi_k =$$

$$\left[q(1+i_k)^{-1+nk} + 2q(1+i_k)^{-2+nk} + 3q(1+i_k)^{-3+nk} + \cdots \right.$$
$$\left. + (nk-2)q(1+i_k)^{-nk+2+nk} + (nk-1)q(1+i_k)^{-nk+1+nk}\right]$$
$$-\left[q(1+i_k)^{-2+nk} + 2q(1+i_k)^{-3+nk} + \ldots + (nk-3)q(1+i_k)^{-nk+2+nk}\right.$$
$$\left. + (nk-2)q(1+i_k)^{-nk+1+nk} + (nk-1)q(1+i_k)^{-nk+nk}\right]$$

Après simplification de la valeur prise par certains exposants, les soustractions sont effectuées avec les éléments portant les mêmes puissances. Les deux termes non appariés, de début et de fin, sont conservés, d'où :

$$Xi_k = q(1+i_k)^{-1+nk} + q(1+i_k)^{-2+nk} + q(1+i_k)^{-3+nk} + \cdots + q(1+i_k)^2 + q(1+i_k) - (nk-1)q$$

$$Xi_k = \left[q\sum_{t=1}^{nk-1}(1+i_k)^t\right] - (nk-1)q = \left[q\sum_{t=0}^{nk-1}(1+i_k)^t\right] - (nk)q = q\left(\sum_{t=0}^{nk-1}(1+i_k)^t - nk\right)$$

$$\Rightarrow X = \frac{q}{i_k}\left(\sum_{t=0}^{nk-1}(1+i_k)^t - nk\right)$$

$$VPR = (1+i_k)^{-nk}\left[\left(V_1\sum_{t=1}^{nk}(1+i_k)^{-t+nk}\right) + \frac{q}{i_k}\left(\sum_{t=0}^{nk-1}(1+i_k)^t - nk\right)\right]$$

$$VPR = (1+i_k)^{-nk}\left[\left(V_1\left(\sum_{t=1}^{nk}(1+i_k)^{-t}\right)(1+i_k)^{nk}\right) + \left(\frac{q}{i_k}\left(\sum_{t=0}^{nk-1}(1+i_k)^t - nk\right)\right)\right]$$

En situation de versements effectués en début de période (terme à échoir), la valeur actualisée de l'annuité variable est obtenue en multipliant l'expression précédente par $(1 + i_k)$.

2.3.2. Le flux périodique se modifie chaque année seulement

Mise en place des formules opérationnelles

Le changement de la valeur du flux est maintenant annuel. La hauteur de chaque marche, montante ou descendante, correspond à la raison q de la progression arithmétique. On prévoit un nombre k d'annuités constantes sur chacun des n paliers annuels. V_1 est l'un des k flux du premier plateau (année 1). Les autres symboles conservent leur signification habituelle.

Dans ce contexte, la valeur présente de tous les flux futurs (VPR) s'écrit :

$$VPR = V_1\sum_{t=1}^{k}(1+i_k)^{-t} + \left((V_1+q)\sum_{t=1}^{k}(1+i_k)^{-t}\right)(1+i)^{-1} + \left((V_1+2q)\sum_{t=1}^{k}(1+i_k)^{-t}\right)(1+i)^{-2} + \ldots$$
$$+\left((V_1+(n-1)q)\sum_{t=1}^{k}(1+i_k)^{-t}\right)(1+i)^{-n+1}$$

$$VPR = \left[\sum_{t=1}^{k}(1+i_k)^{-t}\right]\left[\begin{matrix}V_1 + \big((V_1+q)\big)(1+i)^{-1} + \big((V_1+2q)\big)(1+i)^{-2} + \\ \ldots + \big(V_1+(n-1)q\big)(1+i)^{-n+1}\end{matrix}\right]$$

L'expression de VPR peut prendre une autre forme, après réécriture du deuxième terme entre crochets de l'égalité ci-dessus (mise en facteur de $(1 + i)^{-n+1}$). Une fois effectué ce travail, on trouve :

$$VPR = \left[\sum_{t=1}^{k}(1+i_k)^{-t}\right]$$
$$\left[(1+i)^{-n+1}\left(\begin{matrix}\left(V_1\sum_{t=0}^{n-1}(1+i)^{t}\right)+ \\ \left(q(1+i)^{-1+n-1} + 2q(1+i)^{-2+n-1} + \ldots + (n-1)q(1+i)^{-n+1+n-1}\right)\end{matrix}\right)\right]$$

La technique d'arrangement déjà utilisée (voir section 1.3) est reprise afin d'obtenir une formule simple à utiliser, notamment pour le bloc des termes comprenant la raison de la suite numérique. Cela donne :

$$VPR = \left[\sum_{t=1}^{k}(1+i_k)^{-t}\right]\left[(1+i)^{-n+1}\left(\left(V_1\sum_{t=0}^{n-1}(1+i)^{t}\right)+X\right)\right]$$

Par ailleurs :

$$\big[X(1+i)\big] - X = Xi =$$
$$\big[q(1+i)^{n-1} + 2q(1+i)^{n-2} + 3q(1+i)^{n-3} + \cdots + (n-1)q(1+i)\big] -$$
$$\big[q(1+i)^{n-2} + 2q(1+i)^{n-3} + \ldots + (n-1)q\big]$$

Les soustractions ci-dessus sont effectuées en commençant par les termes appariés. Les éléments n'ayant pas les mêmes exposants sont conservés. En définitive, X prend la même valeur que dans le cas d'une capitalisation des flux respectant une progression arithmétique par paliers annuels (voir section 1.3). Plus explicitement, X et VPR prennent les valeurs suivantes :

$$X = \frac{q}{i}\left(\sum_{t=0}^{n-1}(1+i)^t - n\right)$$

$$VPR = \left[\sum_{t=1}^{k}(1+i_k)^{-t}\right]\left[(1+i)^{-n+1}\left(\left(V_1\sum_{t=0}^{n-1}(1+i)^t\right)+\left(\frac{q}{i}\left(\sum_{t=0}^{n-1}(1+i)^t - n\right)\right)\right)\right]$$

Si les versements itératifs de chaque année sont positionnés en début de période (terme à échoir), il suffit de remplacer le premier bloc entre crochets par $\sum_{t=0}^{k-1}(1+i_k)^{-t}$.

Retour pratique sur le contrat d'assurance-vie

Revenons, pour une nouvelle application numérique, sur le contrat d'assurance-vie en euros de la section 1.3. Admettons maintenant qu'au bout de 10 ans ce contrat n'ait pas été clôturé, mais utilisé pour un complément de revenus obtenus *via* des rachats mensuels programmés (cession du capital à l'assureur). Le détenteur du contrat veut que ces retraits mensuels augmentent annuellement de 50 € et qu'ils épuisent, totalement, le capital en 25 ans. Nous conservons, pour ces nouveaux calculs, le même taux d'intérêt annuel de 3 %, soit 0,2466 % par mois. Sur ces retraits partiels (rachats), le bénéficiaire supporte les prélèvements sociaux et l'impôt sur la plus-value (intérêts).

Calculons, dans ces conditions, le montant du premier rachat mensuel et celui de la 25e année (termes à échoir) compatibles avec le capital accumulé au bout de 10 ans (256 562 € avant prélèvements sociaux et fiscaux ; voir section 1.3). Quels sont les intérêts perdus, par suite des rachats mensuels, durant la première année des retraits ?

Dans cette perspective de calcul, V_1 désigne le revenu mensuel retiré du capital la première année des rachats. Ce revenu est donc solution de l'égalité suivante :

$$256\,562 = \left[\sum_{t=0}^{k-1}(1+i_k)^{-t}\right]\left[(1+i)^{-n+1}\left(\left(V_1\sum_{t=0}^{n-1}(1+i)^t\right)+\left(\frac{q}{i}\left(\sum_{t=0}^{n-1}(1+i)^t - n\right)\right)\right)\right]$$

Après avoir remplacé les symboles connus par leur valeur et développé, il vient une équation à une seule inconnue :

$$256\,562 = \left[\frac{1{,}002466 - 1{,}002466^{-11}}{0{,}002466}\right]$$

$$\left[(1{,}03)^{-24}\left(\left(V_1\left(\frac{1{,}03^{25}-1}{0{,}03}\right)\right)+\left(\frac{50}{0{,}03}\left(\frac{1{,}03^{25}-1}{0{,}03}-25\right)\right)\right)\right] \Rightarrow V_1 = 684\ €$$

Le rachat mensuel de la 25e année est égal à celui de première année (684 €) majoré de 24 fois la raison (50 €). Le dernier retrait, en monnaie courante, est par conséquent de 1 884 € par mois au terme de la phase de récupération.

Pour chiffrer les intérêts perdus sur les rachats (INT_{RA}), la formule de la section 1.3.1 peut ici être utilisée car les calculs mensuels d'intérêts doivent se faire sur des diminutions successives de capital. Ces contractions forment une progression arithmétique. La raison de cette suite numérique est le montant du rachat mensuel (684 €). C'est comme si l'on devait rechercher, dans un premier temps, et au bout d'un an, la valeur capitalisée d'une mensualité de premier terme et de raison 684 €. Dans un second temps, et afin d'obtenir les intérêts perdus (INT_{RA}), est déduite la somme des diminutions successives de capital (DIM_{KA})[8]. Plus explicitement :

$$INT_{RA} = (1+i_k)\left[\left(V_1\sum_{t=0}^{k-1}(1+i_k)^t\right)+\frac{q}{i_k}\left(\sum_{t=0}^{k-1}(1+i_k)^t - k\right)\right] - DIM_{KA}$$

$$INT_{RA} =$$

$$(1{,}002466)\left[\left(684\left(\frac{1{,}002466^{12}-1}{0{,}002466}\right)\right)+\frac{684}{0{,}002466}\left(\left(\frac{1{,}002466^{12}-1}{0{,}002466}\right)-12\right)\right]-53\,352$$

$$INT_{RA} = 53\,970{,}16 - 53\,352 = 618{,}16\text{ €}$$

Sur la totalité des rachats de la première année (12 fois 684 €, soit 8 208 €), quels seraient les prélèvements sociaux et fiscaux ? Selon la formule réglementaire (voir section 1.3.1), la part imposable des rachats (bloc annuel) est le résultat du calcul suivant :

$$IA_R = R - \left((TV \times R) / CAP_{brut}\right) = 8\,208 - \left((218\,000 \times 8\,208) / 256\,562\right) = 1\,233{,}7\text{ €}$$

Pour être rigoureux, il faudrait remplacer 8 208 € par la valeur actualisée des 12 retraits mensuels de 684 € chacun et calculer la part d'intérêts incluse dans la totalité des rachats en respectant la même démarche de capitalisation que celle ayant procuré la valeur du contrat (256 562 €). Cela est proposé un peu plus loin (voir section 2.4.2).

Compte tenu de l'abattement de 4 600 €, les rachats de la première année se feraient en franchise d'impôt. Cette plus-value (1 233,7 €) fait néanmoins l'objet des prélèvements sociaux (15,5 %).

En résumé, le plan d'épargne sur 10 ans (contrat d'assurance-vie en euros), étudié à la section 1.3, permettrait une sortie nette en capital de 248 383 €. Ce capital pourrait être abandonné au profit de retraits partiels mensuels. Si le titulaire du contrat voulait des compléments de revenus pendant 25 ans, en augmentation annuelle de 50 €, il toucherait 8 208 € la première année avant prélèvements sociaux et fiscaux. Dans ces conditions, et au bout de 25 ans, son capital serait épuisé. La formule des rentes viagères, déduite d'un raisonnement comparable, est examinée plus loin.

8. Conformément à la règle qui fournit la somme des termes d'une progression arithmétique (*SPA*) [voir note de bas de page n° 3], le total des diminutions successives de capital est de 53 352 €. C'est le résultat de : ((684 + (684 + 11 × 684)) × 12)/2.

2.4. Valeur actualisée d'une annuité variable représentant une suite géométrique

Ici aussi, les deux cas évoqués précédemment (voir section 2.3) sont examinés. La première supposition est celle d'une variation de l'annuité au niveau du terme récurrent et la seconde correspond au cas d'une modification du flux à l'échelle de l'année. La progression géométrique est croissante ou décroissante.

2.4.1. Valeur actualisée d'une annuité qui varie, périodiquement, selon un taux constant sur un horizon fini

Les règles à suivre

Lorsque le flux futur varie à chaque terme, selon un taux g, la somme des annuités actualisées (VPR) s'écrit :

$$VPR = V_1(1+i_k)^{-1} + V_1(1+g)(1+i_k)^{-2} + ... + V_1(1+g)^{nk-1}(1+i_k)^{-nk}$$

$$VPR = \frac{V_1}{(1+i_k)} \sum_{t=0}^{nk-1} \left(\frac{1+g}{1+i_k}\right)^t = \frac{V_1}{(1+i_k)} \left[\frac{1-\left(\frac{1+g}{1+i_k}\right)^{nk}}{\frac{i_k-g}{1+i_k}}\right]$$

Si les versements variables sont des annuités de début de période, augmentant toujours selon un taux g et ayant pour premier terme V_1, alors :

$$VPR = V_1 \sum_{t=0}^{nk-1} \left(\frac{1+g}{1+i_k}\right)^t = V_1 \left[\frac{1-\left(\frac{1+g}{1+i_k}\right)^{nk}}{\frac{i_k-g}{1+i_k}}\right]$$

Les valeurs actualisées obtenues avec des séries numériques différentes (progression arithmétique *versus* progression géométrique) livrent deux résultats factuels intéressants. Avec un point de départ comparable pour ce qui est de la variation périodique du flux, l'écart de valeur actualisée, au profit de la suite géométrique (PG), devient rapidement fort pour des fenêtres temporelles longues et dans un contexte de taux d'intérêt plutôt faibles. Mais avec le temps et pour des taux d'intérêt relativement forts, les écarts de valeur, au détriment de la suite arithmétique (PA), se resserrent significativement (voir figure 1.4). Pour être plus explicite, disons que les courbes convergent vers la valeur de rentes perpétuelles non constantes évoluant selon une progression géométrique spécialement. Ce point sera traité à la section 2.5.

Figure 1.4 – Valeur actualisée de 1 € qui augmente selon des progressions arithmétique (PA) et géométrique (PG), pour une plage donnée de taux d'intérêt et des durées différentes[a]

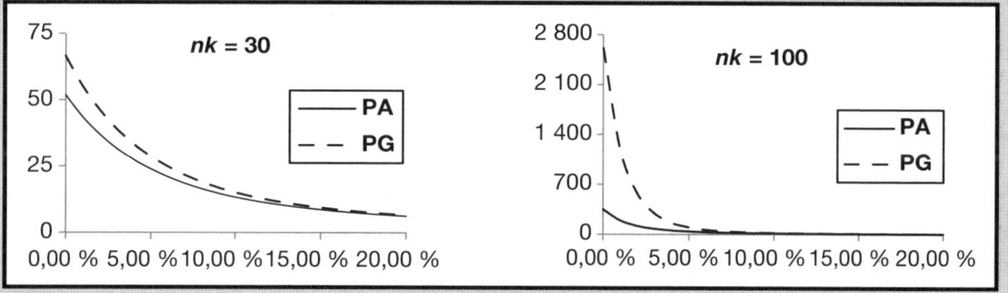

a. La raison de la progression arithmétique, sur chaque terme échu, est de 5 centimes ; le taux de croissance pour la suite géométrique est de 5 % sur une période identique. Ces hypothèses sur la raison de chacune des suites permettent d'obtenir la même augmentation du flux pour le premier terme.

Exemple

Afin d'éclairer davantage encore le lecteur sur l'utilité des formules adossées à des suites géométriques, reprenons l'exemple des deux options possibles pour honorer les 18 000 € de dette (voir section 2.2), à savoir le crédit gratuit sur un an (option A) et la remise pour règlement immédiat de 2,5 % (option B). Admettons que la première option (crédit sans frais) prenne la forme de 12 versements évoluant selon une progression géométrique croissante de raison 1,02. Autrement dit, les paiements relatifs au crédit gratuit augmentent tous les mois de 2 % (g). Si le taux d'actualisation est le même (6,168 %), on vérifie que le gain de l'option A est, rationnellement, plus fort encore que l'escompte pour règlement comptant (option B). Prouvons-le en désignant le premier versement V_1. L'avantage du paiement étalé dans le temps, sans charge, est maintenant le résultat du calcul suivant :

$$\text{Gain option A} = 18000 - \left[\frac{V_1}{(1+i_k)} + \frac{V_1(1+g)}{(1+i_k)^2} + \ldots + \frac{V_1(1+g)^{11}}{(1+i_k)^{12}}\right]$$

$$\text{Gain option A} = 18000 - \left[\frac{V_1}{(1+i_k)}\sum_{t=0}^{11}\left(\frac{1+g}{1+i_k}\right)^t\right]$$

Dans la mesure où la somme de tous les versements du crédit gratuit doit se monter à 18 000 €, par définition, V_1 est solution de :

$$18000 = V_1\sum_{t=0}^{11}(1+g)^t \Rightarrow V_1 = \frac{18000}{\left(\dfrac{1{,}02^{12}-1}{0{,}02}\right)} = 1\,342{,}07\ €$$

Après avoir remplacé les symboles par leur valeur et développé, on trouve bien un gain supérieur à celui obtenu avec des annuités constantes. Nous parvenons à un gain de 592,11 € contre 571,62 € pour des versements constants de 1 500 € chacun (voir plus haut). Effectivement :

$$\text{Gain option A} = 18000 - \left[\left(\frac{1\,342{,}07}{(1{,}005)} \right) \frac{1 - \left(\frac{1{,}02}{1{,}005} \right)^{12}}{\left(\frac{0{,}005 - 0{,}02}{1{,}005} \right)} \right] = 592{,}11 \text{ €}$$

Comme les versements les plus éloignés sont aussi les plus forts, du fait de la progressivité (+2 %), il est normal que la valeur actualisée de tous les flux sortants diminue. Cette contraction de valeur présente, comparativement à une actualisation de versements constants, tire vers le haut le gain de l'option A. En revanche, si les versements du crédit gratuit étaient soumis à une diminution mensuelle, leur valeur présente augmenterait réduisant du même coup le bénéfice du crédit gratuit (choix A). Par exemple, pour une baisse de 15 % des sorties mensuelles de trésorerie, le règlement comptant assujetti à une remise de prix deviendrait une option supérieure au paiement sans frais étalé sur un an. On trouve, dans le cas d'une dégressivité de 15 % des flux sortants, 412,84 € de gain pour le règlement différé (crédit sans frais représentant l'option A). Un tel résultat est bien inférieur aux 450 € de la remise forfaitaire pour règlement immédiat (option B).

2.4.2. Valeur actualisée d'une annuité qui varie, annuellement, selon un taux constant et sur un horizon fini

Les deux formules possibles

Dans ce second cadre, les versements sont les mêmes sur chaque palier annuel de la période pluriannuelle prévisionnelle. Par rapport à l'année précédente, ces dépôts augmentent ou diminuent d'un taux g.

L'hypothèse, plutôt générale, est celle d'annuités de terme échu. Selon cette option plus courante, la formule de la valeur actualisée (VPR) est ainsi reconfigurée :

$$VPR = V_1 \sum_{t=1}^{k} (1 + i_k)^{-t} + \left(V_1 (1+g) \sum_{t=1}^{k} (1 + i_k)^{-t} \right) (1+i)^{-1} + \ldots$$
$$+ \left(V_1 (1+g)^{n-1} \sum_{t=1}^{k} (1 + i_k)^{-t} \right) (1+i)^{-n+1}$$

$$VPR = V_1 \left(\sum_{t=1}^{k} (1 + i_k)^{-t} \right) \left[\sum_{t=0}^{n-1} \left(\frac{1+g}{1+i} \right)^t \right] = V_1 \left(\frac{1 - (1 + i_k)^{-k}}{i_k} \right) \left[\frac{1 - \left(\frac{1+g}{1+i} \right)^n}{\frac{i-g}{1+i}} \right]$$

Dans cette nouvelle formulation de VPR, V_1 désigne chacun des flux récurrents de la première année soumis au taux de croissance g, k le nombre de flux par palier annuel, i le taux annuel d'actualisation d'où l'on tire un taux périodique i_k et, enfin, n exprime le nombre d'années de la fenêtre des versements futurs.

Si V_1 est un flux de début de terme, VPR prend la forme suivante :

$$VPR = V_1\left(\sum_{t=0}^{k-1}(1+i_k)^{-t}\right)\left[\sum_{t=0}^{n-1}\left(\frac{1+g}{1+i}\right)^t\right]$$

$$VPR = V_1\left(\frac{(1+i_k)-(1+i_k)^{-k+1}}{i_k}\right)\left[\frac{1-\left(\frac{1+g}{1+i}\right)^n}{\frac{i-g}{1+i}}\right]$$

Application numérique

Prenons un exemple pour appliquer la proposition ci-dessus. Acceptons l'idée que l'individu titulaire du capital accumulé à la suite du contrat d'assurance-vie sur 10 ans (256 562 € ; voir section 1.3) choisisse des rachats mensuels partiels en progression annuelle de 5 % plutôt qu'en augmentation de 50 €. L'objectif du bénéficiaire est d'obtenir des compléments de revenus plus significatifs vers la fin de l'échéancier des 25 ans plutôt qu'au début (comparativement à la formule de la progression arithmétique). Nous conservons le même taux d'intérêt annuel (3 %) et la même durée pour la rente certaine (25 ans). Répondons à la question initialement posée portant sur l'importance des revenus complémentaires, dans le cas où les rachats constituent une suite géométrique, et non plus arithmétique, de nombres. On recalculera le total des retraits de la première année avant et après prélèvements sociaux et fiscaux. Pour effectuer ce travail, nous admettrons que la valeur du contrat au bout des 10 ans du plan d'épargne (256 562 €) est acquise par des versements trimestriels, de 1 500 € la première année, en augmentation annuelle de 21,9 % et non de 600 € (voir plus haut).

Tout comme dans le cas précédent (voir section 2.3.2), V_1 définit la rente mensuelle de la première année. Celle-ci est solution de :

$$256\,562 = V_1\left(\sum_{t=0}^{11}(1+i_k)^{-t}\right)\left[\sum_{t=0}^{24}\left(\frac{1+g}{1+i}\right)^t\right] = V_1\left(\frac{(1+i_k)-(1+i_k)^{-11}}{i_k}\right)\left[\frac{1-\left(\frac{1+g}{1+i}\right)^{25}}{\frac{i-g}{1+i}}\right]$$

$$i_k = (1+i)^{1/k}-1 = 1{,}03^{1/12}-1 = 0{,}2466\,\%$$

$$256\,562 = V_1\left(\frac{(1{,}002466)-(1{,}002466)^{-11}}{0{,}002466}\right)\left[\frac{1-\left(\frac{1{,}05}{1{,}03}\right)^{25}}{\frac{0{,}03-0{,}05}{1{,}03}}\right]$$

$$\Rightarrow V_1 = 681{,}6\ €$$

Une fois calculé le premier retrait partiel, toutes les autres annuités sont mesurables sans difficulté car le taux sur la base duquel les flux varient est connu (+5 %). La rente de la 25e année est donc acquise en multipliant V_1 par $1{,}05^{24}$, ce qui donne 2 198,2 €. Un calcul rapide révèle que le retrait mensuel en forme de suite arithmétique, avec une raison de 50 €, procure plus de revenus jusqu'à la 16e année. Au-delà, c'est la formule de la progression géométrique, avec une raison de 1,05, qui fournit davantage de ressources.

En toute rigueur académique, pour connaître la décomposition (épargne/plus-value) de la somme des retraits de la première année, il faut procéder comme suit. On doit, dans un premier temps, chiffrer l'équivalent des 12 retraits, à la date de cession du contrat d'assurance-vie (10 ans) qui est le début de la phase de récupération. Cet équivalent, noté R_{12}, est obtenu en utilisant l'une des formules présentées dans ce chapitre. C'est le résultat de :

$$R_{12} = 681{,}6\sum_{t=0}^{11}(1+i_k)^{-t} = 681{,}6\left(\frac{1{,}002466 - 1{,}002466^{-11}}{0{,}002466}\right) = 8\,069{,}4\ €$$

Quelle épargne trimestrielle (a_r), en augmentation annuelle de 21,9 %, pendant 10 ans, est-elle à l'origine de 8 069,4 € ? Pour le savoir, il suffit de poser :

$$8\,069{,}4 = a_r\sum_{t=1}^{k}(1+i_k)^t\left[\left((1+i)^{n-1}\right)\sum_{t=0}^{n-1}\left(\frac{1+g}{1+i}\right)^t\right]$$

Avec $k = 4$, $i = 3$ %, $n = 10$ et $g = 21{,}9$ % :

$$a_r = \frac{8\,069{,}4}{\left[\frac{1{,}007417^5 - 1{,}007417}{0{,}007417}\right]\left[\left(1{,}03^9\right)\left(\frac{1-\left(\frac{1{,}219}{1{,}03}\right)^{10}}{\left(\frac{0{,}03-0{,}219}{1{,}03}\right)}\right)\right]} = 63{,}4\ €$$

On peut maintenant décomposer le total des rachats (8 069,4 €) en part de capital auparavant épargné et en intérêts produits par cette épargne (plus-value) :

$$\text{Capital épargné} = \left(63{,}4 \times 4\right)\sum_{t=0}^{9}1{,}219^t = 7\,231{,}6\ €$$

$$\text{Intérêts dans les retraits} = 8\,069{,}4 - 7\,231{,}6 = 837{,}8\ €$$

Les retraits programmés la première année (8 069,4 €) sont en franchise d'impôt car les intérêts à l'intérieur de ces rachats sont inférieurs à l'abattement annuel de 4 600 €. La plus-value serait uniquement soumise aux cotisations sociales de 15,5 %. Il est intéressant de relever que cette approche actuarielle rigoureuse livre une réponse très inférieure à celle que donne l'application de la formule réglementaire (voir ci-dessus) sur la part imposable dans les rachats. Cette formule, utilisée pour un calcul précédent, donne 1 212,9 €.

2.5. Valeur actualisée d'une annuité perpétuelle

Le flux futur peut varier de façon homogène sur le terme ou à l'échelle annuelle, mais quand il s'agit d'une progression géométrique seulement. Il suffit, par conséquent, de reprendre les formules précédentes et de faire tendre nk ou n vers l'infini[9]. Dans les deux cas, il est nécessaire d'admettre que le taux de croissance (g) est inférieur au taux d'actualisation périodique (i_k) ou annuel (i), étant entendu que g se rapporte au terme ou à l'échelon annuel.

2.5.1. Taux de croissance appliqué au terme

Dans le cadre d'un raisonnement ayant pour référence un terme identique, répétitif à l'infini, la formule de la valeur présente (VPR) d'une rente perpétuelle s'écrit :

$$VPR = \frac{V}{(1+i_k)}\sum_{t=0}^{\infty}\left(\frac{1+g}{1+i_k}\right)^t = \frac{V}{(1+i_k)}\left[\frac{1+i_k}{i_k-g}\right]$$

$$VPR = \frac{V}{i_k - g}$$

V est la prochaine annuité de terme échu. Tout compte fait, ce que renferme VPR a une force générale puisque la fonction simple proposée est également utilisable pour des versements constants ($g = 0$). En situation de perpétuités constantes, le multiple de versements V auquel peut être associé VPR, et par analogie financière le *Price Earning Ratio* (*PER*), est lisible comme l'inverse du taux d'intérêt. Plus faible est le taux d'intérêt sur un marché boursier, plus forts devraient être les multiples de résultat net (*PER*).

Une telle formule, simple dans son contenu, est très utilisée en matière d'évaluation, notamment quand il s'agit d'estimer une valeur de sortie, pour une entreprise tout entière ou pour un projet particulier d'investissement. L'approche par les dividendes pour déterminer le coût des capitaux propres utilise également cette expression. L'idée socle est élémentaire. Elle repose sur le fait qu'un droit de propriété (action) est de nature à procurer un flux de revenus (dividendes) auquel les dirigeants de l'émetteur s'efforcent d'appliquer une croissance régulière. On peut avancer un motif de signalisation ou réglementaire, comme c'est le cas dans le secteur bancaire (hypothèse retenue en matière de ratio cible *Core Equity Tier 1*) ou pour les sociétés immobilières cotées tenues à une large distribution, afin de bénéficier d'avantages fiscaux. L'horizon est, par définition, infini puisque les capitaux propres n'ont pas d'échéance ; ce sont des ressources dont le degré d'exigibilité est nul (voir chapitre 4).

2.5.2. Taux de croissance sur un pas annuel

Si le palier de référence, pour les changements de niveau du flux, est l'année, alors les deux formules ci-après sont à utiliser, selon que l'annuité est de fin ou de début de période.

---

9. La formule de la somme des termes d'une progression géométrique (*SPG* ; voir section 1.2) tend vers $\frac{a}{1-q}$ lorsque la raison (q) est un quotient ayant un dénominateur supérieur au numérateur.

Le symbole a désigne toujours le premier élément de la suite.

Pour une périodicité de terme échu :

$$VPR = V_1\left(\sum_{t=1}^{k}(1+i_k)^{-t}\right)\left[\sum_{t=0}^{\infty}\left(\frac{1+g}{1+i}\right)^t\right] = V_1\left(\frac{1-(1+i_k)^{-k}}{i_k}\right)\left(\frac{1+i}{i-g}\right)$$

Quand l'annuité est payable d'avance :

$$VPR = V_1\left(\sum_{t=0}^{k-1}(1+i_k)^{-t}\right)\left[\sum_{t=0}^{\infty}\left(\frac{1+g}{1+i}\right)^t\right] = V_1\left(\frac{(1+i_k)-(1+i_k)^{-k+1}}{i_k}\right)\left(\frac{1+i}{i-g}\right)$$

V_1 est l'une des k annuités constantes de la première année. Ce flux augmente tous les ans d'un taux g. La variable i représente, encore une fois, le taux d'actualisation annuel transformable en taux périodique équivalent estampillé i_k.

2.5.3. Exemple

À titre illustratif, utilisons la première des deux formules de la section 2.5.2 pour avoir un prix concernant une action à laquelle est servi un dividende semestriel qui a tendance à augmenter régulièrement de 5 % par an. Le rendement requis par l'investisseur sur le marché du titre, ou taux d'actualisation, est calculé en ajoutant au placement sûr (1,16 %, par exemple) une prime de risque, disons 7 %. Cela donne un facteur de pénalisation des revenus futurs de 8,16 %. On sait, aussi, que chacun des deux prochains dividendes semestriels de terme échu va se monter à 1,24 €.

Si l'approche par les revenus a du sens, pour cette action, alors son prix (P_0) est l'équivalent actuel (VPR) de la suite infinie de dividendes attendus, soit :

$$P_0 = V_1\left(\frac{1-(1+i_k)^{-k}}{i_k}\right)\left(\frac{1+i}{i-g}\right) = 1{,}24\left(\frac{1-(1{,}04)^{-2}}{0{,}04}\right)\left(\frac{1{,}0816}{0{,}0816-0{,}05}\right) = 80{,}05 \text{ €}$$

4 % est le taux semestriel (i_k) équivalent au rendement annuel requis par l'investisseur, c'est-à-dire le rendement sûr majoré de la prime de risque ($i = 8{,}16$ %).

Nous revenons sur cette approche par les dividendes pour valoriser des actions au chapitre 4. Sont présentées dans ce chapitre 4 les approches normatives théoriques. Des tentatives de reconstitution de cours, avec de telles propositions, sont effectuées (titres réellement cotés) et une réflexion est introduite sur la convenance du *Dividend Discount Model* (*DDM*) en tant que dispositif pour évaluer, directement, les capitaux propres d'une entreprise.

2.6. Le calcul des rentes viagères

La notion de rente viagère ou garantie s'applique à des catégories de placement comprenant une phase préalable de capitalisation suivie d'une sortie en capital et/ou en rente. C'est le cas, par exemple, de l'assurance-vie. Une telle opération financière, sur deux fenêtres explicites quand il s'agit de placements financiers, s'applique également à un bien immobilier, libre ou occupé, pour lequel la pleine propriété est démembrée en usufruit et nue-propriété. Techniquement, la rente correspond à un flux récurrent de revenu futur dont la valeur actuelle équivaut au capital acquis (placement financier) ou au prix de marché de l'actif réel (cession immobilière).

La rente est par conséquent fonction de la valeur du capital accumulé ou détenu, de l'âge du bénéficiaire au moment de l'opération (départ à la retraite/scission de l'actif réel) et de l'espérance probable de vie, au-delà de cette date, déterminée par des tables de mortalité. L'existence d'une option de réversion de la rente est de nature à exercer une influence sur les calculs effectués. En somme, les éléments de choix sont représentés par la récupération immédiate de tout ou partie du capital (bouquet en matière immobilière) et par le niveau de la sortie en rente.

2.6.1. Placements financiers et rente

Les produits d'épargne

Les contrats, soumis fréquemment à des régimes fiscaux avantageux (déductibilité fiscale partielle des versements dans certains cas), s'inscrivent dans une logique d'épargne retraite dont l'objet est l'obtention d'un revenu complémentaire garanti à vie une fois la phase d'activité professionnelle révolue.

Beaucoup de dispositifs, à commencer par l'assurance-vie, proposent la double sortie au terme de la phase d'épargne : l'offre d'un capital unique et la possibilité de bénéficier d'une rente viagère. Parmi ces produits d'épargne à deux sorties possibles, on trouve, outre l'assurance-vie, le plan d'épargne pour la retraite collectif (PERCO), le plan d'épargne en actions (PEA) et le plan d'épargne populaire (PEP). Le plan d'épargne retraite populaire (PERP) autorise une récupération partielle de l'épargne capitalisée (20 %). Le reste est versé sous la forme d'une rente perpétuelle. La totalité des sommes acquises au terme du PERP est néanmoins mobilisable pour une première acquisition immoblière. Dans le cadre de cette formule d'épargne populaire, les salariés peuvent effectuer des dépôts et placer, en franchise d'impôt, la participation et l'intéressement. D'autres dispositifs prévoient une sortie exclusive en rente. C'est le cas du contrat retraite Madelin pour les travailleurs non salariés et du régime de retraite par capitalisation réservé aux fonctionnaires (PREFON). Enfin, le plan d'épargne entreprise (PEE) débouche sur la seule sortie en capital hors intervention d'un assureur pour conversion des sommes acquises en rente viagère. Le PEE permet la constitution d'un portefeuille d'actifs financiers avec l'aide de l'entreprise (abondement non soumis à l'impôt sur les revenus du salarié). Tout comme dans le cadre du PERP, les employés peuvent transférer sur leur PEE les sommes perçues au titre de l'intéressement ou de la participation.

Retour sur l'assurance-vie

Revenons sur une formule comme l'assurance-vie et sa sortie possible en rente. L'annuité perpétuelle est fonction de l'âge de départ à la retraite (x), de l'année de naissance du bénéficiaire qui impacte la probabilité P de survie à t années futures, du taux d'actualisation i appelé taux technique et, enfin, d'un taux de revalorisation fonction des profits effectués par le débit-rentier. Généralement, le calcul financier se fait en deux temps. On détermine tout d'abord le capital nécessaire à l'obtention d'une rente de 1 € à l'âge x, notons-le KU_x, en s'inspirant des formules sur les annuités (versements périodiques à « l'infini »). Pour tenir compte de l'espérance de vie, les annuités de 1 €, actualisées, sont pondérées par les probabilités de survie subséquente à l'âge x. Ces probabilités sont extraites de tables de mortalité dont les plus courantes sont celles de l'INSEE, les tables réglementaires par génération (TGH05/TGF05) et les tables d'expérience des assureurs validées par des actuaires agréés. Depuis début 2013, Bruxelles ne permet plus de distinguer les tables de mortalité des hommes de celles des femmes, tous les calculs étant maintenant calés sur l'espérance de vie des femmes (TGF05). Une fois déterminé le capital nécessaire à 1 € de rente, on convertit aisément n'importe quel montant de capital accumulé (KT_x) en rente viagère (R_x).

Les formules sont donc les suivantes pour le coefficient de conversion du capital en rente et en ce qui concerne la valeur du revenu perpétuel :

$$KU_x = \sum_{t=1}^{\infty} {}_tP_x a^t \text{ , avec } a^t = \left(\frac{1}{1+i}\right)^t$$

$$R_x = \frac{KT_x}{KU_x}$$

R_x est fréquemment exprimé en pourcentage du capital « aliéné ». D'autre part, dans le cas d'une réversion de la rente en faveur d'un corentier, la rente viagère est minorée et cette amputation est fonction de l'âge du cobénéficiaire ainsi que du pourcentage réversible de revenu récurrent.

En définitive, le crédit-rentier doit arbitrer entre une rente plutôt élevée dès le départ (taux technique fort), avec comme inconvénient une moindre réévaluation par la suite, et une rente plus modeste au début, avec comme avantage une plus forte progression future. En la matière (assurance-vie notamment), il faut savoir que le taux technique est plafonné à hauteur de 60 % du taux moyen des emprunts d'État (TME) calculé sur les six derniers mois, soit 0,83 % au 31 juillet 2015[10]. La référence à 60 % du TME concerne les contrats d'au moins 8 ans pour lesquels les avantages fiscaux sont optimisés (voir, plus haut, l'assurance-vie). La référence monte à 75 % lorsque la durée du contrat est inférieure à 8 ans. Par ailleurs, le taux annuel de revalorisation (g) résulte d'une comparaison entre le taux de rémunération (r) issu des résultats du débit-rentier (gestion des fonds par l'assureur) et du minimum garanti (taux d'intérêt technique i). Il obéit à la formule suivante :

$$g = \left(\frac{1+r}{1+i}\right) - 1$$

Exemple de calcul d'une rente viagère

Prenons un exemple pour montrer comment se fait le calcul d'une rente viagère à partir d'une table de mortalité, celle des femmes en l'occurrence (voir plus haut). Admettons que notre crédit-rentier soit né en 1951 et qu'il parte à la retraite à l'âge de 65 ans, soit à compter de 2016. À cette date, son capital accumulé, à la suite d'un plan d'épargne retraite, s'élève à 250 000 €. Le taux technique retenu est de 1,25 % et la revalorisation annuelle s'effectue en considérant un taux de répartition des bénéfices de 3,5 % de la part du gestionnaire de fonds, le débit-rentier. Le tableau 1.2 extrait d'une table de génération (TGF05), qui sert pour les opérations de rentes viagères, permet la détermination des probabilités de survie à t années au-delà de 65 ans.

Les probabilités de survie à 65 ans (${}_tP_{65}$), déduites de l'évolution des survivants (L_x) du tableau 1.2, pondèrent les facteurs temporels d'actualisation acquis avec un taux de

10. *Source :* spac-actuaires.fr.

1,25 % et des valeurs t qui vont de 1 (66 ans – 65 ans) à 56 (121 ans – 65 ans). Par exemple, selon le tableau 1.2, la probabilité de survivre 10 ans de plus à l'âge de 65 ans est de 94,61 %, soit 90 541 divisé par 95 696. C'est la somme de ces facteurs d'actualisation pondérés par les probabilités d'être vivant à t années (1 à 56) qui représente le capital nécessaire à une rente viagère (voir tableau 1.3). Pour des raisons évidentes de présentation, tous les calculs ne sont pas consignés dans le tableau 1.3, mais une partie seulement, ceux des cinq premières années et des cinq dernières. Cela dit, la procédure de calcul, bien expliquée sur ces deux fenêtres de 5 ans, permet au lecteur qui le souhaite de compléter facilement le tableau et de vérifier les réponses inscrites sur la dernière ligne (capital requis pour 1 € de rente viagère, c'est-à-dire 27,03 €, 22,43 € et 20,21 € selon un formatage à deux décimales).

Par exemple, pour un capital « abandonné » de 250 000 € à l'âge de 65 ans, la rente viagère annuelle (2016) est de 9 248,5 € avec un taux d'actualisation nul de 11 146,4 € avec 1,25 % et, enfin, de 12 370,7 € avec 2 % (calculs sur ordinateur). Pour les années suivantes, la rente tient compte du taux de revalorisation ainsi que du taux initialement garanti (taux d'intérêt technique). Avec un taux brut de répartition des bénéfices (r) de 3 %, anticipé par le gestionnaire du capital cédé par l'épargnant, et un taux technique (i) de 1,25 %, la rente viagère augmente tous les ans selon un taux g égal à 1,7284 %. Elle se monterait donc à 11 339,1 € en 2017 (11 146,4 × 1,017284) et à 12 143,6 en 2021 (5 ans plus tard).

Tableau 1.2 – Table de mortalité par génération (extrait de TGF05)

Âge (x)	Survivants (L_x)[a]	Âge (x)	Survivants (L_x)[a]	Âge (x)	Survivants (L_x)[a]
65	95 696	84	79 409	103	10 751
66	95 345	85	77 385	104	8 440
67	94 965	86	75 118	105	6 498
68	94 556	87	72 573	106	4 901
69	94 114	88	69 719	107	3 618
70	93 641	89	66 511	108	2 612
71	93 119	90	62 961	109	1 841
72	92 553	91	59 062	110	1 265
73	91 948	92	54 872	111	847
74	91 275	93	50 421	112	552
75	90 541	94	45 848	113	349
76	89 732	95	41 226	114	214
77	88 846	96	36 632	115	127
78	87 863	97	32 139	116	73
79	86 790	98	27 822	117	41
80	85 605	99	23 745	118	22
81	84 296	100	19 964	119	11
82	82 841	101	16 521	120	5
83	81 219	102	13 445	121	-

a. Pour 100 000 survivants, à l'âge de 46 ans. Le point de départ de la base de données est la génération 1900 avec 100 000 survivants de 96 ans.

Tableau 1.3 – Capital pour une rente viagère de 1 €, selon taux d'intérêt technique

Âge (x) (1)	**L_x (2)**	**T (3)**	**${}_tP_{65}$ (4)**	**Facteur d'actualisation a_t d'après taux technique (5)**			**Facteur d'actualisation pondéré (6) = (5) × (4)**		
				0 %	**1,25 %**	**2 %**	**0 %**	**1,25 %**	**2 %**
65	95 696	–	–	–	–	–	–	–	–
66	95 345	1	0,9963	1,000	0,988	0,980	0,9963	0,9840	0,9768
67	94 965	2	0,9924	1,000	0,975	0,961	0,9924	0,9680	0,9538
68	94 556	3	0,9881	1,000	0,963	0,942	0,9881	0,9519	0,9311
69	94 114	4	0,9835	1,000	0,952	0,924	0,9835	0,9357	0,9086
70	93 641	5	0,9785	1,000	0,940	0,906	0,9785	0,9196	0,8863
⋮	⋮	⋮	⋮	⋮	⋮	⋮	⋮	⋮	⋮
117	41	52	0,0004	1,000	0,524	0,357	0,0004	0,0002	0,0002
118	22	53	0,0002	1,000	0,518	0,350	0,0002	0,0001	0,0001
119	11	54	0,0001	1,000	0,511	0,343	0,0001	0,0001	0,0000
120	5	55	0,0001	1,000	0,505	0,337	0,0001	0,0000	0,0000
121	–	56	0,0000	1,000	0,499	0,330	0,0000	0,0000	0,0000
Somme des facteurs d'actualisation pondérés = KU_{65} ⇒							**27,03**	**22,43**	**20,21**

Une telle rente viagère sur assurance-vie (valeur du contrat transformée en revenu perpétuel) est imposée selon une fraction qui décroît avec l'âge du rentier. Si son âge est compris entre 60 et 69 ans (cas de notre exemple), la part de la rente soumise à l'impôt sur le revenu est de 40 %. Un rentier, relativement jeune, de moins de 50 ans, verrait sa part imposable monter à 70 %. Cette fraction est la plus petite possible quand le bénéficiaire du revenu perpétuel a 70 ans et plus.

2.6.2. La rente viagère immobilière

Principes élémentaires et calcul simple

Un actif immobilier, le plus souvent occupé, peut être cédé à un tiers *via* une rente viagère. La pleine propriété est ainsi démembrée en nue-propriété, transférée à l'acquéreur, et en usufruit, conservé par le cédant. Au décès du crédit-rentier, le débit-rentier acquiert la pleine propriété du bien immobilier droit de jouissance inclus.

Le montant du versement perpétuel, contrepartie de la nue-propriété reçue, est fonction de la valeur marchande du bien, de l'espérance de vie du cédant, du bouquet (capital payé au départ par l'acheteur) et des avantages futurs retirés par le propriétaire initial occupant les lieux (loyers épargnés par celui-ci).

Les calculs peuvent se faire simplement, quand il faut déterminer une rente annuelle suite à la cession de la nue-propriété, et de façon plus rigoureuse lorsque l'on veut porter un jugement sur la rentabilité intrinsèque de l'immeuble pour les deux parties réunies. Dans ce second cas, sont déterminées les valeurs économiques respectives de l'usufruit et de la nue-propriété. En principe, ces montants ne devraient pas être très éloignés du barème légal établi par l'administration fiscale, d'après l'âge de l'usufruitier, pour estimer une valeur en pleine propriété. Une telle cotation officielle est également utilisée pour chiffrer les impôts et taxes à liquider par chaque partie.

Dans le cadre d'un calcul simple de rente viagère, pour un bien libre ou occupé, l'évaluation se présente ainsi. Pour rendre l'explication très accessible, considérons le cas d'un actif dont la valeur marchande s'élève à 500 000 €. Le propriétaire actuel du bien est une femme âgée de 73 ans. Selon les statistiques INSEE au 31 décembre 2011, l'espérance de vie théorique à cet âge-là est de 16,04 années (coefficient diviseur). Par ailleurs, la cédante de la nue-propriété veut un bouquet de 75 000 € et elle continuera à occuper les lieux pour lesquels la rentabilité locative brute est estimée à 3,8 %. La valeur de la rente annuelle est acquise après avoir soustrait de la valeur marchande de l'immeuble le versement initial (bouquet) et le manque à gagner annuel soit, environ, 16 fois le loyer annuel (500 000 × 0,038). Une fois ces deux déductions faites, il suffit de diviser la valeur résiduelle obtenue (121 000 €) par 16,04. Cela donne une rente viagère annuelle de 7 543,64 €.

Approfondissement financier

Deux remarques à la suite de ce premier calcul élémentaire. Tout d'abord, il est logique que les parts relatives du bouquet et des rentes viagères soient corrélées avec l'âge de l'usufruitier et son espérance de vie. D'autre part, si l'on tient compte des mêmes éléments, la procédure de calcul de la rente aurait pu avoir un contenu financier plus rigoureux et concerner, aussi, la structure économique de la pleine propriété. Développons ces deux points.

Termes de l'égalité actuarielle avec variabilité du loyer

On aurait pu notamment tenir compte d'une revalorisation annuelle des loyers (g_L) et d'un taux de pénalisation de ces flux futurs (taux d'actualisation). Autrement dit, et dans ce cadre-là, la procédure devrait aboutir à une rente viagère plus forte que celle déterminée par le calcul simple précédent. Du point de vue du cédant de la nue-propriété (crédit-rentier), le capital rente (KR) en valeur immédiate est solution d'une équation dont les variables influentes sont la valeur initiale de l'actif réel (A), le bouquet (B), le taux de rendement locatif de l'immeuble qui peut être confondu avec le taux d'actualisation (i) et l'espérance de vie (n).

Sous l'angle de l'usufruit, et selon le principe de l'égalité des valeurs actuelles, KR doit satisfaire l'égalité suivante entre flux sortant et flux entrants :

$$A = B + \frac{L_1}{1+i}\sum_{t=0}^{n-1}\left(\frac{1+g_L}{1+i}\right)^t + KR$$

L_1 est le loyer de la première année. Par ailleurs, si la rente annuelle est constante et de terme échu, celle-ci, notée v, doit satisfaire l'équilibre financier ci-après :

$$KR = v\sum_{t=1}^{n}(1+i_v)^{-t}$$

Dans cette expression, i_v est le taux d'actualisation applicable à la rente viagère v.

Revenons sur l'exemple précédent afin d'utiliser les formules ci-dessus en formant l'hypothèse d'une revalorisation annuelle du loyer de 1,5 %. Dans ces conditions, *KR* est à déduire de :

$$500\,000 = 75\,000 + \frac{19\,000}{1+i}\sum_{t=0}^{15}\left(\frac{1+g_L}{1+i}\right)^t + KR$$

d'où :

$$KR = 500\,000 - 75\,000 - \frac{19\,000}{1+i}\left[\frac{1-\left(\frac{1+g_L}{1+i}\right)^{16}}{\left(\frac{i-g_L}{1+i}\right)}\right]$$

Avec g_L = 1,5 % et i = 3,8 %, KR = 176 111 €.

Sous l'hypothèse d'un taux d'actualisation de 2 % de la rente viagère, celle-ci représente un montant annuel fixe (terme échu), résultat du calcul suivant :

$$v = KR\left[\frac{i_v}{1-(1+i_v)^{-16}}\right] = 176\,111\left[\frac{0,02}{1-(1,02)^{-16}}\right] = 12\,970,6\ €$$

Si la rente viagère devait être payée d'avance, elle s'élèverait à 12 716 €[11]. Pour le même capital-rente, il aurait été possible d'envisager une rente augmentant annuellement. Dans un tel cas, et pour une croissance du flux annuel de 3 %, le versement (terme échu) de la première année est de 10 424,4 €, celui de la dernière année (16e) de 16 240,8 €.

Valeur économique de l'usufruit et de la nue-propriété

Une approche financière de même nature que celle qui vient d'être exposée est également pilotable pour déterminer un taux de rendement actuariel intrinsèque concernant non pas une seule partie, mais le débit-rentier et le crédit-rentier réunis. De cette façon, on spécifie les valeurs économiques, respectives, de la nue-propriété et de l'usufruit dans la valeur totale de l'actif réel.

Revenons sur l'exemple précédent et admettons que les loyers sont valorisables tous les ans selon le même taux de 1,5 % (g_L) et que le bien lui-même s'apprécie annuellement de 3,5 % (g_A) en moyenne et sur longue durée. Maintenons, par ailleurs, le loyer de la première année à 19 000 € (3,8 % de rendement locatif brut) et ignorons dans ce nouveau cadre le bouquet. La rentabilité intrinsèque, portant sur l'investissement global de 500 000 €, profite à l'ancien propriétaire devenu usufruitier (loyers épargnés) et au nouveau nu-propriétaire (valeur de l'immeuble revalorisé lui revenant). Cette rentabilité actuarielle est le taux r solution de l'égalité suivante :

$$500\,000 = \frac{19\,000}{1+r}\sum_{t=0}^{15}\left(\frac{1+g_L}{1+r}\right)^t + \frac{500\,000(1+g_A)^{16}}{(1+r)^{16}}$$

11. $12\,970,6 \times 1,02^{-1}$.

$$500\,000 = \left[\frac{19\,000}{1+r} + \frac{19\,000(1{,}015)}{(1+r)^2} + \ldots + \frac{19\,000(1{,}015)^{15}}{(1+r)^{16}}\right] + \frac{500\,000(1{,}035)^{16}}{(1+r)^{16}}$$

Que l'on utilise une calculatrice financière ou que l'on passe par le logiciel Excel, la solution de ce polynôme est rapidement trouvée. Le taux *r* de l'équation se monte à 6,84 %. On est maintenant en mesure de décomposer la valeur actuelle de l'immeuble en deux parts économiques, l'usufruit et la nue-propriété :

$$\text{Valeur économique de l'usufruit} =$$
$$\left[\frac{19\,000}{1+r} + \frac{19\,000(1{,}015)}{(1+r)^2} + \ldots + \frac{19\,000(1{,}015)^{15}}{(1+r)^{16}}\right] = 199\,167{,}4 \text{ €}$$

$$\text{Valeur économique de la nue-propriété} = \left[\frac{500\,000(1{,}035)^{16}}{(1+r)^{16}}\right] = 300\,832{,}6 \text{ €}$$

Dans ce cas particulier (exemple d'une cédante âgée de 73 ans), la valeur vénale actuelle de l'immeuble (500 000 €) est fractionnable en une part usufruitière de 39,8 % et en une nue-propriété représentant 60,2 % de la pleine propriété. Le barème légal nous donne, pour un âge de l'usufruitier compris entre 71 et 80 ans, des ratios de 30 et 70 % (40 et 60 % pour une tranche d'âge située entre 61 et 70 ans).

Au sujet des rentes viagères, sur des produits d'épargne retraite et des opérations immobilières, beaucoup de sites proposent des simulateurs plus ou moins rigoureux, plutôt réducteurs et fréquemment peu explicites. Parmi ces localisations électroniques, citons retraite-privee.com, planete-patrimoine.com, viager-eugene.com ou encore nuepropriete.fr.

Exercices et cas

Énoncés

1. À quel taux d'intérêt trimestriel faut-il placer un capital de 45 000 € pour que sa valeur augmente de 120,8 % en 10 ans ?

2. Vous décidez de provisionner le remboursement d'une dette de 6 743,37 € par des dépôts mensuels constants de 250 € chacun (terme échu). Ces versements rapportent 1 % par mois. Au bout de combien de mois l'objectif est-il atteint ? Admettons que le remboursement du capital doive intervenir dans 18 mois. Les versements initialement prévus sont-ils suffisants ? Si ce n'est pas le cas, combien faut-il déposer tous les mois (terme à échoir) pour réunir les 6 746,37 € au bout de 18 mois sachant que, pour une telle durée, plus courte que la précédente, le taux annuel de rémunération tombe à 8,8775 % ?

3. Votre société a fait l'acquisition d'un matériel d'emballage coûtant 10 000 €. Un tel équipement perd 40 % de sa valeur la première année. Au-delà, le pourcentage de perte annuelle de valeur est constant. On estime à 2 662,23 € le prix du matériel de conditionnement au bout de 6 ans. Calculez la perte annuelle de valeur, de la deuxième à la sixième année, si celle-ci est constante en termes de taux.

4. Un fournisseur propose à l'un de ses clients de régler une facture de 15 000 € selon deux formules. La première option est le règlement comptant moyennant une remise forfaitaire de 4 %. La seconde possibilité est un crédit gratuit sur un an assorti de versements mensuels (terme échu). On prendra un taux d'intérêt annuel de 9 % pour répondre aux deux questions de cet exercice.

   a. Quel est le gain, en euros d'aujourd'hui, du crédit gratuit si les mensualités du financement sans frais sont constantes ? Que doit faire le client ?

   b. Les mensualités du crédit gratuit peuvent augmenter ou diminuer, tous les mois, de 10 %. Dans lequel des deux cas la réponse à la première question change ? Sans faire de calculs, dites pourquoi la réponse à la première question élimine l'une des deux possibilités (augmentation ou diminution de 10 % des paiements mensuels). On vérifiera, ensuite, par le calcul, le raisonnement tenu.

5. Reprenez l'exemple du plan d'épargne destiné à la constitution d'un capital de 100 000 € au bout de 6 ans, emprunt compris (voir section 1.2). Nous avons déjà vu qu'avec des dépôts mensuels constants de 650 € chacun, l'objectif était atteignable. Considérons maintenant que les versements mensuels augmentent de 60 € ou de 10 % par an. Dans chacun de ces deux nouveaux cas, quel doit être le montant du dépôt mensuel de la première année pour obtenir les 100 000 € voulus ?

6. Dans le cadre d'une convention collective, concernant une branche d'activité industrielle, les salariés peuvent, facultativement, souscrire à un plan d'épargne, sur 20 ans, en vue de la retraite. Le plan envisage une sortie en capital ou une sortie en rente mensuelle, payable d'avance, certaine sur 10 ans (existence d'une option de réversion en cas de décès du bénéficiaire avant le terme contractuel). Les versements trimestriels pressentis, dans le cadre du plan d'épargne (phase de capitalisation), sont à effectuer en début de période. Pour toutes les questions de cet exercice, le taux d'intérêt annuel est de 4,0604 %.

a. Combien faut-il verser tous les trimestres (annuités constantes) pour obtenir, au bout de 20 ans, un capital en monnaie courante de 100 000 € ? Pour atteindre ce même objectif de sortie en capital, dites quels devraient être les versements trimestriels des première et dernière années, si les flux, au lieu d'être constants, augmentaient tous les ans de 6 %.

b. Répondez aux mêmes questions que précédemment, en admettant maintenant que l'épargnant a droit à une prime égale aux intérêts acquis durant la phase de capitalisation. Cette prime est équivalente au résultat (valeur future) d'un abondement récurrent de la part de l'employeur.

c. Quelle est la sortie en rente mensuelle constante équivalente à la sortie en capital de 100 000 € ? Il s'agit de calculer le montant de la rente que percevrait le souscripteur du contrat ou son remplaçant pendant une durée certaine de 10 ans, si cette option-là était choisie.

d. Calculez les rentes des première et dernière années, compatibles avec la même sortie en capital, si la mensualité attribuée augmente de 3 % tous les ans.

7. La société BCN doit acquérir des véhicules de tourisme qui seront mis à disposition d'un petit nombre de cadres supérieurs. Il s'agit de berlines allemandes d'une valeur de 45 500 € l'unité à acquérir par des contrats de location avec option d'achat auprès de la société LBC. Le contrat proposé prévoit un premier loyer, payable d'avance, de 7 000 € suivi de 36 loyers mensuels (terme échu) de 560 € chacun. L'option d'achat (valeur résiduelle) se monte à 25 200 € et est payable avec le dernier loyer.

Pour ce type de contrat, BCN s'impose une contrainte qui porte sur le coût actuariel du financement hors impacts fiscaux. Ce coût actuariel, sur un pas annuel, doit être inférieur à 10 %. La société BCN doit-elle accepter les termes de la proposition LBC exposés précédemment ?

8. La société SOC exploite une marque bien connue, appelons-là *QAM*, à l'origine de l'essentiel de la valeur marchande de SOC (capitalisation boursière). La marque *QAM* peut être évaluée par actualisation d'une rente perpétuelle représentative d'avantages comparatifs. La rente (profit opérationnel après impôt et rémunération des apporteurs de capitaux) du dernier exercice (N) se monte à 1 200 K€. L'évaluateur de la marque *QAM*, le cabinet spécialisé NotaBrand, considère que la rente serait consommée, selon une parfaite régularité[12], à hauteur de 94,37 % au cours des 10 prochaines années ($N+1$ à $N+10$). Au-delà de la 10e année (11e année jusqu'à l'infini), le profit opérationnel (rente) imputable à la marque ne changerait plus. Enfin, après application d'une formule qui intègre la force de la marque, NotaBrand évalue à 10 % le taux d'actualisation de la rente.

Quelle est la valeur de la marque *QAM* trouvée par le cabinet NotaBrand ?

12. Diminution de la rente selon un taux annuel constant.

Solutions

1. L'information à propos du capital investi (45 000 €) est superflue. La réponse portant sur le taux d'intérêt requis pour qu'un capital soit multiplié par 2,208 (+120,8 %) a une valeur générale et concerne n'importe quel montant immobilisé.

   Si i_k désigne le taux trimestriel recherché, celui-ci doit satisfaire l'égalité ci-après :

$$45\,000(1+i_k)^{4\times 10} = 45\,000(2{,}208)$$

$$i_k = 2{,}208^{1/40} - 1 = 2\,\%$$

   Un placement à 8,24 % par an, c'est-à-dire 2 % par trimestre, permet à un capital investi à ce taux-là d'être multiplié par 2,2 environ sur 10 ans.

2. Notons nk le nombre nécessaire de mois pour obtenir les 6 743,37 € dus ; cette variable nk est solution de :

$$6\,743{,}37 = 250\sum_{t=0}^{nk-1}(1+i_k)^t$$

   Avec $i_k = 1\,\%$:

$$6\,743{,}37 = 250\left(\frac{1{,}01^{nk}-1}{0{,}01}\right)$$

   On développe et on passe par les logarithmes (ln). Cela donne :

$$nk = \frac{ln1{,}27}{ln1{,}01} = 24$$

   On aurait besoin de 24 mois pour obtenir une valeur future de 6 743,37 €, si les dépôts effectués en fin de mois étaient de 250 € chacun.

   L'objectif des 18 mois n'est donc pas atteint. Il faut, par conséquent, augmenter le versement mensuel pour réunir la somme requise au bout de 18 mois.

   Considérons que V désigne le nouveau dépôt mensuel effectué en début de période (terme à échoir) et non plus à terme échu. Le versement nécessaire V doit être en mesure de satisfaire cette autre égalité financière suivante :

$$6\,743{,}37 = V\sum_{t=1}^{18}(1+i_k)^t$$

$$i_k = 1{,}088775^{1/12} - 1 = 0{,}7113\,\%$$

$$V = \frac{6\,743{,}37}{\dfrac{1{,}007113^{19} - 1{,}007113}{0{,}007113}} = 350\text{ €}$$

Avec des versements mensuels de début de mois de 350 € chacun, au lieu des 250 € initialement prévus (terme échu), le capital de 6 743,37 € serait réuni plus rapidement (18 mois et non plus 24 mois).

3. Supposons que b représente le pourcentage de baisse annuelle de la valeur du bien, à compter de la deuxième année. On peut donc poser :

$$\big(10\,000(0{,}6)\big)(1+b)^5 = 2\,662{,}23$$

$$b = \left(\frac{2\,662{,}23}{10\,000(0{,}6)}\right)^{1/5} - 1 = -15\,\%$$

À compter de la deuxième année d'utilisation, et pendant 5 ans, la valeur de l'actif industriel se contracterait annuellement de 15 %.

4. Le gain du paiement comptant est toujours le même. Il se monte à 600 €, soit 4 % de 15 000 €. En revanche, le gain du crédit gratuit dépend de l'échéancier des paiements mensuels. Par le jeu réducteur de l'actualisation, la formule qui prévoit des paiements décalés, relativement élevés, est celle qui produit le plus d'avantages.

On sait que la facture peut être éteinte par des versements constants, progressifs ou dégressifs, d'où les calculs suivants.

a. Gain du crédit gratuit si les versements sont constants (1 250 € par mois) :

$$\text{Gain} = 15\,000 - 1\,250\sum_{t=1}^{12}(1+i_k)^{-t} = 15\,000 - 1\,250\left(\frac{1-(1+i_k)^{-12}}{i_k}\right)$$

$$i_k = 1{,}09^{1/12} - 1 = 0{,}7207\,\%$$

$$\Rightarrow \text{Gain} = 15\,000 - 14\,320{,}3 = 679{,}7\ €$$

14 320,3 € représentent la valeur actualisée de tous les versements mensuels si ceux-ci sont constants.

Dans ce premier cas (flux sortants identiques), le paiement différé sans frais est une modalité plus avantageuse que l'option du règlement immédiat.

b. Que se passe-t-il quand les mensualités du crédit gratuit augmentent ou diminuent ?

Dans les deux cas, et par définition, la somme des flux de paiement doit être égale à 15 000 € puisque le crédit est réputé sans frais. C'est une première remarque. Par ailleurs, on peut dire, tout de suite, que seul le choix d'une chronique dégressive de débours mensuels pourrait changer la réponse précédente (question *a*).

Avec des flux sortants en progression mensuelle, la valeur actualisée des versements ne peut être qu'inférieure à 14 320,3 € car, dans ce cas, ce sont les paiements les plus forts de la série qui font l'objet d'une pénalisation accentuée par le jeu de l'actualisation. En somme, avec +10 % de croissance des mensualités, on doit constater un gain pour le crédit sans frais supérieur à 679,7 €.

Inversement, si les paiements les plus éloignés sont aussi les moins importants (–10 % de croissance), le total des valeurs présentes augmente et le gain du crédit gratuit diminue. Il pourrait même devenir inférieur à 600 € (remise pour règlement comptant).

Prouvons que l'augmentation temporelle des mensualités du crédit sans frais valide plus nettement encore le rejet du règlement comptant et que des flux sortants dégressifs seraient en mesure de changer la réponse à la première question.

Mensualités en augmentation (g = +10 %)

Dans l'expression ci-dessous, m_1 représente le paiement du premier mois. Les règlements suivants augmentent, tous les mois, de 10 %. On sait, par ailleurs, que le taux d'intérêt mensuel (i_k) est de 0,7207 %. Par conséquent :

$$15\,000 = m_1 \sum_{t=0}^{11} (1+g)^t$$

$$\Rightarrow m_1 = \frac{15\,000}{\sum_{t=0}^{11} (1+g)^t} = \frac{15\,000}{\dfrac{(1+g)^{12}-1}{g}} = \frac{15\,000}{\dfrac{(1{,}1)^{12}-1}{0{,}1}} = 701{,}45 \text{ €}$$

$$\text{Gain} = 15\,000 - \left[\frac{m_1}{(1+i_k)} \sum_{t=0}^{11} \left(\frac{1+g}{1+i_k}\right)^t\right] = 15\,000 - \left[\frac{m_1}{(1+i_k)} \left(\frac{1-\left(\dfrac{1+g}{1+i_k}\right)^{12}}{\dfrac{i_k-g}{1+i_k}}\right)\right]$$

On remplace m_1, i_k et g par leurs valeurs respectives pour trouver le gain du crédit gratuit sur un an. Cela donne :

$$\text{Gain} = 15\,000 - \left[\frac{701{,}45}{(1{,}007207)} \left(\frac{1-\left(\dfrac{1{,}1}{1{,}007207}\right)^{12}}{\dfrac{0{,}007207-0{,}1}{1{,}007207}}\right)\right] = 793{,}83 \text{ €}$$

Cette formule du crédit gratuit, avec des versements progressifs, est donc plus avantageuse que la précédente. C'est bien ce qui était attendu.

Mensualités en diminution (g = –10 %)

En suivant la même procédure que pour une augmentation, on trouve que m_1 (premier paiement) doit dorénavant se monter à 2 090,39 €, ce qui donne, pour le crédit gratuit selon ces conditions (baisse mensuelle du flux de 10 %), un gain de :

$$\text{Gain} = 15\,000 - \left[\frac{2090{,}39}{(1{,}007207)} \left(\frac{1-\left(\dfrac{0{,}9}{1{,}007207}\right)^{12}}{\dfrac{0{,}007207+0{,}1}{1{,}007207}}\right)\right] = 553{,}71 \text{ €}$$

Ce moindre gain est bien cohérent avec le raisonnement actuariel décliné préalablement hors calculs formels.

En résumé, seule une diminution de 10 % par mois des versements du crédit gratuit change la réponse à la question *a*. Effectivement, dans ce cas de figure, le gain du règlement immédiat (600 €) devient supérieur au bénéfice du crédit sans frais (553,71 €).

5.

a. Les versements forment une progression arithmétique croissante.

L'égalité suivante doit être rappelée, car elle a une valeur générale dans le contexte de cet exercice. Elle nous dit que la somme recherchée (100 000 €) est réunie par capitalisation des dépôts (*VFU*) et par emprunt. Ce dernier est adossé aux intérêts acquis (*IA*). Plus explicitement :

$$100\,000 = VFU + \text{Emprunt} = VFU + IA \times 9{,}12427$$

Compte tenu du processus d'évolution des dépôts capitalisés (suite arithmétique), l'objectif de 100 000 € est maintenant plus finement configuré. Dans l'équation présentée ci-dessous, V_1 est le flux mensuel de la première année. Rappelons, par ailleurs, que le taux d'intérêt annuel (i) est de 3,5 % et que la raison de la progression arithmétique (q) est fixée à 60 €, d'où :

$$100\,000 = \left[\sum_{t=1}^{k}(1+i_k)^t\right]\left[V_1\sum_{t=0}^{n-1}(1+i)^t + \frac{q}{i}\left(\sum_{t=0}^{n-1}(1+i)^t - n\right)\right] + \big(IA \times 9{,}12427\big)$$

Comme toutes les variables du placement sont fournies, excepté une seule, on peut écrire *VFU* et *IA* avec V_1 comme unique inconnue. Il faut donc remplacer k, i, i_k, q et n par leurs valeurs respectives, développer les suites et résoudre l'équation à une seule inconnue. Cela donne :

$$VFU = \left[\frac{(1+i_k)^{k+1} - (1+i_k)}{i_k}\right]\left[V_1\left(\frac{(1+i)^n - 1}{i}\right) + \frac{q}{i}\left(\frac{(1+i)^n - 1}{i} - n\right)\right]$$

$$VFU = \left[\frac{1{,}002871^{13} - 1{,}002871}{0{,}002871}\right]\left[V_1\left(\frac{1{,}035^6 - 1}{0{,}035}\right) + \frac{60}{0{,}035}\left(\frac{1{,}035^6 - 1}{0{,}035} - 6\right)\right]$$

$$VFU = 80{,}085V_1 + 11\,530{,}844$$

$$\text{Emprunt} = \left(VFU - \left[\frac{\big(2kV_1 + (n-1)qk\big)n}{2}\right]\right) \times 9{,}12427$$

$$\text{Emprunt} = \big(80{,}085V_1 + 11\,530{,}844 - 72V_1 - 10\,800\big) \times 9{,}12427$$

Au final :

$$100\,000 = 80{,}085V_1 + 11\,530{,}844 + \big(80{,}085V_1 + 11\,530{,}844 - 72V_1 - 10\,800\big)9{,}12427$$

$$\Rightarrow V_1 = 531{,}7\text{ €}$$

Cette réponse est logique par rapport à la série des flux constants de 650 € chacun du projet initial. Avec cette nouvelle formule, on verse moins au début et beaucoup plus à la fin du plan. C'est ainsi que le dernier dépôt, l'un des 12 de la sixième année, devra s'élever à 831,7 € (531,7 + 5 × 60).

b. Si les versements augmentent une seule fois dans l'année, selon un taux g de 10 %, l'objectif d'une enveloppe de 100 000 €, au bout de 6 ans, est possible avec une série de versements mensuels quasi identiques à ceux de la suite arithmétique (année 1). En appliquant les formules proposées dans la partie conceptuelle du chapitre, on obtient effectivement un résultat proche du précédent (question *a*). Prouvons-le en nous appuyant sur la même symbolique, notamment pour ce qui concerne le versement mensuel de la première année (V_1). Cette prime V_1 doit permettre l'égalité financière suivante :

$$100\,000 = V_1 \sum_{t=1}^{k} (1+i_k)^t \sum_{t=0}^{n-1} \left(\frac{1+g}{1+i}\right)^t + \text{Emprunt}$$

Nous développons les suites et remplaçons les symboles par leur valeur. On trouve :

$$100\,000 = V_1 \left(\frac{1{,}002871^{13} - 1{,}002871}{0{,}002871}\right) \left[\left(1{,}035^5\right) \frac{\left(1 - \left(\frac{1{,}1}{1{,}035}\right)^6\right)}{\left(\frac{0{,}035 - 0{,}1}{1{,}035}\right)} \right] + \text{Emprunt}$$

$$100\,000 = 102{,}0061 V_1 + \text{Emprunt}$$

$$\text{Emprunt} = 9{,}12427 \times IA$$

$$IA = 102{,}0061 V_1 - k V_1 \sum_{t=0}^{n-1} (1+g)^t = 102{,}0061 V_1 - 12 V_1 \left(\frac{1{,}1^6 - 1}{0{,}1}\right) = 9{,}4188 V_1$$

En définitive :

$$100\,000 = 102{,}0061 V_1 + 85{,}9394 V_1 \quad \Rightarrow V_1 = 532{,}07\ €$$

6. La sortie en capital correspond à la valeur capitalisée de tous les dépôts, qu'ils soient constants ou qu'ils progressent de 6 % par an. Pour un objectif final donné (100 000 €), l'existence d'une prime réduit la contrainte périodique en matière de versements. C'est comme si l'effort financier trimestriel, pour atteindre l'objectif futur de capital, était partagé entre le salarié et l'employeur (abondement).

Au terme du plan d'épargne, on admet que l'investisseur se voit offrir deux options équivalentes, pour un taux d'intérêt annuel (i) de 4,0604 % : une sortie en capital ou une sortie en rente certaine ; ce versement répétitif compensatoire est constant ou progressif. Un tel choix n'est pas toujours offert en pratique. Le capital acquis est ainsi fréquemment abandonné au profit d'une rente.

a. Calcul du versement trimestriel de la phase d'épargne pour un objectif de capital accumulé atteignant 100 000 € au bout de 20 ans :

Cas d'un flux constant (V)

Ce versement V (terme à échoir) doit permettre l'égalité actuarielle suivante :

$$100\,000 = V\sum_{t=1}^{80}(1+i_k)^t = V\left(\frac{(1+i_k)^{81}-(1+i_k)}{i_k}\right), \text{ avec } i_k = 1{,}040604^{0{,}25}-1 = 1\,\%$$

$$V = \frac{100\,000}{\dfrac{1{,}01^{81}-1{,}01}{0{,}01}} = \frac{100\,000}{122{,}8882}$$

$$V = 813{,}75\ €$$

Cas d'un flux en augmentation annuelle de 6 % ; V_1 désigne l'un des quatre versements de la première année et g la croissance

C'est la formule donnant la valeur capitalisée d'une annuité augmentant tous les ans qui doit être utilisée. Elle permet de trouver d'abord V_1 et, ensuite, l'un des quatre dépôts de la 20e année (V_{20}). On doit donc poser l'égalité ci-après :

$$100\,000 = \left[V_1\sum_{t=1}^{4}(1+i_k)^t\right]\left[(1+i)^{19}\sum_{t=0}^{19}\left(\frac{1+g}{1+i}\right)^t\right]$$

Après développement des suites :

$$V_1 = \frac{100\,000}{\left[\dfrac{1{,}01^5-1{,}01}{0{,}01}\right]\left[(1{,}040604)^{19}\left(\dfrac{1-\left(\dfrac{1{,}06}{1{,}040604}\right)^{20}}{\dfrac{0{,}040604-0{,}06}{1{,}040604}}\right)\right]} = 477{,}53\ €$$

Dans ces conditions, le versement de la dernière année (V_{20}) est égal à :

$$V_{20} = V_1(1+g)^{19} = 477{,}53(1{,}06)^{19} = 1\,444{,}82\ €$$

b. Impact de la prime, égale aux intérêts acquis, sur les versements trimestriels de la phase de capitalisation :

Trimestrialités constantes (V)

Chaque flux V est à tirer de :

$$100\,000 = V\sum_{t=1}^{80}(1+i_k)^t + PRIME$$

$$PRIME = V\sum_{t=1}^{80}(1+i_k)^t - 80V$$

$$100\,000 = 2V\sum_{t=1}^{80}(1+i_k)^t - 80V = 2V\left(122{,}8882\right) - 80V$$

$$V = 603{,}22 \text{ €}$$

Du fait de la prime (25 871,03 € en valeur), on vérifie un moindre versement trimestriel (603,22 € contre 813,75 €) pour atteindre le même objectif (capital accumulé de 100 000 €).

La différence entre les deux primes trimestrielles (210,53 €) est, en définitive, un équivalent d'abondement périodique de la part de l'employeur. Il permet au salarié de cotiser moins tout en arrivant à la même somme acquise au terme du plan sur 20 ans. Formellement :

$$\left(813{,}75 - 603{,}22\right)\sum_{t=1}^{80}(1+i_k)^t = 210{,}53\left(\frac{(1{,}01)^{81} - (1{,}01)}{0{,}01}\right) = 25\,871{,}03 \text{ €}$$

Versements trimestriels en augmentation annuelle de 6 %

V_1 représente toujours le flux capitalisé du premier palier (année 1).

Le membre de gauche des égalités précédentes (capital accumulé) ne change pas. C'est la manière d'atteindre l'objectif fixé qui est modifiée (membre de droite de l'égalité). La nouvelle équation se présente ainsi :

$$100\,000 = \left[V_1\sum_{t=1}^{4}(1+i_k)^t\right]\left[(1+i)^{19}\sum_{t=0}^{19}\left(\frac{1+g}{1+i}\right)^t\right] + PRIME$$

$$PRIME = \left[V_1\sum_{t=1}^{4}(1+i_k)^t\right]\left[(1+i)^{19}\sum_{t=0}^{19}\left(\frac{1+g}{1+i}\right)^t\right] - 4V_1\sum_{t=0}^{19}(1+g)^t$$

La dernière composante de la partie droite de cette égalité, qui vient en diminution de la valeur future des dépôts, représente la totalité du capital épargné par le souscripteur du contrat sur 20 ans. Par conséquent :

$$100\,000 = 2\left[V_1\sum_{t=1}^{4}(1+i_k)^t\right]\left[(1+i)^{19}\sum_{t=0}^{19}\left(\frac{1+g}{1+i}\right)^t\right] - 4V_1\left(\frac{1{,}06^{20} - 1}{0{,}06}\right)$$

L'équation ci-dessus à une inconnue (V_1) est facilement simplifiée et résolue. Cela donne :

$$100\,000 = 2\left(209{,}4102V_1\right) - 147{,}1424V_1$$

$$V_1 = 368{,}08 \text{ €}$$

Dans ce nouveau cadre, chacun des quatre versements de la dernière année de la fenêtre de capitalisation (V_{20}) se monte à :

$$V_{20} = V_1(1+g)^{19} = 1\,113{,}67 \text{ €}$$

Ici aussi les versements V_1 et V_{20} sont plus petits du fait de la prime, et leur contraction est également appréciable comme la conséquence d'un abondement.

Si l'employeur se cale sur l'échéancier des versements du salarié, il abondera, trimestriellement, 109,45 € la première année (477,53 – 368,08) et 331,15 € la 20e année (1 444,82 – 1 113,67). Ces versements de la part de l'employeur permettront au souscripteur (salarié) d'obtenir, au bout de 20 ans, un capital de 22 919,95 €. Cette somme future correspond aux intérêts acquis (application de la formule de la prime figurant un peu plus haut avec un flux V_1 de 368,08 €). Vérifions-le :

$$\left[(477{,}53 - 368{,}08)\sum_{t=1}^{4}(1+i_k)^t\right]\left[(1+i)^{19}\sum_{t=0}^{19}\left(\frac{1+g}{1+i}\right)^t\right] =$$

$$\left[109{,}45\left(\frac{1{,}01^5 - 1{,}01}{0{,}01}\right)\right]\left[\left(1{,}040604^{19}\right)\left(\frac{1-\left(\frac{1{,}06}{1{,}040604}\right)^{20}}{\left(\frac{0{,}040604 - 0{,}06}{1{,}040604}\right)}\right)\right] = 22\,919{,}95\ €$$

c. Le refus de la sortie en capital permet d'obtenir un flux de revenus postérieurs à la phase d'épargne, sur une durée certaine de 10 ans.

Sauf contrats d'assurance-vie, les initiateurs de ce type d'option proposent, en pratique, une rente viagère et non certaine (PEA après 8 ans, plan d'épargne retraite populaire, PERCO...). On se cale sur des tables de mortalité qui fournissent des probabilités de survie, après la période de cotisation (épargne/capitalisation) ou à un certain âge, ce qui revient au même en définitive. Des pourcentages sont ainsi déterminés pour différents taux techniques (rémunération du capital) ; ceux-ci sont ensuite appliqués à la sortie alternative en capital pour obtenir la rente viagère. Nous avons consacré toute une section à ce sujet dans la partie méthodologique de ce chapitre (voir section 2.6) et, sur ce thème, un exemple a été pris.

Mais revenons à notre exercice et écrivons l'égalité actuarielle qui fournit la rente mensuelle constante de début de période (R) en admettant une espérance de vie de 10 ans (durée certaine pour la livraison du revenu) :

$$100\,000 = R\sum_{t=0}^{119}(1+i_k)^{-t} = R\left[\frac{(1+i_k) - (1+i_k)^{-119}}{i_k}\right]$$

Avec $i_k = 1{,}040604^{1/12} - 1 = 0{,}3322\,\%$: $R = 1\,008{,}46$ €

d. Cas d'une rente qui augmente tous les ans de 3 % :

La sortie en capital (100 000 €) doit être équivalente à la valeur actualisée de toutes les rentes postérieures, en progression de 3 % par an pendant 10 ans. Le revenu de la première année étant noté R_1, on peut poser :

$$100\,000 = \left[R_1 \sum_{t=0}^{11} (1+i_k)^t\right]\left[\sum_{t=0}^{9}\left(\frac{1+g}{1+i}\right)^t\right]$$

$$= R_1\left[\frac{(1+i_k)-(1+i_k)^{-11}}{i_k}\right]\left[\frac{1-\left(\frac{1+g}{1+i}\right)^{10}}{\frac{i-g}{1+i}}\right]$$

En remplaçant chaque symbole de taux par sa valeur, et après calculs, on obtient le montant de la rente mensuelle de la première année (R_1). Pour connaître, ensuite, le revenu de la dernière année (R_{10}), il suffit d'appliquer l'augmentation annuelle g prévue, d'où les deux résultats suivants :

$$R_1 = \frac{100\,000}{\left[\frac{(1{,}003322)-(1{,}003322)^{-11}}{0{,}003322}\right]\left[\frac{1-\left(\frac{1{,}03}{1{,}040604}\right)^{10}}{\frac{0{,}040604-0{,}03}{1{,}040604}}\right]} = 888{,}26 \text{ €}$$

$$R_{10} = R_1(1+g)^9 = 888{,}26(1{,}03)^9 = 1158{,}98 \text{ €}$$

7. La contrainte d'un équilibre financier entre flux entrant (dépense initiale d'acquisition évitée) et flux sortants (loyers et valeur résiduelle) nous autorise à poser l'égalité ci-après :

$$45\,500 = 7\,000 + 560\sum_{t=1}^{36}(1+i_k)^{-t} + 25\,200(1+i_k)^{-36}$$

$$= 7\,000 + 560\left[\frac{1-(1+i_k)^{-36}}{i_k}\right] + 25\,200(1+i_k)^{-36}$$

Dans cette équation, la variable i_k est l'inconnue (coût du financement sur un pas mensuel).

Pour répondre à la question posée, inutile de résoudre le polynôme ci-dessus. Il suffit de tester un taux de 10 %. On voit, ensuite, ce que cela donne en ayant à l'esprit que la valeur actualisée diminue (augmente) au fur et à mesure que le taux de pénalisation des flux futurs augmente (diminue).

Si avec 10 % par an, soit 0,7974 % par mois (taux équivalent), la valeur actualisée des contreparties (sorties de trésorerie consécutives au contrat) est supérieure à 45 500 €, alors le coût du financement se situe, forcément, au-delà de 10 %. En revanche, dans le cas contraire, le coût du financement serait inférieur à 10 %.

Avec un taux mensuel de 0,7974 %, la valeur présente (*VPR*) des loyers et de la valeur résiduelle s'établit à :

$$VPR = 7\,000 + 560\left[\frac{1-(1{,}007974)^{-36}}{0{,}007974}\right] + 25\,200(1{,}007974)^{-36} = 43\,397{,}69\ €$$

La valeur actualisée des sorties selon un taux annuel de 10 % étant inférieure au prix de la berline (45 500 €), le financement proposé par LBC a un coût situé au-dessous de la barre des 10 %.

En procédant par approximations successives et, ensuite, par interpolation linéaire sur la courbe convexe décroissante, représentant la forme graphique de la relation entre valeur présente et taux d'intérêt, on trouve un coût actuariel de 0,59 % par mois, c'est-à-dire 7,32 % à l'échelle de l'année. L'utilisation d'un logiciel du type Excel ou d'une calculatrice financière (HP 17B, Texas Instruments BAII Plus, Casio FC-200V…) donne une réponse instantanée.

En conséquence, la société BCN peut accepter la proposition de l'établissement financier LBC.

8. Il nous faut tout d'abord estimer la diminution annuelle, supposée constante, de la valeur de la rente. Notons b cette consommation annuelle sous forme de taux. Celle-ci est solution de :

$$(1+b)^{10} = (1-0{,}9437) = 0{,}0563 \quad \Rightarrow b = (0{,}0563)^{1/10} - 1 = -25\ \%$$

La valeur de la marque (*QAM*) est l'équivalent actuel de la série des avantages comparatifs, en diminution annuelle de 25 %, et de la rente perpétuelle constante à compter de la fin de la 10ᵉ année.

Si i désigne le taux d'actualisation, *QAM* est le résultat du calcul suivant :

$$QAM = 1\,200\sum_{t=1}^{10}\left(\frac{1+b}{1+i}\right)^{t} + \left(\frac{1\,200\times 0{,}0563}{i}\right)(1+i)^{-10}$$

$$QAM = 1\,200\left[\left(\frac{1+b}{i-b}\right)\left(1-\left(\frac{1+b}{1+i}\right)^{10}\right)\right] + \left(\frac{67{,}56}{0{,}1}\right)(1{,}1)^{-10}$$

$$QAM = 1\,200\left[\left(\frac{0{,}75}{0{,}35}\right)\left(1-\left(\frac{0{,}75}{1{,}1}\right)^{10}\right)\right] + \left(\frac{67{,}56}{0{,}1}\right)(1{,}1)^{-10} = 2\,776{,}1\ \text{K€}$$

Chapitre 2
Les lois financières sur l'amortissement des emprunts

Les connaissances acquises dans ce chapitre permettront au lecteur de :

1. Savoir amortir des emprunts *indivis* par annuités constantes, progressives ou dégressives.
2. Comprendre et appliquer des lois sur le remboursement du principal et le service des intérêts pour toutes sortes d'emprunts *indivis*.
3. Calculer des paiements ponctuels et cumulés, de capital et d'intérêts, sans faire un tableau d'amortissement.
4. Savoir amortir des emprunts *divis* (émission d'obligations).

L'amortissement des emprunts, quels que soient ses procédés, fait l'objet de règles pour lesquelles des lois sont mathématiquement déductibles. L'amortissement temporel de capitaux empruntés est par conséquent une application directe de l'actualisation. L'emprunt *indivis* et l'émission d'obligations sont concernés par cette opération financière qui repose sur un équilibre actuariel des flux entrants et sortants pour les parties prenantes.

Sans que l'on ait à dérouler la totalité du tableau d'amortissement, les techniques financières de fragmentation des échéances délivrent des formules synthétiques commodes à utiliser et pratiques en gestion d'entreprise. On peut ainsi, par anticipation, évaluer l'impact du remboursement des capitaux empruntés et du service de la dette (intérêts) sur les besoins à long terme, le résultat net, la capacité d'autofinancement (CAF), voire la probabilité de défaut. Cette défection possible du débiteur se mesure par le risque que la trésorerie d'exploitation générée par l'activité sociale devienne inférieure aux engagements contractuels (capital amorti et frais financiers).

Les formules issues des lois financières sont aussi programmables pour la mise au point de calculateurs intégrant le plus grand nombre de variables influentes possibles, y compris la gestion de dates, pour les échéances, et les différés d'amortissement, sur le capital seulement ou le total des paiements. C'est spécialement le cas pour les emprunts *indivis* vis-à-vis desquels l'application des règles proposées donne rapidement les paiements cumulés de capital et d'intérêts ou encore le restant dû de n'importe quelle ligne du tableau d'amortissement. Cette dernière information ponctuelle est une donnée pratique lorsque se pose le problème d'un rachat ou d'une renégociation de prêt.

La livraison de ces résultats est possible quel que soit le type d'amortissement financier, la périodicité des paiements ou encore le profil des échéances (constantes, progressives et dégressives). On trouvera, par exemple, dans ce chapitre, un mécanisme d'amortissement d'emprunt dans un contexte d'engagements contractuels graduels de nature à rendre accessibles des prêts relativement onéreux.

En définitive, une entreprise qui s'endette a le choix entre deux procédures principales d'engagement. La forme la plus courante est l'emprunt *indivis* qui entraîne une relation contractuelle de dépendance de l'emprunteur à l'égard d'un seul prêteur, la banque ou l'organisme financier spécialisé dans l'octroi de crédits. Mais une entreprise, surtout quand elle a la surface financière suffisante, peut également s'adresser à l'épargne publique et procéder à une émission d'obligations. L'emprunt est alors qualifié de *divis* et l'entreprise se retrouve redevable envers une « infinité » de prêteurs qualifiés d'obligataires. En pratique, le nombre de créanciers dépend largement du montant unitaire de chaque obligation compris entre 500 € et 100 000 € (coupure des obligations Areva émises en 2014, par exemple). Ces valeurs faciales ne concernent pas le financement à long terme de l'État par des OAT (obligations assimilables du Trésor) dont la valeur nominale est de 1 €.

Les obligations émises par les entreprises, les institutions financières et l'État sont remboursables au terme de la durée de l'emprunt, par fractions égales de capital et par annuités constantes. Dans ces deux derniers cas, un mécanisme de tirage au sort peut servir à éteindre temporellement les obligations. Ce système aléatoire génère des probabilités de remboursement l'année t, pour des dates suivantes, d'après le nombre d'obligations encore vivantes au moment où sont effectués les calculs d'occurrence.

Nous examinons tout d'abord les emprunts *indivis*, plus ouverts aux opérateurs économiques et seule voie possible d'endettement pour les particuliers (crédits immobiliers, crédits auto, crédits personnels...). L'amortissement des emprunts obligataires à taux fixe est examiné ensuite. En France, les obligations à taux fixe, émises très largement par des entités du secteur public et par l'État, dépassent de très loin les autres formes de titres de créances négociables, notamment les émissions à taux variable. C'est encore plus vrai en période de taux d'intérêt faibles[13].

1. Le cas des emprunts *indivis*

À la manière des titres obligataires, les emprunts *indivis* font l'objet d'un amortissement d'après trois procédés dont les deux premiers sont les plus fréquents : le remboursement par annuités constantes de capital et d'intérêts, le remboursement par parts égales de capital et l'extinction de la dette en une seule fois au terme du prêt. Cette dernière option peut être perçue comme un moyen de maximiser les économies fiscales sur intérêts dans la mesure où de telles charges financières sont, sur toute la durée du prêt, les plus fortes possibles car systématiquement calculées sur le capital initialement emprunté. Pour le redevable, la contrainte ou le risque du remboursement *in fine* du capital réside dans le nécessaire provisionnement de l'acquittement du capital dû par des versements récurrents sur un produit d'épargne. Il y a donc très peu de technicité concernant cette formule de remboursement d'un emprunt. Nous n'en parlerons pas davantage. Seules les deux premières techniques d'amortissement d'un emprunt *indivis* nous obligent à des calculs plus ou moins complexes pour déterminer rapidement des agrégats, de capital et d'intérêts, sur une ou plusieurs périodes, et des soldes (restants dûs) ponctuels.

En règle générale, les annuités de remboursement sont calculées en utilisant un taux d'intérêt unique. C'est celui stipulé dans le contrat d'emprunt. Il correspond au rendement actuariel brut pour le prêteur. On peut aussi imaginer un échéancier de paiements chiffrés au moyen de taux d'intérêt différents par paliers pluriannuels. Dans ces

13. Les principales catégories d'obligations sont présentées au chapitre 3.

conditions, le taux d'intérêt de la dernière fenêtre des règlements a pour vocation de permettre au prêteur d'obtenir le rendement actuariel demandé. Un tel schéma est parfois incontournable, spécialement en situation de forte inflation ou quand le futur débiteur veut réduire fortement les premières annuités de l'emprunt à très long terme.

Nous donnons maintenant plus de détails techniques sur les lois d'amortissement des emprunts éteints par des flux constants ou variables de capital et d'intérêts. La variabilité des échéances peut apparaître comme la simple conséquence d'un amortissement par portions constantes de capital remboursé. La reconstitution de ces lois, adossées à des suites numériques, permet de déterminer des paiements agrégés, de capital et d'intérêts, ou de connaître une ligne quelconque du tableau d'amortissement sans avoir à montrer tout l'échéancier. La détermination de flux agrégés est très utile lorsqu'il faut présenter des états prévisionnels, spécialement lors de la préparation du *business plan* de l'entreprise qui oblige à anticiper la CAF et les besoins structurels.

1.1. L'amortissement par annuités constantes

C'est la procédure la plus courante d'amortissement financier des emprunts *indivis*. Elle consiste à supporter des annuités égales formées de capital et d'intérêts.

1.1.1. La formule de l'annuité et ses variables interdépendantes

Considérons que E désigne le capital emprunté, n la durée du prêt en nombre d'années, k le nombre d'échéances à l'intérieur de l'année et i le taux d'intérêt. Avec ces symboles, la contrainte financière périodique pour l'emprunteur, notée a_t, est déductible de l'application du principe de l'égalité des valeurs actuelles des engagements réciproques. Le prêteur s'engage à livrer E et, en contrepartie, l'emprunteur est tenu de reconstituer ce qu'il a reçu par l'intermédiaire d'une chronique de versements futurs. Ce flux de sorties dépend du capital reçu, de la durée de l'emprunt et de la demande contractuelle en matière de taux d'intérêt. Par voie de conséquence, on peut poser :

$$E = \sum_{t=0}^{nk} a_t (1 + i_k)^{-t} \text{ , avec } nk = n \times k$$

Bien que, dans le cadre de leur activité de prêteurs, les banques transforment les taux annuels en taux proportionnels, pour obtenir chacune des k échéances de l'année, tous les calculs de ce chapitre sont effectués à l'aide de taux équivalents, plus rigoureux. Autrement dit, i_k n'est pas obtenu en divisant i par k mais en ayant recours à la règle ci-après qui livre, ultérieurement, au bout d'un an par exemple, la même quantité d'intérêts quelle que soit la fréquence des capitalisations. Rappelons cette relation entre taux annuel i et taux périodiques i_k équivalents :

$$i_k = (1 + i)^{1/k} - 1 \text{ ; } i = (1 + i_k)^k - 1$$

Les contreparties a_t contiennent essentiellement du capital et des intérêts. Mais, en pratique et sur le crédit proprement dit, le prêteur fait supporter à l'emprunteur des frais en sus des intérêts (constitution du dossier, garanties...) qui impactent le coût actuariel du financement au même titre que les sorties de trésorerie pour couverture de risques à la personne (assurances). Hors considération de ces frais additionnels, les annuités de capital et d'intérêts (a_t) sont habituellement des flux de terme échu, constants plus souvent que soumis à des variations temporelles.

Dans le cas, plus fréquent donc, d'annuités constantes (a), celles-ci sont calculées en corrigeant l'égalité générique précédente comme suit :

$$E = \sum_{t=1}^{nk} a(1+i_k)^{-t} \quad \Rightarrow a = E\left[\frac{i_k}{1-(1+i_k)^{-nk}}\right]$$

1.1.2. Application pratique

Un emprunt de 50 000 €, au taux annuel de 4,887 %, amortissable sur 8 ans par échéances trimestrielles constantes, entraîne 32 annuités récurrentes de 1 890,90 € chacune. Ces flux sortants, pour l'emprunteur, sont obtenus avec un taux périodique, arrondi à deux décimales, de 1,20 %. En effet :

$$a = E\left[\frac{i_k}{1-(1+i_k)^{-nk}}\right] = 50\,000\left[\frac{0{,}012}{1-(1{,}012)^{-32}}\right] = 1\,890{,}90\text{ €}$$

Dans la réalité, il peut arriver que la première échéance ne soit pas décalée de la longueur normale du pas (mois, trimestre, semestre…), en raison d'une date de déblocage des fonds postérieure au début du terme choisi (jour). Si c'est le cas, cette toute première annuité est inférieure aux autres car elle doit contenir une quantité moindre d'intérêts. Supposons que la longueur du premier terme soit égale à 2/3 de la durée normale de la période. Par exemple, l'emprunt est débloqué le 14 janvier 2016 et les dates de débit en compte, pour l'emprunteur, sont fixées au 15 de chaque fin de trimestre (15 mars 2016, 15 juin 2016, 15 septembre 2016 et 15 décembre 2016 pour les tout premiers flux). L'annuité du 15 mars 2016 aurait été identique à toutes les suivantes (a) si le capital avait été emprunté le 15 décembre 2015, ce qui n'est pas le cas. Par conséquent, la toute première annuité, notons-là a_1, est mathématiquement solution de l'égalité financière suivante :

$$E = a_1(1+i_k)^{(-2/3)} + a(1+i_k)^{(-2/3)-1} + \ldots + a(1+i_k)^{(-2/3)-31}$$

$$E = a_1(1+i_k)^{-2/3} + (1+i_k)^{-2/3} a\sum_{t=1}^{31}(1+i_k)^{-t}$$

En multipliant les deux termes de l'égalité ci-dessus par $(1 + i_k)^{2/3}$ et après avoir arrangé, il vient :

$$a_1 = E(1+i_k)^{2/3} - a\sum_{t=1}^{31}(1+i_k)^{-t} = E(1+i_k)^{2/3} - a\left(\frac{1-(1+i_k)^{-31}}{i_k}\right)$$

$$a_1 = 50\,000(1{,}012)^{2/3} - 1890{,}9\left(\frac{1-(1{,}012)^{-31}}{0{,}012}\right) = 1\,690{,}1\text{ €}$$

Cette annuité (1 690,1 €) aurait pu être mesurée d'une autre manière en ajoutant au capital amorti la première fois, qui est toujours le même, des intérêts calculés au *prorata* (voir détails plus loin).

1.1.3. Mise en évidence d'une loi d'amortissement

Plus généralement, chacune des annuités (échéances) de l'emprunt est fractionnable en part correspondant à du capital et en quantité d'intérêts. Nous montrons, ci-après, que le capital varie suivant une progression géométrique croissante de raison $(1 + i_k)$ de telle sorte qu'il est facile de procéder à des regroupements de paiements futurs, s'agissant de principal (résonance sur la dette du bilan) ou d'intérêts (impact sur le résultat net et la capacité d'autofinancement).

À l'aide de la construction progressive résumée dans le tableau 2.1, nous vérifions effectivement cette loi d'amortissement.

Pour bien comprendre le contenu de ce tableau 2.1, il est nécessaire de rappeler les principes techniques élémentaires à l'origine du chiffrage des intérêts, du capital et du solde (restant dû). Les intérêts se calculent toujours sur le capital restant dû de fin de période précédente. C'est ainsi que, pour la ligne 1 du tableau d'amortissement, la charge financière est le produit du capital initialement emprunté (E) par le taux d'intérêt (i_k), hors considération d'un *prorata* éventuel pour le calcul du premier terme (voir plus haut) ; le complément à l'annuité constante (a) correspond nécessairement au capital amorti[14]. Quant au solde de la première ligne, il est obtenu en déduisant ce capital amorti de l'emprunt E. Pour les lignes suivantes, notamment pour une ligne quelconque l, les intérêts sont tout d'abord déterminés *via* le solde du terme précédent $(l - 1)$ et, par déduction, sont calculés la part de capital dans l'échéance courante et le nouveau restant dû.

On s'aperçoit (voir tableau 2.1) que la caractéristique principale de la loi d'amortissement porte bien sur le capital remboursé. Celui-ci varie suivant une progression géométrique croissante de raison $(1 + i_k)$. Les calculs ayant été effectués avec des taux périodiques équivalents à des taux annuels, et non avec des taux proportionnels, la somme des paiements en capital, à l'échelle de l'année, se comporte, elle aussi, comme une suite géométrique ayant pour raison $(1 + i)$. Nous l'avons souligné à plusieurs reprises, une telle propriété permet de déterminer commodément des paiements agrégés de capital et de déduire, ensuite, des paiements cumulés d'intérêts puisque les annuités sont constantes.

14. Le capital amorti de la ligne 1 est indépendant de l'éloignement de la première échéance. Quelle que soit la longueur du pas numéro 1 (étendue de la période au terme de laquelle le débiteur sera prélevé pour la première fois), le capital amorti est égal à $(a - Ei_k)$.

Tableau 2.1 – Loi d'amortissement d'un emprunt à éteindre par annuités constantes de capital et d'intérêts[a]

Ligne	Intérêts	Capital	Restant dû (solde)
1	Ei_k	$a - Ei_k$	$E - (a - Ei_k) = E(1 + i_k) - a$
2	$\left[E - (a - Ei_k)\right]i_k$	$a - \left[E - (a - Ei_k)\right]i_k =$ $(a - Ei_k)(1 + i_k)$	$E - \left[1 + i\right]$ $\left[(a - Ei_k) + (a - Ei_k)(1 + i_k)\right]$ $= E(1 + i_k)^2 - a\sum_{t=0}^{1}(1 + i_k)^t$
⋮	⋮	⋮	⋮
l	$a -$ $\left[(a - Ei_k)(1 + i_k)^{l-1}\right]$	$(a - Ei_k)(1 + i_k)^{l-1}$	$E - \left[(a - Ei_k)\sum_{t=0}^{l-1}(1 + i_k)^t\right]$ $= E(1 + i_k)^l - a\sum_{t=0}^{l-1}(1 + i_k)^t$
⋮	⋮	⋮	⋮
nk	$a -$ $\left[(a - Ei_k)(1 + i_k)^{nk-1}\right]$	$(a - Ei_k)(1 + i_k)^{nk-1}$	$E - \left[(a - Ei_k)\sum_{t=0}^{nk-1}(1 + i_k)^t\right] =$ $E(1 + i_k)^{nk} - a\sum_{t=0}^{nk-1}(1 + i_k)^t = 0$

a. l est une ligne intermédiaire et nk le nombre total de lignes du tableau d'amortissement. Si k est égal à 1, les échéances sont annuelles et leur décomposition, en capital et intérêts, se fait également sur un pas annuel ; autrement dit, nk devient le nombre d'années (n) et i_k s'identifie au taux d'intérêt annuel (i). Les formules de ce tableau ont par conséquent une valeur très générale.

1.1.4. Les formules extraites de la loi d'amortissement

Selon le tableau explicatif 2.1, la somme des paiements en capital, de la ligne 1 à la ligne l, et le total correspondant d'intérêts sont obtenus en effectuant les deux calculs suivants :

$$\text{Total capital remboursé} = \left[\left(a - Ei_k\right)\sum_{t=0}^{l-1}(1 + i_k)^t\right] = \left(a - Ei_k\right)\left(\frac{\left(1 + i_k\right)^l - 1}{i_k}\right)$$

$$\text{Total intérêts à payer} = \left(l \times a\right) - \left[\left(a - Ei_k\right)\left(\frac{\left(1 + i_k\right)^l - 1}{i_k}\right)\right]$$

Complétons ces résultats en ajoutant que si la totalité des paiements en capital est calculable facilement (voir ci-dessus), il en va de même pour ce qui concerne le solde. Le restant dû correspond, en définitive, à la différence entre, d'une part, la valeur de l'emprunt à la date de détermination du solde et, d'autre part, la valeur capitalisée, au même moment, des annuités déjà honorées (voir, dernière colonne du tableau 2.1, seconde formule). Cette règle s'applique quel que soit le profil des annuités de l'emprunt, que celles-ci soient constantes, progressives ou dégressives. Nous revenons, plus loin dans ce chapitre, sur le procédé de calcul d'un capital restant dû avec des exemples concrets et très variés d'amortissement financier.

Un rappel concernant le calcul des intérêts de la ligne 1 du tableau 2.1. Le produit $E \times i_k$ donne la quantité exacte d'intérêts de la première échéance (terme plein) si celle-ci a la longueur normale du pas (mois, bimestre, trimestre...). Dans l'exemple précédent, relatif à l'emprunt de 50 000 €, pour lequel la première marche aurait pu représenter 2/3 du terme normal (trimestre), les intérêts sont à calculer en prenant un taux réduit équivalent, soit $(1 + i_k)^{2/3} - 1$ ce qui donne 0,7984 %. Sous cette hypothèse de proportion, les intérêts de la ligne 1 s'élèveraient à 399,2 €. Si ces 399,2 € d'intérêts sont ajoutés au capital amorti égal à $(a - Ei_k)$, soit 1 290,9 €, on retrouve bien l'annuité a_1 calculée précédemment, qui est de 1 690,1 €. En situation de *prorata* pour le calcul des intérêts du terme 1, la première annuité est donc chiffrable de deux façons différentes.

1.1.5. Exemples concrets

Prenons maintenant deux exemples pour montrer l'intérêt pratique de cette loi d'amortissement.

Annuités constantes

L'application numérique précédente, portant sur l'emprunt de 50 000 €, pour lequel l'annuité constante est de 1 890,9 €, est utilisable pour de nouvelles illustrations. On peut notamment chercher à savoir dans quelle mesure exacte le résultat comptable de la société emprunteuse sera touché du fait de cette dette et quel sera l'impact de l'engagement nouveau sur les besoins structurels futurs de l'entreprise logés dans la partie haute du bilan. Effectuons ces calculs pour la première année suivant l'octroi du crédit.

Le total des échéances annuelles se monte à ka $(k \times a)$, quelle que soit l'année et hors remarque spécifique sur les intérêts de la première année (voir plus haut). Pour notre exemple, cela représente 7 563,6 € (4 × 1 890,9 €).

Concernant la requête relative à la somme des paiements en capital de la première année (lignes 1 à 4 du tableau), elle est satisfaite par le calcul suivant :

$$(a - Ei_k)\sum_{t=0}^{3}(1 + i_k)^t = (1\,890{,}9 - 50\,000 \times 0{,}012)\left(\frac{1{,}012^{\,4} - 1}{0{,}012}\right) = 5\,257{,}3\ €$$

Par déduction, le total des intérêts payables la première année est la partie complémentaire à ka, c'est-à-dire 2 306,3 € (7 563,6 – 5 257,3).

Si le taux d'impôt est de 33 1/3 % (1/3), la société ayant emprunté verra son bénéfice net comptable diminuer de 1 537,5 € la première année (2 306,3 × 2/3). Elle devra, par ailleurs, prévoir dans son *business plan* un besoin additionnel de 5 257,3 € (amortissement financier), à financer par des ressources stratégiques. Celles-ci peuvent être représentées par un excédent excessif du fonds de roulement (FR) sur le besoin en fonds de roulement (BFR) indiquant de la trésorerie disponible, par de la capacité d'autofinancement (CAF), par de nouveaux emprunts ou encore par des moyens en provenance d'une variation externe de capitaux propres.

Plus ponctuellement, les formules du tableau 2.1 nous donnent, pour n'importe quelle échéance trimestrielle de l'emprunt de 50 000 €, le capital à rembourser, la charge financière (intérêts) et le restant dû. Par exemple, au bout d'un an ($l = 4$), ces quantités sont les suivantes :

$$\text{Capital} = (a - Ei_k)(1 + i_k)^3 = (1\,890{,}9 - 600)(1{,}012)^3 = 1\,337{,}9 \text{ €}$$

$$\text{Intérêts} = 1\,890{,}9 - 1\,337{,}9 = 553{,}0 \text{ €}$$

$$\text{Solde} = E - (a - Ei_k)\sum_{t=0}^{3}(1 + i_k)^t = 50\,000 - \left[(1\,890{,}9 - 600)\left(\frac{1{,}012^4 - 1}{0{,}012}\right)\right]$$
$$= 44\,742{,}7 \text{ €}$$

On remarquera que la différence entre 50 000 € et le solde au bout d'un an qui vient d'être trouvé (44 742,7 €) correspond bien à la totalité des paiements en capital de la première année calculée d'une autre manière (5 257,3 € ; voir ci-dessus). Ajoutons que le solde de 44 742,7 € est également la différence entre, d'une part, la valeur de l'emprunt initial au bout d'un an et, d'autre part, la valeur capitalisée des annuités à la même date (voir tableau 2.1). Effectivement :

$$50\,000(1 + i) - a\sum_{t=0}^{3}(1 + i_k)^t = 50\,000(1{,}04887) - 1\,890{,}9\left(\frac{1{,}012^4 - 1}{0{,}012}\right) = 44\,742{,}7 \text{ €}$$

Annuités variables (augmentation annuelle)

On pourrait imaginer un schéma d'amortissement de l'emprunt (E) reposant sur des annuités constantes sur chaque palier annuel mais variant d'une année sur l'autre selon un taux constant g.

Si a_1 désigne uniquement l'annuité constante de la première année (terme échu), celle-ci doit, conformément à une démonstration précédente, satisfaire l'égalité qui suit en situation de rémunération uniforme sur toute la durée du prêt :

$$E = \left[a_1\sum_{t=1}^{k}(1 + i_k)^{-t}\right]\left[\sum_{t=0}^{n-1}\left(\frac{1+g}{1+i}\right)^t\right]$$

$$a_1 = \frac{E}{\left[\sum_{t=1}^{k}(1 + i_k)^{-t}\right]\left[\sum_{t=0}^{n-1}\left(\frac{1+g}{1+i}\right)^t\right]} = \frac{E}{\left(\frac{1-(1+i_k)^{-k}}{i_k}\right)\left[\frac{1-\left(\frac{1+g}{1+i}\right)^n}{\left(\frac{i-g}{1+i}\right)}\right]}$$

Les échéances des années suivantes sont faciles à calculer car nous savons qu'elles varient suivant un taux constant g. C'est ainsi que pour la dernière année, par exemple, chacune des k échéances vaut $a_1(1 + g)^{n-1}$.

Appliquons la formule qui vient d'être présentée à l'emprunt de 50 000 € en retenant l'hypothèse d'une augmentation annuelle des échéances de 6 %. Cela donne pour l'annuité de la première année :

$$a_1 = \frac{E}{\left(\frac{1-(1+i_k)^{-k}}{i_k}\right)\left[\frac{1-\left(\frac{1+g}{1+i}\right)^n}{\left(\frac{i-g}{1+i}\right)}\right]} = \frac{50\,000}{\left(\frac{1-(1{,}012)^{-4}}{0{,}012}\right)\left[\frac{1-\left(\frac{1{,}06}{1{,}04887}\right)^8}{\left(\frac{0{,}04887-0{,}06}{1{,}04887}\right)}\right]} = 1\ 550{,}82\ €$$

Ce flux, décomposable en capital et intérêts, selon la même technique que précédemment, augmente tous les ans de 6 %. L'annuité de la dernière année est par conséquent égale à 1 550,82 × $1{,}06^7$, soit 2 331,86 €.

Par ailleurs, et en accord avec un résultat déjà livré lors de la présentation du tableau 2.1 (voir plus haut), il est également possible de connaître à l'avance le restant dû de n'importe quel terme annuel en situation d'échéances progressives. Cette contrainte financière résiduelle représente la différence entre deux valeurs futures calculées au moment de la mesure du solde. La première valeur se rapporte à l'emprunt et la seconde aux paiements déjà effectués de capital et d'intérêts. On peut, par exemple, déterminer rapidement le solde au bout de 4 ans (RD_4), soit à mi-parcours de cet emprunt de 50 000 €, sans faire le tableau d'amortissement. Ce restant dû après quatre séries annuelles d'échéances trimestrielles, en progression de 6 % par an, s'obtient en effectuant le calcul ci-après déduit du principe formalisé sur la dernière colonne du tableau 2.1 (seconde formule) :

$$RD_4 = \left[E(1+i)^4\right] - \left[a_1 \sum_{t=0}^{k-1}(1+i_k)^t \left((1+i)^3 \sum_{t=0}^{4-1}\left(\frac{1+g}{1+i}\right)^t\right)\right]$$

Après développement :

$$RD_4 = \left[50000(1{,}04887)^4\right] - \left[1\,550{,}82\left(\frac{1{,}012^4-1}{0{,}012}\right)\left(\left(1{,}04887^3\right)\frac{1-\left(\frac{1{,}06}{1{,}04887}\right)^4}{\left(\frac{0{,}04887-0{,}06}{1{,}04887}\right)}\right)\right]$$

$$RD_4 = 30\,895{,}72\ €$$

On reviendra sur cette procédure générale de calcul d'un solde, d'après les valeurs capitalisées de l'emprunt et des annuités, à la date de mesure du restant dû, avec d'autres exemples ou applications concrètes (voir plus loin).

1.2. L'amortissement par fractions constantes de capital

1.2.1. La loi d'amortissement

Selon cette procédure d'extinction de la dette, la quote-part de remboursement du principal est constante et, par conséquent, les intérêts tout comme l'échéance totale suivent une progression arithmétique décroissante[15].

Le tableau 2.2 explique et rassemble les formules de calcul des annuités décomposées en capital et intérêts. On voit bien que la raison de la suite arithmétique (q) est le produit de la fraction de capital remboursée par le taux d'intérêt, c'est-à-dire $\frac{E}{nk} \times i_k$.

Tableau 2.2 – Loi d'amortissement d'un emprunt remboursable par portions constantes de capital[a]

Ligne	Intérêts	Capital	Montant total de l'échéance	Solde
1	Ei_k	$\frac{E}{nk}$	$\left(\frac{E}{nk} + Ei_k\right)$	$E - \left[1(\frac{E}{nk})\right]$
2	$Ei_{ik} - \left[\frac{E}{nk} i_k\right]$	$\frac{E}{nk}$	$\left(\frac{E}{nk} + Ei_k\right) - \left[\frac{E}{nk} i_k\right]$	$E - \left[2(\frac{E}{nk})\right]$
$\vdots$	$\vdots$	$\vdots$	$\vdots$	$\vdots$
l	$Ei_{ik} - \left[(l-1)\left(\frac{E}{nk} i_k\right)\right]$	$\frac{E}{nk}$	$\left(\frac{E}{nk} + Ei_k\right) - \left[(l-1)\frac{E}{nk} i_k\right]$	$E - \left[l(\frac{E}{nk})\right]$
$\vdots$	$\vdots$	$\vdots$	$\vdots$	$\vdots$
nk	$Ei_{ik} - \left[(nk-1)\left(\frac{E}{nk} i_k\right)\right]$	$\frac{E}{nk}$	$\left(\frac{E}{nk} + Ei_k\right) - \left[(nk-1)\frac{E}{nk} i_k\right]$	$E - \left[nk(\frac{E}{nk})\right] = 0$

a. *l* est une ligne intermédiaire et *nk* le nombre total de lignes du tableau d'amortissement.

Comme pour la loi précédente d'amortissement, par annuités constantes, la connaissance des formules de ce tableau permet d'arriver très vite vers des points d'information ponctuels. Il est également possible d'obtenir rapidement des paiements agrégés, de capital et d'intérêts, se rapportant à des intervalles de temps.

1.2.2. Exemple

Appliquons une nouvelle fois les résultats trouvés (matrice des formules rassemblées dans le tableau 2.2) à un exemple.

Considérons que l'emprunt qui nous a servi auparavant de support (50 000 €) soit en fait remboursable par fractions constantes de capital seulement, sur la même durée (8 ans), la même fréquence (trimestre) et le même taux (1,2 % sur un pas trimestriel). Calculons,

15. Rappelons que $\frac{n(a+l)}{2}$ donne la somme des termes d'une progression arithmétique (*SPA* ; voir chapitre 1). Dans cette formule, n, a et l représentent, dans l'ordre, le nombre de termes, le premier terme et le dernier terme de la suite.

pour ces conditions, la totalité des paiements en capital et intérêts de la première année (lignes 1 à 4 du tableau d'amortissement).

Ligne 1 :

$$\text{Capital} = \frac{E}{nk} = \frac{50\,000}{32} = 1\,562{,}5\ €$$

$$\text{Intérêts} = Ei_k = 600\ €$$

$$\text{Échéance (montant de l'annuité)} = \frac{E}{nk} + Ei_k = 2\,162{,}5\ €$$

$$\text{Solde ou restant dû} = E - \frac{E}{nk} = 48\,437{,}5\ €$$

Ligne 4 :

$$\text{Capital} = \frac{E}{nk} = \frac{50\,000}{32} = 1\,562{,}5\ €$$

$$\text{Intérêts} = Ei_k - (3q) = Ei_k - \left(3\frac{E}{nk}i_k\right) = 600 - 3(18{,}75) = 543{,}75\ €$$

$$\text{Échéance} = \frac{E}{nk} + (Ei_k - 3q) = 1562{,}5 + 543{,}75 = 2\,106{,}25\ €$$

$$\text{Solde} = E - \left(4\frac{E}{nk}\right) = 43\,750\ €$$

Paiements agrégés de la première année (somme des quatre premiers termes de la suite) :

$$\text{Capital} = 4 \times 1\,562{,}5 = 6\,250\ €$$

$$\text{Intérêts} = \frac{4(600 + 543{,}75)}{2} = 2\,287{,}50\ €$$

$$\text{Annuités} = 6\,250 + 2\,287{,}50 = \frac{4(2\,162{,}5 + 2\,106{,}25)}{2} = 8\,537{,}50\ €$$

1.3. Les différés d'amortissement

Outre la remarque pratique portant sur la première échéance de l'emprunt, qui entraîne un calcul d'intérêts au *prorata*, une autre observation utile est à faire. Elle se rapporte à la possibilité d'éteindre la dette moyennant un différé total ou partiel.

1.3.1. Les types de différés

La première forme de décalage sur les sorties de trésorerie consécutives à un emprunt concerne à la fois le capital amorti et les intérêts servis. Autrement dit, pendant une période convenue à l'avance, l'emprunteur ne supporte aucune échéance à l'exception des primes éventuelles d'assurance du prêt. Dans ce cas, les intérêts qu'il aurait dû payer, dits intercalaires, s'ajoutent, par un mécanisme de capitalisation, à l'emprunt initial et c'est un capital majoré qui est à rembourser au terme du différé.

L'autre forme de différé porte uniquement sur le capital. La personne physique ou morale ne supporte que la charge financière de la dette (intérêts intercalaires) pendant la durée du différé et, au terme de cette période, le capital emprunté commence à être remboursé. Dans ce second cas, le tableau complet d'amortissement est tout simplement décalé de la durée du différé. Les sorties de trésorerie sont ainsi étalées sur une période plus longue avec une première séquence de paiements exclusifs d'intérêts.

Revenons sur l'hypothèse la plus fréquente d'amortissement par nk annuités constantes de capital et d'intérêts (voir ci-dessus) et supposons un différé total de D années (Dk périodes élémentaires). Suivant le principe de l'égalité des valeurs actuelles des engagements mutuels, du prêteur et de l'emprunteur, l'annuité constante (a) de terme échu est, dans ce cas, solution de :

$$E = a\sum_{t=Dk+1}^{Dk+nk}(1+i_k)^{-t} = \left(a\sum_{t=1}^{nk}(1+i_k)^{-t}\right)(1+i_k)^{-Dk} = \left(a\sum_{t=1}^{nk}(1+i_k)^{-t}\right)(1+i)^{-D}$$

$$E(1+i)^D = \sum_{t=1}^{nk}a(1+i_k)^{-t} \quad \Rightarrow a = E(1+i)^D\left[\frac{i_k}{1-(1+i_k)^{-nk}}\right]$$

$$Dk = D\times k\ ;\ nk = n\times k\ \ (k = \text{nombre d'échéances par an})$$

On remarquera que cette nouvelle annuité constante est celle de l'emprunt, dont le remboursement n'est pas assorti d'un différé, multiplié par $(1 + i)^D$.

1.3.2. Exemple

Effectuons un retour supplémentaire sur l'emprunt de 50 000 €, amortissable sur 8 ans par 32 échéances trimestrielles constantes, au taux de 1,2 % par terme.

Nous considérons maintenant que l'emprunt est combiné à un différé total de 3 ans. Durant les trois premières années, l'emprunteur ne supporte aucune charge. En revanche, à compter de la fin du premier trimestre suivant le différé, l'échéance trimestrielle passe de 1 890,9 € (voir plus haut) à 2 181,9 € par application de la formule générique ci-dessus. Ce dernier résultat est également obtenu en plaquant sur l'annuité initiale (1 890,9 €) les 3 ans d'intérêts non servis. Vérification :

$$a = E(1+i)^D\left[\frac{i_k}{1-(1+i_k)^{-nk}}\right] = 50\,000(1{,}04887)^3\left[\frac{0{,}012}{1-(1{,}012)^{-32}}\right] = 2\,181{,}9\text{ €}$$

$$2\,181{,}9 = 1\,890{,}9(1{,}04887)^3$$

Si le différé de 3 ans ne concernait que le remboursement du principal, seuls des intérêts intercalaires auraient été payés, à hauteur de 600 € (50 000 × 1,2 %), durant les 12 premiers trimestres (3 × 4). À compter de la fin du 13e trimestre (12 + 1) et jusqu'à la fin du 44e (12 + 32), chaque échéance, faite de capital et d'intérêts, est celle déjà calculée. Pour rappel, celle-ci se monte à 1 890,9 €.

1.4. Forme possible du tableau d'amortissement d'un emprunt en situation de forte inflation ou dans un cadre volontaire d'engagements contractuels graduels

1.4.1. Contexte et principes de l'amortissement par annuités et taux d'intérêt progressifs

Lorsque les taux d'intérêt pratiqués sont très élevés, ce fut le cas en France dans les années 1940 et de 1973 à 1983, la structure du tableau d'amortissement doit prévoir des annuités et des rémunérations progressives[16]. On peut également mettre en place un échéancier de ce type lorsque l'emprunteur préfère des obligations contractuelles fortes mais différées dans le temps, y compris en l'absence de forte inflation. Outre le renforcement progressif du service de la dette et des annuités, le dispositif est également tenu de respecter deux contraintes majeures.

La première se rapporte au ratio de prudence financière pratiquée par la banque en matière d'annuité dont le poids ne doit pas dépasser un certain pourcentage des rentrées prévisibles et récurrentes de l'emprunteur. Par exemple, pour un particulier, l'annuité maximale se situe au voisinage du tiers des revenus répétitifs. La seconde exigence porte sur le choix du taux d'intérêt du premier palier de nature à permettre l'obtention de frais financiers représentant un montant inférieur à l'annuité totale. Cette dernière est dépendante du taux de croissance choisi pour déterminer toute la série temporelle des échéances de capital et d'intérêts (voir ci-dessous).

En période de très forte inflation, le choix d'un taux d'intérêt unique pour l'amortissement d'un emprunt limite les possibilités d'octroi de crédits aux particuliers et aux entreprises parce que l'annuité, de capital et d'intérêts, pourrait s'avérer hors de portée du débiteur. Par exemple, si 14,93 % est une rémunération normale pour une situation donnée de marché ou pour un débiteur particulier souhaitant emprunter 500 K€ sur 12 ans, alors l'échéance trimestrielle s'élèverait à 21,806 K€, si celle-ci devait être constante sur toute la durée du crédit. Mais un tel règlement pourrait apparaître très supérieur aux possibilités de remboursement du crédit-preneur, au moins durant les premières années. Pour surmonter de telles difficultés pratiques, il est possible d'envisager un dispositif de contournement. Il respecte la procédure suivante.

Pour le départ (les toutes premières années), le poids relatif des échéances peut faire l'objet d'une large réduction par la mise en place d'un système de progressivité des paiements. L'introduction d'un échéancier avec des annuités en escalier n'est pas obligatoirement gênante en situation de forte inflation ou lorsque des revenus beaucoup plus importants qu'aujourd'hui sont attendus dans le futur. Le taux de progressivité annuelle des règlements est fonction de la contrainte de prudence retenue (rapport entre le montant de l'échéance et les revenus mis à disposition). Plus forte est la contrainte de prudence financière, plus haute sera la marche de l'escalier.

---

16. Aujourd'hui, l'inflation est très forte dans des pays à large dépendance sectorielle/étatique, en crise économique structurelle ou en développement précaire. C'est le cas, par exemple, en Argentine, au Venezuela, en Iran, au Ghana, en Guinée ou encore en Biélorussie (Belarus).

Mais, revenons à notre application pratique concernant l'emprunt de 500 K€ à 14,93 % et admettons que l'échéance trimestrielle maximale supportable par le débiteur soit de 12,5 K€ la première année. Une telle obligation ne peut être satisfaite avec des annuités constantes (voir plus haut) ni avec le taux d'intérêt requis par le prêteur s'il devait être unique sur 12 ans. En conséquence et pour les premières années, il importe de retenir un moindre taux d'intérêt coordonné avec une progressivité annuelle du paiement trimestriel.

1.4.2. Calcul des annuités du premier palier

Concrètement, la toute première échéance trimestrielle de l'année 1, notée a_{11}, doit être inférieure au produit du capital emprunté E (500 K€ pour cet exemple) par le taux d'intérêt trimestriel retenu. C'est ainsi qu'avec un taux de 10 % par an (i), et donc 2,41 % par trimestre (i_k), l'échéance a_{11} ne doit pas être inférieure à 12,06 K€ ($E \times i_k$), sinon les intérêts compris dans l'annuité sont négatifs. Cela n'est pas possible. Il faut donc, pour commencer le tableau d'amortissement de l'emprunt, choisir une croissance annuelle des versements (g) de telle sorte que cette situation (intérêts négatifs) ne se produise. On vérifie, à partir d'une construction interactive simple sur Excel, que le taux g ne peut être supérieur à 8,25 % pour un intérêt i de 10 %. Avec une marche g de 8 % et par référence à une formule examinée précédemment (voir section 1.1.5), on trouve bien une annuité a_{11} (première année, premier palier) inférieure au plafond fixé en matière de décaissement supportable (12,5 K€)[17]. En effet :

$$a_{11} = \frac{E}{\left[\sum_{t=1}^{k}(1+i_k)^{-t}\right]\left[\sum_{t=0}^{n-1}\left(\frac{1+g}{1+i}\right)^{t}\right]} = \frac{E}{\left(\frac{1-(1+i_k)^{-k}}{i_k}\right)\left[\frac{1-\left(\frac{1+g}{1+i}\right)^{n}}{\left(\frac{i-g}{1+i}\right)}\right]}$$

$$a_{11} = \frac{500}{\left(\frac{1-(1{,}0241)^{-4}}{0{,}0241}\right)\left[\frac{1-\left(\frac{1{,}08}{1{,}1}\right)^{12}}{\left(\frac{0{,}1-0{,}08}{1{,}1}\right)}\right]} = 12{,}20 \text{ K€}$$

Une fois les échéances du début réduites par un système de règlements graduels calculés avec un taux d'intérêt inférieur à 14,93 %, on introduit un deuxième, voire un troisième, palier. Le ou les paliers intermédiaires précèdent une dernière période pluriannuelle durant laquelle les versements acceptés par l'emprunteur ont pour impératif de permettre au prêteur d'atteindre la rémunération requise de 14,93 %.

17. Tout comme pour d'autres applications de cet ouvrage, les calculs sont effectués sur ordinateur et les résultats intermédiaires sont communiqués avec un nombre réduit de décimales. L'utilisation de réponses intermédiaires formatées à quelques décimales seulement peut par conséquent fournir un résultat final très légèrement différent de celui donné qui est le plus juste possible.

année du palier 3 (a_{13}), en augmentation annuelle selon le même taux g de 8 %, est à calculer après avoir déterminé le restant dû réel au terme du palier 2.

Un tel restant dû, financier plutôt que comptable, est celui en mesure d'offrir le rendement actuariel requis de 14,93 %. Il est supérieur à la différence entre, d'une part, l'emprunt initial (500 K€) et, d'autre part, la somme des remboursements en capital[18]. La raison est simple et compréhensible. Sur les 8 premières années, les paiements ont été calculés avec des taux d'intérêt inférieurs (10 % et 12 % au lieu de 14,93 %). Si l'emprunteur voulait, par anticipation, rembourser son prêt au bout de 8 ans, c'est ce restant dû réel ou financier qu'il devrait supporter et non le restant dû « comptable » puisque seul le premier solde permet d'obtenir le taux effectif global de 14,93 %. En conséquence, ce restant dû financier (RDF_2), à la fin du palier 2 (8 ans), doit être en capacité de satisfaire l'égalité fondamentale ci-après :

$$500 = a_{11}\sum_{t=1}^{k}(1+i_k)^{-t}\sum_{t=0}^{n-1}\left(\frac{1+g}{1+i}\right)^t + \left[a_{12}\sum_{t=1}^{k}(1+i_k)^{-t}\sum_{t=0}^{n-1}\left(\frac{1+g}{1+i}\right)^t\right](1+i)^{-4} + RDF_2(1+i)^{-8}$$

Dans cette expression, k est égal à 4, n aussi (durée en années de chacun des deux premiers paliers), g s'élève à 8 % et i représente le rendement annuel demandé (14,93 %), c'est-à-dire 3,54 % par trimestre (i_k). Pour leur part, les annuités a_{11} et a_{12} ont déjà été déterminées.

Après avoir mis en facteur les deux termes communs du membre de droite de l'égalité précédente, développé les suites numériques qui correspondent à ces deux blocs, arrangé et remplacé les symboles par leur valeur, il vient :

---

18. Ce restant dû « comptable », au bout de 8 ans, c'est-à-dire à la fin des paliers 1 et 2 (RD_2), s'élève à 342,87 K€. On le retrouve de la manière suivante, par application de la formule du tableau 2.1 déjà utilisée à plusieurs reprises :

$$RD_2 = \left[E(1+i_1)^4(1+i_2)^4\right] - \left[a_{11}\sum_{t=0}^{k-1}(1+i_{k1})^t\left((1+i_1)^3\sum_{t=0}^{3}\left(\frac{1+g}{1+i_1}\right)^t\right)(1+i_2)^4 + a_{12}\sum_{t=0}^{k-1}(1+i_{k2})^t\left((1+i_2)^3\sum_{t=0}^{3}\left(\frac{1+g}{1+i_2}\right)^t\right)\right]$$

Dans cette formule, i_1, i_{k1}, i_2 et i_{k2} désignent les taux d'intérêt annuels des deux premiers paliers et leurs équivalents trimestriels. Après remplacement des symboles par leur valeur et développement des progressions géométriques :

$$RD_2 = \left[500(1,1)^4(1,12)^4\right] - \left[\left(12,20\left(\frac{1,0241^4-1}{0,0241}\right)(1,1^3)\left(\frac{1-\left(\frac{1,08}{1,1}\right)^4}{\frac{0,1-0,08}{1,1}}\right)(1,12)^4\right) + \left(17,83\left(\frac{1,028737^4-1}{0,028737}\right)(1,12^3)\left(\frac{1-\left(\frac{1,08}{1,12}\right)^4}{\frac{0,12-0,08}{1,12}}\right)\right)\right] = 342,87 \text{ K€}$$

Par souci pédagogique de simplification, supposons l'existence d'un seul palier inte diaire. Il est de 4 ans, tout comme la phase de démarrage et la fenêtre terminale ass le rendement actuariel de 14,93 %. Pour le deuxième palier, conservons la croissanc 8 % (augmentation des annuités) et rapprochons le taux d'intérêt du rendement e global en prenant 12 % plutôt que les 10 % du palier 1. La nouvelle échéance tr trielle, notée a_{12} (première année, palier 2), est calculée à l'aide de la même formul celle figurant plus haut, sauf que l'emprunt (E) correspond maintenant au resta de la fin du palier 1 (terme des quatre premières années). En utilisant des formule présentées dans ce chapitre, on trouve un restant dû égal à 469,92 K€ et une no annuité a_{12} (premier terme de l'année 5 ou première année du palier 2) de 17,83 K€. vérifions maintenant ces deux réponses.

1.4.3. Annuités des paliers intermédiaires et du plateau terminal

Restant dû comptable et annuités intermédiaires

Pour ce qui est du restant dû comptable au bout de 4 ans, c'est-à-dire à la fin du p (RD_1), on sait qu'il représente l'écart entre valeur acquise par l'emprunt initial date et somme des annuités payées depuis le début (voir tableau 2.1). L'utilisat cette règle donne, dans le cas présent :

$$RD_1 = \left[E(1+i)^4\right] - \left[a_{11}\sum_{t=0}^{k-1}(1+i_k)^t\left((1+i)^3\sum_{t=0}^{3}\left(\frac{1+g}{1+i}\right)^t\right)\right]$$

$$RD_1 = \left[500(1{,}10)^4\right] - \left[12{,}20\left(\frac{(1{,}0241)^4-1}{0{,}0241}\right)\left(1{,}10^3\,\frac{1-\left(\frac{1{,}08}{1{,}10}\right)^4}{\left(\frac{0{,}10-0{,}08}{1{,}10}\right)}\right)\right] = 469{,}9$$

Quant à l'annuité a_{12} calculée sur une durée résiduelle théorique de 8 ans, avec taux d'intérêt cristallisé (2,8737 % par trimestre) et la même croissance annuell elle doit se monter à :

$$a_{12} = \frac{469{,}92}{\left(\frac{1-(1{,}028737)^{-4}}{0{,}028737}\right)\left[\frac{1-\left(\frac{1{,}08}{1{,}12}\right)^8}{\left(\frac{0{,}12-0{,}08}{1{,}12}\right)}\right]} = 17{,}83\text{ K€}$$

Les deux réponses fournies initialement sont bien vérifiées.

Restant dû financier et annuités finales

Les engagements contractuels de l'emprunteur sur le dernier palier sont à dét dans le but de donner satisfaction au prêteur ayant demandé 14,93 % de re actuariel. Dans notre exemple, la phase pluriannuelle terminale est, elle aussi, et se rapporte aux années 9 à 12 de l'emprunt, soit 16 trimestres. L'annuité de la p

$$RDF_2 = \left[500 - \left(\left(\frac{1 - 1{,}0354^{-4}}{0{,}0354} \right) \left(\frac{1 - \left(\dfrac{1{,}08}{1{,}1493} \right)^4}{\dfrac{0{,}1493 - 0{,}08}{1{,}1493}} \right) \right) \left(12{,}20 + 17{,}83\left(1{,}1493\right)^{-4} \right) \right] \left(1{,}1493\right)^8$$

$$= 607{,}25 \text{ K€}$$

On est maintenant en mesure de calculer les annuités du troisième palier, c'est-à-dire les 16 dernières échéances trimestrielles. Si la progressivité annuelle de ces paiements est toujours la même (8 %), la première échéance trimestrielle du palier 3 (a_{13}) respecte l'égalité financière suivante[19] :

$$RDF_2 = 607{,}25 = a_{13} \sum_{t=1}^{k} (1 + i_k)^t \sum_{t=0}^{n-1} \left(\frac{1+g}{1+i} \right)^t$$

La durée n, du palier 3, est la même que celle des paliers 1 et 2 (4 ans). Les autres variables ont le même contenu qu'auparavant. C'est ainsi qu'après remplacements, développement des progressions géométriques et mise en forme :

$$a_{13} = \frac{607{,}25}{\left(\dfrac{1 - (1{,}0354)^{-4}}{0{,}0354} \right) \left[\dfrac{1 - \left(\dfrac{1{,}08}{1{,}1493} \right)^4}{\left(\dfrac{0{,}1493 - 0{,}08}{1{,}1493} \right)} \right]} = 45{,}34 \text{ K€}$$

Toutes les autres échéances trimestrielles sont dès lors aisément calculables car nous savons que les paiements augmentent annuellement de 8 %. On vérifie, sans difficulté, que la première échéance trimestrielle du palier 3 (45,34 K€) est également acquise en appliquant au restant dû comptable de la 8e année (342,87 K€) un taux d'intérêt très supérieur à 14,93 % afin de rattraper le manque à gagner des huit premières années. Ce taux d'intérêt est de l'ordre de 57 % et c'est lui qui devrait être utilisé pour construire le tableau d'amortissement de l'emprunt nécessaire au passage des écritures comptables (voir exercice 6 dans les applications pratiques de fin du chapitre).

1.4.4. L'équilibre général de l'emprunt

Les règlements ainsi déterminés permettent au prêteur de réaliser un investissement lui procurant le rendement actuariel voulu de 14,93 %. C'est bien ce que montre l'égalité des engagements réciproques du prêteur, qui livre une ressource de 500 K€, et de l'emprunteur qui s'engage à reconstituer la somme reçue avec des versements futurs pénalisés au taux de 14,93 %. En définitive :

19. C'est uniquement par commodité mathématique (mise en facteur de sous-ensembles actuariels identiques) que la croissance g est supposée constante (voir ci-dessus et ci-après).

$$500 = a_{11}\sum_{t=1}^{k}(1+i_k)^{-t}\sum_{t=0}^{n-1}\left(\frac{1+g}{1+i}\right)^t + \left[a_{12}\sum_{t=1}^{k}(1+i_k)^{-t}\sum_{t=0}^{n-1}\left(\frac{1+g}{1+i}\right)^t\right](1+i)^{-4}$$

$$+\left[a_{13}\sum_{t=1}^{k}(1+i_k)^{-t}\sum_{t=0}^{n-1}\left(\frac{1+g}{1+i}\right)^t\right](1+i)^{-8}$$

L'égalité ci-dessus doit être vérifiée avec un taux d'actualisation (i) de 14,93 % (3,54 % sur le pas trimestriel). Effectivement, aux erreurs d'arrondi près :

$$500 = \left(\sum_{t=1}^{k}(1+i_k)^{-t}\sum_{t=0}^{n-1}\left(\frac{1+g}{1+i}\right)^t\right)\left(a_{11} + a_{12}(1+i)^{-4} + a_{13}(1+i)^{-8}\right)$$

$$500 = \left[\left(\frac{1-1{,}0354^{-4}}{0{,}0354}\right)\left(\frac{1-\left(\frac{1{,}08}{1{,}1493}\right)^4}{\frac{0{,}1493-0{,}08}{1{,}1493}}\right)\right]\left(12{,}20 + 17{,}83(1{,}1493)^{-4} + 45{,}34(1{,}1493)^{-8}\right)$$

On trouvera en fin de chapitre, dans les exercices, un exemple comparable de tableau d'amortissement d'emprunt avec contraintes fortes décalées mais en situation d'inflation faible ou modérée. Dans cet autre cadre, le dispositif d'amortissement à taux d'intérêt ascendants présente cependant moins de convenance qu'en situation d'inflation significative parce que la gestion des contraintes en matière de paiements est plus facilement solutionnée par des échéances progressives sans une nécessaire différenciation temporelle des taux d'intérêt. C'est le cas notamment quand la durée de l'emprunt est plutôt courte (voir exercice 6).

2. L'amortissement des emprunts obligataires

2.1. Informations générales sur les émissions d'obligations

Plusieurs catégories d'obligations sont émises par les sociétés qui décident de faire appel à l'épargne publique : titres à taux fixe, titres à taux variable, titres convertibles, titres de créances remboursables en actions, titres zéro-coupon… De la même manière, les émetteurs d'obligations sont différents : entreprises privées, entreprises du secteur public ou État. Sur le marché français, les obligations à taux fixe émises par l'État ou le secteur public sont, de loin, les plus nombreuses, les plus attractives et les plus liquides. La fréquence des coupons servis est, dans une très large mesure, annuelle. Dans un petit nombre de cas, les intérêts sont néanmoins versés semestriellement, voire trimestriellement (obligations du Crédit agricole, par exemple).

Initialement réservées aux sociétés par actions, ayant totalement libéré leur capital, les émissions d'obligations privées sont maintenant possibles pour les groupements d'intérêt économique (GIE), les associations dont l'activité économique est inscrite au régistre du commerce et aux SARL. Cela dit, comme l'exigence d'une liquidité des titres passe par des émissions relativement lourdes, au-dessus de 100 millions d'euros, le marché obligataire est plutôt réservé à de très grands groupes cotés. Les autres acteurs de la sphère non publique procèdent par placements privés à destination d'un nombre forcément limité d'investisseurs.

Les obligations à taux fixe, qui sont les plus courantes en France, sont remboursées *in fine*, par fractions constantes ou en appliquant une progression géométrique croissante au nombre périodiquement amorti de titres. Les obligations émises sont inscrites dans les comptes du débiteur, au passif, pour leur valeur totale, primes de remboursement comprises. Lorsque c'est le cas, ces primes apparaissent à l'actif du bilan de l'émetteur et font l'objet d'un amortissement (voir chapitre 3).

Le cas simple et fréquent est celui d'un remboursement des obligations au terme de leur durée. Cela se traduit par une suite de coupons, non fluctuants, à l'origine d'une cotation ou d'un rendement actuariel facilement calculable (voir chapitre 3). La valeur nominale de l'obligation est l'assiette sur laquelle l'émetteur s'adosse pour calculer le coupon, c'est-à-dire la quantité d'intérêts à verser aux obligataires. Par exemple, l'obligation EDF 5,625 % 2003-2033 sert un intérêt de 56,25 € le 21 février de chaque année puisque la valeur nominale ou transaction minimale est de 1 000 € sur 850 M€ de total émis.

Les obligations sont, le plus souvent, émises et remboursées au pair (prix d'émission et prix de remboursement égaux à la valeur nominale), comme c'est le cas pour l'obligation EDF qui vient d'être évoquée. Il peut arriver que, pour attirer l'investisseur, l'obligation soit assortie d'une prime d'émission (nominal supérieur au prix d'émission) et/ou d'une prime de remboursement (remboursement au-delà du pair). Ces deux situations élèvent le rendement de l'obligation. Une telle performance correspond au taux d'actualisation permettant de retrouver le prix payé à partir des contreparties contractuelles de revenus futurs (coupons et principal).

Les emprunts *divis* peuvent néanmoins être amortis, par tirage au sort le cas échéant, de la même façon que les emprunts *indivis*, selon des annuités « constantes » de capital et d'intérêts ou *via* des fractions constantes de capital uniquement. Hors tirage au sort, de nature à réduire la durée du placement, l'obligataire perçoit, à chaque période, des intérêts sur le solde en capital et une partie du remboursement. Cette seconde composante (capital amorti) est grandissante ou fixe. Il arrive aussi que les intérêts servis soient nuls sur la durée de l'emprunt et se retrouvent, *in fine*, par un mécanisme de capitalisation, dans le prix de remboursement de l'obligation (technique du zéro-coupon examinée au chapitre 3).

Remarquons que le mode de remboursement par tirage au sort rend difficile la mesure préalable du rendement sur l'obligation puisque l'investisseur ne sait pas à l'avance quand il récupérera le principal. Être tiré au sort est avantageux quand le titre cote au-dessous du nominal. Cela n'est pas le cas quand le tirage au sort a lieu en période de cours situés au-dessus de la valeur nominale (risque de perte en capital). On revient, un peu plus loin, sur le sujet.

2.2. Le remboursement par annuités constantes

2.2.1. Les nombres théoriques d'obligations amorties

D'après cette formule d'amortissement, par annuités constantes, les sorties de trésorerie ne sont pas tout à fait égales parce qu'il faut rembourser des nombres entiers d'obligations. Comme la valeur nominale de l'obligation est invariable sur la durée de l'emprunt, le nombre théorique d'obligations amorties suit une progression géométrique croissante de raison $(1 + i)$, si la fréquence des remboursements est annuelle (cas général) et si i désigne le taux d'intérêt[20].

Arrêtons-nous sur un exemple pour bien montrer comment sont calculées les obligations amorties (nombres entiers) et les annuités en valeur. Considérons une émission de 50 000 obligations (M) de 1 000 € nominal (C) sur 10 ans (n) au taux facial (i) de 6 %. Les obligations, émises au pair, sont remboursées *in fine* au prix R, soit à leur valeur nominale ($R = C$). Si m_1 représente le nombre d'obligations remboursées lors du premier tirage, on peut poser :

$$M = m_1 + m_1(1+i) + m_1(1+i)^2 + \ldots + m_1(1+i)^{n-1} = m_1 \sum_{t=0}^{n-1}(1+i)^t = m_1\left[\frac{(1+i)^n - 1}{i}\right]$$

$$\Rightarrow m_1 = M\left[\frac{i}{(1+i)^n - 1}\right]$$

Cette formule, appliquée à notre exemple, donne un nombre théorique pour le premier remboursement de 3 793,40. Nous appliquons à ce nombre théorique la raison de la progression (1,06). Cela donne la série des 10 remboursements théoriques convertis en nombres entiers du tableau 2.3 (troisième colonne).

2.2.2. La série réelle d'obligations remboursées

Pour établir la série définitive des obligations amorties (dernière colonne du tableau 2.3), il nous faut suivre un processus séquentiel qui se présente ainsi.

Les nombres théoriques sont, dans un premier temps, convertis en nombres d'unités (entiers les plus proches). La procédure s'arrête là si le nombre total d'obligations émises (M) est reconstitué. En revanche, quand le total obtenu est différent de M, on revient sur les nombres théoriques ayant été arrondis à l'entier supérieur ou inférieur en tenant compte de l'importance des parties décimales. Cela doit être fait pour augmenter ou pour réduire le total initialement trouvé. Dans l'exemple, consigné dans le tableau 2.3, la première transformation de nombres théoriques en nombres entiers donne 49 999 (troisième colonne). Il faut, par conséquent, ajouter une unité au nombre entier issu d'un nombre théorique comportant la partie décimale la plus forte mais négligée lors du premier travail de retouche. C'est le cas pour la sixième année. Si le total s'était révélé

20. Cette observation est déduite de la loi d'amortissement des emprunts *indivis* lorsque la dette est éteinte par annuités constantes de capital et d'intérêts. Cette loi nous dit que le capital amorti augmente, au cours de chaque période élémentaire, d'un pourcentage égal au taux d'intérêt du terme (voir tableau 2.1).

supérieur à 50 000, on serait revenu sur les nombres, arrondis aux entiers supérieurs, mais avec les moins grandes parties décimales.

Tableau 2.3 – Nombres d'obligations amorties, par an, sur 10 ans, pour un total de 50 000 titres émis ; emprunt *divis* amortissable par annuités constantes selon un taux d'intérêt de 6 %

Rang (année)	Nombre théorique d'obligations	Nombre entier en première lecture	Nombre entier définitif
1	3 793,40	3 793	3 793
2	4 021,00	4 021	4 021
3	4 262,26	4 262	4 262
4	4 518,00	4 518	4 518
5	4 789,08	4 789	4 789
6	5 076,42	5 076	5 077
7	5 381,01	5 381	5 381
8	5 703,87	5 704	5 704
9	6 046,10	6 046	6 046
10	6 408,87	6 409	6 409
Total	**50 000,00**	**49 999**	**50 000**

Les données du tableau 2.3, spécialement les nombres entiers de la dernière colonne, déterminent, pour chaque année, le capital amorti et les intérêts (coupons) à servir aux obligataires. On vérifie bien (voir tableau 2.4) que l'annuité n'est pas tout à fait constante parce que le capital n'est pas calculable sur des nombres ayant une partie décimale. Si les calculs pouvaient se faire avec des nombres sans partie décimale nulle, l'annuité (a) serait véritablement constante et représenterait une somme de :

$$a = M \times C\left[\frac{i}{1-(1+i)^{-n}}\right] = (50000 \times 1\,000)\left[\frac{0{,}06}{1-(1{,}06)^{-10}}\right] = 6\,793\,397{,}91 \text{ €}$$

Les annuités (capital plus intérêts) du tableau 2.4 seraient encore plus différentes de l'annuité théorique (6 793 397,91 €), si l'emprunt était accompagné d'une prime de remboursement. Dans le cas, par exemple, d'une prime de 50 € par obligation (R = 1 050 €), nous aurions eu 189 650 € de plus la première année (3 793 × 50), 201 050 € de plus la deuxième année (4 021 × 50) et ainsi de suite.

Observons que, dans le cas d'une émission avec prime de remboursement, le rendement pour l'investisseur augmente mécaniquement. On vérifie, avec les données de cet exemple, et dans l'hypothèse d'une prime de 50 € par obligation, une rémunération de 6,75 % par an contre 6 % pour un remboursement du titre à la valeur nominale de 1 000 € (cas initial).

6,75 % est la valeur prise par le taux r afin que l'égalité ci-après soit vérifiée :

$$50\,000\,000 = \frac{6\,793\,000 + 189\,650}{(1+r)} + \frac{6\,793\,420 + 201\,050}{(1+r)^2} + \ldots + \frac{6\,793\,540 + 320\,450}{(1+r)^{10}}$$

Tableau 2.4 – Engagements contractuels de l'émetteur, en valeur, sur l'emprunt obligataire de 50 millions d'euros (M€) amortissable par échéances « constantes » de capital et d'intérêts

Rang (année)	Obligations remboursées	Obligations vivantes[a]	Capital amorti[b] (€)	Intérêts[c] (€)	Annuité (€) Capital et intérêts
1	3 793	46 207	3 793 000	3 000 000	6 793 000
2	4 021	42 186	4 021 000	2 772 420	6 793 420
3	4 262	37 924	4 262 000	2 531 160	6 793 160
4	4 518	33 406	4 518 000	2 275 440	6 793 440
5	4 789	28 617	4 789 000	2 004 360	6 793 360
6	5 077	23 540	5 077 000	1 717 020	6 794 020
7	5 381	18 159	5 381 000	1 412 400	6 793 400
8	5 704	12 455	5 704 000	1 089 540	6 793 540
9	6 046	6 409	6 046 000	747 300	6 793 300
10	6 409	0	6 409 000	384 540	6 793 540

a. Après remboursement des obligations de l'année. Pour la première année, 50 000 – 3 793 = 46 207.

b. Nombre d'obligations à rembourser durant l'année (voir tableau 2.3) multiplié par la valeur nominale de l'obligation (1 000 €).

c. Obligations vivantes de fin de période précédente × Nominal de l'obligation × Taux d'intérêt.

2.3. Le remboursement du principal par amortissements constants

2.3.1. Le tableau d'amortissement

Si les obligations émises sont amorties par fractions constantes, nous retrouvons les caractéristiques de la loi déjà vue à propos des emprunts *indivis*. Il est plus facile, dans ce cas, d'avoir un nombre constant et entier d'obligations à rembourser tous les ans, de telle sorte que les intérêts varient suivant une progression arithmétique décroissante de raison égale à $\left(\frac{M \times C}{n}\right)i$.

Formons une nouvelle hypothèse à propos des 50 000 obligations émises, portant sur l'amortissement uniquement. Considérons que le nombre de titres est à éteindre sur 10 ans par fractions constantes, soit 5 000 obligations par an. La valeur nominale n'ayant pas changé, cela donne tous les ans 5 M€ de capital amorti. Les intérêts diminuent donc tous les ans de 300 000 €, ce qui correspond à 6 % de 5 M€. L'annuité de capital et d'intérêts va, elle aussi, suivre une progression arithmétique décroissante de même raison.

Toutes les données pertinentes de ce dernier exemple figurent dans le tableau 2.5. Le total des intérêts et des annuités est facile à calculer puisque ces deux séries représentent des suites numériques dont on connaît le nombre de termes (10) et la raison (300 000 €). Cela donne 16 500 000 € (intérêts) et 66 500 000 € (annuités).

Comparativement à la première formule d'amortissement de l'emprunt (échéances constantes de capital et d'intérêts), ces totaux sont inférieurs mais leurs contenus sont moins bien distribués dans le temps (pression réduite des sorties de trésorerie vers la fin).

Effectivement, dans le cas précédent (voir tableau 2.4), ces mêmes sommes se montent, respectivement pour les intérêts et les annuités, à 17 934 180 € et 67 934 180 € avec cependant des contraintes moins lourdes au début (cinq premières années).

Tableau 2.5 – Engagements contractuels de l'émetteur, en valeur, sur l'emprunt obligataire de 50 M€ amortissable par fractions constantes de capital seulement

Rang (année)	Obligations remboursées	Obligations vivantes	Capital amorti (€)	Intérêts (€)	Annuité (€) Capital et intérêts
1	5 000	45 000	5 000 000	3 000 000	8 000 000
2	5 000	40 000	5 000 000	2 700 000	7 700 000
3	5 000	35 000	5 000 000	2 400 000	7 400 000
4	5 000	30 000	5 000 000	2 100 000	7 100 000
5	5 000	25 000	5 000 000	1 800 000	6 800 000
6	5 000	20 000	5 000 000	1 500 000	6 500 000
7	5 000	15 000	5 000 000	1 200 000	6 200 000
8	5 000	10 000	5 000 000	900 000	5 900 000
9	5 000	5 000	5 000 000	600 000	5 600 000
10	5 000	0	5 000 000	300 000	5 300 000

2.3.2. Probabilités de remboursement et prix de l'obligation

En situation d'engagements contractuels cristallisés, ces tableaux d'amortissement, représentant des échéanciers de flux rentrants pour le possesseur du titre, sont nécessaires pour déterminer un prix de transaction dans le cadre d'échanges privés hors marché obligataire (cessions ou nantissement).

Comme les deux risques principaux pour le porteur de l'obligation sont les risques de taux d'intérêt et de défaut éventuel de la part de l'émetteur, le prix de négociation, de gré à gré, subit l'influence de ces variables pénalisatrices. On doit pouvoir retrouver ces deux facteurs de risque dans la rémunération offerte sur des titres comparables à la date de l'évaluation. Un tel rendement (taux d'actualisation) est applicable à des séquences de revenus (cash-flows temporels possibles d'après le nombre d'obligations vivantes et la durée résiduelle d'amortissement). Le prix de la transaction devrait être une moyenne pondérée de ces séquences actualisées de revenus dans le cadre d'un mécanisme de tirage au sort pour les remboursements (probabilités d'occurrence).

Par exemple, la probabilité pour une obligation du tableau 2.4, encore vivante après 5 ans, d'être remboursée lors de la dernière échéance (PB_{10}) est le résultat du calcul suivant :

$$PB_{10} = \frac{m_{10}}{\left(m_1 (1+i)^5\right) \sum_{t=0}^{4} (1+i)^t} = \frac{m_1 (1+i)^9}{m_1 (1+i)^5 \left(\frac{(1+i)^5 - 1}{i}\right)}$$

$$= \frac{1{,}06^9}{(1{,}06)^5 \left(\frac{1{,}06^5 - 1}{0{,}06}\right)} = 22{,}40\,\%$$

Les autres probabilités, portant sur un remboursement du titre, de la neuvième année à la sixième année, sont, dans cet ordre-là : 21,13 %, 19,93 %, 18,80 % et 17,74 %. On vérifie que la somme des probabilités est bien égale à 1. Plus concrètement encore, la première probabilité (22,40 %) s'appliquerait à un prix obtenu avec une série de cinq revenus (60 € par obligation et par an) et une récupération du principal (1 000 €) au bout de 5 ans. De la même manière, 21,13 % est le coefficient appelé à pondérer un deuxième prix tiré de quatre produits financiers successifs, de 60 € chacun, et d'un remboursement (1 000 €) intervenant au bout de 4 ans. Enfin, la dernière probabilité (17,74 %) pondère un prix issu de 1 060 € à percevoir un an après la date de l'évaluation.

Si à ce moment choisi pour le calcul du prix (terme de la cinquième année d'amortissement) les taux sur le marché, concernant des obligations analogues, venaient à se contracter, le prix moyen pondéré deviendrait supérieur au nominal de l'obligation. Logiquement, une baisse des rémunérations sur le marché valorise les obligations déjà en circulation. De la même manière, pour des taux d'intérêt sur le marché supérieurs à 6 %, ce prix moyen pondéré par les probabilités annuelles de remboursement devrait se situer au-dessus de 1 000 € (valeur nominale de l'obligation). Nous revenons sur la détermination du prix des obligations et leur rendement actuariel brut au chapitre 3.

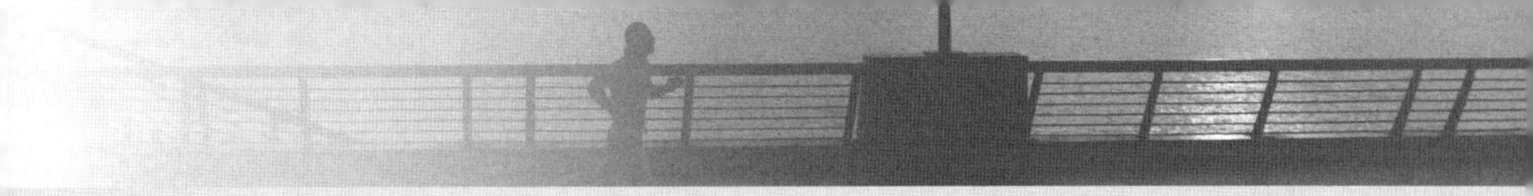

Exercices et cas

Énoncés

1. Complétez le tableau 2.6, ci-après, relatif à un emprunt de 7 500 € amortissable sur 6 ans par échéances annuelles constantes de capital et d'intérêts (terme échu).

Tableau 2.6 – Amortissement incomplet d'un emprunt de 7 500 €

Rang de l'échéance	Montant de l'échéance	Intérêts	Capital amorti	Solde
1				6 424,78
2				
3				
4				
5				1 438,89
6				

2. La PME qui vient de vous proposer un emploi à durée indéterminée, LILI-SA, emprunte sur 5 ans, au Crédit du Sud (CDS), la somme de 36 000 €. Le taux d'intérêt annuel est de 6,5 %. Les échéances, de terme échu, sont annuelles et l'emprunt est à amortir par fractions constantes de capital. Les frais annexes (montage du dossier, garanties, assurances…), fiscalement déductibles, sont payables à la date de déblocage des fonds (1,5 % du capital emprunté) et avec chacune des cinq échéances (0,45 % du restant dû de fin de période précédente). La société LILI-SA est imposable au taux de 33 1/3 %.

   Le patron de la PME vous demande de vérifier que le coût actuariel net d'impôt de ce financement CDS se monte bien à 5 % par an, comme annoncé par les services de l'établissement prêteur.

3. En tant que responsable des financements dans une entreprise, vous devez choisir entre les propositions de deux banques pour un crédit de 50 000 € remboursable sur 5 ans par annuités constantes de capital et d'intérêts (terme échu). La banque A vous propose un échéancier mensuel et la banque B des échéances trimestrielles. Ces deux établissements vous communiquent la totalité des paiements en capital des deux premières années (voir tableau 2.7).

Tableau 2.7 – Agrégation annuelle des paiements en capital sur emprunt de 50 000 €, auprès des banques A et B, pour les deux premières années

	Banque A	Banque B
Année 1	8 869,817	8 522,823
Année 2	9 402,006	9 204,649

   Une fois choisi le crédit le plus avantageux (moindre taux d'intérêt annuel), déterminez l'impact de ce financement sur le résultat net et la capacité d'autofinancement

(CAF) de l'année 1. Pour accomplir ce travail, on prendra un taux d'impôt sur le bénéfice des sociétés de 331/3 %.

4. Soit un emprunt significatif de 7,2 millions d'euros (7 200 K€) débloqué le 20 juin 2015 par une société bien connue du CAC 40. Ce capital emprunté est à amortir sur 4 ans par échéances mensuelles de terme échu. Il porte un taux d'intérêt annuel de 3,66 %. Chacune des échéances mensuelles tombe le 5 du mois, à compter du 5 juillet 2015 hors différé éventuel.

   a. Calculez l'échéance du 5 juillet 2015, de deux façons différentes, et celle du 5 septembre 2016 (15e) si l'emprunt est à amortir par annuités constantes de capital et d'intérêts.

   b. Même question que précédemment, en supposant un amortissement par fractions constantes de capital seulement.

   c. En situation d'amortissement par annuités constantes, quel serait le montant de la 15e échéance dans les deux cas suivants : l'emprunt est assorti d'un décalage de paiement de 2 ans, sur capital et intérêts, et les paiements identiques, de capital et d'intérêts, sans différé, augmentent annuellement de 3 % ?

   d. Dans l'hypothèse d'une augmentation de 3 % par an des annuités (question *c* en l'absence de différé d'amortissement), calculez le restant dû en capital de la fin de la troisième année ainsi que l'économie fiscale sur tous les intérêts de la quatrième année. On prendra un taux d'impôt de 34,43 % correspondant au tribut normal (331/3 %) majoré de la contribution sociale (3,3 %).

5. Votre ami Bernard est sur le point d'emprunter auprès d'une banque nationale très bien représentée dans la région Normandie. L'emprunt envisagé (E) est amortissable par échéances trimestrielles constantes, de capital et d'intérêts, sur 5 ans, selon un taux annuel i. Bernard a noté les informations suivantes, formatées à deux décimales, concernant l'emprunt qui l'intéresse (E) :

Annuité constante de capital et d'intérêts	1 079,77 €
Intérêts de la ligne 1 du tableau d'amortissement	324,14 €
Solde (capital restant dû) de la ligne 19	1 060,67 €

Votre ami, qui a effectué avec le chargé de clientèle de la banque plusieurs simulations, ne se souvient plus quelles sont les valeurs i et E à l'origine des données ci-dessus. Il vous demande par conséquent de l'aider.

   a. Redonnez à Bernard le taux d'intérêt i en lui montrant qu'il peut être calculé de trois façons différentes.

   b. Calculez E, compatible avec les données fournies, de deux façons différentes.

   c. Dites à Bernard quelle quantité totale d'intérêts il devra payer la cinquième année.

6. En accord avec la Banque privée du Nord (BPN), et dans le but de supporter des contraintes financières graduelles, la société HCA s'engage à rembourser un emprunt de 125 000 €, sur 6 ans, selon une technique d'amortissement par annuités et taux d'intérêt progressifs. L'échéance de capital et d'intérêts est mensuelle et constante par année. Elle est soumise à une augmentation de 10 % par an afin que

le tout premier paiement soit inférieur à 1 500 €. Le rendement actuariel requis par la BPN est fixé à 6,168 %. Les annuités, qui doivent être en ligne avec cet objectif de taux effectif global, sont configurées de la façon suivante. Pour les deux premières années, les échéances sont à calculer avec un intérêt de 3 %. Celles des deux années suivantes, avec 4,5 %. Sur les deux dernières années, les versements, toujours en augmentation de 10 % par an, sont à déterminer de telle sorte que la rémunération voulue par le prêteur lui soit garantie (6,168 %).

a. Vérifiez que la toute première échéance mensuelle, de capital et d'intérêts, ne dépasse pas le plafond retenu (1 500 €) et calculez tous les paiements des années 1 à 4.

b. Quelles sont les annuités du troisième palier de 2 ans que devra supporter la société HCA, sur l'emprunt de 125 000 €, afin que la BPN obtienne le taux effectif global demandé (6,168 %) ? Vérifiez qu'on retrouve les mêmes annuités en appliquant au restant dû comptable de fin de quatrième année (terme du palier 2) un taux d'intérêt annuel de 26,7138 %.

c. L'objectif d'une première annuité maximale de 1 500 € était-il réalisable sans la mise en place d'un système de taux d'intérêt progressifs ? Votre réponse est-elle tout aussi ferme si le remboursement de la dette se fait sur 15 ans et non plus sur 6 ans ? Les autres caractéristiques de l'emprunt sont conservées à l'exception du montant de la contrainte mensuelle qui tombe à 500 € au lieu de 1 500 €.

Solutions

1. La séquence à suivre pour compléter le tableau 2.6 est en définitive simple. Nous allons la décliner à travers le contenu de trois points techniques.

a. Avec les deux informations disponibles, sur le restant dû (solde), on peut remonter sur le taux d'intérêt du crédit (i). En effet, ces deux soldes fournissent, indirectement, le capital amorti au début (ligne 1 ; 7 500 – 6 424,78 = 1 075,22 €) et à la fin (ligne 6 ; restant dû de la cinquième année représentant les 1 438,89 € d'amortissement financier de la sixième année). Sachant que le capital annuel remboursé suit une progression géométrique croissante de raison $(1 + i)$, on en déduit i. Le calcul donne :

$$1\,075{,}22(1+i)^5 = 1\,438{,}89 \quad \Rightarrow i = \left(\frac{1\,438{,}89}{1\,075{,}22}\right)^{0{,}2} - 1 = 6\,\%$$

b. Connaissant le capital emprunté (E) et son taux (i), on détermine maintenant l'annuité constante (a) de capital et d'intérêts qui se monte à :

$$a = E\left[\frac{i}{1-(1+i)^{-n}}\right] = 7\,500\left[\frac{0{,}06}{1-(1{,}06)^{-6}}\right] = 1\,525{,}22\text{ €}$$

c. Le tableau 2.6 peut à présent être complété (voir tableau 2.8), une fois rappelée la modalité de calcul des intérêts sur le capital restant dû de fin de rangée précédente. Par exemple, 450 € (ligne 1 ; tableau 2.8) est le produit du capital initialement emprunté (7 500 €) par le taux d'intérêt (6 %). Le complément à 1 525,22 € donne bien le capital amorti déjà trouvé (1 075,22 €).

Pour les autres années, on procède de la même manière, ce qui permet de trouver toutes les cellules initialement manquantes (voir tableau 2.8).

Tableau 2.8 – Amortissement de l'emprunt de 7 500 € complété

Rang de l'échéance	Montant de l'échéance	Intérêts	Capital amorti	Solde
1	1 525,22	450,00	1 075,22	6 424,78
2	1 525,22	385,49	1 139,73	5 285,05
3	1 525,22	317,10	1 208,12	4 076,93
4	1 525,22	244,62	1 280,60	2 796,33
5	1 525,22	167,78	1 357,44	1 438,89
6	1 525,22	86,33	1 438,89	0,00

2. Cet emprunt se traduit, contractuellement, par des rentrées (économies fiscales incluses) et des sorties de trésorerie, donc par des flux nets positifs et négatifs, de $t = 0$ (date de décision) à $t = 5$ (terme de durée de l'emprunt). Le taux pour lequel le total de ces flux nets actualisés s'annule représente le coût du financement. Nous devons, par conséquent, dans un premier temps, établir un échéancier des conséquences monétaires imputables à cette décision de financement.

À la date de déblocage des fonds, la PME reçoit ce qu'elle a emprunté (36 000 €) et s'acquitte, en même temps, de frais annexes (540 €). Par la suite, de $t = 1$ à $t = 5$, l'emprunteur rembourse du capital (36 000/5), sert des intérêts (suite arithmétique décroissante) et supporte des frais, notamment des primes d'assurance sur la tête du dirigeant (0,45 % sur le solde dû). Ces deux dernières sorties de trésorerie étant des charges fiscalement déductibles, elles entraînent des économies d'impôt chiffrables sur la base du taux normal de 331/3 %. Le tableau 2.9 rassemble les flux nets de trésorerie permettant le calcul du prix de ce financement CDS.

Tableau 2.9 – Flux nets de trésorerie, après impôt, liés au financement CDS[a]

Rang	Rentrée de trésorerie (1)	Capital amorti (2)	Intérêts (3)	Restant dû en capital (4)	Frais annexes (5)	Sorties de trésorerie, nettes d'impôt (6)	Flux net de trésorerie (7)
0	36 000	–	–	–	540,0	360,0	+35 640,0
1	–	7 200	2 340	28 800	162,0	8 868,0	–8 868,0
2	–	7 200	1 872	21 600	129,6	8 534,4	–8 534,4
3	–	7 200	1 404	14 400	97,2	8 200,8	–8 200,8
4	–	7 200	936	7 200	64,8	7 867,2	–7 867,2
5	–	7 200	468	–	32,4	7 533,6	–7 533,6

a. Les intérêts de la colonne (3) varient suivant une progression arithmétique décroissante de raison 468 (7 200 × 6,5 %) ; ceux de la ligne 1 se calculent sur le capital initialement emprunté (36 000 × 6,5 % = 2 340). De la même manière, les frais annexes (5) diminuent tous les ans, à compter du rang 1, d'une même quantité qui est de 32,4 (7 200 × 0,45 %). Quant à la colonne (6), elle s'obtient en effectuant le calcul [2] + [(3) + (5)][1 – *T*] ; *T* est le taux d'impôt sur le bénéfice des sociétés (331/3 %). Enfin, le flux net de la dernière colonne (7) est le résultat de la différence entre (1) et (6).

Le coût annuel de la dette, net d'impôt, est le taux k_d capable de vérifier l'égalité suivante :

$$0 = +35\,640 - \frac{8\,868}{(1+k_d)} - \frac{8\,534{,}4}{(1+k_d)^2} - \frac{8\,200{,}8}{(1+k_d)^3} - \frac{7\,867{,}2}{(1+k_d)^4} - \frac{7\,533{,}6}{(1+k_d)^5}$$

L'égalité est bien assurée pour k_d = 5 %. En conséquence, un tel financement coûterait effectivement 5 % à la société. On remarquera que le coût réel du financement est supérieur au taux d'intérêt net d'impôt utilisé fréquemment en théorie financière (2/3 de 6,5 %, soit 4,33 %). Ce sont les frais annexes qui expliquent l'écart entre 4,33 % et 5 %.

3. Conformément à la loi d'amortissement d'un emprunt remboursable par annuités constantes, le capital amorti suit une progression géométrique croissante de raison (1 + *i*), pour un terme et un taux d'intérêt (*i*) annuels. Cette règle relative à la suite numérique formée par le capital remboursé a une valeur générale, quel que soit le pas sur lequel l'agrégation des amortissements financiers est effectuée. Il faut néanmoins que les taux de périodes différentes soient calculés en respectant la méthode dite des taux équivalents et non proportionnels.

En conséquence, les taux d'intérêt annuels i_A et i_B pratiqués, respectivement par les banques A et B, s'élèvent à :

$$8\,869{,}817(1+i_A) = 9\,402{,}006 \quad \Rightarrow i_A = 6\,\%$$

$$8\,522{,}823(1+i_B) = 9\,204{,}649 \quad \Rightarrow i_B = 8\,\%$$

Le crédit le plus avantageux est donc celui proposé par la banque A.

Pour mesurer l'impact du financement sur le compte de résultat, selon les conditions proposées par la banque A, il faut, dans l'ordre, calculer le total annuel des échéances mensuelles, déduire ce qui correspond à du capital et, enfin, tenir compte des économies d'impôt sur les intérêts car ceux-ci représentent des charges fiscalement déductibles.

L'annuité (*a*) de l'emprunt auprès de la banque A (échéance mensuelle) obéit à la formule de calcul suivante :

$$a = E\left[\frac{i_k}{1-(1+i_k)^{-nk}}\right]$$

Avec $i_k = 1{,}06^{1/12} - 1 = 0{,}4868\,\%$ et $nk = n \times k = 5 \times 12 = 60$:

$$a = 50\,000\left[\frac{0{,}004868}{1-(1{,}004868)^{-60}}\right] = 962{,}95\ €$$

La somme des intérêts de la première année est obtenue en déduisant de 12 fois 962,95 € ($k \times a$), c'est-à-dire 11 555,39 €, ce qui correspond à du capital (8 869,817 € ; voir tableau 2.7). On trouve 2 685,57 €.

L'impact sur le résultat net de la première année (baisse) est déterminé en multipliant cette quantité d'intérêts par 2/3 puisque le taux d'impôt est de 1/3 (33 1/3 %).

Cela donne, aux erreurs d'arrondis près, 1 790,37 €. Cette somme diminue également la CAF dans la mesure où les flux touchés sont des charges décaissables.

4. Le taux d'intérêt mensuel de cet emprunt (i_k), équivalent au taux annuel stipulé (i) de 3,66 %, se monte à 0,30 %. Par ailleurs, hors considération du différé possible, la première échéance n'est pas décalée de la longueur normale du pas, mais de la moitié (15/30). Dans l'hypothèse d'un différé de 2 ans, la première échéance passe du 5 juillet 2015 au 5 juillet 2017. Comme les annuités sont de terme échu, le capital dû (solde) sur lequel sont calculés les intérêts au 5 juillet 2017 est celui du 5 juin 2017.

a. Échéances du 1er et du 15e rang, dans le cas où l'amortissement se fait en respectant la règle des annuités constantes (a) :

Échéance de rang 1

Ce débours particulier, noté a_1, est calculable de deux façons différentes :

- La première méthode consiste à ajouter au capital amorti $(a - Ei_k)$ des intérêts au *prorata* (15 jours) ; pour être rigoureux, il est nécessaire que ces charges financières soient calculées en utilisant toujours la méthode des taux équivalents. Donc :

$$a_1 = (a - Ei_k) + Ei_{kp}\text{, avec } i_{kp} = (1 + i_k)^{15/30} - 1 = 1{,}003^{0{,}5} - 1 = 0{,}1499\ \%$$

$$a = E\left[\frac{i_k}{1 - (1 + i_k)^{-nk}}\right] = 7\,200\left[\frac{0{,}0030}{1 - (1{,}0030)^{-48}}\right] = 161{,}28 \text{ K€}$$

$$a_1 = (161{,}28 - 7\,200 \times 0{,}003) + (7\,200 \times 0{,}001499) = 139{,}69 + 10{,}79 = 150{,}48 \text{ K€}$$

- On retrouve cette première échéance (a_1) en respectant le principe fondamental de l'égalité des valeurs actuelles, sachant que le premier paiement est décalé de 15 jours, soit la moitié du terme normal qui est le mois. Suivant cette règle actuarielle d'équilibre financier, a_1 est solution de :

$$7\,200 = a_1(1 + i_k)^{-0{,}5} + a(1 + i_k)^{-1{,}5} + \ldots + a(1 + i_k)^{-47{,}5}$$

$$7\,200(1 + i_k)^{0{,}5} = a_1 + a\sum_{t=1}^{47}(1 + i_k)^{-t}$$

$$a_1 = 7\,200(1{,}003)^{0{,}5} - 161{,}28\left[\frac{1 - (1{,}003)^{-47}}{0{,}003}\right] = 150{,}48 \text{ K€}$$

Échéance de rang 15

À compter du rang 2, toutes les échéances sont les mêmes et égales à l'annuité normale, à savoir 161,28 € (a ; voir ci-dessus).

b. Amortissement par fractions constantes de capital :

Échéance de rang 1 (a_1)

Les intérêts de la ligne 1 sont les mêmes que précédemment. Seule change la part de capital remboursée, d'où :

$$a_1 = \text{Capital} + \text{Intérêts} = \frac{7\,200}{48} + (7\,200 \times 0{,}001499) = 150 + 10{,}79 = 160{,}79 \text{ K€}$$

Échéance de rang 15

$$\text{Intérêts de la ligne 2} = (7\,200 - 150) \times 0{,}003 = 21{,}15 \text{ K€}$$

À compter du rang 2, la charge d'intérêts se comporte temporellement comme une suite numérique (arithmétique) décroissante de raison q. La valeur de q s'établit à :

$$q = \frac{E}{nk} i_k = \frac{7\,200}{48} \times 0{,}003 = 0{,}45$$

Par conséquent :

$$\text{Intérêts de la ligne 15} = 21{,}15 - 13q = 21{,}15 - (13 \times 0{,}45) = 15{,}30 \text{ K€}$$

$$\text{Montant de la 15}^{\text{e}} \text{ échéance} = 150 + 15{,}30 = 165{,}30 \text{ K€}$$

c. Calcul de la 15e échéance, en présence d'un différé total d'amortissement et dans le cas d'annuités progressives :

- Le contrat d'emprunt prévoit un différé total de 2 ans sans aucune progression des échéances.

  Le capital dû au terme du différé (5 juin 2017) correspond à l'emprunt initial capitalisé sur une durée qui va du 20 juin 2015 au 5 juin 2017. À compter du 5 juillet 2017, les annuités de l'emprunt sont constantes :

$$\text{Capital dû au 5 juin 2017} = E(1 + i_k)^p (1 + i_k)^{Dk-1}$$

  Dans cette formule, ayant en définitive une valeur générale, p est la portion de premier terme (20 juin 2015 au 5 juillet 2015), D est le différé d'amortissement en nombre d'années et k correspond à la fréquence des échéances sur un pas annuel (12 pour notre exemple). Si le premier terme présente la même longueur que tous les autres ($p = 1$), la capitalisation de l'emprunt initial se fait sur D années ou Dk périodes élémentaires. Nous aurions procédé ainsi, si la date de débit en compte (5 du mois) coïncidait avec la date de déblocage des fonds (5 du mois précédent, hors différé).

  Revenons sur l'expression précédente et calculons le solde de l'emprunt au terme du différé en remplaçant chaque symbole par sa valeur dans le cadre de cet exercice :

$$\text{Capital dû au 5 juin 2017} = 7\,200(1{,}003)^{15/30}(1{,}003)^{24-1} = 7\,725{,}11 \text{ K€}$$

  Le capital dû (solde) au terme du différé étant chiffré, on est maintenant en mesure de calculer n'importe laquelle des 48 échéances (constantes) de l'emprunt, notamment la 15e. Pour ce faire, il suffit d'appliquer à 7 725,11 € la formule générique de l'annuité constante, soit :

$$a = E\left[\frac{i_k}{1-(1+i_k)^{-nk}}\right] = 7\,725{,}11\left[\frac{0{,}0030}{1-(1{,}0030)^{-48}}\right] = 173{,}05 \text{ K€}$$

- Les annuités augmentent annuellement de 3 % et l'emprunt n'est pas assorti d'un différé de remboursement.

  La 15e échéance est celle de la deuxième année puisque le terme est mensuel ; notons-la a_2. Elle est égale à l'annuité courante de la première année (a_{1c}), différente de la toute première (a_1) pour laquelle les intérêts sont à calculer au *prorata*, multipliée par 1,03. L'annuité a_{1c} découle de l'égalité ci-dessous :

$$7\,200 = \left[a_{1c}\sum_{t=1}^{12}(1+i_k)^{-t}\right]\left[\sum_{t=0}^{3}\left(\frac{1+g}{1+i}\right)^t\right] = a_{1c}\left[\frac{(1-(1{,}003)^{-12}}{0{,}003}\right]\left[\frac{1-\left(\dfrac{1{,}03}{1{,}0366}\right)^4}{\dfrac{0{,}0366-0{,}03}{1{,}0366}}\right]$$

$$\Rightarrow a_{1c} = 154{,}41 \text{ K€}$$

  La 15e échéance (a_2) s'élève par conséquent à :

$$a_2 = a_{1c}(1+g) = 154{,}41(1{,}03) = 159{,}04 \text{ K€}$$

  Remarque : La toute première échéance du tableau d'amortissement (a_1) est égale à 143,60 € dans l'hypothèse retenue de paiements progressifs (+3 % par an). L'annuité a_1 est décomposable en 15 jours d'intérêts (10,79 €) et en capital (132,81 €). Le lecteur retrouvera, sans trop de difficultés, cette première mensualité de 143,60 € en procédant comme suit. Il doit tout d'abord rechercher la mensualité courante de l'année 1 (a_{1c}). Celle-ci s'élève à 154,41 € et est expliquée par la formule qui se trouve un peu plus haut. Le capital inclus dans cette échéance est la différence entre a_{1c} et les intérêts d'un mois entier, c'est-à-dire 154,41 – 21,6 (0,003 × 7 200). Cela donne bien le chiffre de 132,81 € ci-dessus. Enfin, la toute première échéance (a_1), qui doit tenir compte d'intérêts déterminés au *prorata* (10,79 € auparavant calculés), se monte effectivement à 143,60 € (132,81 + 10,79).

d. Solde de l'emprunt au bout de 3 ans (RD_3) et économies d'impôt sur intérêts de la quatrième année, quand les échéances augmentent annuellement de 3 % :

Le restant dû au bout de 3 ans n'est pas influencé par le fait que la première échéance soit inférieure à toutes celles de l'année 1, car le capital amorti n'est pas touché par cette information sur la date initiale de déblocage des fonds. Ce sont les intérêts qui s'ajustent (voir ci-dessus). Les calculs, quelques lignes plus loin, sont vrais quel que soit le montant de la toute première annuité. Mais, formellement, il aurait fallu capitaliser l'emprunt sur une durée légèrement inférieure à 3 ans et prendre a_1 au lieu de a_{1c} ce qui équivaut à ce que nous proposons ci-dessous (plus grande valeur générale).

L'application d'une formule sur le restant dû, vue dans la partie théorique du présent chapitre (voir tableau 2.1 notamment), donne le premier résultat demandé (RD_3) :

$$RD_3 = \left[E(1+i)^3\right] - \left[a_{1c}\left(\sum_{t=0}^{11}(1+i_k)^t\right)\left((1+i)^2\left(\frac{1-\left(\frac{1+g}{1+i}\right)^3}{\left(\frac{i-g}{1+i}\right)}\right)\right)\right]$$

$$RD_3 = \left[7200(1{,}0366)^3\right] - \left[154{,}41\left(\frac{1{,}003^{12}-1}{0{,}003}\right)\left((1{,}0366)^2\left(\frac{1-\left(\frac{1{,}03}{1{,}0366}\right)^3}{\left(\frac{0{,}0366-0{,}03}{1{,}0366}\right)}\right)\right)\right]$$

$$RD_3 = 1\,985{,}79 \text{ K€}$$

Comme l'emprunt est à amortir sur 4 ans, ce solde au bout de 3 ans (RD_3) représente, en définitive, la totalité des paiements en capital de la dernière année. Par conséquent, la totalité des intérêts payés la quatrième année (INT_4) est acquise en déduisant ce restant dû de la somme des annuités de la dernière année. Cela donne :

$$INT_4 = 12\left(a_{1c}(1+g)^3\right) - RD_3 = 12\left(154{,}41(1{,}03)^3\right) - 1\,985{,}79 = 38{,}94 \text{ K€}$$

Ces charges financières étant fiscalement déductibles, l'économie d'impôt sur ce poste-là est tout simplement égale à 38,94 K€ multiplié par le taux d'impôt (34,43 %). On trouve 13,41 K€. Au cours de cette même année, le bénéfice net de la société et sa capacité d'autofinancement (CAF) diminueront donc de 25,53 K€.

5. Trois autres données, utiles, sont déductibles de celles explicitement communiquées : le capital amorti de la ligne 1 (1 079,77 – 324,14 = 755,63), le capital amorti de la ligne 20, qui coïncide avec le solde de la 19e ligne (1 060,67) et les intérêts de la dernière ligne du tableau d'amortissement (1 079,77 – 1 060,67 = 19,10). Au plan formel, pour une cohérence parfaite des informations communiquées et des résultats, toutes les décimales doivent être conservées (travaux sur ordinateur). Les calculs effectués avec des données formatées à deux décimales seulement ne peuvent livrer que des résultats très approchants.

   a. Calcul du taux d'intérêt trimestriel (i_k) et annuel (i) de trois façons différentes :

   - À partir du capital amorti des lignes 1 et 20 :

   $$755{,}63(1+i_k)^{19} = 1\,060{,}67 \quad \Rightarrow i_k = \left(\frac{1\,060{,}67}{755{,}63}\right)^{1/19} - 1 = 1{,}8\ \%$$

   $$i = 1{,}018^4 - 1 = 7{,}4\ \%$$

   - En utilisant la formule qui donne une annuité constante :

   $$a = E\left[\frac{i_k}{1-(1+i_k)^{-nk}}\right] = \left[\frac{Ei_k}{1-(1+i_k)^{-20}}\right] = \left[\frac{324{,}14}{1-(1+i_k)^{-20}}\right] = 1\,079{,}77\ €$$

$$\Rightarrow (1+i_k)^{-20} = \left(1 - \frac{324{,}14}{1\,079{,}77}\right)$$

$$\Rightarrow i_k = \left(1 - \frac{324{,}14}{1\,079{,}77}\right)^{-1/20} - 1 = 1{,}80\,\%$$

$$\Rightarrow i = 7{,}4\,\%$$

- D'après le restant dû (solde) de la ligne 19 d'où sont déduits les intérêts du dernier rang (20e) :

$$1\,060{,}67 i_k = 1\,079{,}77 - 1\,060{,}67 = 19{,}10$$

$$\Rightarrow i_k = \frac{19{,}10}{1\,060{,}67} = 1{,}8\,\%$$

$$\Rightarrow i = 7{,}4\,\%$$

b. Montant emprunté E :

- L'emprunt doit être équivalent à la valeur actualisée de toutes les annuités constantes a :

$$E = \left[a\sum_{t=1}^{20}(1+i_k)^{-t}\right] = a\left[\frac{(1-(1+i_k)^{-20}}{i_k}\right] = 1079{,}77\left[\frac{(1-(1{,}018)^{-20}}{0{,}018}\right]$$

$$\Rightarrow E = 18\,000\text{ €}$$

- L'emprunt est déductible des intérêts payés la première fois (Ei_k) :

$$324{,}14 = Ei_k \quad \Rightarrow E = \frac{324{,}14}{i_k} = \frac{324{,}14}{0{,}018} = 18\,000\text{ €}$$

c. Somme des intérêts à payer la cinquième année :

Ce total de charges financières s'obtient en faisant la différence entre, d'une part, les quatre annuités constantes et, d'autre part, le capital amorti la dernière année.

Un tel capital amorti est calculable de deux façons différentes. C'est le restant dû au bout de 4 ans (ligne 16 du tableau d'amortissement). On peut également l'obtenir en multipliant le capital amorti la première année par $(1+i)^4$.

En conséquence :

$$\text{Intérêts} = 4a - \left[E - (a - Ei_k)\sum_{t=0}^{15}(1+i_k)^t\right]$$

$$\text{Intérêts} = (4 \times 1\,079{,}77) - \left[18\,000 - (1\,079{,}77 - 324{,}14)\left(\frac{1{,}018^{16} - 1}{0{,}018}\right)\right] = 187{,}65\text{€}$$

$$\text{Intérêts} = 4a - \left[\left((a - Ei_k)\sum_{t=0}^{3}(1+i_k)^t\right)(1+i)^4\right]$$

$$\text{Intérêts} = (4 \times 1\,079{,}77) - \left[(1\,079{,}77 - 324{,}14)\left(\frac{1{,}018^4 - 1}{0{,}018}\right)\right](1+i)^4 = 187{,}65\ €$$

6. Nous devons calculer les annuités du premier palier (années 1 et 2) comme si l'emprunt était à amortir, sur 6 ans, avec un taux d'intérêt unique de 3 % et une progressivité annuelle des échéances de 10 %. Quant aux paiements suivants, ceux du palier 2, ils sont à trouver en déroulant une procédure similaire. Le taux d'intérêt est néanmoins porté à 4,5 % et les calculs doivent être effectués sur la durée résiduelle de 4 ans par adossement au solde de l'emprunt au bout du 24ᵉ mois (terme du palier 1). Enfin, concernant les échéances mensuelles du troisième palier (années 5 et 6), elles sont à déterminer en prenant un restant dû particulier. C'est celui permettant à la BPN d'obtenir le rendement actuariel de 6,168 % dans le cas où HCA solderait son prêt au terme de la quatrième année.

Au plan de la méthode et sur une période relativement courte, l'objectif d'un plafond maximum de 1 500 € peut plus facilement être atteint sans différencier les taux d'intérêt, en jouant seulement sur le taux de progressivité des paiements. Ce n'est pas le cas lorsque la durée de l'emprunt est importante car celle-ci, par suite de la progressivité, contracte fortement la toute première échéance qui pourrait devenir inférieure aux intérêts calculés avec un taux unique. En pareille situation, le seul moyen pour lever l'incompatibilité consiste à prendre un taux d'intérêt petit au début et à effectuer, ensuite, un rattrapage afin que la condition de rémunération du prêteur soit remplie ; le cadre est celui d'un amortissement avec annuités et taux d'intérêt progressifs (voir section 1.4).

a. Paiements des années 1 à 4 (paliers 1 et 2 du tableau d'amortissement) :

- Annuités du palier 1 (deux premières années)

  En faisant comme si l'emprunt E de 125 000 € était à amortir sur une durée n de 6 ans, par mensualités constantes de capital et d'intérêts au taux i_1 de 3 %, avec une marche montante g de +10 % par an, la toute première échéance (a_{11}) est tirée de l'égalité financière suivante :

$$E = \left[a_{11}\sum_{t=1}^{k}(1+i_{k1})^{-t}\right]\left[\sum_{t=0}^{n-1}\left(\frac{1+g}{1+i_1}\right)^t\right] = a_{11}\left(\frac{1-(1+i_{k1})^{-k}}{i_{k1}}\right)\left[\frac{1-\left(\dfrac{1+g}{1+i_1}\right)^n}{\left(\dfrac{i-g}{1+i_1}\right)}\right]$$

$$\text{Avec } i_{k1} = (1+i_1)^{1/k} - 1 = (1{,}03)^{1/12} - 1 = 0{,}2466\ \%,$$

$$a_{11} = \frac{125\,000}{\left(\dfrac{1-(1{,}002466)^{-12}}{0{,}002466}\right)\left[\dfrac{1-\left(\dfrac{1{,}1}{1{,}03}\right)^6}{\left(\dfrac{0{,}03-0{,}1}{1{,}03}\right)}\right]} = 1\,487{,}28\ €$$

Cette mensualité $a_{11,}$ de 1 487,28 €, est bien en ligne avec l'impératif d'une sortie de trésorerie maximale de 1 500 € la première année. Chacune des 12 mensualités de la deuxième année est égale à a_{11} multiplié par 1,1 (+10 %), ce qui donne 1 636,01 €.

Au terme du palier 1, fin de la deuxième année, le restant dû en capital (RDC_1) s'élève à 94 077,76 € (application des formules présentées à la section 1.1 spécialement)[21]. C'est ce solde qu'il faut utiliser pour chiffrer les mensualités du palier 2 (années 3 et 4).

- Annuités du palier 2 (années 3 et 4)

  Lorsqu'on utilise la même formule qu'auparavant, avec une durée résiduelle de 4 ans et un taux d'intérêt i_2 de 4,5 % ($i_{k2} = 0{,}3675$ %), chacune des 12 mensualités de la troisième année ou première année du palier 2 (a_{12}) se monte à :

$$a_{12} = \frac{RDC_1}{\left(\dfrac{1-(1+i_{k2})^{-k}}{i_{k2}}\right)\left[\dfrac{1-\left(\dfrac{1+g}{1+i_2}\right)^n}{\left(\dfrac{i_2-g}{1+i_2}\right)}\right]}$$

$$= \frac{94077{,}76}{\left(\dfrac{1-(1{,}003675)^{-12}}{0{,}003675}\right)\left[\dfrac{1-\left(\dfrac{1{,}1}{1{,}045}\right)^4}{\left(\dfrac{0{,}045-0{,}1}{1{,}045}\right)}\right]} = 1\,855{,}40 \text{ K€}$$

  Pour obtenir l'une des mensualités constantes de la deuxième année du palier 2 (quatrième année de l'emprunt), il suffit de multiplier 1 855,40 € par 1,1. On trouve 2 040,94 €.

b. Paiements des années 5 et 6 (troisième et dernier palier) :

- Calcul du restant dû financier

  Afin que la Banque privée du Nord (BPN) obtienne de son prêt le rendement exigé, il convient de rechercher un restant dû financier au bout de 4 ans (RDF_2), terme du palier 2, compatible avec cette exigence de rémunération. On peut, aussi, appliquer au solde comptable de la même date un taux d'intérêt très supérieur au taux effectif global requis (6,168 %). Les deux chemins conduisent aux

---

21. $RDC_1 = \left(125\,000(1{,}03)^2\right) - \left[1487{,}28\left(\dfrac{1{,}002466^{12}-1}{0{,}002466}\right)\left(1{,}03\left(\dfrac{1-\left(\dfrac{1{,}1}{1{,}03}\right)^2}{\left(\dfrac{0{,}03-0{,}1}{1{,}03}\right)}\right)\right)\right] = 94\,077{,}76$ €.

mêmes annuités, mais la première voie d'accès aux résultats suit une démarche actuarielle commode à exposer sans mise en place d'un processus itératif.

Calculons tout d'abord RDF_2, en mesure de procurer un taux effectif global i de 6,168 %. Un tel capital représente la somme à payer au bout de 4 ans si le crédit devait être remboursé par anticipation à cette date. Ce restant dû financier (RDF_2) est déductible de l'égalité ci-après :

$$125\ 000 = a_{11}\sum_{t=1}^{k}(1+i_k)^{-t}\sum_{t=0}^{n-1}\left(\frac{1+g}{1+i}\right)^{t}$$
$$+\left[a_{12}\sum_{t=1}^{k}(1+i_k)^{-t}\sum_{t=0}^{n-1}\left(\frac{1+g}{1+i}\right)^{t}\right](1+i)^{-2}+RDF_2(1+i)^{-4}$$

Après mise en facteur des suites numériques[22], développement et remplacement des symboles par leur valeur, il vient :

$$RDF_2 = \left[125\ 000 - \left(\left(\frac{1-1{,}0050^{-12}}{0{,}0050}\right)\left(\frac{1-\left(\dfrac{1{,}1}{1{,}06168}\right)^{2}}{\dfrac{0{,}06168-0{,}1}{1{,}06168}}\right)\right)\right.$$
$$\left.\left(1\ 487{,}28+1\ 855{,}40\left(1{,}06168\right)^{-2}\right)\right]\left(1{,}06168\right)^{4}$$

$$RDF_2 = 64\ 634{,}88\ €$$

- Annuités du troisième palier

  Ce solde de 64 634,88 € doit être équivalent à deux séries de 12 mensualités chacune calculées avec un rendement actuariel annuel de 6,168 % (0,50 % par mois).

  Chaque échéance de la première chronique (début du palier 3 ou année 5 des paiements) est notée a_{13}. Pour ce qui concerne les mensualités de la seconde série (année 6 ou deuxième année du palier 3), elles sont toutes supérieures à a_{13} (+10 %). Par conséquent :

22. La première progression géométrique portant sur la fréquence annuelle des échéances est généralement la même sur toutes les plages pluriannuelles. Par ailleurs, il se trouve que, dans cet exemple, les paliers comprennent le même nombre d'années (n = 2). On peut donc, ici, mettre en facteur deux suites géométriques. Ce n'est pas toujours le cas dans la mesure où les paliers choisis peuvent être d'amplitude temporelle différente.

$$RDF_2 = a_{13}\sum_{t=1}^{k}(1+i_k)^t\sum_{t=0}^{n-1}\left(\frac{1+g}{1+i}\right)^t$$

$$a_{13} = \frac{64\,634,88}{\left(\dfrac{1-(1,0050)^{-12}}{0,0050}\right)\left[\dfrac{1-\left(\dfrac{1,1}{1,06168}\right)^2}{\left(\dfrac{0,06168-0,1}{1,06168}\right)}\right]} = 2\,732,14 \text{ €}$$

La série des 12 dernières mensualités constantes de la sixième année est déduite de ce nouveau résultat. Chaque règlement mensuel de la dernière année d'amortissement doit s'élever à 3 005,36 € (2 732,14 × 1,1).

- Annuités du troisième palier par le restant dû comptable

  Ces annuités auraient pu être déterminées en passant par le restant dû comptable au bout du palier 2 (RD_2). Le taux d'intérêt proposé (26,7138 %) est juste s'il est en mesure de satisfaire un autre équilibre financier équivalent au précédent. Celui-ci se présente ainsi :

$$RD_2 = a_{13}\sum_{t=1}^{k}(1+i_{k3})^{-t}\sum_{t=0}^{n-1}\left(\frac{1+g}{1+i_3}\right)^t,$$

avec $i_3 = 26{,}7138\ \%$ et $i_{k3} = 1{,}267138^{1/12} - 1 = 1{,}9926\ \%$

Calculons le solde comptable RD_2 et vérifions, ensuite, l'égalité posée sachant que g est connu (10 %) ainsi que n (2 ans). Comme le restant dû à un moment donné est la différence entre les valeurs capitalisées de l'emprunt et des annuités à la même date (voir section 1.1, tableau 2.1 plus particulièrement), on peut écrire :

$$RD_2 = \left[E(1+i_1)^2(1+i_2)^2\right] - \left[\begin{array}{c}\left(a_{11}\sum_{t=0}^{k-1}(1+i_{k1})^t\left((1+i_1)\sum_{t=0}^{1}\left(\frac{1+g}{1+i_1}\right)^t\right)(1+i_2)^2\right) - \\ \left(a_{12}\sum_{t=0}^{k-1}(1+i_{k2})^t\left((1+i_2)\sum_{t=0}^{1}\left(\frac{1+g}{1+i_2}\right)^t\right)\right)\end{array}\right]$$

$$RD_2 = \left[125\,000(1,03)^2(1,045)^2\right] -$$

$$\left[\left(1487,28\left(\frac{1,002466^{12}-1}{0,002466}\right)(1,03)\left(\frac{1-\left(\frac{1,1}{1,03}\right)^2}{\frac{0,03-0,1}{1,03}}\right)(1,045)^2\right) - \left(1855,40\left(\frac{1,003675^{12}-1}{0,003675}\right)(1,045)\left(\frac{1-\left(\frac{1,1}{1,045}\right)^2}{\frac{0,045-0,1}{1,045}}\right)\right)\right]$$

$$RD_2 = 54\,000,14\ €$$

Toutes les informations sont maintenant entre nos mains pour vérifier l'équilibre des flux (équation initialement posée). Aux erreurs d'arrondi près :

$$54\,000,14 = a_{13}\left(\frac{1-1,019926^{-12}}{0,019926}\right)\left(\frac{1-\left(\frac{1,1}{1,267138}\right)^2}{\frac{0,267138-0,1}{1,267138}}\right)$$

$$= 2732,14\left(\frac{1-1,019926^{-12}}{0,019926}\right)\left(\frac{1-\left(\frac{1,1}{1,267138}\right)^2}{\frac{0,267138-0,1}{1,267138}}\right)$$

Cette égalité étant démontrée, le taux d'intérêt du troisième palier, utilisable avec le solde comptable du palier 2, est bien de 26,7138 %. Un tel taux annuel d'intérêt génère les mêmes annuités que celles tirées du restant dû financier au bout de 4 ans et l'ensemble des versements assure au prêteur le rendement actuariel demandé de 6,168 %.

Remarquons que le taux du troisième palier (26,7138 %) était chiffrable en utilisant RD_2 et les flux de versements postérieurs à la quatrième année. C'est un taux de rendement interne (voir chapitre 5).

- Équilibre général de l'emprunt

  On trouvera, dans le tableau 2.10, le profil et la structure des flux consécutifs à l'emprunt BPN (extrait). Les éléments de ce tableau sont obtenus avec des taux d'intérêt progressifs.

Tableau 2.10 – L'emprunt BPN à taux d'intérêt et échéances progressifs sur 6 ans : suivi mensuel des charges financières, du capital amorti et du solde comptable (extrait)

Ligne (mois)	Annuité	Intérêts	Capital	Solde (restant dû)	Taux d'intérêt	
					Global	Palier
1	1 487,28	308,28	1 178,99	123 821,01	Rendement actuariel (i) = **6,168 %**	i_1 = 3 %
⋮	⋮	⋮	⋮	⋮		
12	1 487,28	275,90	1 211,38	110 658,57		
13	1 636,01	272,91	1 363,09	109 295,48		
⋮	⋮	⋮	⋮	⋮		
24	1 636,01	235,48	1 400,53	94 077,76		
25	1 855,40	345,72	1 509,68	92 568,08		i_2 = **4,5 %**
⋮	⋮	⋮	⋮	⋮		
36	1 855,40	283,56	1 571,84	75 590,92		
37	2 040,94	277,78	1 763,16	73 827,76		
⋮	⋮	⋮	⋮	⋮		
48	2 040,94	205,19	1 835,75	54 000,14		
49	2 732,14	1 076,01	1 656,14	52 344,00		i_3 = **26,7138 %**
⋮	⋮	⋮	⋮	⋮		
60	2 732,14	674,59	2 057,55	31 797,13		
61	3 005,36	633,59	2 371,77	29 425,36		
⋮	⋮	⋮	⋮	⋮		
72	3 005,36	58,71	2 946,64	0,00		

En définitive, une comparaison de la ressource mise à disposition (125 000 €) avec tous les paiements que devra supporter la société HCA (voir ci-dessus) permet de vérifier que le prêt consenti par la BPN rapporte bien 6,168 % par an (0,50 % par mois). Aux erreurs de formatage près, les deux égalités principales suivantes sont bien assurées.

La première égalité, qui est satisfaite, traite les flux par blocs. Elle se présente ainsi :

$$E = a_{11}\sum_{t=1}^{k}(1+i_k)^{-t}\sum_{t=0}^{n-1}\left(\frac{1+g}{1+i}\right)^{t} + \left[a_{12}\sum_{t=1}^{k}(1+i_k)^{-t}\sum_{t=0}^{n-1}\left(\frac{1+g}{1+i}\right)^{t}\right](1+i)^{-2}$$
$$+\left[a_{13}\sum_{t=1}^{k}(1+i_k)^{-t}\sum_{t=0}^{n-1}\left(\frac{1+g}{1+i}\right)^{t}\right](1+i)^{-4}$$

Après mise en facteur, développement et introduction des valeurs prises par les variables, cette première égalité est acquise et vérifiée. Effectivement :

$$125\,000 = \left[\left(\frac{1-1{,}0050^{-12}}{0{,}0050}\right)\left(\frac{1-\left(\frac{1{,}1}{1{,}06168}\right)^{2}}{\frac{0{,}06168-0{,}1}{1{,}06168}}\right)\right]$$

$$\left(1487{,}28 + 1\,855{,}40\left(1{,}06168\right)^{-2} + 2\;732{,}14\left(1{,}06168\right)^{-4}\right)$$

La seconde égalité, elle aussi vérifiée, est posée avec tous les flux mensuels de paiement. Elle s'écrit :

$$E = \left[\frac{a_{11}}{(1+i_k)} + \ldots + \frac{a_{11}}{(1+i_k)^{k}}\right] + \left[\frac{a_{11}(1+g)}{(1+i_k)^{k+1}} + \ldots + \frac{a_{11}(1+g)}{(1+i_k)^{2k}}\right]$$
$$+\left[\frac{a_{12}}{(1+i_k)^{2k+1}} + \ldots + \frac{a_{12}}{(1+i_k)^{3k}}\right] + \left[\frac{a_{12}(1+g)}{(1+i_k)^{3k+1}} + \ldots + \frac{a_{12}(1+g)}{(1+i_k)^{4k}}\right]$$
$$+\left[\frac{a_{13}}{(1+i_k)^{4k+1}} + \ldots + \frac{a_{13}}{(1+i_k)^{5k}}\right] + \left[\frac{a_{13}(1+g)}{(1+i_k)^{5k+1}} + \ldots + \frac{a_{13}(1+g)}{(1+i_k)^{6k}}\right]$$

$$125\,000 = \left[\frac{1\,487{,}28}{(1{,}0050)} + \ldots + \frac{1\,487{,}28}{(1{,}0050)^{12}}\right] + \left[\frac{1\,636{,}01}{(1{,}0050)^{13}} + \ldots + \frac{1\,636{,}01}{(1{,}0050)^{24}}\right]$$
$$+\left[\frac{1\,855{,}40}{(1{,}0050)^{25}} + \ldots + \frac{1\,855{,}40}{(1{,}0050)^{36}}\right] + \left[\frac{2\,040{,}94}{(1{,}0050)^{37}} + \ldots + \frac{2\,040{,}94}{(1{,}0050)^{48}}\right]$$
$$+\left[\frac{2\,732{,}14}{(1{,}0050)^{49}} + \ldots + \frac{2\,732{,}14}{(1{,}0050)^{60}}\right] + \left[\frac{3\,005{,}36}{(1{,}0050)^{61}} + \ldots + \frac{3\,005{,}36}{(1{,}0050)^{72}}\right]$$

c. Dans la mesure où la durée de l'emprunt est relativement courte, l'objectif d'un premier paiement mensuel de 1 500 € maximum était atteignable sans mettre en place un système de taux d'intérêt différenciés.

En effet, avec un construit interactif sur un chiffrier comme Excel, on vérifie que, pour une croissance annuelle de 14 % des annuités, la première échéance est bien inférieure à 1 500 € (1 489,74 €) si les calculs se font avec un taux unique de 6,168 %.

Pour une durée d'amortissement de l'emprunt plus longue et une contrainte concernant la toute première échéance, la cristallisation du taux d'intérêt est moins évidente. Par exemple, pour une durée d'amortissement de 15 ans et non plus de 6 ans, avec un impératif de paiement mensuel de 500 € la première année, la seule progressivité des échéances, sans gradation du taux d'intérêt, s'avère insuffisante. C'est ainsi que, pour obtenir une échéance de départ d'environ 500 €, une progressivité annuelle des paiements de 11,5 % est nécessaire, si ce n'est que les intérêts du premier mois, calculés avec 6,168 %, se révèlent supérieurs à 500 €. Il faut donc, pour être sous le plafond souhaité, réduire le taux d'intérêt de départ afin que la charge financière soit inférieure à 500 €.

Avec un service de la dette de 4,8 %, couplé à une bonification annuelle de 10 % des mensualités, l'objectif d'une toute première échéance d'un montant inférieur ou égal à 500 € est atteint. Formellement, avec des taux de 4,8 % (i) et 10 % (g), la mensualité de l'année 1 (palier 1) se monte à 496,53 €. Bien évidemment, il faut ensuite doper le taux d'intérêt afin que les 125 000 € rapportent, au bout du compte, 6,168 % au prêteur.

Hors considérations inflationnistes, un mécanisme de ce type est théoriquement concevable pour des prêts à long terme risqués ou pour des emprunteurs dont le profil des revenus futurs serait atypique. Dans la mesure où les engagements sont honorés, le prêteur obtient la rémunération demandée au terme du contrat même si, au départ, les taux d'intérêt pratiqués sont bas. En pareille situation (taux d'intérêt progressifs), le remboursement anticipé de prêts ou sa renégociation entraîne toutefois des conséquences financières qui peuvent être difficilement comprises, voire supportées, par un débiteur économiquement fragilisé. Un tel cadre, susceptible de remettre en question l'objectif de rendement requis initialement programmé, semble en définitive autant risqué pour le prêteur que pour l'emprunteur. Mais c'est la seule réponse possible dans un contexte économique fortement inflationniste ou lorsque le débiteur veut réduire, significativement, les tout premiers paiements d'un emprunt à long terme.

Chapitre 3
Cotation, duration et sensibilité des obligations

Les connaissances acquises dans ce chapitre permettront au lecteur de :

1. Comprendre la formation du prix des obligations à taux fixe remboursées *in fine* ou de façon fractionnée.
2. Calculer la marge actuarielle des obligations à taux variable.
3. Déterminer la durée de détention d'une obligation qui garantit son rendement.
4. Mesurer le degré de sensibilité du prix de l'obligation au taux d'intérêt.
5. Rétablir la structure par terme des taux d'intérêt.

L'application du principe de l'égalité des valeurs actuelles des engagements réciproques entre parties concernées par une opération financière a une destination importante. Elle se rapporte à la valorisation des titres de créances et de propriété, objet du présent chapitre et du suivant. Intrinsèquement, de tels actifs financiers devraient pouvoir être évalués par référence aux revenus induits par la détention. *A priori*, plus fortes sont ces rentrées futures de trésorerie, plus élevée est la valeur présente de l'obligation ou de l'action.

L'incertitude qui pèse sur les versements futurs exerce également une influence sur les prix, par l'intermédiaire du taux d'actualisation. C'est ainsi qu'un phénomène de survariance probable sur le revenu attendu tire vers le haut le risque pris et, de façon subséquente, le taux de pénalisation des flux futurs. Le tout contracte, mécaniquement, la valeur des actifs. À l'opposé, une réduction de la volatilité des produits liés à l'appropriation des titres a des effets théoriques inverses sur le taux d'actualisation, qui diminue, et les prix, qui augmentent.

Plus globalement et en réalité, ce n'est pas la technique à utiliser qui pose problème mais le caractère non garanti, voire très aléatoire, du versement futur. Si en matière d'obligations à taux fixe la logique, largement exposée au chapitre 2, est facilement exploitable, en raison de la nature contractuelle des coupons (intérêts récurrents) et du remboursement (principal), il n'en va pas de même pour une action (voir chapitre 4).

Dans ce chapitre 3, nous allons tout d'abord parler des obligations à taux fixe qui représentent, de très loin, les principales émissions de titres de créances négociables sur le marché français. Le prix et la cotation (pied du coupon) de ces actifs financiers à revenu fixe sont commodément vérifiables par une approche actuarielle de la valeur. Cette application financière est complétée par la présentation de concepts utiles en gestion obligataire et reliés les uns aux autres, comme la sensibilité, la duration ou encore la structure par terme des taux d'intérêt.

Nous l'avons rappelé quelques lignes plus haut, l'investissement en obligations est moins risqué que le placement en actions. Mais l'acquisition d'une part d'emprunt comprend néanmoins trois prises majeures de risque : le défaut de remboursement du principal, la perte en capital, qui varie avec le taux d'intérêt sur le marché, et la petitesse des transactions sur le titre de nature à atteindre son prix. Le premier risque est un risque à l'échéance.

Les deux autres, les risques sur le principal et la liquidité, sont des risques pendant la vie de l'obligation.

En période de montée des taux sur le marché, la perte en capital est remédiable par un réinvestissement plus satisfaisant des intérêts récurrents. Ce n'est pas le cas pour les obligations zéro-coupon qui sont donc, de ce point de vue, plus risquées que les titres de créances couponnés. Pratiquement, la solvabilité des émetteurs d'obligations est à l'origine d'une notation (*rating*) qui influence le rendement du titre. Trois agences principales, Moody's, S&P et Fitch, attribuent des notes qui vont de « qualité supérieure » (AAA) à « défaillant » (D) en passant par « moyen inférieur », voire « spéculatif » (B). Sur le principe, ces notes reflètent la probabilité que l'émetteur des obligations assure le remboursement du principal et livre les intérêts prévus. Par exemple, l'obligation EDF 5,625 % 2003-2033, déjà citée au chapitre 2, est notée A1 par Moody's (*rating* à la date du 16 avril 2015). L'échelle A1 est un niveau moyen supérieur (*upper-medium grade*) auquel l'agence associe un faible risque de crédit. Pour compléter l'information du lecteur sur ce point, ajoutons qu'une obligation est, théoriquement, toujours classée AAA dès lors qu'elle est garantie par un assureur. À moins que l'intermédiaire ne fasse lui-même l'objet d'une mauvaise opinion des agences, ce qui se retrouverait nécessairement dans le *rating* du titre bien que cautionné.

Pour illustrer les principes énoncés et appliquer les formules proposées, sur la cotation, les marges, les rendements par maturité (obligations de capitalisation/gamme de taux), la sensibilité ou la duration, des exemples concrets sont donnés dans la plupart des sections de ce chapitre (OAT démembrées, dites *strippées*, Veolia Environnement, Crédit agricole, Natixis, Pernod Ricard...).

Le calcul du prix (coupon couru inclus) et de la cotation (au pied du coupon) d'une obligation, spécialement à taux fixe, ne présente pas de difficulté surtout dans le cas général d'un remboursement *in fine* du principal. Comme les engagements de l'emprunteur sont connus, en matière de contreparties (intérêts, capital et prime éventuelle), il suffit d'avoir le taux du marché pour la catégorie d'actifs à évaluer. Ce taux d'actualisation est fonction de la qualité de l'émetteur (notation par les agences), de la maturité du titre ou encore du degré de liquidité de l'actif. Si la cotation est une information, c'est ce taux de rendement actuariel brut qui peut faire l'objet d'une reconstitution.

Avec les flux attendus ou cristallisés, en relation avec la propriété du titre de créance, sont également déterminés deux concepts pertinents en matière de gestion obligataire : la duration et la sensibilité. La duration est la période de détention du titre qui garantit le rendement initialement prévu (immunisation contre une fluctuation quelconque des taux d'intérêt). Pour sa part, la sensibilité indique la direction prise par le prix de l'obligation, et sa variation technique attendue, si le taux sur le marché venait à augmenter ou à diminuer.

Avant de bien caractériser les obligations, sous de multiples aspects technico-financiers, nous fournissons quelques points de repère sur les différentes catégories possibles de titres de créances à long terme négociables sur les marchés financiers.

1. Les principales familles d'obligations

En France, les portions de dettes que représentent les obligations sont mises sur le marché par quatre catégories majeures d'émetteurs : l'État, les autres administrations publiques incluant les collectivités locales, les établissements de crédit et les sociétés non financières. Les obligations émises par l'État ou une entité du secteur public sont largement dominantes, autour de 60 % des titres proposés au marché. Les établissements de crédit viennent ensuite avec 20 à 25 % des émissions. Les obligations françaises d'État les plus connues sont les OAT (obligations assimilables du Trésor)[23]. Elles permettent des émissions en plusieurs fois de titres avec la même échéance, jusqu'à 50 ans, et le même taux d'intérêt nominal. Le remboursement du principal se fait toujours *in fine*. Les OAT sont à taux fixe, à taux variable, de coupon zéro et à taux indexé sur l'inflation française ou en zone euro. L'OAT 10 ans est l'instrument habituel de référence utilisé pour fixer le rendement sûr. Ce que rapporte l'OAT 10 ans exerce également une influence sur les taux proposés par les banques à leurs clients qui sollicitent des crédits immobiliers.

Quant aux différentes classes d'obligations, elles sont nombreuses même si la catégorie dominante est représentée par des titres pour lesquels l'échéancier des versements est invariable. Outre ces obligations à taux fixe, on trouve sur le marché toute une série de titres dont certains sont hybrides (*equity linked*). Nous donnons quelques exemples d'obligations cotées en France et revenons, ensuite, plus largement, sur les titres à rémunération cristallisée pour lesquels la maîtrise du calcul actuariel permet de bien comprendre le mécanisme de fixation du prix ainsi que la sensibilité de la cotation aux fluctuations générales des taux d'intérêt sur le marché.

1.1. Les obligations à taux variable

Ce sont des obligations pour lesquelles le coupon n'est pas connu à l'avance. La seule information en possession de l'investisseur est le référentiel servant au calcul des intérêts qui seront payés le moment venu. Le coupon est plutôt indexé sur un taux à court terme (Euribor). Le taux variable peut également être assujetti au taux moyen des emprunts d'État supérieurs à 7 ans (TME) ou au taux du marché obligataire sur émissions du secteur public et emprunts de plus de 7 ans d'échéance garantis par l'État (TMO)[24]. Dans ces conditions, l'émetteur est en permanence endetté au taux courant. Pour l'investisseur, le risque de taux est donc faible puisque le coupon s'adapte en permanence. Cette insensibilité du cours de l'obligation à taux variable à ce risque-là est relative quand le référentiel est un taux à long terme. Pour comparer les obligations à taux variable, les unes par rapport aux autres, on calcule une marge actuarielle, exprimée en points de base. La procédure qui détermine cette marge est explicitée plus loin, exemple à l'appui.

23. Les « Bund » en Allemagne, qui peuvent servir de point de repère pour le calcul d'un *spread* sur obligations dans la zone euro, les « Gilts » au Royaume-Uni ou les « Treasury Bonds » aux États-Unis offrent une qualité de signature (garantie de remboursement du capital et de paiement des intérêts) semblable aux OAT françaises.

24. TME et TMO sont des indices mensuels représentant des moyennes arithmétiques calculées avec des taux hebdomadaires.

1.2. Les obligations zéro-coupon

Le détenteur d'une obligation de ce type ne touche pas d'intérêts pendant la durée de vie de la créance. Les intérêts non livrés se retrouvent, par un mécanisme de capitalisation, dans la valeur terminale de l'obligation. C'est avec de telles obligations de maturité identique, réelles ou synthétiques, que l'on peut reconstituer une structure par terme des taux d'intérêt (voir ci-après). Le rendement d'une telle obligation est en définitive facile à calculer. C'est le taux d'intérêt composé qui justifie la variation du capital investi pendant la durée du placement (voir les formules élémentaires du chapitre 1).

Une courbe des taux peut être établie avec les obligations bien connues que sont les titres d'État français. Il s'agit d'obligations assimilables du Trésor représentant des OAT de capitalisation, dites zéro-coupon ou démembrées (extraction du certificat d'intérêt et conservation du certificat de principal). Un tel démembrement aboutit à un prix d'émission, et à un cours durant la vie du titre (certificat de principal), inférieur au pair (1 €). Par ailleurs, ces obligations de capitalisation, plus sensibles que les OAT classiques au taux d'intérêt, sont utilisées en gestion obligataire pour améliorer la rentabilité des portefeuilles (effet accentué de levier et suppression du risque de taux sur réinvestissement des coupons).

Prenons le cas d'une OAT démembrée, échéance 25 avril 2029. Au 16 février 2015, cette obligation zéro-coupon cote 84,7 %. Sachant que le titre de capitalisation est remboursé 1 € à l'échéance, on peut trouver le taux d'intérêt implicite du placement sur un horizon de 14,1863 ans, soit du 16 février 2015 au 25 avril 2029. Ce taux r est solution de :

$$0,847(1+r)^{14,1863} = 1 \quad \Rightarrow r = \left(\frac{1}{0,847}\right)^{1/14,1863} - 1 = 1,18\ \%$$

Le taux anticipé à un peu plus de 14 ans est donc de l'ordre de 1,18 %, au 16 février 2015. C'est ainsi qu'avec des OAT démembrées d'échéances différentes, il en existe environ 250, on peut reconstituer toute la courbe des taux, de plusieurs mois à 50 ans (voir figure 3.1).

Figure 3.1 – Courbe des taux d'après le rendement à l'échéance des titres d'État français[a]

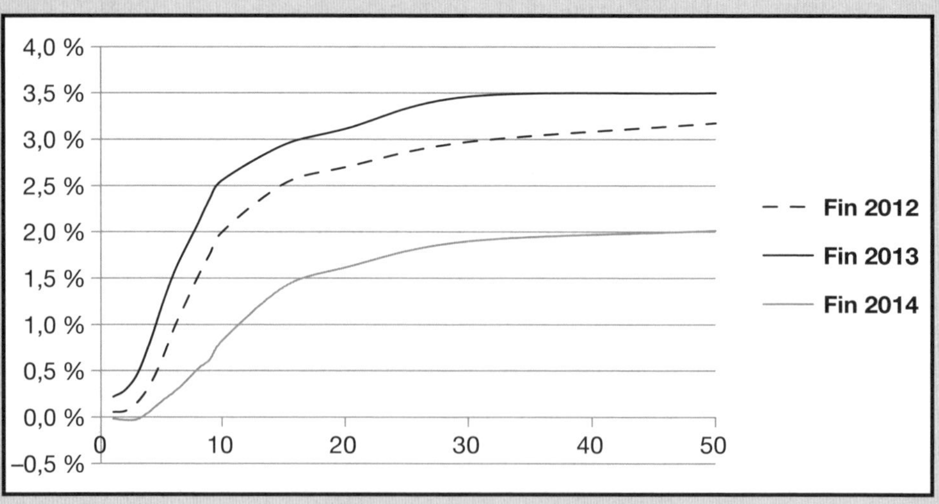

a. *Source des données :* Bloomberg/AFT ; les maturités, figurant en abscisse, sont en années.

On vérifie une courbe classique ascendante des taux que la théorie explique par le désir des agents économiques d'accepter un placement long plutôt que des opérations répétitives à court terme à la condition qu'une prime, dont l'importance varie avec l'éloignement de l'échéance, soit attribuée. Nous revenons sur la gamme des taux un peu plus loin dans ce chapitre (voir section 4).

1.3. Les obligations convertibles

De telles obligations, émises par des sociétés privées, permettent à l'investisseur de rester un créancier jusqu'à l'échéance (maturité du titre) ou de devenir un actionnaire lorsque le changement de statut est avantageux. Il y a donc dans le prix d'une obligation convertible un plancher actuariel et la valeur d'un droit de conversion déterminé par la théorie des options. Le profil du titre hybride change avec le prix de l'action et sa volatilité. L'obligation convertible est une quasi-action quand la valeur du droit de conversion prend une importance déterminante (sensibilité du cours du titre convertible, au cours du sous-jacent, supérieure à 70 % généralement). Compte tenu de cette possibilité offerte à l'investisseur de devenir propriétaire, le taux d'intérêt de l'obligation est relativement bas.

L'existence fréquente d'une prime de remboursement, qui en matière de lecture améliore le rendement actuariel pour l'investisseur, représente un avantage de plus pour le débiteur potentiel. C'est le cas lorsque l'obligataire devient un actionnaire puisque la prime ne sera pas payée.

Le cours de l'obligation convertible suit par conséquent le cours du sous-jacent (actions auxquelles donne droit la conversion). Cependant, la part ordinaire de l'obligation convertible protège l'investisseur contre toute baisse du cours de l'action (effet parapluie lorsque la sensibilité est basse, inférieure à 30 % habituellement), et sa nature partielle (action) permet au titre mixte de mieux résister à la montée des taux d'intérêt sur le marché qu'une obligation ordinaire. Cette moindre corrélation du prix avec les taux d'intérêt fait que l'obligation convertible est susceptible de bien s'inscrire dans une logique de diversification des risques. Les résultats sur 20 ans, selon Bloomberg et AllianzGI (données au 31 avril 2014), dénotent une performance des obligations convertibles (indice ECI Europe) comparable à celle des actions (indice EuroStoxx 600) mais avec un risque 2,2 fois inférieur.

En définitive, pour l'émetteur, la mise sur le marché d'obligations convertibles, outre qu'elle se fait à des conditions avantageuses, repousse l'effet de dilution du pouvoir, de la valeur et des bénéfices. Par ailleurs, comme la variation externe des capitaux propres est différée dans le temps, l'émetteur espère vendre des actions de la société à un prix qui pourrait se situer au-delà de la cotation actuelle étant donné que la conversion ne se fera que si les cours montent. Par exemple, Faurecia a émis, en 2012, des obligations à option de conversion et/ou d'échange en actions nouvelles ou existantes (Océane) selon une valeur nominale unitaire de 19,48 €, soit avec une prime de 37 % par rapport au cours de l'action (moyenne pondérée par les volumes). On observe une prime comparable pour les Océane émises par Air France-KLM en 2013 (30-35 % par rapport au cours de référence de l'action). C'est la raison pour laquelle l'opportunité d'une émission d'obligations convertibles est très influencée par la tendance prévisible des cours.

Ajoutons que l'exercice d'un droit de conversion forcée ou la possibilité de racheter des obligations sur le marché sont des éléments favorables de flexibilité en matière de structure financière. Dans le premier cas, le capital est renforcé et, dans le second, au contraire, l'émission de nouveaux titres de propriété est évitée notamment en situation d'éloignement des besoins.

Le porteur de l'obligation convertible, pour sa part, trouve lui aussi au moins deux avantages dans ce type d'investissement. Premièrement, la régularité contractuelle du coupon, dont le taux est néanmoins plus faible que celui de l'obligation ordinaire, est un élément sécuritaire. D'autre part, la possibilité de profiter de l'augmentation du cours du sous-jacent (gain en capital) entraîne, en définitive, une bonne espérance de rentabilité de nature à améliorer la performance d'un portefeuille obligataire comprenant des convertibles. Des tests effectués avec des données sur 10 ans (2004-2014) montrent une augmentation de la performance annualisée du portefeuille au fur et à mesure que le poids des titres mixtes augmente. Cette hausse du rendement est combinée, dans un premier temps, avec une baisse du risque (forme convexe classique de la relation entre rentabilité et volatilité pour une combinaison à deux actifs ou à deux portefeuilles)[25].

1.4. Les obligations cautionnées

L'obligation cautionnée représente une dette qui est celle de l'entreprise vis-à-vis du Trésor public. Elle est la contrepartie de l'acceptation d'un règlement décalé de la TVA ou de taxes comme celles sur les alcools et les droits de douane (souscription d'un billet à l'ordre de l'administration). Le différé de paiement, moyennant intérêts payables à l'échéance avec le principal, est de 2, 3 ou 4 mois maximum. L'obligation est dite cautionnée parce que comportant une garantie bancaire. L'existence d'un répondant protège l'administration fiscale contre une défaillance éventuelle de l'entreprise (contribuable).

1.5. Les obligations à bons de souscription d'actions (OBSA)

L'obligation à bons de souscription d'actions est un agrégat de deux produits financiers. Un tel titre se singularise par une grande flexibilité, car il offre plusieurs possibilités d'opérations sur les marchés financiers du fait de son contenu. En effet, l'OBSA est constituée d'une obligation et d'un ou de plusieurs bons de souscription qui font l'objet d'une cotation séparée. Tous les éléments de ce produit de placement sont ainsi susceptibles d'être vendus ou conservés selon l'état du marché et l'intérêt du souscripteur. Le prix d'exercice pour souscrire à des actions nouvelles et la quotité sont précisés dans le contrat d'émission. L'investisseur peut donc exercer ses droits (BSA) et entrer ultérieurement dans le capital de l'émetteur ou céder les prérogatives acquises. Lorsque le BSA est détaché, le cours précédant l'opération doit être ajusté afin que les prix soient comparables dans le temps. Le bon collé à l'obligation ne peut être exercé au-delà de 3 mois après l'échéance finale de l'emprunt.

---

25. Calculs effectués sur deux indices européens. Le premier concerne des obligations ordinaires (Barclays Euro Aggregate Corporate Index) et le second des convertibles (Exane European Convertible Bond Index). Sur ce sujet, on trouvera des résultats empiriques détaillés dans « Les obligations convertibles : le meilleur de deux mondes ? », Allianz Global Investors, juin 2014.

L'avantage pour l'émetteur réside dans la possibilité de s'endetter à un taux moindre que celui du marché. Pour l'investisseur, l'intérêt se trouve dans la possibilité de bénéficier de la valorisation du cours de l'action et d'un mécanisme d'effet de levier. Théoriquement, la hausse du bon de souscription est plus forte que l'augmentation corrélative du sous-jacent.

1.6. Les obligations à bons de souscription d'obligations (OBSO)

L'OBSO est une obligation semblable à la précédente dans sa structure, sauf que le bon émis concerne un nouvel emprunt fragmenté en titres ayant la même nature et la même durée que l'obligation initiale. Tout comme pour le BSA, le bon de souscription portant sur de nouvelles obligations, dont on connaît à l'avance le prix, est coté à part. C'est un droit que l'obligataire peut exercer ou céder sur le marché.

1.7. Les obligations à bons de souscription en actions remboursables (OBSAR)

Ces titres financiers proches de l'OBSA comprennent en outre une clause de remboursement si le bon (BSAR) n'est pas utilisé dans les temps. En théorie, une telle option (avantage) peut pousser l'investisseur à la souscription initiale et, ultérieurement, à l'achat d'actions (exercice de l'instrument financier) car, en règle générale, le prix de rachat du bon est bas.

1.8. Les obligations échangeables en actions (OECA)

L'entreprise qui émet des obligations échangeables prévoit de les rembourser en actions figurant dans son portefeuille de participations, lorsque c'est l'intérêt de l'investisseur. Par exemple, la société européenne d'investissements Eurazeo a mis sur le marché, en mai 2009, des obligations échangeables (500 M€ initialement) en actions Danone (40 % du portefeuille détenu, soit 2 % du capital de l'industriel). À l'échéance de l'obligation, la dette peut ainsi disparaître des comptes de l'émetteur, tout comme une partie des titres en portefeuille, dès lors que le cours du sous-jacent (actions prévues en échange) s'est consolidé. Quand cette condition d'intérêt pour l'obligataire de départ n'est pas remplie, l'option d'achat n'est pas exercée et la trésorerie de l'émetteur diminue à l'arrivée de l'échéance.

En définitive, l'émission de ces titres ne s'accompagne pas d'une variation des capitaux propres de l'émetteur. On peut donc regarder ces obligations particulières comme des prêts sur gages.

1.9. Les obligations remboursables en actions (ORA)

Les ORA sont des obligations proches des convertibles. Leur remboursement ne se fait pas en espèces mais en actions de l'émetteur. Toutefois, et contrairement aux convertibles, c'est à l'échéance seulement que la conversion des titres de créances en titres de propriété se fait obligatoirement. Ces titres hybrides sont difficiles à évaluer parce qu'il n'existe pas de modèle sûr capable d'anticiper le cours à long terme d'une action.

2. Prix et cotation des obligations

Nous présentons, successivement, les titres à revenu fixe et la formule du coupon variable. En matière d'émission à taux ferme, les deux options possibles de remboursement du principal sont examinées : l'extinction *in fine* de la dette et l'amortissement étalé par fractions constantes ou progressives. La diminution temporelle du nombre d'obligations vivantes peut être obtenue par tirage au sort des titres mis au remboursement. À propos des obligations à taux variable, nous verrons notamment comment se calcule une marge actuarielle.

2.1. Le cas général des obligations à taux fixe et remboursement *in fine* du capital

2.1.1. Les principes de la cotation

Les obligations sont cotées au pied du coupon (hors intérêts courus) et en pourcentage du nominal. Cette procédure de cotation du principal permet de comparer des titres dont les valeurs faciales (C) ne sont pas les mêmes et qui distribuent des coupons à des dates différentes.

Pour déterminer la cotation en $t = 0$, dans le cadre d'un remboursement *in fine* du titre, on commence par calculer le prix de l'obligation (P_0) en tenant compte des variables influentes. Celles-ci sont au nombre de cinq : l'éloignement en jours du prochain coupon (j), les coupons restant à percevoir jusqu'à l'échéance (n), le prix de remboursement à maturité (R), le taux du coupon (i) et le taux du marché à la date de cotation ou taux de rendement actuariel brut (r).

Nous l'avons fréquemment rappelé, dans le cadre d'une approche actuarielle par les revenus, le prix d'un actif, quelle que soit sa nature, correspond à l'équivalent actuel des flux attendus. D'après ce principe, P_0 a le contenu suivant, dans le cas général de produits financiers répétitifs annuels :

$$P_0 = iC(1+r)^{-j/365} + iC(1+r)^{(-j/365)-1} + \ldots + (iC+R)(1+r)^{(-j/365)-n+1}$$

Après arrangement et regroupement des flux :

$$P_0 = iC(1+r)^{-j/365}\sum_{t=0}^{n-1}(1+r)^{-t} + R(1+r)^{(-j/365)-n+1}$$

Une fois la suite numérique de l'expression ci-dessus développée :

$$P_0 = \left(iC(1+r)^{-j/365}\right)\left[\frac{(1+r)-(1+r)^{-n+1}}{r}\right] + R\,(1+r)^{(-j/365)-n+1}$$

Pour sa part, la cotation au pied du coupon (hors intérêts courus) et en pourcentage du nominal s'écrit :

$$\text{Cotation} = \left[\frac{P_0 - \left(\dfrac{iC(365 - j)}{365}\right)}{C}\right] \times 100$$

Jusqu'en 2014, les intérêts courus étaient calculés en tenant compte d'un délai de trésorerie, de quelques jours, entre la date de détachement du coupon et la date de paiement. Plus précisément, en France, cette date de règlement-livraison était celle de la négociation majorée de 3 jours ouvrés. Dans un souci d'harmonisation, spécialement avec l'Allemagne, ce délai de trésorerie a maintenant été ramené à 2 jours ouvrés maximum avec effet au 1er janvier 2015 (décision AMF avancée dans les faits au mois d'octobre 2014). En pratique, ce délai de trésorerie est fréquemment d'un jour ouvré seulement (voir les informations en matière d'intérêts courus fournies par Euronext ou Boursorama).

2.1.2. Application à l'obligation Veolia (coupon annuel) et lecture des résultats

Prenons un exemple pour montrer l'application du « $j + 3$ » jusque vers la fin 2014. L'obligation Veolia Environnement 5,125 %, ayant un nominal de 1 000 €, sert un coupon le 24 mai de chaque année. Si nous sommes le 5 mai 2014, le coupon couru est à calculer sur 349 jours, du 24 mai 2013 au 5 mai 2014 (346 jours) plus 3 jours. Cela donne une quantité d'intérêts courus, calculée *prorata temporis*, de 49 €, soit :

$$\frac{1\,000 \times 0{,}05125 \times 349}{365} = 49{,}003 \text{ €} \quad \Rightarrow 4{,}9\ \%$$

(cotation du coupon en pourcentage du nominal)

L'évolution des taux sur le marché a un impact direct sur le prix et la cotation. Lorsque les taux montent, les prix baissent (dévalorisation de l'obligation) et, inversement, une obligation en circulation se valorise quand les taux actuels se situent au-dessous du taux auquel l'obligation a été émise. C'est ainsi que l'obligation Veolia de notre application numérique cote, le 5 mai 2014, plus de 100 % du nominal (121,636 %). La raison est simple, le taux du marché à cette date, pour des obligations semblables, s'avère très inférieur à 5,125 %. Il est de 2,165 % au moment de la cotation.

Retrouvons la cotation de cette obligation Veolia, dont le nominal et le prix de remboursement *in fine* sont de 1 000 €, et pour laquelle un seul coupon est versé annuellement, le 24 mai. Au 5 mai 2014, le prochain coupon est décalé de 16 jours, délai de trésorerie déduit, et il reste neuf coupons annuels à percevoir avant la maturité du titre (24 mai 2022). Prix de l'obligation (P_0) et cotation, au 5 mai 2014, sont donc :

$$P_0 = \left(51{,}25(1{,}02165)^{-16/365}\right)\left[\frac{(1{,}02165) - (1{,}02165)^{-8}}{0{,}02165}\right] + 1000(1{,}02165)^{(-16/365)-8}$$

$$P_0 = 1\,265{,}362 \text{ €}$$

$$\text{Cotation} = \left[\frac{1\,265{,}362 - \left(\frac{51{,}25(365-16)}{365}\right)}{1\,000}\right]$$

$$\text{Cotation} = 121{,}636\ \%$$

Il y a une autre lecture possible des résultats concernant ces obligations Veolia.

L'investisseur qui a acheté de tels titres, à l'introduction, c'est-à-dire le 24 mai 2007, n'obtiendra le rendement prévu de 5,125 % (taux stipulé dans le contrat obligataire) que s'il décide de conserver les actifs financiers pendant toute la durée de jouissance, à savoir du 24 mai 2007 (émission) au 24 mai 2022 (échéance). Si les titres Veolia Environnement, achetés lors de l'émission, sont vendus le 5 mai 2014, leur rendement à cette date est supérieur au taux facial (5,25 %) parce que l'obligation s'est valorisée du fait de la baisse des taux d'intérêt sur le marché.

Un tel rendement, pour cette obligation du secteur privé, est le taux r solution de l'égalité ci-après :

$$1\,000 = 51{,}25(1+r)^{-1} + 51{,}25(1+r)^{-2} + \ldots + 51{,}25(1+r)^{-6} + 1\,265{,}362(1+r)^{(-349/365)-6}$$

Dans ce polynôme, 6 est le nombre de coupons perçus depuis le 24 mai 2008 et jusqu'au 24 mai 2013. Quant à 349, il représente le nombre de jours de la date de versement du dernier coupon (24 mai 2013) au 5 mai 2014 (date à laquelle le marché nous donne un prix de 1 265,362 €). Ce nombre de 349 jours comprend les 3 jours additionnels pour le règlement et la livraison (délai de trésorerie avant le passage à j + 2 ouvrés, tout au plus, intervenu au mois d'octobre 2014).

Via un mode opératoire itératif sur un logiciel du type Excel, ou à l'aide d'une calculatrice financière, il est facile de trouver le taux d'actualisation annuel (r) qui reconstitue la mise initiale (nominal de l'obligation) à partir des revenus perçus. Ce taux est de 7,60 %. Il est bien supérieur au taux facial qui est le rendement du moment de l'émission des titres Veolia (5,125 %)[26].

2.1.3. Application à une obligation qui reçoit des intérêts plusieurs fois dans l'année

Dans une très large mesure, les coupons servis aux obligations sont annuels. Il arrive cependant que les intérêts soient versés plusieurs fois dans l'année. C'est le cas, par exemple, de l'obligation Crédit agricole SA (CASA) 4,60 % 2007-2019 pour laquelle les coupons sont trimestriels et payables les 29 mars, 29 juin, 29 septembre et 29 décembre de chaque année. La valeur nominale de chaque obligation émise en 2007 est de 1 € et

26. On peut compléter notre information sur Veolia en ajoutant le commentaire suivant. Si l'on se place au 5 mai 2014 et qu'il faille assurer, pour le futur, un rendement de 2,165 %, conciliable avec le prix de 1 265,362 €, les titres Veolia Environnement devront être conservés un certain temps. Cette période qui immunise l'obligation est connue sous le nom de duration. Ce concept est présenté, un peu plus loin, dans ce chapitre (voir section 3).

le remboursement à maturité ne comprend pas de prime. Par ailleurs, pour cette obligation classique, la rémunération trimestrielle se fait selon un taux proportionnel de 1,15 %, soit le taux nominal à l'émission divisé par 4. Le calcul de la cotation ou du rendement actuariel doit par conséquent utiliser des flux trimestriels. Une consultation d'Euronext ou de Boursorama, à la date du 20 février 2015, nous donne deux cotations, 101,33 % (obligation) et 0,7156 % (coupon couru), ainsi qu'un rendement actuariel annuel de 4,3315 %. Vérifions l'exactitude financière de ces informations avec un délai de 3 jours, au lieu de 2, pour le règlement et la livraison, puisque le 20 février 2015 tombe un vendredi.

Conformément à l'approche actuarielle sous-jacente, le prix (P_0) de l'obligation CASA, à intérêts fixes et trimestriels, est de 1,02 € (addition des deux cotations divisée par 100). Comme il reste 18 coupons trimestriels à percevoir, ce prix de 1,02 € doit correspondre, aussi, à :

$$P_0 = 0{,}0115\left(1+r_p\right)^{-34/90} + 0{,}0115\left(1+r_p\right)^{(-34/90)-1} + \ldots + 1{,}0115\left(1+r_p\right)^{(-34/90)-17}$$

Dans l'équation ci-dessus, 34 est le nombre de jours du 20 février 2015 (date de cotation) au 29 mars 2015 (versement du coupon), déduction faite du délai de trésorerie (3 jours). Quant à r_p, il représente le rendement actuariel brut annuel (r) ramené à la période (taux trimestriel équivalent). En pratique, on calcule d'abord r_p, puisque les flux de revenus sont trimestriels, et on remonte, ensuite, sur le rendement annuel équivalent r. Après contraction de la formule précédente du prix d'une obligation, il vient :

$$P_0 = \left[0{,}0115\left(1+r_p\right)^{-34/90}\sum_{t=0}^{17}\left(1+r_p\right)^{-t}\right] + 1\left(1+r_p\right)^{(-34/90)-17}$$

La progression géométrique de l'équation précédente une fois développée permet une écriture plus opérationnelle. Elle se présente ainsi :

$$P_0 = \left(0{,}0115\left(1+r_p\right)^{-34/90}\right)\left[\frac{\left(1+r_p\right)-\left(1+r_p\right)^{-17}}{r_p}\right] + 1\left(1+r_p\right)^{(-34/90)-17}$$

Avec un rendement actuariel trimestriel de 1,0657 %, équivalent à 4,3315 % par an, on obtient bien le prix de 1,02 € préalablement communiqué. Effectivement :

$$P_0 = \left(0{,}0115 \times 1{,}010657^{-0{,}3778}\right)\left[\frac{1{,}010657 - 1{,}010657^{-17}}{0{,}010657}\right] + 1{,}010657^{-17{,}3778}$$

$$P_0 = 1{,}02045 \text{ €}$$

On retrouve dans ce prix en euros les cotations de l'obligation (101,33 %, au pied du coupon) et du coupon couru (0,7156 %). Pour le calcul des intérêts courus, du 29 décembre 2014 au 20 février 2015, nous ajoutons les 2 jours ouvrés prévus pour le règlement et la livraison. En pratique, 3 jours sont comptés, le 20 février est un vendredi (voir ci-dessus). Cela donne, au total, 56 jours. D'où la reconstitution exacte des cotations du coupon couru et du principal :

$$\text{Cotation des intérêts courus} = \frac{0{,}0115 \times 56}{90} = 0{,}7156\,\%$$

$$\text{Cotation de l'obligation} = \frac{1{,}02045 - 0{,}007156}{1} = 101{,}33\,\%$$

2.2. Le principe d'une valorisation de l'obligation à remboursement échelonné

2.2.1. Éléments de cadrage et application numérique

Le remboursement de l'obligation n'est pas forcément effectué au terme de la durée de l'emprunt. Sur cette même période globale, l'amortissement peut être étalé par fractions constantes de capital et d'intérêts dégressifs (suite arithmétique). Le choix de l'émetteur peut également se porter sur une autre formule d'échelonnement. Cette seconde possibilité consiste à établir un tableau d'amortissement avec du capital en progression géométrique croissante majoré d'une quantité d'intérêts permettant l'obtention d'annuités constantes (voir plus amples détails au chapitre 2).

Pour compléter le cadrage introductif de procédure, ajoutons que cette option du remboursement étendu à toute la période de l'emprunt est abordable par un mécanisme de tirage au sort ou en considérant que l'obligataire reçoit, à chaque terme répétitif, des produits financiers (coupons) et une part de principal. Ces deux éléments constituent, pour l'investisseur, un agrégat de *cash* représentatif d'une annuité constante ou déclinante. Quelle que soit la voie suivie pour échelonner les paiements dans le temps, l'évaluation du prix de l'obligation, par les rentrées de trésorerie aux ayants droit, livre la même réponse en matière de valorisation rapportée au nominal du titre (cotation incluant les intérêts courus ou au pied du coupon).

Considérons l'émission suivante de titres pour mieux expliciter le *process* de valorisation, à une date donnée, d'une obligation pour laquelle la restitution du principal est fragmentée. Les deux modalités pratiques au service de l'étalement sont empruntées : le tirage au sort et la restitution pas à pas du nominal aux acquéreurs.

Nous sommes le 26 octobre 2015 et on cherche à déterminer le prix d'une même série (SYX) d'obligations UTC, de 1 000 € nominal, émises le 30 juin 2010 pour une durée de 10 ans au taux facial de 5 %. Cette série fait partie de 25 000 titres émis ce jour-là. Le remboursement, sans prime, est effectué sur toute la durée de l'emprunt et se fait par annuités constantes. À la date de cotation (26 octobre 2015), le taux du marché pour des obligations semblables (même risque d'affaire et même maturité) est de 3,5 %.

Conformément à la règle d'amortissement déjà présentée au chapitre 2 (voir section 2.1), et en reprenant les symboles utilisés dans cette partie de l'ouvrage, on obtient le nombre d'obligations vivantes 5 ans après l'émission (NOV_5) de la manière suivante :

$$NOV_5 = M - m_1 \sum_{t=0}^{4} (1+i)^t = m_1 \left(\sum_{t=0}^{9} (1+i)^t - \sum_{t=0}^{4} (1+i)^t \right)$$

Sachant que i désigne le taux d'intérêt (5 %), M le nombre d'obligations initialement émises (25 000) et m_1 les titres ayant fait l'objet d'un amortissement la première année[27] :

$$NOV_5 = 25\,000\left(\frac{0,05}{1,05^{10}-1}\right)\left(\frac{\left(1,05^{10}-1\right)-\left(1,05^{5}-1\right)}{0,05}\right) = 14\,017$$

2.2.2. Obligations amorties, prix et cotation : une application numérique

Probabilités de remboursement annuelles et prix moyen pondéré de l'obligation

Les obligations UTC amorties au cours des cinq dernières années et les probabilités pour que ces titres soient remboursés lors de chacun de ces termes-là figurent dans le tableau 3.1.

Tableau 3.1 – Obligations UTC remboursées, de 2016 à 2020, et probabilités d'occurrence[a]

Échéances annuelles	Obligations amorties	Probabilités du tirage
30 juin 2016	2 537	18,10 %
30 juin 2017	2 663	19,00 %
30 juin 2018	2 797	19,95 %
30 juin 2019	2 937	20,95 %
30 juin 2020	3 083	21,99 %
Total	14 017	100 %

a. Pour la technique à suivre afin de trouver des nombres entiers d'obligations à rembourser, voir chapitre 2, tableau 2.3.

À la date du 26 octobre 2015, la valeur d'une obligation UTC de la série SYX devrait correspondre à une moyenne pondérée de prix. Cinq prix sont possibles et chacun d'entre eux dépend de la date à laquelle l'obligation sera tirée au sort. Le tableau 3.2 regroupe les calculs de prix possibles, les prix pondérés par les probabilités d'occurrence et le prix moyen pondéré (valeur supposée intrinsèque de l'obligation). Le délai de trésorerie de quelques jours, pour l'encaissement du coupon, est négligé.

Si le titre UTC était négocié sur le marché obligataire, le prix ainsi déterminé (voir tableau 3.2) équivaudrait à une cotation, coupon couru compris, de 105,45 % (103,84 % au pied du coupon). Prix et cotations sont logiques. Le taux sur le marché, un peu plus de 5 ans après l'émission, a baissé rendant l'obligation UTC attractive.

27. $m_1 = M\dfrac{i}{\left(1+i\right)^{n}-1}$ (voir chapitre 2, section 2.1).

Tableau 3.2 – Prix d'une obligation UTC de la série SYX, à la date du 26 octobre 2015[a]

Probabilité d'occurrence (PB_s)	**Prix de l'obligation (P_{0s})**	**Prix pondéré $PB_s \times P_{0s}$**
18,10 %	$P_{01} = (50 + 1\,000)(1{,}035)^{-248/366} = 1\,025{,}81$	185,67
19,00 %	$P_{02} = 50(1{,}035)^{-248/366} + (50 + 1\,000)(1{,}035)^{(-248/366)-1} = 1\,039{,}97$	197,58
19,95 %	$P_{03} = 50(1{,}035)^{-248/366} + 50(1{,}035)^{(-248/366)-1} + (50 + 1\,000)(1{,}035)^{(-248/366)-2} = 1\,053{,}65$	210,25
20,95 %	$P_{04} = 50(1{,}035)^{-248/366} + 50(1{,}035)^{(-248/366)-1} + 50(1{,}035)^{(-248/366)-2} + (50 + 1\,000)(1{,}035)^{(-248/366)-3} = 1\,066{,}86$	223,54
21,99 %	$P_{05} = 50(1{,}035)^{-248/366} + 50(1{,}035)^{(-248/366)-1} + \ldots + (50 + 1\,000)(1{,}035)^{(-248/366)-4} = 1\,079{,}63$	237,46
Prix moyen pondéré (P_0) = $\sum_{s=1}^{5}(P_{0s} \times PB_s)$ = 1 054,49 €		

a. Le nombre de jours qui sépare la date de cotation de la date de versement du prochain coupon est de 248 jours. Précisons, également, qu'il y a 366 jours du 30 juin 2015 au 30 juin 2016.

Reconstitution de la cotation d'une obligation sans probabilités de remboursement

En étant toujours calé sur le 26 octobre 2015, on doit pouvoir retrouver la cotation de notre titre support UTC (105,45 %) hors mécanisme de tirage au sort. Il suffit de considérer que chaque obligataire reçoit, tous les ans, une part du capital investi et des intérêts. La somme des deux éléments représente l'annuité constante d'amortissement, soit le flux récurrent a tel que :

$$C = a\sum_{t=1}^{n}(1+i)^{-t} \quad \Rightarrow a = C\frac{i}{1-(1+i)^{-n}} = 1\,000\left(\frac{0{,}05}{1-1{,}05^{-10}}\right) = 129{,}50\ €$$

Par ailleurs, à la date du 26 octobre 2015, les calculs sont à effectuer avec un nominal réduit de 560,68 €. Cette nouvelle valeur faciale correspond au capital restant dû après que sont honorées les cinq premières échéances. Avec les notations déjà employées dans ce chapitre, un tel solde en capital (RD_5) est solution de :

$$RD_5 = C - \left((a - Ci)\sum_{t=0}^{4}(1+i)^t\right) = 1\ 000 - \left[(129{,}50 - (0{,}05 \times 1\,000))\left(\frac{1{,}05^5 - 1}{0{,}05}\right)\right]$$
$$= 560{,}68\ €$$

Quant au prix de l'obligation (P_0), au même moment, et pour un nominal de 560,68 €, il devrait être égal aux revenus postérieurs attendus, ceux des cinq dernières années, actualisés au taux r du marché (3,5 %). Plus concrètement :

$$P_0 = a\sum_{t=1}^{5}(1+r)^{(-248/366)-t+1} = a(1+r)^{-248/366}\sum_{t=0}^{4}(1+r)^{-t}$$

$$= 129{,}5(1{,}035)^{-248/366}\left(\frac{1{,}035 - 1{,}035^{-4}}{0{,}035}\right)$$

$$P_0 = 591{,}23\ €$$

$$\text{Cotation coupon couru compris} = \frac{591{,}23}{560{,}68} = 105{,}45\ \%$$

Le coupon couru, sur les 118 jours qui séparent la date de versement du dernier coupon (30 juin 2015) de la date de cotation (26 octobre 2015), se monte à 9,04 €, soit 1,61 % du nominal[28]. Au pied du coupon, la cotation est par conséquent de 103,84 %. On retrouve bien les mesures précédentes déduites d'un étalement des remboursements annuels effectué par tirage au sort.

2.3. La marge actuarielle des obligations à taux variable

2.3.1. Points de repère

On sait que l'obligation à taux variable verse un coupon calé sur un indice de référence. Le référentiel peut correspondre à des fonds d'État (TME), une moyenne de taux obligataires (TMO) ou un taux monétaire (TMM, Euribor 3 mois, Libor...). Pour le calcul des produits financiers (intérêts), l'indice de référence est augmenté ou diminué d'un certain nombre de points de base[29]. Par exemple, BNP Paribas a émis, en 2012, des obligations, à 2 ans, 37,5 points de base au-dessus du taux Euribor à 3 mois.

La comparaison d'obligations à taux variable se fait habituellement par le calcul d'une marge actuarielle. Celle-ci est la différence entre, d'une part, le taux de rendement actuariel de l'obligation, déterminé avec des coupons futurs cristallisés, et, d'autre part, le taux de référence. Les coupons futurs cristallisés jusqu'à l'échéance du titre sont les flux obtenus avec le dernier niveau atteint par l'indice de référence.

2.3.2. Exemple pédagogique

Prenons un cas simple pour calculer cette marge actuarielle. À la date du 5 janvier 2012, une banque française émet des obligations au pair, de 1 000 € nominal, sur 10 ans (2012-2022). Le taux d'intérêt sur ces obligations émises est variable. Le coupon, payable le 5 janvier de chaque année, à compter de 2013, est adossé au TME majoré de 25 points de base. Nous sommes le 16 février 2015 et, à cette date, la dernière valeur disponible pour le TME est de 0,75 %. Calculons la marge actuarielle de cette obligation à taux variable en prenant un délai de règlement-livraison ramené à 2 jours sachant, par ailleurs, que la cotation du titre (pied du coupon), au 16 février 2015, est de 98,686 %.

---

28. $\left(\dfrac{560{,}68 \times 0{,}05 \times 118}{366}\right) / \ 560{,}68$.

29. Un point de base représente un centième de pourcentage (0,01 %).

Deux remarques préliminaires sont à déduire de ces informations. Premièrement, chaque coupon annuel se monte à 10 €, soit le TME (0,75 %) plus la majoration (0,25 %) le tout multiplié par la valeur nominale de l'obligation (1 000 €). On peut dire, en second lieu, que le rendement actuariel d'après des coupons cristallisés à 10 € est forcément supérieur à 1 % puisque la cotation au pied du coupon est sous la barre des 100 %. Cela veut dire que la marge actuarielle de cette obligation à taux variable est positive. Vérifions-le.

Sur la base de coupons futurs calculés avec la dernière référence opérationnelle (1 % de rémunération), le prix de l'obligation (P_0) est l'équivalent actuel des n flux futurs restant à percevoir (sept coupons plus le remboursement *in fine* du principal, notés S_t). Un tel prix, en euros, c'est aussi la cotation, coupon couru inclus, multipliée par la valeur nominale (C). Le coupon couru est calculé sur les 42 jours qui séparent la date de versement du dernier coupon (5 janvier 2015) au 16 février 2015, auxquels sont ajoutés les 2 jours pour le règlement et la livraison des titres (délai de trésorerie). Cela donne une cotation concernant les intérêts courus de 0,1205 %, et donc un prix à l'achat pour l'obligation de 988,068 €.

Ce prix doit être aussi celui que l'on trouve en actualisant, à un certain taux r, tous les flux cristallisés, soit :

$$P_0 = \frac{S_1}{(1+r)^{j/365}} + \frac{S_2}{(1+r)^{(j/365)+1}} + \ldots + \frac{S_n + C}{(1+r)^{(j/365)+n-1}}$$

Dans l'équation ci-dessus, portant sur le prix de l'obligation à taux variable, j est le nombre de jours de la date de cotation (16 février 2015) jusqu'au paiement du premier coupon (5 janvier 2016), moins les 2 jours de règlement-livraison que l'on retrouve dans le calcul des intérêts courus. Une valeur j égale à 321 est ainsi dégagée. Par conséquent :

$$988{,}068 = \frac{10}{(1+r)^{321/365}} + \frac{10}{(1+r)^{(321/365)+1}} + \ldots + \frac{10 + 1\,000}{(1+r)^{(321/365)+6}}$$

On peut trouver la solution de ce polynôme à une inconnue par la mise en place informatique d'un modèle itératif. Pratiquement, r est le taux de rendement interne du placement, c'est-à-dire le taux pour lequel la *VAN* du contrat obligataire est nulle (pour davantage de détails, voir chapitre 5). Ce travail de recherche ne présente pas de difficultés sachant que la valeur du titre décroît au fur et à mesure que le taux d'actualisation se consolide (courbe légèrement convexe et décroissante).

Il s'agit finalement de tester des marges actuarielles, négatives et positives, afin de trouver celle qui ajoutée au TME corrigé (1 %) reconstitue le prix de l'obligation, intérêts courus compris. Le tableau 3.3 montre le chemin et permet de vérifier que le rendement actuariel assurant l'égalité précédente est de 1,2 %, soit une marge actuarielle positive de 20 points de base.

Le contenu du tableau 3.3 nous autorise à montrer qu'il faut une marge actuarielle de 20 points de base pour retrouver le prix annoncé (988,068 €) et la cotation, au pied du coupon, de 98,69 %. Par ailleurs, une cotation de 100 % est bien obtenue pour un rendement actuariel égal au taux de référence (1 %), soit pour une marge actuarielle nulle (0 point de base).

Tableau 3.3 – Prix de l'obligation pour différents taux d'actualisation et déduction de la marge actuarielle incluse dans la cotation d'une obligation à taux variable adossée au TME[a]

t	Flux (S_t)	Hypothèse de marge actuarielle, nulle, négative ou positive							
		0,0 %	**−0,1 %**	**−0,05 %**	**0,05 %**	**0,1 %**	**0,15 %**	**0,20 %**	**0,25 %**
j/365	10	9,913	9,914	9,917	9,909	9,904	9,900	9,896	9,891
j/365 + 1	10	9,815	9,817	9,824	9,806	9,796	9,787	9,778	9,769
j/365 + 2	10	9,718	9,720	9,731	9,704	9,690	9,676	9,662	9,649
j/365 + 3	10	9,621	9,625	9,640	9,603	9,584	9,566	9,548	9,530
j/365 + 4	10	9,526	9,531	9,549	9,503	9,480	9,457	9,435	9,412
j/365 + 5	10	9,432	9,437	9,459	9,404	9,377	9,350	9,323	9,296
j/365 + 6	1 010	943,18	943,82	946,39	939,97	936,78	933,60	930,43	927,27
Prix (€)		1 001,2	1 001,9	1 004,5	997,9	994,6	991,3	**988,07**	984,8
Cotation (%)		100,00	100,07	100,33	99,67	99,34	99,01	**98,69**	98,36

a. Les sommes attendues, comprenant des coupons cristallisés avec le dernier indice connu (0,75 %), sont actualisées avec ce taux de référence ajusté (1 %) majoré d'une hypothèse de marge actuarielle. C'est ainsi que 9,913 est l'équivalent actuel du coupon de 10 € décalé de la fraction d'année *j*/365 ; 9,913 est obtenu avec un taux d'actualisation de 1 %. Le total des flux actualisés (coupons et principal) donne, pour chaque taux de pénalisation, le prix de l'obligation coupon couru compris. Pour une marge actuarielle nulle, c'est-à-dire pour une valeur *r* égale au taux de référence (1 %), le total des revenus actualisés donne logiquement une cotation au pied du coupon de 100 %. Mécaniquement, le prix de l'obligation monte quand le taux d'actualisation se contracte (marges actuarielles négatives) et diminue lorsque le facteur de transformation des flux futurs en équivalent de capitaux actuels est à la hausse (marges actuarielles positives).

2.4. Usufruit et nue-propriété d'une obligation

Techniquement, la valeur d'une obligation, pour laquelle on dispose d'une projection de revenus futurs, est fractionnable en usufruit et nue-propriété. L'usufruit est la valeur actualisée des intérêts figurant dans les annuités. Pour sa part, la nue-propriété est l'équivalent actuel des amortissements contenus dans les annuités. D'une manière générale, la part de l'usufruit, dans la valeur totale de l'obligation, est la plus forte possible pour des obligations zéro-coupon et en situation de remboursement *in fine* du capital. En revanche, c'est pour des obligations amortissables sur la durée de l'emprunt que la nue-propriété est la plus élevée, spécialement quand chaque portion de principal remboursé représente une fraction constante de la dette initiale. Lorsque le capital est amorti suivant une progression géométrique croissante, dans le cadre d'annuités constantes, la part de nue-propriété est également forte mais un peu moins importante que dans le cas précédent.

Un exemple simple confirme ce qui vient d'être dit. L'obligation Delta, de 1 000 € nominal, sans prime de remboursement, a une durée de vie initiale de 10 ans et restante de 6 ans. Le taux facial à l'émission était de 6 % et, à la date des calculs, 4 ans plus tard, le taux du marché est tombé à 4 %. Calculons les valeurs respectives de l'usufruit et de la nue-propriété pour quatre possibilités d'amortissement de l'obligation Delta : remboursement *in fine*, zéro-coupon et échelonnement des paiements, par fractions égales de principal et par annuités constantes (capital plus intérêts). Le tableau 3.4 rassemble tous les résultats obtenus avec des flux de revenus sur années restantes *t*.

Tableau 3.4 – Usufruit (US) et nue-propriété (NP) pour des modalités différentes d'amortissement : le cas de l'obligation Delta[a]

Remboursement *in fine*			Zéro-coupon			Fractions constantes de capital amorti			Annuités constantes[b]		
t	Coupon	Capital	*t*	Coupon	Capital	*t*	Coupon	Capital	*t*	Coupon	Capital
5	60	–	5	–	–	5	36	100	5	40,09	95,78
6	60	–	6	–	–	6	30	100	6	34,34	101,53
7	60	–	7	–	–	7	24	100	7	28,25	107,62
8	60	–	8	–	–	8	18	100	8	21,79	114,08
9	60	–	9	–	–	9	12	100	9	14,95	120,92
10	60	1 000	10	794,8	1 000	10	6	100	10	7,69	128,18
Valeur US **314,5 € (28,5 %)**			Valeur US **625,0 € (44,2 %)**			Valeur US **113,7 € (17,8 %)**			Valeur US **132,4 € (18,6 %)**		
Valeur NP **790,3 € (71,5 %)**			Valeur NP **790,3 € (55,8 %)**			Valeur NP **524,2 € (82,2 %)**			Valeur NP **579,8 € (81,4 %)**		
Total US et NP 1 104,8 € (100 %)			Total US et NP 1 415,3 € (100 %)			Total US et NP 637,9 € (100 %)			Total US et NP 712,2 € (100 %)		

a. Les valeurs de l'usufruit, de la nue-propriété et de l'obligation intégrale sont celles 4 ans après l'émission. Ces prix sont déterminés avec le taux du marché à la date de l'évaluation, soit 4 %.

b. Chaque annuité, de capital et d'intérêts, sur 1 000 € de nominal, 10 ans et 6 % de taux facial, s'élève à 135,9 €.

Les revenus de la formule du zéro-coupon étant, tous, repoussés vers le terme de la durée de l'emprunt, il est cohérent que le prix obtenu pour cette modalité de remboursement soit le plus fort. La part de l'usufruit est également celle qui est la plus significative et cette importance relative n'est pas influencée par l'évolution du taux d'intérêt sur le marché. À l'opposé, et tout aussi logiquement, le prix de l'obligation Delta, au début de la sixième année, est faible dans l'hypothèse d'un échelonnement du remboursement. C'est parce qu'il faut, pour cette formule, tenir compte des rentrées de trésorerie des quatre premières années que le prix est bas. On vérifie également, dans ce contexte d'étalement des sorties de trésorerie pour l'émetteur, une forte part de la nue-propriété. Elle est supérieure à 80 % (voir tableau 3.4, deux dernières colonnes des valeurs).

3. Sensibilité et duration des obligations

Le taux d'intérêt exerce un effet automatique sur le prix d'une obligation. Lorsque les taux montent, les prix baissent et, inversement, lorsque les taux se contractent on assiste à une valorisation des obligations. Par conséquent, le coefficient qui exprime la sensibilité (*SEN*) du prix au taux d'intérêt (*r*) est négatif. Par ailleurs, il existe une relation entre cette sensibilité (*SEN*) et la durée de détention de l'obligation garantissant le rendement. Celle-ci est qualifiée de duration (*DUR*).

3.1. Raisonnement mathématique

Techniquement, l'objectif consiste à calculer $\frac{dP_0}{P_0}$ pour une variation d'un point du taux d'intérêt ($dr = 1$). La séquence démonstrative comporte en fait deux étapes. On commence par le calcul de la dérivée ($\frac{dP_0}{dr}$) et on introduit, ensuite, le prix (P_0) pour obtenir une formule de la sensibilité (*SEN*) incluant la notion de duration (*DUR*).

Posons la formule générique suivante concernant le prix d'une obligation (P_0), d'après la séquence anticipée de revenus (S_t) et le taux du marché à la date de cotation (r) :

$$P_0 = \frac{S_1}{\left(1+r\right)^{j/365}} + \frac{S_2}{\left(1+r\right)^{(j/365)+1}} + \ldots + \frac{S_n}{\left(1+r\right)^{(j/365)+n-1}}$$

Le prix ci-dessus, sous une forme agrégée, s'écrit :

$$P_0 = \sum_{t=1}^{n} S_t \left(1+r\right)^{(-j/365)-t+1}$$

Dans cette expression, la variable S_t désigne la sortie de trésorerie du terme t supportée par l'emprunteur. Il peut s'agir de coupons, de capital remboursé ou des deux à la fois. Les autres variables ont la même signification que précédemment. Pour rappel, n est le nombre de versements attendus par l'obligataire décidé à conserver le titre jusqu'à l'échéance et j l'éloignement, en nombre de jours, du prochain coupon.

Nous commençons par le calcul de la dérivée, soit :

$$\frac{dP_0}{dr} = \left(-\frac{j}{365}\right) S_1 \left(1+r\right)^{(-j/365)-1} + \left(-\frac{j}{365} - 1\right) S_2 \left(1+r\right)^{(-j/365)-2} + \ldots$$
$$+ \left(-\frac{j}{365} - n + 1\right) S_n \left(1+r\right)^{(-j/365)-n}$$

Cette expression peut être arrangée et se présenter ainsi :

$$\frac{dP_0}{dr} = \left[-\frac{1}{\left(1+r\right)^{j/365}}\right]\left[\sum_{t=1}^{n} \left(j/365 + t - 1\right) S_t \left(1+r\right)^{-t}\right]$$

Calculons maintenant le rapport $\frac{dP_0}{P_0}$, pour $dr = 1$, afin d'obtenir des formules concernant la duration (*DUR*) et la sensibilité (*SEN*) :

$$\frac{dP_0}{P_0} = \frac{\left[-\frac{1}{\left(1+r\right)^{j/365}}\right]\left[\sum_{t=1}^{n} \left(j/365 + t - 1\right) S_t \left(1+r\right)^{-t}\right]}{\left[\frac{1}{\left(1+r\right)^{j/365}}\right]\left[\sum_{t=1}^{n} S_t \left(1+r\right)^{-t+1}\right]}$$

$$\frac{dP_0}{P_0} = \left[-\frac{1}{(1+r)} \right] \left[\left(\frac{\sum_{t=1}^{n} (j/365 - 1) S_t (1+r)^{-t}}{\sum_{t=1}^{n} S_t (1+r)^{-t}} \right) + \left(\frac{\sum_{t=1}^{n} t S_t (1+r)^{-t}}{\sum_{t=1}^{n} S_t (1+r)^{-t}} \right) \right]$$

$$\frac{dP_0}{P_0} = \left[-\frac{1}{(1+r)} \right] \left[(j/365 - 1) + \frac{\sum_{t=1}^{n} t S_t (1+r)^{-t}}{\sum_{t=1}^{n} S_t (1+r)^{-t}} \right]$$

Le second terme entre crochets du membre de droite de l'égalité ci-dessus représente ce que l'on appelle la duration. Comme on peut le constater, cette notion de duration a la forme mathématique d'une moyenne pondérée des échéances. Les rangs de la suite, après modération par le rapport existant entre le flux de sortie du terme et la valeur de l'obligation, sont additionnés. Pour un remboursement *in fine*, le coefficient de pondération le plus fort est celui de la dernière année, puisque c'est à cette date que la dette (principal de l'obligation) est éteinte.

3.2. Signification des concepts

Au plan de la gestion obligataire, la duration exprime la durée de détention du titre préservant le rendement actuariel de la date d'achat. À la date de sortie (terme de la duration), le total formé par la valeur capitalisée des coupons et le prix de l'obligation permet d'obtenir un taux d'intérêt composé qui est celui prévu par le placement initial.

Avant de vérifier que pour cette longueur de la fenêtre de détention ininterrompue le rendement est garanti, clarifions et simplifions les expressions de la sensibilité (*SEN*) et de la duration (*DUR*) dont le contenu vient d'être expliqué et délivré :

$$\frac{dP_0}{P_0} = SEN = \left[-\frac{1}{(1+r)} \right] DUR$$

$$DUR = (j/365 - 1) + \frac{\sum_{t=1}^{n} t S_t (1+r)^{-t}}{\sum_{t=1}^{n} S_t (1+r)^{-t}}$$

Remarquons que, dans le cas d'obligations zéro-coupon, la duration se confond avec la maturité car, pour cette catégorie de titres, le revenu unique est positionné en $t = n$. Par conséquent, la duration est bien égale à la durée de vie restante de l'obligation. En effet :

$$DUR = (j/365 - 1) + \frac{n S_n (1+r)^{-n}}{S_n (1+r)^{-n}} = (j/365 - 1) + n$$

Plus généralement, il est possible d'arranger l'équation spécifique de la duration afin de supprimer les deux sommes du quotient (numérateur et dénominateur de la formule principale). On arrive à une expression, relativement longue, mais plus pratique à utiliser en définitive[30] :

$$DUR = \left(j / 365 - 1\right) + \left[\left(\frac{C}{P_0}\left(1+r\right)^{1-(j/365)}\right)\left(\frac{i\left(1+r\right)^{n+1} - i\left(n+1\right)r - i + nr^2}{r^2\left(1+r\right)^n}\right)\right]$$

Dans cette formule développée de la duration, rappelons que C est la valeur nominale de l'obligation et i le taux facial. Ce dernier taux fournit les intérêts récurrents servis ($i \times C$).

3.3. Application à l'obligation EDF 5,625 % (2003-2033)

Durée garantissant le rendement et sensibilité du prix au taux d'intérêt

Afin de vérifier l'immunisation de l'obligation lorsque la durée de détention est égale à *DUR*, considérons un titre pour lequel la période de jouissance est sensiblement plus longue que celle de Veolia Environnement (voir section 2.1.2) : par exemple, l'obligation EDF 5,625 % 2003-2033.

En consultant un historique boursier concernant ce titre EDF, on constate qu'à la date du 11 mai 2012, le prix (P_0) se monte à 1 207,55 € pour un rendement à l'échéance de 4,197 %. Par ailleurs, au 11 mai 2012, j est égal à 286 et il reste 21 coupons annuels à percevoir avant la date d'échéance. Le délai de trésorerie de 3 jours, de l'époque, est négligé.

Chiffrons le concept de duration (*DUR*) en utilisant la formule présentée plus haut et montrons que pour cette période de conservation du titre le rendement de 4,197 % propre à l'obligation EDF est bien garanti au 11 mai 2012. L'application de la règle de calcul auparavant édictée donne :

$$DUR = \left(\frac{286}{366} - 1\right) +$$

$$\left[\left(\frac{1\,000}{1\,207{,}55}\left(1{,}04197\right)^{1-(286/366)}\right)\left(\frac{0{,}05625\left(1{,}04197\right)^{22} - \left(0{,}05625 \times 22 \times 0{,}04197\right) - 0{,}05625 + \left(21 \times 0{,}04197^2\right)}{0{,}04197^2\left(1{,}04197\right)^{21}}\right)\right]$$

$$DUR = 13{,}3421$$

Avec un point de départ fixé au 11 mai 2012, le terme de la duration tombe le 13 septembre 2025. À cette date, l'investisseur disposerait d'une somme égale à la valeur capitalisée des 13 coupons annuels majorée du prix de l'obligation au même moment. Ce

30. Pour une démonstration, voir S. Parienté, *Techniques financières d'évaluation*, Économica, 1995, p. 91. De leur côté, Mohseni et Plumyène (1991) donnent une autre formule de la duration, celle de Hicks, un peu plus simple à utiliser, qui s'écrit, avec nos notations,

$$DUR = \frac{1 + \left(\left(j / 365\right)r\right)}{r} + \frac{\left((n-1)(r-i)\right) - \left(1+i\right)}{i(1+r)^n + (r-i)}.$$

prix de l'obligation est la valeur actualisée des revenus postérieurs au 13 septembre 2025, à savoir l'équivalent des huit coupons restant dus plus le remboursement du principal (1 000 €) au 21 février 2033. Précisons, par ailleurs, que la fraction d'année entre la date de versement du dernier coupon capitalisé (21 février 2025) et le terme de la duration (13 septembre 2025) est de 0,5597 ; le complément à 1, c'est-à-dire 0,4403, donne, par conséquent, l'éloignement du premier des huit coupons de la fenêtre d'actualisation.

Le bloc constitué de la valeur capitalisée des coupons et du prix de l'obligation doit être indépendant de l'évolution des taux d'intérêt sur le marché. Calculons chacun de ces deux sous-ensembles avec deux taux d'intérêt différents pour confirmer la garantie du rendement (4,197 %) :

Valeur capitalisée des coupons au 13 septembre 2025 (*VCC*) :

$$56,25(1+r)^{0,5597}\sum_{t=0}^{12}(1+r)^{t} = 56,25(1+r)^{0,5597}\left[\frac{(1+r)^{13}-1}{r}\right]$$

Avec les hypothèses de taux $r = 3,5$ % et $r = 5$ %, on trouve, respectivement, 924 € et 1 024 €.

Valeur actualisée, au 13 septembre 2025, des revenus postérieurs à cette date représentant la valeur de sortie de l'obligation (*VSO*) :

$$56,25(1+r)^{-0,4403}\sum_{t=0}^{7}(1+r)^{-t} + 1\,000(1+r)^{-7,4403}$$

$$= 56,25(1+r)^{-0,4403}\left[\frac{(1+r)-(1+r)^{-7}}{r}\right] + 1\,000(1+r)^{-7,4403}$$

Avec les mêmes taux $r = 3,5$ % et $r = 5$ %, on obtient pour *VSO*, dans l'ordre indiqué, 1 168 € et 1 069 €.

En résumé, et aux erreurs d'arrondi près, le capital de l'investisseur au terme de la duration (*KTD*) est de l'ordre de 2 092 €, quel que soit le taux d'intérêt. Une telle fenêtre de détention garantirait donc le rendement. C'est sa vocation :

$$KTD = VCC + VSO = 924 + 1168 = 1024 + 1069$$

Vérifions, enfin, qu'avec une mise initiale de 1 207,55 € et une valeur de sortie de 2 092 €, 13,3421 années plus tard (*DUR*), le taux d'intérêt composé du placement est très proche de 4,197 % :

$$1\,207,55(1+r)^{13,3421} = 2\,092 \quad \Rightarrow r = \left(\frac{2\,092}{1\,207,55}\right)^{1/13,3421} - 1 = 4,20\ \%$$

Quant à la sensibilité de l'obligation EDF 5,625 % échéance 21 février 2033, toujours à la même date historique (11 mai 2012), elle se calcule avec la formule déjà démontrée. Cela donne :

$$SEN = \left[-\frac{1}{(1+r)}\right] DUR = \left[-\frac{1}{(1{,}04197)}\right] 13{,}3421 = -12{,}805$$

En conséquence, et selon ces résultats, si les taux d'intérêt baissent d'un point, l'obligation, déjà en circulation, se valorise de 12,8 % et, inversement, toute montée des taux de 1 % entraîne une contraction du prix de l'obligation EDF de 12,8 %.

Plus de 3 ans après la date de ces calculs, au 12 août 2015, cette obligation EDF 5,625 % 2003-2033 vaut davantage encore. C'est la poursuite de la baisse du taux d'intérêt sur le marché (2,55 % de rendement actuariel contre 4,197 % au 11 mai 2012) qui explique cette évolution. Avec ce nouveau taux de 2,55 %, l'obligation cote 143 % du nominal et son prix, coupon couru compris, atteint 1 456,65 € (1 207,55 € au 11 mai 2012).

Les mêmes calculs, de duration et de sensibilité, effectués à cette nouvelle date (12 août 2015), donnent 12,40 pour le premier concept et –12,10 pour le second. On prouve que l'investisseur souhaitant garantir les 2,55 % de rendement sur l'obligation EDF, achetée le 12 août 2015, doit la conserver jusqu'au 6 janvier 2028 approximativement.

Taux d'intérêt et duration

D'une manière générale, la hausse du taux sur le marché réduit la durée de détention qui préserve le rendement et, inversement, la baisse l'augmente. Cette relation décroissante entre duration (*DUR*) et taux d'intérêt (*r*) est quasi linéaire comme le montre bien la figure 2.2 portant sur cette obligation EDF 5,625 % 2003-2033, à la date du 12 août 2015. Le coefficient de détermination (R^2), sur la figure 3.2, très proche de la corrélation parfaite, atteste d'une excellente adéquation entre le modèle (ajustement linéaire) et les données utilisées.

Figure 3.2 – Forme de la relation entre duration (*DUR*) et taux d'intérêt sur le marché (*r*) déduite des caractéristiques de l'obligation EDF 5,625 % 2003-2033 à la date du 12 août 2015[a]

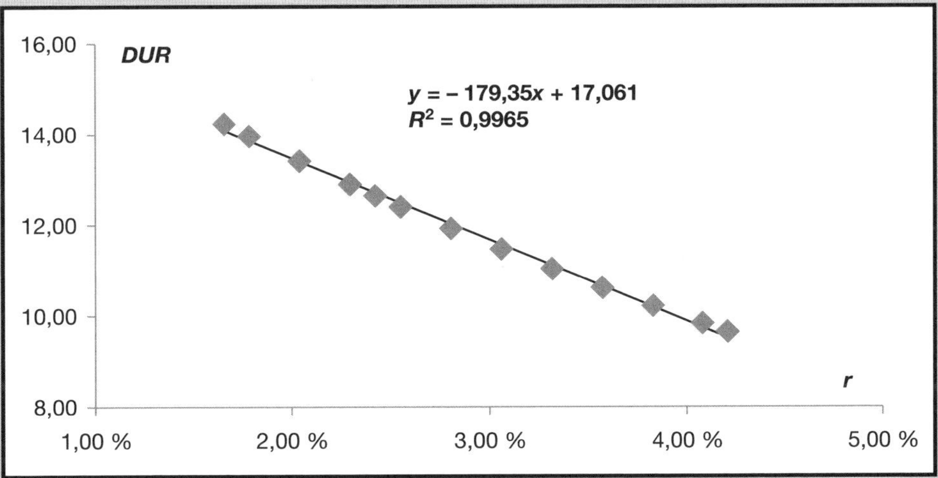

a. L'équation de la droite d'ajustement linéaire est sur le graphique tout comme le coefficient de détermination (R^2).

4. Obligations zéro-coupon et structure par terme des taux d'intérêt

4.1. Présentation des obligations zéro-coupon

Pour l'émetteur d'obligations zéro-coupon, l'opération s'analyse comme un financement à remboursement *in fine*. Du côté de l'investisseur, notamment les institutionnels, le risque inhérent au réinvestissement du coupon disparaît mais, en contrepartie, le titre de créance est plus sensible au taux d'intérêt. La raison est simple. Sur un marché où les taux d'intérêt montent, la contraction mathématique de la valeur du principal n'est plus compensable par davantage de revenus issus du replacement des coupons à un taux qui se serait valorisé.

Un autre avantage est également possible pour l'acheteur. Il est d'ordre fiscal et réside dans le fait que l'impôt sur la plus-value, lors de la vente ou du remboursement, peut être plus avantageux que le tribut portant sur les produits financiers. Si de telles obligations, qui ne versent pas de coupons, sont intégrées à une assurance-vie, le prélèvement fiscal est même minimisé lorsque l'ancienneté du contrat dépasse 8 ans. En effet, pour de telles durées, le prélèvement forfaitaire est bas. Il ne représente que 7,5 % au-delà d'un abattement de 4 600 € pour un célibataire et de 9 200 € pour un couple.

Au plan de la rémunération, les obligations à revenu final unique offrent plus de rendement que les titres classiques à coupons récurrents. C'est la contrepartie de l'absence de produits financiers intermédiaires et du risque de non-paiement, de la totalité des revenus, à l'échéance.

Il existe deux catégories d'obligations à coupon zéro, celles émises sous cette forme dès le départ et les titres ayant fait l'objet d'un démembrement (*stripping*). On constitue autant d'obligations démembrées que le titre principal comporte de flux financiers attendus. Par exemple, une obligation ordinaire ayant une maturité résiduelle de 10 ans est susceptible de faire l'objet d'un *stripping* se traduisant par 10 séries de certificats de coupons (intérêts restant à verser) et un certificat de principal (remboursement du capital la 10e année) représentatif d'une obligation de capitalisation. Les certificats de coupons ont un nominal de 0,25 €. Quant au certificat de principal, sa valeur faciale est de 1 €. Par exemple, une position de 500 000 € d'obligations assimilables du Trésor (OAT) 6 % 25 octobre 2025 peut être démembrée le 15 décembre 2015, comme suit. La position initiale est remplaçable par 120 000 certificats de coupons, au nominal de 0,25 €, pour chaque échéance annuelle du 25 octobre 2016 au 25 octobre 2025, et par 500 000 obligations de capitalisation de 1 € chacune. Admettons maintenant que chaque certificat de principal cote 0,7844 le 25 décembre 2015. La plus-value à l'échéance (25 octobre 2025) se monte à 107 800 € et le rendement actuariel pour une maturité de près de 10 ans (9,8333 exactement) s'établit à 2,5 %. Cette rémunération est le taux r solution de l'égalité ci-après :

$$0{,}7844(1+r)^{9{,}8333} = 1 \quad \Rightarrow r = \left(\frac{1}{0{,}7844}\right)^{1/9{,}8333} - 1 = 2{,}50\,\%$$

Les obligations *strippées* les plus fréquentes et les plus importantes en France sont les OAT. Au 31 août 2015, l'encours démembré dépasse 62 milliards d'euros, soit 4,4 % du total de la dette française à moyen et à long terme[31].

4.2. Restauration de la gamme des taux avec des obligations appariées

En théorie, le prix de l'obligation doit être déterminé en utilisant non pas un taux unique, mais une série de taux comptant (structure par terme des taux d'intérêt). Un taux unique (rendement à l'échéance) est pertinent quand il détermine une valeur actualisée des revenus attendus identique à celle acquise avec la gamme des taux ou lorsque la courbe des rendements est plate.

Si les marchés ont vocation à donner des prix conformes à la courbe des taux (ascendante, descendante voire plate), alors, par référence à des obligations appariées, il est possible de connaître chacun des taux de la courbe. Pour atteindre un tel objectif empirique, ce sont des obligations de coupon zéro, réelles ou synthétiques, qui sont utilisées.

Prenons un exemple simple pour montrer comment on peut reconstituer des taux à 1 an, 2 ans, 3 ans et ainsi de suite. Acceptons que sur un marché donné soient cotées deux obligations, $OB1$ et $OB2$, de même maturité résiduelle, de même risque d'affaires. L'obligation $OB1$ porte un taux facial de 4 %, le titre $OB2$ un taux de 6 %. Les valeurs nominales des deux obligations sont les mêmes (1 000 €). On sait, par ailleurs, que les taux de 1 à 5 ans sont, chronologiquement : 3 %, 3,5 %, 4 %, 4,5 % et 5 %. Implicitement et en conformité générale avec la théorie, nous supposons des taux d'intérêt à long terme supérieurs aux taux courts (voir figure 3.1). Cette hypothèse accrédite l'idée que les investisseurs, ayant une préférence pour la liquidité, pénalisent les titres à échéance lointaine (courbe ascendante de la structure par terme des taux d'intérêt). En pratique, il peut en aller différemment. Des décisions volontaristes de politique monétaire pour relancer notamment l'activité à long terme peuvent pousser vers l'aplatissement de la courbe, voire son inversion.

Nous nous proposons de retrouver le taux à 5 ans (5 %) en créant une obligation synthétique de zéro-coupon représentée par (1,5 × $OB1$) – (1 × $OB2$). Le coefficient de 1,5, appliqué à $OB1$, est le rapport entre les coupons des deux titres ($OB2/OB1$). Le prix de chaque obligation est déterminé par actualisation, selon la gamme des taux, de tous les revenus induits. Cela donne, pour $OB1$ et $OB2$, les prix respectifs P_1 et P_2 suivants :

$$P_1 = 40(1{,}03)^{-1} + 40(1{,}035)^{-2} + 40(1{,}04)^{-3} + 40(1{,}045)^{-4} + 1\,040(1{,}05)^{-5}$$
$$\Rightarrow P_1 = 960{,}1449\ €$$

$$P_2 = 60(1{,}03)^{-1} + 60(1{,}035)^{-2} + 60(1{,}04)^{-3} + 60(1{,}045)^{-4} + 1\,060(1{,}05)^{-5}$$
$$\Rightarrow P_2 = 1\,048{,}4543\ €$$

31. *Source :* Agence France Trésor.

L'obligation $OB1$ est légèrement plus risquée que l'obligation $OB2$ et doit, par conséquent, rapporter davantage. La raison est la suivante. Les rentrées contractuelles sur $OB1$ sont, comparativement à celles relatives à $OB2$, plus importantes vers la fin de la fenêtre de 5 ans qu'au début. Comme la courbe des taux est ascendante, $OB1$ est plus sensible à cette évolution haussière du taux d'intérêt.

Vérifions cette légère différence de rendement sur les titres $OB1$ et $OB2$. Les deux rendements à l'échéance, r_1 et r_2, sont par définition ou par référence au principe de l'égalité des valeurs actuelles les solutions des deux polynômes suivants :

$$960{,}1449 = 40\sum_{t=1}^{4}(1+r_1)^{-t} + 1\,040(1+r_1)^{-5}$$
$$\Rightarrow r_1 = 4{,}92\ \%$$

$$1\,048{,}4543 = 60\sum_{t=1}^{4}(1+r_2)^{-t} + 1\,060(1+r_2)^{-5}$$
$$\Rightarrow r_2 = 4{,}88\ \%$$

Pour retrouver le taux à 5 ans (${}_0r_5$), il suffit maintenant de faire ressortir les entrées/sorties de trésorerie se rapportant à l'obligation synthétique (1,5 × $OB1$) – (1 × $OB2$). Cette combinaison artificielle permet de supprimer le coupon annuel puisque le rapport entre les taux nominaux est de 1,5 (6/4). On a, par conséquent, un placement en titres obligataires qui se traduit par une mise initiale et un seul revenu au bout de 5 ans. Les résultats se présentent ainsi :

$$\text{Mise initiale} = (1{,}5 \times 960{,}1449) - (1 \times 1\,048{,}4543) = 391{,}76$$

$$\text{Revenu total au bout de 5 ans} = (1{,}5 \times 1\,000) - (1 \times 1\,000) = 500$$

Le taux d'intérêt composé du placement (${}_0r_5$) est donc celui qui permet l'égalité ci-après :

$$391{,}76\left(1+{}_0r_5\right)^5 = 500$$

De cette égalité, est tiré le taux d'intérêt à 5 ans qui est bien de 5 %. En effet :

$${}_0r_5 = \left(\frac{500}{391{,}76}\right)^{1/5} - 1 = 5\ \%$$

4.3. La courbe des taux par la méthode du *bootstrapping*

Hors renvoi à des obligations appariées, une courbe de taux zéro-coupon peut être construite par une procédure pas à pas. Le travail est réalisé à partir d'informations de marché sur le prix d'obligations de maturités différentes. C'est la méthode du *bootstrapping*.

Pour des maturités inférieures ou égales à l'année, on utilise des cotations d'obligations zéro-coupon pour obtenir les taux *spot* implicites. Quand les échéances sont comprises entre 1 et 2 ans, le flux intermédiaire tout comme le revenu du terme contractuel final (coupon plus remboursement) sont à traiter. Le premier flux (coupon seulement) est actualisé avec le taux obtenu à la première étape du *bootstrapping*. Concernant le taux d'intérêt applicable au second flux, il est déduit d'une égalité financière actuarielle. C'est la solution d'une équation à une inconnue incluant le prix, connu, de l'obligation à 2 ans. Une procédure semblable est effectuée pour le taux à 3 ans et les suivants. Pour obtenir une courbe continue, on calcule par interpolation linéaire ou cubique, *via* les valeurs aux bornes ou grâce à trois taux, des rendements sur échéances inférieures à l'année, compris entre 1 et 2 ans, entre 2 et 3 ans et ainsi de suite.

Supposons une liste d'obligations pour laquelle maturité et cotation sont disponibles (voir tableau 3.5). Avec les données de cet exemple, nous pouvons clarifier la procédure pas à pas de détermination des taux zéro-coupon.

Tableau 3.5 – Liste d'obligations, zéro-coupon et « couponnées », de maturité et de cotation différentes

Nominal (€)	Maturité (années)	Coupon (%)	Cotation (%)
100	0,25	0,00	99,604
100	0,75	0,00	98,598
100	1,00	0,00	97,895
100	2,00	5,00	105,325
100	3,00	6,00	110,333

Les taux d'intérêt implicites des obligations zéro-coupon (trois premières lignes du tableau 3.5) sont les symboles ${}_0r_{0,25}$, ${}_0r_{0,75}$ et ${}_0r_1$ en mesure de satisfaire les égalités suivantes :

$$100\left(1+{}_0r_{0,25}\right)^{-0,25}=99,604 \;\Rightarrow {}_0r_{0,25}=\left(\frac{100}{99,604}\right)^{4}-1=1,60\ \%$$

$$100\left(1+{}_0r_{0,75}\right)^{-0,75}=98,598 \;\Rightarrow {}_0r_{0,75}=\left(\frac{100}{98,598}\right)^{1/0,75}-1=1,90\ \%$$

$$100\left(1+{}_0r_1\right)^{-1}=97,895 \;\Rightarrow {}_0r_1=\left(\frac{100}{97,895}\right)^{1}-1=2,15\ \%$$

Pour obtenir maintenant les taux à 2 et 3 ans, soit ${}_0r_2$ et ${}_0r_3$, il suffit de résoudre les deux équations à une inconnue déclinées ci-après :

$$105,325=\frac{5}{1,0215}+\frac{105}{\left(1+{}_0r_2\right)^2} \quad\Rightarrow {}_0r_2=2,25\ \%$$

$$110,333=\frac{6}{1,0215}+\frac{6}{1,0225^2}+\frac{106}{\left(1+{}_0r_3\right)^3} \quad\Rightarrow {}_0r_3=2,40\ \%$$

La courbe des taux de cet exemple est classiquement croissante avec des taux à 3 mois, 9 mois, 1 an, 2 ans et 3 ans qui s'élèvent, respectivement, à 1,60 %, 1,90 %, 2,15 %, 2,25 % et 2,40 %. On pourrait, avec les taux aux bornes, calculer de larges séries de taux intermédiaires. Par exemple, avec les taux à 1 an (2,15 %) et 2 ans (2,25 %), on peut calculer, par interpolation linéaire, le taux à 1,5 an.

Exercices et cas

Énoncés

1. L'obligation à taux fixe Pernod Ricard SA 4,45 % 2011-2022 cote, le 1er juin 2012, 105,583 % au pied du coupon[32]. On sait, par ailleurs, que cette obligation porte un nominal de 1 000 $ et qu'elle est remboursée *in fine* (15 janvier 2022) au même prix. Le coupon de ce titre est semestriel (prochain coupon proportionnel de 22,25 $ le 15 juillet 2012). À la date du 1er juin 2012, le rendement actuariel de l'obligation Pernod Ricard SA est de 3,788 %.

Calculez le cours de cette obligation, en dollars, de deux manières différentes, hors considération du délai de trésorerie de quelques jours pour le calcul du coupon couru (écart entre date de détachement et date de paiement des intérêts). Il s'agit de retrouver le prix de l'obligation au 1er juin 2012.

2. Sur le site www.financefi.fr/obligations, à la date du 25 mai 2012, on peut lire que l'obligation Alstom 4,5 % 2010-2020 cote 103,758 %, coupon couru compris de 450 €. Ces obligations françaises Alstom ont un nominal de 50 000 € et sont remboursées, au terme de leur durée, au même prix. Le coupon, annuel, est payé le 18 mars de chaque année. On sait, par ailleurs, que le coupon couru est calculé avec un délai de trésorerie de 5 jours (décalage entre détachement du droit et paiement des intérêts)[33]. Enfin, à la date de cotation, le taux actuariel ou taux du marché pour des obligations comparables de même risque d'affaires (BBB selon S&P ou Baa2 pour Moody's) est de 4,063 %.

a. Vérifiez, aux erreurs de formatage près (quelques décimales seulement), la cotation globale après avoir calculé le prix du titre de créance en euros. Déduisez, ensuite, les cotations du principal et du coupon couru.

b. Calculez la duration et la sensibilité de cette obligation Alstom, hors considération du délai de trésorerie de 5 jours.

c. Montrez que si l'investisseur conserve son titre pendant une période égale à la duration, le rendement initial de 4,063 % est garanti, aux erreurs d'arrondi près (immunisation de l'obligation). On effectuera cette vérification en prenant un taux d'intérêt inférieur au rendement actuariel, 3,5 % par exemple, et un second taux supérieur à 4,063 %, disons 4,5 %.

3. Deux obligations, émises au pair (1 000 €) et remboursables *in fine* sans prime, ont une durée de vie restante de 5 ans. Elles sont actuellement notées A+ (qualité moyenne supérieure), toutes les deux, par Standard & Poor's (S&P). Le coupon de la première obligation, GDFS 2,5 % 2013-2020, est versé le 18 octobre de chaque année tout comme celui de la seconde, Mota Group 5,6 % 2005-2020.

---

32. *Source :* www.financefi.fr/obligations.

33. C'est parce que le 25 mai 2012 tombe un vendredi que le délai de règlement-livraison est de 5 jours, soit les 3 jours ouvrés requis, à l'époque (avant 2015), plus 2 jours (samedi et dimanche qui suivent le 25 mai 2012).

Nous sommes le 18 octobre 2015 et, à cette date, le taux actuariel est de 2,95 % pour la première obligation et de 2,89 % pour la seconde. On admettra que chacun de ces deux taux d'actualisation (rendement à l'échéance) détermine un prix identique à celui obtenu avec la structure par terme.

a. Il vous est demandé de former avec ces deux obligations un titre synthétique de coupon zéro et de déduire le dernier taux de la gamme, celui à 5 ans.

b. Les taux des quatre premières années, à 1 an (${}_0r_1$), 2 ans (${}_0r_2$) et ainsi de suite sont maintenant communiqués. Ils s'élèvent à 1,25 % (${}_0r_1$), 1,50 % (${}_0r_2$), 1,75 % (${}_0r_3$) et 2,50 % (${}_0r_4$). Complétez la gamme des taux d'intérêt en incluant celui à 5 ans (question *a*) et retrouvez, *via* la structure par terme, les mêmes cours (€), pour GDFS et Mota, que ceux que l'on obtient avec le taux actuariel unique.

4. Team.com est une grande entreprise cotée en Bourse. Elle émet, le 15 octobre 2004, pour une durée de 15 ans, 5 250 obligations à taux facial fixe (6,5 %). Les titres sont remboursables par fractions constantes de capital sur toute la durée de l'emprunt. Le nominal d'une obligation, tout comme son prix d'émission, est de 20 000 €. Pour sa part, le prix de remboursement est fixé à 20 800 €. Les coupons sont versés le 15 octobre de chaque année.

Sans tenir compte du délai de trésorerie de 2 jours ouvrés, déterminez une cotation logique de ces obligations Team.com, au 8 avril 2016, sachant qu'à cette date des obligations de même *rating* (note A ou capacité forte de l'emprunteur à honorer ses engagements) rapportent 4 %. Le prix et ensuite la cotation seront tirés d'une approche de l'échelonnement des remboursements par tirage au sort et par réduction annuelle du principal de l'obligation. Cette diminution est destinée aux acquéreurs. On vérifiera que les deux voies d'accès indiquées livrent des résultats identiques.

Solutions

1. On peut ajouter aux données proposées des informations complémentaires. Elles découlent de l'énoncé et sont nécessaires au calcul du prix (P_0).

À la date de cotation, le nombre de coupons périodiques (semestriels) restant à percevoir (*np*) est de 20. Le prochain coupon de 22,25 $, payé le 15 juillet 2012, est distant de 44 jours ; le précédent coupon a été payé 138 jours avant la date de cotation choisie, ce qui donne 182 jours pour le temps écoulé entre les deux coupons semestriels. Enfin, le rendement actuariel (r) doit être transformé en un taux périodique (semestriel) équivalent. Ce taux est noté r_p.

Le cours ($) est évaluable par actualisation des revenus futurs ou en utilisant la cotation au pied du coupon majorée de la cotation du coupon couru (*CC*). Formellement :

$$P_0 = \sum_{t=1}^{np}(0,5 \times iC)\left(1+r_p\right)^{(-44/182)-t+1} + R\left(1+r_p\right)^{(-44/182)-np+1}$$

$$P_0 = \left((0,5 \times iC)(1+r_p)^{-44/182}\right)\sum_{t=0}^{np-1}(1+r_p)^{-t} + R\left(1+r_p\right)^{(-44/182)-np+1}$$

$$P_0 = \left(22{,}25(1+r_p)^{-44/182}\right)\left[\frac{\left(1+r_p\right)-\left(1+r_p\right)^{-np+1}}{r_p}\right] + R\left(1+r_p\right)^{(-44/182)-np+1}$$

Avec $r_p = \left(1+r\right)^{0,5} - 1 = 1{,}03788^{0,5} - 1 = 1{,}876\,\%$, $np = 20$ et $R = 1\,000$:

$$P_0 = \left(22{,}25(1{,}01876)^{-44/182}\right)\left[\frac{1{,}01876 - 1{,}01876^{-19}}{0{,}01876}\right] + 1\,000\left(1{,}01876\right)^{(-44/182)-19}$$

$$P_0 = 1\,072{,}70\ \$$$

Ce prix de l'obligation, calculé sur ordinateur, est vérifiable après avoir déterminé, préalablement, la cotation du coupon couru (CC). Cette cotation est ensuite ajoutée à celle portant sur le principal de l'obligation (105,583 %). De cette façon, on retrouve bien le prix de 1 072,70 \$. Effectivement :

$$CC = \left[\frac{\left(\dfrac{22{,}25 \times 138}{182}\right)}{1000}\right] = 1{,}687\,\%$$

$$P_0 = \frac{105{,}583 + 1{,}687}{100} \times 1000 = 1\,072{,}70\ \$$$

2. Nous connaissons déjà le prix de l'obligation puisque la cotation (coupon couru inclus) est proposée. Le cours est de 51 878,87 € (50 000 × 103,758 %).

   Pour retrouver ce prix (P_0), par l'intermédiaire d'une actualisation des coupons attendus et du remboursement (50 000 €), il est nécessaire de disposer de données autres que celles explicitement fournies. Elles sont déductibles des informations élémentaires figurant dans l'énoncé de l'exercice. C'est ainsi que les intérêts courus sont à calculer sur 73 jours (68 + 5 jours de délai de trésorerie). Quant au prochain coupon (2 250 €), il est à actualiser en tenant compte d'une distance nette égale à 292 jours (297 – 5 jours de délai de trésorerie). Par ailleurs, le nombre de coupons annuels restant à percevoir jusqu'à maturité est de huit.

   a. Cours (€) et cotations du principal et du coupon couru (CC) :

$$P_0 = \sum_{t=1}^{n} iC\left(1+r\right)^{(-292/365)-t+1} + R\left(1+r\right)^{(-292/365)-n+1}$$

$$= \left(iC\left(1+r\right)^{-292/365}\right)\sum_{t=0}^{n-1}\left(1+r\right)^{-t} + R\left(1+r\right)^{(-292/365)-n+1}$$

$$P_0 = \left(2\,250\left(1{,}04063\right)^{-292/365}\right)\left[\frac{1{,}04063 - 1{,}04063^{-7}}{0{,}04063}\right] + 50\,000\left(1{,}04063\right)^{(-292/365)-7}$$

$$P_0 = 51\,878{,}87\ €$$

$$\text{Cotation principal} = \left[\frac{P_0 - \left(\dfrac{iC(365-j)}{365}\right)}{C}\right]$$

$$= \left[\frac{51\,878,87 - \left(\dfrac{2\,250(365-292)}{365}\right)}{50\,000}\right] = 102,858\ \%$$

$$CC = \left[\frac{\left(\dfrac{2\,250 \times 73}{365}\right)}{50\,000}\right] = \left[\frac{450}{50\,000}\right] = 0,900\ \%$$

En additionnant les deux cotations, du principal (102,858 %) et du coupon couru (0,900 %), on retrouve bien les 103,758 % initialement communiqués. Hors délai de trésorerie de 5 jours, les mêmes calculs donnent, pour le prix de l'obligation, 51 850,58 €.

b. Duration (*DUR*) et sensibilité (*SEN*) de l'obligation Alstom, au 25 mai 2012 :

L'application des formules démontrées dans la partie conceptuelle de ce chapitre (voir section 3) fournit les résultats suivants :

$$DUR = (j/365 - 1) + \frac{\sum_{t=1}^{n} t\,S_t(1+r)^{-t}}{\sum_{t=1}^{n} S_t(1+r)^{-t}}$$

$$DUR = (j/365 - 1) + \left[\left(\frac{C}{P_0}(1+r)^{1-(j/365)}\right)\left(\frac{i(1+r)^{n+1} - i\,(n+1)r - i + nr^2}{r^2(1+r)^n}\right)\right]$$

Avec un délai de trésorerie nul ($j = 297$), P_0 se monte à 51 850,58 € (voir ci-dessus). Par conséquent :

$$DUR = (297/365 - 1)$$

$$+\left[\left(\frac{50\,000}{51\,850,58}(1,04063)^{1-(297/365)}\right)\left(\frac{0,045(1,04063)^9 - (0,045 \times 9 \times 0,04063) - 0,045 + \left(8 \times 0,04063^2\right)}{0,04063^2(1,04063)^8}\right)\right]$$

$$DUR = 6{,}725$$

$$SEN = \left[-\frac{1}{(1+r)}\right]DUR = \left[-\frac{1}{(1{,}04063)}\right]6{,}725 = -6{,}462$$

Ces chiffres nous disent qu'il faut conserver l'obligation Alstom un peu moins de 7 ans (6,725 exactement) pour que l'investisseur obtienne le rendement stipulé à la date du 25 mai 2012, c'est-à-dire 4,063 %. D'autre part, toute augmentation (diminution) d'un point du taux d'intérêt sur le marché entraîne une diminution (augmentation) de 6,462 % du prix de l'obligation.

c. Vérification du concept de duration :

Rappel des impacts de taux d'intérêt

Théoriquement, l'obligation Alstom est immunisée contre une variation quelconque des taux d'intérêt, si l'investissement ininterrompu dure 6,725 années.

La hausse des taux sur le marché s'accompagne d'un avantage (meilleure capitalisation des coupons) et d'un inconvénient (contraction de la valeur du titre au terme de la duration). *A contrario*, toute baisse des taux sur le marché minimise le replacement des intérêts perçus mais améliore la valeur future du titre.

Si l'obligation est conservée durant la période *DUR*, la valeur capitalisée des coupons (*VCC*) plus la valeur de l'obligation elle-même (*VSO*) procurent un capital identique qui assure le rendement de 4,063 %. Le capital acquis au terme de la duration (*KTD*) est donc, en principe, indépendant du taux auquel les coupons sont replacés ou actualisés.

Preuve de la garantie du rendement de l'obligation

Vérifions l'immunisation du rendement en effectuant des calculs avec 3,5 % et 4,5 %, comme demandé.

Compte tenu des résultats et des calculs de date, c'est le 13 février 2019 que tombe le terme de la duration. Le dernier coupon perçu avant ce terme est celui du 18 mars 2018. Le premier coupon à actualiser pour le calcul du prix de l'obligation, au 13 février 2019, est donc celui du 18 mars 2019.

En résumé, il y a six coupons à recevoir avant la fin de la duration, le dernier étant à replacer pendant une fraction d'année seulement (0,9112) ; quant aux coupons postérieurs au terme de la duration, ils sont au nombre de deux, le premier étant distant de 0,0888 année.

Au 13 février 2019, les coupons capitalisés et l'obligation ont, par conséquent, le profil et les valeurs suivantes, si toutes les décimales sont conservées (calculs sur le logiciel Excel) :

Valeur capitalisée des coupons (VCC)

$$VCC = 2\,250\left(1+r\right)^{0{,}9112}\sum_{t=0}^{5}(\left(1+r\right)^{t} = 2\,250\left(1+r\right)^{0{,}9112}\left[\frac{\left(1+r\right)^{6}-1}{r}\right]$$

Pour r = 3,5 %, VCC = 15 207,152 €

Pour r = 4,5 %, VCC = 15 731,496 €

Valeur de sortie de l'obligation (VSO)

$$VSO = 2\,250(1+r)^{-0{,}0888}\sum_{t=0}^{1}(1+r)^{-t} + 50\,000(1+r)^{-1{,}0888}$$

$$VSO = 2\,250(1+r)^{-0{,}0888}\left[\frac{(1+r)-(1+r)^{-1}}{r}\right] + 50\,000(1+r)^{-1{,}0888}$$

Pour r = 3,5 %, VSO = 52 572,285 €

Pour r = 4,5 %, VSO = 52 046,218 €

Capital au terme de la duration (KTD)

Pour r = 3,5 %,

$KTD = VCC + VSO$ = 15 207,152 + 52 572,285 = 67 779,437 €

Pour r = 4,5 %,

$KTD = VCC + VSO$ = 15 731,496 + 52 046,218 = 67 777,715 €

En définitive, pour une mise initiale de 51 850,58 € (prix de l'obligation au 25 mai 2012 hors délai de trésorerie de 5 jours), l'investisseur aurait, au bout de 6,725 années, une somme « identique ». Une telle valeur future (67 780 € approximativement) serait à l'origine d'un taux d'intérêt composé quasi égal au rendement actuariel de la date de cotation (4,063 %). Effectivement, les rendements actuariels, formatés à deux décimales, sont les mêmes :

$$51\,850{,}58(1+r)^{6{,}725} = 67\,779{,}44 \quad \Rightarrow r = 4{,}064\,\%$$

$$51\,850{,}58(1+r)^{6{,}725} = 67\,777{,}72 \quad \Rightarrow r = 4{,}064\,\%$$

3. Si l'on veut créer, artificiellement, une obligation zéro-coupon, il faut que le titre obtenu soit le résultat d'un calcul qui élimine l'intérêt répétitif à percevoir. Cette obligation synthétique-là est par conséquent acquise par différence entre 2,24 (56/25) obligations GDFS et 1 obligation Mota ; 56 et 25 sont les coupons (€) des deux obligations. Une telle obligation combinée se traduira par une mise initiale unique et un seul revenu au terme de la maturité.

a. Prix des deux obligations réelles, titre synthétique et taux à 5 ans :

La mise initiale, pour ce qui concerne l'obligation synthétique, est la différence entre les prix pondérés des obligations réelles GDFS (P_{GDFS}) et Mota (P_{MOTA}).

Calculons le prix de chacun de ces deux titres à partir du rendement à l'échéance, sachant qu'un tel taux reconstitue le même cours que celui issu de la gamme des taux :

$$P_{GDFS} = \sum_{t=1}^{n} iC(1+r)^{-t} + R(1+r)^{-n} = 25\left[\frac{1-1{,}0295^{-5}}{0{,}0295}\right] + 1\,000(1{,}0295)^{-5}$$

$$P_{GDFS} = 979{,}36\ €$$

$$P_{MOTA} = \sum_{t=1}^{n} iC(1+r)^{-t} + R(1+r)^{-n} = 56\left[\frac{1-1{,}0289^{-5}}{0{,}0289}\right] + 1\,000(1{,}0289)^{-5}$$

$$P_{MOTA} = 1124{,}50\ €$$

Les caractéristiques financières de l'obligation synthétique constituée d'une combinaison des titres GDFS et Mota sont donc les suivantes :

Mise initiale (MI)

$$MI = (2{,}24 \times 979{,}36) - (1 \times 1124{,}50) = 1\,069{,}27\ €$$

Valeur de sortie représentant le revenu unique (VS)

$$VS = (2{,}24 \times 1000) - (1 \times 1\,000) = 1\,240\ €$$

Connaissant les flux uniques, sortant (MI) et entrant (VS), on dégage le taux d'intérêt à 5 ans (${}_0r_5$). C'est celui en capacité de satisfaire l'égalité ci-après :

$$1\,069{,}27(1 + {}_0r_5)^5 = 1\,240$$

$${}_0r_5 = \left(\frac{1\,240}{1\,069{,}27}\right)^{1/5} - 1 = 3\,\%$$

b. Restauration à l'identique du prix des deux obligations à l'aide de la structure par terme des taux d'intérêt :

$$P_{GDFS} = \frac{25}{(1+{}_0r_1)} + \frac{25}{(1+{}_0r_2)^2} + \frac{25}{(1+{}_0r_3)^3} + \frac{25}{(1+{}_0r_4)^4} + \frac{25}{(1+{}_0r_5)^5} + \frac{1\,000}{(1+{}_0r_5)^5}$$

$$P_{GDFS} = \frac{25}{(1{,}0125)} + \frac{25}{(1{,}0150)^2} + \frac{25}{(1{,}0175)^3} + \frac{25}{(1{,}0250)^4} + \frac{25}{(1{,}030)^5} + \frac{1\,000}{(1{,}030)^5}$$

$$P_{GDFS} = 979{,}51\ €$$

$$P_{MOTA} = \frac{56}{(1+{}_0r_1)} + \frac{56}{(1+{}_0r_2)^2} + \frac{56}{(1+{}_0r_3)^3} + \frac{56}{(1+{}_0r_4)^4} + \frac{56}{(1+{}_0r_5)^5} + \frac{1\,000}{(1+{}_0r_5)^5}$$

$$P_{MOTA} = \frac{56}{(1{,}0125)} + \frac{56}{(1{,}0150)^2} + \frac{56}{(1{,}0175)^3} + \frac{56}{(1{,}0250)^4} + \frac{56}{(1{,}030)^5} + \frac{1\,000}{(1{,}030)^5}$$

$$P_{MOTA} = 1124{,}47\ €$$

Avec ces prix, on retrouve bien les taux actuariels (arrondis à deux décimales) utilisés pour répondre à la première question.

4.

a. Étalement des remboursements par la voie du tirage au sort :

À la date du 8 avril 2016, chaque obligation vivante a une chance sur quatre de sortir à l'un des quatre tirages suivants (15 octobre 2016 au 15 octobre 2019).

Le premier prix possible de l'obligation est donc celui obtenu avec une rentrée unique de trésorerie. Celle-ci est égale au coupon annuel de 1 300 € additionné du prix de remboursement (20 800 €), le tout décalé de 190 jours. Par conséquent, le premier prix (P_{01}) s'écrit :

$$P_{01} = \left(iC + R\right)\left(1+r\right)^{-190/366} = \left((0{,}065 \times 20\,000) + 20\,800\right)\left(1{,}04\right)^{-190/366} = 21\,654{,}58\,€$$

Quant au quatrième prix, celui comprenant le plus de flux possibles, son contenu est le suivant :

$$P_{04} = iC\left(1+r\right)^{-190/366}\sum_{t=0}^{3}\left(1+r\right)^{-t} + R\left(1+r\right)^{(-190/366)-3}$$

$$P_{04} = \left(1\,300\left(1{,}04\right)^{-190/366}\right)\left(\frac{1{,}04 - 1{,}04^{-3}}{0{,}04}\right) + 20\,800\left(1{,}04\right)^{(-190/366)-3} = 22\,927{,}15\,€$$

En procédant de la sorte avec deux et trois flux successifs, on trouve les deux autres prix, P_{02} et P_{03}. Ils s'établissent, respectivement, à 22 095,51 € et 22 519,49 €.

Disposant des probabilités d'occurrence, concernant les dates auxquelles sont tirés au sort les titres (PB_s), et des prix respectifs (P_{0s}), il est possible de chiffrer sans difficulté une moyenne pondérée (P_0) ainsi qu'une cotation. Ces mesures sont ainsi décrites :

$$P_0 = \sum_{s=1}^{4}(P_{0s} \times PB_s) = 21\,654{,}58 \times 0{,}25 + \ldots + 22\,927{,}15 \times 0{,}25 = 22\,299{,}18\,€$$

$$\text{Cotation coupon couru inclus} = \frac{22\,299{,}18}{20\,000} = 111{,}50\,\%$$

$$\text{Cotation au pied du coupon} = \frac{22\,299{,}18 - \dfrac{1\,300 \times (366-190)}{366}}{20\,000} = 108{,}37\,\%$$

b. Étalement des remboursements par réduction annuelle du capital de l'obligataire :

Avec ce second chemin d'accès à la cotation, les calculs reposent sur deux assiettes principales disponibles au terme de la 11e échéance annuelle : la valeur résiduelle du nominal et le solde sur prix de remboursement. Le premier socle est nécessaire au chiffrage annuel des coupons résiduels et le second support détermine les parts de capital amorti.

Comme les diminutions annuelles sont constantes (1/15 du montant initial), de tels soldes, sur nominal et prix de remboursement, sont simples à mesurer. La première assiette sur nominal est de 5 333,33 € et la seconde, sur prix de remboursement, est un peu plus élevée (5 546,67 €) du fait de la prime de 800 € par obligation.

Le tableau 3.6 rassemble les flux postérieurs à la 11e année, constitués de coupons et de remboursements échelonnés.

Tableau 3.6 – Rentrées de trésorerie des quatre dernières années pour les obligataires de Team.com

Date[a]	Solde sur nominal	Solde sur prix de remboursement	Coupon[b]	Fraction amortie du prix de remboursement[c]	Total revenus pour l'obligataire[d]
2015	5 333,33	5 546,67	–	–	–
2016	4 000,00	4 160,00	346,67	1 386,67	1 733,33
2017	2 666,67	2 773,33	260,00	1 386,67	1 646,67
2018	1 333,33	1 386,67	173,33	1 386,67	1 560,00
2019	0,00	0,00	86,67	1 386,67	1 473,33

a. Au 15 octobre de chaque année.

b. Solde sur nominal (année antérieure) multiplié par taux facial (6,5 %).

c. Prix de remboursement (20 800) divisé par durée de l'emprunt (15).

d. Coupon plus prix de remboursement amorti.

C'est avec les revenus actualisés de la dernière colonne du tableau 3.6 que l'on peut calculer un prix au 8 avril 2016. Ce prix (P_0), coupon couru inclus, est différent du précédent. L'écart s'explique par le changement de méthode. Ce nouveau prix ne peut être comparé, pour appréciation, qu'au solde sur valeur nominale (5 333,33 €). Cette comparaison est nécessaire pour déterminer la cotation, intérêts courus compris ou au pied du coupon.

Vérifions la conformité des cotations avec celles déjà en notre possession (voir ci-dessus) :

$$P_0 = \frac{1\,733{,}33}{1{,}04^{190/366}} + \frac{1\,646{,}67}{1{,}04^{(190/366)+1}} + \frac{1\,560{,}00}{1{,}04^{(190/366)+2}} + \frac{1\,473{,}33}{1{,}04^{(190/366)+3}} = 5\,946{,}45\ €$$

$$\text{Cotation coupon couru inclus} = \frac{5\,946{,}45}{5\,333{,}33} = 111{,}50\ \%$$

$$\text{Cotation au pied du coupon} = \frac{5\,946{,}45 - \dfrac{346{,}67 \times (366 - 190)}{366}}{5\,333{,}33} = 108{,}37\ \%$$

On observe bien une convergence des résultats. Plus généralement, la cotation supérieure à 100 % du nominal a deux explications : la baisse significative des taux d'intérêt, au 8 avril 2016, et la prime de remboursement de 800 € qui contribue, elle aussi, à valoriser l'obligation Team.com.

Chapitre 4
Évaluation des actions par les revenus aux ayants droit

Les connaissances acquises dans ce chapitre permettront au lecteur de :

1. Savoir évaluer des actions par les dividendes anticipés sur une ou plusieurs périodes.
2. Valoriser des actions par le *PER* et par les bénéfices au-delà de la norme requise.
3. Relier les formules possibles de prix à des variables explicatives.
4. Vérifier la justesse des modèles théoriques en les appliquant à des titres cotés.

De par sa nature, un titre de propriété ne donne pas de certitude quant aux dividendes ultérieurs même si, pour des motifs de signalisation, de réglementation ou encore de fidélisation, une entreprise peut se fixer une politique de *pay-out* et tout faire pour la respecter. En la matière, les rapports de force entre le débiteur non contractuel et l'actionnaire ajoutent du trouble dans la perception externe du versement. En première lecture, un tel constat général serait de nature à déclasser, sur le principe, l'approche de la valeur par actualisation des rentrées futures de trésorerie quand la méthode s'applique à des actions. Mais les choses sont plus complexes car des arguments existent en faveur du procédé. Ils sont théoriques et empiriques.

Les restitutions aux propriétaires sont-elles en ligne avec les cash-flows attendus par l'émetteur des titres, sur sa propre activité courante, ou bien sont-elles, dans une trop large mesure, fonction des besoins de l'actionnaire qui dicte sa loi parce que majoritaire ? De la réponse à cette question dépend la fiabilité d'une évaluation du capital-actions par le *Dividend Discount Model* (*DDM*). À l'opposé, des sociétés en capacité de verser des dividendes y renoncent pour différents motifs, notamment en raison d'opportunités financières (occasions enrichissantes d'investir). Elles ont donc de la valeur qui pourrait être reconstituée à partir de potentielles rétrocessions qui dépendent de la situation financière et du cycle de vie de l'opérateur.

Le modèle référent d'évaluation des titres de propriété, selon cette approche par actualisation des revenus attendus par les actionnaires, est donc le *DDM*. Son contenu peut être rapproché du coefficient de capitalisation des bénéfices (*PER*) *via* le taux de distribution (*pay-out ratio*). En théorie, l'analyse financière repose sur un comportement unique du dividende (horizon infini du modèle originel de Gordon) ou sur un découpage pratique du futur en plusieurs périodes caractérisées par des versements différenciés aux actionnaires.

Si au plan fondamental l'approche par les dividendes a du sens, notamment pour porter un jugement sur la cotation des grandes entreprises, la méthode est fréquemment rejetée lors de la valorisation d'une société faisant l'objet d'une offre publique d'acquisition. Il n'y a qu'à voir les documents édités par l'Autorité des marchés financiers (AMF) comprenant les notes d'information de l'initiateur de l'offre et la réponse de l'expert indépendant mandaté par la cible. Dans ces notes AMF, très peu souvent le *DDM* figure sur la liste des méthodes d'évaluation retenues. Cette exclusion du *DDM*, fréquemment logique parce qu'impraticable, spécialement en situation de distribution irrégulière de dividendes ou quand l'actionnaire majoritaire pousse à des restitutions inappropriées, pourrait néanmoins ne pas avoir de fondement théorique ou empirique indiscutable.

Deux raisons militent en faveur d'une plus grande relativité de ce rejet du *DDM*. La première remarque d'ordre empirique se rapporte à la bonne régularité des *pay-out ratios* des grandes sociétés, autour de 45 % en moyenne sur 10 ans (2003-2014) pour les unités du CAC 40[34]. Le second argument est plus « abstrait » et se rattache au fait que des approches mieux acceptées conceptuellement, telles que celles préconisées par le modèle d'Ohlson (1995) et la méthode des *Discounted Cash-Flows* (*DCF*), livreraient en définitive des résultats qui ne seraient pas théoriquement différents du *DDM*.

Dans ce chapitre, l'accent est mis sur le contenu de l'approche actuarielle par les dividendes et les bénéfices anormaux. La valorisation par les rendements résiduels est suggérée par le modèle principal d'Ohlson, complété par la formule de Dechow, Hutton et Sloan (1999) qui prescrit l'introduction d'un coefficient de persistance de revenus excédentaires après traitement des fondamentaux pluriannuels prédictifs (inclusion d'une valeur terminale). Les formalisations (règles) subissent l'influence du degré de maturité de la société (découpage éventuel de l'horizon du calcul économique) et du passé comptable (croissance décomposée par le *PRAT Model*). Quant à l'instabilité des profits opérationnels prévus, à l'origine du risque systématique, elle joue un rôle naturel. Le *DDM* sur deux périodes, auquel se rattachent notamment le *PRAT Model* et la formule approximative de Fuller et Hsia (1984), est probablement le meilleur cadre pour évaluer le plus d'actions possible d'après cette approche par les coupons futurs aux ayants droit.

Trois catégories de modèles sont proposées par la théorie financière pour évaluer une action selon la technique actuarielle. L'évaluation par ces méthodes est plutôt directe. Autrement dit, par ces voies-là on peut atteindre, sans détour important, le prix du capital-actions.

- Le premier de ces modèles est aligné sur le principe d'une stricte équivalence des valeurs actuelles. Il propose de déterminer, sans autre calcul, le prix d'un titre de propriété d'après les revenus directement associés (dividendes futurs anticipés). Il s'agit du *DDM* ou modèle de Gordon (1962), par référence à celui qui a suggéré, en premier, ce moyen de valorisation.
- La deuxième méthode d'évaluation du capital-actions prend la forme d'une référence analogique et repose sur le principe des multiples. Comme il s'agit de fonds propres, le flux rattaché à ces capitaux n'est plus seulement le dividende, mais tout le résultat net. Le critère correspond, par conséquent, au concept boursier très répandu de *Price to Earning Ratio* (*PER*). En restant dans un périmètre méthodologique semblable au précédent (*DDM*), le raisonnement sous-jacent, portant sur une ou plusieurs périodes futures, nous oblige à revenir sur le modèle de Gordon et à tenir compte du *pay-out ratio* pour établir une passerelle entre prix d'une action et bénéfice net attendu.
- La troisième voie d'accès au prix de marché des capitaux propres est celle qui propose de retoucher l'apport comptable des propriétaires afin de tenir compte du

34. *Source :* La lettre Vernimmen.net.

résultat d'opportunités de croissance (bénéfices anormaux)[35]. Ce cadre-là est celui du modèle d'Ohlson (1995), qui compare le *return* sur capitaux propres (*ROE*) au rendement requis par les actionnaires (norme de rémunération sollicitée d'après le risque encouru). Il s'agit de trouver, *via* un nouveau calcul actuariel, une valeur ajoutée de marché (*MVA*) pour les titres de propriété.

Disons, afin d'être complet sur la technique utilisée pour valoriser un actif par le calcul actuariel, que la méthode dite des *DCF* représente une autre façon d'approcher la valeur intrinsèque par les flux induits. Cependant, et dans ce dernier cas, les flux nets de trésorerie sont destinés à tous les investisseurs et pas uniquement aux seuls propriétaires. C'est la raison pour laquelle l'actualisation des flux nets de trésorerie donne un prix pour le capital-actions, mais de façon indirecte, après déduction de la part de valeur marchande revenant aux prêteurs. La procédure de traitement actuariel des cash-flows, dans le but de valoriser un projet particulier d'investissement ou un portefeuille d'actifs économiques, représentant une entreprise tout entière, est abordée aux chapitres 5 et 6 de cet ouvrage.

Les deux premières méthodes de valorisation des capitaux propres parmi les trois précédemment introduites, directes dans une large mesure et étroitement reliées, sont présentables conjointement.

Les propositions techniques du présent chapitre, exposées et nuancées, sont appliquées à des sociétés bien connues, comme Air Liquide, Essilor, Total, Orpea ou encore Zodiac Aerospace. Pour ces titres, de l'information financière pertinente a été collectée et conceptualisée. Un cas pratique, très complet et argumenté, portant sur la valorisation des titres de deux sociétés cotées au compartiment C, Actia Group et Gérard Perrier Industrie, clôt la section des exercices consacrés à l'évaluation d'actions.

1. Le *DDM* et la valorisation des capitaux propres par le *PER*

Cette approche a une double fonction théorique. Si le rendement requis par les actionnaires est une information disponible, le modèle donne le prix de l'action dès lors que les anticipations de dividendes futurs sont crédibles. En présence d'un cours (prix de marché de l'action) et d'une projection de dividendes, le modèle fournit l'équation du rendement pour l'investisseur, dite formule de Gordon-Shapiro (1956).

C'est à la première fonction du *DDM* qu'il est fait référence ici puisque nous cherchons à faire du calcul actuariel sur des flux futurs afin de se faire une idée, si cela est économiquement possible, de la valeur d'un titre de propriété. Par exemple, les foncières (SIIC), en raison de leur régime fiscal particulier, ont vocation à verser, de façon régulière et

35. L'agrégat porté sur les livres comptables, à propos des capitaux propres, regroupe la mise de départ lors de la création de la société, les émissions subséquentes d'actions avec contreparties et toutes les variations internes (bénéfices réservés).

significative, des dividendes[36]. De telles entreprises pourraient ainsi, plus facilement que d'autres, faire l'objet d'une évaluation par actualisation des revenus pour l'actionnaire.

Ce point formel étant rappelé, il importe de se poser également la question de savoir si l'acte de distribution lui-même, qui n'est pas en soi une décision créatrice de valeur, a de l'importance. Après l'exposé des méthodes de valorisation introduites précédemment, nous dirons quelques mots sur la position de la théorie financière au sujet de la congruence du dividende.

Le modèle originel est celui calé sur un horizon infini intégrant l'hypothèse d'une croissance perpétuelle constante inférieure au coût des capitaux propres (taux d'actualisation). Ce postulat d'une période unique et la contrainte en matière de hiérarchie des taux peuvent être levés par introduction de fenêtres successives pluriannuelles. Celles-ci sont habituellement associées à des taux de croissance différents dans le temps.

En général, deux cas sont examinés. Le premier cas correspond à un raisonnement sur deux phases. Un tel cadre est celui du modèle simplifié proposé en 1984 par Fuller et Hsia (*H Model*) qui considèrent que la croissance décline de façon linéaire pour atteindre, au bout de n années, le taux constant de la rente perpétuelle. Le second cas, qui fait l'objet d'un examen théorique, traite trois paliers de dividendes : une fenêtre pluriannuelle de croissance forte et ferme suivie d'une phase d'opportunités déclinantes d'investissement, laquelle débouche sur une croissance stable à l'infini.

1.1. Le *DDM* sur une période

1.1.1. Les deux formules possibles du prix

Comme, par définition, les actions n'ont pas d'échéance, puisqu'il s'agit de ressources dont le degré d'exigibilité est nul, l'horizon sur lequel porte l'actualisation des dividendes peut être considéré comme infini.

Un seul dividende par an

Si la fréquence du dividende temporel (D_t) est annuelle et pour un versement qui augmente tous les ans selon un taux constant g, le prix de l'action (P_0) équivaut à la valeur d'une rente perpétuelle, soit :

$$P_0 = \sum_{t=1}^{\infty} D_t \left(1 + k_c\right)^{-t}$$

De par sa nature, le dividende attendu est aléatoire puisque non contractuel. Une telle volatilité du revenu futur rejaillit nécessairement sur le taux d'actualisation ou rendement requis par l'actionnaire (k_c) qui doit intégrer une prime de risque plus forte que celle utilisée, par exemple, pour calculer le prix d'une obligation (voir chapitre 3).

36. Les sociétés d'investissement immobilier cotées (SIIC) sur un marché réglementé sont exonérées d'impôt sur les sociétés, mais tenues de distribuer 85 % des bénéfices sur opérations de location d'immeubles et 50 % des profits venant de la cession d'immeubles. L'imposition est ainsi déplacée de la société vers les investisseurs (actionnaires).

L'expression précédente de P_0, une fois arrangée et développée, donne une formule connue sous le nom de Gordon-Shapiro :

$$P_0 = \frac{D_1}{(1+k_c)} \sum_{t=0}^{\infty} \left(\frac{1+g}{1+k_c} \right)^t = \frac{D_1}{(1+k_c)} \left[\frac{1 - \left(\frac{1+g}{1+k_c} \right)^n}{\frac{k_c - g}{1+k_c}} \right] = \frac{D_1}{(1+k_c)} \left(\frac{1+k_c}{k_c - g} \right),$$

quand $n \rightarrow \infty$

$$\text{d'où : } P_0 = \frac{D_1}{k_c - g}$$

Dans un modèle à une période, qui peut avoir du sens lorsque la société est mature, le prix est donc fonction de trois variables dont la plus importante est la croissance. En pratique, une différenciation significative des cours par le taux d'actualisation ou par le dividende relatif se révèle moins déterminante.

Plusieurs dividendes par an

Dans l'hypothèse où p dividendes égaux sont versés chaque année, en augmentation annuelle constante selon un taux g, l'application du principe général donne l'équation suivante du prix :

$$P_0 = \left[D_1 \sum_{t=1}^{p} \left(1 + k_{cp}\right)^{-t} \right] \left[\sum_{t=0}^{\infty} \left(\frac{1+g}{1+k_c} \right)^t \right]$$

Après développement et simplification :

$$P_0 = D_1 \left[\frac{1 - \left(1 + k_{cp}\right)^{-p}}{k_{cp}} \right] \left(\frac{1+k_c}{k_c - g} \right)$$

À l'intérieur de cette autre expression du prix, D_1 est le dividende périodique de la première année, souvent semestriel, voire trimestriel, et k_{cp} le rendement requis par l'actionnaire ramené au pas p. Des sociétés comme Pernod Ricard, Vinci ou encore Total distribuent plusieurs dividendes par an. Les deux premières procèdent à des restitutions semestrielles ; la pétrolière verse des dividendes trimestriels (voir, plus loin, l'application numérique sur Total). Cette pratique d'une restitution de *cash* aux actionnaires, plusieurs fois dans l'année, est cependant moins fréquente en France qu'aux États-Unis par exemple.

1.1.2. Le rendement requis par les actionnaires

Le principe théorique de la mesure

Le taux de pénalisation des coupons futurs (k_c) est le rendement requis par les propriétaires, que l'on détermine habituellement par les propositions de la finance de marché. La règle théorique de référence est celle déduite du *Capital Asset Pricing Model* (*CAPM* ou MEDAF) qui propose d'ajouter au taux sûr (OAT 10 ans, en France) une prime de risque fonction de la sensibilité du titre aux fluctuations générales du marché. Outre le *CAPM* ou modèle de Sharpe (1964), d'autres cadres théoriques existent pour déterminer le coût du capital. Citons le modèle d'arbitrage (*APT*) de Ross (1976) et celui à trois facteurs de Fama et French (1995). Ces dernières propositions sont beaucoup moins utilisées par les praticiens parce que plus difficiles à mettre en œuvre.

Lorsque la relation entre les performances boursières (action *versus* indice général) n'apparaît pas convaincante pour la société étudiée, le coefficient de sensibilité relative ou β_c (*bêta* des capitaux propres) est déduit d'un échantillon de titres pour lesquels les données de marché représentent une variable suffisamment explicative du rendement. Plus fréquemment encore, on utilise au départ une information sectorielle portant sur le risque économique général hors considérations de structure financière (*bêta* désendetté). En pratique, des paramètres singuliers, autres que l'endettement, tels que la taille de l'opérateur, l'absence d'opportunités de croissance ou encore le risque-pays, exercent sur le rendement requis de l'influence.

Considérations pratiques

Le socle du rendement attendu est donc un facteur de risque systématique ou risque de marché, et la part additionnelle de volatilité, que le modèle théorique ne prévoit pas de rémunérer explicitement, peut être considérée comme du risque spécifique[37]. C'est parce que ce dernier risque est de nature à accroître la variance des profits pour l'investisseur que les praticiens le prennent parfois en compte.

Techniquement, une élévation du taux k_c réduit la valeur présente du flux futur. Cette contraction de la valeur actuelle des capitaux peut, aussi, être obtenue en agissant directement sur la séquence de cash-flows prévisionnels. Ce second chemin (baisse, parfois arbitraire, des estimations) est toutefois moins emprunté. Les experts indépendants et les établissements présentateurs d'une offre publique, en tant qu'évaluateurs appelés à calculer le coût du capital, agissent plutôt sur le taux de pénalisation des revenus espérés. Ils justifient cette majoration du taux d'actualisation par le fait que l'échantillon de référence des sociétés cotées n'est pas tout à fait comparable à la société cible de la valorisation.

En 2013, selon l'AMF, sur une quarantaine d'offres publiques, les experts indépendants ont introduit 24 primes spécifiques de taille estimées à 2,9 % en moyenne et les établissements financiers 13 avec une valeur moyenne de 2,1 %. Cela veut dire que, fréquemment, le calcul du coût du capital, relativement à une société *j*, est le résultat du cumul de trois primes de risque. La première de ces primes est sous-jacente au rendement des obligations d'État (taux sûr), la deuxième est déduite de la sensibilité de *j* à un large portefeuille de valeurs (*equity risk premium*) et, enfin, la troisième est inhérente à la taille de *j* qui influence la liquidité du titre sur le marché. Cette logique additive est celle de la *Build-Up Method*.

37. Ce risque, dit spécifique, est théoriquement réductible, voire totalement effacé, par la diversification du portefeuille de l'investisseur. C'est la raison pour laquelle on le qualifie de diversifiable et non pertinent pour chiffrer le coût du capital selon la forme originelle du *CAPM*.

Enfin, les praticiens ajoutent quelquefois, aux trois blocs précédents, une autre prime spécifique pour risques industriels ou pour risque-pays. Cette dernière prime a du sens dès lors que la cible du calcul actuariel exerce des activités dans des pays plus risqués que celui de pays matures. La majoration de taux pratiquée est la conséquence d'un écart significatif de volatilité entre les rendements des deux catégories de marchés. Ce risque-pays, fixé le plus souvent de manière arbitraire, peut être important. Par exemple, en 2013, un expert indépendant a majoré le taux d'actualisation de 5 points lors d'une opération publique pour tenir compte d'un tel risque. Sur une autre offre publique, en 2014, un professionnel a fait de même en élevant le coût du capital de 4 points afin d'intégrer dans son calcul le risque-pays[38].

Dans la plupart des opérations publiques d'acquisition (OPA, OPE, OPR, OPRA...), l'initiateur ou l'expert mandaté par la cible, qui doit justifier un prix d'offre *via* un mode opératoire actuariel, détermine le rendement requis par les actionnaires en tenant compte d'une prime principale (risque systématique) et d'une prime accessoire (risque spécifique).

Par exemple, en mai 2014, Axway, après avoir acquis hors marché 61,02 % du capital de Systar, lance une OPA simplifiée amicale sur tous les titres non détenus. Ces deux sociétés exercent des activités complémentaires dans le secteur des éditions de logiciels professionnels. Afin de porter un jugement sur le caractère équitable du prix d'offre, par la méthode des *DCF*, l'expert mandaté par la cible (Systar) chiffre le coût des capitaux propres à hauteur de 11,76 % en utilisant le β_c moyen d'un échantillon. Dans ce taux d'actualisation de 11,76 % (k_c), la part imputable à l'application stricte de la règle du *CAPM* donne 9,35 % ; la partie complémentaire (2,41 %) est justifiée par une prime spécifique de taille ou rentabilité additionnelle requise des sociétés dont la capitalisation boursière est inférieure à 50 millions d'euros. À la même époque, une OPA sur la société réunionnaise Bourbon (services maritimes) est lancée par Jaccar Holdings. Toujours dans les mêmes circonstances (évaluation selon les *DCF*), l'expert indépendant (KPMG) estime le rendement requis par les actionnaires à 10,1 %, dont 1,6 % de prime pour risque-pays par suite des activités de la société Bourbon dans des pays émergents[39].

En définitive, la règle pratique destinée à fixer la hauteur du rendement requis par les actionnaires, adossée au *CAPM*, pourrait s'écrire de la façon suivante :

$$k_c = R_F + \beta_c(PRM) + MAJ$$

Dans cette expression, R_F désigne le taux du placement sûr, le taux de l'échéance constante à 10 ans, par exemple. β_c est le *bêta* des capitaux propres ou *bêta* endetté que l'on calcule directement par régression linéaire ou en passant par un *bêta* désendetté (β_A). Le *bêta* des capitaux propres peut être tiré d'un échantillon de *n* sociétés, exerçant une activité semblable, après *n* régressions linéaires (moyenne/médiane). *PRM* représente la prime de risque de marché. Enfin, *MAJ* indique la majoration du coût imputable à des facteurs

38. *Source :* « Analyse des offres publiques réalisées en 2014 sur le marché français », cabinet Ledouble, février 2015.

39. Pour beaucoup d'autres exemples, voir les documents de référence publiés par l'Autorité des marchés financiers (AMF), lors d'opérations publiques d'acquisition, sur son site (www.amf-france.org).

potentiels de survariance du rendement boursier (taille, illiquidité, localisation géographique des activités...).

Rappelons, pour terminer sur ce point, qu'il existe une relation entre les *bêtas* endetté (β_c) et désendetté (β_A). Celle-ci s'écrit, d'après l'approche de Modigliani et Miller (MM, 1963) sur la valeur d'entreprise et les formules dérivées du *CAPM* relatives au coût des capitaux :

$$\beta_c = \beta_A + (\beta_A - \beta_d)L(1 - T)$$

Souvent, les analystes financiers font tendre l'index de risque de crédit (β_d) vers 0, ce qui donne une équation plus simple à utiliser déduite de la relation précédente. Cette règle resserrée s'écrit :

$$\beta_c = \beta_A + (1 + L(1 - T))$$

Dans les formules ci-dessus, L est le levier financier et T le taux d'impôt[40].

1.1.3. Le rôle de la croissance des fondamentaux

La seconde variable clé dans la formule du prix de l'action est la croissance. Sur un horizon infini, celle-ci doit être l'expression d'une tendance de très long terme. Pour une société capable de maîtriser sa croissance et de respecter une politique régulière de distribution de dividendes, le taux g peut être extrait de l'évolution historique du dividende ajusté à l'encaissement, voire du consensus d'analystes financiers sur les *PER* (prévisions économiques). Pour de telles sociétés, l'hypothèse selon laquelle le passé est une bonne approximation du futur est tenable.

Air Liquide, leader mondial de la production de gaz industriels et médicaux, après l'achat récent (fin 2015) de son concurrent américain Airgas, est l'une de ces sociétés-là. Un examen des dividendes distribués par Air Liquide sur plus de 40 ans (1972-2014) permet de dégager une courbe d'ajustement exponentielle très significative avec un taux de détermination (R^2) proche de 1 (0,98) et un taux de croissance de 10 % environ (voir figure 4.1). Ce taux de 10 % est le taux à composition annuelle équivalent au taux continu de 9,69 % (pente de la courbe d'ajustement). Il est intéressant de noter que ce taux calculé sur une fenêtre historique extrêmement large est proche de celui intégré dans les prévisions faites en matière de *PER* ou de bénéfice par action (*BPA*), en octobre 2015, concernant 2015 et 2016. En effet, pour le *PER*, par exemple, le consensus d'analystes financiers sur Air Liquide[41] donne 23,97 pour 2014 (réalisé), 21,83 pour 2015 (estimation) et 20,17 pour 2016 (estimation), soit une croissance attendue autour de 9 %.

---

40. Pour des justifications détaillées concernant ces relations entre *bêtas* et des explications sur l'estimation du coût des capitaux propres, voir, par exemple, Parienté (2013). La section 1 du chapitre 7 de cet ouvrage aborde également le sujet.

41. *Source :* Boursorama.

Figure 4.1 – Dividende à l'encaissement ajusté (€) sur l'action Air Liquide : tendance longue (1972-2014)[a]

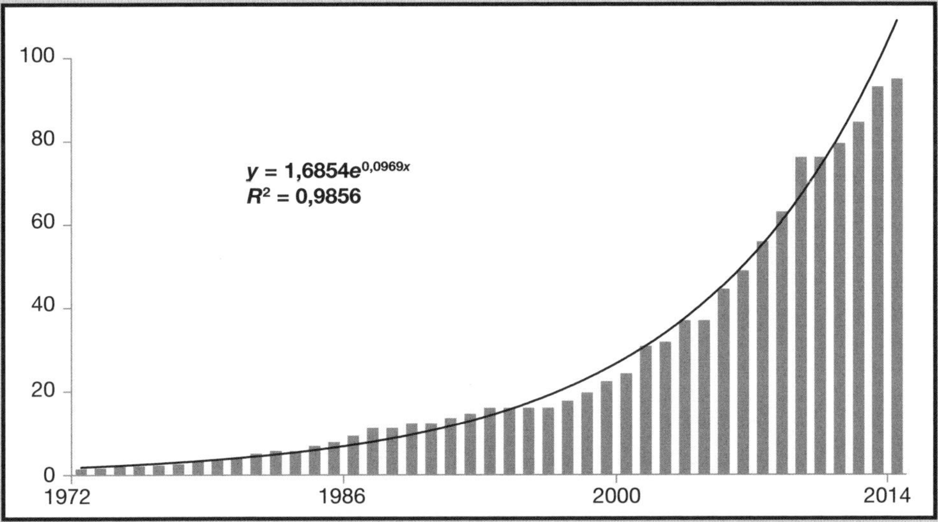

a. *Source :* nos calculs, après ajustement selon la méthode ascendante. Le point de départ est le dividende à l'encaissement de 1972 (1,45 € après conversion francs-euros). Un investisseur ayant acquis une action Air Liquide fin 1971 se retrouve propriétaire de près de 41 titres fin 2014, sans dépense supplémentaire, par le seul jeu des attributions d'actions gratuites. L'équation de la courbe d'ajustement exponentiel est sur le graphique. Quant à R^2, il représente le coefficient de détermination qui teste la qualité de l'ajustement.

1.1.4. Applications du *DDM* sur une période à des sociétés cotées

Nous pouvons maintenant tenter une comparaison entre valeur « intrinsèque » fournie par le *DDM*, sur une seule période, et cours de l'action. Cette tentative de rapprochement pratique porte sur Air Liquide qui verse un seul dividende par an et sur Total qui en verse quatre.

Air Liquide

Commençons par le spécialiste des gaz industriels dont le cours s'établit à 106 €, fin mai 2014, après distribution du dividende 2013 (2,55 €). Pour cette recherche de cohérence, il nous faut le coût des capitaux propres estimable par le *CAPM* d'après les données suivantes. À fin mai 2014, terme des données de la figure 4.1, le taux de l'échéance constante à 10 ans est au voisinage de 2 %, la prime de risque de marché s'élève à 7 % (Albatros Capital), pour un rendement en dividendes de 3 % et un *return* (*ROE*) de 15 % ; la base Damodaran nous propose un *bêta* désendetté de 0,79 pour le secteur « Chemical Basic ». On sait, par ailleurs, que le levier financier de la société Air Liquide est de 0,2, environ, si celui-ci est calculé avec la dette financière prévue en 2014 (6 M€) et une capitalisation boursière proche de 33 M€ (mai 2014) ; un tel ratio cible d'endettement est supposé stable dans le temps. Enfin, le taux d'impôt effectif du groupe, d'après les comptes 2013, se monte à 27 %.

Avec les hypothèses comptables et de marché retenues pour Air Liquide, l'application de la formule précédente sur le *bêta* des capitaux propres donne :

$$\beta_c = 0{,}79 \times (1 + 0{,}2(1 - 0{,}27)) = 0{,}91$$

On calcule maintenant le coût des capitaux propres après avoir introduit une petite majoration du rendement par suite de risques propres liés aux métiers des gaz industriels et aux implantations géographiques du groupe notamment (risque-pays). Si la prime additionnelle de risque est estimée arbitrairement à 3 %, on arrive à un rendement requis par les actionnaires de 11,2 % en appliquant la formule de k_c (voir ci-dessus). En effet :

$$k_c = R_F + \beta_c(PRM) + MAJ = 0{,}02 + (0{,}91 \times 0{,}07) + 0{,}03 = 11{,}4\,\%$$

En somme, selon le *DDM* à une période, avec des dividendes annuels, et en admettant que les éléments précédents soient jugés crédibles, la valeur « intrinsèque » d'une action Air Liquide s'élève à :

$$P_0 = \frac{D_1}{k_c - g} = \frac{D_0(1+g)}{k_c - g} = \frac{2{,}55 \times 1{,}10}{0{,}114 - 0{,}1} = 200{,}4 \text{ €}$$

À la lumière de ces calculs, le titre Air Liquide serait largement sous-évalué par le marché, fin mai 2014, après versement du dividende par action sur résultat 2013 ($D_0 = 2{,}55$ €). Mais comment ne pas se poser la question de la pertinence d'un taux g aussi élevé sur l'horizon infini du raisonnement (10 %) et de la majoration discrétionnaire de 3 %.

Cette première approche analytique appelle deux remarques sur les autres appréciations possibles de la formule de Gordon-Shapiro.

Tout d'abord, et d'une manière générale, la compatibilité des valeurs (*DDM*, cotation) suppose un taux d'actualisation (k_c) égal à l'addition de deux termes, le rendement en dividendes ($\frac{D_1}{P_0}$) et la croissance (g). Si la valeur de g trouvée avec la série historique très longue de dividendes est réaliste (10 %), le coût des capitaux propres doit s'élever à plus de 12 % pour que le cours du titre Air Liquide soit à son prix, 12,6 % très exactement. Cette contrainte en matière de rendement espéré par l'investisseur, sans paraître très extravagante, semble néanmoins excessive compte tenu de la stature de la société et des conditions de marché en 2014.

La seconde remarque relative à l'option d'analyse possible concerne le taux de croissance à l'infini incorporé dans la cotation d'Air Liquide à hauteur de 106 € fin mai 2014. Pour le calcul de ce taux sous-jacent, il faut avoir le plus d'assurance possible concernant le niveau de k_c et prendre, par conséquent, le problème à l'envers. Admettons que pour une valeur très suivie par les analystes financiers comme Air Liquide, appartenant au CAC 40, le rendement du marché (CACT) soit une excellente variable explicative du rendement sur le titre lui-même. Dans ce cas, la pente de la droite d'ajustement de la relation donne une mesure suffisante de la prime de risque qui s'ajoute au taux du placement sûr. Le tout forme le coût des capitaux propres sans majoration supplémentaire puisque tous les facteurs de risque seraient incorporés dans les fluctuations relatives du rendement de l'action Air Liquide.

L'étude empirique des rendements conjoints du marché et de l'action Air Liquide, sur une fenêtre habituelle de calcul (17-18 mois), avec des données au jour le jour, livre le nuage de points de la figure 4.2. L'équation d'ajustement, significative (voir R^2), fournit une pente (coefficient de risque systématique) permettant d'obtenir un rendement requis de 6,3 %, soit une valeur très inférieure au taux précédent, comme justifié ci-dessous[42] :

$$k_c = R_F + \beta_c(PRM) = 0{,}02 + (0{,}616 \times 0{,}07) = 6{,}3\ \%$$

D'où le niveau de croissance (g) intégré dans le cours de 106 €, tiré de la formule du *DDM* à une période :

$$P_0 = \frac{D_1}{k_c - g} = \frac{D_0(1+g)}{k_c - g} \Rightarrow g = \frac{k_c P_0 - D_0}{D_0 + P_0} = \frac{0{,}063 \times 106 - 2{,}55}{2{,}55 + 106} = 3{,}80\ \%$$

La tendance actuelle au maintien de la prime de risque de marché, le niveau bas de rendement sûr et la faiblesse relative du facteur de risque systématique sont-ils de nature à justifier la modestie du rendement requis par les actionnaires d'Air Liquide ? Si la réponse à cette question est oui, alors ce scénario d'une croissance implicite dans les cours (mai 2014) de 3,8 % a du sens. En d'autres mots, le marché n'intégrerait plus les 9 ou 10 % de croissance historique mais beaucoup moins sur le très long terme. Ce qui serait, *a priori*, plus réaliste (horizon infini) mais néanmoins en contradiction avec les anticipations de croissance déductibles des *PER* successifs (voir plus haut). Il faut dire, pour conforter l'hypothèse d'une croissance molle sur une fenêtre sans bornes, que les intervenants en matière de valorisation d'entreprise (offres publiques) retiennent le taux d'inflation à long terme (1 à 2 %) comme facteur d'accroissement de la rente perpétuelle. Mais cela est fait dans un cadre actuariel à deux périodes incluant une première phase de croissance non bridée (voir plus loin).

Figure 4.2 – Rendements comparés de l'action Air Liquide et de l'indice général (CACT), de janvier 2012 à mai 2014[a]

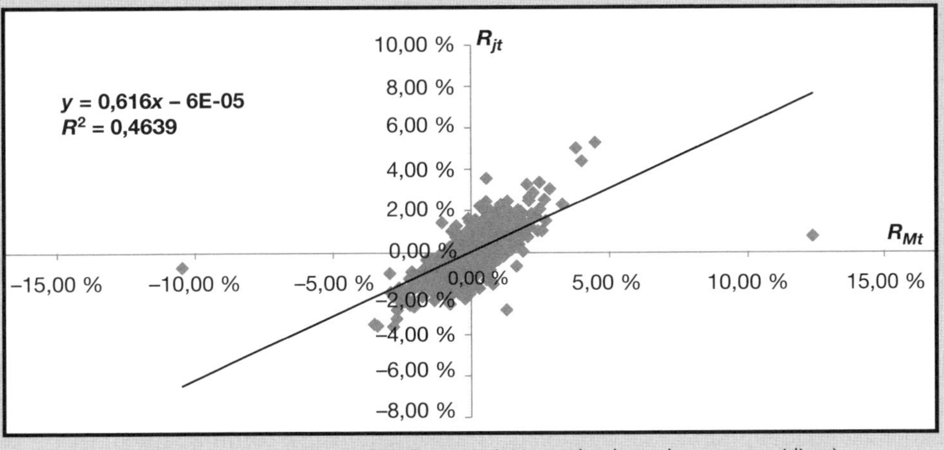

a. *Source :* nos calculs, avec données boursières Euronext (600 couples de rendements quotidiens). j représente Air Liquide et M le marché (CACT). L'équation d'ajustement linéaire et le coefficient de détermination (R^2) sont sur le graphique.

42. Le *bêta* trouvé (0,616) n'est pas très éloigné de celui communiqué par *Les Echos* ou Investing.com.

L'action Total

Prenons maintenant l'exemple du pétrolier français qui distribue des dividendes trimestriels et tentons une application de la formule du prix auparavant exposée, afin de porter un jugement sur la cotation de Total (52 € environ à fin mai 2014). Pour cette nouvelle application numérique, nous avons besoin d'estimer le rendement requis par les actionnaires sur un pas annuel et d'anticiper la croissance future (horizon infini). Le *bêta* de Total est évalué à 0,84 par Reuters, soit un coefficient proche de celui fourni par d'autres sites comme lobourse.com (0,86) ou *Les Echos* (0,91).

Avec les mêmes données complémentaires qu'auparavant, portant sur le taux sûr (2 %) et la prime de risque de marché (7 %), le recours au MEDAF fournit un taux k_c de l'ordre de 8 %. Ce taux annuel est converti en taux trimestriel équivalent (k_{cp}). Celui-ci est de 1,94 %. Par ailleurs, à la même date (fin mai 2014), le consensus d'analystes financiers (*Les Echos*), sur les *PER* 2014 (10,64) et 2015 (10,32), permet de sortir une croissance intégrée dans les cours de 3,1 % théoriquement compatible avec une valeur de rendement comme Total (voir ci-après). Si cette croissance est stable dans le temps, l'application du *DDM* avec une fréquence trimestrielle des restitutions aux actionnaires donne la valeur « intrinsèque » suivante pour le prix de l'action[43] :

$$P_0 = D_1\left[\frac{1-\left(1+k_{cp}\right)^{-p}}{k_{cp}}\right]\left(\frac{1+k_c}{k_c-g}\right) = (0{,}59\times 1{,}031)\left[\frac{1-1{,}0194^{-4}}{0{,}0194}\right]\left[\frac{1{,}08}{0{,}08-0{,}031}\right]$$

$$P_0 = 51{,}1\ €$$

0,59 € est l'un des quatre derniers dividendes trimestriels versés par le pétrolier français. On remarquera que le *DDM* délivre, ici, avec des paramètres relativement crédibles, un prix très proche du cours sur le marché (52 €).

En résumé, l'étude critique de la cotation, d'après le *DDM* à une période (horizon infini), et dans l'hypothèse où l'approche est opérationnellement défendable, doit commencer par fixer l'une des deux variables hautement influentes de la formule. Du rendement requis ou de la croissance, laquelle des deux variables peut être acquise avec le plus de convenance possible ? Le facteur à cristalliser est celui pour lequel on pense avoir davantage de certitude raisonnable. Une fois le choix effectué, on détermine le second facteur explicatif. Il doit être compatible avec les prix de marché pour une appréciation critique de la cotation.

1.1.5. *DDM* sur une période et *PER*

Dans le cadre de ce regard infini du *DDM* (forme première), l'introduction d'un taux de distribution ou *pay-out ratio* (*d*) débouche sur le concept de *Price Earning Ratio* (*PER*). Ce coefficient de capitalisation du bénéfice, largement utilisé comme capteur de perception boursière d'une société, est influencé par trois variables. Explicitement, la formule initiale du prix, une fois réarrangée, donne l'expression suivante du *PER* :

---

43. Voir, plus haut, la formule du prix d'une action quand on verse *p* dividendes par an.

$$P_0 = \frac{D_1}{k_c - g} = \frac{d\,BPA_1}{k_c - g}$$

$$PER = \frac{P_0}{BPA_1} = \frac{d}{k_c - g}$$

BPA_1 est le prochain bénéfice par action, censé croître tous les ans selon un taux constant noté g.

Cette autre formule de Gordon-Shapiro permet un classement des valeurs cotées sur un marché en titres de rendement et en titres de croissance.

Les sociétés financières, spécialement celles exerçant une activité immobilière, d'investissement et de placement, les pétrolières et le secteur des services aux collectivités se singularisent par des rendements en dividendes plutôt élevés (voir tableau 4.1). C'est le cas d'Altarea (immobilier commercial et résidentiel), de Veolia Environnement (prestations de services liées à l'eau, la propreté et l'énergie) ou encore de Total Gabon (recherche, exploitation et production de pétrole brut). Par exemple, le français Total affiche des rendements en dividendes relativement élevés et stabilisés autour de 5 points ; ceux-ci compensent une croissance plutôt pauvre (+1,5 % en 2014 et +4,4 % en 2015, selon les multiples de résultat net)[44]. À un moment où la satisfaction obligataire est très imparfaite, du fait de la baisse tendancielle des taux, on peut s'avancer en disant que la préservation du capital ou la réalisation d'objectifs en matière d'engagements à long terme (compagnies d'assurance/fonds d'investissement) est mieux assurée par des valeurs de rendement et la stabilité du dividende.

Tableau 4.1 – Rendements en dividendes des 10 secteurs du SRD classique[a, b]

Secteurs	**Rendements (%)**		
	2013	**2014**	**2015**
Pétrole et gaz	3,50	4,45	5,04
Matériaux de base	1,86	2,00	2,39
Industries	2,18	2,44	2,75
Biens de consommation	1,74	2,04	2,31
Santé	1,55	1,63	1,75
Services aux consommateurs	3,15	3,19	3,43
Télécommunications[c]	6,62	4,97	4,97
Services aux collectivités	4,21	4,05	4,24
Sociétés financières	4,27	4,53	4,94
Technologie	2,25	2,31	2,45

a. Moyennes calculées, par nos soins, avec des données « *Les Echos* » (cours au 26 mai 2014).

b. Le service à règlement différé (SRD) classique concerne des valeurs françaises et étrangères, liquides, de plus d'un milliard d'euros de capitalisation boursière, cotées à la Bourse de Paris. Elles dépassent la centaine.

c. Société Orange seulement.

44. En raison de la chute du prix du pétrole brut, ces taux sont revus à la baisse, en octobre 2015, pour l'exercice 2015 (–21 %) et le suivant (–8 %).

À l'opposé, les groupes qui sont sur des marchés porteurs, telles les valeurs technologiques (logiciels et services informatiques notamment) ou encore les sociétés du secteur de la santé (équipements et services plus particulièrement), se caractérisent par des rendements en dividendes faibles (voir tableau 4.1). Pour de telles valeurs, la rémunération obtenue par l'investisseur subit plutôt l'influence, favorable, du potentiel de croissance sur les variables d'activité. C'est le cas pour Altran Technologies, Dassault Systèmes, Iliad, Essilor International ou encore bioMérieux. Pour Eurofins Scientific (prestataire de services bioanalytiques), par exemple, les *PER* successifs de 2013 à 2015 (36,8, 31,3 et 24,5 au 26 mai 2014) anticipent une croissance de 17,57 % (2014) et de 27,76 % (2015). Un tel palier d'expansion sous-tendu par les cours tire vers le haut la rentabilité globale sur le titre malgré de très maigres rendements en dividendes, inférieurs à un point.

Une fragmentation de la rentabilité effective des titres, d'après l'importance relative du dividende ou du gain en capital, impactée par la nature de l'activité sociale, perd de sa pertinence en période de crise économique. Un tel contexte poussif, qui s'accompagne d'une absence d'opportunités évidentes d'investissement, incite le management à des restitutions aux actionnaires (trésorerie/rachats) et élève mécaniquement le rendement. C'est le cas sur les marchés européens, comparativement aux places américaine et asiatique, où le rendement atteint plus de 3 %, contre moins de 2 % aux États-Unis et au Japon (situation fin 2013-début 2014). Une stratégie de rendement en dividendes s'avère donc payante en période de dépression financière et de taux d'intérêt réels faibles pour préserver le niveau voulu de performance, mais également pour consolider sa stabilité. C'est ainsi que la contribution des dividendes à la performance totale des actions, entre 1970 et début 2014, est de 60 % en Europe, 67 % en Amérique du Nord et 58 % en Asie Pacifique[45].

1.2. *DDM* sur deux périodes, *PRAT Model* et formule de Fuller et Hsia (1984)

Un raisonnement analogue à celui tenu sur une période unique tendant vers l'infini est également développé pour deux phases de croissance distincte. On pourrait prendre pour chacune de ces deux périodes un taux moyen de croissance. Il est également possible de considérer que sur la première phase de croissance, supposée « extraordinaire », le taux décline de façon linéaire jusqu'à atteindre le pourcentage, constant, de croissance à l'infini. Ce dernier cadre correspond à la description d'expansion future suggérée par la proposition de Fuller et Hsia (*H Model*).

1.2.1. Exposé des principes

On présente tout d'abord des résultats établis avec des taux de croissance cristallisés par période. L'hypothèse d'une croissance fixe sur le premier palier pluriannuel est ensuite relâchée au profit d'une tendance déclinante vers le taux de la phase 2 (croissance à l'infini).

45. *Sources :* Datastream, Allianz Global Investors Capital Markets et Thematic Research, 3 février 2014.

Taux de croissance unique sur chaque période

Conception des formules sur le prix des actions

Le premier contexte d'analyse envisage des taux uniques de croissance, g_1 et g_2, pour chacune des deux fenêtres temporelles. La première phase pourrait correspondre à la période pluriannuelle prévisionnelle du *business plan* (n années), période durant laquelle des opportunités d'investissement tirent vers le bas le taux de distribution des dividendes dans un but évident de maximisation de la capacité d'autofinancement et du taux moyen g_1. Au-delà, et sur un horizon sans échéance, il est logique d'admettre un tassement significatif de la croissance g_2 couplé avec davantage de restitutions aux actionnaires sous la forme de dividendes ou de rachats d'actions. Au terme des n premières années, la valeur terminale de l'action est égale à l'équivalent d'une rente perpétuelle représentée par les dividendes subséquents espérés.

Selon cette première option de la mesure, le prix actuel de l'action (P_0), d'après deux fenêtres différentes de dividendes futurs, a la forme générale suivante avec un ou plusieurs versements par an aux actionnaires :

$$P_0 = D_1 \sum_{t=1}^{p} (1 + k_{cp})^{-t} \left[\sum_{t=0}^{n-1} \left(\frac{1 + g_1}{1 + k_c} \right)^t \right] + \left[D_{n+1} \sum_{t=1}^{p} (1 + k_{cp})^{-t} \left[\sum_{t=0}^{\infty} \left(\frac{1 + g_2}{1 + k_c} \right)^t \right] \right] (1 + k_c)^{-n}$$

Après développement des trois suites géométriques de l'expression ci-dessus et arrangement, il vient :

$$P_0 = D_1 \left[\frac{1 - (1 + k_{cp})^{-p}}{k_{cp}} \right] \left(\frac{1 - \left(\frac{1 + g_1}{1 + k_c} \right)^n}{\frac{k_c - g_1}{1 + k_c}} \right) + \left(D_{n+1} \left[\frac{1 - (1 + k_{cp})^{-p}}{k_{cp}} \right] \left(\frac{1 + k_c}{k_c - g_2} \right) (1 + k_c)^{-n} \right)$$

D_1 est le premier des p dividendes constants de l'année 1. D_{n+1}, pour sa part, désigne le dividende unique ($p = 1$) ou périodique ($p > 1$) de l'année $n + 1$. Si les restitutions aux actionnaires se font une seule fois dans l'année ($p = 1$ et $k_{cp} = k_c$), l'expression précédente a le contenu suivant :

$$P_0 = \left(\frac{D_1}{1 + k_c} \right) \left(\frac{1 - \left(\frac{1 + g_1}{1 + k_c} \right)^n}{\frac{k_c - g_1}{1 + k_c}} \right) + \left(\left(\frac{D_{n+1}}{k_c - g_2} \right) (1 + k_c)^{-n} \right)$$

Tout comme la croissance, différenciée pour chacune des deux grandes périodes, le rendement requis par l'actionnaire (k_c) pourrait, lui aussi, faire l'objet d'une singularité analogue. En effet, même si l'industrie ou le secteur restent les mêmes, le degré d'incertitude du revenu futur pour les parties prenantes évolue tout au long de la vie d'une entreprise. Le taux d'actualisation des dividendes futurs doit-il être plus ou moins fort selon que les occasions d'investissement sont plus ou moins pauvres ? De la même manière, des dividendes plutôt élevés, ceux de l'entreprise mature ou incitée à la restitution, sont-ils à pénaliser avec un coût du capital fort ou faible ?

En la matière, les arguments ne semblent pas obligatoirement convergents. Par exemple, l'espérance d'un revenu extraordinairement élevé ne devrait-elle pas être actualisée avec un taux fort parce que plus difficile à assurer ? Inversement, la petitesse d'un flux, plus facile à livrer du fait de sa modicité, ne peut-elle pas être actualisée avec un taux relativement bas ? Un contre-argument à ce qui vient d'être dit est implicitement intégré dans les modèles théoriques multifacteurs, comme celui de Fama et French (1995), qui nous disent que le rendement requis devrait être plus fort quand les opportunités de croissance de l'opérateur sont minces.

OPA de Vivendi sur la société d'édition de Canal + (SECP)

Pour cette offre publique d'achat, de juillet 2015, les établissements présentateurs de l'offre ont retenu le *DDM* comme méthode d'évaluation des actions de la SECP. Le choix du *DDM* s'explique par l'existence d'une convention de distribution entre la SECP et le groupe Canal +. Cette convention, jusqu'en 2050, garantit, contractuellement, un niveau de résultat opérationnel (+2,5 % par an).

Par référence à la moyenne historique des restitutions aux actionnaires sur les 15 dernières années, un *pay-out ratio* de 75 % a été utilisé pour le calcul des dividendes sur 2015-2050 (35 ans). À cette borne temporelle (2050), une valeur terminale est introduite en se basant sur le renouvellement de la convention. La croissance à l'infini incluse dans une telle valeur terminale est de 1,5 %.

Avec le *DDM* sur deux périodes, les présentateurs de l'offre (Crédit agricole et CM-CIC Securities) arrivent, en définitive, à un prix par action de 6,9 €. Celui-ci est obtenu en actualisant les dividendes futurs, valeur terminale comprise, avec un rendement requis par les actionnaires (k_c) de 6,2 %. Une fourchette de prix est enfin dégagée par le biais d'une étude de sensibilité réalisée en faisant varier la croissance à l'infini (entre 1 % et 2 %), le taux k_c (entre 5,2 % et 7,2 %) et le taux de distribution (entre 65 % et 85 %). Le prix d'offre de 8 € pour une action SECP se situe au-dessus de la fourchette haute des valeurs obtenues. Pour davantage de détails, voir la note de l'Autorité des marchés financiers spécifique à cette opération sur son site internet.

Application à la société Orpea

En pratique, le *DDM* à deux phases, en admettant pour l'heure un taux d'expansion uniforme par paliers, est plutôt applicable à des sociétés qui réussissent temporairement très bien (phase 1) du fait de leur réserve de croissance. Par la suite, ces sociétés assureraient aux actionnaires, pour le moins, un accroissement des dividendes comparable au taux d'accélération de l'économie en général ou au taux d'inflation à long terme sous l'hypothèse d'un tarissement futur des opportunités (phase 2).

Orpea, du secteur de la santé (prestataires de soins), pourrait être l'une de ces sociétés-là. Avec l'accroissement significatif de l'importance relative des personnes âgées, cette société, de par son savoir-faire en matière de prise en charge globale de la dépendance, doit pouvoir poursuivre dans des conditions économiques payantes son développement en France et à l'international par croissance organique et acquisitions. C'est ainsi que cette société a multiplié son chiffre d'affaires par 12,6 en l'espace de 12 ans (2001-2013). Depuis qu'Orpea distribue une partie de ses bénéfices, le dividende par action (*DPA*) a augmenté de plus de 36 % par an, en moyenne géométrique sur 2008-2015[46].

Admettons que le cours de cette valeur, fin mai 2014 (52 € environ), soit cohérent avec une approche par le *DDM* et que la croissance du *DPA* durant les 10 prochaines années se maintienne, en moyenne, à hauteur de 15 %. Le rendement requis par les actionnaires (k_c), toujours selon le *CAPM*, se situe au voisinage de 7 % fin mai 2014. Ce minimum attendu est obtenu avec un taux sûr de 1,8 %, une prime de risque de marché de 7 points et un coefficient de risque systématique de 0,75 calculé avec un *bêta* désendetté, corrigé par le *cash*, de 0,53[47]. Plus explicitement, 0,75 est déduit de la relation simplifiée sur les *bêtas* (voir ci-dessus), en prenant un levier financier de 0,64 (dette financière nette rapportée à la capitalisation boursière) et un taux d'impôt de 35 % d'après le document de référence Orpea (comptes 2013).

Montrons, avec ces données, que le cours fin mai 2014 est compatible avec une croissance de l'ordre de 3,4 % après les 10 premières années de cheminement exceptionnel (g_1 = 15 %). Cette croissance à l'infini de la phase 2 (g_2) n'est pas tout à fait en ligne avec les taux habituellement testés pour déterminer des valeurs terminales (rentes perpétuelles), mais pas aberrante du fait de l'activité sociale de la société Orpea (persistance du réservoir de potentialités au-delà de 10 ans). Vérifions-le en utilisant la formule démontrée plus haut concernant la valeur intrinsèque de l'action selon le *DDM* à deux fenêtres de croissance :

$$P_0 = \left(\frac{D_1}{1+k_c}\right)\left(\frac{1-\left(\frac{1+g_1}{1+k_c}\right)^n}{\frac{k_c-g_1}{1+k_c}}\right) + \left(\left(\frac{D_{n+1}}{k_c-g_2}\right)(1+k_c)^{-n}\right)$$

$$P_0 = \left(\frac{0{,}7\times 1{,}15}{1{,}07}\right)\left(\frac{1-\left(\frac{1{,}15}{1{,}07}\right)^{10}}{\frac{0{,}07-0{,}15}{1{,}07}}\right) + \left(\left(\frac{0{,}7(1{,}15)^{10}\times(1+g_2)}{0{,}07-g_2}\right)(1{,}07)^{-10}\right) = 52\ €$$

Cette égalité est bien satisfaite pour un taux g_2 de 3,40 %.

46. Consensus des analystes financiers pour 2014 (0,8 €) et 2015 (0,88 €), après 0,7 € de dividende par action versé en 2014 concernant l'exercice 2013. Sur 2011-2015, la croissance en moyenne géométrique est de 15 %. Pour le futur, ce taux est probablement plus réaliste que celui déductible de la fenêtre 2008-2015. Il correspond, du reste, à la croissance intégrée dans les cours d'après les *PER* sur 2 ans, disponibles à la date de nos travaux (mai 2014), de 2013 (25,1) et de 2015 (18,9).

47. *Source :* Damodaran, Healthcare Services.

Taux de croissance déclinant et PRAT Model

Considérations abstraites

Sur la première période où les opportunités sont exceptionnelles, le taux de croissance peut ne pas être constant mais décliner linéairement jusqu'à atteindre le taux stabilisé de la phase 2 de croissance à l'infini (g_i).

Pour des taux variables (g_t) sur la phase 1, la formule du prix se présente ainsi dans ce nouveau cadre d'analyse et lorsqu'un seul dividende annuel est versé aux actionnaires :

$$P_0 = D_0 \sum_{t=1}^{n} \left(\frac{1 + g_t}{1 + k_c} \right)^t + \left(\frac{D_{n+1}}{k_c - g_i} \right) (1 + k_c)^{-t}$$

Avec cette configuration-là du prix P_0, chaque taux g_t est une combinaison des taux précédents. La série complète des taux de cette première période pluriannuelle est susceptible de suivre un cheminement commodément captable. C'est le cas lorsque la suite tout entière g_t respecte une progression arithmétique ou géométrique, décroissante le plus souvent.

La croissance de départ selon le *PRAT Model*

Le premier des taux extraordinaires de croissance (g_1) est celui pour lequel les termes du calcul, spécialement le bénéfice et les dividendes, progressent indéfiniment, et de la même manière, sans aucun changement possible. Cela pourrait être, en définitive, le taux qui découle du *PRAT Model*. *PRAT* vient de *Profit Margin Rate Asset Turnover and Financial Leverage*. Le modèle délivre une croissance qualifiée de soutenable à partir d'une décomposition de la rentabilité des capitaux propres (*ROE*), dite *DuPont analysis*.

Une telle fragmentation du *return* a pour objectif la mise en lumière des facteurs ayant une incidence sur l'enrichissement des propriétaires (détails ci-après). Le taux de croissance g_1 est ainsi tiré de la relation existant entre le taux de rétention des bénéfices $(1 - d)$ et le retour sur capitaux propres (*ROE*).

En situation de *pay-out ratio* (d) et de *ROE* constants dans le temps, les capitaux propres sont consolidés par variation interne selon un taux de croissance (g) qui obéit à la règle suivante :

$$g = (1 - d) \times ROE$$

Une telle relation entre les trois variables de l'équation précédente peut être extraite du prix de l'action décomposé en plancher actuariel et en survaleur par suite d'aubaines économiques (*PVGO*)[48]. En accommodant les calculs par un raisonnement sur un horizon sans fin, effectué sur des fondamentaux stabilisés, on constate que la valeur du titre de propriété (P_0) fait l'objet de la double écriture équivalente suivante :

$$P_0 = \frac{d \times BPA}{k_c - g} = \frac{BPA}{k_c} + PVGO$$

48. *Present Value of Growth Opportunities.*

En l'absence de croissance, le socle du prix correspondrait à la valeur d'une rente perpétuelle représentée par le bénéfice par action (*BPA*) cristallisé (croissance anticipée nulle associée à un *pay-out ratio* tendant vers 1). Une rétention de bénéfices, en situation de *return* (*ROE*) supérieur à k_c, apporte de la valeur actualisée nette (VAN_1) et celle-ci augmente perpétuellement selon le taux normalisé g. Ces opportunités profitables d'investissement apportent de la survaleur (*PVGO*) et tirent vers le haut le prix de l'action. Autrement dit :

$$PVGO = \frac{VAN_1}{k_c - g} = \frac{\frac{BPA(1-d)ROE}{k_c} - BPA(1-d)}{k_c - g}$$

En somme :

$$P_0 = \frac{d \times BPA}{k_c - g} = \frac{BPA}{k_c} + \frac{\frac{BPA(1-d)ROE}{k_c} - BPA(1-d)}{k_c - g}$$

C'est de l'égalité entre les deux écritures du prix que l'on tire la relation de dépendance entre la croissance, le *pay-out ratio* et le *return* (voir plus haut). Effectivement, en développant les deux égalités de droite ci-dessus et en simplifiant, ensuite, on trouve bien la combinaison initialement déclinée entre g, $(1 - d)$ et *ROE*.

Cette formule de la croissance peut avoir un contenu plus caractéristique de l'activité sociale de l'opérateur quand le *ROE* est décomposé comme suit :

$$ROE = \frac{RN}{CP} = \frac{RN}{CA} \times \frac{CA}{AEC} \times \frac{AEC}{CP}$$

Avant de poursuivre l'analyse du *ROE*, rappelons la signification des symboles. *RN* est le résultat net, *CP* désigne les capitaux propres, *CA* représente le chiffre d'affaires et, enfin, *AEC* correspond à l'actif économique composé de *CP* et de dettes financières (*D*). On sait, par ailleurs, que le rapport entre *D* et *CP* mesure le levier financier (*L*) et que le résultat net comparé au *CA* donne le taux de marge nette (*TMN*), d'où l'expression arrangée du *ROE* et de la croissance pour la première année (g_1) d'après le *PRAT Model* :

$$ROE = \frac{RN}{CA} \times \frac{CA}{AEC} \times (1 + \frac{D}{CP}) = TMN \times \frac{CA}{AEC} \times (1 + L)$$

$$g_1 = (1 - d) \times TMN \times \frac{CA}{AEC} \times (1 + L)$$

Au final, à l'intérieur de ce périmètre méthodologique, on pose que les caractéristiques de l'opérateur placent la croissance attendue sur un plateau de départ dépendant du degré de rétention des bénéfices, du niveau de marge nette, de la rotation du capital employé et du classique effet de levier. De telles variables influentes sont extraites d'un passé proche. Les autres taux de la série g_t (g_2, g_3, g_4...) sont obtenus par référence à la décroissance supposée linéaire (cas le plus simple) entre g_1 et g_i. Quant à ce dernier taux constant g_i, qui est celui de la rente perpétuelle, on pourrait le déduire du modèle initial de Gordon à une seule période, plaqué sur une société de référence, d'un secteur économique comparable, ou de toute autre donnée disponible crédible comme l'inflation à long terme.

Le cas d'Essilor International

Considérons une société pour laquelle les paramètres comptables sont relativement stables dans le temps et déroulons sur cet exemple la procédure précédente dans le but de comparer valeur intrinsèque selon le *DDM* à deux périodes et cotation. Cette application numérique concerne une société bien connue, Essilor International, numéro 1 mondial des verres correcteurs. Nous sommes vers le milieu de l'année 2014 et on va tout d'abord déduire d'une fenêtre historique de 5 ans (2009-2013) les paramètres nécessaires au calcul de la croissance g_1 (*sustainable growth rate* du *PRAT Model*). Ces données figurent dans les tableaux 4.2 et 4.3.

Tableau 4.2 – Agrégats comptables consolidés d'Essilor (M€) et ratios moyens sur 5 ans (2009-2013)[a]

	2009	2010	2011	2012	2013	Moyennes
Chiffre d'affaires (*CA*)	3 268	3 892	4 190	4 989	5 065	–
Résultat net (*RN*)	402	472	518	630	646	–
Capitaux propres (*CP*)	2 738	3 044	3 458	3 921	4 041	–
Dettes financières (*D*)	365	688	916	916	1 174	–
AEC = *CP* + *D*	3 103	3 733	4 373	4 837	5 215	–
RN/*CA* (*TMN*)	12,30 %	12,13 %	12,37 %	12,64 %	12,75 %	**12,44 %**
Levier (*L*)	0,1334	0,2261	0,2648	0,2337	0,2905	**0,2297**
CA/*AEC*	1,0531	1,0426	0,9579	1,0314	0,9712	**1,0113**

a. Source des données comptables brutes (première partie du tableau) : *Les Echos*/Boursorama.

Tableau 4.3 – Réalisé 2013 et consensus (2014-2015) sur le taux de distribution des bénéfices d'Essilor[a]

	2013	2014	2015	Moyenne
Dividende par action (*DPA*) ; €	0,94	0,99	1,12	–
Bénéfice par action (*BPA*) ; €	2,85	3,08	3,42	–
Taux de distribution *d* = *DPA*/*BPA*	33,0 %	32,1 %	32,8 %	**32,6 %**

a. Source des prévisions à fin mai 2014 : *Les Echos*/Boursorama.

De telles informations comptables permettent le calcul du premier des taux de croissance de la phase 1, soit le taux g_1. Celui-ci est égal à :

$$g_1 = (1 - d) \times TMN \times \frac{CA}{AEC} \times (1 + L) = (1 - 0{,}326) \times 0{,}1244 \times 1{,}0113 \times (1{,}2297)$$

$$g_1 = 10{,}43\,\%$$

D'après le format du *DDM* à deux périodes, tel que présenté théoriquement, ce taux g_1 décline linéairement jusqu'à atteindre le niveau de la croissance à long terme de la phase 2 (horizon infini), soit le taux constant g_i. Le profil de décroissance de la série des taux g_t (phase 1) se fait sur cinq ans dans la mesure où les moyennes historiques sont extraites d'une fenêtre de durée identique. La question est de savoir vers quel taux unique doit tendre la première série des taux de croissance exceptionnelle. *A priori*, la procédure adéquate est celle qui dégage g_i de l'analyse de titres comparables ayant atteint la maturité, laquelle fige, d'entrée, le taux de croissance à l'infini. On pourrait, également, prendre les taux habituellement utilisés pour le calcul des valeurs terminales lors des évaluations d'entreprise. Cette seconde option correspond aux anticipations de croissance de l'économie en général ou au taux d'inflation sur le long terme[49]. Nous penchons pour la première option hypothétique et retenons, à titre de référence, pour ce qui concerne la croissance à l'infini, l'action Sanofi (même secteur qu'Essilor). Avec un cours fin mai 2014 de 78,34 €, un dividende sur résultat 2013 de 2,8 € (D_0) et un rendement requis par les actionnaires de Sanofi autour de 8,9 %[50], la croissance implicite dans le cours (modèle de Gordon sur une période) est égale à :

$$g_i = \frac{k_c P_0 - D_0}{D_0 + P_0} = \frac{0{,}089 \times 78{,}34 - 2{,}8}{2{,}8 + 78{,}34} = 5{,}14\ \%$$

En 5 ans, le taux de croissance exceptionnelle, selon le *PRAT Model* appliqué à Essilor, passerait de 10,43 % à 5,14 %. Il évoluerait donc selon une progression arithmétique décroissante de raison q égale à :

$$q = \frac{0{,}1043 - 0{,}0514}{5 - 1} = 1{,}32\ \%$$

Par conséquent, la série des taux « anormaux » g_t se présenterait ainsi : 10,43 % (année 1), 9,11 % (année 2), 7,79 % (année 3), 6,47 % (année 4) et 5,14 % (année 5 jusqu'à l'infini).

On est maintenant en mesure de poser l'équation qui permet de calculer la valeur intrinsèque (*VI*) pour le titre Essilor. Par définition, un tel prix inclut une valeur terminale (*VT*). Avec D_0 égal à 0,94, la valeur qualifiée d'intrinsèque (*VI*) s'écrit :

$$VI = \frac{0{,}94 \times 1{,}1043}{1 + k_c} + \frac{0{,}94 \times 1{,}1043 \times 1{,}0911}{(1 + k_c)^2} + \ldots$$
$$+ \frac{0{,}94 \times 1{,}1043 \times 1{,}0911 \times \ldots \times 1{,}0514}{(1 + k_c)^5} + \frac{VT}{(1 + k_c)^5}$$

Après le calcul de tous les dénominateurs et de la valeur terminale, l'équation du prix économique, selon le *DDM*, a le contenu définitif suivant :

$$VI = \frac{1{,}04}{1 + k_c} + \frac{1{,}13}{(1 + k_c)^2} + \frac{1{,}22}{(1 + k_c)^3} + \frac{1{,}30}{(1 + k_c)^4} + \frac{1{,}37}{(1 + k_c)^5} + \frac{VT}{(1 + k_c)^5}$$

49. En matière d'évaluation, lors d'offres publiques, les experts indépendants et les établissements présentateurs considèrent qu'au terme d'une fenêtre raisonnable de visibilité financière une captation de nouvelles parts de marché par l'entreprise est aléatoire. Ces professionnels retiennent par conséquent le taux d'inflation à long terme. Selon le cabinet Ledouble, le taux moyen retenu pour la croissance à l'infini s'est établi à 1,6 % en 2014, soit un taux un peu plus élevé que l'anticipation du FMI à horizon 2019 (1,3 % pour la France et 1,5 % pour la zone euro).

50. Résultat obtenu avec un *bêta* endetté de l'ordre de 1, d'après différentes sources, notamment Fortuneo et Lobourse.com, un taux sûr de 1,8 % et une prime de risque de marché de 7,1 %.

avec :

$$VT = \frac{1,37 \times 1,0514}{k_c - 0,0514}$$

Pour ce qui est du rendement requis par les propriétaires du groupe Essilor (k_c), le chiffrage donne un taux de l'ordre de 6,5 %. Ce coût, plutôt faible, est déterminé avec un *bêta* des capitaux propres (β_c) de 0,67, un taux de placement sûr (R_F) de 1,8 % (TEC10) et une prime de risque de marché (*PRM*) de 7,1 %. Le *bêta* endetté (β_c) de 0,67 est obtenu avec un *bêta* désendetté (β_A) de 0,63[51], un levier (*L*) de 8,5 % d'après consensus sur endettement net en 2014 (1,4 milliard d'euros) et capitalisation boursière (16,5 milliards d'euros) et, enfin, un taux d'impôt (*T*) de 24,2 % (document de référence Essilor pour 2013). Avec de telles données, on a bien un coût des capitaux propres proche de 6,5 %. En effet :

$$k_c = R_F + \beta_c(PRM) = R_F + \beta_A\big(1 + L(1 - T)\big)PRM$$

$$k_c = 0,018 + 0,63\big(1 + 0,085(1 - 0,242)\big)0,071 = 6,56\,\%$$

Les bases de données tout comme les sites internet d'information financière de marché donnent, en moyenne, un *bêta* des capitaux propres relativement faible pour Essilor, voisin de celui calculé avec le *bêta* sectoriel (0,63)[52].

Finalement, les valeurs terminale (*VT*) et intrinsèque (*VI*), à fin mai 2014, se montent respectivement à :

$$VT = \frac{1,37 \times 1,0514}{0,065 - 0,0514} = 105,91\ €$$

$$VI = \frac{1,04}{1,065} + \frac{1,13}{(1,065)^2} + \frac{1,22}{(1,065)^3} + \frac{1,30}{(1,065)^4} + \frac{1,37 + 105,91}{(1,065)^5} = 82,3\ €$$

Selon le *DDM* et les paramètres utilisés (durée de la phase initiale et payante de développement, taux de croissance, *bêtas*...), le titre Essilor serait, à fin mai 2014, légèrement sous-évalué par le marché qui ne donne que 77 €. Bien que différente, cette cotation représente néanmoins 94 % de la valeur théorique dégagée par adossement au *PRAT Model* et à un processus subséquent de croissance dégressive. Pour retrouver très exactement la cotation, il apparaît que la croissance à l'infini g_i doit être à peine retouchée (5 % au lieu de 5,14 %). En revanche, s'il faut utiliser un taux g_i plus faible, représentant l'inflation à très long terme, disons 1,6 %, le rendement requis par l'actionnaire d'Essilor serait insignifiant (à peine un peu plus de 3 %).

Ces résultats semblent nous dire que, pour des valeurs de la qualité d'Essilor, le marché intègre dans les cours des taux de croissance à l'infini supérieurs aux prévisions d'inflation à long terme comme si de telles sociétés sont en mesure de capter, perpétuellement, de nouvelles parts de marché.

---

51. *Source :* Damodaran, Healthcare Products.

52. Reuters, Investvalley, Fortuneo, Digital Look...

1.2.2. Le modèle de Fuller et Hsia (1984)

Les fondements de la proposition théorique

Toujours dans ce cadre à deux périodes, Fuller et Hsia font une proposition de valorisation (*H Model*) reposant sur une fragmentation du prix en deux parts : un terme structurel fondé sur la croissance à long terme g_i et une valeur ajoutée additionnelle résultant de possibilités temporaires et exceptionnelles (n premières années). Comme la série des taux de croissance de cette phase extraordinaire de réalisations financières, qui commence par g_1, représente une suite arithmétique déclinante, le prix d'une action (V_0) selon le *H Model* s'écrit, après approximation mathématique :

$$V_0 = \left[\frac{D_0(1+g_i)}{k_c - g_i}\right] + \left[\frac{\left(\frac{n}{2}\right)D_0(g_1 - g_i)}{k_c - g_i}\right]$$

On retrouve bien dans cette formule de la valeur le plancher actuariel, représentant l'essentiel du prix (premier terme entre crochets), et la majoration due à des écarts de croissance, favorables mais limités dans le temps.

Cette expression de la valeur d'une action sur un espace-temps à deux périodes (*H Model*) rappelle la formule du prix sur un horizon infini (*DDM* sur une période). La valeur du titre, dans ce cadre à une seule fenêtre, est formée d'un noyau dur perpétuel (*BPA* à l'état de croissance nulle) auquel s'ajoute une somme de survaleurs actualisées. Un tel supplément de prix fait suite aux rétentions sans fin de bénéfices censées rapporter davantage que la demande des actionnaires. La seconde composante du prix de l'action, dans ce contexte à une seule période, est révélatrice des opportunités de croissance (*PVGO* ; voir plus haut).

C'est cette logique conceptuelle qui est suivie par le modèle de Fuller et Hsia dont la formule préconisée est maintenant justifiée mathématiquement.

Démonstration de la formule de Fuller et Hsia

La formule proposée ci-dessus peut être expliquée en commençant par un retour technique sur l'approche initiale qui cristallise les taux de croissance par paliers. Dans un second temps, on utilise la formule de Taylor qui permet l'approximation d'une fonction plusieurs fois dérivable au voisinage d'un point.

Revenons donc sur l'équation du prix d'une action avec des taux de croissance g_1 (phase 1) et g_i (phase 2 infinie) supposés constants. L'hypothèse d'un taux g_1 constant est ensuite relâchée. À des fins de simplification de l'exposé et du contenu des formules, les dividendes sont distribués une seule fois dans l'année :

$$V_0 = D_0 \sum_{t=1}^{n}\left(\frac{1+g_1}{1+k_c}\right)^t + D_n \sum_{t=n+1}^{\infty}\left(\frac{1+g_i}{1+k_c}\right)^t$$

$$V_0 = \frac{D_0(1+g_1)}{(1+k_c)}\sum_{t=0}^{n-1}\left(\frac{1+g_1}{1+k_c}\right)^t + \frac{D_0(1+g_1)^n(1+g_i)}{(1+k_c)^n(k_c-g_i)}$$

Après développement de la suite géométrique et réarrangement, on arrive à une expression simplifiée :

$$V_0 = \frac{D_0(1+g_1)}{(k_c - g_1)}\left[1 - \left(\left(\frac{1+g_1}{1+k_c}\right)^{n-1}\left(\frac{g_1 - g_i}{k_c - g_i}\right)\right)\right]$$

Par ailleurs, en effectuant un développement de Taylor d'ordre 1 autour de $k_c = g_1$, on peut remplacer $f(k_c) = \left(\frac{1+g_1}{1+k_c}\right)^{n-1}$, ci-dessus dans V_0, par $f(g_1) + (k_c - g_1)f'(g_1)$.

Avec $f'(k_c) = (1-n)\frac{(1+g_1)^{n-1}}{(1+k_c)^n}$, et donc $f'(g_1) = \frac{(1-n)}{(1+g_1)}$, la fonction estimée par la proposition de Taylor s'écrit :

$$f(k_c) = f(g_1) + (k_c - g_1)f'(g_1) = 1 + (k_c - g_1)\left(\frac{1-n}{1+g_1}\right) = 1 + (1-n)\left(\frac{k_c - g_1}{1+g_1}\right)$$

La formule de V_0 peut maintenant être réécrite après prise en compte de l'approximation qui vient d'être calculée pour $f(k_c)$. Cela donne :

$$V_0 = \frac{D_0(1+g_1)}{(k_c - g_1)}\left[1 - \left(1 + (1-n)\left(\frac{k_c - g_1}{1+g_1}\right)\right)\left(\frac{g_1 - g_i}{k_c - g_i}\right)\right]$$

Après développement du terme entre crochets et simplification générale, il vient :

$$V_0 = \frac{D_0}{(k_c - g_i)}\left[(1+g_i) + n(g_1 - g_i)\right]$$

Dans cette expression intermédiaire et approximative, la phase extraordinaire apporte, globalement, une contribution additive égale à n fois l'écart entre le taux exceptionnel (g_1) et le taux de croissance de la rente perpétuelle (g_i). Pour aboutir à la formule définitive de Fuller et Hsia, il suffit maintenant d'introduire le principe suivant lequel la croissance du premier palier n'est pas constante mais déclinante. C'est ainsi qu'en réalité chaque taux g_t du premier palier de n années s'écrit :

$$g_t = g_1 - (t-1)\left(\frac{g_1 - g_i}{n-1}\right)$$

Par conséquent :

$$V_0 = \frac{D_0}{(k_c - g_i)}\left[(1+g_i) + \sum_{t=1}^{n}(g_t - g_i)\right]$$

$$= \frac{D_0}{(k_c - g_i)}\left[(1+g_i) + \sum_{t=1}^{n}\left(g_1 - (t-1)\left(\frac{g_1 - g_i}{n-1}\right) - g_i\right)\right]$$

$$V_0 = \frac{D_0}{(k_c - g_i)}\left[(1 + g_i) + n(g_1 - g_i) - \left(\frac{g_1 - g_i}{n - 1}\right)\sum_{t=0}^{n-1} t\right]$$

À l'intérieur de cette formule du prix de l'action, $\sum_{t=0}^{n-1} t$ correspond au total des termes d'une progression arithmétique. Le premier terme de cette suite est nul et le dernier se monte à $(n - 1)$. On remplace la somme des termes de la progression arithmétique par sa valeur, soit :

$$V_0 = \frac{D_0}{(k_c - g_i)}\left[(1 + g_i) + n(g_1 - g_i) - \left(\frac{g_1 - g_i}{n - 1}\right)\left(\frac{n(n-1)}{2}\right)\right]$$

Après simplification, on retrouve bien la formule approximative proposée par Fuller et Hsia, c'est-à-dire :

$$V_0 = \frac{D_0}{(k_c - g_i)}\left[(1 + g_i) + \frac{n}{2}(g_1 - g_i)\right] = \left[\frac{D_0(1 + g_i)}{(k_c - g_i)}\right] + \left[\frac{\left(\frac{n}{2}\right)D_0(g_1 - g_i)}{k_c - g_i}\right]$$

L'application de cette formule à Essilor donne un prix légèrement différent de la valeur trouvée précédemment dans le cadre du *PRAT Model* (82,3 € ; voir plus haut). Il se trouve que ce dernier prix, décroché avec la formule de Fuller et Hsia, est un peu plus proche de la cotation de l'action sur le marché. Effectivement :

$$V_0 = \left[\frac{0{,}94(1{,}0514)}{0{,}065 - 0{,}0514}\right] + \left[\frac{\left(\frac{5}{2}\right)0{,}94(0{,}1043 - 0{,}0514)}{0{,}065 - 0{,}0514}\right] = 81{,}8\ €$$

1.2.3. *DDM* sur deux périodes et coefficient de capitalisation des bénéfices (*PER*)

Présentation des formules

La valeur d'une action d'après le *DDM* à deux périodes de référence pour les paramètres financiers influents est convertible en un multiple du résultat net (*PER*) comme cela a été fait antérieurement sur l'horizon unique tendant vers l'infini (voir ci-dessus). Selon le *H Model*, le multiple justifié par la valeur intrinsèque proposée par Fuller et Hsia (1984) est simple d'écriture :

$$PER \text{ justifié} = \frac{\left[\frac{D_0(1 + g_i)}{k_c - g_i}\right] + \left[\frac{\left(\frac{n}{2}\right)D_0(g_1 - g_i)}{k_c - g_i}\right]}{BPA_1}$$

BPA_1 est une anticipation du prochain bénéfice par action.

Avec des taux de croissance différenciés, mais identiques à l'intérieur de chacune des deux périodes pluriannuelles, et dans le cadre très général d'une distribution de p dividendes constants par an, l'estimation du *PER* est déduite de la procédure séquentielle suivante. Celle-ci démarre avec la formule du prix selon le *DDM* à deux périodes vue précédemment, ce qui nous autorise à poser :

$$P_0 = D_1 \sum_{t=1}^{p} (1+k_{cp})^{-t} \left[\sum_{t=0}^{n-1} \left(\frac{1+g_1}{1+k_c} \right)^t \right] + \left[D_{n+1} \sum_{t=1}^{p} (1+k_{cp})^{-t} \left(\sum_{t=0}^{\infty} \left(\frac{1+g_2}{1+k_c} \right)^t \right) \right] (1+k_c)^{-n}$$

On introduit maintenant les taux de distribution (*pay-out ratio*) des périodes 1 (d_1) et 2 (d_2) ainsi que le bénéfice par action périodique, étant entendu que BPA_1 désigne, ici, le premier des p flux nets de l'année 1. Tous les *BPA* de chaque année, au nombre de p, sont supposés constants. Autrement dit, on admet un résultat net uniformément réparti sur l'année et en augmentation annuelle aux taux g_1 (phase 1) et g_2 (phase 2 qui tend vers l'infini). On arrive à :

$$P_0 = d_1 BPA_1 \sum_{t=1}^{p} (1+k_{cp})^{-t} \left[\sum_{t=0}^{n-1} \left(\frac{1+g_1}{1+k_c} \right)^t \right] +$$

$$\left[d_2 \left(BPA_1 (1+g_1)^{n-1} (1+g_2) \right) \sum_{t=1}^{p} (1+k_{cp})^{-t} \left(\sum_{t=0}^{\infty} \left(\frac{1+g_2}{1+k_c} \right)^t \right) \right] (1+k_c)^{-n}$$

Après mise en facteur des deux termes communs de l'addition (membre de droite de l'égalité) et développement de toutes les suites numériques, on trouve une expression du *PER* qu'il faut ensuite ajuster pour tenir compte de la fréquence des versements à l'échelle de l'année. On trouve :

$$P_0 = \left[BPA_1 \left(\frac{1-(1+k_{cp})^{-p}}{k_{cp}} \right) \right]$$

$$\left[d_1 \left(\frac{1 - \left(\frac{1+g_1}{1+k_c} \right)^n}{\frac{k_c - g_1}{1+k_c}} \right) + \left(d_2 (1+g_1)^{n-1} (1+g_2) \left(\frac{1+k_c}{k_c - g_2} \right) (1+k_c)^{-n} \right) \right]$$

Puisque dans la formule traditionnelle du multiple le bénéfice par action attendu est annuel, le *PER* s'écrit de la façon suivante dès lors que le résultat annuel est égal à p fois celui de chaque terme :

$$PER = \frac{P_0}{pBPA_1} = \frac{\left[BPA_1\left(\frac{1-\left(1+k_{cp}\right)^{-p}}{k_{cp}}\right)\right]\left[d_1\left(\frac{1-\left(\frac{1+g_1}{1+k_c}\right)^n}{\frac{k_c-g_1}{1+k_c}}\right)+\left(d_2\left(1+g_1\right)^{n-1}\left(1+g_2\right)\left(\frac{1+k_c}{k_c-g_2}\right)\left(1+k_c\right)^{-n}\right)\right]}{pBPA_1}$$

Dans le cas, plus fréquent, d'une distribution annuelle du dividende ($p = 1$), comme observé souvent en France, la formulation du *PER* revêt un contenu simplifié :

$$PER = \frac{P_0}{BPA_1} = d_1\left(\frac{1-\left(\frac{1+g_1}{1+k_c}\right)^n}{\frac{k_c-g_1}{1+k_c}}\right) + d_2(1+g_1)^{n-1}(1+g_2)\left(\frac{1}{k_c-g_2}\right)\left(1+k_c\right)^{-n}$$

Parce que p est égal à 1 dans cette dernière expression, BPA_1 est le bénéfice par action calculé sur un pas annuel.

Fréquence des distributions aux actionnaires et PER

Deux sociétés en tout point semblables sur les fondamentaux annuels (variables comptables et financières), mais ayant choisi des fréquences différentes pour les restitutions aux actionnaires, n'auront pas tout à fait le même *PER*. La société qui verse plus fréquemment des dividendes, par exemple trimestriellement plutôt qu'annuellement, aura pour l'actionnaire, selon le *DDM*, une valeur un peu plus grande.

Vérifions-le avec un exemple. Admettons les données financières suivantes communes à deux sociétés A et B : 4 € de dividendes par an au départ ($t = 1$), une croissance « extraordinaire » g_1 de 12 % sur la phase 1 (5 ans) et 3 % (g_2) au-delà, des taux de distribution de 40 % (d_1) sur la période initiale et 60 % (d_2) après et, enfin, un taux de capitalisation (k_c) de 10 % par an. Considérons que la société A a l'habitude de verser des dividendes tous les trimestres ($p = 4$), soit $D_1 = 1$ €, et que la société B restitue à chaque actionnaire 4 € par an en une seule fois.

Quels sont le prix (P_0) et le multiple de résultat net (*PER*) de A et B ?

Prix et *PER* d'une action A

On reprend l'expression précédente du prix P_0 avec $k_{cp} = \left(1+k_c\right)^{1/p} - 1$.

Dans cette première formulation du prix d'après le *DDM*, BPA_1 (voir contenu de P_0) désigne le bénéfice par action du trimestre 1 de l'année 1, soit 2,5 € (D_1/d_1). On remplace maintenant les symboles par leur valeur (hypothèses retenues) pour trouver prix et multiple :

$$P_0 = \left[2{,}5\left(\frac{1-1{,}0241^{-4}}{0{,}0241}\right)\right]\left[0{,}4\left(\frac{1-\left(\frac{1{,}12}{1{,}10}\right)^5}{\frac{0{,}10-0{,}12}{1{,}10}}\right)+\left(\left(0{,}6\times 1{,}12^4\times 1{,}03\right)\left(\frac{1{,}10}{0{,}10-0{,}03}\right)\left(1{,}10\right)^{-5}\right)\right]$$

$$P_0 = 108{,}98\ €$$

$$PER = \frac{P_0}{pBPA_1} = \frac{108{,}98}{4\times 2{,}5} = 10{,}9$$

Prix et *PER* d'une action B

$$P_0 = BPA_1 \times \left[d_1\left(\frac{1-\left(\frac{1+g_1}{1+k_c}\right)^n}{\frac{k_c-g_1}{1+k_c}}\right)+d_2(1+g_1)^{n-1}(1+g_2)\left(\frac{1}{k_c-g_2}\right)\left(1+k_c\right)^{-n}\right]$$

Dans cette seconde expression du prix, BPA_1 représente le bénéfice par action annuel, soit 4 × 2,5 € c'est-à-dire 10 €. Par conséquent :

$$P_0 = 10\times\left[0{,}4\left(\frac{1-\left(\frac{1{,}12}{1{,}10}\right)^5}{\frac{0{,}10-0{,}12}{1{,}10}}\right)+\left(0{,}6\times 1{,}12^4\times 1{,}03\right)\left(\frac{1}{0{,}10-0{,}03}\right)\left(1{,}10\right)^{-5}\right] = 107\ €$$

$$PER = \frac{P_0}{BPA_1} = \frac{107}{10} = 10{,}7$$

On constate bien une élévation du prix (P_0) et du multiple (*PER*) en situation de flux nets annuels identiques mais restitués trimestriellement aux actionnaires.

La formule de Bates qui fournit un multiple (*PER*), utile parfois, lors d'une introduction en Bourse notamment, repose sur un schéma semblable au processus que nous venons de décrire. Ce multiple initial proposé par Bates est fonction de la longueur de la première fenêtre (durée des opportunités), du niveau de la croissance espérée durant cette première phase, du taux de distribution, du rendement requis par les actionnaires et du multiple de sortie. Cette dernière variable mesure la capacité de l'entité évaluée à dupliquer les qualités générales des opérateurs exerçant la même activité, une fois les opportunités d'investissement saisies. Le secteur exerce également une influence sur le choix du taux, risqué, d'actualisation.

1.3. Le *DDM* sur trois périodes

Le raisonnement actuariel tenu sur deux périodes peut être élargi à trois. En effet, il est possible d'admettre une différenciation des variables sur une première fenêtre où les caractéristiques de la société sont dominantes et fiables. Cette phase initiale pourrait se singulariser par de forts taux (croissance/marges), des investissements significatifs qui poussent à la rétention de bénéfices (peu de cash-flow disponible pour les actionnaires) et des retours sur capitaux propres (*ROE*) élevés. La deuxième période pluriannuelle livrerait des paramètres en conformité avec le secteur ou transitionnels. Cette fenêtre de croissance intermédiaire aurait comme particularités des investissements moindres, et donc plus de possibilités de restitution aux actionnaires ; durant cette période, la rentabilité financière se rapprocherait, sans l'atteindre, du rendement requis par les apporteurs de capitaux. Enfin, la valeur terminale introduite au terme de la phase de transition intégrerait des projections de très long terme, avec des variables stabilisées et un *ROE* ayant tendance à se confondre avec la demande des investisseurs (rendements anormaux proches de 0)[53].

1.3.1. Équation du prix

Avec des dividendes versés une seule fois dans l'année, D_1 étant le prochain, et un rendement requis par les investisseurs (k_c) constant dans le temps, l'équation de la valeur intrinsèque d'une action selon le *DDM* à trois phases, de longueur n, $N - n$ et $N + 1$ jusqu'à l'infini, a la forme suivante :

$$P_0 = \frac{D_1}{1 + k_c} \sum_{t=0}^{n-1} \left(\frac{1 + g_1}{1 + k_c} \right)^t + \frac{D_{n+1}}{(1 + k_c)} \sum_{t=n}^{N-1} \frac{(1 + g_2)^{t-n}}{(1 + k_c)^t} + \frac{D_{N+1}}{k_c - g_3} (1 + k_c)^{-N}$$

g_1, g_2 et g_3 sont les taux croissance des phases initiale, transitoire et de maturité. L'hypothèse retenue est celle d'une croissance constante, par paliers pluriannuels, et en baisse progressive sur les trois plateaux de la configuration[54]. Après développement et arrangement, l'équation du prix d'après les seuls dividendes anticipés se présente ainsi :

$$P_0 = \left(\frac{D_1}{k_c - g_1} \right) \left(1 - \left(\frac{1 + g_1}{1 + k_c} \right)^n \right) + D_1 (1 + g_1)^{n-1} \left(\frac{1 + g_2}{k_c - g_2} \right) \left(1 - \left(\frac{1 + g_2}{1 + k_c} \right)^{N-n} \right) (1 + k_c)^{-n}$$
$$+ \frac{D_1 (1 + g_1)^{n-1} (1 + g_2)^{N-n} (1 + g_3)}{k_c - g_3} (1 + k_c)^{-N}$$

53. Les primes de risque calculées sur les différents marchés (primes prospectives) sont déterminées après avoir préalablement estimé un rendement actuariel qui repose sur des dividendes ou des cash-flows évolutifs avec un découpage temporel à trois phases semblable à celui qui vient d'être décrit.

54. On pourrait également supposer, à l'image du *DDM* à deux périodes (*H Model/PRAT Model*), une diminution en escalier ou linéaire (progression arithmétique décroissante) du taux *g* par plateau. Le premier des taux *g* tend progressivement vers le deuxième et, de la même manière, le deuxième tend vers la croissance à l'infini du troisième palier.

Il est également possible d'introduire des *pay-out ratios* différenciés (d_1, d_2 et d_3) applicables aux flux nets (*BPA*), hors décalages de paiement, et de développer les deux suites géométriques croissantes de la formule de départ. Cela donne une autre expression de la valeur intrinsèque un peu longue mais facile à utiliser en définitive. Cette équation du prix s'écrit :

$$P_0 = \left(\frac{d_1 BPA_1}{k_c - g_1}\right)\left(1 - \left(\frac{1+g_1}{1+k_c}\right)^n\right)$$

$$+d_2\left(BPA_1(1+g_1)^{n-1}(1+g_2)\right)\left(\frac{1}{k_c - g_2}\right)\left(1 - \left(\frac{1+g_2}{1+k_c}\right)^{N-n}\right)(1+k_c)^{-n}$$

$$+\frac{d_3 BPA_1(1+g_1)^{n-1}(1+g_2)^{N-n}(1+g_3)}{k_c - g_3}(1+k_c)^{-N}$$

$$P_0 = BPA_1\left[\begin{array}{c}\left(\left(\frac{d_1}{k_c - g_1}\right)\left(1 - \left(\frac{1+g_1}{1+k_c}\right)^n\right)\right) \\ +\left(d_2\left((1+g_1)^{n-1}(1+g_2)\right)\left(\frac{1}{k_c - g_2}\right)\left(1 - \left(\frac{1+g_2}{1+k_c}\right)^{N-n}\right)(1+k_c)^{-n}\right) \\ +\left(\frac{d_3(1+g_1)^{n-1}(1+g_2)^{N-n}(1+g_3)}{k_c - g_3}(1+k_c)^{-N}\right)\end{array}\right]$$

Cette formulation de P_0 présente l'intérêt d'être potentiellement exploitable, y compris en l'absence effective de dividendes versés. Il suffirait de considérer que la cible de l'évaluation est, sur le principe, en mesure de reverser à ses propriétaires une part de résultat comparable à celle restituée par des sociétés semblables, de même activité, de même stature et de même capacité financière.

Si le taux de distribution est stable dans le temps, la formule ci-dessus fournit le même prix que l'expression qui la précède construite sur la séquence des dividendes attendus. Dans ce cas, les taux de croissance portant sur le dividende et le *BPA* sont supposés identiques. Pour des motifs de signalisation et de fidélisation, et parce que la distribution de dividendes est, au moins sur le principe, maîtrisable, les restitutions aux actionnaires suivent un cheminement temporel plus harmonieux que la déformation du résultat net. Mais les écarts de comportement ne peuvent pas s'avérer, durablement, divergents. Une valeur intrinsèque tirée de dividendes n'a de sens que si les versements sont corrélés avec la capacité financière de l'entreprise (aptitude à générer du *cash*). C'est la raison pour laquelle un calage du dividende virtuel sur l'excédent des produits sur les charges peut revêtir davantage de réalité économique et contribuer à mieux expliquer les cotations sur le marché ou les primes de risque.

1.3.2. Application numérique

Reprenons un exemple pour montrer cette fois-ci comment une telle approche par les revenus sur trois phases pourrait être empruntée pour estimer la prime de risque d'un marché donné (approche prospective). La méthode prospective n'est pas la seule voie d'accès à une prime de risque de marché. Deux autres approches sont possibles, bien que conceptuellement moins crédibles. Il s'agit de la technique basée sur la rentabilité historique des actifs et de l'approche par sondage qui consiste à demander à un panel d'experts leurs estimations futures sur l'écart entre rentabilité du marché et rémunération d'un placement sûr.

Admettons que sur un marché singulier, suffisamment large pour estimer une prime significative de risque systématique, la moyenne pondérée du prix des actifs cotés soit de 41,6 €. Le bénéfice par action moyen attendu des sociétés cotées sur ce marché (BPA_1) est de 3 €. Sur un horizon à trois périodes (initiale, transitoire et de maturité), les projections faites en matière de croissance (g) et de taux de distribution (d), relativement au marché tout entier, sont les suivantes : 12 % (g_1) et 30 % (d_1) pour les cinq prochaines années, 6 % (g_2) et 50 % (d_2) pour les cinq années suivantes et, enfin, 1,8 % (g_3) et 80 % (d_3) au-delà sur un horizon infini.

Ce cadre unique n'est pas tout à fait juste parce que sur un marché large on doit pouvoir trouver trois sous-ensembles d'acteurs : un groupe de sociétés en capacité de réaliser dans les prochaines années des chiffres comptables « extraordinaires », une population de firmes en phase transitoire et un bloc ayant stabilisé ses fondamentaux sur le long terme. En pratique, il faudrait donc effectuer des calculs de rendement sur chacun de ces trois sous-ensembles et procéder, ensuite, à un travail de pondération.

C'est pour rendre l'exposé pédagogique moins lourd et plus facilement accessible que l'application numérique proposée repose sur une lecture simplifiée des données.

Revenons sur les hypothèses globales pour déterminer le taux de rendement interne d'un placement (r) sur ce marché et la prime de risque correspondante (PRM) après déduction du taux sûr (R_F).

Sur la base des dividendes potentiels, calés sur l'évolution anticipée des bénéfices ainsi que sur des *pay-out ratios* logiques (voir plus haut), le taux r est solution de l'égalité ci-après :

$$41{,}6 = 3\left[\begin{array}{c} \left(\left(\dfrac{0{,}3}{r-0{,}12}\right)\left(1-\left(\dfrac{1{,}12}{1+r}\right)^5\right)\right) \\ +\left(0{,}5\left((1{,}12)^4(1{,}06)\right)\left(\dfrac{1}{r-0{,}06}\right)\left(1-\left(\dfrac{1{,}06}{1+r}\right)^5\right)(1+r)^{-5}\right) \\ +\left(\dfrac{0{,}8(1{,}12)^4(1{,}06)^5(1{,}018)}{r-0{,}018}(1+r)^{-10}\right) \end{array}\right]$$

À l'aide d'un logiciel comme Excel, il est commode d'effectuer un nombre suffisant d'itérations *via* une fonction intégrée (TRI) afin de trouver le taux d'actualisation *r* pour lequel la valeur actualisée nette (*VAN*) du placement en actions s'annule. Pour notre exemple, ce taux est de 9 %. Sachant que la relation entre prix et taux d'actualisation a la forme d'une courbe décroissante et légèrement convexe, on se rapproche fortement de ce taux de 9 % par voie graphique et interpolation linéaire.

Sur un autre plan, on vérifie que sur la phase de maturité, au-delà de 10 ans dans cet exemple, les bénéfices anormaux tendent vers 0. En effet, sur l'horizon infini de cette période, le rendement des capitaux (9 %) est égal au *ROE* puisque ce dernier représente le rapport entre croissance (1,8 %) et taux de rétention (20 %). Lorsqu'on effectue un calcul similaire sur la période dite extraordinaire et sur la phase transitoire, le *ROE* s'établit au-dessus du rendement minimal requis par les investisseurs. Ce dernier est supposé stable dans le temps. Enfin, si le taux d'un placement sûr (rendement des OAT 10 ans) est de l'ordre de 1 % (position au 10 août 2015), la prime de risque de marché s'élève à 8 %.

2. Remarques sur la convenance d'une valorisation des actions par les dividendes

Les entreprises versent-elles plus ou moins de dividendes que leur capacité financière ne les autorise à le faire ? De la réponse théorique et empirique à cette problématique générale dépend la crédibilité d'une valorisation des titres de propriété par le *DDM*. En fait, deux questions se posent à ce sujet. Une première réflexion s'impose. Elle concerne l'aptitude du dividende à enrichir le propriétaire.

Dans un marché sans friction, la politique de distribution est neutre puisque ce que gagne l'actionnaire en disponibilités (dividendes), il le perd en patrimoine (plus-value) et inversement. Autrement dit, quand un coupon est détaché, le cours s'ajuste en diminuant du montant versé. La théorie donne par conséquent une réponse de principe à la première question tout en rappelant que ce qui crée de la valeur, c'est l'investissement et pas le choix d'un taux de distribution. Le *pay-out ratio* s'inscrirait uniquement dans une logique de structuration du patrimoine de l'actionnaire (décision financière neutre selon Modigliani et Miller).

L'autre question qui se pose à propos des dividendes est plutôt fonctionnelle. Pour quelles raisons une entreprise rend-elle des fonds aux actionnaires et pourquoi beaucoup de sociétés ne versent-elles pas de dividendes bien qu'ayant les moyens de le faire ?

Il nous faut donc évoquer les raisons qui incitent les agents économiques à distribuer ou, au contraire, à faire de la rétention de bénéfices sachant qu'en théorie pour le moins la politique de distribution serait sans effet sur l'enrichissement des destinataires de ces versements.

2.1. Justification d'une politique de dividendes et pertinence subséquente du *DDM*

Les raisons qui poussent à des restitutions aux actionnaires, en numéraire ou par des rachats, sont en mesure de donner du crédit au *DDM* dès lors que l'importance des fonds rendus admet une justification économique. La logique du versement a plusieurs fondements, théoriques et pratiques.

Théoriquement, une politique de dividendes régulière et en croissance accrédite l'idée d'une situation financière satisfaisante ; à l'opposé, ne pas rendre de fonds aux propriétaires peut donner à penser que la société va mal. Cette logique explicative de signalisation ou de communication peut être couplée à une autre justification abstraite en rapport avec les coûts d'agence. Selon cette autre perception, la distribution de dividendes, qui réduit les disponibilités résiduelles entre les mains des dirigeants, aurait une vertu disciplinaire.

Poussé à l'extrême, l'instrument de contrôle des dirigeants par la théorie de l'agence incite à distribuer le plus possible et à s'adresser ensuite, si nécessaire, aux bailleurs éventuels de fonds. Ceux-ci prendraient une décision de couverture des projets, par financement externe (augmentation de capital et/ou de dettes), en fonction de leur rentabilité. Cela dit, cet argument doit être mis en perspective avec la structure de l'actionnariat (importance relative des blocs de contrôle) et le degré d'influence des autres parties prenantes comme les salariés et les obligataires (plus généralement les titulaires de créances rémunérées), voire même les pouvoirs publics. Le secteur ou l'étape du cycle de vie (degré de maturité opérationnelle) s'inscrit lui aussi dans le périmètre de cette option explicative disciplinaire. Par exemple, si la pression exercée par les salariés et les créanciers est forte, les blocs de contrôle peu nombreux ou inefficaces et les occasions d'investir rentables, l'argument portant sur la discipline présente moins de fondement rationnel. Dans le cas où les parties prenantes, hors propriétaires, seraient en mesure de faire valoir leurs propres intérêts, le maintien d'un dividende plutôt élevé apparaît comme un réducteur potentiel de la rentabilité globale des capitaux employés. Autrement dit, le principe suivant lequel la demande des uns est de nature à satisfaire les revendications des autres ayants droit génère ses propres limites.

L'existence de frictions (coûts de transaction et fiscalité susceptibles de différenciation) est également de nature à exercer un rôle sur l'arbitrage sous-jacent entre dividendes et plus-values. Hors abattements récents sur plus-values (50 % si la durée de détention des titres est comprise entre 2 et 8 ans et 65 % au-delà), la fiscalité des dividendes apparaît plus avantageuse que celle portant sur le gain en capital. Certes, les deux revenus sont imposés au barème progressif de l'impôt sur le revenu des personnes physiques et sont soumis aux prélèvements sociaux de 15,5 %. Mais l'assiette fiscale concernant le dividende bénéficie d'un abattement proportionnel de 40 %. En première lecture, par suite de coûts de transaction et pour des motifs fiscaux différents, les plus-values pourraient se révéler moins attractives que les dividendes. Cela dit, pour de gros investisseurs soumis à la tranche la plus élevée du barème (45 %), la fiscalité différée des plus-values peut inciter à la rétention de bénéfices pour maximiser, dans la mesure du possible, la valeur à long terme.

Concernant l'opportunité de la méthode proprement dite (*DDM*), comparativement à des formules adossées à d'autres revenus (résultat net, cash-flow, bénéfice anormal…), la relative stabilité temporelle du dividende, au moins pour des sociétés matures, apparaît comme un argument facilitateur[55]. Surtout si le passé fournit une configuration claire en matière de rémunération et si l'analyste a la conviction que la politique volontariste suivie traduit les aptitudes à long terme de la société.

Plus encore dans un contexte de rendements obligataires faibles, la contribution du dividende à la performance à long terme des actions est prépondérante et prend le pas sur les autres déterminants que sont la croissance et le gain en capital (voir plus haut). Les statistiques le montrent, les secteurs les plus matures (banques, pétrole et gaz et services aux collectivités particulièrement) sont ceux qui distribuent le plus de dividendes. Selon une étude de l'Institut français de gouvernement des entreprises, effectuée de 1992 à 2011, plus de 35 % des dividendes versés par les sociétés cotées (environ 400) sont le fait de ces trois secteurs[56].

2.2. L'incapacité du *DDM* à expliquer la valeur des actions

Deux exemples bien connus de tous montrent l'absence automatique de lien entre dividendes et valeur. Deux fleurons américains de la haute technologie, Microsoft et Apple, ont toujours affiché des niveaux exceptionnels de capitalisation boursière sans distribuer systématiquement de dividendes. Le géant du logiciel n'a commencé à rendre des fonds aux actionnaires, par rétention partielle de bénéfices, qu'à compter de 2003. Pour sa part, Apple, première capitalisation boursière mondiale devant Google, n'a rien versé aux actionnaires pendant 17 ans, de 1995 à 2012. En fait, la valeur de ces sociétés s'est construite grâce aux fruits de la recherche-développement ainsi que par la croissance organique et les acquisitions financières. Durant ces périodes de carence en dividendes, la performance pour les actionnaires résultait exclusivement de gains en capital et le *DDM* n'était aucunement en mesure de porter un jugement sur la cotation.

Ces deux cas d'entreprise sont révélateurs du fait que, en phase de fortes opportunités de croissance, il est préférable de réinvestir les résultats financiers de cette expansion plutôt que de les distribuer sous forme de dividendes. Cela dans l'intérêt des actionnaires puisque les investissements d'une telle période extraordinaire rapportent beaucoup plus que ce que demandent les propriétaires, générant ainsi des bénéfices anormaux satisfaisants. On peut même ajouter, en prenant le principe de signalisation à l'envers, que la rétention totale des bénéfices, dans ce contexte-là, est naturellement perçue par le marché comme une bonne décision puisque c'est la conséquence logique de l'efficience du *business model* et de ses revenus significatifs.

Outre les cas où le développement très rentable milite en faveur d'une rétention large ou totale des bénéfices, d'autres situations convergent vers le même objectif. Albouy et Schatt (2010) citent notamment la gouvernance qui, lorsqu'elle est collaborative (EADS,

55. La plupart des études montrent une volatilité des bénéfices beaucoup plus forte que celle relative aux dividendes ; voir, par exemple, la volatilité des bénéfices et des dividendes sur le S&P500, de 1900 à 2013, dans Allianz GI Capital Markets & Thematic Research, qui reprend les travaux de Shiller (« US stock price data since 1871 »).

56. « 20 ans de distribution de dividendes en France 1992-2011 », IFGE, EMLyon, *Cahier n° 4*, mai 2013.

par exemple, avant Airbus Group), pousse à la conservation des liquidités contrairement à une gouvernance plus capitaliste de type actionnarial (Boeing, par exemple) bienveillante à l'égard d'une politique de dividendes régulière et en croissance.

De la même manière, les entreprises individuelles ou familiales distribueraient moins que les entreprises contrôlées par d'autres sociétés, par des fonds d'investissement ou encore par l'État. Selon l'étude citée précédemment (IFGE), sur les 550 milliards de dividendes versés en France, sur 20 ans (1992-2011), 61,5 % proviennent de sociétés dont le premier actionnaire est soit un ensemble d'investisseurs financiers, soit une autre entreprise ou l'État. Une part beaucoup moins significative de ces mêmes dividendes (29 %) provient de sociétés familiales. Charlier et Du Boys (2011) confirment ce résultat avec les entreprises du SBF 250 et le justifient par le fait que les conflits d'agence (actionnaires/dirigeants et majoritaires/minoritaires) sont moins forts dans les entreprises familiales.

L'étude de l'Institut français de gouvernement des entreprises (IFGE) nous dit également que les PME et les entreprises de taille intermédiaire (ETI) ont versé moins de 10 % des dividendes contre 85 % pour les sociétés dites géantes pour lesquelles le chiffre d'affaires est supérieur à 7,5 milliards d'euros.

On le voit bien, une frange non négligeable de sociétés, pour des motifs divers, ne distribuent pas régulièrement de dividendes. Pour de telles unités, l'estimation de dividendes futurs est encore plus aléatoire que pour des sociétés ayant l'habitude de procéder à des restitutions aux actionnaires. Dans ces conditions, le *DDM* est inopérant à moins de considérer qu'il est possible d'effectuer des calculs avec des dividendes virtuels tirés d'une hypothèse réaliste ou analogique de *pay-out ratio*. Le problème se pose également, dans des termes différents, lorsque l'actionnaire majoritaire, privé ou public, incite à des distributions qui fluctuent au gré des propres besoins du contrôleur, sans tendance claire ni adéquation avec les possibilités de la source.

Cela dit, pour une part significative du tissu des grandes entreprises, les sommes rendues aux actionnaires, en dividendes et rachats, sont loin d'être négligeables ou erratiques. C'est un souci de préservation du niveau de rémunération des investisseurs et un motif pragmatique (absence de visibilité sur les territoires d'activité et les rendements) qui poussent à des restitutions régulières aux actionnaires et expliquent ce comportement des très grandes sociétés cotées comme celles du CAC 40.

Sur 2006-2014, les seuls dividendes versés par les entreprises du CAC 40 ne sont jamais descendus au-dessous de 27,1 milliards d'euros (Mds €). Au cours de cette période, la moyenne des dividendes versés s'établit à 34,5 Mds € et l'écart type sur ce flux de paiements à 4,4 Mds €. Il est intéressant de relever que, sur la fenêtre comptable correspondante (2005-2013), le *pay-out ratio*, d'après valeurs moyennes concernant le solde net de gestion et les dividendes, est supérieur à 50 %. L'écart type sur bénéfices est aussi très accentué par rapport à celui se rapportant au flux, lissé, de versements aux actionnaires (19,3 contre 4,4 Mds €).

Quant aux rachats d'actions, qui augmentent les sommes versées, ils sont plus instables mais peuvent se révéler influents. C'est le cas en 2007 (19,2 Mds €), en 2008 (11,2 Mds €) et en 2014 (10,2 Mds €)[57]. Par ailleurs, selon l'agence Bloomberg, les entreprises qui

57. *Source :* La lettre Vernimmen.net.

rachètent beaucoup d'actions font mieux que le marché : 30 % de plus pour l'indice S&P 500 Buyback[58] comparativement à l'indice S&P 500, de janvier 2010 à février 2015. En somme, si pour les sociétés de stature intermédiaire et de taille petite ou moyenne les arguments sont forts pour rejeter le *DDM* en tant que méthode d'évaluation, il n'en va pas automatiquement de même pour les très grandes sociétés cotées.

3. L'approche par les bénéfices anormaux

Dans le cas d'une mise en réserve totale des bénéfices, pour quelque motif que ce soit, tout comme en l'absence de flux nets de trésorerie (*free cash-flows* négatifs), une valeur marchande des capitaux propres peut être déterminée par actualisation des bénéfices anormaux (revenus au-delà de la norme requise par les investisseurs). Le principe consiste à ajouter aux apports historiques des actionnaires (valeur comptable des capitaux propres) l'équivalent actuel des bénéfices excédentaires futurs induits par les opportunités de croissance (*Residual Income Model*).

3.1. Le calcul des variables influentes

En somme, le prix de marché des capitaux propres, en $t = 0$, soit M_0, devrait être égal à la valeur comptable de ces fonds (C_0) majorée d'une valeur ajoutée, dite de marché (MVA_0). Cette dernière (survaleur) est, théoriquement, égale aux futures créations économiques de valeur (EVA_t) issues de l'écart attendu entre la rentabilité du capital (ROE) et son coût (k_c). On a par conséquent :

$$M_0 = C_0 + MVA_0$$

avec :

$$MVA_0 = \sum_{t=1}^{\infty} EVA_t (1 + k_c)^{-t}$$

Une double comparaison est possible pour dégager le revenu résiduel (EVA) tiré de l'exploitation du capital total engagé.

La première de ces deux voies d'accès à la création économique de valeur passe par un rapprochement de la rentabilité, sur tout le capital employé (*ROCE* net d'impôt), du coût des ressources financières totales (k). L'écart entre les deux taux (*spread*) est ensuite multiplié par le bloc de capitaux utilisés. Une seconde comparaison aboutit au même résultat. C'est le cas lorsque l'enrichissement net, pour 1 € de mise, est déduit de la différence entre le *ROE* et le rendement requis par les seuls actionnaires (k_c). Pour retrouver le même *residual income* que précédemment, il suffit de multiplier ce second *spread* ($ROE - k_c$) par la quantité de fonds laissée dans l'entreprise par les actionnaires seulement. Précisons que tout cela est vrai si la rémunération de la dette financière nette (D) n'est pas influencée par la qualité du résultat opérationnel (cristallisation des engagements vis-à-vis des obligataires).

58. Top 100 des entreprises du S&P 500 qui effectuent le plus de rachats d'actions.

On peut donc poser, dans l'hypothèse d'une stabilité des taux de rentabilité et des coûts financiers dans le temps, les égalités ci-après :

$$EVA_t = \left(ROCE(1-T)-k\right)A_{t-1} = (ROE-k_c)C_{t-1}$$

avec :

$$A_{t-1} = C_{t-1} + D_{t-1}$$

et

$$T = \text{Taux d'impôt}$$

Pour leur part, les retours sur actif économique (A) et sur capitaux propres comptables (C) ont le contenu suivant :

$$ROCE = \frac{RBE_t - DAM_t}{A_{t-1}} = \frac{RBE_t - DAM_t}{C_{t-1} + D_{t-1}}$$

$$ROE = \frac{(RBE_t - DAM_t - k_d D_{t-1})(1-T)}{C_{t-1}} = \frac{R_t}{C_{t-1}}$$

RBE désigne le résultat brut d'exploitation ou *EBITDA*. L'expression *DAM* symbolise les dotations aux amortissements sur les seuls actifs immobilisés ayant une influence explicite sur les *returns*. Enfin, k_d exprime le taux d'intérêt.

Soulignons que des précautions sont à prendre quand on calcule les termes de ces taux de rentabilité (*ROCE*, *ROE*). C'est ainsi que les dépenses inscrites en recherche-développement sont à exclure du *RBE* pour être activées (comptabilisation simultanée en actif économique et en capitaux propres). La somme des avantages économiques acquis suite à des opérations de croissance externe, représentant un *goodwill*, n'est pas amortie pour le calcul de la création économique de valeur (*EVA*). Elle doit être capitalisée. Techniquement, il faut annuler l'éventuel impact de la survaleur sur le *RBE* et calculer l'actif économique avec des écarts d'acquisition en valeur d'origine. De la même manière, les loyers des contrats de crédit-bail (location-financement) ne réduisent pas, en l'état, l'excédent brut d'exploitation parce qu'ils sont à reclasser en amortissements, assimilés à des flux décaissables, et en frais financiers à la charge des propriétaires (résonance sur le *ROE* uniquement). Au plan comptable, le retraitement effectué aboutit à de la fiscalité différée sans effet sur l'impôt exigible (charge décaissable), et est donc sans impact immédiat sur la capacité d'autofinancement d'exploitation (*RBE*).

3.2. Bénéfices anormaux sur une période

Un mécanisme d'actualisation des bénéfices anormaux sur une seule période donne une formule relativement simple de la valeur marchande du capital-actions. Cela est vrai quand on suppose une stabilité du *spread* (rendement du capital activé moins coût financier des contreparties) sur l'horizon infini du calcul.

Dans ce cadre-là, et comme démontré précédemment (voir section 1.2.1), le *residual income* (*EVA*) croît selon un taux constant g égal au *Return On Equity* (*ROE*) multiplié par le taux de rétention des bénéfices. Concrètement, le raisonnement qui aboutit à une valorisation des fonds propres selon cette approche par les excédents de revenu se présente ainsi :

$$M_0 = C_0 + \sum_{t=1}^{\infty} EVA_t (1+k_c)^{-t} = C_0 + \frac{EVA_1}{1+k_c} \sum_{t=0}^{\infty} \left(\frac{1+g}{1+k_c} \right)^t$$

$$M_0 = C_0 + \left(\frac{(ROE - k_c) C_0}{1+k_c} \right) \left(\frac{1+k_c}{k_c - g} \right)$$

$$M_0 = C_0 \left(1 + \frac{ROE - k_c}{k_c - g} \right)$$

Il peut être utile d'extraire de ce dernier résultat le *Market to Book Ratio* (*MBR*), qui est un capteur de l'importance relative de la valeur des opportunités de croissance incluse dans les cours. La formule s'écrit :

$$MBR = \frac{M_0}{C_0} = 1 + \frac{ROE - k_c}{k_c - g}$$

Tout comme pour le *DDM*, le modèle d'évaluation d'Ohlson (1995), par actualisation des bénéfices anormaux, est susceptible de faire l'objet d'un développement sur deux périodes, voire davantage.

3.3. Bénéfices anormaux sur deux périodes

3.3.1. Le cadre général

Formule théorique du prix des capitaux propres

Dans un périmètre actuariel à deux fenêtres, dont la seconde tend vers l'infini, une valeur terminale est insérable au terme de la première période. Un tel supplément de valeur pourrait être obtenu par application d'un ratio en mesure d'estimer le rapport empirique existant entre valeur marchande et valeur comptable des capitaux propres (*MBR*) à cette date de sortie. La formule du prix des capitaux propres s'écrit de la façon suivante dans ce contexte multipériodique caractérisé par une série temporelle de résultats nets, sur opérations récurrentes et financières, notés R_t :

$$M_0 = C_0 + \sum_{t=1}^{n} \frac{R_t - k_c C_{t-1}}{(1+k_c)^t} + \frac{M_n - C_n}{(1+k_c)^n}$$

Si l'on admet une stabilité des ratios fondamentaux (*ROE*, coût du capital et taux de rétention des bénéfices), sur les n années de la première phase, l'expression de la valeur marchande des capitaux propres prend une forme facilement exploitable :

$$M_0 = C_0 + \left[\frac{(ROE - k_c) C_0}{1+k_c} \sum_{t=0}^{n-1} \left(\frac{1+g}{1+k_c} \right)^t + \frac{C_n (MBR_n - 1)}{(1+k_c)^n} \right]$$

Dans l'équation ci-dessus, MBR_n désigne le niveau que devrait prendre, après les n années de la phase initiale de croissance, le rapport entre les valeurs marchande (M_n)

et comptable (C_n) sur fonds propres. Le taux g représente la croissance annuelle du revenu résiduel durant ces n premières années ; g est égal au produit du *ROE* par le taux de rétention des bénéfices ($1 - d$). Après développement et arrangement, l'équation précédente s'écrit :

$$M_0 = C_0 + \left[\left(\frac{(ROE - k_c)C_0}{k_c - g} \right) \left(1 - \left(\frac{1+g}{1+k_c} \right)^n \right) + \frac{C_n(MBR_n - 1)}{(1+k_c)^n} \right]$$

Application numérique

À titre illustratif, traitons le cas d'une société exerçant une activité de services aux consommateurs dont les capitaux propres sont de 1 800 K€, au départ. Sur une fenêtre prudente de visibilité de 5 ans, le *business plan* nous dit que le *ROE* est fixable à hauteur de 15 %. Durant cette phase initiale d'investissements soutenus, par suite de nouvelles perspectives de développement, le *pay-out ratio* (d) avoisinerait 30 % et les capitaux propres coûteraient à la société 10 %. Au terme de cette phase de croissance relativement forte, le *Market to Book Ratio* (*MBR*) serait très proche du rapport moyen des sociétés cotées du secteur des services aux consommateurs, soit 1,2. Selon toutes ces données, quelle devrait être la valeur marchande des capitaux propres à la date d'élaboration initiale du *business plan* ?

Hors variations externes de fonds propres et en situation de fondamentaux parfaitement contrôlés, la croissance annuelle g sur flux nets et capital-actions (C) est de 10,5 %, soit 15 % (*ROE*) multiplié par 0,7 ($1 - d$). Dans ces conditions, l'application de la formule du prix des capitaux propres donne :

$$M_0 = 1\ 800 + \left[\left(\frac{(0{,}15 - 0{,}1)1\ 800}{0{,}1 - 0{,}105} \right) \left(1 - \left(\frac{1{,}105}{1{,}1} \right)^5 \right) + \frac{2\ 965{,}40(1{,}2 - 1)}{(1{,}1)^5} \right]$$

$$M_0 = 1\ 800 + 781{,}1 = 2\ 581{,}1 \text{ K€}$$

À la date de l'évaluation, et par suite des occasions spécifiques de croissance, le rapport entre la valeur marchande des fonds propres et la valeur aux livres comptables de ces mêmes capitaux se situe au-dessus du ratio moyen des sociétés du secteur des services aux consommateurs (1,43 contre 1,2).

3.3.2. La formule de Dechow, Hutton et Sloan

Exposé de la proposition empirique

Dechow, Hutton et Sloan (1999) proposent un ajustement empirique du modèle multipériodique d'Ohlson (1995) par inclusion d'un facteur de persistance des revenus résiduels après une première brèche pluriannuelle. Ce coefficient, estampillé par les auteurs ω, statistiquement significatif entre 0 et 1, permet d'éliminer tout bénéfice anormal au-delà de la phase initiale de croissance prévisionnelle ou, au contraire, d'inclure dans la valorisation un excédent perpétuel d'enrichissement au terme de cette première fenêtre de calcul. Avec les notations utilisées jusqu'à présent, la valeur marchande des capitaux propres prend alors la forme suivante :

$$M_0 = C_0 + \sum_{t=1}^{n-1} \frac{R_t - k_c C_{t-1}}{(1+k_c)^t} + \frac{R_n - k_c C_{n-1}}{(1+k_c-\omega)(1+k_c)^{n-1}}$$
$$= C_0 + \sum_{t=1}^{n-1} \frac{EVA_t}{(1+k_c)^t} + \frac{EVA_n}{(1+k_c-\omega)(1+k_c)^{n-1}}$$

On vérifie bien qu'avec un coefficient nul de persistance des bénéfices anormaux la valeur ajoutée de marché, qui s'ajoute à C_0, est déterminée avec les seules créations économiques (*EVA*) de $t = 1$ à $t = n$. Cela revient à dire que, sur la période couverte par la valeur terminale, les *returns* convergent vers le coût du capital employé ; plus particulièrement, le *ROE* tend vers le rendement requis par les actionnaires. À l'opposé, avec un coefficient ω égal à 1, le flux de la dernière année inclut une valeur terminale égale à la valeur actualisée d'une rente perpétuelle. Cette valeur de sortie est déterminée avec des résidus constants (*EVA*), de $t = n$ à l'infini. En effet, pour $\omega = 1$, on prouve aisément que le dernier élément du membre de droite de l'égalité (voir équation ci-dessus) correspond bien au total formé du bénéfice résiduel de l'année n auquel s'ajoute l'équivalent actuel d'une rente perpétuelle constante (EVA_n), le tout étant converti en monnaie d'aujourd'hui. La démonstration se présente comme suit :

$$\frac{R_n - k_c C_{n-1}}{(1+k_c-\omega)(1+k_c)^{n-1}} = \frac{EVA_n}{(1+k_c-1)(1+k_c)^{n-1}} = \frac{EVA_n}{(k_c)(1+k_c)^{n-1}} = \frac{EVA_n + \dfrac{EVA_n}{k_c}}{(1+k_c)^n}$$

Enfin, l'étude empirique de Dechow, Hutton et Sloan (1999) livre un coefficient, statistiquement fort, de persistance des bénéfices anormaux. Il est de 0,62 (moyenne historique) et traduit, par voie de conséquence, une régression annuelle de la valeur de la rente (–38 %).

Application numérique

Reprenons l'exemple précédent (société de services aux consommateurs) pour illustrer les trois hypothèses de stabilité temporelle des revenus résiduels au terme de $t = n$: persistance nulle ou basse, cristallisée et empirique.

Dans le cas d'un coefficient faible, voire nul, de persistance des revenus résiduels, que l'on peut justifier par une rémunération très généreuse des actionnaires du fait, par exemple, de flux exceptionnels ou d'écritures de régularisation, la survaleur est la plus petite possible. En pareille situation, la valeur ajoutée de marché correspond à l'équivalent actuel des excédents sur une période bornée excluant toute valeur terminale. Avec $\omega = 0$ et les hypothèses retenues, la valeur marchande des capitaux propres s'établit à :

$$M_0 = C_0 + \frac{EVA_1}{1+k_c} \sum_{t=0}^{n-2} \left(\frac{1+g}{1+k_c} \right)^t + \frac{ROE \times C_{n-1} - k_c C_{n-1}}{(1+k_c)(1+k_c)^{n-1}}$$

$$M_0 = C_0 + \frac{EVA_1}{1+k_c} \sum_{t=0}^{n-2} \left(\frac{1+g}{1+k_c} \right)^t + \frac{EVA_n}{(1+k_c)(1+k_c)^{n-1}}$$

$$M_0 = C_0 + \frac{EVA_1}{1+k_c} \sum_{t=0}^{n-1} \left(\frac{1+g}{1+k_c} \right)^t = C_0 + \frac{EVA_1}{k_c - g} \left[1 - \left(\frac{1+g}{1+k_c} \right)^n \right]$$

L'application de ce résultat à la société de services aux consommateurs (voir ci-dessus) donne :

$$M_0 = 1\,800 + \frac{90}{1{,}1}\sum_{t=0}^{4}\left(\frac{1{,}105}{1{,}1}\right)^t = 1\,800 + \left[\left(\frac{90}{0{,}1-0{,}105}\right)\left(1-\left(\frac{1{,}105}{1{,}1}\right)^5\right)\right] = 2\,212{,}8\text{ K€}$$

Si le coefficient de persistance des bénéfices anormaux est « haut », par suite de retours remarquables sur capitaux propres accompagnés de taux de rétention des bénéfices élevés, ou en raison d'un marché durablement porteur, la survaleur qui s'ajoute aux apports comptables des actionnaires est « forte ». Avec $\omega = 1$ et les mêmes hypothèses fondamentales que précédemment, la valeur marchande des capitaux propres se monte à 3 046 K€ comme expliqué ci-dessous :

$$M_0 = C_0 + \frac{EVA_1}{1+k_c}\sum_{t=0}^{n-2}\left(\frac{1+g}{1+k_c}\right)^t + \frac{ROE \times C_{n-1} - k_c C_{n-1}}{(1+k_c-\omega)(1+k_c)^{n-1}}$$

$$M_0 = C_0 + \left[\left(\frac{EVA_1}{k_c - g}\right)\left(1-\left(\frac{1+g}{1+k_c}\right)^{n-1}\right) + \frac{(ROE-k_c)C_{n-1}}{(1+k_c-\omega)(1+k_c)^{n-1}}\right]$$

$$M_0 = 1\,800 + \left[\left(\frac{90}{0{,}1-0{,}105}\right)\left(1-\left(\frac{1{,}105}{1{,}1}\right)^4\right) + \frac{(0{,}15-0{,}1)\times 1\,800(1{,}105)^4}{(1+0{,}1-1)(1{,}1)^4}\right]$$

$$M_0 = 1\,800 + 1\,246 = 3\,046\text{ K€}$$

La survaleur de 1 246 K€ comprend une valeur terminale actualisée de 833,2 K€. Celle-ci est l'équivalent, en monnaie d'aujourd'hui, d'une rente perpétuelle constante, disponible de $n + 1$ à l'infini, égale à 134,2 K€ (EVA_n) par an.

Avec un coefficient ω égal à la moyenne historique trouvée par Dechow, Hutton et Sloan (1999), qui s'élève à 0,62, le prix des capitaux propres se trouve logiquement entre les deux valeurs précédentes, soit :

$$M_0 = 1\,800 + \left[\left(\frac{90}{0{,}1-0{,}105}\right)\left(1-\left(\frac{1{,}105}{1{,}1}\right)^4\right) + \frac{0{,}15\times 1\,800(1{,}105)^4 - 0{,}1\times 1\,800(1{,}105)^4}{(1+0{,}1-0{,}62)(1{,}1)^4}\right]$$

$$M_0 = 1\,800 + 520{,}4 = 2\,320{,}4\text{ K€}$$

La nouvelle valeur terminale incluse dans cette survaleur totale de 520,4 K€, égale à 173,3 K€ en $t = n$, admet une diminution annuelle du bénéfice anormal à compter de $n + 1$. Une telle régression annuelle du revenu résiduel peut être formellement chiffrée avec les données de notre exemple. Le taux g_2 de cette diminution annuelle du bénéfice anormal, de $n + 1$ à l'infini, doit être égal à 38 % (voir ci-dessus). Vérifions-le en posant l'équation de la valeur d'une rente perpétuelle non constante pour déduire la baisse répétitive du flux :

$$173{,}3 = \frac{EVA_n(1+g_2)}{k_c - g_2} = \frac{134{,}2(1+g_2)}{0{,}1-g_2}$$

$$\Rightarrow g_2 = -38\%$$

Pour conclure sur le contenu de cette proposition, soulignons que la formule de Dechow, Hutton et Sloan ne prévoit pas de valeur terminale jointe à une rente (EVA_n) susceptible de croître au-delà de la phase atypique ou initiale de croissance. Mathématiquement, si ω est supérieur à $(1 + k_c)$, la valeur de sortie devient négative pour une attente intuitive totalement différente concernant un tel coefficient. En somme, Dechow, Hutton et Sloan considèrent qu'au mieux le bénéfice anormal de la dernière année sera gelé. L'hypothèse d'une croissance postérieure, au moins selon le taux d'inflation à long terme, n'est pas envisagée parce que sans force significative au plan statistique.

3.3.3. Avantages et limites du modèle d'Ohlson

L'approche par les bénéfices anormaux proposée par Ohlson (1995) est théoriquement équivalente au *Dividend Discount Model* (*DDM*). On trouvera une démonstration formelle de cette équivalence dans Parienté (2013). Par ailleurs et au plan conceptuel, le *Residual Income Model* (*RIM*) présente des avantages et des inconvénients, spécialement par rapport à des propositions adossées à d'autres formes de flux nets comme le dividende ou le *free cash-flow*.

Les principaux atouts du modèle d'Ohlson sont au nombre de quatre. Tout d'abord l'approche est praticable en l'absence de distribution régulière de dividendes et en situation de cash-flow net négatif du fait d'investissements lourds d'ordre stratégique ou d'exploitation (ΔBFR). Deuxièmement, comme la valeur marchande repose sur un socle comptable (apports des actionnaires et mises en réserve de bénéfices), l'influence de la valeur terminale sur les prix est réduite. Troisièmement, la méthode repose sur des données comptables disponibles et certifiées. Enfin, le *RIM* fait référence à un concept qui a beaucoup d'importance en finance. Il s'agit de la création économique de valeur à la base de la règle fondamentale de la valeur actualisée nette (*VAN*).

Pour ce qui concerne les limites d'une approche par les bénéfices anormaux, on peut en décliner trois. La première faiblesse est d'ordre comptable. Il faut en effet se fixer une méthode de traitement de l'information comptable, à dominante fonctionnelle (flux externes privilégiés), et faire en sorte que les termes des taux de rentabilité (solde de gestion au numérateur et capitaux investis au dénominateur) soient parfaitement cohérents les uns par rapport aux autres (comparables sans biais). Cela suppose des retraitements ou des chiffrages qui ne sont pas toujours faciles à effectuer (part des flux internes qu'il faut assimiler à des flux encaissables ou décaissables, fiscalité différée, impact du *goodwill*, immobilisations à l'origine des profits récurrents de la société, trésorerie nécessaire à l'exploitation, évolution future des agrégats nécessaires au calcul des revenus résiduels…). Sur ce plan comptable, des opérations dites de lissage du résultat peuvent ajouter un peu plus d'aléas dans la fiabilité des informations comptables. Deuxièmement, la méthode repose sur une relation non systématiquement tenable ou exclusive entre prix et surplus de rentabilité propre sans référence explicite à la valeur intrinsèque des actifs. Enfin, le coût de la dette est exclusivement comptable et mesuré par la seule charge d'intérêts.

Exercices et cas

Énoncés

1. Vous êtes chargé(e) d'évaluer le prix de l'action Vega par actualisation de dividendes futurs (terme échu) sur un horizon infini. On admettra que, pour cette catégorie de titres, et sur la place financière de cotation, le rendement requis par l'investisseur s'obtient en majorant le taux des obligations garanties par l'État (4 %) d'une prime égale à 1,2 fois la prime de risque de marché (6 %). Considérez que l'hypothèse faite en matière d'anticipation des dividendes futurs (questions ci-après) ne change pas les paramètres de cette règle de calcul du taux d'actualisation.

Déterminez le prix de Vega pour chacune des options prévisionnelles suivantes. Pour la question *c*, la valeur mathématique de l'action est à déterminer de deux façons différentes.

a. Le dividende est versé une seule fois dans l'année et augmente, tous les ans, de 5 %. Le prochain dividende est de 3,1 €.

b. On conserve l'hypothèse d'un dividende annuel de 3,1 € pour l'année 1. Au-delà, le coupon annuel pourrait augmenter de 8 %, par an, de la deuxième à la 10e année et se comporter, ensuite, comme une rente perpétuelle variant annuellement de 1,5 %.

c. Admettons maintenant que les dividendes sont versés deux fois dans l'année et qu'ils augmentent, tous les ans, de 5 %. Pour chacun des deux versements semestriels de la première année, on retiendra une distribution de 1,55 €.

2. Zodiac Aerospace exerce une activité dans la conception, la fabrication et la commercialisation de produits aéronautiques (secteur « aérospatiale et défense »). Les équipements de cabines d'avions civils représentent un peu plus de 55 % du chiffre d'affaires du groupe ; en matière de sièges passagers, Zodiac Aerospace est numéro 1 mondial. Les systèmes de vol et les équipements de sécurisation (toboggans d'évacuation, parachutes, protection de câblages électriques, airbags de voiture...) sont les deux autres pôles de spécialisation du groupe. Avec un effectif de l'ordre de 25 000 salariés, cette société est très internationalisée, le marché domestique (France) ne représentant qu'un peu plus de 12 % du chiffre d'affaires consolidé.

Compte tenu des domaines de compétence de la société, dans un secteur à fortes potentialités, et de la répartition géographique de ses activités, les taux de croissance du chiffre d'affaires et des marges nettes se sont révélés, au cours des cinq dernières années, très satisfaisants comme le montre bien le tableau 4.4. Ajoutons que l'importance des opportunités de croissance tend à contracter le *pay-out ratio* stabilisé autour de 24 % (données historiques et consensus pour les prochaines années). Par ailleurs, Zodiac cote 23,5 € au 15 août 2014 et le dernier dividende par action versé s'est élevé à 0,32 €. Enfin, une analyse des rendements quotidiens de Zodiac comparés à ceux du marché (CACT), du 2 janvier 2012 au 15 août 2014, donne un *bêta* (pente de la droite d'ajustement) de 0,48[59]. Ce *bêta* endetté est proche des coefficients

59. *Source :* nos calculs.

de risque systématique communiqués par Reuters (0,40), FT.com (0,40) ou encore Investing.com (0,39).

Dans ce contexte favorable, on peut considérer comme fort probable une phase future de croissance extraordinaire susceptible de durer 5 ans, soit le même nombre d'années que celui de la période historique de référence (voir tableau 4.4). Le premier des taux exceptionnels de croissance future (g_1) est déductible du *PRAT Model* appliqué aux chiffres comptables du tableau 4.4.

Tableau 4.4 – Flux du compte de résultat et masses de bilan de Zodiac Aerospace (2009-2013)[a]

M€	2009	2010	2011	2012	2013
Chiffre d'affaires (*CA*)	2 205,7	2 150,3	2 734,8	3 440,6	3 891,6
Résultat net (*RN*)	172,9	148,3	237,9	318,3	370,7
Capitaux propres (*CP*)	1 338,4	1 580,7	1 645,5	2 113,1	2 335,6
Dettes financières nettes (*D*)	654,5	514,4	585,4	831,5	843,8

a. Source des données comptables brutes : *Les Echos*/Boursorama.

Dans le secteur « aérospatiale et défense », nous pouvons admettre que la société Safran symbolise une entreprise mature pour laquelle l'évolution des fondamentaux est sous contrôle (stabilité à l'infini du taux de croissance). Il est donc possible de déduire cette croissance à l'infini (g_i) du cours de la valeur au 14 août 2014 (46 €) et du dernier dividende versé (1,12 €) *via* une application du modèle de Gordon à une période. Pour cette estimation, on s'adossera au *CAPM* pour évaluer le rendement requis par les actionnaires de Safran. Ce taux d'actualisation est à calculer avec un *bêta* endetté de 0,6, un taux sûr de 1,5 point et une prime de risque de l'ordre de 7 %[60, 61].

En somme, les taux de la phase extraordinaire de croissance déclinent de façon linéaire. Ils passent du taux g_1 (*PRAT Model* sur données Zodiac Aerospace 2009-2013) au taux g_i intégré dans le cours de Safran (société de référence). Avec toutes ces informations, répondez aux deux questions suivantes.

a. À la date du 15 août 2014, comparez le cours de Zodiac (23,5 €) à sa valeur intrinsèque d'après le *DDM* à deux périodes.

b. Le modèle de Fuller et Hsia (*H Model*) donne-t-il une meilleure approximation du cours de Zodiac ?

3. Actia Group et Gérard Perrier Industrie (GPI) exercent une activité dans l'électronique et les équipements électriques (EEE). Au 5 septembre 2014, la capitalisation boursière de ces sociétés se monte à 108 millions d'euros (M€) pour la première et à 138 M€ pour la seconde. Nous nous proposons de porter un jugement sur la cotation de ces deux sociétés en utilisant la méthodologie d'évaluation par les bénéfices anormaux (modèle d'Ohlson).

60. *Source :* Albatros Capital.

61. Le *bêta* de 0,6 (Safran) est une moyenne de coefficients fournis par des sites spécialisés (*Les Echos*, Invest Valley, FT.com et Reuters notamment).

Actia Group et GPI font partie de l'indice français d'Euronext relatif au secteur EEE composé de 20 unités. Dans cet échantillon, 11 sociétés ont une valorisation avoisinant ou dépassant 100 M€, sept sont éligibles au SRD et deux seulement (Schneider Electric et Legrand) reproduisent 80 % de la capitalisation totale du secteur (voir tableau 4.5).

Tableau 4.5 – Caractéristiques des principales sociétés de l'indice du secteur « électronique et équipements électriques » (FREEE) d'Euronext ; capitalisation boursière au 5 septembre et consensus pour les variables comptables 2014[a]

	CAPI (M€)	***PER*2014**	**BPA2014 (€)**	**ANA2014 (€)**	**DN2014 (M€)**
Actia Group	108	9,20	0,54	4,4	77,0
GPI	138	13,75	2,46	13,1	–24,8
Ingenico	4 150	21,70	3,37	16,7	188,0
Lacroix SA	88	9,74	2,36	27,5	24,0
Legrand SA	11 749	19,85	2,12	13,2	855,0
Mersen	467	13,73	1,53	21,5	215,0
Nexans	1 393	28,30	1,13	38,4	497,0
Rexel	4 680	14,53	1,04	15,1	2 029,0
Saft	757	16,01	1,74	17,1	88,0
Schneider Electric	38 323	16,48	3,90	32,8	4 374,0
Store Electronic	156	26,85	0,54	8,7	–18,0

a. CAPI = capitalisation boursière (valeur des capitaux propres) ; BPA = bénéfice net par action ; ANA = actif net par action ; DN = dette financière nette. *Source des données :* Boursorama.

Une analyse comparée des rendements de l'indice sectoriel (FREEE) et du marché (CACT) donne le nuage de points de la figure 4.3. La pente de la droite d'ajustement permet une mesure du *bêta* sectoriel ou *bêta* désendetté après correction pour la structure financière et prise en compte du taux d'impôt sur le bénéfice des sociétés[62]. On sait, par ailleurs, que les *bêtas* désendettés, des industries Electronics et Electrical Equipment de la base Damodaran au 5 janvier 2014, sont respectivement de 0,91 et 1,03. Il est donc possible de calculer un *bêta* de l'actif avec trois coefficients, ces deux derniers et celui déductible de la régression linéaire (voir figure 4.3). Une moyenne arithmétique sera retenue pour cet exercice.

62. La structure financière à prendre en considération doit être celle qui tient compte du poids de chaque société dans l'indice FREEE. C'est donc une structure financière moyenne pondérée. Pour ce qui a trait à la fiscalité, rappelons qu'en France le taux théorique est de 33 1/3 % majoré de la contribution sociale de +3,3 %. Le taux effectif est en fait inférieur au résultat du calcul 33,33 % × 1,033 (34,43 %) par suite d'écarts fiscaux entre la France et l'étranger ou encore en raison de crédits d'impôt. Par exemple, le taux effectif d'impôt de Schneider Electric est de 26 % sur comptes consolidés 2013, celui de Legrand dépasse à peine les 30 % (30,45 %). On prendra par conséquent un taux effectif d'impôt inférieur au taux théorique, à hauteur de 30 %, pour tous les calculs de cet exercice.

Figure 4.3 – Relation entre les rendements quotidiens de l'indice FREEE et ceux du marché (CACT), d'après données Euronext du 2 janvier 2012 au 14 août 2014[a]

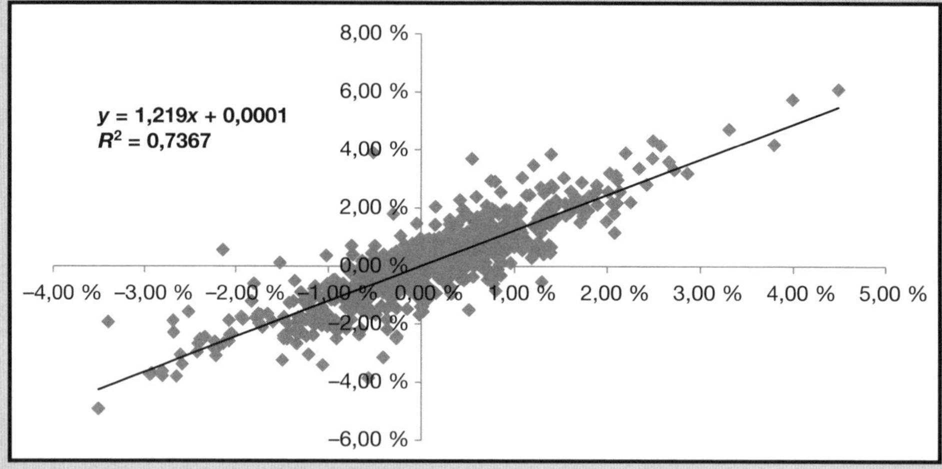

a. Deux couples de rendement, sur un total de 673, très décentrés, ont été éliminés avant d'effectuer l'ajustement linéaire. On remarquera que les fluctuations du CACT expliquent très bien celles se rapportant à l'indice sectoriel, comme le dénote la valeur élevée du coefficient de détermination (R^2) figurant sur le cadran supérieur gauche du graphique, sous l'équation d'ajustement linéaire. *Source de ces résultats :* nos travaux.

Concernant Actia Group et GPI spécialement, le tableau 4.6 rassemble, pour 2013 et les deux exercices suivants, des soldes pertinents de gestion et les masses financières à l'origine de ces résultats.

Tableau 4.6 – Soldes de gestion et capitaux financiers des sociétés Actia et Gérard Perrier Industrie (GPI) sur 2013-2015[a]

M€	***EBIT***		**Résultat net (*RN*)**		**Capitaux propres (*CP*)**		**Dette nette (*DN*)**		**Actif économique (*AEC*)**	
	Actia	**GPI**	**Actia**	**GPI**	**Actia**	**GPI**	**Actia**	**GPI**	**Actia**	**GPI**
2013	16,4	14,0	10,9	9,5	81,1	47 ,9	81,5	−21,7	162,6	26,2
2014e	19,3	14,1	12,8	9,8	92,3[b]	54,8[b]	77,0	−24,8	169,3	30,0
2015e	22,4	15,0	15,0	10,4	ND[c]		ND[c]		ND[c]	

a. Pour 2014 et 2015, les données comptables correspondent à des estimations (e).

b. Capitaux propres fin 2013 – Résultat 2013 distribué + Résultat 2014 estimé (clôture des exercices au 31 décembre). *Source des informations comptables :* Boursorama/*Les Echos*.

c. Non disponible à la date des calculs.

Pour 2014 et 2015, les flux nets et les agrégats de bilan sont des estimations à la date de nos travaux (septembre 2014 ; voir tableau 4.6). De tels éléments permettent le calcul du *Return On Capital Employed* (*ROCE*) et du *Return On Equity* (*ROE*). On admettra que les taux de rentabilité trouvés, notamment avec les estimations de résultat 2015, seront assurés sur une période prévisionnelle de 5 ans seulement (2015-2019). Au terme de cette fenêtre, une stabilisation des fondamentaux pourra être introduite par le biais d'un *Market to Book Ratio* (*MBR*) ou par l'intermédiaire d'un coefficient de persistance des bénéfices anormaux au-delà de 2019 (formule de Dechow, Hutton et Sloan).

Les deux principaux éléments nécessaires à l'estimation du coût du capital et, subséquemment, au calcul de la création économique de valeur (*EVA*) sont les suivants. Le taux sûr (OAT 10 ans), fin août 2014, s'établit à 1,25 % et la prime de risque de marché, selon Albatros Capital, se situe autour de 7 % à la même époque. L'addition des deux taux se révèle très proche du rendement moyen du marché déduit des travaux des experts indépendants et des établissements présentateurs effectués lors des opérations publiques de 2014. Ce rendement moyen serait de 8,5 % d'après une étude du cabinet Ledouble[63].

Enfin, les taux de distribution observés (2013) et prévus (2014, 2015) se montrent stables pour l'une et l'autre société. Le *pay-out ratio* (d) est de 15 % pour Actia Group et de 30 % pour Gérard Perrier Industrie[64]. Ajoutons que le taux de rétention des bénéfices ($1 - d$), combiné au *return* (*ROE*), a vocation à prédire la croissance sur la phase initiale de 5 ans (2015-2019), hors considération de toute variation externe des fonds propres.

Prouvez que la valeur intrinsèque de ces deux sociétés, selon le modèle d'Ohlson, est voisine de la cotation si le *Market to Book Ratio* (*MBR*), au bout des cinq premières années, est proche de l'unité pour Actia Group et égal à la moyenne de l'échantillon des 11 sociétés, pour GPI. Vérifiez, en utilisant la proposition de Dechow, Hutton et Sloan (1999), que le facteur de persistance des revenus résiduels (ω), au terme de la période atypique de 5 ans, est quasi nul pour Actia Group et légèrement inférieur à 1 pour GPI. Commentez les deux coefficients ω trouvés, faites des remarques sur la cohérence des résultats et dites ce que vous pensez des valorisations d'Actia Group et de GPI au tout début du mois de septembre 2014.

Solutions

1. L'approche est conforme à celle du *DDM*, avec des hypothèses changeantes en matière de croissance du revenu futur, de découpage temporel et de fréquence annuelle des coupons distribués.

a. Une seule période de référence pour le calcul du prix de l'action P_0 :

Cette première hypothèse est élémentaire. C'est celle de la formule de Gordon-Shapiro, laquelle considère le prix comme étant la valeur d'une rente perpétuelle (dividende) qui croît selon un taux constant g.

Le taux d'actualisation est représenté par le rendement requis sur capitaux propres (k_c) égal à 11,2 % (4 % + 1,2 × 6 %). Quant au dividende, il a une périodicité qui est, pour l'instant, annuelle. Donc :

$$P_0 = \frac{D_1}{k_c - g} = \frac{3{,}1}{0{,}112 - 0{,}05} = 50 \text{ €}$$

63. « Analyse des offres publiques réalisées en 2014 sur le marché français », février 2015.

64. *Source* : Boursorama/*Les Echos*.

b. La deuxième hypothèse de travail porte sur la chronique attendue des dividendes (annuels) qui concernerait deux grandes périodes, et non plus une seule. Dans ce contexte, le prix (P_0) est la somme de deux séries de revenus actualisés. Comme la seconde période tend vers l'infini, il suffit d'ajouter à la valeur actualisée des dividendes de la première fenêtre, de n années, une valeur terminale (VT). Cette valeur de sortie est l'équivalent d'un coupon perpétuel augmentant au taux g_2.

L'addition de ces deux composantes donne un prix différent du précédent comme l'indique le résultat du calcul ci-après :

$$P_0 = \frac{D_1}{1+k_c}\sum_{t=0}^{n-1}\left(\frac{1+g_1}{1+k_c}\right)^t + VT(1+k_c)^{-n}$$

$$P_0 = \frac{D_1}{1+k_c}\left[\frac{1-\left(\dfrac{1+g_1}{1+k_c}\right)^{10}}{\left(\dfrac{k_c-g_1}{1+k_c}\right)}\right] + \frac{D_1(1+g_1)^9(1+g_2)}{k_c-g_2}(1+k_c)^{-10}$$

$$P_0 = \frac{3{,}1}{1{,}112}\left[\frac{1-\left(\dfrac{1{,}08}{1{,}112}\right)^{10}}{\left(\dfrac{0{,}112-0{,}08}{1{,}112}\right)}\right] + \frac{3{,}1(1{,}08)^9(1{,}015)}{0{,}112-0{,}015}(1{,}112)^{-10} = 46{,}96\ €$$

c. Nous revenons sur l'espace-temps unique de la première question (horizon infini) et on introduit maintenant le cas d'une pluralité de dividendes versés par an (deux flux exactement). Cette configuration des revenus futurs permet un calcul du prix de deux façons différentes, par une actualisation classique de revenus augmentant annuellement au taux g et par addition de deux rentes perpétuelles.

Le revenu annuel global et l'hypothèse de croissance sont les mêmes que pour la question *a*. Mais, comme le premier dividende de 3,1 € est dans ce nouveau cas versé en deux fois, la valeur de l'action doit être supérieure à celle trouvée antérieurement. L'investisseur replace plus rapidement les coupons associés au titre de propriété, dont le montant annuel total est resté le même, et cela va se retrouver dans le prix. Vérifions-le :

$$P_0 = \left(D_1\sum_{t=1}^{2}(1+k_{cp})^{-t}\right)\sum_{t=0}^{\infty}\left(\frac{1+g}{1+k_c}\right)^t = D_1\left(\frac{1-(1+k_{cp})^{-2}}{k_{cp}}\right)\left(\frac{1+k_c}{k_c-g}\right)$$

avec :

$$k_{cp} = (1+k_c)^{0,5} - 1 = 1{,}112^{0,5} - 1 = 5{,}451\,\%$$

$$P_0 = 1{,}55\left[\frac{1-(1{,}05451)^{-2}}{0{,}05451}\right]\left(\frac{1{,}112}{0{,}112-0{,}05}\right) = 51{,}36\ €$$

Ce prix de l'action pouvait être trouvé d'une autre manière, en considérant qu'il représente également la somme de deux rentes perpétuelles. Elles se rapportent aux deux prochains dividendes semestriels de la première année (D_1 = 1,55 €). La valeur actualisée, sur un pas annuel, du premier dividende perpétuel (semestre 1) doit cependant être capitalisée sur une demi-période avant de s'ajouter à la valeur actualisée de la seconde série de dividendes infinis, celle du semestre 2. Le cumul des deux rentes, en équivalent de capitaux présents, fournit nécessairement un prix identique. Le calcul ci-après nous dit que c'est bien le cas :

$$P_0 = \frac{D_1}{(k_c - g)}(1 + k_c)^{0,5} + \frac{D_1}{k_c - g} = \frac{1,55}{0,112 - 0,05}(1,112)^{0,5} + \frac{1,55}{0,112 - 0,05} = 51,36\ €$$

2. On calcule, successivement, le prix de l'action livré par une approche brute sur deux périodes et celui obtenu par la formule approximative de Fuller et Hsia. Des commentaires accompagnent les résultats acquis.

   a. Valeur intrinsèque du titre Zodiac Aerospace d'après le *DDM* à deux périodes :

   Mesure du taux de croissance attendu pour la première année prévisionnelle, selon le PRAT Model, et extraction de la croissance à l'infini comprise dans le cours de Safran

   Les chiffres comptables fournis (voir tableau 4.4) permettent le calcul de ratios moyens se rapportant à la marge nette (*TMN*), au levier financier (*L*) et à la rotation du capital employé (*CA/AEC*). Ces moyennes figurent dans le tableau 4.7.

Tableau 4.7 – Ratios moyens de Zodiac Aerospace sur 2009-2013

	2009	2010	2011	2012	2013	Moyenne
RN/CA (*TMN*)	7,84 %	6,90 %	8,70 %	9,25 %	9,53 %	8,44 %
Levier (*L*)	0,4890	0,3254	0,3557	0,3935	0,3613	0,3850
Rotation du capital (*CA/AEC*)[a]	1,1068	1,0264	1,2259	1,1684	1,2240	1,1503

a. *AEC* (actif économique) = *CP* + *D* (voir tableau 4.4).

Si ce qui s'est produit au cours des cinq dernières années peut être considéré comme une bonne approximation d'un futur proche, alors la croissance attendue en 2014 (g_1) obéit à la règle de calcul résultant du *PRAT Model*. L'application de la proposition vue dans la partie conceptuelle de ce chapitre donne :

$$g_1 = (1 - d) \times TMN \times \frac{CA}{AEC} \times (1 + L)$$

$$g_1 = 0,76 \times 0,0844 \times 1,1503 \times 1,385 = 10,22\ \%$$

La procédure présentée en matière de perspectives futures de développement stipule que la croissance commence à décliner au bout d'un an pour atteindre, 5 ans plus tard, le taux à l'infini incorporé dans le cours d'une valeur mature comme Safran. Ce taux possible de croissance à l'infini (g_i) est à extraire de la formule suivante (*DDM* à une période ; voir section 1.1) :

$$g_i = \frac{k_c P_0 - D_0}{D_0 + P_0}$$

Avec un cours de 46 € (P_0), un rendement requis par les actionnaires selon le MEDAF (k_c) de 5,7 %, d'après données fournies, et un dividende (D_0) de 1,12 €, cette croissance à l'infini se monte à :

$$g_i = \frac{0,057 \times 46 - 1,12}{1,12 + 46} = 3,19\ \%$$

Valeur de l'action Zodiac selon le DDM à deux périodes

La contraction du taux de croissance est linéaire. Cet indicateur de progressivité des fondamentaux passe, en définitive, de 10,22 % l'année 1 à 3,19 % l'année 5 et les suivantes (jusqu'à l'infini). Comme les taux de croissance forment une progression arithmétique décroissante, la raison de cette suite s'établit à 1,76 %[65].

Les taux de la phase extraordinaire de croissance et les dividendes possibles de chacune des cinq prochaines années sont donc ceux consignés dans le tableau 4.8.

Tableau 4.8 – Taux de croissance et dividendes possibles pour Zodiac Aerospace au cours des cinq années suivant 2014

	Année 1 2015	**Année 2 2016**	**Année 3 2017**	**Année 4 2018**	**Année 5 2019**
Taux de croissance (g_t)	10,22 %	8,46 %	6,71 %	4,95 %	3,19 %
Dividende futur (D_t)	0,35	0,38	0,41	0,43	0,44

Avec les éléments dorénavant en notre possession, la valeur intrinsèque (*VI*) de l'action Zodiac selon le *DDM* à deux périodes est facile d'accès. Un tel prix respecte la mécanique suivante de calcul par actualisation des revenus futurs répétitifs et d'une valeur terminale unique (*VT*) :

$$VI = \frac{0,35}{1+k_c} + \frac{0,38}{\left(1+k_c\right)^2} + \frac{0,41}{\left(1+k_c\right)^3} + \frac{0,43}{\left(1+k_c\right)^4} + \frac{0,44}{\left(1+k_c\right)^5} + \frac{VT}{\left(1+k_c\right)^5}$$

$$VT = \frac{0,44 \times 1,0319}{k_c - 0,0319}$$

Avec un rendement requis (k_c) de 4,86 %, tiré des données de marché proposées (1,5 % + 0,48 × 7 %), la valeur terminale (*VT*) s'élève à 27,19 € et la valeur intrinsèque (*VI*) de Zodiac (*DDM* à deux périodes) à 23,2 €. Ce résultat est très proche du cours de Zodiac Aerospace (23,5 €) après versement du dividende sur résultat 2013 (0,32 €). Ces calculs une fois effectués, trois remarques s'imposent.

La première se rapporte au chiffrage du rendement requis par les actionnaires de Zodiac (petitesse du coût des capitaux propres bien que plus de trois fois supérieur au taux sûr de 1,5 %). C'est ce taux d'actualisation de 4,86 % qui explique, largement, la proximité du cours avec la valeur intrinsèque. Quand les calculs sont effectués avec le *bêta* désendetté du secteur « aérospatiale et défense » (0,81), que l'on trouve sur la base Damodaran au 5 janvier 2014, nous arrivons à un

65. $\dfrac{10,22\ \% - 3,19\ \%}{5-1}$.

facteur de risque systématique (*bêta* endetté) proche de 1 et à un coût pour les capitaux propres compris entre 8 et 9 %. Avec l'un ou l'autre de ces deux derniers taux d'actualisation, la valeur intrinsèque s'avère très inférieure à la cotation. Cela dit, si la croissance à l'infini est celle déductible d'une autre valeur mature du secteur, Thales, de l'ordre de 5 %, le calcul actuariel avec les mêmes projections de dividendes (voir plus haut) aboutit à une valeur intrinsèque plus proche de la cotation, surtout si la prime de risque de marché est réduite (inférieure à 7 %) du fait de la qualité du portefeuille d'acteurs comparables à Zodiac.

La deuxième remarque est plus générale et porte sur l'influence considérable de la valeur terminale dans le prix trouvé. Avec les données utilisées précédemment, cette valeur de sortie représente plus de 90 % du résultat actuariel.

Enfin, quelle que soit la société de référence choisie pour la croissance à l'infini, il semble bien que le taux perpétuel à retenir, pour des valeurs de la qualité de Zodiac Aerospace, doive être plus fort que la simple déformation structurelle des prix. Zodiac, Safran ou Thales, du fait des potentialités de leur marché, intègrent dans les cours des taux de croissance à l'infini supérieurs au taux d'inflation ou à la croissance de l'économie en général sur le très long terme.

b. Valeur de Zodiac Aerospace d'après le modèle de Fuller et Hsia (*H Model*) :

La valeur intrinsèque, d'après l'approche simplifiée de Fuller et Hsia (1984), pointée V_0 dans la partie conceptuelle de ce chapitre, s'écrit :

$$V_0 = \left[\frac{D_0(1+g_i)}{k_c - g_i}\right] + \frac{\left(\frac{n}{2}\right)D_0(g_1 - g_i)}{k_c - g_i}$$

On remplace chaque symbole par la valeur prise dans le cas de Zodiac. Cela donne :

$$V_0 = \left[\frac{0{,}32(1{,}0319)}{0{,}0486 - 0{,}0319}\right] + \frac{\left(\frac{5}{2}\right)0{,}32(0{,}1022 - 0{,}0319)}{0{,}0486 - 0{,}0319} = 23{,}14\ €$$

Le résultat trouvé est très proche de la valeur précédente et du cours de Zodiac à la date de l'évaluation. Le problème de la modestie du rendement requis utilisé (4,86 %) reste posé tout comme l'influence que ce taux de pénalisation est susceptible d'avoir sur la valeur actuarielle.

3. Effectuons quelques calculs préalables avant de répondre formellement aux questions posées et de commenter les résultats trouvés.

a. Travaux préliminaires et estimation du revenu résiduel de 2015 (EVA_1) :

Les informations de marché consignées dans le tableau 4.5 permettent le calcul du *ROE*, du *Market to Book Ratio* (*MBR*) et du levier pour chaque société de l'indice FREEE. Ces nouvelles données sont inscrites dans le tableau 4.9.

Le levier moyen pondéré du secteur (L_s) est obtenu en tenant compte du poids de chaque société dans l'indice. L_s est utilisé pour contracter le *bêta* des capitaux propres du secteur (pente de la droite d'ajustement de la figure 4.3 notée β_{cs}) afin de dégager un index de risque opérationnel ou *bêta* de l'actif (β_{As}).

Tableau 4.9 – *ROE*, *MBR* et levier des sociétés de l'indice du secteur « électronique et équipements électriques » (FREEE) d'Euronext pour 2014[a]

Société *j*	Poids de la société *j* dans l'indice (capitalisation)	*ROE*	*MBR*	Levier (L_j)
Actia Group	0,17 %	12,27 %	1,13	0,713
GPI	0,22 %	18,78 %	2,58	–0,180
Ingenico	6,69 %	20,18 %	4,38	0,045
Lacroix SA	0,14 %	8,58 %	0,84	0,273
Legrand SA	18,95 %	16,06 %	3,19	0,073
Mersen	0,75 %	7,12 %	0,98	0,460
Nexans	2,25 %	2,94 %	0,83	0,357
Rexel	7,55 %	6,89 %	1,00	0,434
Saft	1,22 %	10,18 %	1,63	0,116
Schneider Electric	61,80 %	11,89 %	1,96	0,114
Store Electronic	0,25 %	6,21 %	1,67	–0,115
Moyenne[b]	–	**11,01 %**	**1,83**	**0,134**

a. *ROE* = *BPA*/*ANA* ; *MBR* = *ROE* × *PER* ; Levier = *DN*/*CAPI*. Le *ROE* ainsi calculé est légèrement sous-estimé, l'actif net (prévisions du consensus) se situant un cran au-dessus des capitaux propres comptables par suite de l'intégration de la totalité des provisions pour risques et charges dans ce poste. Cette légère sous-estimation n'est pas de nature à remettre en question, significativement, les réponses obtenues et les analyses postérieures.

b. Moyenne arithmétique pour *ROE* et *MBR* ; moyenne pondérée, par le poids relatif de la capitalisation boursière, pour la mesure du levier sectoriel (L_s).

Connaissant le levier moyen pondéré du secteur (L_s = 0,134) ainsi que le taux d'impôt effectif approximatif (T = 30 %), on calcule le facteur de risque économique (β_{As}) supposé commun à toutes les sociétés exerçant une activité dans l'électronique et les équipements électriques. Ce coefficient est déduit de la règle suivante de calcul, en situation de risque de crédit (β_d) négligeable :

$$\beta_{As} = \frac{\beta_{cs}}{1 + L_s(1 - T)} = \frac{1{,}2196}{1 + 0{,}134(1 - 0{,}30)} = 1{,}12$$

Une moyenne calculée avec les trois coefficients maintenant disponibles (0,91, 1,03 et 1,12) délivre un *bêta* sur actif (β_A) de l'ordre de 1.

Le levier de chaque société (voir tableau 4.9) étant connu, les *bêtas* endettés (β_{cj}) ainsi que les rendements requis (k_{cj}) selon le *CAPM* sont maintenant calculables. En conservant le même taux d'impôt (T), cela donne pour Actia Group et GPI les résultats suivants quand le *bêta* de la dette est négligé.

Actia Group

$$\beta_{cj} = \beta_A\left(1 + L_j(1 - T)\right) = 1\left(1 + 0{,}713(1 - 0{,}30)\right) = 1{,}50$$

$$k_{cj} = R_F + \beta_{cj} PRM = 0{,}0125 + 1{,}50\left(0{,}07\right) = 11{,}7\,\%$$

Le *bêta* endetté (β_{cj}) trouvé selon cette méthode est un peu plus élevé que celui proposé par les sites spécialisés en communication financière, tels Fortuneo et Digitallook.com, par exemple, qui fournissent 1,35 et 1,22. L'une ou l'autre de ces deux propositions, pour le facteur de risque systématique, détermine un taux d'actualisation (k_{cj}) plus faible que celui que nous avons estimé (voir plus haut). Dans la mesure où n'est pas intégrée une prime de taille dans le calcul précédent de k_{cj}, nous conservons l'estimation faite de 11,7 % pour le coût des capitaux propres.

Gérard Perrier Industrie (GPI)

$$\beta_{cj} = \beta_A\left(1 + L_j(1 - T)\right) = 1\left(1 - 0{,}180(1 - 0{,}30)\right) = 0{,}87$$

$$k_{cj} = R_F + \beta_{cj} PRM = 0{,}0125 + 0{,}87\left(0{,}07\right) = 7{,}4\,\%$$

Le coût moyen pondéré du capital (k) est, pour sa part, déductible de l'équation du *CAPM* dans le cadre des propositions de Modigliani et Miller (MM, 1963). La formule générique a le contenu suivant[66] :

$$k = k_c^0 - k_c^0 T \frac{L}{1 + L}$$

Dans cette expression, k_c^0 désigne le rendement requis par les actionnaires en l'absence de dettes, soit un taux qui tient compte du seul facteur de risque opérationnel (β_A). Compte tenu du levier (L) de chacune de ces deux sociétés (voir tableau 4.9), k se monte à 7,2 % pour Actia Group et à 8,8 % pour GPI.

Calculons maintenant les taux de profit (*ROCE*, *ROE*) et déterminons la création économique de valeur, notamment celle attendue en 2015 (EVA_1), après déduction du coût financier des capitaux employés. Les taux de rentabilité qui viennent d'être évoqués figurent dans le tableau 4.10.

Tableau 4.10 – *ROCE* et *ROE*, pour les exercices 2014 et 2015 (prévisions du consensus), concernant Actia Group et Gérard Perrier Industrie (GPI)[a]

	2014e		**2015e**	
	Actia Group	**GPI**	**Actia Group**	**GPI**
ROCE[b]	11,9 %	53,8 %	13,2 %	50,0 %
ROE[c]	15,8 %	20,5 %	16,2 %	19,0 %

a. Le solde prévisionnel de gestion de 2014 (estimation du consensus) est comparé aux capitaux de fin d'exercice précédent (2013). *Idem* pour 2015 (résultats estimés 2015 comparés à des masses bilantielles 2014). *Source :* nos calculs avec éléments du tableau 4.6.

b. *EBIT/AEC (actif économique) ; AEC = CP + DN.*

c. *RN* (Résultat net)/*CP* (Capitaux propres).

66. Pour une démonstration précise, voir chapitre 5, section 2.1.2.

Comme le résultat d'un exercice subit l'influence des ressources propres générées par l'activité durant la même période, la comparaison effectuée pour obtenir les ratios du tableau 4.10 élève, très probablement, les taux de rentabilité. Mais cette majoration escomptée ne peut être importante. Il faut néanmoins arrondir à la baisse, même si celle-ci est modeste, les retours sur capitaux propres. Nous retenons à titre conservatoire, et prudemment, 15 % pour Actia Group et 18 % pour GPI.

L'écart entre le *ROE* et le rendement requis par les actionnaires (k_c), supposé stable sur la phase initiale de 5 ans (2015-2019), est par conséquent de l'ordre de 3,3 points pour Actia Group et de 10,6 points pour GPI. Ces deux *spreads* permettent le chiffrage quantitatif de la création économique de valeur pour l'année 2015 (EVA_1).

Pour chacune de ces deux sociétés, un tel enrichissement net, d'après le *ROE*, résulte du calcul ci-après :

Pour Actia Group :

$$EVA_1 = (ROE - k_c)CP_0 = (0{,}15 - 0{,}117) \times 92{,}3 = 3{,}0 \text{ M€}$$

Pour Gérard Perrier Industrie :

$$EVA_1 = (ROE - k_c)CP_0 = (0{,}18 - 0{,}074) \times 54{,}8 = 5{,}8 \text{ M€}$$

Par référence à un *ROCE* reconfiguré et après déduction du coût de l'ensemble des capitaux financiers utilisés (k), on doit pouvoir retrouver le même bénéfice anormal que celui qui vient d'être estimé par le *ROE* et le taux k_c.

Comme nous ne disposons pas de toutes les données comptables, spécialement de celles qui expliquent la transformation du bénéfice d'exploitation en bénéfice net, prenons le problème à l'envers.

Quel doit être le *ROCE* pour que ce second chemin d'accès conduise à des résultats cohérents avec les premiers ? La réponse est 12,8 % pour Actia Group et autour de 40 % pour GPI.

Deux remarques à propos de ces taux de rendement requis sur tout le capital employé (*ROCE*), différents de ceux logés dans le tableau 4.10. Tout d'abord, ces taux compatibles, qui respectent bien la hiérarchie des performances, ne sont pas en définitive très éloignés des résultats du tableau 4.10. Disons, ensuite, que les flux comptables à l'origine de l'écart entre profit opérationnel et solde net de gestion ne sont pas exclusivement dus à la structure financière et à une ponction fiscale déterminée avec un taux cristallisé. C'est ce qui explique, principalement, le fait qu'avec des données comptables à l'état brut on ne puisse retrouver les mêmes résultats (EVA_1). Par exemple, les taux réels d'impôt sont différents d'une société à l'autre. Des éléments exceptionnels peuvent avoir également une influence non négligeable sur la transformation de l'*EBIT* en résultat net. Ce sont ces considérations comptables pratiques ainsi que les modalités de calcul du *ROE* et du *ROCE* (retraitements) qui expliquent le *gap*, plus significatif pour GPI que pour Actia Group, entre les ratios du tableau 4.10 et les taux de rentabilité nécessaires à une égalité parfaite des *EVA*. Ces difficultés nous obligent donc à privilégier une approche. C'est l'adossement au *ROE* qui est choisi.

Reprenons maintenant les *ROCE* « *ROE* compatibles » estimés précédemment (voir ci-dessus) et vérifions la cohérence des bénéfices anormaux calculés par les deux méthodes possibles :

Pour Actia Group :

$$EVA_1 = \left(ROCE(1-T) - k\right)AEC_0 = \left(0{,}128(1-0{,}3) - 0{,}072\right) \times 169{,}3 = 3{,}0\,\text{M€}$$

Pour GPI :

$$EVA_1 = \left(ROCE(1-T) - k\right)AEC_0 = \left(0{,}40(1-0{,}3) - 0{,}088\right) \times 30 = 5{,}8\ \text{M€}$$

Nous retrouvons bien les 3 M€ (Actia Group) et les 5,8 M€ (GPI) obtenus par adossement au *ROE* (voir plus haut).

En définitive, les hypothèses retenues en matière de *spread* et de création économique de valeur attendue en 2015, pour Actia Group et GPI, apparaissent crédibles et, dans l'ensemble, conformes aux fondamentaux de ces deux sociétés (voir tableaux 4.6 et 4.9).

b. Valeur intrinsèque des sociétés Actia et GPI par le modèle d'Ohlson :

Selon le *Residual Income Model* (*RIM*), la valeur marchande des capitaux propres fin 2014 (M_0) est acquise en majorant les apports comptables des actionnaires (C_0), à la même date, d'une survaleur. Celle-ci, notée MVA_0, correspond à l'équivalent actuel de tous les bénéfices anormaux attendus (EVA_t). Au terme d'une phase initiale de croissance, qui pourrait s'avérer extraordinaire ou atypique, une valeur de sortie est introduite par l'intermédiaire d'un *Market to Book Ratio* (*MBR*) ou en formulant une hypothèse sur la pérennité du dernier bénéfice anormal (EVA_n).

La formule de Dechow, Hutton et Sloan (1999) ne peut être utilisée que si la persistance du *residual income*, au-delà de la phase 1, est contenue. Plus exactement, il faut que la valeur terminale soit, tout au plus, égale à l'équivalent d'une rente perpétuelle constante (EVA_n). La proposition est non opérationnelle dans le cas d'une rente qui, après $t = n$, augmenterait (voir section 3).

- Valeur du *Market to Book Ratio* fin 2019 (MBR_n) compatible avec la cotation au 5 septembre 2014 :

  Ce quotient, qui mesure en définitive les opportunités subséquentes de croissance, est solution de l'égalité suivante :

$$M_0 = \left[C_0 + \left(\left(\frac{EVA_1}{k_c - g}\right)\left(1 - \left(\frac{1+g}{1+k_c}\right)^n\right) + \frac{C_n(MBR_n - 1)}{(1+k_c)^n}\right)\right](1+k_c)^{-0{,}333}$$

  Dans cette équation, le grand terme entre crochets du membre de droite de l'égalité représente la valeur intrinsèque à fin décembre 2014. Comme on cherche à comparer la valeur intrinsèque à la cotation 4 mois avant la fin de l'année 2014, soit au 5 septembre 2014, un tel bloc doit être actualisé d'un tiers d'année. Par ailleurs, le taux de croissance (g) et la valeur comptable des capitaux propres fin 2019 (C_n) s'écrivent comme suit :

$$g = ROE \times (1-d) \ \text{et}\ C_n = C_0(1+g)^n$$

Application à Actia Group

Après avoir remplacé chaque symbole connu de l'expression ci-dessus (M_0) par sa valeur, on cherche MBR_n tel que :

$$108 = \left[92{,}3 + \left(\begin{array}{c} \left(\dfrac{3}{0{,}117 - 0{,}1275} \right) \left(1 - \left(\dfrac{1{,}1275}{1{,}117} \right)^5 \right) \\ + \dfrac{92{,}3(1{,}1275)^5 (MBR_n - 1)}{(1{,}117)^5} \end{array} \right) \right] (1{,}117)^{-0{,}333}$$

108 M€ (membre de gauche de l'égalité) représente la capitalisation boursière d'Actia Group au 5 septembre 2014. Après résolution de cette équation simple à une inconnue, on trouve :

$$MBR_n = 1{,}063$$

Application à Gérard Perrier Industrie (GPI)

Nous répétons l'opération précédente en prenant des fondamentaux qui sont maintenant ceux de GPI. Pour retrouver la valorisation du marché, au 5 septembre 2014, soit 138 M€, il faut une valeur terminale relativement plus forte que pour Actia Group puisque le rapport entre les valeurs marchande et comptable sur fonds propres va se révéler supérieur à 1. On pouvait s'attendre à un tel résultat, sans livraison anticipative, en raison du gros écart existant, dès le départ, entre capitalisation boursière et valeur aux livres des capitaux propres. Vérifions-le en recherchant la variable de sortie MBR_n en mesure de satisfaire l'égalité ci-dessous :

$$138 = \left[54{,}8 + \left(\begin{array}{c} \left(\dfrac{5{,}8}{0{,}074 - 0{,}1260} \right) \left(1 - \left(\dfrac{1{,}1260}{1{,}074} \right)^5 \right) \\ + \dfrac{54{,}8(1{,}1260)^5 (MBR_n - 1)}{(1{,}074)^5} \end{array} \right) \right] (1{,}074)^{-0{,}333}$$

$$MBR_n = 1{,}82$$

On obtient un ratio reflétant des perspectives de développement qui ne s'arrêtent pas au bout de 5 ans. Par ailleurs, ce ratio de 1,82 est très proche du coefficient moyen du secteur français de l'électronique et des équipements électriques (voir tableau 4.9).

- Les facteurs de persistance des bénéfices anormaux au-delà de 2019 et commentaires sur les valeurs de marché :

  Avec un MBR_n proche de l'unité (1,063), la valorisation d'Actia Group par le marché, à la date du 5 septembre 2014, n'intègre presque pas de valeur terminale. En d'autres mots, le coefficient ω de la proposition de Dechow, Hutton et Sloan est inférieur à 1, ce qui voudrait dire qu'à compter de 2019 le marché anticipe une baisse significative de la création économique de valeur.

  La perception par le marché de GPI est plus favorable avec une évidente valeur terminale qui indique une préservation ou une faible contraction du bénéfice anormal au terme de la phase initiale de 5 ans.

Calculons les coefficients ω compatibles avec les prix de marché après avoir rappelé les formules théoriques de valorisation :

$$M_0 = \left[C_0 + \sum_{t=1}^{n-1} \frac{R_t - k_c C_{t-1}}{(1+k_c)^t} + \frac{R_n - k_c C_{n-1}}{(1+k_c-\omega)(1+k_c)^{n-1}} \right](1+k_c)^{-0,333}$$

$$M_0 = \left[C_0 + \frac{EVA_1}{(1+k_c)} \sum_{t=0}^{n-2} \left(\frac{1+g}{1+k_c} \right)^t + \frac{EVA_n}{(1+k_c-\omega)(1+k_c)^{n-1}} \right](1+k_c)^{-0,333}$$

Actia Group

Pour cette société, ω est solution de :

$$108 = \left[92,3 + \left(\frac{3}{1,117} \right) \frac{1 - \left(\frac{1,1275}{1,117} \right)^4}{\left(\frac{0,117 - 0,1275}{1,117} \right)} + \frac{3(1,1275)^4}{(1,117-\omega)(1,117)^4} \right](1,117)^{-0,333}$$

Après avoir développé et arrangé, on trouve $\omega = 0{,}76$.

Un tel coefficient signale une diminution annuelle de 24 % du bénéfice anormal, à compter de 2020 et jusqu'à l'infini. Dans ces circonstances, la valeur terminale intégrée dans la cotation est très faible. Il est facile de montrer que la valeur de sortie dans les 108 M€ de cotation ne représente qu'un peu plus de 5 %, soit 5,7 M€ environ. Ce montant est la valeur, aujourd'hui, d'une rente perpétuelle disponible à compter de 2020, en diminution annuelle de 24 % (g_2) tous les ans, soit pour vérification :

$$\left(\frac{EVA_{n+1}}{k_c - g_2} \right)(1+k_c)^{-5,333} = \left(\frac{3(1,1275)^4(0,76)}{0,117+0,24} \right)(1,117)^{-5,333} = 5,7$$

Actia Group ne semble pas surévalué par le marché, bien au contraire. On peut penser que l'action offre, à la date du 5 septembre 2014, des possibilités assez significatives de hausse. L'opinion des analystes (Boursorama/*Les Echos*), qui recommandaient (septembre 2014) le titre à l'achat avec un objectif de cours à 3 mois incluant une forte consolidation, ne paraissait pas dénuée de fondement.

Gérard Perrier Industrie (GPI)

Pour cette seconde société, ω doit permettre l'égalité suivante :

$$138 = \left[54,8 + \left(\frac{5,8}{1,074} \right) \frac{1 - \left(\frac{1,1260}{1,074} \right)^4}{\left(\frac{0,074 - 0,1260}{1,074} \right)} + \frac{5,8(1,1260)^4}{(1,074-\omega)(1,074)^4} \right](1,074)^{-0,333}$$

$$\omega = 0,963$$

La persistance des revenus résiduels sur la seconde période (horizon infini au-delà des cinq premières années) est anticipée comme étant beaucoup plus déterminante que dans le cas de la société Actia. En effet, dans la cotation de GPI, si celle-ci coïncide avec la proposition du modèle d'Ohlson, la valeur terminale atteint 40 % des 138 M€ fournis par le marché, soit 55,3 M€. Autrement dit, la cotation tient compte de bénéfices anormaux préservés après la phase initiale de 5 ans avec une très légère décote annuelle (–3,7 %). Un calcul analogue à celui effectué pour Actia Group permet de vérifier le maintien de perspectives d'enrichissement après 2015-2019 :

$$\text{Valeur terminale actualisée (GPI)} =$$
$$\left(\frac{EVA_{n+1}}{k_c - g_2}\right)(1+k_c)^{-5,333} = \left(\frac{5,8(1,1260)^4(0,963)}{0,074+0,037}\right)(1,074)^{-5,333} = 55,3$$

En définitive, les fondamentaux, essentiellement les *returns* (*ROE*, *ROCE*) et la structure financière à l'origine d'une forte différenciation des taux d'actualisation, se retrouvent assez bien dans les valorisations. Compte tenu de la stature de ces variables clés pour GPI, il est logique que cette société affiche une capitalisation boursière relative supérieure à celle d'Actia Group. S'il est plus délicat de porter un jugement sur le potentiel de hausse du cours de GPI, parce que des perspectives de création de valeur, sur 2015-2019 et au-delà, sont déjà intégrées dans les prix, le commentaire est plus facile pour la société Actia Group qui semble, en septembre 2014, sous-évaluée par le marché. Notons également que pour GPI le rapport entre capitalisation boursière et apports comptables des propriétaires serait, à la fin de l'année 2019, en ligne avec le secteur, ce qui est loin d'être le cas pour Actia Group qui présenterait un ratio terminal (MBR_n) inférieur à celui du début de la phase 1 (1,063 contre 1,13). Si les écarts entre taux de rentabilité et exigences de rémunération sont réalistes, sur 2015-2019, avec des perspectives de croissance soutenues grâce à des rétentions fortes de bénéfices, il est peu probable qu'Actia Group ne soit plus en mesure de créer de la richesse à compter de 2020. En toute logique financière, Actia Group était, au 5 septembre 2014, une bonne affaire à l'achat[67].

67. Au 24 juin 2015, cette valeur industrielle du compartiment C de la cote s'est déjà consolidée de plus de 24 %.

Chapitre 5
Mesures de la rentabilité des investissements

> **Les connaissances acquises dans ce chapitre permettront au lecteur de :**
> 1. Calculer des cash-flows nets sur projet particulier d'investissement et d'en maîtriser le contenu.
> 2. Déterminer le coût du capital par des voies d'accès différentes.
> 3. Sélectionner des investissements avec des critères de survaleur et de rendement tout en tenant compte de leurs limites.
> 4. Choisir entre des projets d'investissement mutuellement exclusifs.

Les actes d'investissement et de financement sont des décisions stratégiques majeures. Comme ils impliquent des conséquences monétaires étalées dans le temps, on peut les évaluer, par voie actuarielle, en termes de rendement pour les premiers et d'après leur coût pour les seconds. Une telle perception économico-financière des emplois et des ressources, de haut de bilan spécialement, fait l'objet des quatre derniers chapitres de l'ouvrage.

Dans les deux cas, le capteur recherché correspond à un taux d'actualisation, celui pour lequel le concept de valeur actualisée nette (*VAN*) des engagements réciproques s'annule. Pour ce qui est du rendement d'un investissement, voire d'un placement, en titres financiers notamment, le taux est celui qui transforme des revenus futurs en équivalent de dépenses actualisées (mises initiales généralement). La mesure du taux de rendement interne (actif économique) ou le critère du rendement actuariel (actif financier) présente l'avantage factuel de la comparaison immédiate avec l'exigence de rémunération de la structure entrepreneuriale (coût moyen pondéré du capital employé) ou d'investisseurs particuliers (actionnaires singulièrement).

En définitive, la procédure technique portant sur la mesure d'un capteur économique est semblable, en matière d'investissement et de financement, sauf que, dans un cas, le taux trouvé est un rendement et, dans l'autre, un coût. Une ambiguïté de première lecture pourrait donc apparaître, qu'il est parfois nécessaire de clarifier par des commentaires distinctifs. Ajoutons, à titre préliminaire, que la méthodologie consistant à déterminer des critères de perception doit être rigoureuse. Mais, quelle que soit la cohérence du construit, la pertinence des résultats et des décisions subséquentes dépendra de la justesse des prévisions sur lesquelles reposent les concepts discriminants acquis. Par conséquent, la démarche prédictive portant sur les flux nets de trésorerie futurs tout comme les modalités de leurs calculs sont des actes essentiels.

C'est ainsi qu'il faut savoir bien déterminer les rentrées et sorties consécutives à une décision d'investissement et rendre compatible la méthode de chiffrage empruntée avec le processus d'approximation du taux d'actualisation. Des précautions sont à prendre pour ne pas compter deux fois le financement. Un cash-flow à dette nulle, traité par une mesure du coût qui a subi la seule demande des actionnaires pour leurs contributions[68], détermine un enrichissement net purement économique. Ce

68. Qu'il s'agisse de capitaux propres (variations internes/externes) et/ou de prélèvements sur fonds de roulement excessif.

dernier peut s'avérer imparfait si les effets secondaires, positifs ou négatifs, d'un financement complémentaire par engagements contractuels sont ignorés. Cela dit, comme le solde des impacts positifs et négatifs de l'endettement n'est pas quantifiable avec justesse, on pourrait s'en tenir à une captation exclusivement économique de la valeur d'un investissement (développée dans le présent chapitre) ou d'une entreprise (voir chapitre 6). Indirectement, ce traitement optionnel suppose un solde nul des avantages et des inconvénients de la dette. Ce serait une conséquence logique de la théorie sur la neutralité du financement (voir chapitre 7).

Tous les critères classiques de mesure de la rentabilité actuarielle de projets sont présentés dans ce chapitre en mettant en lumière les étapes techniques de la démarche ainsi que les paradigmes théoriques sous-jacents. Ces propositions fondamentales aident le gestionnaire à conceptualiser et à contourner des difficultés pratiques de résolution sans fournir de certitude absolue quant à la qualité péremptoire de la réponse. Des explications aux possibles objections doivent être trouvées dans la nature même de cette discipline qu'est la finance (science « inexacte »).

Plus généralement, la question à se poser en matière de choix d'investissement est somme toute simple. Une dépense stratégique pour laquelle des perspectives de développement à long terme sont attendues est-elle économiquement réalisable ? Plus finement encore, il s'agit de savoir si un tel acte est de nature à créer ou à détruire de la valeur pour les parties prenantes.

Afin de répondre à cette question, on doit admettre que l'opération financière envisagée affecte, sur une période pluriannuelle prévisionnelle, le bilan et le compte de résultat de la société instigatrice du projet d'investissement. Le bilan est touché principalement à la date de décision, par suite des acquisitions d'actifs, le plus souvent amortissables, et du fait des ajustements possibles de structure financière. La situation patrimoniale est également corrigée à la date de cessation, c'est-à-dire à la fin de la période du calcul de rentabilité, quand il faut introduire une valeur de sortie pour les actifs initialement acquis. Entre ces deux dates, le compte de résultat mesure les effets récurrents de la décision d'investir sur la capacité d'autofinancement (CAF) du promoteur du projet.

En conséquence, ce sont les flux nets de trésorerie du projet, résultant d'opérations acycliques (bilan) et d'opérations répétitives de gestion (compte de résultat), qui débouchent sur des indices actuariels d'évaluation de la profitabilité de l'investissement. De tels cash-flows (matière première du calcul de rentabilité) sont à prévoir sur l'intervalle de temps pendant lequel l'acte d'investir aura une résonance comptable. En pratique, cette durée de vie économique correspond à la fenêtre durant laquelle les estimations de flux nets de trésorerie sont fiables ou à la période au bout de laquelle l'initiateur du projet veut que la décision devienne rentable. Une fois arrêté le terme de la phase d'analyse, de façon arbitraire le cas échéant, une valeur potentielle, voire contractuelle, de sortie est introduite et les sommes investies en fonds de roulement, pour la préservation temporelle de l'équilibre financier, sont récupérées.

La procédure de sélection des investissements repose donc sur deux étapes. La première est déterminante puisqu'elle porte sur les cash-flows prévisionnels rattachés à la décision. La seconde étape répond à la question initialement posée sur l'intérêt économique d'une faisabilité. Le projet particulier pour lequel des conséquences monétaires ont été chiffrées, à titre prédictif, est-il rentable ou, au contraire, risque-t-il d'appauvrir les parties concernées ? C'est sur la base de critères actuariels de sélection qu'une réponse est apportée afin que soit réalisé ou non un seul projet ou pour arbitrer entre des projets mutuellement exclusifs. Cette seconde étape nous oblige à définir un taux d'actualisation afin de dire si le projet rapporte plus ou moins qu'il ne coûte. La comparaison est quantitative (mesure en euros d'aujourd'hui de la valeur créée ou détruite) ou plus expressive en première lecture (excès ou insuffisance du taux de rendement interne sur le coût du capital).

Nous présentons maintenant ces deux moments clés de la procédure en commençant par le calcul des flux nets de trésorerie. Les critères de sélection sont ensuite exposés et commentés en termes d'avantages et d'inconvénients. Conformément à la structure habituelle de chacun des chapitres de cet ouvrage, des exercices, très variés, figurent dans la dernière section du présent chapitre et sur le site de l'éditeur.

1. Modalités de calcul des flux nets de trésorerie d'un projet

Les flux nets de trésorerie à prévoir pour calculer, ensuite, des capteurs de rentabilité n'ont pas à tenir compte de ce que coûte le financement des actifs du projet. De tels cash-flows sont dits économiques ou à dette nulle. Par ailleurs, les flux pertinents sont différentiels. Ils résultent d'une comparaison entre la situation de l'entreprise avec le projet et celle de l'entreprise sans le projet (*statu quo*). Ce qui intéresse l'évaluateur, ce sont les impacts en termes de rentrées et de sorties de trésorerie. Par exemple, si l'investissement projeté réduit le résultat imposable d'une année (charges additionnelles lourdes), la société tout entière paiera, au cours de cet exercice-là, moins d'impôt. Évidemment, cela est vrai dans le cas général d'une activité principale largement bénéficiaire. C'est par conséquent cette économie d'impôt, apparentée à une rentrée de trésorerie, et elle seule, qu'il faut prendre en compte pour le calcul du cash-flow.

1.1. Le tableau des flux nets de trésorerie d'un projet d'investissement

Comme cela a été dit précédemment, les cash-flows en monnaie courante sont à estimer sur une trajectoire pluriannuelle comprenant date de décision ($t = 0$), fenêtre d'exploitation de n années ($t = 1$ à $t = n$) et date de cessation ($t = n$). En règle générale, le cash-flow de la date de décision représente une sortie nette de trésorerie et les flux ultérieurs sont des rentrées nettes de trésorerie de terme échu. Le cash-flow de la énième année d'exploitation agrège les flux consécutifs aux opérations de gestion de l'exercice courant et les conséquences financières de la cessation. Autrement dit, le dernier cash-flow net englobe la valeur marchande éventuelle des actifs acquis lors de la prise de décision tout comme la récupération des sommes investies en fonds de roulement. La seconde composante du flux net de trésorerie de la dernière année est lisible comme une valeur de sortie ou terminale propre à l'investissement étudié.

1.1.1. Présentation brute du tableau des flux nets de trésorerie

Nous utilisons l'expression CF_t pour symboliser les cash-flows différentiels et annuels du projet. Conformément à ce qui a été dit quelques lignes plus haut, les flux nets résultent d'opérations de gestion et de décisions ayant une influence immédiate sur le seul bilan.

Pour chaque année *t* de la durée de vie économique de l'investissement, le socle du cash-flow sur opérations de gestion est l'*EBITDA* (*Earnings Before Interest, Taxes, Depreciation and Amortization*). Cette capacité potentielle d'autofinancement doit néanmoins être corrigée afin de tenir compte des impacts fiscaux calculables sur la variation du résultat net d'exploitation (REX) pour la société tout entière.

Les opérations de bilan qu'il faut introduire ensuite, pour obtenir le cash-flow net total, sont représentées par le coût des acquisitions d'actifs, les variations du besoin en fonds de roulement (ΔBFR) et les cessions réelles ou potentielles d'immobilisations.

Les investissements à étudier sont mobiliers (véhicules industriels, engins agricoles, machines-outils, matériel médical, matériel de manutention…) ou immobiliers (foncier et constructions). Ils peuvent être associés à des dépenses immatérielles (achats de logiciels, de brevets, de licences voire de marques). L'investissement répond à un objectif de remplacement, *via* une utilisation prioritaire des amortissements accumulés, de surplus capacitaire, pour une accélération de la croissance, et de productivité (amélioration des techniques de production notamment).

Les amortissements sont visibles dans le matelas de ressources qu'est le fonds de roulement net global (FRNG). Le FRNG est un excès de capitaux permanents sur les emplois structurels. Ce solde-là est calculé en ignorant les rétentions de résultat au titre des flux internes (dotations aux amortissements et aux provisions principalement). En d'autres mots, le FRNG respecte une logique fonctionnelle de traitement de l'information comptable qui privilégie le concept financier de cash-flow sur la notion de résultat net, laquelle subit l'influence des travaux d'inventaire à l'origine de flux non transactionnels.

Les ressources sur cessions, obligatoirement reliées au projet d'investissement, apparaissent à la date de décision (remplacement d'actifs notamment) et à la date de cessation (prise en compte d'une valeur marchande terminale).

Pour ce qui concerne les variations de BFR, celles-ci sont comptabilisées en début de période ou en fin d'exercice précédent. Si le projet est étudié sur une période pluriannuelle limitée dans le temps, comme c'est le cas couramment, la hauteur du fonds de roulement de la dernière année (terme échu) ne peut plus s'expliquer par un futur volume d'affaires imputable à la décision d'investir puisque l'opération est considérée comme ayant été débouclée. Dès lors que le projet est censé disparaître des comptes de l'entreprise, il emporte avec lui toutes les mises effectuées préalablement pour consolider le fonds de roulement. Autrement dit, la somme des variations de BFR (ΔBFR) relatives au projet est nécessairement nulle. Complétons l'information du lecteur sur ce point. Les variations du BFR dont il faut tenir compte pour déterminer des cash-flows nets peuvent être perçues, également, comme des investissements d'exploitation. Chaque ΔBFR annuel représente ordinairement la part non immédiatement disponible d'*EBITDA* calculé.

Plus exceptionnellement, la variation du BFR apparaît comme une ressource en fonds de roulement. Cela se produit lorsque la relation entre chiffre d'affaires et besoin net de financement sur opérations de gestion est inversée. C'est le cas en situation de cycle d'exploitation court caractérisé par une tendance à la contraction du BFR avec le volume d'affaires. Nous donnons davantage de détails sur ce cas singulier un peu plus loin.

Le tableau 5.1 présente les modalités de calcul des flux nets de trésorerie d'un projet particulier d'investissement. Comme cette feuille de route (voir tableau 5.1) a une valeur générale, nous la respecterons pour toutes les applications numériques de ce chapitre. Avant de prendre un exemple pour illustrer la configuration technique du tableau 5.1, donnons un peu plus d'informations sur le contenu du cadre ci-dessous proposé.

Tableau 5.1 – Calcul des cash-flows nets d'un projet d'investissement[a]

		Flux différentiels	$t = 0$	$t = 1$	$t = 2$	....	$t = n$
(1)		Chiffre d'affaires (CA)					
(2)	+	Ressources sur cessions d'actifs					
(3)	–	Charges d'exploitation décaissables					
(4)	–	Dotations aux amortissements					
(5)	–	Valeur comptable des actifs cessibles					
(6)	=	Résultat économique avant impôt					
(7)	–	Impôt					
(8)	=	Résultat économique après impôt					
(9)		Cash-flow sur opérations de gestion (1) – (3) – (7) ou (8) + (4) + (5) – (2)					
(10)	–	Coût des acquisitions d'actifs					
(11)	+	Ressources sur cessions d'actifs (2)					
(12)	–	ΔBFR					
(13)	=	Cash-flow net total (CF_t) (1) + (2) – (3) – (7) – (10) – (12)					

a. Contrairement aux autres colonnes du tableau, $t = 0$ n'est pas véritablement une année entière. En fait, c'est la date de décision (voir ci-dessus) ou début de la première année d'exploitation qui correspond à un « moment très court » durant lequel il faut prendre la décision de donner suite ou pas au projet. En conséquence, dans les calculs de rentabilité, le cash-flow de $t = 0$ ne doit pas être actualisé. Les autres flux nets, mathématiquement réduits par un taux d'actualisation, sont de fin de terme.

1.1.2. Remarques pratiques sur le contenu du tableau des cash-flows nets

Relativement au contenu des lignes du tableau 5.1, quelques clarifications sont nécessaires pour une bonne compréhension des travaux préparatoires à l'évaluation proprement dite du projet.

Chiffre d'affaires

Sur la ligne (1) figure la variation attendue des produits d'exploitation. En général, la décision d'investir améliore le volume d'affaires en biens et/ou services. Dépendamment du projet, d'autres produits peuvent y être consignés comme des recettes immobilières (loyers), voire des redevances sur brevets ou enseignes. L'impact du projet sur le chiffre d'affaires (CA) sert de socle à la mesure des conséquences de la décision d'investir sur l'équilibre financier. C'est ainsi que l'existence d'une relation normative entre le BFR et le CA facilite la mesure des corrections successives du fonds de roulement (FR). En effet, l'investissement d'exploitation (ΔBFR), qui ampute la trésorerie sur opérations de gestion, entraîne logiquement une consolidation équivalente des capitaux permanents (ΔFR). C'est le schéma plutôt courant, comme stipulé auparavant, mais auquel certaines activités peuvent déroger (voir plus loin).

Cessions d'actifs

La ligne (2) enregistre les ressources sur cessions reliées au projet. C'est le cas lorsqu'il s'agit de remplacer un actif par un autre ou quand les biens mobiliers ou immobiliers acquis au départ ont une valeur marchande au terme de la période retenue pour le calcul de rentabilité. De telles ressources apparaissent donc, dans le tableau 5.1, plutôt au début ($t = 0$) et/ou à la fin ($t = n$).

Rappelons, par ailleurs, que le dessaisissement d'actifs est à la fois une opération de gestion (impact sur le compte de résultat par le biais de la plus ou moins-value de cession) et une opération de bilan (répercussion sur les immobilisations qui baissent et sur la trésorerie qui augmente). C'est la raison pour laquelle la ressource potentielle que représente la valeur marchande d'actifs immobilisés figure sur la ligne (2), dans la partie qui rassemble les flux de gestion (lignes 1 à 8), et sur la ligne (11), dans le bas du tableau où sont regroupées les opérations dites sur le capital (lignes 10 à 12).

Biens et services consommés et coûts salariaux

Nous trouvons sur la ligne (3) les consommations intermédiaires, majorées ou réduites par le projet, ainsi que les conséquences de la décision stratégique sur la masse salariale incluant les charges sociales. La première rubrique est constituée de consommations de biens (matières premières/marchandises) ainsi que de charges externes correspondant à des consommations de services (entretien, réparations, transport, publicité, rémunération d'intermédiaires, télécommunications...). Les matières premières sont transformées en produits finis (activité industrielle/cycle long) et les marchandises représentent des biens destinés à être revendus en l'état (activité commerciale/cycle court).

Flux internes

Sur la ligne (4) devraient figurer toutes les charges calculées susceptibles de subir l'influence de l'investissement envisagé. On pourrait donc trouver, outre les dotations aux amortissements, des flux internes représentant des dotations aux provisions. Mais compte tenu de la nature non mécanique, et donc plus difficilement prévisible des provisions, ne figurent habituellement sur la ligne (4) que les amortissements. Les dotations à comptabiliser sont les flux calculés supplémentaires (amortissement des nouvelles acquisitions) et, lorsqu'il s'agit d'investissements de substitution, la différence entre les dotations sur biens de remplacement et les dotations sur actifs actuels (*statu quo*).

Les amortissements consignés dans le tableau 5.1 sont ceux déduits d'un étalement linéaire ou dégressif de la dépense en capital. L'amortissement linéaire est systématique quand les biens acquis sont d'occasion. Dans ce cas, chaque dotation est égale au coût de l'investissement divisé par la durée fiscale d'amortissement. En matière d'amortissement dégressif, la durée ne peut être inférieure à 3 ans et la technique combine annuités déclinantes, dans un premier temps, et linéaires, ensuite (voir modalités de calcul avec l'application Tristar de la section 1.2).

Résultat sur opérations récurrentes et sur cessions

Les sommes portées sur la ligne (5) sont des valeurs comptables relatives à des actifs pour lesquels une valeur marchande a été inscrite sur les lignes (2) et (11). La différence entre les lignes (2) et (5) donne le résultat sur les cessions programmées ou possibles d'immobilisations dans le cadre du projet étudié. Toute plus-value réduira le cash-flow de gestion en raison d'impôts supplémentaires ; inversement, une moins-value affermira le cash-flow de gestion du fait de l'économie fiscale jointe.

Les flux que l'on vient de décrire (lignes 1 à 5) permettent le calcul de la variation du résultat opérationnel, pour la société tout entière, si la décision d'investir était prise. Une ligne (6) positive signifie que les opérations de gestion prévues amélioreront la situation de la société initiatrice du projet, qui paiera donc davantage d'impôts. À l'inverse, si le projet se traduit par plus de charges que de produits, le résultat (ligne 6) diminuera et la société paiera moins d'impôt dès lors que ses métiers essentiels sont suffisamment profitables (voir plus haut).

Fiscalité

L'impôt additionnel ou l'économie fiscale (ligne 7) est à déterminer en utilisant le taux normal corrigé des éventuelles contributions sociales ou exceptionnelles. La situation actuelle (2015) est la suivante. Sur les 38 120 premiers euros d'excédent, l'entreprise est soumise au taux d'impôt réduit de 15 %. Le reste de ses profits est assujetti au taux normal (33 1/3 %) auquel s'ajoute la contribution sociale de solidarité des sociétés de 3,3 %, lorsque le seuil de 7,63 millions d'euros (M€) de CA est atteint ou dépassé et que le montant de l'impôt sur les sociétés (IS) s'avère supérieur à 763 000 €. Par ailleurs, la société dont le CA est supérieur à 250 M€ supporte une majoration exceptionnelle de 10,7 % qui s'applique aux exercices clos entre le 31 décembre 2013 et le 31 décembre 2015. Dans les deux derniers cas, le taux de l'IS s'élève, en définitive, à 34,43 % (CA inférieur à 250 M€) ou à 38,12 % (CA supérieur à 250 M€).

Cash-flow sur opérations de gestion

La ligne (9) du tableau, qui représente le noyau dur de la création de *cash* par le projet, est en définitive une capacité d'autofinancement d'exploitation. Cette capacité est cependant potentielle parce qu'une partie de l'excédent des produits encaissables sur les charges de même nature est en instance de dénouement monétaire, donc immobilisée. Dans la mesure où les opérations qui génèrent un tel décalage de paiement se renouvellent en permanence, la part de *RBE* non disponible a tendance à se rigidifier. Elle crée ce que l'on appelle un besoin en fonds de roulement (BFR). Ce besoin-là ampute la trésorerie et explique l'augmentation rationnelle du FR. Mais cela n'est pas le cas dans toutes les activités sociales, comme nous allons le voir un peu plus loin avec un exemple.

Coût réel de l'investissement

À propos du coût des acquisitions (10), certaines dépenses peuvent être éligibles à un crédit d'impôt. Il faut en tenir compte. C'est, par exemple, le cas en Corse sur les biens d'équipement amortissables selon le mode dégressif, les agencements et installations de locaux commerciaux ouverts à la clientèle, les logiciels nécessaires à l'utilisation des actifs acquis et sur les travaux de rénovation d'hôtel. Le crédit d'impôt, auparavant de 20 %, est maintenant égal à 10 % des investissements réalisés (2015 et 2016 seulement).

De la même manière, si les investissements logés sur la ligne (10) font l'objet de subventions, par définition non remboursables, il faut aussi en tenir compte. Notons à ce sujet que la subvention d'investissement oblige le bénéficiaire à des réintégrations fiscales au même rythme que l'amortissement des actifs ayant fait l'objet d'une assistance. Cela veut dire que les quotes-parts annuelles de subvention (produits imposables) augmenteront les impôts futurs. Fonctionnellement parlant, on reçoit en $t = 0$ une aide qui réduit le coût des acquisitions, mais par la suite le *cash* diminue du fait de l'impôt sur les virements successifs au compte de résultat. Sur ce même plan, peuvent exister aussi des primes associées à des investissements ciblés, notamment en matière d'énergie maîtrisée ou performante. Tout comme les crédits d'impôt et les subventions, ces primes amoindrissent les sorties de trésorerie reliées au projet d'investissement.

Financement de l'exploitation

Revenons, pour un complément d'informations, sur l'une des lignes du tableau 5.1 qui sont chargées de saisir des opérations de bilan. Il s'agit de la ligne 12 qui enregistre la consommation de trésorerie due aux décalages de paiement. Classiquement, celle-ci est calée sur un rapport financier entre BFR et CA (voir plus haut). Comme le tableau 5.1 doit être bouclé sur les n années de la fenêtre prédictive, on place en $t = 0$ l'ajustement du FR qui fait suite à l'augmentation du volume d'affaires attendue la première année ($t = 1$). La même opération est répétée en $t = 1$ avec en ligne de mire les ventes de $t = 2$. Le projet étant à étudier sur n années, on doit exclure toute trace de celui-ci dans les comptes de $n + 1$ (baisse effective ou virtuelle du CA).

En somme, la variation du BFR de fin d'exercice n est nécessairement négative et le total des flux différentiels portés sur la ligne (12) égal à 0. Cette dernière remarque est vraie en situation générale de besoin net de financement croissant avec le CA. Effectivement, on doit ajouter, pour être complet sur ce sujet, qu'une telle description est juste si le BFR est positif (cycle d'exploitation long).

Dans les secteurs atypiques comme la grande distribution, voire l'hôtellerie ou la restauration, le BFR est plutôt négatif et les déformations du solde sur décalages de paiement sont inversées. En d'autres mots, lorsque le cycle d'exploitation est court, toute augmentation du chiffre d'affaires diminue le BFR et fabrique de la trésorerie. Un projet dans ce genre d'activité sociale se traduirait par des diminutions du FR (trésorerie additionnelle), de $t = 0$ à $t = n - 1$, et par de la restitution de *cash* à la fin de $t = n$. L'application numérique proposée à la section 2.1 prend en considération de telles conséquences liées au BFR négatif.

Tableau simplifié des flux nets de trésorerie

Notons, enfin, que le point de départ du tableau pluriannuel des flux nets de trésorerie pourrait être la variation du résultat brut d'exploitation (*RBE*). Cette variation d'*EBITDA* est acquise en effectuant la différence entre les lignes (1) et (3) du tableau 5.1. Par conséquent, si les charges d'exploitation décaissables sont contrôlables dans le temps, il suffit de connaître le chiffre d'affaires prévu et le taux de marge brute d'exploitation pour construire un tableau simplifié. La première ligne de ce tableau légèrement réduit serait donc représentée par l'*EBITDA*. Quant aux autres lignes du tableau simplifié, elles sont les mêmes que celles de la matrice principale (voir application numérique maintenant proposée).

1.2. Calcul des cash-flows nets d'un investissement particulier : le projet Tristar

1.2.1. Énoncé du cas et tableau des flux nets de trésorerie du projet Tristar

Acceptons l'idée qu'un promoteur immobilier propose à la société Tristar SA, déjà spécialisée dans l'exploitation d'hôtels trois étoiles, un complexe structurel de 750 chambres qui vient d'être terminé. Le prix est de 27 millions d'euros (M€) décomposable en foncier pour 2 M€, en immobilisations lourdes (constructions) amortissables en linéaire sur 20 ans, à hauteur de 22,5 M€, et le reliquat (2,5 M€) en actifs mobiliers incluant du matériel très spécialisé. Ces derniers actifs (équipement de restauration, informatique, bureautique…) sont à amortir en dégressif sur 5 ans.

Pour la première année d'exploitation, on estime à 120 € le prix moyen d'une nuitée par chambre (une année = 365 jours). Ce prix devrait pouvoir augmenter de 2 % par an. Le taux de remplissage, supposé stable dans le temps, est de 80 %. Pour cette catégorie d'hôtels, le taux de marge brute d'exploitation (*EBITDA*/CA) est de 20 %. Par ailleurs, compte tenu de la nature de l'activité sociale et du type de clientèle recherchée, le BFR serait négatif et représenterait –10 jours de chiffre d'affaires (CA)[69]. L'exploitant potentiel, la société Tristar SA, examine la rentabilité du projet sur 5 ans et introduit une valeur de sortie (estimation supposée du complexe hôtelier au bout de 5 ans). Dans ses premiers calculs, l'initiateur du programme d'investissement considère que cette valeur de sortie pourrait être égale au coût initial des constructions acquises majoré du prix de départ du terrain relevé de 25 %.

Déterminons, avec ces données hypothétiques et prédictives à 5 ans, les cash-flows nets du projet afin de savoir, dans un second temps, si l'investissement est rentable ou pas. On prendra un taux d'impôt sur les sociétés égal au taux normal (33 1/3 %) augmenté de la contribution sociale de 3,3 %, ce qui donne un total de 34,43 %. Pour information, on dira ce que deviendraient les cash-flows du projet si la société Tristar SA devait travailler avec des intermédiaires qui diffèrent significativement le règlement de leurs dettes poussant ainsi le BFR à la hausse (+20 jours au lieu de –10 jours de CA).

69. Dans ce secteur d'activité (hôtellerie), il peut en aller différemment si de larges délais de règlement sont accordés à des catégories privilégiées de clientèle telles que les agences, les sociétés qui agissent pour le compte de leurs salariés ou encore les autocaristes.

Les flux différentiels attribuables à ce projet immobilier figurent dans le tableau 5.2. Nous fournissons, ensuite, des explications sur quelques postes.

Tableau 5.2 – Cash-flows nets du projet d'investissement Tristar incluant une valeur potentielle de sortie

Flux différentiels ; milliers € (K€)			***t* = 0**	***t* = 1**	***t* = 2**	***t* = 3**	***t* = 4**	***t* = 5**
		Chiffre d'affaires (CA)	–	26 280,0	26 805,6	27 341,7	27 888,5	28 446,3
(1)		RBE (*EBITDA*)	–	5 256,0	5 361,1	5 468,3	5 577,7	5 689,3
(2)	+	Valeur marchande terminale[a]	–	–	–	–	–	25 000,0
(3)	–	Dotations aux amortissements	–	2 000,0	1 693,8	1 494,7	1 468,3	1 468,3
(4)	–	Valeur comptable terminale [a]	–	–	–	–	–	18 875,0
(5)	=	Résultat avant impôt	–	3 256,0	3 667,4	3 973,7	4 109,4	10 346,0
(6)	–	Impôt (34,43 %)	–	1 121,1	1 262,8	1 368,3	1 415,0	3 562,5
(7)	=	Résultat après impôt	–	2 134,9	2 404,6	2 605,4	2 694,4	6 783,5
(8)		Cash-flow de gestion (1) – (6) ou (7) + (3) + (4) – (2)	–	4 134,9	4 098,3	4 100,1	4 162,7	2 126,8
(9)	–	Coût des immobilisations	27 000	–	–	–	–	–
(10)	+	Valeur marchande terminale (2)	–	–	–	–	–	25 000,0
(11)	–	ΔBFR (BFR = –10 jours de CA)	–720	–14,4	–14,7	–15,0	–15,3	779,4
(12)	=	Cash-flow net total (CF_t) (1) + (2) – (6) – (9) – (11)	**–26 280**	**4 149,3**	**4 113,0**	**4 115,1**	**4 178,0**	**26 347,4**

a. On doit inscrire, sur les lignes (2) et (10), la valeur marchande que pourraient avoir les constructions au terme de la fenêtre de visibilité managériale (période du calcul économique). La ligne (4), pour sa part, reçoit la valeur comptable de ces constructions à la même date plus le prix du terrain, non amortissable, soit 2 M€. De leur côté, les acquisitions mobilières auront été, 5 ans après leur entrée en comptabilité, totalement amorties. Les calculs sont effectués sur ordinateur sans arrondir les résultats des travaux intermédiaires.

1.2.2. Flux principaux du projet initial Tristar commentés

Le chiffre d'affaires (CA) est obtenu en utilisant les données communiquées sur le prix d'une chambre, le nombre de chambres pondéré par le taux de remplissage et les 365 jours annuels. C'est ainsi que, pour la première année d'exploitation, le CA se monte à 26,28 millions d'euros (120 × 750 × 0,8 × 365). Ce chiffre devrait augmenter par la suite de 2 % par an. Le résultat brut d'exploitation ou *EBITDA* (ligne 1 ; voir tableau 5.2) représente 20 % de ce chiffre d'affaires.

Pour ce qui concerne l'amortissement dégressif, il faut se rappeler que le coefficient applicable à une durée de 5 ans est actuellement de 1,75. Pour un amortissement de 3 ou 4 ans, ce coefficient s'établit à 1,25. Il est de 2,25 lorsque l'actif immobilisé a une longévité supérieure à 6 ans. En conséquence, le taux d'amortissement dégressif, dans notre cas, est de 35 %, soit le taux linéaire pour la même durée (20 %) multiplié par 1,75. Sur les 5 ans de la durée de vie fiscale, un arbitrage doit être effectué entre dotation dégressive et dotation linéaire calculées, toutes deux, sur la valeur résiduelle, sachant qu'il faut retenir la plus grande des deux annuités. En fait, la règle est la même quelle que soit la durée de l'amortissement dégressif. C'est ainsi que, pour 5 ans, les trois premières annuités sont dégressives et les deux dernières linéaires ; s'il fallait amortir sur 8 ans, nous aurions eu cinq annuités dégressives et trois annuités linéaires. En somme, et pour ce qui se rapporte à l'exemple, les 2 500 milliers d'euros (K€) à amortir donnent, au titre des dotations annuelles, successivement 875 K€, 568,75 K€, 369,69 K€ et deux fois 343,28 K€.

En matière de décalages de paiement sur opérations de gestion (BFR), et conformément à l'hypothèse initiale retenue, l'augmentation du volume d'affaires hôtelier réduit le fonds de roulement de la société tout entière et libère de la trésorerie. Sur la base du ratio proposé, l'augmentation de *cash* serait de 720 K€ la première année[70]. Pour les années suivantes, le surplus de trésorerie, consigné dans le document permanent qu'est le bilan, est à calculer sur la variation annuelle de CA pour éviter une double comptabilisation. À la fin de la cinquième année, le bouclage du projet entraîne une restitution théorique de disponibilités afin que la somme des ΔBFR de la ligne (11) soit bien égale à 0.

Au total, nous sommes en présence d'un projet qui coûterait, à la date de décision, 26,28 M€ (cash-flow négatif ou sortie nette de trésorerie) et qui procurerait, par la suite, et tous les ans, des rentrées nettes de trésorerie plutôt stables de $t = 1$ à $t = 4$ (voir tableau 5.2). Le dernier de ces cash-flows nets positifs (CF_5) tient compte d'une valeur marchande virtuelle portant sur le foncier et les constructions (estimation faite de l'ensemble en $t = 5$; voir ci-dessus).

1.2.3. Incidence d'un BFR positif sur les flux nets de trésorerie du projet Tristar

En situation d'activité sociale à BFR positif et non négatif, à hauteur de +20 jours de chiffre d'affaires (CA), la baisse des flux nets de trésorerie du projet est peu significative, surtout de $t = 1$ à $t = 4$. C'est bien ce que révèle le tableau 5.3 qui tient compte d'une nouvelle série, inversée, de ΔBFR. On remarquera (voir tableau 5.3) une sortie nette plus accentuée à la date de décision et, au contraire, une rentrée nette de trésorerie plus satisfaisante la dernière année du fait de la récupération des sommes investies en fonds de roulement.

Tableau 5.3 – Cash-flows nets du projet d'investissement Tristar, si le BFR de la société était positif[a]

	Flux différentiels (K€)	**$t = 0$**	**$t = 1$**	**$t = 2$**	**$t = 3$**	**$t = 4$**	**$t = 5$**
	Cash-flow de gestion	–	4 134,9	4 098,3	4 100,1	4 162,7	2 126,8
–	Coût des immobilisations	27 000	–	–	–	–	–
+	Valeur marchande terminale	–	–	–	–	–	25 000,0
–	ΔBFR (BFR = 20 jours de CA)	+1 440	+28,8	+29,4	+30,0	+30,6	–1 558,7
=	Cash-flow net total (CF_t)	**–28 440**	**4 106,1**	**4 068,9**	**4 070,1**	**4 132,1**	**28 685,5**

a. Une telle information concernant le solde sur décalages de paiement (BFR devenant positif et représentant 20 jours de CA) n'a aucune incidence sur le compte de résultat prévisionnel et le cash-flow récurrent de gestion (ligne [8] du tableau 5.2).

Pour savoir si la décision d'acquisition du complexe hôtelier est rentable ou pas, il nous faut utiliser des critères actuariels de sélection. Ces mesures d'enrichissement ou d'appauvrissement sont maintenant présentées.

70. $\frac{26280}{365} \times (-10) = -720$ K€.

2. Mesures actuarielles de la rentabilité d'un investissement

Les capteurs de rentabilité livrent une perception quantitative ou relative de l'enrichissement procuré par la conduite à son terme du projet.

Pour ce qui est des mesures quantitatives de survaleur, par suite d'opportunités d'investissement, elles reposent sur la règle générale de la *VAN* (valeur actualisée nette). Si le solde des cash-flows temporels actualisés est positif, alors le projet prévoit de rapporter davantage qu'il ne coûte. On constate, dans ce cas, plus de rentrées que de sorties, nettes, de trésorerie. La pénalisation des flux décalés, par le jeu de l'actualisation, représente le prix des capitaux financiers mobilisés afin que soit prise la décision stratégique. Ce coût est déterminé en utilisant un ratio normatif concernant la structure des ressources sans renvoi aux modalités de financement du projet particulier qui pourraient se révéler trop singulières.

Quant aux mesures dites relatives de la rentabilité, elles s'expriment sous la forme d'un taux dont le niveau doit se situer au-dessus du coût du capital pour que le projet soit retenu. Dans cette catégorie de capteurs, le critère de référence est le taux de rendement interne (TRI).

Concernant chacun de ces deux critères centraux (*VAN*, TRI), une hypothèse tacite de réinvestissement des cash-flows générés par le projet légitime les calculs effectués pour la mesure de rentabilité. Cette option de replacement, voire de financement, des flux nets de trésorerie est plus ou moins discutable. Une modification de la possibilité chiffrée de réinvestir, des cash-flows postifs, ou de financer, des cash-flows négatifs, peut changer significativement le résultat obtenu en mieux, mais aussi de façon défavorable, ce qui peut remettre en question, dans ce second cas, la décision à prendre en matière de faisabilité.

2.1. La valeur actualisée nette et les instruments dérivés de cet outil

2.1.1. Définition de la règle générale

Comme nous l'avons stipulé précédemment, la *VAN* est une somme de cash-flows négatifs et positifs actualisés. L'opération est dite blanche lorsque la somme trouvée est nulle. En revanche, quand le solde des cash-flows nets actualisés est positif, l'investissement tire vers le haut la valeur globale de l'entreprise. Enfin, un projet à *VAN* négative contracte, en théorie pour le moins, la valeur générale de la société instigatrice du projet.

L'écriture de la valeur créée ou détruite par la décision d'investir est donc la suivante :

$$VAN = \sum_{t=0}^{n} CF_t (1+k)^{-t}$$

Un projet unique est économiquement faisable (on peut le retenir) quand sa *VAN* est positive. Lorsqu'il faut choisir entre des projets mutuellement exclusifs, celui qui présente la *VAN* la plus importante devrait être sélectionné. La *VAN* est donc un critère de maximisation de la valeur d'une entreprise.

La *VAN* décroît, généralement de manière uniforme, au fur et à mesure que le taux d'actualisation augmente. Plus favorables sont les conditions de rémunération des apporteurs de capitaux (moindre coût pour les initiateurs), plus large est l'éventail des projets d'investissement réalisables, c'est-à-dire à *VAN* positive. Techniquement, le coût du capital exerce donc une influence déterminante sur la maximisation de la valeur d'entreprise *via* les projets stratégiques de développement.

Les enjeux de structure financière sont donc considérables, mais les justifications en la matière ont des contours multiples (souplesse, perception extérieure, intérêt des actionnaires, position des dirigeants…) et reposent sur des variables (sources de financement) dont la maîtrise (coût, conséquences) n'est pas toujours bien assurée ou correctement appréciable. C'est notamment le cas pour la liste des effets, positifs et négatifs, de l'endettement et l'évaluation de l'impact d'une augmentation des engagements contractuels sur la demande effective des actionnaires. On sait bien que le seul argument du coût explicite n'est pas tenable, sinon toutes les entreprises seraient très largement endettées. Ce sujet est largement abordé au début du chapitre 7.

2.1.2. Le taux d'actualisation

Une réflexion s'impose sur la détermination du taux d'actualisation représentatif du coût du capital (k). Cette variable, en mesure d'influencer sensiblement la *VAN* (voir plus haut), est fondamentale parce qu'elle repose sur une construction financière conceptuellement justifiable et sur des paradigmes théoriques forts. Dans ce domaine, il importe de distinguer le coût profond d'une ressource, que peut livrer un modèle théorique, et son coût apparent nul (CAF) ou chiffrable par des flux répétitifs (charges décaissables, dividendes). C'est à la théorie financière qu'il faut faire référence pour déterminer ce coût et évaluer l'impact qu'un tel taux d'actualisation peut avoir sur le prix de l'investissement (résonance sur la valeur ajoutée de marché tirée de la réalisation du projet singulier).

Les voies d'accès

On peut suivre au moins deux chemins pour déterminer ce taux, mais, quelle que soit la voie empruntée, il faudra avoir à l'esprit la notion de rémunération calée sur un facteur systématique de risque. Celui-ci est applicable aux titres financiers (capitaux propres et dettes) et aux emplois (actif économique). Dans le cadre du modèle dominant (MEDAF), deux risques sont prépondérants, celui relatif à l'actif qui livre un *bêta* désendetté (β_A) et le coefficient de volatilité caractérisant les seuls fonds propres ou *bêta* endetté (β_c).

Au final, l'actionnaire demande à être rémunéré pour les risques économique et financier qu'il prend, le tout étant théoriquement perceptible dans le *bêta* des capitaux propres (β_c). Le plus important de ces deux risques est opérationnel et visible dans le *bêta* de l'actif ou de l'investissement (β_A). Le second est imputable au choix de structure financière effectué par les dirigeants (levier), qui crée un phénomène mesurable de survariance au plan de l'enrichissement des actionnaires (accentuation de la volatilité du *Return On Equity* ou *ROE*). Comptablement parlant, le renforcement de la dette éloigne le point mort parce que l'augmentation des intérêts induits gonfle le total des coûts fixes supportés. Les investisseurs prennent, logiquement, plus de risques quand une décision managériale repousse le chiffre d'affaires à partir duquel la société commence à faire des bénéfices.

En pratique, le coût du capital peut être déterminé par adossement à une source principale de risque. Cette origine, si elle devait être unique, est purement économique. Le risque opérationnel est celui de l'activité générale de la société tout entière ou plutôt celui du projet d'investissement si ce dernier est de nature à accentuer l'instabilité des revenus futurs d'exploitation. La *VAN* calculée de la sorte est exclusivement économique. On pourrait donc, dans un second temps, ajouter à ce noyau dur de survaleur (*VAN* économique) les avantages fiscaux de l'endettement quand la société ne se finance pas exclusivement par des capitaux propres. Pour ce faire, il faut tenir compte non pas du financement propre au projet, mais de la structure financière normative de la société dans son ensemble représentée par un ratio d'endettement cible (voir ci-dessus).

Dans le cadre d'une captation strictement économique de la survaleur, le coût du capital est le taux requis par les propriétaires en situation de dette nulle (k_c^0). Cette demande, qui assure uniquement la rémunération du risque de l'activité sociale, est calée sur le taux du placement sûr (R_F) auquel on ajoute une prime de risque de marché (*PRM*) pondérée, soit :

$$k_c^0 = R_F + \beta_A PRM$$

La seconde technique principale de détermination d'un tarif pour la pénalisation des flux futurs est celle qui consiste à admettre que le taux d'actualisation représente la somme de deux coûts pondérés, ceux des capitaux propres et de la dette.

Cette approche doit être théoriquement justifiée par un chiffrage argumenté de ce que coûtent les capitaux propres (*CP*) et les dettes (*D*). En principe, un processus itératif doit être conduit, sur les rendements requis par les parties prenantes, au fur et à mesure que le facteur de risque opérationnel, intégré dans le calcul, change et que la structure financière (en valeur) se modifie. Pour des seuils très tolérables d'endettement (probabilité d'une défaillance proche de 0), l'effet de levier présente plutôt des avantages (économies fiscales). En revanche, dès l'instant où l'endettement devient significatif, il est difficile de ne pas tenir compte de tous les prolongements, positifs et négatifs, de ce choix structurel (aspects fiscaux, coûts pondérés de faillite, inconvénients d'un tarissement futur du financement, gestion des engagements...). La difficulté de prise en compte de tous ces facteurs peut inciter l'analyste financier à ne tenir compte que du *bêta* désendetté pour déterminer le coût du capital. Cela revient à dire que les effets secondaires de la dette sont globalement nuls aboutissant ainsi à une neutralité du financement. Cette thèse portant sur l'insensibilité de la valeur à la structure financière, nous l'avons déjà évoquée. Elle est de nature à donner satisfaction au principe de précaution en livrant une *VAN* plancher.

Livraisons théoriques

Si les conséquences de l'endettement sont essentiellement fiscales, la double formule élémentaire portant sur le coût moyen pondéré du capital (*k*) s'écrit comme suit :

$$k = k_c \frac{CP}{CP + D} + k_d(1 - T)\frac{D}{CP + D} = k_c \frac{1}{1 + L} + k_d(1 - T)\frac{L}{1 + L}$$

Dans ces deux expressions égales, k_c, k_d et T désignent, respectivement, le rendement requis par les actionnaires selon le MEDAF, le coût de la dette et le taux d'impôt. Le levier (L), indiquant le rapport entre D et CP, est à calculer avec des valeurs de marché. On démontre, sans difficulté, qu'en situation de majoration de la valeur d'entreprise du fait de la dette, et en raison d'avantages fiscaux dans un contexte à la Modigliani et Miller (MM, 1963), le coût des capitaux propres s'écrit :

$$k_c = k_c^0 + (k_c^0 - k_d)L(1-T)$$

Une telle expression du rendement requis est juste lorsque le supplément de valeur d'une entreprise endettée, *versus* une qui ne l'est pas, bien que semblable sur tous les autres points, atteint le produit de la dette financière (D) par le taux d'impôt sur les sociétés (T). On explique ce format théorique de k_c par un raisonnement simple sur un horizon infini avec des fondamentaux constants (*EBIT* spécialement)[71].

En remplaçant dans la première formulation du coût moyen pondéré du capital (k), présentée un peu plus haut, k_c par l'expression ci-dessus, on aboutit à deux autres expressions générales et identiques de k. Ces nouvelles équations sont obtenues en effectuant des arrangements et des simplifications qui se présentent ainsi :

$$k = \left[\left(k_c^0 + (k_c^0 - k_d)\frac{D}{CP}(1-T)\right)\left(\frac{CP}{CP+D}\right)\right] + \left[k_d(1-T)\frac{D}{CP+D}\right]$$

$$k = \left[\left(k_c^0\frac{CP}{CP+D}\right) + \left((k_c^0 - k_d)\frac{D}{CP}(1-T)\frac{CP}{CP+D}\right)\right] + \left[k_d(1-T)\frac{D}{CP+D}\right]$$

$$k = k_c^0\frac{CP}{CP+D} + \left[\left((1-T)\frac{D}{CP+D}\right)\left(k_c^0 - k_d + k_d\right)\right]$$

$$k = k_c^0\left[\frac{CP}{CP+D} + (1-T)\frac{D}{CP+D}\right]$$

$$k = k_c^0\left[\frac{CP}{CP+D} + \frac{D}{CP+D} - \frac{DT}{CP+D}\right] = k_c^0\left[1 - T\frac{D}{CP+D}\right]$$

$$k = k_c^0 - \left[k_c^0 T\left(\frac{D}{CP+D}\right)\right] = k_c^0 - \left[k_c^0 T\left(\frac{L}{1+L}\right)\right]$$

Vérification de la cohérence des voies d'accès

À l'aide d'un exemple simple, vérifions la pertinence des deux chemins d'accès pour la mesure de k et de la *VAN*, et prouvons l'exigence théorique d'un raisonnement sur des valeurs marchandes.

Pour faciliter les calculs, on se place sur un horizon infini en admettant que l'investissement qui coûte 1 500 K€ génère une rente perpétuelle constante de 180 K€ par an. Le projet de cet exemple n'est pas de nature à changer le *bêta* désendetté de la société initiatrice. Celui-ci est de 0,9. Par ailleurs, le rendement d'un placement sûr s'élève à 1,5 % et

71. Pour une justification un peu plus explicite, voir chapitre 7.

la prime de risque de marché se situe au voisinage de 7 %. Nous supposons que le taux sûr est aussi le taux auquel peut emprunter la société qui examine la faisabilité du projet (index de risque de crédit nul). Le taux d'impôt est de 34,43 % et le ratio d'endettement cible (dettes sur ressources totales) atteint 25 %, ce qui donne un levier de 1/3.

En situation d'économies fiscales possibles sur le financement par emprunt, le coût moyen pondéré du capital (k) est le résultat du calcul ci-après :

$$k = k_c \frac{1}{1+L} + k_d(1-T)\frac{L}{1+L} = k_c^0 - \left(k_c^0 T \frac{L}{1+L}\right)$$

$$k_c^0 = R_F + \beta_A PRM = 0{,}015 + (0{,}9 \times 0{,}07) = 7{,}8\%$$

$$k = 0{,}078 - \left((0{,}078 \times 0{,}3443)\frac{0{,}3333}{1{,}3333}\right) = 7{,}13\%$$

En respectant ce même cadre théorique (voir Modigliani et Miller), le taux k (7,13 %) aurait pu être calculé en passant par un chiffrage préalable du *bêta* endetté (β_c) et du rendement requis par les actionnaires en présence de dettes (k_c). Vérifions-le :

$$\beta_c = \beta_A\big(1 + L(1-T)\big) = 0{,}9\big(1 + 0{,}3333(1 - 0{,}3443)\big) = 1{,}10$$

$$k_c = R_F + \beta_c PRM = 0{,}015 + (1{,}10 \times 0{,}07) = 9{,}18\ \%$$

$$k = k_c \frac{1}{1+L} + k_d(1-T)\frac{L}{1+L} = 0{,}0918\frac{1}{1{,}3333} + 0{,}015\big(1 - 0{,}3443\big)\frac{0{,}3333}{1{,}3333} = 7{,}13\ \%$$

Avec ce taux d'actualisation de 7,13 %, on calcule une *VAN* qui intègre les avantages fiscaux de la dette. Cela donne, en conservant toutes les décimales de k :

$$VAN = -1\,500 + \frac{180}{k} = -1\,500 + \frac{180}{0{,}0713} = 1\,025{,}06\ \text{K€}$$

La valeur marchande du projet est égale à la mise initiale (1 500 K€) majorée de ce surplus, soit un total de 2 525,06 K€. C'est sur cette valeur du projet que doivent être déterminées les économies d'impôt sur la charge répétitive d'intérêts. Plus précisément, ces avantages fiscaux sont à rechercher sur une dette obtenue en multipliant la valeur du projet (2 525,06) par le ratio d'endettement cible (25 %).

Pour connaître la part des économies d'impôt incluse dans les 1 025,06 K€ de *VAN*, il faut préalablement calculer la survaleur économique. Une fois cette recherche effectuée, nous pourrons vérifier les avantages du levier financier à partir d'une actualisation des baisses d'impôt en lien avec les intérêts de la dette (charges comptables fiscalement déductibles). En somme :

$$VAN\ \text{économique} = -1\,500 + \frac{180}{k_c^0} = -1\,500 + \frac{180}{0{,}078} = 807{,}69\ \text{K€}$$

Valeur actualisée des avantages fiscaux de la dette[72] = 1 025,06 – 807,69 = 217,37 K€

72. Avantages fiscaux obtenus par déduction, mais justifiés (voir ci-après).

Ce bloc fiscal de 217,37 K€ doit correspondre à la valeur actualisée d'une rente perpétuelle constante. La perpétuité est ici égale aux économies d'impôt sur intérêts annuels. Comme l'économie fiscale est assise sur les intérêts, qui s'élèvent à 9,47 K€ (2 525,06 × 0,25 × 0,015) par an, son degré de risque est le même que celui de l'obligation récurrente et contractuelle (charge financière). Les économies d'impôt sont donc actualisables au taux d'intérêt. Le total des avantages fiscaux dégagé par actualisation d'une rente (économie annuelle d'impôt) est par conséquent le résultat du calcul suivant :

$$9,47 \times T\sum_{t=1}^{\infty}(1+k_d)^{-t} = 9,47 \times T \times \frac{1}{k_d} = \frac{9,47 \times 0,3443}{0,015} = 217,37 \text{ K€}$$

L'exigence théorique d'une estimation avec des valeurs de marché est bien constatée. Dans cet exemple simple mais probant, la *VAN* repose sur un noyau dur (plancher) représenté par la *VAN* économique (80 % environ). L'endettement pourrait élever ce socle économique de 27 % au maximum puisque, dans le meilleur des cas possibles (avantages fiscaux exclusivement), la *VAN* passerait de 807,69 à 1 025,06.

2.1.3. Application au projet Tristar

Nous conservons les données fournies (pages précédentes) en matière de *bêta* désendetté (0,9), de taux sûr (1,5 %), de prime de risque de marché (7 %) et de levier (1/3). Ces informations de marché donnent un rendement requis, en l'absence de dettes, de 7,8 % (k_c^0) et un coût moyen pondéré du capital de 7,13 % (k) en présence d'économies fiscales sur l'endettement (voir plus haut). Par conséquent :

$$VAN = -26\,280,0 + \frac{4\,149,3}{(1+k)} + \frac{4\,113,0}{(1+k)^2} + \ldots + \frac{26\,347,4}{(1+k)^5}$$

$$VAN = -26\,280,0 + \frac{4\,149,3}{(1,0713)} + \frac{4\,113,0}{(1,0713)^2} + \ldots + \frac{26\,347,4}{(1,0713)^5} = 6\,369,1 \text{ K€}$$

Dans l'hypothèse d'une neutralité du financement, qui pourrait s'expliquer par l'augmentation compensatoire du coût des capitaux propres au fur et à mesure que la dette croît, le surplus d'enrichissement dû au projet aurait un contenu exclusivement économique. Ce plancher de valeur est le suivant :

$$VAN \text{ économique} = -26\,280,0 + \frac{4\,149,3}{(1+k_c^0)} + \frac{4\,113,0}{(1+k_c^0)^2} + \ldots + \frac{26\,347,4}{(1+k_c^0)^5}$$

$$VAN \text{ économique} = -26\,280,0 + \frac{4\,149,3}{(1,0780)} + \frac{4\,113,0}{(1,0780)^2} + \ldots + \frac{26\,347,4}{(1,0780)^5} = 5\,585,6 \text{ K€}$$

Lorsque les conséquences de l'endettement sont exclusivement fiscales (suites favorables seulement), la *VAN* de base ne peut qu'augmenter. De 14 % dans notre cas. En effet, du fait des économies d'impôt, la *VAN* passerait de 5 585,6 K€ à 6 369,1 K€ (+783,5 K€). Comme nous l'avons déjà dit, ce supplément est un plafond puisque la dette s'accompagne, aussi, de coûts directs et indirects représentant les prolongements défavorables du recours à des investisseurs contractuels.

Dans le cas où la société Tristar SA aurait à supporter un besoin véritable en fonds de roulement (BFR), de +20 jours de chiffre d'affaires, la *VAN* diminuerait principalement du fait de l'investissement d'exploitation de $t = 0$. À cette date dite de décision, le ΔBFR passerait de –720 K€ (hypothèse faite au départ) à +1 440 K€ (voir tableau 5.3). Le projet resterait néanmoins rentable, mais avec une *VAN* un peu plus basse (5 716 K€ contre 6 369,1 K€ pour le scénario initial).

2.1.4. L'hypothèse implicite du réinvestissement au coût du capital et la *VAN* réelle

Calculer la *VAN* comme nous l'avons fait suppose un replacement des rentrées nettes de trésorerie du projet à un taux égal au coût du capital (k). Nous pouvons le vérifier avec les cash-flows nets du projet Tristar pour lequel le taux k est de 7,13 %. Au bout de 5 ans, la capitalisation des rentrées nettes de trésorerie, à ce taux-là, donne la recette cumulée suivante, sachant que les flux sont de terme échu :

Valeur capitalisée des cash-flows positifs générés par le projet Tristar :

$$4\,149{,}3(1{,}0713)^4 + 4\,113{,}0(1{,}0713)^3 + 4\,115{,}1(1{,}0713)^2 + 4\,178{,}0(1{,}0713) + 26\,347{,}4 = 46\,067{,}7$$

Tout compte fait, c'est comme si nous avions à étudier la rentabilité d'un projet coûtant 26 280 K€ et procurant un seul revenu, au bout de 5 ans, de 46 067,7 K€. La valeur actualisée nette (*VAN*) d'un tel projet, supposé équivalent à l'investissement initial, est obtenue en actualisant l'unique rentrée nette de trésorerie future et en déduisant, ensuite, la mise initiale. Cette autre procédure de calcul doit redonner la *VAN* initiale pour que soit démontrée l'hypothèse implicite du réinvestissement des revenus intermédiaires au coût du capital. Effectuons ce calcul en conservant toutes les décimales (travaux sur ordinateur) :

$$VAN = \frac{46\,067{,}7}{(1+k)^5} - 26\,280{,}0 = \frac{46\,067{,}7}{(1{,}0713)^5} - 26\,280{,}0 = 6\,369{,}1 \text{ K€}$$

On retrouve bien la même *VAN* que lors du premier calcul.

Mais la pratique du réinvestissement ou du financement des cash-flows, selon qu'ils sont positifs ou négatifs, au coût du capital peut être différente de celle sous-jacente à la méthode. En effet, il n'est pas sûr que l'on puisse atteindre une rémunération sur le placement des cash-flows positifs égale au coût du capital. L'assurance est plutôt celle d'un replacement à un taux moindre de telle sorte que la *VAN* réelle, qualifiable de globale ou d'intégrée (*VANI*), s'avère inférieure à la *VAN* théorique. Si r_e désigne le taux auquel sont replacées les rentrées nettes de trésorerie futures (terme échu), on peut écrire la *VANI* comme suit dans le cas d'un cash-flow négatif unique à la date de décision :

$$VANI = CF_0 + \frac{\sum_{t=1}^{n} CF_t(1+r_e)^{n-t}}{(1+k)^n}$$

Par exemple, si le taux de réinvestissement (r_e) est proche du taux sûr, disons 2 %, la *VAN* réelle (*VANI*) est bien inférieure à 6 369,1 K€. Elle se monte à 4 721,8 K€ comme le prouve un nouveau calcul de la valeur capitalisée de tous les cash-flows positifs. Effectivement, avec un formatage à une décimale des flux nets de trésorerie tirés du projet, on obtient :

$$VANI = -26\,280{,}0 + \frac{4\,149{,}3(1{,}02)^4 + 4\,113{,}0(1{,}02)^3 + 4\,115{,}1(1{,}02)^2 + 4\,178{,}0(1{,}02) + 26\,347{,}4}{(1{,}0713)^5}$$

$$VANI = -26\,280{,}0 + \frac{43\,746{,}4}{(1{,}0713)^5} = 4\,721{,}8 \text{ K€}$$

Dans le cas, moins fréquent, d'un taux de placement du *cash* produit par le projet supérieur à k, la survaleur se situerait au-delà de 6 369,1 K€.

Pour information, cette *VAN* calculée avec un taux de réinvestissement de 2 points, sur rentrées nettes de trésorerie, en situation de BFR positif (20 jours), serait de 4 088,3 K€.

Les résultats nous disent que, même en situation de replacement beaucoup moins avantageux du *cash* généré par le projet, la décision d'investir procurerait une survaleur de nature à enrichir la société tout entière. L'apparition d'une contrainte en matière de BFR ne changerait pas la donne.

2.1.5. L'indice de rentabilité (*IR*)

Sur le principe, lorsqu'il faut choisir entre des projets pour lesquels les mises de fonds sont différentes, la sélection pourrait se faire selon le critère de l'indice de rentabilité (*Profitability Index*). Plus forte est la rentrée nette de trésorerie actualisée pour 1 € investi, meilleur est le projet. Pour un projet unique, la condition d'acceptation est donc celle d'un *IR* supérieur à 1, ce qui équivaut à une *VAN* théorique ou une *VANI* positive. Dans le cas usuel d'une dépense immédiate (sortie nette de trésorerie) suivie de cash-flows positifs (rentrées nettes de trésorerie), la formule s'écrit :

$$IR = \frac{\sum_{t=1}^{n} CF_t (1+k)^{-t}}{-CF_0} = \frac{VAN - CF_0}{-CF_0} \quad \text{ou} \quad IR = \frac{VANI - CF_0}{-CF_0}$$

Une expression de l'indice de rentabilité (*IR*) à plus large couverture devrait intégrer, dans son contenu, une possibilité de cash-flows négatifs multiples (CF_t^N), dont un ou plusieurs à l'intérieur de la fenêtre habituelle des cash-flows positifs ($t = 1$ à $t = n$). Utilisons le symbole CF_t^P pour désigner ces rentrées nettes de trésorerie. Dans ce contexte, la formule très générale, incluant une différenciation possible des taux de replacement et de financement, se présenterait ainsi :

$$IR = \frac{\left[\sum_{t=1}^{n} CF_t^P (1+r_e)^{n-t}\right](1+k)^{-n}}{-\sum_{t=0}^{n} CF_t^N (1+k)^{-t}}$$

En situation de rationnement du capital, le critère de l'indice de rentabilité peut avoir du sens et présenter par conséquent des avantages. En revanche, quand des financements sont disponibles pour toute décision susceptible d'être rentable, la méthode appliquée à des projets mutuellement exclusifs n'est pas forcément en ligne avec l'objectif de maximisation de la valeur globale de l'entreprise. Le critère de l'enrichissement pour 1 € de capital immobilisé peut, en effet, favoriser des investissements à moindre coût et fournir, le cas échéant, une illusion de rentabilité spécialement lorsque des projets de taille très inégale sont comparés.

Si l'indice de rentabilité permet, théoriquement, de choisir entre des investissements de taille différente, il ne résout pas le problème de la comparaison de projets pour lesquels les durées de vie ne sont pas les mêmes. Dans ce cas, la méthode d'arbitrage pourrait être celle qui transforme la *VAN* de chaque investissement en équivalent annuel de cash-flow net.

Admettons que les projets A et B soient répétés tous les 5 ans pour le premier et tous les 8 ans pour le second. La valeur actualisée nette (*VAN*) de A est estimée à 5 000, en monnaie courante, et celle de B à 7 000. On sait, par ailleurs, que le promoteur de chacun de ces deux projets possibles supporte un coût du capital de 8 %. Sur la base du critère du revenu annuel équivalent (*RAE*), A se révèle supérieur à B malgré une *VAN* plus faible. Vérifions-le :

$$RAE = 5\,000\frac{0{,}08}{1-1{,}08^{-5}} = 1\,252{,}3 \text{ (Projet A)}$$

$$RAE = 7\,000\frac{0{,}08}{1-1{,}08^{-8}} = 1\,218{,}1 \text{ (Projet B)}$$

Mais cette technique, simple dans son contenu, n'est opérationnelle que si les décisions stratégiques sont renouvelables à l'infini sur les mêmes durées et selon des conditions financières stationnaires. Ces exigences-là sont difficiles à concrétiser. Ajoutons que cette approche par le revenu annuel équivalent est transposable à des coûts. On pourrait ainsi, sur la base de prévisions faites en matière d'acquisition d'immobilisations (coût initial, frais de fonctionnement et durée de vie), effectuer une sélection entre plusieurs achats possibles d'actifs. Le critère de l'annualisation des coûts d'investissement est une recommandation européenne pour arbitrer des politiques publiques en matière de transition technologique. Par exemple, la demande croissante pour l'accès au très haut débit a poussé les opérateurs à établir des comparaisons, sur la base de l'annualisation des dépenses d'investissement, entre réseaux de cuivre et réseaux en fibre optique[73].

2.1.6. La méthode du *pay-back* ou délai de récupération du capital investi

Éléments de contenu

La *pay-back period* (*DR*) représente la fenêtre pluriannuelle prévisionnelle au terme de laquelle le capital investi est reconstitué. C'est en définitive le nombre d'années permettant d'obtenir une *VAN* nulle. Au-delà de cette phase de reconstitution, dont le terme se

73. Voir « Les critères de choix d'une méthode d'annualisation des coûts d'investissement et la transition du cuivre vers la fibre », *Actes de l'Arcep* (Autorité de régulation des communications électroniques et des postes), mars 2011.

situe fréquemment entre deux années, tous les cash-flows générés par le projet consolident la valeur de l'entreprise. Ce critère peut être considéré comme prenant en compte le risque. En effet, plus petite est la période de récupération des sommes immobilisées plus faible est le risque encouru. Si la sélection se fait selon ce capteur, réducteur de risques, les cash-flows attendus au-delà de la *pay-back period* sont ignorés, ce qui peut pénaliser des projets structurants dont la rentabilité a l'habitude de se faire attendre.

Ce critère a de la pertinence économique en situation de flux nets de trésorerie réguliers et raisonnablement comparables d'une année sur l'autre. Le cadre est plutôt celui d'un horizon temporel long. C'est le cas notamment pour des placements en actions où le dividende peut apparaître comme un flux de revenu relativement stable et théoriquement contrôlable à long terme (voir chapitre 6).

En présence d'une valeur terminale significative et sur un temps plutôt court, la récupération totale du capital investi risque de se faire sur la dernière année d'exploitation de telle sorte que le critère perd de son intérêt. C'est le cas pour le projet Tristar de notre application numérique qui permet une reconstitution de la mise initiale sur la dernière année d'exploitation en raison de l'importance de la valeur dite de sortie. En présence d'une valeur terminale peu significative, c'est-à-dire lorsque le dernier revenu n'est pas trop éloigné des précédents, la méthode du *pay-back* est utilisable et peut donner une information qui s'avère parfois utile en matière de progressivité du *cash* reconstitué.

DR et gestion de BFR

Sur un autre plan managérial, plus tactique, cet indice de référence pourrait être utilisé pour porter un jugement concernant l'intérêt d'une augmentation volontaire du besoin en fonds de roulement (BFR). Un tel investissement d'exploitation est la conséquence logique de trois décisions voulues ou imposées portant sur la gestion des postes de bas de bilan (actifs et passifs circulants).

La première de ces actions tactiques possibles relève de la gestion des stocks ; les volumes sur ce poste pourraient être augmentés pour une meilleure satisfaction de la demande. La deuxième opération éventuelle concerne l'allongement de la durée de règlement des clients pour doper les ventes (mise en place d'une politique plus libérale). Enfin, la troisième décision qui entraîne un alourdissement du BFR est celle qui consiste à payer plus vite les fournisseurs d'exploitation afin de réduire le coût des consommations intermédiaires, qu'il s'agisse de matières premières, de marchandises ou de charges externes. Le coût de ce type d'investissement à court terme est représenté par la baisse du *RBE*[74] disponible, conséquence logique de l'augmentation du BFR.

Par exemple, si les décisions prises en matière de gestion de bas de bilan font passer le rapport financier BFR/CA de 10 % à 15 %, la diminution du *cash* serait de 500 milliers d'euros (K€) pour un CA annuel attendu de 10 000 K€. Admettons que les avantages espérés d'une révision de la gestion du cycle d'exploitation (amélioration future du volant de trésorerie) soient évalués à 20 K€ par mois et que ces gratifications ne puissent dépasser 36 mois au total. Le critère du délai de récupération du capital investi est en mesure de

74. Résultat brut d'exploitation ou *EBITDA* obtenu par différence entre produits d'exploitation encaissables et charges d'exploitation décaissables. On appelle excédent de trésorerie d'exploitation (ETE) la différence entre le *RBE* et la variation de BFR.

nous dire si une telle décision est bonne ou pas. Pour le savoir, formons l'hypothèse que le coût du capital s'élève à 10,034 % par an et supposons, pour simplifier les calculs, que le CA annuel ne devrait pas changer au cours des trois prochaines années. Le délai de récupération, notons-le *DR*, est le nombre de mois au bout duquel la somme des gains actualisés de trésorerie atteint la diminution initiale de *cash*. Une telle inconnue (*DR*) est donc la solution du polynôme suivant :

$$0 = -500 + 20\sum_{t=1}^{DR}(1 + k_p)^{-t} \text{ , avec } k_p = 1{,}10034^{1/12} - 1 = 0{,}8\ \%$$

Après développement et simplification, il vient :

$$\frac{500}{20} = \frac{1 - 1{,}008^{-DR}}{0{,}008} \quad \Rightarrow 1{,}008 \times DR = 1{,}25$$

En passant par les logarithmes, on obtient :

$$DR = \frac{ln1{,}25}{ln1{,}008} = 28$$

Le supplément de *cash* imputable à une gestion différente du BFR serait récupéré au bout de 28 mois, soit avant le terme des avantages futurs anticipés. L'opération serait par conséquent à l'origine d'un supplément actualisé de trésorerie et le *DR* trouvé donne une mesure de la marge de précaution. Plus simplement, cette latitude de sécurité représente la *VAN* du projet particulier d'investissement si la durée prévue des gains se vérifie. On l'aura remarqué, l'intérêt de cette méthode du *pay-back* est avant tout comparatif puisque ce critère privilégie la rapidité avec laquelle une mise de fonds est reconstituée.

2.2. Les taux de rendement interne

En matière d'évaluation de projet, outre la règle élémentaire de la *VAN*, la sélection repose, aussi, sur une seconde référence générique. Il s'agit du taux de rendement interne (TRI). Cette autre source d'évaluation ou de discrimination entre options possibles a pour objet la mesure du taux d'actualisation pour lequel la *VAN* s'annule. Comme ce critère, bien que parlant en première lecture, présente des limites techniques et fondamentales, on peut lui préférer le taux de rendement interne modifié (fonction TRIM sur le logiciel Excel). Bien qu'aménagée, la méthode d'arbitrage dite TRIM ne résout que partiellement les problèmes posés par l'application du capteur dans sa forme originelle (TRI).

Ajoutons que le mécanisme d'appréciation d'un investissement, selon le TRI, est transposable à des placements en actions ou à des acquisitions de courte période, tels que les emplois en titres de créances négociables (TCN), qu'il s'agisse de bons du Trésor, de bons à moyen terme, de certificats de dépôt ou de billets de trésorerie. Ces sujets sont examinés au chapitre 6.

2.2.1. Le taux de rendement interne et ses inconvénients

La mesure du capteur

Dans son expression très générale, le rendement actuariel est le taux d'actualisation qui fait tendre la *VAN* du projet vers 0. Si la mise de fonds est exclusivement immédiate, le TRI est le taux de pénalisation qu'il faut appliquer aux rentrées futures de trésorerie pour reconstituer le capital investi. Mathématiquement, c'est le taux r tel que :

$$0 = \sum_{t=0}^{n} CF_t (1+r)^{-t}$$

r est la solution d'un polynôme de degré n, que l'on peut résoudre par approximations successives et, ensuite, par interpolation linéaire. Pour obtenir une excellente approximation de r, il suffit de réduire la fenêtre des taux sur laquelle la *VAN* change de signe, passant de positive à négative. Les calculatrices financières tout comme les logiciels de type Excel résolvent instantanément, par itérations successives rapides, ce genre d'équation.

L'application de ce critère discriminant au projet Tristar (voir plus haut) donne le polynôme et le résultat suivants :

$$0 = -26\,280{,}0 + \frac{4\,149{,}3}{(1+r)} + \frac{4\,113{,}0}{(1+r)^2} + \ldots + \frac{26\,347{,}4}{(1+r)^5} \quad \Rightarrow r = 13{,}4\,\%$$

Comme il s'agit d'un projet unique, l'application de la règle de la *VAN* ou de la méthode du TRI conduit à une réponse identique quant à la faisabilité de l'investissement Tristar. Le projet est déjà bon du point de vue de la *VAN* parce que celle-ci est positive (voir section 2.1.3). Il l'est, aussi, d'après le critère du TRI, puisque ce dernier (13,4 %) est supérieur au coût du capital (7,13 %). Par contre, si le coût du capital avait été supérieur à 13,4 %, le projet aurait été économiquement irréalisable quelle que soit la méthode de sélection (*VAN* négative et r inférieur à k). La courbe légèrement convexe de la figure 5.1, proche d'une droite, le montre bien.

Ce taux de 13,4 % (TRI) aurait pu être obtenu, assez rapidement, sans recourir au logiciel habituel (Excel) mais aussi sans utiliser de calculatrice financière (HP17BII, par exemple). Il suffit de s'adosser à la relation décroissante entre survaleur et coût du capital en procédant par approximations successives et interpolation linéaire, une fois l'intervalle de taux comprenant une *VAN* positive et une *VAN* négative suffisamment réduit (voir tableau 5.4).

Si l'on considère qu'entre 13 % et 14 % la relation entre les variables est parfaitement linéaire :

$$r = 0{,}13 + \left(0{,}01 \times \frac{327{,}7}{327{,}7 + 540{,}2}\right) = 13{,}4\,\%$$

On retrouve bien, avec une décimale dans ce cas, la même réponse que celle obtenue avec une calculatrice financière ou en utilisant la fonction TRI sur Excel. Un allongement de l'intervalle, entre 10 et 20 %, par exemple, n'aurait pas fourni la même précision (13,9 % au lieu de 13,4 %).

Figure 5.1 – Projet Tristar : relation entre la *VAN* et le coût du capital

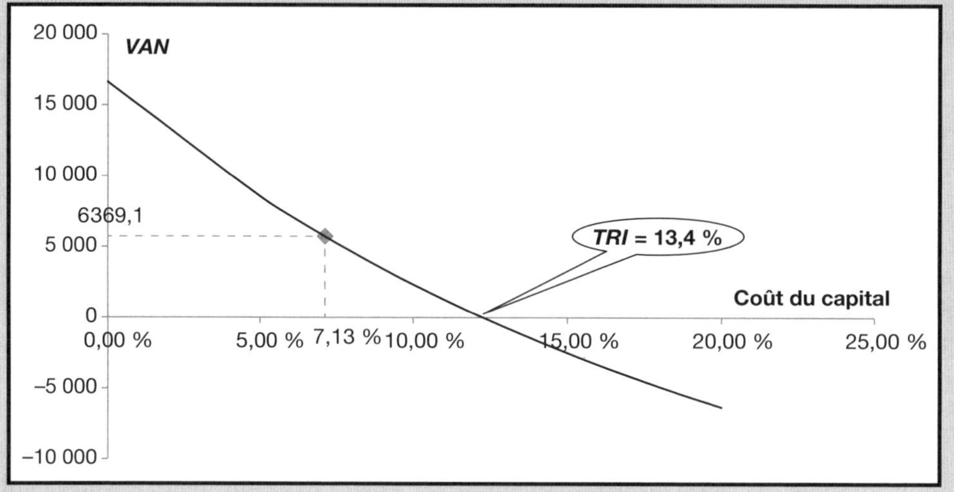

Tableau 5.4 – *VAN* du projet Tristar pour quelques taux, croissants, d'actualisation

Coût du capital	*VAN* (K€)
0 %	16 622,7
5 %	9 038,2
10 %	3 196,2
13 %	327,7
14 %	–540,2
20 %	–4 981,3

Le traitement des cash-flows associés au changement de BFR (voir tableau 5.3) livre un TRI qui reste largement supérieur au coût du capital. On trouve, en effet, 12,3 %, soit un nouveau taux *r*. C'est celui en mesure d'assurer l'égalité suivante :

$$0 = -28\,440 + \frac{4\,106{,}1}{(1+r)} + \frac{4\,068{,}9}{(1+r)^2} + \ldots + \frac{28\,685{,}5}{(1+r)^5} \quad \Rightarrow r = 12{,}3\%$$

Il nous faut maintenant évoquer les principaux inconvénients de la méthode du taux de rendement interne. Ceux-ci sont au nombre de quatre.

Multiplicité possible des TRI

Calculer le taux de rendement interne comme nous l'avons fait entraîne de possibles inconvénients. Le premier des problèmes, parfois rencontrés, est d'ordre mathématique puisqu'un polynôme de degré *n* pourrait admettre plusieurs solutions. Il faut savoir que le nombre de changements de signe dans un polynôme informe sur le nombre maximum de solutions (règle des signes de Descartes). C'est ainsi qu'un projet avec une mise initiale plus deux dépenses additionnelles subséquentes, intercalées entre des rentrées nettes de trésorerie, risque d'avoir trois TRI du fait des trois changements de signe dans l'équation. Lorsque c'est le cas, l'interprétation des résultats devient compliquée.

L'exemple suivant (projet ABR), pour lequel les conséquences monétaires seraient celles du tableau 5.5, illustre bien ce phénomène. On vérifie, avec les données de cette application numérique, à trois changements de signe, que la *VAN* s'annule pour deux taux, 15,48 % et 100 % (voir figure 5.2). Sur cet intervalle de taux d'actualisation (15,48 % à 100 %), les *VAN* sont positives. Comme le montre bien la figure 5.2, une telle fenêtre de *VAN* positives est précédée et suivie par deux zones de résultats négatifs.

Il est également possible d'avoir à traiter une équation pour laquelle aucune solution (TRI) n'existe parce que les *VAN*, quel que soit le taux d'actualisation, sont toujours négatives ou toujours positives. Cela dit, dans la plupart des cas, y compris lorsque le polynôme est à plusieurs changements de signe, le TRI est unique sauf situation très particulière (incapacité de la *VAN* à changer de signe).

Tableau 5.5 – Multiplicité des taux de rendement interne : l'exemple du projet ABR

Année	Cash-flows nets (€)
$t = 0$	–650
$t = 1$	+1 400
$t = 2$	+150
$t = 3$	–150
$t = 4$	–1 200
$t = 5$	+200

Figure 5.2 – Évolution de la *VAN*, selon le coût du capital, en présence de cash-flows positifs et négatifs sur la durée de vie économique du projet : le cas ABR

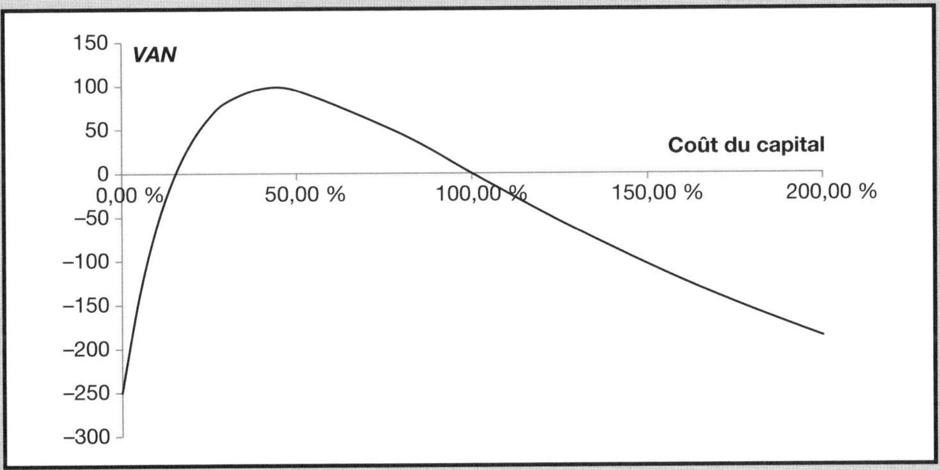

Réinvestissement des rentrées futures de trésorerie au TRI lui-même

Contrairement à la règle de la *VAN* qui stipule que les revenus intermédiaires sont à réinvestir au coût du capital, le critère du TRI suppose un replacement à l'identique. Si tous les cash-flows (terme échu) de la période retenue pour le calcul économique ($t = 1$ à $t = n$) sont positifs et la mise de fonds exclusivement immédiate ($t = 0$), on doit vérifier l'égalité ci-après :

$$0 = \left[\sum_{t=1}^{n} CF_t (1+r)^{n-t}\right](1+r)^{-n} + CF_0$$

L'application de cette hypothèse implicite au projet Tristar donne bien ce résultat, aux erreurs d'arrondi près[75]. Effectivement :

$$\begin{pmatrix} 4\,149{,}3(1{,}134)^4 + 4\,113{,}0(1{,}134)^3 + 4\,115{,}1(1{,}134)^2 + \\ 4\,178{,}0(1{,}134) + 26\,347{,}4 \end{pmatrix}(1{,}134)^{-5} - 26280 = 0$$

Cette hypothèse du réinvestissement au TRI lui-même est difficilement tenable, surtout lorsque la rentabilité du projet est fortement influencée par la valeur terminale (valorisation temporelle des acquisitions initiales). C'est le cas, par exemple, pour des projets immobiliers. En pareille situation, le rendement actuariel est plus dépendant de la valeur marchande des actifs lourds que des loyers récurrents induits par l'investissement. Un réinvestissement des contreparties répétitives de la propriété immobilière (loyers) au TRI lui-même, fortement influencé par la prise de valeur progressive des biens soumis au critère, n'est pas réaliste.

Pour information, on trouvera, sur la figure 5.3, l'évolution de l'indice du coût de la construction neuve des immeubles à usage d'habitation (ICC) sur très longue période (20 et 60 dernières années).

Figure 5.3 – Indice du coût de la construction (ICC), sur longue période (1953 = base 100)[a]

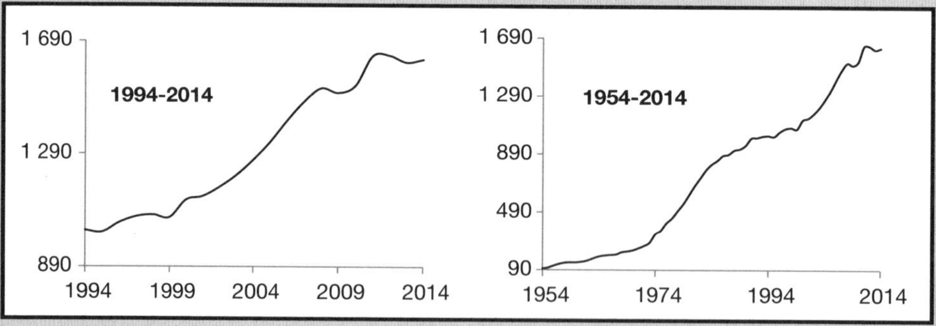

a. Nos travaux avec données INSEE (4e trimestre de chaque année).

75. Une conservation de toutes les décimales, pour les cash-flows nets et le taux d'actualisation (travaux sur ordinateur), donne une nullité parfaite.

Cet indice (ICC) mesure l'évolution du prix de la construction neuve payé aux entrepreneurs du bâtiment par les maîtres d'ouvrage. Sur l'espace-temps le plus long (1954-2014), l'indice a été multiplié par 16,6. Il a donc progressé, en moyenne géométrique, de 4,8 % par an, ce qui est beaucoup sur très longue période. Sur les 20 dernières années, avec le tassement de l'inflation, l'indice s'est moins bien consolidé (+2,4 % par an).

Ajoutons que, jusqu'en 2014, l'ICC était utilisé pour la révision des baux. À compter du 1er septembre 2014, l'indice du coût de la construction, jugé quelque peu volatil, est remplacé par deux autres indices moyens pondérés incluant l'ICC. Pour les baux commerciaux, l'ICC est remplacé par l'ILC (indice des loyers commerciaux). Cette dernière référence est une moyenne de trois autres indices, celui des prix à la consommation (50 %), de l'ICC (25 %) et de l'indice du chiffre d'affaires (CA) du commerce de détail en valeur (25 %). Pour les baux professionnels (professions libérales, location d'espaces de bureaux, entrepôts logistiques...), c'est l'ILAT (indice des loyers des activités tertiaires) qui prend le relais. Cet autre indice est calculé de la même manière que l'ILC, sauf que le PIB en valeur (25 %) remplace le CA du commerce de détail.

Quel que soit le cas de figure, l'augmentation du coût de la construction est l'un des paramètres qui se retrouve nécessairement dans l'évolution temporelle des valeurs marchandes des acquisitions immobilières. La valeur de ces actifs lourds est également tirée vers le haut par d'autres facteurs plus ou moins subjectifs comme l'emplacement, l'adaptabilité des structures ou encore la technologie sous-jacente (économies potentielles de charges courantes).

Ambiguïté du TRI en tant que mesure

L'ambivalence réside dans le fait que la technique utilisée pour calculer un taux actuariel est applicable à un investissement, mais également en matière de financement. Dans le premier cas, le taux est un rendement et, dans le second, un coût, ce qui n'est pas la même chose. Une erreur d'interprétation, en première lecture, est donc possible. Vérifions-le avec un exemple très simple.

Admettons que les décisions stratégiques A et B s'accompagnent des cash-flows suivants. Le projet A oblige l'initiateur à une sortie immédiate de trésorerie (CF_0) de 1 000 €, mais procure, un an plus tard (CF_1), une rentrée nette de trésorerie de 1 300 €. Pour la décision B, CF_0 se monte à +1 000 € et CF_1 est estimé à –1 300 €.

L'application de la méthode du TRI pour les deux engagements financiers donne le même résultat. Prouvons-le :

$$\text{Projet A, } r_A \text{ est solution de : } 0 = -1\,000 + \frac{1\,300}{(1 + r_A)} \quad \Rightarrow r_A = 30\%$$

$$\text{Projet B, } r_B \text{ est solution de : } 0 = +1\,000 - \frac{1\,300}{(1 + r_B)} \quad \Rightarrow r_B = 30\%$$

Des calculs effectués « à l'aveugle », avec les seules données mathématiques, sans référence spécifique à la nature de chacune des deux décisions, poussent à l'indifférence vis-à-vis de A et B. En réalité, A est un projet d'investissement ou un prêt qui rapporte 30 % et B un financement ou un emprunt qui coûte 30 %. Les décisions ne sont donc pas comparables. Si le critère de la *VAN* avait été choisi, une telle ambiguïté, même en première lecture, ne serait pas apparue. Formellement, pour un taux d'actualisation inférieur à 30 %, la *VAN* de A se serait révélée positive et celle de B négative dénotant ainsi un enrichissement dans le premier cas et un appauvrissement dans le second.

Illusion de rentabilité

Lorsque sont comparés des projets de taille très inégale, la méthode du taux de rendement interne peut donner une illusion de rentabilité. Un TRI excessif relatif à un projet de taille très modeste fournit en définitive une rentabilité réelle qui sera, elle aussi, insignifiante. Un TRI de 100 %, voire même de 200 %, sur une dépense d'investissement dérisoire c'est, à l'arrivée, en termes de revenus, quelque chose d'anodin également. Ce qui n'est pas le cas pour un rendement actuariel d'un niveau simplement convenable mais appliqué à une mise significative de fonds. On retrouve le caractère possiblement trompeur de ce critère qualitatif comparé à la méthode de la *VAN* qui livre, pour sa part, non pas un taux mais la quantité de richesse créée par la décision d'investir.

L'exemple simple suivant permet de bien fixer les idées sur la mystification possible d'une rentabilité illusoire déduite d'écarts significatifs de rendement actuariels. Par commodité, on se place sur un horizon infini. Les projets à l'étude sont notés X et Y. Le premier (X) coûterait 10 000 € (I_x) et rapporterait 125 % (r_x) par an. Pour le second (Y), la dépense d'investissement estimée (I_y) est de 1 million d'euros et son TRI serait de 15 % (r_y). Le coût du capital (k) applicable à chacun de ces deux projets est de 8 %.

La perpétuité constante déduite du projet X, compatible avec 125 % de rapport, est le revenu R_x en mesure de satisfaire l'équilibre financier ci-après :

$$0 = -I_x + R_x \sum_{t=1}^{\infty} (1 + r_x)^{-t} = -10\,000 + R_x \left(\frac{1}{1{,}25} \right) \Rightarrow R_x = 12\,500$$

Les mêmes calculs effectués pour le projet Y donnent :

$$0 = -I_y + R_y \sum_{t=1}^{\infty} (1 + r_y)^{-t} = -1\,000\,000 + R_y \left(\frac{1}{0{,}15} \right) \Rightarrow R_y = 150\,000$$

Quant aux *VAN* de ces deux investissements X et Y, qui mesurent le surplus d'enrichissement véritable pour le promoteur, elles se montent, respectivement, à :

$$VAN_X = -10\,000 + 12\,500 \sum_{t=1}^{\infty} (1 + k)^{-t} = -\,10\,000 + \frac{12\,500}{0{,}08} = 146\,250$$

$$VAN_Y = -1\,000\,000 + 150\,000 \sum_{t=1}^{\infty} (1 + k)^{-t} = -\,1\,000\,000 + \frac{150\,000}{0{,}08} = 875\,000$$

L'illusion de rentabilité est bien démontrée sur ce projet particulier à rendement actuariel excessif, mais portant sur une quantité trop modeste de capital employé. Un calcul simple peut nous dire à quelle condition une telle tromperie se vérifie et selon quelle autre hypothèse l'illusion éventuelle de première lecture n'est pas justifiée.

Appuyons-nous sur le cadre antérieur (horizon infini) et les projets X et Y pour établir ces conditions. Les deux options d'investissement se caractérisent par un petit coût associé à un fort rendement apparent, du côté de X, et par une dépense immobilisée lourde couplée à un TRI comparativement très modéré pour le second projet (Y).

Établissons tout d'abord la règle élémentaire d'une égalité des *VAN* sur deux projets en apparence très décalés aux plans du coût et des rémunérations. Cette exigence d'insensibilité est déduite de l'écriture simple suivante :

$$-I_x + \frac{R_x}{k} = -I_y + \frac{R_y}{k} \Rightarrow I_y - I_x = \frac{R_y}{k} - \frac{R_x}{k}$$

Si le supplément à investir par le projet le plus consommateur de capital est égal à la différence entre les valeurs des deux investissements (revenus futurs actualisés de Y moins ceux de X), alors les options proposées sont équivalentes. Les *VAN* sont les mêmes. Par exemple, pour des investissements de 10 000 € (X) et 95 714,3 € (Y), des TRI de 75 % (X) et 15 % (Y) et un coût du capital de 8 %, l'égalité ci-dessus est assurée. En effet, avec ces données numériques hypothétiques, la valeur de l'investissement Y (V_y) moins celle de X (V_x) est bien égale au supplément de mise initiale (85 714,3 €)[76].

Logiquement, quand le surcroît de valeur créée n'est pas à la hauteur du capital supplémentaire à investir pour réaliser le projet le plus lourd, l'illusion de rentabilité qui pouvait au départ discréditer le plan modeste n'a pas de fondement économique. Autrement dit, l'investissement à très fort rendement enrichit, en définitive, l'initiateur malgré un moindre capital employé. C'est ce qui se produit lorsque l'on change une seule des données précédentes, celle se rapportant au coût de Y, 80 000 € au lieu de 95 714,3 €. La valeur complémentaire de l'investissement Y (56 250 €) devient maintenant inférieure à ce que la décision exige comme dépense additionnelle (70 000 €).

En revanche, quand le membre de gauche de l'égalité posée précédemment ($I_y - I_x$) est inférieur au membre de droite ($V_y - V_x$), l'illusion de rentabilité est bien vérifiée. Pour s'enrichir, il faut dépenser davantage quitte à obtenir un rendement plus faible. Faire Y plutôt que X. C'est bien le résultat trouvé avec les données de l'exercice précédent : valeur supplémentaire de l'investissement Y ($V_y - V_x$) égal à 1 718 750 € contre une mise additionnelle ($I_y - I_x$) de 990 000 €.

2.2.2. Le taux de rendement interne modifié (TRIM)

Le TRIM, qui est une fonction intégrée sur le logiciel Excel, contourne en bloc deux des inconvénients de la méthode originelle du TRI : le replacement à l'identique et le problème de la multiplicité éventuelle des taux. La technique de déviation consiste à reconfigurer l'équation initiale pour la changer en un polynôme à un seul changement de signe, donc une seule solution. Pour atteindre ce résultat, il convient de capitaliser à un taux spécifique économiquement justifiable les rentrées futures de trésorerie, représentant des cash-flows nets positifs (CF_t^P). Quant à tous les cash-flows nets négatifs (CF_t^N), ils sont transformés en équivalent de capitaux actuels à travers le prix du financement habituel. Le projet initial devient ainsi une décision financière comprenant une

76. $\frac{R_y}{k}$ et $\frac{R_x}{k}$ sont, respectivement, les valeurs de Y (V_y) et de X (V_x).

dépense immédiate, et unique, associée à un seul revenu disponible au terme de la durée de vie de l'investissement.

Le TRIM est par conséquent un taux d'intérêt composé. Ce taux, noté r_m, est donné par l'expression continuatrice qui respecte la procédure à l'instant décrite :

$$r_m = \left[\frac{\sum_{t=1}^{n} CF_t^P (1 + r_e)^{n-t}}{-\sum_{t=0}^{n} CF_t^N (1 + k)^{-t}} \right]^{\frac{1}{n}} - 1$$

Au numérateur du terme entre crochets, figure bien la valeur capitalisée des cash-flows positifs (terme échu). Pour sa part, le dénominateur de ce même ratio représente l'équivalent actuel des sorties nettes de trésorerie (cash-flows négatifs). Le TRIM explique comment l'on passe du dénominateur (mise de fonds en euros de $t = 0$) au numérateur (cumul de revenus disponibles en $t = n$).

Le replacement des cash-flows positifs sur la durée n de la vie économique du projet d'investissement se fait selon un taux r_e, le plus vraisemblable possible. Quant aux sorties nettes de trésorerie, elles sont à financer en utilisant, rationnellement, le coût du capital (k).

Revenons sur un exemple précédent, le projet ABR, qui fournissait deux taux de rendement interne et vérifions que la technique du TRIM permet d'obtenir une seule solution, donc une expression unique de la rentabilité. Admettons que le replacement des rentrées nettes de trésorerie puisse se faire selon un taux de 2 %, pour le moins, et que le capital coûte 8 % à l'instigateur du projet. Selon ces hypothèses, la valeur plancher du taux de rendement interne, socle qualifiable de TRIM, s'établirait à :

$$r_m = \left[\frac{1\,400(1{,}02)^4 + 150(1{,}02)^3 + 200}{-\left(-650(1{,}08)^0 - 150(1{,}08)^{-3} - 1\,200(1{,}08)^{-4}\right)} \right]^{\frac{1}{5}} - 1 = \left[\frac{1\,874{,}59}{1\,651{,}11} \right]^{\frac{1}{5}} - 1$$

$$r_m = 2{,}57\,\%$$

Une comparaison du résultat trouvé avec le rendement requis (coût du capital) inciterait l'opérateur à refuser le projet puisque dans des conditions de replacement à 2 % la rémunération acquise (2,57 %) serait largement inférieure au prix des ressources nécessaires à la faisabilité de l'investissement (8 %).

Dans les cas plus fréquents de projets représentés par des équations à une seule solution, le TRIM est généralement inférieur au TRI. Cela est dû au fait que les taux de replacement choisis pour les rentrées nettes de trésorerie générées par le projet sont habituellement inférieurs au rendement actuariel de l'investissement. Si, pour le projet Tristar (voir section 1.2), les cash-flows positifs sont réinvestis comme précédemment à 2 %, le TRIM est bien inférieur à 13,4 % (TRI). Justifions-le :

$$r_m = \left[\frac{4\ 149{,}3(1{,}02)^4 + 4\ 113(1{,}02)^3 + 4\ 115{,}1(1{,}02)^2 + 4\,178(1{,}02) + 26\ 347{,}4}{-(-26\ 280)}\right]^{\frac{1}{5}} - 1$$

$$r_m = \left[\frac{43\,746{,}34}{26\ 280}\right]^{\frac{1}{5}} - 1 = 10{,}73\%$$

10,73 % est, dans la logique du calcul proposé, un rendement minimum ou rendement probable compte tenu de la réalité supposée du taux de réinvestissement des revenus fabriqués par le projet Tristar.

2.3. La règle de la *VAN* et le critère du TRI confrontés à des projets mutuellement exclusifs

Utilisées pour évaluer un projet d'investissement et un seul, les deux principales méthodes de sélection fournissent une réponse sans ambiguïté. Quel que soit le critère retenu, le projet à l'étude est enrichissant (*VAN* positive et TRI supérieur au coût du capital) ou appauvrissant (*VAN* négative et TRI inférieur au coût du capital). En somme, un projet unique ne peut être bon selon une méthode de sélection et mauvais d'après le second critère général d'arbitrage.

Il n'en va pas de même quand il faut choisir parmi plusieurs projets qui seraient mutuellement exclusifs. En effet, la confrontation des critères est susceptible de conduire à des contradictions. Dépendamment du taux d'actualisation (coût du capital), un projet A peut être meilleur qu'un projet B, d'après la règle de la *VAN*, et moins bon selon le taux de rendement interne. Cela est dû au fait que les séries temporelles de cash-flows induisent des courbes de relation différentes entre la *VAN* et le taux d'actualisation.

Considérons deux nouveaux projets, PA et PB, pour lesquels les conséquences monétaires seraient celles consignées dans le tableau 5.6.

Tableau 5.6 – Flux nets de trésorerie prévisionnels relativement aux projets PA et PB

Année	Cash-flows nets (K€)	
	Projet PA	Projet PB
$t = 0$	–1 000	–1 000
$t = 1$	200	650
$t = 2$	300	500
$t = 3$	400	300
$t = 4$	500	150
$t = 5$	600	100

Sur la figure 5.4, on trouvera la forme de la relation entre *VAN* et taux d'actualisation, pour chacun des deux projets. Le point d'intersection avec l'axe des abscisses (coût du capital) mesure le taux de rendement interne (TRI) des investissements PA et PB.

Selon ce critère, la réponse est claire, le projet PB est meilleur que le projet PA puisque les TRI sont, respectivement, de 30,84 % et 23,29 %. En revanche, du point de vue de la *VAN*, tout dépend du taux d'actualisation. Après le croisement entre les deux courbes (voir figure 5.4), avec l'augmentation de k, la décision PB devient une alternative supérieure au projet PA, quel que soit le critère de sélection choisi. En revanche, en deçà du point d'intersection, avec la diminution de k, la confrontation des critères conduit à des contradictions.

Figure 5.4 – Décroissance de la *VAN* des projets PA et PB, au fur et à mesure que le taux d'actualisation augmente

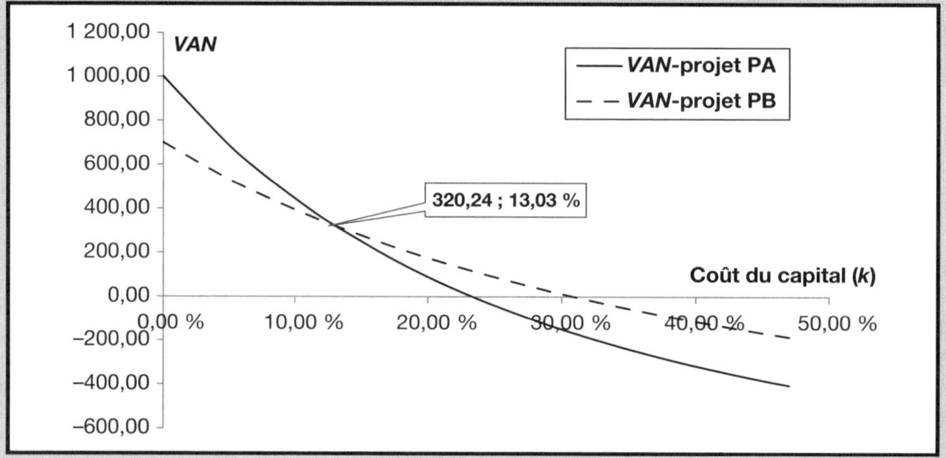

Le point d'indifférence en matière de taux d'actualisation, pour ce qui concerne la seule règle de la *VAN*, est la valeur particulière k_i pour laquelle l'égalité ci-après est satisfaite :

$$-1\,000+\frac{200}{(1+k_i)}+\frac{300}{(1+k_i)^2}+\ldots+\frac{600}{(1+k_i)^5}=-1\,000+\frac{650}{(1+k_i)}+\frac{500}{(1+k_i)^2}+\ldots+\frac{100}{(1+k_i)^5}$$

Ce coût du capital singulier est, en définitive, le TRI d'un projet différentiel, en l'occurrence PA moins PB. C'est donc le taux d'actualisation pour lequel la *VAN* d'un tel projet différentiel est nul, soit la solution de l'équation suivante :

$$0-\frac{450}{(1+k_i)}-\frac{200}{(1+k_i)^2}+\frac{100}{(1+k_i)^3}+\frac{350}{(1+k_i)^4}+\frac{500}{(1+k_i)^5}=0$$

$$\Rightarrow k_i=13{,}03\,\%$$

Pour 13,03 % (TRI du projet PA moins PB), les *VAN* de ces deux investissements sont identiques (320,24 K€).

En résumé, pour des taux d'actualisation inférieurs à 13,03 %, le premier projet (PA) est supérieur au second (PB) selon le critère de la *VAN*. Mais PA demeure moins bon que PB d'après la seconde méthode de sélection puisque le rendement actuariel est toujours le même en situation de réinvestissement au TRI lui-même (hypothèse implicite).

Lorsque l'application des critères habituels à des investissements mutuellement exclusifs débouche sur des conclusions antinomiques, c'est le cas lorsque k est inférieur à k_i (exemple ; voir tableau 5.6), la préférence doit aller vers la méthode qui sélectionne en fonction de la contribution du projet à la maximisation du prix de marché des actifs économiques. Il s'agit donc de la *VAN* ou de la *VAN* intégrée (*VANI*). On voit bien, dans cet exemple simple, que la réduction du coût du capital est favorable à la *VAN* et, par conséquent, à la valeur de l'entreprise tout entière. Nous revenons sur cette question de la minimisation possible du coût du capital, dont les conséquences managériales sont importantes, au chapitre 7.

Exercices et cas

Énoncés

1. Le projet C3C, pour lequel des cash-flows nets ont été calculés sur 5 ans, offre un taux de rendement interne modifié (TRIM) de 11,25 %. Le TRIM a été calculé avec un taux de réinvestissement, pour les rentrées nettes de trésorerie, de 2,5 % et un coût du capital, applicable aux sorties nettes de trésorerie, de 8 %. Le tableau 5.7 donne les flux nets de trésorerie (CF_t) de ce projet, à l'exception de celui de la dernière année.

Tableau 5.7 – Flux nets de trésorerie du projet C3C, hors cinquième année

CF_0	CF_1	CF_2	CF_3	CF_4	CF_5
–28 000	+9 000	+12 000	+14 000	+15 000	?

Dites pourquoi le dernier cash-flow prévisionnel (CF_5) ne peut être que négatif. Calculez ce cash-flow négatif de la cinquième année.

2. La société Charly, appartenant au secteur français de l'automobile et des équipementiers (indice FRAP), examine l'opportunité d'acquérir une combinaison de machines-outils, pour de la mécanique générale et de précision, ainsi que des équipements électrothermiques. Il s'agit du plan MAC12. L'investissement, s'il était réalisé, aurait une influence, techniquement mesurable, sur le chiffre d'affaires (CA) et les consommations intermédiaires (CI) de l'entreprise (voir tableau 5.8).

Tableau 5.8 – Impact du projet MAC12 sur les comptes de la société Charly ; flux différentiels prévisionnels

K€	Année 1	Année 2	Année 3	Année 4	Année 5
Chiffre d'affaires (CA)	6 700	9 700	12 100	14 000	16 200
Consommation de biens et services (CI)	3 300	3 900	4 200	4 800	5 100

Le projet à l'étude obligerait la société source à un investissement d'un montant global de 22 300 K€ : 16 000 K€ à la date de décision et 6 300 K€ un an plus tard. La première dépense en capital est à amortir en dégressif sur 6 ans (coefficient 1,75) et la seconde en linéaire sur 7 ans. L'évaluation de la rentabilité du projet MAC12 se fait sur 5 ans en prenant, pour les actifs du projet, une première valeur de sortie égale à 1,2 fois la valeur nette comptable correspondante. On sait, par ailleurs, que le BFR de la société Charly représente 12 % du chiffre d'affaires et que l'activité principale de l'entreprise est largement bénéficiaire, ce qui l'autoriserait, le cas échéant, à payer moins d'impôts sur le bénéfice des sociétés.

Enfin, pour le calcul du taux d'actualisation (coût du capital) selon le *CAPM*, on dispose des informations complémentaires suivantes :

- La figure 5.5 établit une relation, relativement significative (voir R^2), entre la rentabilité du secteur FRAP (R_{st}) et celle du marché (R_{Mt}) représentée par l'indice général (CACT).

- Le levier moyen pondéré du secteur (L_S) auquel appartient l'initiateur du projet est de 0,047 alors que la société Charly se finance exclusivement par des capitaux propres.
- On peut faire tendre vers 0 le *bêta* de la dette du secteur « automobiles et équipementiers » (indice FRAP) dont les principales sociétés qui le composent sont Renault, Michelin, Peugeot, Valéo et Faurecia.
- À la date de l'examen du projet d'investissement, le taux d'un placement sûr (R_F) et la prime de risque de marché (*PRM*) s'élèvent, respectivement, à 1,2 % et 7 %.
- Le taux d'impôt sur les bénéfices (*T*), pour le secteur et la société, est de 34,43 % incluant la contribution sociale de solidarité (3,3 %).
- Compte tenu de la moindre envergure de la société Charly (capitalisation boursière), par rapport aux sociétés de l'indice sectoriel FRAP, une prime de taille (*PT*) de 2,9 % est à ajouter.

Figure 5.5 – Relation entre les rendements de l'indice sectoriel FRAP (automobiles, équipementiers) et ceux du marché (CACT), d'après 742 couples quotidiens de rendements sur 2012-2014[a]

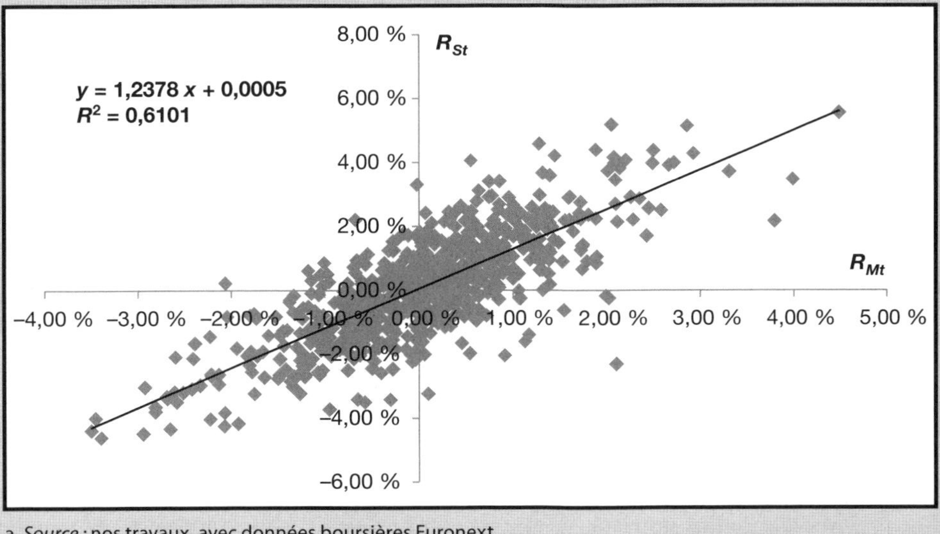

a. *Source :* nos travaux, avec données boursières Euronext.

a. Calculez la *VAN* du projet MAC12. L'investissement est-il de nature à améliorer la valeur de la société Charly, si le marché venait à prendre connaissance de cette possible acquisition de machines-outils et d'équipements électrothermiques ? Déterminez la *VAN* réelle, réputée intégrée, pour un réinvestissement des cash-flows du projet au taux sûr et non pas au coût du capital.

b. Sans donner de réponse précise quant au résultat (TRI), dites si le rendement actuariel du projet est supérieur ou inférieur à 17 %. Pour quelle valeur marchande globale des actifs, au bout de 5 ans, le TRI serait-il effectivement égal à

17 % ? Commentez votre réponse, sachant que, d'après une note d'information empirique sur la dépréciation des machines-outils et des équipements du projet, la dégradation est de 34 % la première année et de 11 % par an ensuite.

c. Admettons maintenant que le projet MAC12 soit de nature à influencer, à la hausse, les frais de personnel de la société Charly. Dans le cas où cet événement comptable défavorable surviendrait, les coûts salariaux additionnels augmenteraient tous les ans de 3 %. Cette possibilité-là serait sans conséquence sur le BFR de la société. Calculez le seuil d'augmentation quantitative des frais de personnel, pour les première et cinquième années, à partir duquel le projet appauvrirait la société Charly si la décision de réaliser l'investissement était prise.

Solutions

1. Pour répondre à la première partie de la question, nous pouvons appuyer notre raisonnement sur le TRIM obtenu avec un dernier cash-flow supposé nul.

Dans le cas où le résultat obtenu serait inférieur à 11,25 %, alors le flux net de la dernière année aurait une valeur positive afin que le taux d'intérêt composé du placement monte à 11,25 %. En revanche, si pour CF_5 égal à 0 le TRIM se révèle supérieur à 11,25 %, il faut un dernier cash-flow négatif pour que le taux descende à 11,25 %. On doit par conséquent montrer qu'avec un cash-flow nul la cinquième année le TRIM se situe au-delà de 11,25 %.

Vérifions un TRIM supérieur à 11,25 % avec un flux net de trésorerie nul pour l'année 5. Ce taux, noté r_{m0}, satisfait l'égalité suivante :

$$28\,000(1+r_{m0})^5 =$$
$$9\,000(1,025)^4 + 12\,000(1,025)^3 + 14\,000(1,025)^2 + 15\,000(1,025) = 52\,940,75$$

$$r_{m0} = \left(\frac{52\,940,75}{28\,000}\right)^{0,2} - 1 = 13,59\,\%$$

Vu le résultat trouvé, effectivement le dernier cash-flow doit être négatif.

Recherchons maintenant la valeur, négative, de ce flux net de trésorerie.

Par application de la méthode du TRIM, avec 2,5 % (replacement) et 8 % (financement), ce flux net de la cinquième année (CF_5), exprimant une sortie nette de trésorerie, est solution de :

$$\left(28\,000 + CF_5(1,08)^{-5}\right)(1,1125)^5 = 52\,940,75$$

CF_0 et CF_5, tous deux négatifs, sont en valeur absolue. Après développement des termes de l'égalité posée et formatage sans décimale, on trouve une sortie nette de trésorerie pour la cinquième année (CF_5) de 4 505.

2. Pour répondre aux questions posées, il nous faut, préalablement, prévoir les conséquences monétaires de la réalisation du projet MAC12 et, ensuite, chiffrer le taux de pénalisation des flux décalés (coût du capital).

Tableau des cash-flows nets

Les flux nets de trésorerie, relatifs à l'investissement envisagé, conformes aux options prédictives fournies, sont consignés dans le tableau 5.9. Nous donnons, après la présentation du tableau, quelques explications sur le contenu de certaines rubriques.

Tableau 5.9 – Cash-flows du projet d'investissement MAC12, en milliers d'euros (K€)[a]

Flux différentiels			t = 0	t = 1	t = 2	t = 3	t = 4	t = 5
(1)		Chiffre d'affaires (CA)	–	6 700	9 700	12 100	14 000	16 200
(2)	+	Ressources sur cessions d'actifs	–	–	–	–	–	5 515
(3)	–	Charges d'exploitation décaissables	–	3 300	3 900	4 200	4 800	5 100
(4)	–	Dotations aux amortissements	–	4 667	4 206	3 241	2 795	2 795
(5)	–	Val. comptable des actifs cessibles	–	–	–	–	–	4 595
(6)	=	Résultat économique avant impôt	–	–1 267	1 594	4 659	6 405	9 224
(7)	–	Impôt (34,43 %)	–	–436	549	1 604	2 205	3 176
(8)	=	Résultat économique après impôt	–	–831	1 045	3 055	4 199	6 048
(9)		Cash-flow sur opérations de gestion (1) – (3) – (7) ou (8) + (4) + (5) – (2)	–	3 836	5 251	6 296	6 995	7 924
(10)	-	Coût des acquisitions d'actifs	16 000	6 300	–	–	–	–
(11)	+	Ressources sur cessions d'actifs (2)	–	–	–	–	–	5 515
(12)	-	ΔBFR (0,12 × ΔCA)	804	360	288	228	264	–1 944
(13)	=	Cash-flow net total (CF_t) (1) + (2) – (3) – (7) – (10) – (12)	**–16 804**	**–2 824**	**4 963**	**6 068**	**6 731**	**15 383**

a. Les résultats, trouvés sur ordinateur, sont arrondis aux nombres entiers les plus proches.

Le flux de la date de cessation ($t = 5$) comprend un prix de sortie des actifs du projet de 20 % supérieur à la valeur nette comptable au même moment (hypothèse initiale). Pour plus de précisions, voir les lignes (2) et (5) de la dernière colonne du tableau 5.9.

Au plan de l'impôt (ligne [7]), comme l'activité générale de la société inspiratrice du projet est largement bénéficiaire, le surplus de charges de la première année entraîne des économies fiscales.

Quant à la technique de l'amortissement dégressif (ligne [4]), utilisée pour la première tranche d'investissement, elle a été présentée dans la partie conceptuelle du chapitre. À ce sujet, ajoutons que, à compter de la deuxième année, nous trouvons, dans le tableau 5.9, des dotations dégressives (tranche 1) et des dotations linéaires (tranche 2).

Enfin, les variations de BFR représentent, ici, un pourcentage de chiffre d'affaires et sont calculées à l'aide du ratio fourni (12 %)[77]. Ces sommes investies dans la structure financière, en raison du supplément d'activité qu'apporterait l'exécution du

77. Il peut arriver que la norme de BFR soit exprimée par un certain nombre de jours de CA. C'est le cas pour le projet Tristar de la partie conceptuelle du chapitre (voir section 1.2).

projet MAC12, sont récupérées à la date de cessation. La somme des ΔBFR est bien nulle (ligne [12] du tableau 5.9).

Mesure du taux d'actualisation

Le second travail calculatoire préliminaire concerne le coût du capital que l'on détermine par adossement au *CAPM*. Ce modèle est ainsi appliqué aux données de marché communiquées. La régression linéaire de la figure 5.5 donne le *bêta* des capitaux propres d'une combinaison de sociétés représentant l'activité sectorielle des constructeurs automobiles et des équipementiers. Appelons ce facteur de risque systématique β_{cs} (pente de la droite d'ajustement écrite sur la figure 5.5). Puisque le *bêta* de la dette du secteur est négligeable, le facteur de risque économique (β_A), supposé commun aux acteurs de la branche « automobiles et équipementiers », est déductible de la relation ci-après :

$$\beta_A = \frac{\beta_{cs}}{1 + L_s(1-T)} = \frac{1{,}2378}{1 + 0{,}047(1 - 0{,}3443)} = 1{,}2$$

On est maintenant en mesure de calculer le rendement requis par les actionnaires de Charly, sachant que cette société n'est pas endettée :

$$k_c = R_F + \beta_A\left(PRM\right) + PT = 0{,}012 + 1{,}2\left(0{,}07\right) + 0{,}029 = 12{,}5\,\%$$

Tout est en place pour répondre aux trois questions posées.

a. *VAN* et *VAN* intégrée (*VANI*) du projet examiné par la société Charly :

Le projet à l'étude est-il susceptible d'améliorer la valeur de l'entreprise Charly ? Pour répondre à cette question, il suffit de calculer la valeur actualisée nette (*VAN*) avec le coût moyen pondéré du capital (k). Celui-ci est égal au rendement requis par les actionnaires (k_c) qui sont les seuls investisseurs habituels de la société. Par conséquent :

$$VAN = -16\,804 - \frac{2\,824}{(1+k)} + \frac{4\,963}{(1+k)^2} + \ldots + \frac{15\,383}{(1+k)^5}$$

Avec $k = 12{,}5\,\%$:

$$VAN = 1\,608 \text{ K€}$$

La *VAN* étant positive, la réalisation du projet génère une survaleur qui devrait, théoriquement, se retrouver dans le prix de marché de la société source. En réalité, cette survaleur pourrait être inférieure à celle que l'on vient de trouver dès lors que des doutes existent sur la possibilité de replacer les contreparties du projet (rentrées nettes de trésorerie) au coût du capital (12,5 %). Sur la base d'une hypothèse minimale de réinvestissement (taux sûr de 1,2 %), la *VAN* réelle ou intégrée (*VANI*) s'avère bien inférieure à 1 608 K€. Dans ces conditions très peu favorables, le projet appauvrirait la société. En effet :

$$VANI = CF_0 + CF_1(1+k)^{-1} + \frac{\sum_{t=2}^{5} CF_t(1+R_F)^{5-t}}{(1+k)^5}$$

$$VANI = -16\,804 - 2\,824(1{,}125)^{-1}$$

$$+\frac{4\,963(1{,}012)^{3} + 6\,068(1{,}012)^{2} + 6\,731(1{,}012) + 15\,383}{(1{,}125)^{5}}$$

$$VANI = -695 \text{ K€}$$

b. Rendement actuariel du projet :

Le TRI du projet MAC12 est supérieur à 17 % dès lors que, pour ce taux de pénalisation des cash-flows futurs (CF_t), la *VAN* est positive. Si, au contraire, la valeur actualisée nette s'avérait négative, pour ce taux-là, cela voudrait dire que le rendement actuariel du projet (TRI) se situerait au-dessous de 17 %. Nous devons donc calculer le concept de *VAN* avec un taux d'actualisation de 17 % et commenter le résultat trouvé :

$$VAN = -16\,804 - \frac{2\,824}{(1{,}17)} + \frac{4\,963}{(1{,}17)^{2}} + \ldots + \frac{15\,383}{(1{,}17)^{5}} = -1\,195{,}06 \text{ K€}$$

Ayant à l'esprit la forme de la relation, décroissante, entre la *VAN* et le taux d'actualisation des cash-flows, on peut dire, sans donner nécessairement de chiffre précis, que le TRI du projet à l'étude est inférieur à 17 %.

Une valeur de sortie des actifs du projet, supérieure à celle préalablement testée, pourrait nous donner un TRI égal à 17 %. Afin de déterminer cette autre valeur marchande possible, commençons par calculer le cash-flow de la dernière année compatible avec cette demande de rendement actuariel. Considérons que CF_5 désigne ce nouveau flux net de trésorerie. Celui-ci doit fournir une *VAN* nulle pour 17 %. En somme, il faut poser l'équation induite par l'application de la règle du TRI qui s'écrit :

$$-16\,804 - \frac{2\,824}{(1{,}17)} + \frac{4\,963}{(1{,}17)^{2}} + \frac{6\,068}{(1{,}17)^{3}} + \frac{6\,731}{(1{,}17)^{4}} + \frac{CF_5}{(1{,}17)^{5}} = 0$$

La résolution de cette équation simple à une inconnue donne pour ce dernier cash-flow (CF_5), nécessaire à l'obtention d'un TRI de 17 %, une valeur de 18 003 K€. Si *vs* désigne le supplément de valeur marchande des actifs, au bout de 5 ans, un tel surplus doit être en mesure de vérifier l'égalité suivante :

$$15\,383 + vs(1-T) = 18\,003 \quad \Rightarrow vs = 3\,996 \text{, avec } T = 34{,}43\ \%$$

D'où une valeur de sortie qui doit se monter à 9 511 K€, c'est-à-dire l'ancienne estimation (5 515 K€ ; voir tableau 5.9) plus ce supplément (3 996 K€), de sorte que l'investissement en machines-outils et équipements électrothermiques procure un TRI de 17 %.

L'application de la dégradation empirique proposée (voir énoncé) aboutit, pour sa part, à une valeur marchande estimée de :

$$16\,000\left((0{,}66)(0{,}89)^{4}\right) + 6\,300\left((0{,}66)(0{,}89)^{3}\right) = 9\,557 \text{ K€}$$

Une valeur de sortie des actifs de 9 511 K€ serait, en définitive, plus en ligne avec la cote empirique de ce matériel industriel que le prix de cession initialement retenu. Rappelons que ce dernier est égal à 1,2 fois la valeur aux livres comptables (5 515 K€).

c. Supplément tolérable de frais de personnel :

Un supplément de frais de personnel, s'il devait être supporté, réduirait l'enrichissement provenant de la réalisation du projet. Il existe un seuil d'augmentation des coûts salariaux à partir duquel la *VAN* passe de positive à négative.

Admettons que x exprime cette hausse des frais de personnel de la première année. On peut donc poser :

$$\frac{x(1-T)}{1+k}\sum_{t=0}^{4}\left(\frac{1+g}{1+k}\right)^{t} = 1\,608 \text{ K€, avec } g=3\ \%,\ k=12{,}5\ \% \text{ et } T=34{,}43\ \%$$

Après développement de la suite géométrique et mise en forme :

$$\left[\frac{x(1-T)}{k-g}\right]\left[1-\left(\frac{1+g}{1+k}\right)^{5}\right]=\left[\frac{x(1-0{,}3443)}{0{,}125-0{,}03}\right]\left[1-\left(\frac{1{,}03}{1{,}125}\right)^{5}\right]=1\,608 \text{ K€}$$

$$x = 653 \text{ K€}$$

En situation d'accroissement des frais de personnel de 653 K€ la première année, élévation de niveau assujettie à une augmentation de 3 % par an, soit 735 K€ la cinquième année, la décision d'investir prendrait la forme d'une opération blanche. Une variation des coûts salariaux au-delà de ces seuils appauvrirait la société Charly puisque la *VAN* du projet passerait de positive à négative.

Chapitre 6
Valorisation des entreprises et des placements financiers

Les connaissances acquises dans ce chapitre permettront au lecteur de :

1. Comprendre l'évaluation d'une entreprise par les flux de trésorerie actualisés.
2. Relier des placements financiers à un rendement et à un enrichissement net.
3. Relier des placements financiers à un risque encouru.
4. Vérifier l'utilité des savoirs exposés en les appliquant à des sociétés cotées et à des opérations réelles.

Comme les indicateurs de rentabilité, présentés au chapitre 5, à propos des projets d'investissement ont en définitive une valeur générale, ils sont applicables, aussi, à une société tout entière ainsi qu'à des placements financiers. Ce chapitre est donc consacré, dans une large mesure, à la valorisation d'entreprise, d'où l'on dégage le prix d'une action, et au rendement actuariel de placements en actions sur des fenêtres pluriannuelles données.

La valeur d'entreprise est celle que se partagent les bailleurs de fonds, à savoir les actionnaires et les prêteurs. C'est par actualisation des flux nets de trésorerie tirés de la gestion d'actifs d'exploitation qu'un prix est donné pour l'ensemble de l'entreprise et, de façon résiduelle ensuite, au seul capital-actions. L'approche séquentielle suivie pour évaluer un acte singulier d'investissement est, dans ses grandes lignes, la même que celle développée pour évaluer une entreprise dans sa globalité par les flux de trésorerie actualisés (formule dite des *DCF* pour *Discounted Cash-Flows*). Cette approche intrinsèque de la valeur, par les rentrées nettes de trésorerie espérées, est celle qui est la plus utilisée par les établissements présentateurs d'une offre ou par les experts indépendants mandatés par la cible lors d'opérations publiques d'achat de sociétés.

Lorsque la méthode des *DCF* est retenue pour évaluer non pas un acte particulier d'investissement mais une entreprise, les cash-flows ne sont plus différentiels. Ils concernent la société tout entière et sont mesurés dans le cadre du *business plan*. Les flux du plan d'affaires sont fréquemment extrapolés sur un nombre supplémentaire et déterminé d'années (estimation de cash-flows déclinants). Une valeur terminale est ensuite introduite. Elle est chiffrable par un multiple d'*EBITDA* ou d'*EBIT* et, plus souvent, par l'application du modèle des rentes perpétuelles astreintes à une croissance molle concordant généralement avec le taux d'inflation à long terme. L'idée sous-jacente est la suivante. Au terme d'une phase de forte visibilité managériale, qui peut être complétée par une fenêtre d'opportunités décroissantes, on considère qu'il est difficile de capter de nouveaux marchés sans reconsidération lourde des investissements et de la stratégie. En d'autres termes, l'introduction d'une valeur terminale coïncide avec l'arrivée de bénéfices anormaux nuls atteints par concordance entre le retour sur capitaux propres et le rendement requis par les actionnaires.

La gestion des annuités par le calcul actuariel intertemporel est également transposable à des placements financiers. La technique mathématique sous-jacente, au service d'un rapprochement entre des flux entrants et sortants, est ainsi transposable à des actions et, dans une mesure moins congruente, à des placements courts notamment en titres de créances négociables (TCN). En matière d'investissement en actions, sur du temps long, les formules vues dans le premier chapitre de l'ouvrage nous servent à porter un jugement sur les résultats d'une détention ininterrompue de titres. Deux capteurs sont intéressants : le rendement actuariel du placement, qui débouche sur la composition de la valeur actionnariale créée, et le concept de délai de récupération du cours (*DR*) d'après les bénéfices par action attendus. On déduit de la première analyse les parts respectives de dividendes et de plus-values dans la formation de l'enrichissement net. Quant au concept de *DR*, il s'inscrit dans une logique d'appréciation du risque encouru tout comme lorsque le critère est utilisé pour étudier des acquisitions industrielles structurantes.

À la manière des autres chapitres de l'ouvrage, celui-ci est également parsemé d'exemples concrets qui complètent utilement l'exposé pédagogique en le rendant plus efficient. C'est le cas notamment d'une opération réelle d'acquisition de société (Générale de Santé) servant à montrer comment un prix d'offre peut être décompté d'une évaluation globale par la méthode des *DCF*.

1. Évaluation d'entreprise par les flux de trésorerie actualisés

La méthode des *Discounted Cash-Flows* (*DCF*) n'est pas la seule approche actuarielle utilisable pour valoriser les capitaux propres d'une entreprise ou l'ensemble de ses actifs économiques. Nous avons vu, au chapitre 4, qu'il était possible, par actualisation de dividendes ou de bénéfices anormaux, de se faire une opinion sur le prix des capitaux propres. Il faut reconnaître cependant que cette voie-là n'est pas très empruntée en pratique bien que souvent utilisée par les chercheurs lors de travaux empiriques. On s'en aperçoit rapidement quand on examine les méthodes rejetées et retenues par les évaluateurs lors d'une opération publique d'acquisition (voir à ce sujet les documents de l'Autorité des marchés financiers sur son site internet).

S'adosser à des flux de trésorerie actualisés pourrait représenter une démarche équivalente à celle des multiples. C'est vrai quand cette seconde méthode, analogique, repose sur un flux ou un solde de gestion destiné, tout à la fois, aux actionnaires et aux prêteurs. Les travaux effectués dans le cadre de l'une ou l'autre de ces deux techniques conduit, dans un premier temps, à évaluer l'intégralité de l'entreprise (*VE*). Ce n'est que dans un second temps que la valeur résiduelle des capitaux propres est obtenue, après déduction de la part de *VE* qui revient aux créanciers financiers. La formule des multiples et celle des *DCF* sont donc des méthodes indirectes d'évaluation du capital-actions.

1.1. Mise en perspective

1.1.1. Actualisation des flux nets de trésorerie et évaluation par les multiples

Supports comptables pour le calcul des multiples

Trois variables principales sont susceptibles d'être utilisées pour valoriser une entreprise par les multiples : le chiffre d'affaires (CA), l'*EBITDA* et l'*EBIT*. Le résultat net est également un solde sur lequel on s'appuie pour décrocher non pas la valeur totale de l'entreprise mais une partie seulement, celle liée au capital-actions. Dans ce cas, le multiple est tout simplement le concept de *PER* (voir chapitre 4).

Procédure pratique pour la détermination des multiples

Empiriquement, le coefficient multiplicateur, avec quelque variable que ce soit, est une moyenne ou une médiane de ratios calculés avec des données comptables et de marché relatives à un échantillon de sociétés comparables au plan de l'activité sociale. Comme les variables d'activité permettent de remonter sur une valeur d'entreprise (*VE*), cette dernière figure au numérateur du ratio. Le dénominateur, pour sa part, est représenté par l'une ou l'autre des trois variables comptables citées. En pratique, et à la date des calculs, une seule information est sûre. C'est la capitalisation boursière qui donne une mesure de la valeur marchande des fonds propres. Pour les autres paramètres (endettement net, CA, *EBITDA* et *EBIT*), nécessaires au calcul des ratios, on a besoin des estimations fournies par les consensus d'analystes financiers.

Effectuons ce genre de calculs pratiques pour les boissons alcoolisées du secteur des biens de consommation. On prend les principales sociétés cotées sur Euronext Paris pour lesquelles existent des conseils de la part des analystes financiers. Ces unités sont au nombre de huit. Avec la capitalisation boursière au 5 novembre 2015 et les prévisions du consensus à la même date, pour 2015 (endettement net) et 2016 (flux et soldes de gestion), nous pouvons calculer huit ratios, qui sont ceux du tableau 6.1, et déduire, ensuite, une moyenne ou une médiane. Cette statistique-là (coefficient multiplicateur) pourrait être en mesure de valoriser une société non cotée du même secteur par le mode analogique.

Tableau 6.1 – Multiples de valorisation d'entreprises pour le secteur des boissons alcoolisées, sur Euronext Paris, en novembre 2015[a]

Société	**CAPI**	**DN 2015**	***VE***	***EBITDA* 2016**	***EBIT* 2016**	**CA 2016**	**Multiples[b]**		
	(1)	**(2)**	***(3)***	**(4)**	**(5)**	**(6)**	***EBITDA* (7)**	***EBIT* (8)**	**CA (9)**
Advini	0,111	0,090	0,201	0,020	0,011	0,255	10,04	18,25	0,79
Diageo	66,124	13,311	79,435	4,879	4,262	14,929	16,28	18,64	5,32
Lanson	0,221	0,452	0,673	0,043	0,037	0,301	15,64	18,18	2,23
Laurent Perrier	0,470	0,270	0,740	0,055	0,046	0,250	13,45	16,08	2,96
MBWS	0,538	−0,062	0,476	0,028	0,017	0,391	16,99	27,98	1,22
Pernod Ricard	28,904	9,021	37,925	2,562	2,314	8,834	14,80	16,39	4,29
Rémy Cointreau	3,121	0,455	3,576	0,214	0,193	1,083	16,71	18,53	3,30
Vranken	0,255	0,636	0,891	0,043	0,033	0,316	20,71	26,99	2,82
Multiples moyens							**15,6**	**20,1**	**2,9**
Multiples médians							**16,0**	**18,4**	**2,9**

a. *Source :* nos travaux, d'après données Boursorama. CAPI désigne la capitalisation boursière de la société au 5 novembre 2015, DN l'endettement net prévu en 2015 et *VE* la valeur d'entreprise, c'est-à-dire le total (1) + (2). Les agrégats des colonnes (4), (5) et (6) sont les estimations du consensus pour 2016. Toutes les données utiles au calcul des ratios sont en milliards d'euros.

b. Les multiples d'*EBITDA* (7), d'*EBIT* (8) et de CA (9) sont, dans l'ordre, (3)/(4), (3)/(5) et (3)/(6).

C'est ainsi que, dans le cadre d'une activité sociale portant sur le sous-secteur des boissons alcoolisées, les sociétés valent, environ, 16 fois l'*EBITDA*, entre 18 et 20 fois l'*EBIT* et 2,9 fois le chiffre d'affaires. Ces coefficients appliqués aux postes comptables correspondants livrent une valeur d'entreprise, celle que doivent se partager les actionnaires et les prêteurs.

À ce stade, on peut légitimement se poser la question de la convenance du poste comptable inscrit au dénominateur du ratio calculé (trois dernières colonnes du tableau 6.1). Du chiffre d'affaires (CA), de l'*EBITDA* et de l'*EBIT*, quelle variable semble la plus appropriée ?

Multiple de chiffre d'affaires

Le CA est fréquemment rejeté par les évaluateurs au motif qu'un tel flux ne fournit pas d'information sur la capacité bénéficiaire. C'est un argument factuel de première lecture. Il ne résiste pas cependant à l'analyse financière de la valeur d'entreprise en $t = 0$ (VE_0). En effet, une reconfiguration du multiple (VE_0/CA_1) met en avant le rôle de la marge et de la croissance attendue sur le niveau que pourrait atteindre le coefficient de valorisation. La démonstration est simple quand on se place sur un horizon infini avec des fondamentaux (taux de marge et d'investissement) cristallisés. Vérifions-le en décomposant le prochain cash-flow net (CF_1) :

$$\frac{VE_0}{CA_1} = \frac{\frac{CF_1}{k - g_i}}{CA_1} = \frac{\frac{mCA_1(1 - T) - \mu CA_1}{k - g_i}}{CA_1} = \frac{m(1 - T) - \mu}{k - g_i}$$

Dans cette expression du multiple, m, T et μ sont des taux se rapportant, dans l'ordre, à la marge opérationnelle, à l'impôt et à l'investissement net (acquisitions industrielles, pures d'amortissement et de cessions, plus variation de BFR). Les deux autres symboles, k et g_i, désignent le coût du capital et la croissance à l'infini.

Le contenu du multiple de chiffre d'affaires nous dit bien que, pour un taux d'investissement net donné, plus forte est la marge, ou la croissance, plus élevé devrait être le ratio VE_0/CA_1. En pratique, un multiple moyen pourrait être relevé lorsqu'il est appliqué à une cible qui présente des indicateurs de marge, de croissance et d'intensité capitalistique de qualité supérieure à ceux de l'échantillon support.

Multiple d'*EBITDA* ou multiple d'*EBIT* ?

Que dire maintenant au sujet de la pertinence de chacun des deux soldes fréquemment utilisés pour calculer un multiple ? Est-il préférable de choisir le multiple d'*EBITDA* ou plutôt le multiple d'*EBIT* ?

Si dans le secteur référent d'activité la stratégie d'acquisition du capital industriel est, dans une bonne mesure, unique (appropriation immédiate des actifs nécessaires et amortissements subséquents), alors l'*EBITDA* présente plus d'avantages que l'*EBIT*. La faveur accordée au résultat brut d'exploitation (*RBE*) s'explique par le fait que ce solde comptable a un contenu exclusivement monétaire. C'est un cash-flow d'exploitation. Il échappe aux travaux extra-comptables à l'origine d'opérations possibles de lissage, voire d'habillage, du résultat. Ce n'est pas le cas de l'*EBIT* qui subit l'influence des flux calculés.

En revanche, quand dans le secteur économique étudié on trouve des agents qui acquièrent leurs actifs, pour les amortir ensuite, et d'autres acteurs qui préfèrent louer les biens dont ils ont besoin, le choix d'un multiple d'*EBIT* peut sembler plus pertinent. Traiter ces deux catégories d'opérateurs de la même manière consiste à se caler sur une mesure comptable ayant tenu compte des flux décaissables (loyers) et calculés (dotations aux amortissements). Ce solde-là correspond à l'*EBIT*.

Cherchons maintenant à savoir s'il est possible de relier le résultat d'une approche par les multiples à une démarche de valorisation par la gestion actuarielle d'annuités.

Multiples, calcul actuariel et valeur d'entreprise

Le lien mathématique

Prenons un exemple ciblé pour tenter d'établir une relation entre multiple et actualisation de flux. Acceptons l'idée selon laquelle la société Bonduelle (compartiment B de la cote) est bien représentative d'une activité industrielle portant sur les légumes surgelés et en conserve. Quel multiple d'*EBIT*, par exemple, faudrait-il utiliser pour valoriser une entreprise de stature comparable, Lambda, exerçant la même activité sociale mais non cotée ?

Début novembre 2015, la capitalisation boursière de Bonduelle est de 763 M€ et l'endettement net, à cette date, s'élève à 512 M€ d'après le consensus des analystes financiers (*Les Echos* et Boursorama). On sait, par ailleurs, toujours selon le consensus, que l'*EBIT* devrait atteindre 112 M€ en 2016. À la date des calculs (novembre 2015), la valeur d'entreprise (*VE*) est donc de 1 275 M€ (763 + 512) et le multiple d'*EBIT* s'établit, par conséquent, à 11,4 (1 275/112). En somme, la société à évaluer Lambda vaudrait 11,4 fois l'*EBIT* attendu en 2016. Si cet *EBIT* est de 50 M€, la valeur d'entreprise de Lambda est de 570 M€. Pour obtenir la valeur marchande des capitaux propres de Lambda, il suffit de soustraire l'endettement net de cette société fictive à la date des calculs.

Revenons maintenant sur le lien possible entre valeur d'après un multiple et calcul actuariel. À ce sujet, on peut dire, en première lecture, que l'*EBIT* est une annuité de $t = 1$ qui, pour être compatible avec *VE*, en $t = 0$, doit être soumise à une croissance annuelle et faire l'objet d'une pénalisation *via* le coût du capital. Soyons un peu plus fin dans l'analyse en remarquant que l'*EBIT* a, en fait, trois destinataires : les deux bailleurs habituels de fonds (actionnaires, prêteurs) et l'État (tribut fiscal).

Examinons de nouveau la société Lambda et ses 50 M€ d'*EBIT* (35 M€ après impôt au taux effectif *T*, supposé, de 30 %). Comment cette annuité nette d'impôt devrait-elle évoluer pour reconstituer les 570 M€, avec un taux d'actualisation k de 8,5 % ?

Dans le cas simplifié d'un horizon infini, l'annuité de 35 M€ doit croître tous les ans selon un taux perpétuel g_i en mesure d'assurer l'égalité suivante :

$$VE_0 = \frac{EBIT_1(1-T)}{k-g_i} = 570 = \frac{35}{0{,}085-g_i}$$

Par conséquent :

$$g_i = \frac{(VE_0 \times k) - EBIT_1(1-T)}{VE_0} = \frac{(570 \times 0{,}085) - 35}{570} = 2{,}36\ \%$$

Si l'on suppose un taux minimal d'inflation sur le long terme de 1,2 %, la gestion temporelle de l'annuité (*EBIT*) peut également être conduite sur deux périodes. La première phase pourrait durer 5 ans et se prolonger par une seconde fenêtre sans bornes (horizon infini). La croissance de l'*EBIT*, sur chacune des cinq premières années précédant l'introduction d'une valeur terminale, est le taux g_1 qui assure l'équilibre financier actuariel ci-après :

$$VE_0 = \frac{EBIT_1(1-T)}{(1+k)} \sum_{t=0}^{n-1} \left(\frac{1+g_1}{1+k} \right)^t + \left(\frac{EBIT_1(1-T)(1+g_1)^{n-1}(1+g_i)}{k-g_i} \right)(1+k)^{-n}$$

Après développement de la suite numérique et remplacement de chaque symbole connu par sa valeur, on arrive à l'équation suivante renfermant une seule inconnue : le taux de croissance g_1. Cette expression se présente ainsi :

$$570 = \frac{35}{(1{,}085)} \left[\frac{1 - \left(\frac{1+g_1}{1{,}085} \right)^5}{\left(\frac{0{,}085 - g_1}{1{,}085} \right)} \right] + \left(\frac{35(1+g_1)^4(1{,}012)}{0{,}085 - 0{,}012} \right)(1{,}085)^{-5}$$

L'élaboration d'un modèle interactif simple, sur le logiciel Excel, par exemple, fournit très rapidement le taux g_1 pour lequel la valeur actualisée des *EBIT* futurs atteint 570 M€. Ce taux g_1, arrondi à une décimale, est de 6,5 %.

En somme, si le profit opérationnel de la société Lambda augmente, tous les ans, pendant 5 ans, de 6,5 % et se comporte, ensuite, comme une rente perpétuelle variant au même rythme que l'inflation (1,2 %), l'équivalent actuel de toutes ces annuités équivaut à la valeur d'entreprise acquise par le multiple d'*EBIT*.

La même construction informatique itérative, élargie à trois phases de croissance, de 5 ans pour chacune des deux premières, montre qu'avec des taux déclinants de croissance on atteint le même résultat (570 M€). Ainsi, avec des taux annuels g_1 de 6 % et g_2 de 1,7 %, pour les deux premières fenêtres, et le même taux perpétuel (inflation à long terme de 1,2 %) pour la phase 3 sans fin, l'actualisation des *EBIT* livre une valeur d'entreprise identique.

Les limites du raisonnement

L'appréciation analogique d'une entreprise par les multiples restitue une valeur qui est la même que celle dégagée de l'actualisation d'une chronique appropriée d'annuités (*EBITDA* ou *EBIT* spécialement). La passerelle établie entre valeur d'entreprise par un multiple et valeur actualisée de l'annuité support est d'ordre mathématique. Chiffrer une valeur d'entreprise par un multiple équivaut à transformer, judicieusement, un flux futur de revenus, pour les bailleurs de fonds, en capitaux actuels équivalents.

Mais *VE* obtenue par le calcul actuariel ou par la technique des multiples ne peut correspondre, exactement, à *VE* tirée d'une actualisation des flux nets de trésorerie. À moins que la variable du multiple (dénominateur du ratio) ait un contenu identique à celui du cash-flow total sur opérations récurrentes de gestion et sur décisons acycliques.

C'est le cas pour l'*EBIT* net d'impôt si sa croissance sans fin (2,36 %), sur une seule période, est celle de l'inflation à long terme. Effectivement, dans cette hypothèse, les amortissements sont proches des investissements et la variation de BFR devient négligeable. L'explication est simple. En situation de croissance selon un taux égal à l'érosion monétaire, le management ne fait qu'assurer le renouvellement des actifs et, comme le chiffre d'affaires stagne, les ΔBFR tendent vers 0. Dans ces conditions, l'*EBIT* net d'impôt atteint le cash-flow de gestion et celui-ci est la seule composante du cash-flow net total.

En pareille situation, et par définition, la valeur d'entreprise (*VE*) dégagée par actualisation pertinente d'une annuité, ou par un multiple, livre un résultat semblable à celui déduit de l'approche par les *DCF* (voir ci-après) dès lors que les hypothèses retenues en matière de croissance et de pénalisation (coût du capital) ne sont pas antinomiques. Avec un *EBITDA* ou un *EBIT* appelé à croître significativement, l'actualisation de telles annuités conduit, logiquement, à une valeur présente plus forte que celle obtenue avec les flux nets de trésorerie. Une telle situation est nécessaire car l'excédent de valeur doit couvrir les dépenses en capital (investissement industriel) ainsi que le financement de l'exploitation (ΔBFR).

1.1.2. Évaluation d'un projet d'investissement et d'une entreprise

Le cadre général

L'évaluation de tous les actifs d'une entreprise, par les flux de trésorerie actualisés, dite méthode des *DCF*, déroule une procédure technique tout à fait comparable à la séquence suivie pour porter un jugement sur la rentabilité d'un projet particulier d'investissement. Dans un premier temps, on anticipe des flux nets de trésorerie (cash-flows à dette nulle) et, dans un second temps, on porte un jugement sur la faisabilité d'une décision particulière d'investir ou sur la valeur de tout un portefeuille d'actifs économiques représentant l'entreprise.

Plus explicitement, et à propos d'une société, le recours à l'actualisation des cash-flows futurs vise à évaluer des actifs d'exploitation et à déduire, ensuite, la valeur résiduelle des capitaux propres en tenant compte de l'endettement net ajusté. Ce dernier est déterminé en ajoutant aux dettes financières classiques certains passifs à caractère de dette (engagements de retraite, provisions pour risques et charges, impôts différés, intérêts minoritaires…) et en déduisant, dans un second temps, les disponibilités et des actifs de type *cash* comme les biens disponibles à la vente.

Concernant un acte singulier d'investissement, l'objectif réside plutôt dans l'estimation d'une survaleur ou différence entre ce que vaut le projet spécifique et ce qu'il coûte en acquisition d'actifs le plus souvent amortissables.

Si les pièces comptables ou financières nécessaires à l'évaluation d'un projet et d'une société tout entière sont de même nature, les modalités pratiques de calcul des instruments de mesure diffèrent sur deux points principaux.

Éléments pratiques de différenciation

Nature des flux à actualiser

En premier lieu, les flux de trésorerie nécessaires à l'évaluation d'une dépense ciblée en capital sont différentiels et résultent d'un rapprochement entre deux situations, celles de la société avec et sans le projet. Par contre, en matière d'évaluation d'entreprise, les flux prévisionnels à traiter sont ceux de la société tout entière, que le management dégage de son *business plan*. En outre, les cash-flows concernés subissent l'influence de toutes les dépenses stratégiques prévues, qu'il s'agisse d'opérations relevant de croissance interne (investissements directs) ou de décisions inscrites dans une logique de développement par croissance externe (investissements indirects).

La seconde petite différence porte sur la valeur terminale. Quand il s'agit d'évaluer l'opportunité d'une acquisition distinctive d'actifs, la valeur de sortie correspond au prix de cession possible de ces mêmes biens au terme du calcul de rentabilité économique. En revanche, lorsque l'on se propose d'évaluer toute une entreprise, la valeur terminale intégrable ne peut être rattachée à un seul bien, voire à un groupe d'actifs. Il faut donc se poser la question de savoir ce que tous les actifs d'exploitation, sans limitation, pourraient continuer à générer comme cash-flows nets une fois atteinte la limite raisonnable des projections crédibles (horizon habituel du *business plan* prolongé de quelques années le cas échéant dans la logique du principe des rentes décroissantes). Compte tenu du peu de visibilité au-delà de cette période prédictive rationnelle, la valeur terminale est déterminée sur la base d'une hypothèse très prudente d'évolution des flux ultérieurs de trésorerie.

Le principe des rentes perpétuelles est ainsi appliqué avec utilisation d'un taux de croissance faible, celui de l'économie en général ou, plus fréquemment, l'inflation à long terme. Il s'agit, en définitive, de considérer qu'au-delà du plan d'affaires et d'une fenêtre pluriannuelle intermédiaire, caractérisée par des cash-flows décroissants, la rentabilité de tout le capital employé (*ROCE*) converge vers ce que coûtent les ressources financières utilisées (k). À l'intérieur de ce cadre-là, un taux de croissance conforme à l'inflation ne fait que préserver la valeur courante de l'actif économique. Dans la trentaine d'offres publiques récentes (2014), l'établissement présentateur ou l'expert indépendant mandaté par la cible teste des taux de moins de 2 %, de l'ordre de 1,6 % en moyenne selon l'analyse factuelle des opérations d'acquisition sur le marché français faite par le cabinet Ledouble (voir chapitre 4).

Fiscalité

Le traitement de flux concernant toute une entité économique, et non pas un acte spécifique d'investissement, rejaillit logiquement sur une charge récurrente : l'impôt. En effet, quand on évalue un projet, tout supplément de charges sur les produits entraîne une économie d'impôt attribuable à l'acte singulier d'investissement. Cette économie est assimilable à une recette fiscale dès lors que l'activité générale de la société tout entière est largement bénéficiaire. Ce n'est pas le cas lorsque la comptabilité financière à utiliser concerne l'entreprise dans son ensemble. Dans ce genre de situation, la ponction fiscale porte sur la totalité des flux et non sur des variations de charges et de produits.

Par ailleurs, des déficits fiscaux exercent une influence sur les sorties de trésorerie des années suivantes quand on examine l'intégralité d'une société. C'est le principe du report en avant sans bornes temporelles. Toutefois, l'imputation des déficits est limitée chaque année à 1 M€ augmenté de la moitié du bénéfice qui excède cette limite. Si, par exemple, l'année 20 (N) se termine par un déficit de 3,75 M€ et que le résultat fiscal de 20 ($N + 1$)

se solde par un résultat positif de 4,5 M€, le report est de 2,75 M€[78]. La société concernée par cet exemple paiera ainsi moins d'impôt sur bénéfices de 20 (N + 1), 0,88 M€ très exactement, pour un taux d'impôt moyen de 32 %, et reportera sur les profits futurs le reliquat de déficit qui est de 1 M€.

Sur ce plan fiscal, des avantages comme le crédit d'impôt, par suite de travaux de recherche et développement (CIR), ou la réduction d'impôt destinée à améliorer la compétitivité et l'emploi (CICE) sont plus facilement pris en compte lors d'une valorisation globale d'entreprise que dans le cadre d'une étude spécifique de projet. Le CIR est un abattement d'impôt représentant 30 % des travaux éligibles de toute l'entreprise, comme les dépenses engagées pour la recherche fondamentale, la recherche appliquée ou encore la conception de nouveaux produits ou services. La mesure fiscale du CIR peut également prendre la forme d'un remboursement de l'impôt sur les sociétés quand il s'agit de PME et d'entreprises nouvelles ou en difficulté financière. De la même manière, le CICE est adossé à un agrégat comptable d'entreprise. Ce sont les rémunérations versées. L'économie d'impôt représente 6 % de la masse salariale hors considération des salaires supérieurs à 2,5 fois le SMIC.

Analyse de sensibilité

La valeur d'entreprise étant dépendante d'un grand nombre de paramètres influents, on peut chercher à effectuer sur le prix d'offre une étude de sensibilité. Modifier tour à tour et conjointement des variables explicatives, pour connaître le pouvoir réellement discriminant de chaque facteur clé, concerne aussi bien des projets particuliers d'investissement qu'une société dans son ensemble. Cela dit, en matière d'évaluation d'entreprise, la valeur terminale, qui exerce une influence forte sur le prix d'offre, rend quasi obligatoire cette opération informative pour le futur investisseur.

Dans la plupart des opérations publiques d'acquisition, les évaluateurs, qu'il s'agisse de l'initiateur de l'offre ou de l'expert indépendant choisi par la cible, font varier la croissance à l'infini du dernier cash-flow (plan d'affaires) ainsi que le coût moyen pondéré du capital chargé de pénaliser les flux nets de trésorerie et la valeur terminale. On peut aussi effectuer une analyse de sensibilité sur l'importance des investissements nécessaires pour atteindre le niveau de croissance espéré du chiffre d'affaires. Cette hauteur-là de la croissance attendue des ventes passe-t-elle par un simple renouvellement d'actifs industriels ou par des investissements nets positifs, c'est-à-dire par des acquistions annuelles supérieures aux amortissements ? Nous traitons cette question en fin de chapitre (voir section « Exercices et cas ») dans l'une des applications pratiques.

1.2. Illustration par l'évaluation de Générale de Santé

Afin de bien montrer les quelques spécificités d'une évaluation d'entreprise par la méthode des *DCF*, dans un cadre général de valorisation intrinsèque par actualisation des flux nets de trésorerie, prenons une opération réelle d'acquisition ouverte du 31 octobre au 13 novembre 2014. Il s'agit de l'offre publique d'achat simplifiée (OPAS) sur Générale de Santé par le concert Ramsay Health Care Limited (Royaume-Uni) et la

78. 1 + (0,5 × (4,5 – 1)).

filiale du Crédit agricole, Predica (deuxième assureur-vie en France). Pour des informations détaillées sur cette opération, voir la note déposée auprès de l'Autorité des marchés financiers (visa n° 14-575 en date du 28 octobre 2014) sur son site internet (www.amf-france.org).

1.2.1. Présentation de l'offre publique d'acquisition

Générale de Santé, coté sur Euronext (compartiment B), est le premier groupe français d'hospitalisation privée. Les initiateurs, qui possèdent à la date de l'opération, 83,4 % du capital, offrent 16 € par action existante non détenue par eux, soit une prime de 14,3 % par rapport au prix tiré de l'évaluation par actualisation des flux de trésorerie futurs disponibles (14 €).

Nous nous proposons de retrouver un prix très proche des 14 € que donnent les présentateurs de l'offre (Crédit agricole et Lazard) à partir des informations managériales figurant dans les notes de l'initiateur et de la cible en réponse à l'OPAS.

Les cash-flows prévisionnels nécessaires au calcul de la valeur d'entreprise (*VE*) sont chiffrés sur une première fenêtre de 4 ans qui est celle du *business plan* établi par le management de Générale de Santé (2014-2017). Les données de cette période sont ensuite extrapolées sur 2018-2025. Une valeur terminale est introduite fin 2025. Celle-ci correspond à la valeur d'une rente perpétuelle (dernier flux net de trésorerie) appelée à croître selon un taux annuel de 1,5 %.

Sur 2014-2017, l'hypothèse faite au plan de la croissance du chiffre d'affaires (CA) est de 2 % par an en moyenne, sachant que le consensus des analystes financiers livre un agrégat de 1 700 M€ pour l'exercice 2014, en baisse de 9 % par rapport au CA de 2013 (1 769,7 M€). La marge d'*EBITDA*, pour sa part, passerait de 10,9 % en 2013 à 11,4 % en 2017. Les investissements, tout comme les amortissements, sont estimés à 4,9 % du CA et la modestie des projections faites sur la croissance rend négligeables les variations de BFR.

En matière d'extrapolation (2018-2025), les hypothèses suivantes figurent dans les notes d'information de l'Autorité des marchés financiers (AMF). Pour ce qui est du CA, est retenue une convergence linéaire de la croissance vers le taux à l'infini (lien avec le principe courant du *fade cash-flow* ou rente décroissante). Deux autres convergences linéaires vers des ratios normatifs sont supposées, celles portant sur la marge d'*EBITDA* et l'investissement (11,8 % du CA pour le premier et 4,5 % pour le second). Le taux d'impôt choisi est le taux normal (33 1/3 %) majoré de la seule contribution sociale de solidarité des sociétés (3,3 %) puisque le relèvement exceptionnel de 10,7 % est très limité dans le temps.

1.2.2. Remarques à propos du coût du capital

Pour le calcul du coût moyen pondéré du capital, l'initiateur de l'offre prend un taux de 7,1 % que les présentateurs expliquent par la règle du MEDAF (*CAPM*), un taux d'intérêt de 5,1 % et les informations complémentaires ci-après.

Le taux sûr (OAT 10 ans) à la date de l'évaluation se monte à 1,3 %, la prime de risque de marché retenue est celle livrée par Natixis, Damodaran et Bloomberg (6,6 %) et le *bêta* désendetté correspond à la moyenne d'un échantillon de sociétés semblables (0,86).

Pour basculer du *bêta* opérationnel vers le *bêta* des capitaux propres ou endetté, le Crédit agricole et Lazard (présentateurs de l'offre) prennent un levier de 0,424 (moyenne d'un échantillon d'entreprises comparables cotées) et supposent un *bêta* de la dette (β_d) nul. Formellement, avec toutes ces données, on trouve bien un rendement requis par les actionnaires (k_c) de 8,6 % et un coût moyen pondéré du capital (k) de 7,1 %. Ces résultats appellent cependant deux remarques.

- Premièrement, si l'index de risque de crédit (β_d) est proche de 0, cela veut dire, selon le *CAPM*, que la dette ne coûte pas 5,1 % mais 1,3 % (taux sûr). Dans ces conditions, k s'élève à 6,3 % et non à 7,1 %. En fait, quelle que soit l'hypothèse sur l'index de risque de crédit, k s'établit à 6,3 % dans le cadre du MEDAF et des propositions de Modigliani et Miller (MM). C'est la structure du coût moyen pondéré du capital (k) qui varie lorsque le *bêta* de la dette suit le taux d'intérêt sous le format du *CAPM*. En situation de β_d nul et cristallisé, l'absence de transfert de risques, des actionnaires vers les prêteurs, alourdit le coût des capitaux propres comme c'est le cas dans le document de référence relatif à l'opération Générale de Santé (8,6 %). En revanche, si le *bêta* de la dette est cohérent avec le taux d'intérêt communiqué (5,1 %) et la règle du MEDAF, le rendement requis par les actionnaires (k_c) devrait tomber à 7,5 %.
- Deuxièmement, contrairement à l'expert indépendant, l'initiateur de l'offre applique strictement la règle du *CAPM*, aux erreurs de mesure près sur β_d, sans majoration spécifique pour la taille ou la vulnérabilité économique. Effectivement, dans ce dossier d'évaluation, l'expert mandaté par la cible ajoute au résultat obtenu par application de la règle du MEDAF une prime spécifique de 2 points attribuée au caractère aléatoire des prévisions inscrites dans le plan d'affaires ; ce facteur de risque aurait pu également se retrouver dans une retouche (baisse) des cash-flows futurs.

Pour conclure sur ce point, disons que l'on peut conserver le taux d'actualisation des établissements présentateurs de l'offre (7,1 %) en considérant qu'il intègre une petite prime de risque spécifique par rapport au résultat, plus conforme à la théorie financière, de notre calcul (6,3 %). Cela dit, en pratique, une étude de sensibilité est habituellement faite sur le coût moyen pondéré du capital ainsi que sur la croissance à l'infini (voir plus haut) de telle sorte que 7,1 % aurait, de toute façon, figuré dans la fourchette des taux testés.

1.2.3. Passif financier et flux nets de trésorerie futurs

On trouvera, dans le tableau 6.2, la dette financière nette ajustée de Générale de Santé au 30 juin 2014, qui est la date de l'évaluation de la société par l'initiateur.

D'une manière générale, les actifs financiers et autres participations minoritaires peuvent être traités comme composants de la valeur d'entreprise ou en tant qu'éléments réducteurs de dettes financières. Dans cette opération Générale de Santé, de tels actifs sont considérés, par l'initiateur de l'offre et l'expert engagé par la cible, comme du *cash* réducteur d'endettement brut. Nous proposons en fin de chapitre, dans la section « Exercices et cas », le second traitement, à savoir une inclusion de la valeur marchande de ces actifs financiers au sein de la valeur globale d'entreprise.

Précisons que l'option retenue n'a pas d'effet sur la valeur résiduelle du capital-actions, et donc sur le prix d'offre d'une action. Dans le premier cas, la valeur d'entreprise est plus grande, de même que l'endettement net. Si c'est la seconde option qui est choisie, la valeur d'entreprise n'est pas majorée mais l'endettement net qu'il faut soustraire est plus petit.

Quant aux cash-flows économiques (CF_t), à l'origine de la valeur d'entreprise (VE), ils sont consignés dans le tableau 6.3.

Pour une meilleure compréhension du contenu du tableau 6.3, on trouvera, dans les annexes de ce chapitre (voir tableaux 6A.1 et 6A.2), les hypothèses retenues pour établir la convergence linéaire des taux ainsi que des calculs détaillés portant sur les cash-flows des bornes annuelles 2014-2017 et 2018-2025.

Tableau 6.2 – Calcul de la dette financière nette ajustée de Générale de Santé, au 30 juin 2014 ; M€[a]

	Millions d'euros (M€)	30 juin 2014
	Dette financière brute	641,6
–	Trésorerie disponible et équivalents	1,8
=	Dette financière nette	639,8
+	Intérêts minoritaires	37,0
+	Engagements de retraite	29,8
+	Provisions à caractère de dettes après impôt	19,8
+	Impôts différés nets	6,3
+	Participation des salariés	3,8
–	Actifs disponibles à la vente[b]	6,1
–	Actif d'impôts exigibles	5,4
=	Dette financière nette ajustée	725,0

a. *Source :* document de référence Générale de Santé (juin 2014) et note d'information établie par la société en réponse à l'offre publique d'achat simplifiée ouverte le 31 octobre 2014.

b. Y compris participations dans les entreprises associées, pour 0,3 M€.

Tableau 6.3 – Cash-flows attendus par la société Générale de Santé (2014-2025)[a]

M€	Fenêtre initiale du plan d'affaires				Fenêtre des données extrapolées							
Année	2014	2015	2016	2017	2018	2019	2020	2021	2022	2023	2024	2025
CF_t	68,3	71,1	73,9	76,9	79,6	82,3	85,0	87,8	90,6	93,4	96,2	99,0

a. *Source :* nos calculs, d'après documents relatifs à l'offre publique d'acquisition. Le cash-flow net de 2014 est décalé de 6 mois par rapport à la date de l'évaluation. Les autres flux nets de trésorerie sont successivement espacés d'un an, les uns par rapport aux autres.

1.2.4. Valeur d'entreprise et prix d'offre pour une action Générale de Santé

Par actualisation des flux de trésorerie disponibles dans le futur, la valeur d'entreprise (Générale de Santé), au 30 juin 2014, est donc la suivante :

$$VE = \frac{68,3}{(1+k)^{0,5}} + \frac{71,1}{(1+k)^{1,5}} + \ldots + \frac{96,2}{(1+k)^{10,5}} + \frac{99,0 + VT}{(1+k)^{11,5}}$$

On remarquera que la première actualisation porte sur un flux net décalé d'une demi-année seulement puisque les premiers agrégats comptables sont attendus 6 mois après la date de l'évaluation.

VT est la valeur terminale de Générale de Santé fin 2025, soit l'équivalent d'une rente perpétuelle (dernier cash-flow) qui croît annuellement selon un taux g_i de 1,5 %. En règle générale, ce taux à l'infini est une approximation de l'inflation à long terme (voir ci-dessus).

Avec $k = 7{,}1$ % :

$$VT = \frac{CF_{25}(1+g_i)}{k-g_i} = \frac{99{,}0(1{,}015)}{0{,}071-0{,}015} = 1\,794{,}4 \text{ M€}$$

$$VE = \frac{68{,}3}{(1{,}071)^{0{,}5}} + \frac{71{,}1}{(1{,}071)^{1{,}5}} + \ldots + \frac{96{,}2}{(1{,}071)^{10{,}5}} + \frac{1\,893{,}4}{(1{,}071)^{11{,}5}} = 1\,481{,}1 \text{ M€}$$

Connaissant l'endettement net ajusté (725 M€ ; voir tableau 6.2) tout comme le nombre d'actions en circulation (56,4 millions), nous pouvons en déduire le prix d'offre pour une action, lequel s'élève à 13,4 €, soit un chiffre très proche de celui proposé par l'initiateur de l'OPAS. Si nous avions intégré dans nos calculs la mesure fiscale du CICE, comme semble l'avoir fait l'initiateur sur 2014-2017, notre prix aurait été plus élevé, probablement supérieur à 14 €.

2. Calcul actuariel et valorisation des placements financiers

Les mesures actuarielles d'évaluation de la performance des dépenses en capital industriel sont transposables à des actifs financiers, qu'il s'agisse d'actions ou de titres de créances négociables (TCN). Le traitement des obligations a fait l'objet du chapitre 3. Nous n'y reviendrons pas. Il sera donc question, dans le présent chapitre, de performance sur placements en actions et en titres de créances négociables autres que les obligations.

Pour ce qui est de la mesure de l'efficience des placements en actions, partie principale de cette section, nous allons voir comment appliquer le concept de délai de recouvrement du cours (*DR*) et de quelle manière sortir du rendement actuariel, sur détention pluriannuelle ininterrompue, une information au sujet du contenu de la valeur actionnariale créée.

2.1. Le *DR* dans le cadre d'un placement en actions

On sait que le délai de récupération est la période au bout de laquelle une mise initiale est reconstituée. Quand il s'agit d'une action, la mise correspond au cours sur le marché et la séquence de flux, en retour, est celle des bénéfices futurs rapportés à un seul titre. *A priori*, plus courte est la durée de recouvrement d'une action plus intéressante est l'appropriation du titre de propriété. Cela est également vrai, sur le principe, en matière d'analyse des marchés financiers tout entiers. Cette règle logique est à nuancer dès lors que la volatilité des bénéfices attendus est introduite. Si une information est disponible en la matière, plus forte est la variance des profits espérés, plus courte devrait être la durée de récupération du prix (cours).

2.1.1. Calcul du *DR*

La formule du *DR* est simple dans son contenu, surtout quand la période de reconstitution du prix (P_0) est déterminée avec le bénéfice par action (*BPA*) courant. *DR* est par conséquent solution de :

$$P_0 = BPA_0 \sum_{t=0}^{DR-1} \left(\frac{1+g}{1+k_c} \right)^t \Rightarrow \frac{P_0}{BPA_0} = PER_0 = \sum_{t=0}^{DR-1} \left(\frac{1+g}{1+k_c} \right)^t$$

Dans l'expression ci-dessus, g désigne la croissance future espérée du *BPA* et k_c le rendement requis par les détenteurs de titres de propriété[79]. Après développement et passage par les logarithmes (ln) :

$$DR = \frac{ln\left[1 - \left(PER_0 \times \frac{k_c - g}{1+k_c} \right)\right]}{ln\left(\frac{1+g}{1+k_c} \right)}$$

On peut faire trois remarques techniques sur la forme mathématique de la formule du *DR*. La première observation se rapporte au lien entre *DR* et *PER*. Le coefficient de capitalisation des bénéfices coïncide avec la durée de recouvrement en situation de croissance et de taux d'actualisation nuls. La deuxième remarque porte sur la déformation du *DR*. Pour un taux de croissance donné, le délai augmente au fur et à mesure que la pénalisation des bénéfices futurs croît ; en revanche, une fois calé le taux d'actualisation, la période de recouvrement diminue avec la consolidation de la croissance des bénéfices. Une analyse de sensibilité sur les deux variables testées simultanément permet l'identification d'une plage de *DR* possibles. On mesure de la sorte l'éventualité d'un *DR* proche de l'objectif convoité en matière de récupération temporelle. Cet aspect lié au risque encouru est traité en fin de chapitre, dans la section « Exercices et cas ». Enfin, une condition doit être remplie pour que la formule du *DR* livre une réponse. Il faut, en effet, que $(k_c - g) / (1 + k_c)$ soit inférieur à l'inverse du *PER*, car le logarithme népérien ne peut être calculé qu'avec un nombre positif (numérateur du ratio). Par exemple, si le multiple est de 15 et le rendement requis par les actionnaires de 8,75 %, la formule du *DR* n'est opérante que pour des taux de croissance supérieurs à 1,5 %. Cette troisième remarque, d'ordre mathématique, n'a toutefois pas de fondement financier car un *PER* de 15 est logiquement associé à une croissance supérieure à 1,5 %. Pour vérifier une telle allégation, il suffit de revoir la relation entre multiple de résultat net, *pay-out ratio*, taux d'actualisation et croissance, sur un horizon infini (voir chapitre 4). C'est ainsi que, pour un taux de distribution de 0,4, la croissance intégrée dans le *PER* de 15 est de 6,1 %.

Sur le plan de la gestion des ressources d'un investisseur, et de manière théorique pour le moins, la durée de détention de l'action, pour récupérer la mise initiale, est un indicateur

79. Quand le critère du *DR* sert à apprécier un marché tout entier, le taux d'actualisation k_c est remplacé par le rendement d'un placement sans risque (R_F) sur le marché en question.

du risque encouru. En première lecture, plus petit est le *DR*, plus faible est le risque pris puisque la rapidité avec laquelle la somme investie est retrouvée atténue la probabilité de défaut ainsi que le risque de réinvestissement des coupons régulièrement servis.

2.1.2. Application à la société Gemalto

Nous allons utiliser ce critère du *DR*, qui est un instrument général de gestion de portefeuille, pour porter une appréciation sur le potentiel éventuel de hausse d'un cours.

Prenons le cas de Gemalto, qui est une société française spécialisée dans la conception et la fabrication de logiciels de sécurité numérique. Gemalto est cotée à Paris (Euronext, compartiment A) et appartient au secteur « électronique et équipements électriques » (EEE). La base Damodaran nous donne, pour cette activité (EEE), un *bêta* désendetté ou sectoriel (β_A) de 0,915. À la fin de l'année 2014, le levier financier (*L*) de Gemalto, calculé avec des valeurs de marché, est négatif. Il s'établit à −0,088. Par ailleurs, à cette même date, celle de nos travaux (fin 2014), le cours de Gemalto (P_0) est de l'ordre de 70 € avec une capacité de consolidation de 25 % selon les consensus d'analystes financiers. Pour l'année courante (2014), le marché s'attendait à un bénéfice par action (*BPA*) de 3,39 €.

Plus généralement, on sait (fin 2014) que le placement sûr (R_F) rapporte 1,2 % et que la prime de risque de marché (*PRM*) est au voisinage de 7 %. Ajoutons que, sur les cinq dernières années, profit opérationnel et résultat net de Gemalto ont, tous deux, augmenté annuellement de 20 % approximativement (moyenne géométrique)[80]. Enfin, on admettra que le *DR* moyen des marchés développés est de l'ordre de 12.

Si l'index de risque de crédit est négligeable ($\beta_d = 0$) et le taux d'impôt (*T*) de 34,43 %, la rémunération attendue des propriétaires de Gemalto, selon le *CAPM*, est égale à :

$$k_c = R_F + \beta_A\big(1 + L(1-T)\big)PRM = 0{,}012 + \Big(0{,}915\big(1 - 0{,}088 \times (1 - 0{,}3443)\big)\Big)\,0{,}07 = 7{,}24\,\%$$

En considérant une croissance future comparable à celle observée au cours des cinq dernières années, soit 20 % par an, il s'avère que le *DR* s'élève à environ 11. Nous le vérifions, après application de la formule du *DR* (ci-dessus) à Gemalto :

$$DR = \frac{ln\left[1 - \left(\dfrac{70}{3{,}39} \times \dfrac{0{,}0724 - 0{,}2}{1{,}0724}\right)\right]}{ln\left(\dfrac{1{,}2}{1{,}0724}\right)} = \frac{ln(3{,}4569)}{ln(1{,}119)} = 11{,}03$$

Comparativement au *DR* moyen de 12, un potentiel de hausse existe effectivement, mais sur la base d'une croissance annuelle relativement forte du *BPA* (20 %). Avec une hypothèse de croissance future moins importante, disons 10 %, le délai de récupération du cours deviendrait excessif (16,8). Si l'investisseur estime que la croissance future de Gemalto sera au moins aussi ferme que celle constatée dans le passé, ce que semblait croire le marché (consensus) fin 2014, alors le titre était, à cette date, réellement sous-évalué et par conséquent intéressant à l'achat. Les résultats boursiers sur 2004-2014 paraissent conforter ce sentiment de *business model* opportun et rentable. En effet, avec

80. 20 %, c'est également la croissance sous-jacente aux *PER* successifs de 2014 (19,41) et 2015 (16,16), d'après les consensus à la fin de l'année 2014.

une rentabilité de marché, en moyenne géométrique annuelle de 14,1 %, Gemalto se classe au cinquième rang des meilleurs gains sur 10 ans[81].

2.2. Le taux de rendement interne appliqué à des placements en actions

2.2.1. Rendement actuariel du placement et mesure de l'enrichissement net

Tout comme un projet structurant l'entreprise, un investissement ininterrompu en actions peut faire l'objet d'une mesure de rentabilité par le rendement actuariel. Le TRI une fois calculé est ensuite converti en valeur actionnariale créée (*VAC*), laquelle détermine, pour l'investisseur, l'enrichissement net d'une fenêtre pluriannuelle au cours de laquelle les titres ont été conservés. Enfin, une telle création, voire destruction, de valeur, en pourcentage de la mise de départ, est décomposable en parts revenant au dividende (niveau du socle de rémunération), à la croissance temporelle d'un tel produit financier et au gain ou à la perte en capital.

À la façon d'un investissement en actifs économiques, le plus souvent amortissable, le critère du rendement actuariel appliqué à des actions suppose un replacement des revenus induits au taux ayant été obtenu avec tous les flux (TRI). Concernant donc un placement en actions, l'hypothèse implicite stipule, en définitive, que les restitutions aux actionnaires sont réinvesties dans le même titre. Comme le replacement des dividendes dans la même action n'est pas un cas de figure aberrant, le postulat du réinvestissement au taux de rendement interne (TRI) paraît fréquemment tenable.

Considérons un exemple simple pour présenter les calculs théoriques possibles en la matière.

Soit un placement pendant 5 ans dans le titre virtuel Simplex pour lequel nous disposons de la mise initiale (cours du point de départ), des dividendes sur la période ininterrompue de détention (5 ans) et de la valeur de sortie (cours au terme de la fenêtre de l'étude). Tous ces éléments de marché (prix et dividendes ajustés) sont consignés dans le tableau 6.4.

Tableau 6.4 – Dividendes et cours ajustés se rapportant à l'action Simplex pendant 5 ans ; euros

Année	Cours ajustés[a]	Dividendes ajustés[a]
0	100,0	–
1	98,0	4,0
2	105,0	4,4
3	102,0	4,8
4	106,0	5,0
5	110,0	5,4

a. L'ajustement, rendu nécessaire par l'existence de droits (attribution et souscription préférentielle spécialement), autorise une comparaison des prix et des rémunérations dans le temps. Cela donne de la justesse aux rendements périodiques (annuels dans le cas de cet exemple). Pour des détails relatifs aux techniques d'ajustement, voir Parienté (2013).

81. *Source : Investir*, 22 novembre 2014.

Si l'on suppose une détention ininterrompue de l'action Simplex, pendant 5 ans, de $t = 1$ à $t = 5$, ce qui chasse du raisonnement les cours intermédiaires du tableau 6.4, le placement a rapporté le taux r qui satisfait l'expression suivante :

$$0 = -100 + \frac{4}{(1+r)} + \frac{4,4}{(1+r)^2} + \ldots + \frac{5,4 + 110,0}{(1+r)^5}$$

Après résolution de cette équation, on trouve que l'investissement en actions a rapporté 6,436 % par an. Ce taux r, de 6,436 %, est le taux d'intérêt composé du placement. C'est comme si, pour une mise initiale de 100 € (coût au départ de l'action), l'investisseur se retrouvait propriétaire d'un revenu unique de 136,60 € au terme des 5 ans[82]. En d'autres mots, la période du placement a procuré à l'actionnaire un enrichissement net de 36,60 %.

2.2.2. Structuration de la valeur actionnariale créée

Sur le principe, l'enrichissement net représente une valeur actionnariale créée (*VAC*) susceptible d'être répartie en trois parts. Une première fraction est attribuable aux seuls dividendes. La deuxième partie revient à la croissance annuelle de ces restitutions aux propriétaires. Enfin, la contribution de la variation de cours (gain en capital dans cet exemple) représente la troisième composante de l'enrichissement net. Le tableau 6.5 propose une mesure de ces poids respectifs.

Tableau 6.5 – Montée en puissance de la performance sur placement dans l'action Simplex, au fur et à mesure que sont introduites toutes les variables de l'enrichissement[a]

	Dividendes cristallisés	**Dividendes réellement versés (croissance du coupon intégrée)**	**Dividendes versés et gain en capital**
r	$0 = -100 + 4\sum_{t=1}^{4}(1+r)^{-t} + \frac{104}{(1+r)^5}$ $\Rightarrow r = 4\,\%$	$0 = -100 + \frac{4}{(1+r)} + \frac{4,4}{(1+r)^2} + \ldots + \frac{5,4+100}{(1+r)^5}$ $\Rightarrow r = 4,689\,\%$	$r = 6,436\,\%$
VAC	$(1,04)^5 - 1 = 21,67\,\%$	$(1,04689)^5 - 1 = 25,75\,\%$	$(1,06436)^5 - 1 = 36,60\,\%$

a. Performance mesurée par le rendement actuariel (r) et la valeur actionnariale créée (*VAC*).

Dans cet exemple (action Simplex), la contribution la plus significative est celle du dividende (niveau de départ) puisqu'elle représente plus de la moitié de la *VAC* (21,67 % sur 36,60 %). Viennent ensuite la croissance du dividende et la variation de cours (voir figure 6.1). C'est une observation qui pourrait caractériser, au moins de façon circonstancielle, des valeurs de rendement bien installées dans leur activité sociale pour lesquelles des taux de croissance exceptionnels ne sont pas attendus. Citons les activités immobilières, les télécommunications ou encore les services aux collectivités. Altarea qui fait du développement et de la promotion dans l'immobilier affiche, sur 2009-2014,

82. $(1 + r)^5 \times 100$.

un rendement pour l'investisseur (TRI) de 11,74 % et une *VAC* qui se monte à 74,20 % ; ces conclusions sont très influencées par le dividende et sa croissance (64,6 % de l'enrichissement observé)[83]. Les résultats, durant la même fenêtre, d'une société financière comme Nexity (participation et promotion immobilières) sont semblables avec une contribution des dividendes et de leur croissance à hauteur de 70 %.

Figure 6.1 – Contributions, à la valeur créée, du dividende, de sa croissance temporelle et de la variation de cours : cas du placement dans l'action Simplex

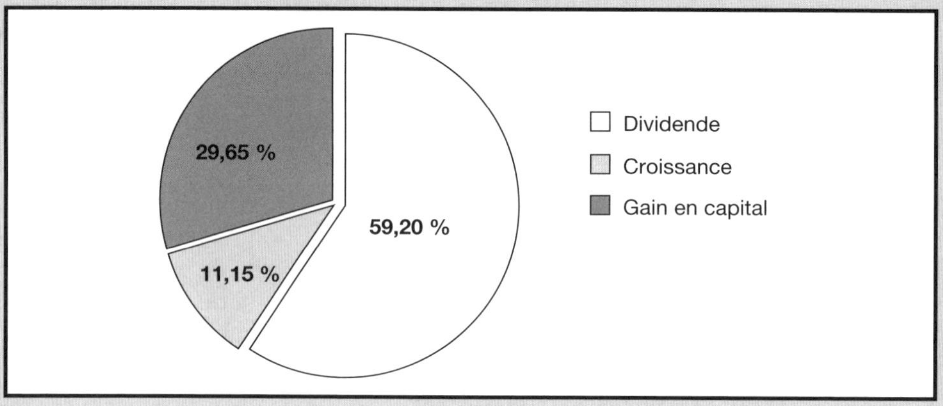

2.2.3. Lien avec la nature de l'activité sociale

Une analyse de ce type, reposant sur le calcul du TRI d'un placement en actions avec déduction d'un enrichissement net en pourcentage de la mise initiale, appelle deux remarques. La première concerne le lien que l'on peut établir entre catégorie de valeurs mobilières et composition de la performance. La seconde porte sur la relation de dépendance empirique susceptible d'exister entre titres de capital durablement performants et variables dominantes dans la formation de la *VAC*. Ce second point, qui nécessite une recherche académique fouillée, sort du cadre de l'ouvrage. En revanche, concernant la première remarque, il est possible de faire quelques commentaires généraux sur la disparité des observations possibles relatives à l'origine de l'enrichissement net ainsi que des insinuations, en apparence logiques, sur les interrelations possibles entre métiers des sociétés (perspectives futures) et *VAC* (structure).

Sur ce sujet, disons tout d'abord que l'exercice proposé portant sur la composition de la performance est en définitive un construit intellectuel. Les contributions respectives du coupon, de sa croissance et de la variation de cours ne sont pas toujours positives en raison de cheminements souvent non rectilignes des éléments qui structurent l'enrichissement. Par exemple, l'investisseur ayant acheté des actions Orange fin 2009 et les ayant revendues fin 2014 a fait un placement très pénalisé par la baisse du coupon et par la perte en capital. Ces contributions négatives tirent vers le bas les performances (2,675 % pour le TRI et 14,11 % pour la *VAC*, sur 2009-2014). En revanche, le seul maintien du

83. Voir les exercices mis en ligne pour une vérification de ces résultats.

dividende, sur 2011-2014, au niveau de celui versé en 2010 (1,4 €), sans variation de cours (17,43 € fin 2009), aurait amélioré sensiblement le rendement actuariel (8 %) du titre Orange ainsi que la valeur actionnariale créée (47 %).

D'une manière générale cependant, les valeurs dites de rendement (télécommunications et services aux collectivités, par exemple) créent de la valeur pour l'investisseur du fait des gros coupons versés. Ces valeurs-là peuvent être recherchées en situation de baisse des taux d'intérêt et de placements obligataires très peu attractifs. Cela dit, les dividendes de ces sociétés sont plutôt fragiles en raison de perspectives futures très incertaines. On le voit bien actuellement (2015) avec les pétrolières.

À l'opposé, les sociétés à faible rendement, mais pour lesquelles des perspectives de développement significatives sont anticipées, auront une *VAC* dominée par le gain en capital ; ce sont des valeurs de croissance. De telles situations sont observables dans des secteurs à fortes opportunités comme ceux de la santé (prestations de soins ou fournitures médicales), d'Internet, de l'aérospatiale et de la défense. C'est aussi le cas dans le secteur des services aux consommateurs (audiovisuel/divertissement notamment). Citons, par exemple, Iliad, Safran ou encore Zodiac Aerospace. Pour le spécialiste d'Internet (Iliad), le gain en capital explique à hauteur de 98,71 % l'enrichissement net des actionnaires sur 2009-2014. Concernant Safran, l'ensemble des dividendes (niveau et croissance) n'a représenté que 10 % de la valeur actionnariale créée, de fin 2009 à fin 2014. La part imputable à la variation de cours est tout aussi importante dans le cas de Zodiac Aerospace (94,6 % de la *VAC* pour une détention ininterrompue d'actions sur 2010-2014)[84].

Entre les valeurs à haut rendement en dividendes, que l'on trouve habituellement dans les branches matures aux perspectives limitées, voire incertaines, et les sociétés à *PER* élevés (forte croissance implicite dans les cours), figurent des titres pour lesquels la structure du rendement est plus équilibrée. Cet espace intermédiaire boursier se caractérise par des dividendes que la solidité des fondamentaux garantit. Un tel territoire médian est, dans une bonne mesure, celui des sociétés de consommation (L'Oréal, SEB, Danone, Pernod Ricard, LVMH…).

2.2.4. Rendement pas à pas et valeur actionnariale créée

Pour conclure sur la valorisation des placements en titres de propriété, ajoutons que l'enrichissement net (*VAC*) aurait pu être mesuré par un autre biais, celui des cinq rendements annuels aisément chiffrables avec les cours et les dividendes du tableau 6.4 (voir exemple Simplex). La capitalisation sur 5 ans de ces taux de rémunération fournit la valeur future d'une mise initiale de 1 €. Par simple déduction de cet investissement de 1 €, on obtient une autre forme d'enrichissement net adossée aux rendements pas à pas (annuels) et non plus au TRI.

En procédant de la sorte avec les données de l'application numérique Simplex, on trouve une valeur capitalisée des rendements de 1,3721. Cette valeur future comprend une valeur actionnariale créée (*VAC*) de 37,21 % contre 36,60 % pour un raisonnement actuariel élémentaire basé sur un calcul initial de TRI (voir plus haut). Le tableau 6.6 explique ce nouveau résultat.

84. Voir les exercices mis en ligne.

Tableau 6.6 – Rendements annuels sur l'action Simplex, notée *j*, et évolution d'une mise initiale de 1 € sur les 5 ans de la détention ininterrompue

Année t	Rendement annuel R_{jt}	Rendement annuel capitalisé $\prod_{t=1}^{5}(1+R_{jt})$
0	–	1,0000
1	2,00 %	1,0200
2	11,63 %	1,1387
3	1,71 %	1,1582
4	8,82 %	1,2604
5	8,87 %	1,3721

2.3. Les placements courts en titres de créances négociables et leur rendement

2.3.1. Présentation des produits

Le marché français des titres de créances négociables (TCN), de l'ordre de 400 milliards d'euros fin 2014, est le deuxième marché européen et le troisième mondial, après les États-Unis et le Royaume-Uni. C'est une structure active de financement spécialement durant les crises, pour les établissements de crédit tout comme pour les entreprises. Ce marché français des titres de créances négociables, semblable en termes de fonctionnement au marché obligataire, avec un marché primaire et un marché secondaire, est dominé par les certificats de dépôt représentant deux tiers des encours. Dans l'ordre d'importance, les autres titres émis sont des bons à moyen terme négociables (BMTN) et des billets de trésorerie.

Les émetteurs de certificats de dépôt (CD) sont au nombre de deux seulement : les établissements de crédit, qu'ils soient résidents ou non, et la Caisse des dépôts et consignations. Les billets de trésorerie (BT), pour leur part, sont émis par beaucoup plus d'acteurs : des entreprises publiques ou privées, des sociétés d'investissement, des groupements d'intérêt économique (GIE), des organisations internationales et même des collectivités locales, voire des associations. Tous les émetteurs pouvant mettre sur le marché des CD et des BT sont également habilités à émettre des BMTN. Ce sont des prestataires de services d'investissement qui placent et assurent la négociation des TCN.

À l'exception des bons à moyen terme négociables (BMTN), d'une durée initiale supérieure à un an, tous les autres titres ont une vie comprise entre un jour et un an. Les intérêts, pré ou postcomptés, sont calculés de façon proportionnelle (principe des intérêts simples) avec le nombre exact de jours ramené à une année de 360 jours (365 ou 366 jours pour des placements au-delà d'un an). Concernant la contre-valeur minimale des TCN, elle est de 150 000 €. Celle-ci est portée à 200 000 € s'il faut une documentation financière établie dans une langue étrangère. Les investisseurs dits qualifiés (institutionnels uniquement) échappent à cette dernière contrainte de montant minimal.

À la façon des titres obligataires, l'investissement en TCN ne procure le rendement initialement stipulé dans le contrat que si le placement va jusqu'à son terme. Lorsque le titre de créance est cédé avant l'arrivée de son échéance normale, le rendement réellement obtenu diffère de celui originellement prévu. Il est plus fort lorsque, sur le marché, les taux diminuent et plus faible en situation de hausse généralisée des rémunérations. Cela est dû au fait qu'en période de marché baissier la valeur des titres en circulation se valorise ; inversement, lorsque les taux montent, ces mêmes actifs affichent un prix en progression ralentie.

2.3.2. Les calculs de prix et de rendement

Quelles sont les procédures utilisées pour établir des prix à l'échéance (intérêts postcomptés) ou dès le départ (intérêts précomptés) et comment se calcule le cours avant l'arrivée de l'échéance normale en cas de cession ?

Cours du titre à l'échéance et à l'émission

Avec des prix successifs déterminés à l'aide du mode de calcul stipulé dans les contrats (intérêts simples), des rendements actuariels sont chiffrables. Ils mesurent la performance du placement en situation de capitalisation des intérêts. Avant de délivrer des formules de prix, indiquons tout d'abord les notations utilisées.

C_0 et C_n désignent, dans l'ordre, le prix du TCN à la date d'émission et à son échéance. Les taux d'intérêt sur le marché, au moment de l'émission et à la date de la vente (cession), sont notés i_0 et i_v. Pour leur part, n et j indiquent des nombres de jours, la durée initiale de détention (n) et le temps écoulé entre l'émission et la cession quand le TCN est vendu avant l'arrivée de son terme (j). Enfin, C_v est la cotation du titre à la date de vente et r correspond au rendement actuariel annuel du placement, d'après la durée effective de détention.

Dans le cas d'intérêts postcomptés (terme échu), la valeur future du TCN (C_n), à l'échéance prévue, est déterminée comme suit selon sa valeur nominale ou contre-valeur de départ (C_0) :

$$C_n = C_0\left(1 + \frac{i_0 \times n}{360}\right)$$

Supposons le cas d'un certificat de dépôt (CD), portant un nominal de 360 000 €, d'une durée de 6 mois, émis au taux facial de 2,5 %. La valeur future du titre obéit à l'expression précédente. Cela donne, une fois remplacés les symboles par leur valeur :

$$C_n = 360000\left(1 + \frac{0{,}025 \times 180}{360}\right) = 364500 \text{ €}$$

Ce capital de terme échu inclut 4 500 € d'intérêts. S'il fallait calculer le rendement actuariel r du placement, en supposant donc une capitalisation des intérêts, celui-ci serait le résultat du calcul suivant :

$$360\,000(1+r)^{0{,}5} = 364\,500 \quad \Rightarrow r = \left(\frac{364\,500}{360\,000}\right)^2 - 1 = 2{,}516\%$$

Lorsque le principe de calcul est celui des intérêts précomptés, c'est-à-dire payables d'avance, c'est le prix initial C_0 qu'il faut rechercher puisque la valeur finale C_n représente, dans ce cas, le nominal du TCN. Par conséquent :

$$C_0 = \frac{C_n}{\left(1 + \frac{i_0 \times n}{360}\right)} = \frac{360000}{\left(1 + \frac{0,025 \times 180}{360}\right)} = 355\,555,56 \text{ €}$$

Pour l'investisseur, le rendement actuariel r reste le même. En effet :

$$355\,555,56(1 + r)^{0,5} = 360\,000 \quad \Rightarrow r = 2,516\%$$

Cession du titre avant l'arrivée de l'échéance normale

Le rendement actuariel qui vient d'être calculé, de 2,516 %, n'est assuré que si le TCN est conservé jusqu'à la date contractuelle de cession. Si pour des motifs en rapport avec la gestion de trésorerie de l'investisseur le TCN est vendu avant son terme normal, le rendement effectif se contractera en situation de hausse des rémunérations sur le marché ; inversement, il s'améliorera pour toute baisse des taux. Cela s'explique par le fait qu'en situation de variance des rémunérations le cours du TCN ne croît pas au même rythme que l'anticipation programmée d'après le taux d'intérêt de la date d'achat.

Une déformation défavorable des taux augmente le *gap* entre prix contractuel d'entrée et valeur à la date de cession afin que la valorisation nouvelle du TCN permette au preneur d'obtenir le nouveau rendement compte tenu du prix, connu, de sortie (C_n). À l'opposé, toute hausse des taux entraîne une moindre croissance de la valeur du TCN, donc un rendement dégradé pour le vendeur. Cette progression affaiblie permet au nouvel acquéreur d'obtenir le rendement majoré.

La formule du prix de cession d'un titre de créance négociable, avant l'échéance initialement prévue, est par conséquent la suivante :

$$C_v = \frac{C_n}{1 + \frac{i_v(n - j)}{360}}$$

Revenons sur notre TCN dont la durée initiale de détention est de 180 jours et considérons que le titulaire du placement revend sa créance 90 jours plus tard.

Pour une rémunération devenue plus forte (3 % au lieu de 2,5 %), le prix du TCN et le rendement pour les parties sont les suivants dans l'hypothèse d'intérêts postcomptés :

$$C_v = \frac{364\,500}{1 + \frac{0,03(180 - 90)}{360}} = 361\,786,60 \text{ €}$$

Vérifions que le rendement pour le cédant a bien diminué. En revanche, celui du nouvel acheteur doit être égal au nouveau taux d'intérêt exprimé en équivalent composé.

Du côté du vendeur, r doit assurer l'égalité suivante :

$$360\,000(1+r)^{0,25} = 361\,786,6 \quad \Rightarrow r = 2\ \%$$

au lieu des 2,5 % initialement prévus.

Pour ce qui concerne le nouveau titulaire du TCN :

$$361\,786,6(1+r)^{0,25} = 364\,500 \quad \Rightarrow r = 3,03\ \%$$

3,03 % est le taux effectif équivalent au taux proportionnel de 3 % utilisé pour le calcul des intérêts simples postcomptés.

Des calculs effectués avec un mécanisme d'intérêts précomptés, qui livrent un prix de cession C_v de 357 320,1 €[85], auraient donné des résultats (r) identiques pour le vendeur, ayant acheté le TCN 355 555,56 €, et pour le nouvel acquéreur dont on sait que la valeur de sortie du titre est fixée, contractuellement, à 360 000 €.

Dans le cas d'une baisse des taux, par exemple de 2,5 % à 2 %, nous trouvons bien une remontée du rendement pour le cédant. Les résultats se présentent ainsi, en situation d'intérêts postcomptés :

$$C_v = \frac{364\,500}{1+\dfrac{0,02(180-90)}{360}} = 362\,686,57\ €$$

Les rendements actuariels (intérêts composés), respectivement pour le cédant et l'acheteur dès lors que ce dernier conserve l'actif financier jusqu'à l'échéance, sont :

$$360\,000(1+r)^{0,25} = 362\,686,57 \quad \Rightarrow r = 3,02\ \%$$

$$362\,686,57(1+r)^{0,25} = 364\,500 \quad \Rightarrow r = 2,02\ \%$$

En base annuelle, 2,02 % est le taux effectif équivalent au taux proportionnel de 2 % servant à la détermination du prix de cession.

85. $\dfrac{360\,000}{1+\dfrac{0,03\times(180-90)}{360}} = 357\,320,1$ €.

Exercices et cas

Énoncés

1. Dans un pays important de la zone euro et dans le sous-secteur de la distribution alimentaire (secteur des services aux consommateurs), on trouve deux sociétés majeures cotées. Il s'agit, par ordre d'importance (capitalisation boursière), de Foucar et de Nosica. Les deux sociétés sont très internationalisées, mais Foucar est beaucoup plus européenne (73 % des ventes et numéro 1 sur le continent). Pour sa part, le groupe Nosica est très bien installé en Amérique latine (plus de 50 % de son CA). Enfin, ces deux sociétés ont une présence comparable en Asie (8,4 % du volume d'affaires pour Foucar et 7,3 % pour Nosica).

Nous sommes à la fin de l'année 2015. Foucar cote 31,4 € et Nosica 80,8 €.

L'objet de cet exercice porte sur le délai de récupération du prix (*DR*). Il s'agit de se faire une opinion financière sur le *DR* trouvé, à partir d'une prévision des bénéfices par action (*BPA*) et après avoir effectué une mesure du rendement requis par les actionnaires de chacune de ces deux sociétés. Pour mener à bien ce travail d'analyse, vous disposez des informations ci-après.

Le tableau 6.7 réunit des données comptables historiques et des estimations prévisionnelles (consensus) relatives aux bénéfices par action (*BPA*).

Tableau 6.7 – *BPA* historiques et estimés concernant les sociétés Foucar et Nosica (2007-2017)[a, b]

	2007	...	2014	2015e	2016e	2017e
Foucar	0,74 €	...	1,47 €	1,68 € (18,69)	1,92 € (16,35)	2,18 € (14,40)
Nosica	2,57 €	...	4,79 €	4,99 € (16,19)	5,63 € (14,35)	6,08 € (13,29)

a. Entre parenthèses, les *PER* sur bénéfices attendus en 2015, 2016 et 2017.

b. Le « e » suivant 2015, 2016 et 2017 signifie que les données de ces années-là sont des estimations.

Pour une évaluation du coût des capitaux propres, vous disposez tout d'abord de la figure 6.2 qui donne les résultats d'une régression entre les rendements de l'indice sectoriel de la distribution à dominante alimentaire (X-FDR) et les rendements de l'indice général (X-AT), sur les trois années 2012-2014 (données quotidiennes). L'équation de la droite d'ajustement linéaire, suffisamment significative (voir R^2), se trouve sur le graphique.

Nous admettrons, pour simplifier, que l'indice X-FDR est exclusivement composé de Foucar (70 %) et Nosica (30 %). On sait, par ailleurs, que le levier financier de la première société est de 0,2 et celui de la seconde de 0,6 (ratio calculé avec des valeurs de marché). Ces deux dernières informations permettent de déduire de la droite d'ajustement (pente ; voir figure 6.2) une estimation du *bêta* sectoriel après que nous avons retenu un taux d'impôt sur le bénéfice des sociétés de 34,43 % et négligé, pour tous les calculs, le *bêta* de la dette. Enfin, pour évaluer le rendement requis par les actionnaires de Foucar et Nosica, on prendra un taux sûr de 0,41 % et une prime de risque de marché de 7 %.

Figure 6.2 – Relation de dépendance entre les rendements quotidiens de l'indice sectoriel X-FDR (ordonnée) et ceux de l'indice X-AT représentant le marché (abscisse) ; 2012-2014

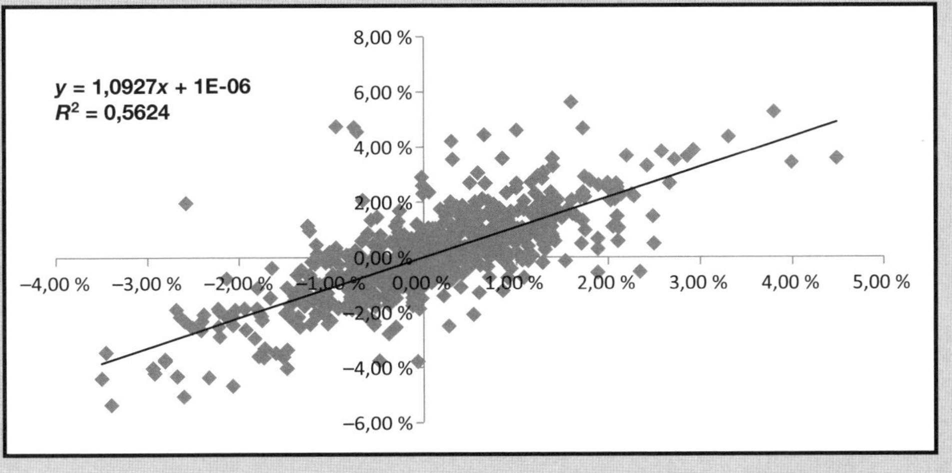

a. Dégagez une hypothèse crédible de croissance à long terme et calculez, ensuite, le *DR* de chacune de ces deux actions en vous plaçant en 2015 pour le calcul du multiple de départ (*PER*). Commentez vos résultats.

b. Si un investisseur connaissant bien le marché considère que le *DR* ne doit pas dépasser une douzaine d'années, pour l'un et l'autre de ces deux titres, laquelle de ces deux valeurs serait plus facilement en ligne avec une telle recommandation ? Répondez à cette question en étudiant la sensibilité du *DR* au taux d'actualisation et à la croissance du bénéfice par action (*BPA*), pour chacune des deux sociétés. Quelle conclusion pouvez-vous en tirer ?

2. Fin décembre 2015, Marcel Blanc (MB) fait l'objet d'une OPA simplifiée. Cette offre d'achat est initiée par Tipox Logistics[86]. Avec un chiffre d'affaires (CA) de 5,4 milliards d'euros (2015), le groupe MB fait partie des tout premiers opérateurs européens de transport et de logistique. L'activité de MB est répartie, selon des proportions comparables, en prestations logistiques et en prestations de transport sur des produits conditionnés et volumineux ainsi que sur des produits en vrac.

Le prix offert par l'initiateur est de 220 € par action, soit 10 % de plus que le dernier cours. Effectivement, à la date de l'évaluation, la capitalisation boursière est de 2 milliards d'euros (2 000 M€) pour un capital-actions de 10 millions de titres. L'endettement financier net, au même moment, s'élève à 800 M€. Il faut également savoir que la société MB dispose, à fin 2015, d'actifs financiers non courants et de participations dans des entreprises associées pour un montant total de 50 M€.

86. Ce cas théorique est en fait librement inspiré de l'offre publique d'achat simplifiée de XPOLogistics, présentée par Morgan Stanley, sur Norbert Dentressangle. La note d'information sur cette opération a été établie et déposée auprès de l'AMF le 11 juin 2015 (dossier disponible sur www.amf-france.org et http://www.xpo.com).

Le prix d'offre est déduit d'une approche multicritère qui privilégie la méthode par actualisation des flux de trésorerie futurs (*DCF*).

Les informations utilisées pour procéder à l'évaluation de la société d'après les *DCF* sont issues de prévisions financières communiquées par le management de MB (plan d'affaires sur 2016-2020). En matière de chiffre d'affaires (CA), le consensus d'analystes financiers fournit une estimation de 5,6 milliards d'euros pour 2016. Par la suite, de 2017 à 2020, une croissance annuelle du CA de 3,8 % est retenue. La marge prévisionnelle d'*EBITDA*, pour sa part, constante sur la durée du *business plan*, est fixée à 6,9 %. La variation du BFR, qui ampute cette capacité d'autofinancement d'exploitation, ne représente que 0,5 % du chiffre d'affaires. L'investissement en capacité ajoutée est proche de 0, soit 2,6 % du CA pour les acquisitions industrielles et les amortissements. En somme, la cible ne prévoit que de la reconstitution d'actifs. Le taux d'impôt retenu par l'établissement présentateur de l'offre est de 33,4 %.

Pour ce qui est de la valeur terminale d'entreprise (fin 2020), deux hypothèses sont testées. La première option retenue consiste à appliquer un multiple de 7 à l'*EBITDA* de l'année 2020. La seconde hypothèse, plus courante, considère un taux de croissance à l'infini de 0,75 % sur le dernier cash-flow net du plan d'affaires (2020).

Concernant la mesure du facteur de risque sectoriel (*bêta* désendetté), l'établissement présentateur s'est appuyé sur un échantillon de sociétés internationales de statures comparables exerçant une activité proche de MB (voir tableau 6.8). Dans ce tableau, sont consignés des *bêtas* endettés, des leviers et les taux d'impôt, sur le bénéfice des sociétés, pratiqués par les pays d'accueil. L'information contenue dans le tableau 6.8 permet la détermination d'une moyenne de *bêtas* désendettés à calculer en négligeant le *bêta* de la dette de chacune des sociétés de l'échantillon. Cette hypothèse portant sur la nullité de l'index de risque de crédit, postulat facilitateur, ne vaut que pour les sociétés du tableau 6.8.

Tableau 6.8 – *Bêtas* endettés, leviers et tribut fiscal de sociétés internationales comparables au groupe MB

Société	Pays	*Bêta* endetté	Levier financier	Taux d'impôt
Alex	GB	0,9	0,18	26,00 %
Sinclair	GB	1,0	0,40	26,00 %
Bennett	US	1,1	–0,25	40,00 %
Matty	US	1,2	0,05	40,00 %
Lafont	FR	1,6	0,45	34,43 %
Lebel	FR	0,8	0,30	34,43 %
Ryan	IRL	1,3	0,10	12,50 %

Pour estimer le rendement requis par les actionnaires (*via* le MEDAF) et le coût moyen pondéré du capital, nous choisissons les données suivantes :

- prime de risque de marché (*PRM*), selon Morgan Stanley, de 6 % ;
- taux sans risque R_F (rendement des « Bund » allemands à 30 ans) de 1,6 % ;

- coût de la dette avant impôt, basé sur une émission d'obligations 2020 réalisée par le groupe MB, de 4 %.

a. Effectuez des travaux préparatoires à l'évaluation de MB. Ils concernent les flux nets de trésorerie sur 2016-2020, le coût du capital et la valeur terminale.

b. Calculez le prix d'offre d'une action MB, d'après la méthode des *DCF*, avec une valeur terminale déterminée selon le principe des rentes perpétuelles. Déduisez du prix trouvé la prime offerte. Répondez à la même question en admettant une valeur terminale égale à 7 fois l'*EBITDA* de 2020. Quelle hypothèse implicite de croissance sans fin, du cash-flow net de 2020, est-elle incluse dans cette seconde valeur terminale ?

c. Évaluez l'impact sur le prix d'offre d'une hausse des investissements de 0,2 %. On considérera que, pour atteindre une augmentation annuelle des ventes de 3,8 %, il sera peut-être nécessaire d'investir un peu plus (2,8 % du CA plutôt que 2,6 %). On répondra à cette question sans refaire le tableau des flux nets de trésorerie, en traitant uniquement le supplément d'investissement. La valeur terminale retenue sera celle déduite d'une rente perpétuelle (première option de la question *b*).

Solutions

1. Pour obtenir l'information demandée en matière de délai de reconstitution du cours de ces deux valeurs, on a besoin d'une hypothèse de croissance à long terme du *BPA*. L'estimation de cette progression des soldes comptables peut être tirée des données historiques (2007-2014) et prédictives (2015-2017).

Il nous faut, aussi, évaluer le taux d'actualisation représentant le rendement requis par les actionnaires. Cette mesure du coût des capitaux propres est déduite du *bêta* sectoriel reconstitué (*bêta* désendetté commun) et corrigé par la structure financière de chacune des deux sociétés. Ce travail en deux temps livre le facteur de risque systématique (*bêta* endetté) qui est la variable discriminante du *CAPM*.

Une fois le *DR* obtenu, on fait varier la croissance et le taux d'actualisation. Il s'agit de réaliser une étude de sensibilité afin de savoir si la recommandation de 12 (voir énoncé) se situe plus facilement à l'intérieur des résultats trouvés pour Foucar que pour Nosica, ou inversement.

a. Délai de reconstitution du cours (*DR*) d'après les *BPA* futurs espérés :

Conformément à la formule expliquée dans ce chapitre, *DR* s'écrit :

$$DR = \frac{ln\left[1 - \left(\frac{P_0}{BPA_0} \times \frac{k_c - g}{1 + k_c}\right)\right]}{ln\left(\frac{1+g}{1+k_c}\right)}$$

Les seules données manquantes se rapportent à k_c (coût des capitaux propres) et à g (taux de croissance du *BPA*). Prix (P_0) et bénéfice initial par action (BPA_0) sont des informations figurant dans l'énoncé.

La pente de la droite d'ajustement de la figure 6.2 (1,0927) est, en quelque sorte, un *bêta* endetté, celui d'un portefeuille de titres représentant le secteur. Il est noté β_{cs}. Comme l'indice est très largement dominé par deux valeurs, le levier moyen pondéré du compartiment des distributeurs cotés (L_s) s'établit à 0,32 $(0,2 \times 0,7 + 0,6 \times 0,3)$. Par conséquent, le facteur commun de risque économique (β_A) résulte du calcul suivant, pour un index de risque de crédit (β_d) nul :

$$\beta_A = \frac{\beta_{cs}}{1 + L_s(1 - T)} = \frac{1,0927}{1 + 0,32(1 - 0,3443)} = 0,9032$$

Afin que la lecture des règles de calcul soit plus simple, les sociétés Foucar et Nosica sont des titres symbolisés, dans l'ordre, par les lettres i et j. Leur *bêta* endetté (β_{ci} et β_{cj}) s'écrit donc :

$$\beta_{ci} = \beta_A(1 + L_i(1 - T)) = 0,9032(1 + 0,2(1 - 0,3443)) = 1,0216$$

$$\beta_{cj} = \beta_A(1 + L_j(1 - T)) = 0,9032(1 + 0,6(1 - 0,3443)) = 1,2585$$

D'où les rendements requis sur Foucar (i) et Nosica (j) :

$$k_{ci} = R_F + \beta_{ci} PRM = 0,0041 + 1,0216 \times 0,07 = 7,56\ \%$$

$$k_{cj} = R_F + \beta_{cj} PRM = 0,0041 + 1,2585 \times 0,07 = 9,22\ \%$$

Concernant la croissance du *BPA*, celle-ci pourrait correspondre à la moyenne géométrique tirée des valeurs aux bornes (2007 et 2017), soit :

$$0,74(1 + g_i)^{10} = 2,18 \quad \Rightarrow g_i = 11,4\ \%\text{, pour Foucar}$$

$$2,57(1 + g_j)^{10} = 6,08 \quad \Rightarrow g_j = 9,0\ \%\text{, pour Nosica}$$

Si la croissance future est celle intégrée dans les *PER* fournis par le consensus 2015-2017 (voir tableau 6.7), les taux g_i et g_j seraient plus forts, 2 à 3 points de plus pour Foucar et un peu plus d'un point pour Nosica.

Les délais de récupération sont maintenant chiffrables. Ils se montent à :

$$DR = \frac{ln\left[1 - \left(\frac{31,4}{1,68} \times \frac{0,0756 - 0,114}{1,0756}\right)\right]}{ln\left(\frac{1,114}{1,0756}\right)} = 14,57\text{, pour Foucar}$$

$$DR = \frac{ln\left[1 - \left(\frac{80,8}{4,99} \times \frac{0,0922 - 0,09}{1,0922}\right)\right]}{ln\left(\frac{1,09}{1,0922}\right)} = 16,45\text{, pour Nosica}$$

Compte tenu de la meilleure qualité des variables influentes (taux d'actualisation plutôt faible et hypothèse de croissance à long terme comparativement forte), les bénéfices futurs de Foucar permettent une récupération plus rapide du cours que ceux de Nosica. Foucar apparaît donc un peu moins risquée que Nosica. Mais, les deux sociétés présentent un *DR* qui se situe au-delà du conseil en la matière (12).

Comme le rendement requis et la croissance ne sont pas des paramètres certains, par définition (caractère prédictif), nous allons les faire varier afin de savoir pour quelle société on trouve plus de *DR* autour de 12, avec une palette crédible de combinaisons possibles de variables.

b. Sensibilité du *DR* de Foucar et de Nosica à la croissance et au taux d'actualisation :

La durée de récupération du cours, calculée à partir des *BPA* futurs, décline dès lors que la croissance g augmente et/ou à mesure que le rendement requis par les actionnaires k_c diminue. Chacune des deux courbes, représentant l'évolution du *DR* en fonction de g ou de k_c, est décroissante et convexe avec néanmoins une chute plus accentuée du délai dès que le taux d'actualisation commence à se contracter (pour Foucar, voir figure 6.3)[87].

Figure 6.3 – Évolution du *DR* en fonction de la croissance et, par suite, d'une baisse du rendement requis : application à la société Foucar

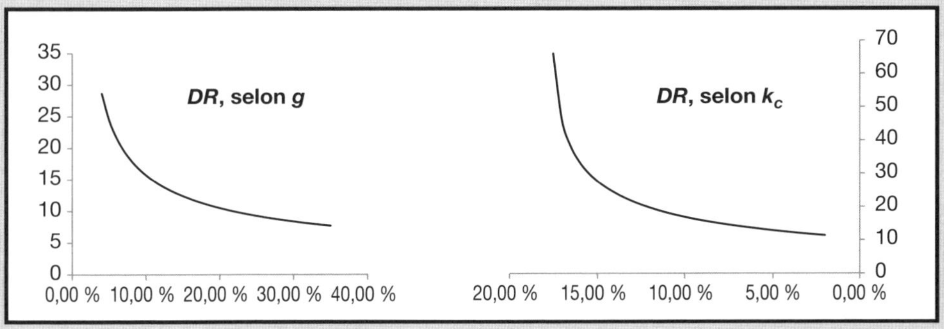

Effectuons maintenant une étude de sensibilité sur la croissance et le taux d'actualisation afin de déterminer laquelle des deux sociétés est plus à même d'être touchée par une modification de ces variables-là. Autrement dit, quelle société a-t-elle le plus de chances d'afficher un *DR* proche de 12 ?

Nous faisons varier, en plus et en moins : le taux d'actualisation trouvé (k_c) par pas de 1 %, dans une limite raisonnable de ±2 % ; la croissance g par cran d'un point sur une étendue globale de ±3 %. Les résultats (*DR*) de ces simulations sont consignés dans les tableaux 6.9 et 6.10.

Incontestablement, l'étude de sensibilité est favorable à la société Foucar. Il y a plus de chances de trouver un *DR* au voisinage de 12 ans pour cette société que pour Nosica. À propos de cette dernière société, un seul *DR* se rapproche de la préconisation. C'est lorsque la croissance est 3 points au-dessus de celle qui a été retenue et pour un taux d'actualisation bas. En revanche, concernant Foucar, les

87. La forme générale des deux relations serait la même pour Nosica.

conditions requises en matière de croissance pour que le *DR* atteigne cet objectif de 12 pourraient être remplies puisque les *PER* du consensus 2015-2017 supposent un taux *g* proche de ceux qui sont exigés. On est même au-dessous de 12 pour une combinaison très favorable des variables influentes (voir tableau 6.9).

Tableau 6.9 – Sensibilité du *DR* au rendement requis et à la croissance du *BPA*, pour la société Foucar

g/k_c	9,56 %	8,56 %	7,56 %	6,56 %	5,56 %
8,40 %	20,72	18,94	17,52	16,34	15,35
9,40 %	18,94	17,53	16,36	15,37	14,52
10,40 %	17,54	16,38	15,39	14,55	13,81
11,40 %	16,39	15,42	**14,57**	13,84	13,19
12,40 %	15,44	14,60	13,87	13,22	12,64
13,40 %	14,63	13,90	13,25	12,67	12,15
14,40 %	13,93	13,28	12,71	12,19	11,71

Tableau 6.10 – Sensibilité du *DR* au rendement requis et à la croissance du *BPA*, pour la société Nosica

g/k_c	11,22 %	10,22 %	9,22 %	8,22 %	7,22 %
6,00 %	29,68	24,78	21,68	19,48	17,79
7,00 %	24,63	21,61	19,44	17,78	16,45
8,00 %	21,53	19,40	17,76	16,45	15,36
9,00 %	19,36	17,74	**16,45**	15,37	14,46
10,00 %	17,73	16,44	15,38	14,47	13,69
11,00 %	16,44	15,38	14,49	13,71	13,03
12,00 %	15,39	14,50	13,73	13,06	12,46

2. Afin d'apporter des réponses aux deux questions principales posées, des travaux préalables sont nécessaires. Il faut, en effet, dans un premier temps, calculer les flux nets de trésorerie espérés et savoir, ensuite, à quel taux ces cash-flows doivent être actualisés.

a. Travaux préparatoires :

Tableau des flux nets de trésorerie sur 2016-2020

Les cash-flows nets attendus par l'établissement présentateur de l'offre, suivant informations livrées par le management de la cible (MB), sont ceux du tableau 6.11. Ces flux nets tiennent compte des projections faites au plan de la croissance du CA (+3,8 % par an) avec préservation du taux de marge brute d'exploitation (6,9 %).

Par ailleurs, comme l'investissement industriel net d'amortissement est négligeable, les acquisitions prévues d'actifs, déduction faite des cessions éventuelles, sont juste à la mesure des dotations aux amortissements. La croissance du chiffre d'affaires (CA), figée à 3,8 % par an, à compter de 2017, serait ainsi possible sans investissements au-delà du simple renouvellement d'actifs (2,6 % du CA).

Précisons que les calculs faits sur ordinateur donnent des résultats, ceux du tableau 6.11, formatés à deux décimales (pas d'arrondis sur les réponses intermédiaires).

Tableau 6.11 – Flux nets de trésorerie de la société MB traités par l'initiateur de l'OPA (2016-2020)

Millions d'euros (M€)	2016	2017	2018	2019	2020
(1) Chiffre d'affaires (CA)	5 600,00	5 812,80	6 033,69	6 262,97	6 500,96
(2) *EBITDA*	386,40	401,08	416,32	432,14	448,57
(3) Amortissement	145,60	151,13	156,88	162,84	169,02
(4) Impôt (33,4 %)[a]	80,43	83,48	86,66	89,95	93,37
(5) Investissements	145,60	151,13	156,88	162,84	169,02
(6) ΔBFR[b]	1,00	1,06	1,10	1,15	1,19
(7) Cash-flows nets (CF_t)[c]	**159,37**	**165,40**	**171,69**	**178,21**	**184,98**

a. Pour chaque année, l'impôt est le résultat de : ((2) – (3)) × 0,334.
b. 0,50 % de ΔCA.
c. (2) – (4) – (5) – (6) ou (2) × (1 – 0,334) + (3) × 0,334 – (5) – (6).

Rendement requis par les actionnaires

Nous devons estimer le *bêta* désendetté à partir de l'échantillon des unités de référence qui sont dans le tableau 6.8. On nous propose de prendre la moyenne des *bêtas* communiqués une fois désendettés. Comme le *bêta* de la dette est négligé, l'index de risque purement économique (β_A) répond à une formule simplifiée vue au chapitre 4. Celle-ci s'écrit :

$$\beta_A = \frac{\beta_c}{1 + L(1 - T)}$$

Dans cette formule, β_c est le *bêta* endetté, L le levier et T le taux d'impôt. On peut donc calculer tous les *bêtas* désendettés de l'échantillon (voir tableau 6.8) et déduire une moyenne de la série obtenue (voir tableau 6.12).

Pour connaître le *bêta* endetté de la cible j de l'OPA (β_{cj}), nous devons reprendre la relation entre les différents index de risque sans négliger le *bêta* de la dette de la société Marcel Blanc (MB), soit β_{dj}. Cette relation, également présentée au chapitre 4, est la suivante :

$$\beta_{cj} = \beta_A + (\beta_A - \beta_{dj})L_j(1 - T)$$

Le *bêta* de l'actif ou désendetté (β_A) est la moyenne figurant dans le tableau 6.12. L_j est le levier de la cible de l'évaluation (MB). Ce ratio, calculé avec des valeurs marchandes, se monte à 0,4 (800/2 000). Il ne nous manque que l'index de risque de crédit pour obtenir le *bêta* endetté de la société MB. Ce *bêta* de la dette (β_{dj}) est reconstitué à l'aide de la formule du *CAPM* qui a une valeur générale. Connaissant le coût de la dette de Marcel Blanc (k_{dj}), on pose :

$$k_{dj} = R_F + \beta_{dj}PRM$$

$$\beta_{dj} = \frac{k_{dj} - R_F}{PRM} = \frac{0,04 - 0,016}{0,06} = 0,4$$

D'où le *bêta* endetté de MB (β_{cj}) et le rendement requis (k_{cj}) par les propriétaires de la cible (k_{cj}) :

$$\beta_{cj} = \beta_A + (\beta_A - \beta_{dj})L_j(1 - T)$$

$$\beta_{cj} = 1,0178 + \left((1,0178 - 0,4) \times 0,4 \times (1 - 0,334)\right) = 1,1823$$

$$k_{cj} = R_F + \beta_{cj}PRM = 0,016 + 1,1823 \times 0,06 = 8,694\ \%$$

Tableau 6.12 – Moyenne des *bêtas* désendettés des sociétés dont l'activité est semblable à celle de Marcel Blanc

Alex	**Sinclair**	**Bennett**	**Matty**	**Lafont**	**Lebel**	**Ryan**
0,7942	0,7716	1,2941	1,1650	1,2355	0,6685	1,1954
Bêta désendetté moyen = **1,0178**						

Coût moyen pondéré du capital

Le taux de pénalisation des cash-flows futurs de la société cible MB (k_j) est la somme de deux coûts pondérés, ceux relatifs au capital-actions et à l'endettement financier. Par conséquent :

$$k_j = k_{cj}\frac{1}{1 + L_j} + k_{dj}(1 - T)\frac{L_j}{1 + L_j}$$

$$k_j = 0,08694\left(\frac{1}{1,4}\right) + 0,04(1 - 0,334)\left(\frac{0,4}{1,4}\right) = 6,971\ \%$$

Dans un périmètre méthodologique à la Modigliani et Miller (MM, 1963), ce même coût moyen pondéré du capital (k_j) est reconstitué en déduisant du taux d'actualisation, en l'absence d'endettement (k_{cj}^0), les avantages fiscaux des intérêts de la dette (voir chapitre 5). Plus précisément :

$$k_j = k_{cj}^0 - k_{cj}^0 T\frac{L_j}{1 + L_j}$$

$$= \left(0,016 + 1,0178 \times 0,06\right) - \left(\left(0,016 + 1,0178 \times 0,06\right) \times 0,334 \times \left(\frac{0,4}{1,4}\right)\right) = 6,971\ \%$$

Valeur terminale

En vertu du principe des rentes perpétuelles, cette valeur terminale d'entreprise (VT_5) est acquise par application d'une formule simple, utilisée à de nombreuses reprises dans cet ouvrage (voir chapitres 1 et 4 notamment). Pour une croissance à l'infini (g_i) de 0,75 % :

$$VT_5 = \frac{CF_5(1 + g_i)}{k_j - g_i} = \frac{184,98(1,0075)}{0,06971 - 0,0075} = 2\,995,78\ \text{M€}$$

Si la valeur terminale est un multiple d'*EBITDA* (7 fois) :

$$VT_5 = 7 \times 448{,}57 = 3\,139{,}96 \text{ M€}$$

b. Valeur d'entreprise (*VE*), incluant actif financier (*AF*) et prix d'une action MB (P_0) :

$$VE = \sum_{t=1}^{5} CF_t(1+k_j)^{-t} + VT_n(1+k_j)^{-5} + AF$$

$$VE = \frac{159{,}37}{1{,}06971} + \frac{165{,}40}{1{,}06971^2} + \ldots + \frac{184{,}98 + VT_5}{1{,}06971^5} + 50$$

Remarquons que les 50 M€ d'actifs financiers auraient pu venir en diminution du passif financier, pour la mesure de l'endettement net. Le prix d'une action (P_0) n'est pas touché par cette option de traitement des actifs financiers car, dans ce cas, la baisse de *VE* est équivalente à la diminution de la dette nette.

Valeur terminale calée sur une rente perpétuelle

$$VE = \frac{159{,}37}{1{,}06971} + \frac{165{,}40}{1{,}06971^2} + \ldots + \frac{184{,}98 + 2\,995{,}78}{1{,}06971^5} + 50 = 2\,890{,}80 \text{ M€}$$

Compte tenu que le nombre d'actions, corrigé des impacts dilutifs et des détentions propres, s'élève à 10 millions et que l'endettement net atteint 800 M€ à la date de l'évaluation :

$$P_0 = \frac{2\,890{,}80 - 800}{10} = 209{,}08 \text{ €}$$

L'offre de 220 € procure une prime de 5,22 %. Le prix trouvé (209,08 €) inclut déjà un bonus de 4,54 % par rapport au dernier cours (200 €).

Valeur terminale adossée à un multiple d'EBITDA

$$VE = \frac{159{,}37}{1{,}06971} + \frac{165{,}40}{1{,}06971^2} + \ldots + \frac{184{,}98 + 3\,139{,}96}{1{,}06971^5} + 50 = 2\,993{,}74 \text{ M€}$$

$$P_0 = \frac{2\,993{,}74 - 800}{10} = 219{,}37 \text{ €}$$

Selon cette autre option de calcul de la valeur terminale, l'offre de 220 € comprend une prime proche de 0 (0,29 %). La bonification est par contre beaucoup plus significative quand on compare le prix trouvé par la méthode des *DCF* (219,37 €) au dernier cours sur le marché (200 €). Celle-ci s'établit à 9,69 %.

Croissance perpétuelle du dernier cash-flow compatible avec le multiple d'EBITDA

Pour que la valeur terminale produite par la formule de la rente perpétuelle soit équivalente à celle livrée par le multiple d'*EBITDA*, il aurait fallu une croissance à l'infini plus forte que celle préalablement testée (0,75 %). Ce nouveau taux g_i est tel que :

$$3\,139{,}96 = \frac{184{,}98(1+g_i)}{0{,}06971 - g_i}$$

Après résolution de cette équation simple à une inconnue, on trouve que la croissance à l'infini doit passer de 0,75 % à 1,02 % pour que la valeur terminale tirée d'une approche par la rente sans fin coïncide avec un multiple d'*EBITDA* 2020 (7 fois).

c. Étude de sensibilité sur l'investissement :

Si, pour atteindre une croissance du CA de +3,8 %, il faut, possiblement, effectuer des investissements se situant légèrement au-dessus des contreparties d'amortissement, la valeur d'entreprise diminue tout comme le prix résiduel des capitaux propres.

Il nous est proposé de tester 0,2 % de CA de plus, soit une majoration de 11,2 M€ pour l'année 2016. Comme ce relèvement augmente au même rythme que la hausse du CA, la diminution de valeur des capitaux propres (DIM_{CP}) est le résultat du calcul suivant :

$$DIM_{CP} = \frac{11{,}2}{1+k_j}\sum_{t=0}^{4}\left(\frac{1+g}{1+k_j}\right)^t + \left(\frac{11{,}2(1+g)^4(1+g_i)}{k_j-g_i}\right)(1+k_j)^{-5}$$

Avec $g = 3{,}8$ %, $k_j = 6{,}971$ % et $g_i = 0{,}75$ % :

$$DIM_{CP} = \left(\frac{11{,}2}{1{,}06971}\right) \times \left[\frac{1-\left(\frac{1{,}038}{1{,}06971}\right)^5}{\left(\frac{0{,}06971-0{,}038}{1{,}06971}\right)}\right] + \left(\frac{11{,}2\times 1{,}038^4 \times 1{,}0075}{0{,}06971-0{,}0075}\right)(1{,}06971)^{-5}$$

$$DIM_{CP} = 199{,}67 \text{ M€}$$

La diminution est par conséquent de 20 € par titre puisque le capital est formé de 10 millions d'actions. Le prix ainsi obtenu, par les *DCF*, est donc sensible à une majoration, même relativement faible, des investissements. En pareille situation, le prix auquel on arrive (189,08 €) n'alignerait aucune prime ; bien au contraire, puisque la proposition deviendrait inférieure au cours du marché à la date de l'évaluation (–5,4 %).

Annexe

Tableau 6A.1 – Évaluation de Générale de Santé : hypothèses sur la croissance du chiffre d'affaires (CA), la marge d'*EBITDA* et les taux d'investissement

	Déformation des taux pour convergence linéaire 2014-2017 et 2018-2025			
	Croissance du CA	*EBITDA* / CA	Investissement / CA	Amortissement / CA
2014	2,0000 %	11,0250 %	4,9000 %	4,9000 %
2015	2,0000 %	11,1500 %	4,9000 %	4,9000 %
2016	2,0000 %	11,2750 %	4,9000 %	4,9000 %
2017	2,0000 %	11,4000 %	4,9000 %	4,9000 %
2018	1,9375 %	11,4500 %	4,8500 %	4,8500 %
2019	1,8750 %	11,5000 %	4,8000 %	4,8000 %
2020	1,8125 %	11,5500 %	4,7500 %	4,7500 %
2021	1,7500 %	11,6000 %	4,7000 %	4,7000 %
2022	1,6875 %	11,6500 %	4,6500 %	4,6500 %
2023	1,6250 %	11,7000 %	4,6000 %	4,6000 %
2024	1,5625 %	11,7500 %	4,5500 %	4,5500 %
2025	1,5000 %	11,8000 %	4,5000 %	4,5000 %

Tableau 6A.2 – Évaluation de Générale de Santé : calcul des cash-flows des bornes annuelles 2014-2017 et 2018-2025[a]

M€	2014	....	2017	2018	....	2025
(1) *EBITDA*	187,4	....	205,7	210,6	....	244,0
(2) Amortissement	83,3	....	88,4	89,2	....	93,0
(3) Impôt[b]	35,9	....	40,4	41,8	....	52,0
(4) Investissement	83,3	....	88,4	89,2	....	93,0
(5) ΔBFR	0,0	....	0,0	0,0	....	0,0
(6) Cash-flows nets[c]	**68,3**	....	**76,9**	**79,6**	....	**99,0**

a. Travaux effectués sur ordinateur et résultats livrés après formatage à une décimale.

b. ((1) – (2)) × 34,43 %.

c. (1) – (3) – (4) – (5).

Chapitre 7
Impacts théoriques et coût des financements contractuels

Les connaissances acquises dans ce chapitre permettront au lecteur de :

1. Comprendre la nature des relations entre endettement, fiscalité, coûts de faillite et valeur d'entreprise.
2. Calculer le coût d'un emprunt dans un grand nombre de cas.
3. Maîtriser la technique du crédit-bail mobilier et immobilier.
4. Déterminer le prix des contrats de crédit-bail dans beaucoup de circonstances.

Après les investissements directs et indirects, dont l'étude de valorisation a représenté l'essentiel des chapitres 5 et 6, la seconde décision stratégique forte concerne le financement d'entreprise, objet du présent chapitre et du chapitre 8. Avec des outils semblables à ceux employés pour établir des mesures de rentabilité, le financement est évalué en termes de coût actuariel, et également à partir d'un échéancier de flux de trésorerie entrants et sortants.

La planification nécessaire de cash-flows porte sur la mesure des conséquences monétaires liées à un seul mode d'acquittement du prix des actifs (que nous développerons dans le présent chapitre) et sur celles résultant d'une option de financement comparée à un autre choix alternatif (voir chapitre 8). C'est avec de telles séries temporelles de flux nets de trésorerie qu'est recherché un taux d'actualisation particulier, celui annulant la valeur actualisée nette (*VAN*) des termes du contrat unique ou comparatif.

Au plan du financement spécifique, le point d'équilibre référent correspond à un prix. Ce prix à payer est un coût relatif (taux), car il assure l'égalité entre des engagements de versements futurs, ramenés à de la monnaie actuelle, et l'équivalent des sommes reçues. Le traitement des flux accolés à un acte singulier de financement débouche sur une mesure indépendante du coût.

Dans le contexte de ce chapitre, seuls les flux joints à l'emprunt ou au crédit-bail, voire sur capitaux propres, comptent alors que, dans le cadre d'options politiques comparables, les cash-flows sont déterminés par rapport à une autre voie de financement (agrégats différentiels).

Pratiquement, le présent chapitre fournit des méthodologies de mesure du coût actuariel des financements stratégiques habituels, tels que l'emprunt, les fonds propres ou encore le crédit-bail. Pour un même financement, spécialement par emprunt et par crédit-bail, les calculs de taux sont effectués sur un éventail très large de possibilités. Les outils proposés ont ainsi une forte valeur générale et opérationnelle.

Ces considérations strictement techniques ou calculatoires ne doivent pas rester étrangères à la réflexion théorique coutumière relative à l'influence du financement choisi sur la valeur d'entreprise. L'idée d'une interrelation entre les deux est de nature à fixer des contours doctrinaux. La proximité des thématiques s'explique par le fait que le coût du capital, quand il augmente ou qu'il diminue, impacte la valeur actualisée des revenus induits par la propriété d'une somme d'actifs économiques représentant l'entreprise. Dans le premier cas, la valeur d'entreprise se contracte. Dans la seconde hypothèse, elle se bonifie. La présentation de ces considérations globales et contextuelles, qui relèvent de paradigmes bien connus, ouvre ce chapitre.

Les solutions classiques de financement, visibles dans la partie haute du bilan, sont donc évaluables, une à une, en termes de coût. Concernant cette captation du prix, il suffit de disposer, pour chacune de ces options financières, d'un échéancier temporel des rentrées et des sorties de trésorerie reliées à la ressource. C'est le cas notamment pour l'emprunt, le crédit-bail et le financement par capitaux propres.

Pour ce qui est du capital-actions, la démarche consiste à rapprocher le cours du titre ou son prix d'émission des dividendes futurs probables. Si le profil des revenus futurs est crédible, sur l'horizon sans bornes de la ressource (exigibilité nulle), alors l'approche actuarielle de la mesure du coût des capitaux propres a du sens.

Mais, en la matière, l'absence d'engagements contractuels sur les restitutions aux actionnaires, l'existence d'une autre source de rémunération des propriétaires par le gain en capital et l'existence de modèles alternatifs affectent la pertinence exclusive de l'approche actuarielle pour obtenir le prix des capitaux propres. Les modèles d'évaluation du rendement, qui peuvent remplacer une approche par les revenus, sont ceux proposés par la finance de marché. Ils sont construits sur un ou plusieurs facteurs de risque systématique.

Outre ce qui vient d'être dit, sur les paradigmes de substitution, le cadre d'une estimation du coût des capitaux par l'échéancier des conséquences monétaires (*Dividend Discount Model* ou *DDM*) a été vu dans d'autres parties de cet ouvrage, particulièrement au chapitre 4. Il n'est pas utile d'y revenir. Nous allons par conséquent traiter ici, et de manière très fouillée, uniquement les conséquences du recours à l'emprunt et à la formule du crédit-bail.

Avant d'aborder l'analyse technique de ces financements à long terme sous différents formats (chapitre courant) et les stratégies particulières de couverture d'actifs (voir chapitre 8), nous posons le cadre plus général des termes de la structuration des ressources spécialement sous l'angle de son influence éventuelle sur la valeur d'entreprise.

En matière de doctrine, quel est le rôle de la fiscalité, des sociétés et personnelle, et de quelle manière théorique l'introduction d'une pénalisation résultant de coûts potentiels de faillite est de nature à compromettre la valeur ? Empiriquement, qu'en est-il de la relation entre cette valeur et le poids des engagements contractuels ? Comment les résultats du modèle économique et des observations empiriques sont-ils lisibles les uns par rapport aux autres ?

1. Structure financière, coût du capital et valeur d'entreprise : de la théorie à la signification pratique

1.1. Problématique

L'approche actuarielle donne une réponse de principe quant aux conditions de valorisation d'un actif. Pour un flux de revenus donné, le prix du sous-jacent (actif financier ou économique) ne peut augmenter que si le taux d'actualisation diminue. Lorsque l'actif visé fait l'objet d'un financement combiné, spécialement par des capitaux propres et des dettes financières, les changements dans la structure des ressources n'affectent l'estimation initiale que si ces modifications impactent les coûts respectifs et, subséquemment, le coût moyen pondéré du capital (*WACC*)[88]. Poursuivons l'exposé des principes en introduisant maintenant des variables clés en mesure d'influencer flux futurs et/ou taux d'actualisation.

L'impôt sur les sociétés, qui rend la charge d'intérêt moins lourde, la fiscalité personnelle, qui ampute les revenus des parties prenantes, et les autres problèmes induits par l'élévation du levier, notamment le risque de faillite, sont les principaux facteurs capables de rejaillir, théoriquement, sur le coût des capitaux propres ainsi que sur la valeur des actifs économiques.

Afin que nous testions cette perception logique, la difficulté la plus importante à contourner est celle portant justement sur la demande des actionnaires (rendement requis) au fur et à mesure que le risque de structure financière croît.

Sur ce sujet, on dispose de réponses conceptuelles bien articulées, que la finance actuarielle nous aide à motiver, et d'éléments explicatifs d'ordre qualitatif. Une considération inversée du problème, par actualisation des revenus nets d'impôt disponibles pour chaque catégorie d'investisseurs, pourrait nous aider à savoir dans quelle mesure au moins abstraite la valeur resterait insensible à la structure financière.

La mise en place d'un tel construit intellectuel et logique livre des résultats dont le contenu est justifiable rationnellement et de différentes manières. Un volet empirique doit accompagner le modèle bâti sur des paradigmes reconnus. Il donne, lui aussi, des résultats qu'il faut interpréter par rapport aux options fournies par la théorie. Mais peut-on dire facilement quelle doctrine le marché suit quand il valorise des capitaux ?

En somme, pour couvrir les aspects constructif et analytique de la démarche globale, on doit tenter d'apporter une réponse à plusieurs questions. C'est en fournissant du renseignement à ces requêtes qu'il sera possible d'avancer sur cette thématique des effets de la structure financière, une fois le cadre comportemental hypothétique bien façonné et, ensuite, clairement posé.

La première de ces discussions porte sur le rendement théorique requis, par les actionnaires et les créanciers, taux pour lequel la valeur des emplois économiques ne bougerait pas. Les taux d'actualisation trouvés, nécessaires à cette indifférence, sont-ils réalistes ? En outre, quels sont les facteurs qui expliquent des résultats en apparence cohérents ou incohérents ?

La deuxième question de recherche, étroitement liée à la première, concerne la destination du taux de pénalisation. Faut-il appliquer le taux d'actualisation à des revenus ayant subi une simple ou une double ponction fiscale (impôt sur les sociétés et les investisseurs) et de quelle façon faut-il prendre en compte la défaillance ?

---

88. *Weighted Average Cost of Capital.*

La troisième question est d'ordre empirique. Sur un marché financier donné, quelle information rapporte l'observation des valeurs d'entreprise comparées aux ratios d'endettement, choisis ou subis par les acteurs, et comment faut-il apprécier les résultats des tests de corrélation avec la dialectique du modèle théorique de départ ?

La méthode d'analyse technique des interrelations entre structure financière et valeur, dans ses différentes dimensions académiques, est maintenant présentée. On la complétera par des indications de corrélation entre multiples de revenus et taux d'endettement pour trois secteurs intéressants du marché parisien.

1.2. Les propositions très connues de Modigliani et Miller (MM)

Un raisonnement actuariel simple explique bien la neutralité du financement en situation de marchés parfaits et hors fiscalité et coûts de faillite (MM, 1958). Dans ce contexte, le coût moyen pondéré du capital (k) ne change pas parce que le rendement requis par les actionnaires (k_c) s'ajuste en permanence, à la hausse, pour compenser l'augmentation éventuelle de l'endettement moins cher.

En présence de fiscalité des sociétés, l'accroissement de k_c est freiné par les économies fiscales sur intérêts de la dette de telle sorte que k acquiert une aptitude à se contracter (MM, 1963). Les démonstrations et les opérations d'arbitrage possibles pour préserver les conditions d'équilibre qui viennent d'être décrites sont maintenant brièvement présentées.

1.2.1. Les prix hors fiscalité et coûts de faillite

Pour expliquer la neutralité du financement et le gel du *WACC* (k), à hauteur du rendement requis par les propriétaires en l'absence de dettes (k_c^0), on mesure la valeur de l'entreprise, endettée (V_L) ou pas (V_U), par actualisation d'une rente perpétuelle, supposée constante pour simplifier la démonstration. Cette perpétuité correspond au profit avant intérêts et impôt (*EBIT*).

À l'intérieur de ce cadre où les valeurs de l'entreprise *Levered* (V_L) et *Unlevered* (V_U) sont égales :

$$V_L = V_U = CP + D = EBIT\sum_{t=1}^{\infty}(1 + k_c^0)^{-t} = \frac{EBIT}{k_c^0}$$

Le terme *CP* désigne les capitaux propres et *D* les dettes financières dont le coût est noté k_d. Le levier financier (L) représente le rapport entre ces deux agrégats de bilan (*D/CP*). Dans ce périmètre réducteur et simplifié, nous sommes en capacité d'écrire :

$$k_c = \frac{EBIT - k_d D}{CP} = \frac{k_c^0(CP + D) - k_d D}{CP} = k_c^0 + (k_c^0 - k_d)\frac{D}{CP}$$

$$k_c = k_c^0 + (k_c^0 - k_d)L$$

La cristallisation de k, à l'origine du gel de la valeur d'entreprise, est vérifiée en remplaçant, dans la formule du coût moyen pondéré du capital, k_c par l'expression ci-dessus. La démonstration est simple comme la procédure de substitution suivante l'atteste :

$$k = k_c \frac{CP}{CP+D} + k_d \frac{D}{CP+D} = \left[\left(k_c^0 + (k_c^0 - k_d)\frac{D}{CP}\right) \times \frac{CP}{CP+D}\right] + \left[k_d\left(\frac{D}{CP+D}\right)\right]$$

$$\Rightarrow k = k_c^0$$

Dans le cas d'une augmentation du coût de la dette (k_d), au fur et à mesure que le levier (L) augmente, un transfert de risque du propriétaire vers le créancier préserverait la constance du coût moyen pondéré du capital (k) à hauteur du rendement sollicité par les actionnaires en l'absence de dettes financières (k_c^0).

Si l'égalité des valeurs V_L et V_U n'était pas observée sur le marché, du fait d'un prix k_c différent de son prix d'équilibre (voir ci-dessus), des opérations d'arbitrage rétabliraient instantanément la stabilité. Par exemple, en situation V_L supérieur à V_U, tout investisseur rationnel détenant des titres L aurait intérêt à les vendre pour acheter des actions U, après s'être endetté selon le même levier que celui de la société L afin que la prise de risque soit identique. L'échange procurerait un gain d'arbitrage (profit sans investissement ni risque supplémentaires). La théorie nous dit que de telles opérations font tendre aussitôt les prix vers des prix d'équilibre. À ce stade, le remplacement de titres s'arrête car les gains nets s'annulent, le rendement requis par l'actionnaire (k_c) devenant conforme à la règle de calcul précédente. On trouvera un exemple, en fin de chapitre, dans la section consacrée aux applications pratiques.

1.2.2. Les prix en présence de fiscalité des sociétés

En présence d'économies d'impôt sur les intérêts de la dette, la croissance de k_c est ralentie par le facteur fiscal $(1 - T)$ de telle sorte que k diminue. Dans ce contexte fiscal encore restrictif (économies d'impôt sur charges financières exclusivement), V_L deviendrait supérieur à V_U. L'excédent de valeur est déterminé par actualisation des profits revenant à chaque catégorie d'investisseurs.

Les profits de U (P_U) sont uniquement destinés aux actionnaires ; ceux de L (P_L) vont aux propriétaires, mais également aux créanciers. Nous conservons l'hypothèse d'un flux constant de revenus sur un horizon infini, ce qui donne, à propos de la valeur de l'entreprise endettée (V_L) et du rendement requis par les propriétaires (k_c), les écritures suivantes :

$$P_U = EBIT(1-T) \quad \Rightarrow V_U = EBIT(1-T)\sum_{t=1}^{\infty}(1+k_c^0)^{-t} = \frac{EBIT(1-T)}{k_c^0}$$

$$P_L = \left(EBIT - k_d D\right)(1-T) + k_d D = EBIT(1-T) + k_d DT$$

$$V_L = EBIT(1-T)\sum_{t=1}^{\infty}(1+k_c^0)^{-t} + k_d DT\sum_{t=1}^{\infty}(1+k_d)^{-t} = \frac{EBIT(1-T)}{k_c^0} + \frac{k_d DT}{k_d}$$

$$V_L = V_U + DT$$

$$k_c = \frac{\left(EBIT - k_d D\right)(1-T)}{CP} = \frac{\left(EBIT(1-T)\right) - k_d D(1-T)}{CP}$$

$$k_c = \frac{\left(k_c^0(CP + D - DT)\right) - k_d D(1-T)}{CP}$$

Après avoir divisé chaque membre du numérateur par *CP* et arrangé, il vient :

$$k_c = k_c^0 + (k_c^0 - k_d)L(1-T)$$

On remarquera que c'est cette relation qui permet d'établir un rapport entre les trois *bêtas* : ceux des capitaux propres (β_c), de l'actif (β_A) et des dettes (β_d). Pour ce faire, il suffit d'exprimer chaque catégorie de coûts (k_c^0 , k_c et k_d) dans le format du *CAPM*. Une telle interdépendance entre les facteurs de risque systématique a été utilisée à de nombreuses reprises dans cet ouvrage. Elle est également reprise par beaucoup d'évaluateurs, établissements présentateurs d'une offre publique ou experts indépendants mandatés par la cible de l'achat, lors d'opérations d'acquisition de sociétés cotées (voir notes AMF[89]).

La baisse du taux d'actualisation (coût du capital), à l'origine de la hausse de V_L, est vérifiée lorsqu'on remplace, dans l'équation du coût moyen pondéré (*k*), k_c par la formule que l'on vient de trouver. Le taux *k* est ainsi égal au coût du capital en l'absence de dettes moins les avantages fiscaux du recours à l'endettement (pour la justification, voir chapitre 5, section 2.1.2). Pour rappel :

$$k = k_c^0 - k_c^0 T \frac{D}{CP + D} = k_c^0 - k_c^0 T \frac{L}{1 + L}$$

Tout comme dans l'univers sans taxes, une déviation des prix par rapport à ceux théoriquement décrits déclencherait des opérations profitables d'arbitrage. De tels gains d'arbitrage sont nuls et s'arrêtent, par conséquent, lorsque les contenus de V_L et k_c sont conformes aux expressions livrées. Dans la section « Exercices et cas » de fin de chapitre, on trouvera un exercice montrant la possibilité très temporaire de gains d'arbitrage en situation de prix non conformes aux propositions théoriques.

1.3. Fiscalité personnelle, coûts de faillite et actualisation des revenus nets disponibles pour les investisseurs

En pratique, les flux générés par l'activité d'une entreprise sont certes soumis à la fiscalité des sociétés mais ils subissent, aussi, l'impact des prélèvements obligatoires, fiscaux et sociaux, imposés aux investisseurs, ainsi que l'inconvénient d'un accroissement de la probabilité de défaillance (coûts pondérés de faillite).

89. Autorité des marchés financiers.

1.3.1. Principes d'une mesure des conséquences de la fiscalité personnelle et des coûts de faillite

Introduction de la fiscalité personnelle

Valeur d'entreprise en présence de fiscalité des sociétés et personnelle

La procédure consistant à valoriser un actif économique par actualisation des revenus générés peut être appliquée aux flux nets revenant aux ayants droit, prêteurs et propriétaires. De tels revenus sont obtenus après déduction d'un double tribut fiscal : l'impôt sur les sociétés et l'impôt supporté par les investisseurs sur les produits financiers perçus. En théorie, la formule de V_L est donc susceptible de réécriture avec trois taux d'impôt : celui des sociétés (T), le tribut applicable aux dividendes (T_a) et, enfin, le prélèvement relatif aux intérêts perçus (T_b).

Cette nouvelle formule de V_L (valeur de l'entreprise endettée), tenant compte des effets combinés de la fiscalité des sociétés et personnelle, se présente ainsi[90] :

$$V_L = V_U + D\left[1 - \frac{(1-T)(1-T_a)}{(1-T_b)}\right]$$

Une lecture de ce nouveau résultat, fiscalement plus complet, est à effectuer en fonction des valeurs relatives des trois taux d'impôt qui interviennent maintenant à l'intérieur du terme entre crochets auparavant représenté uniquement par T.

Les ponctions fiscales et sociales sont, en France (2015), les suivantes :

- Pour la majorité des sociétés, le taux d'impôt s'établit à 34,43 %, ce qui correspond au taux général de l'impôt sur les bénéfices (33 1/3 %) majoré de la contribution sociale de solidarité (3,3 %). Il faut ajouter à ce taux combiné de 34,43 % une imposition sur les montants distribués de 3 %, quand l'opérateur n'est pas une PME (CA inférieur à 50 M€, effectif de moins de 250 personnes et total bilan en deçà de 43 M€). Cela donne, en définitive, dans le cas d'une distribution intégrale du résultat et pour une grande entreprise, un taux T de 36,40 % sur le bénéfice avant impôt[91].
- Concernant les dividendes, ceux-ci sont soumis au barème de l'impôt sur le revenu des personnes physiques (IRPP), après abattement de 40 %. Des prélèvements sociaux (15,5 %) s'ajoutent à la contribution purement fiscale précédente. Ils sont calculés avant amoindrissement de 40 % et une partie est fiscalement déductible (5,1 %). Par exemple, sur l'avant-dernière tranche du barème, pour laquelle le taux marginal d'impôt est de 41 %, le poids effectif des deux prélèvements obligatoires (T_a) serait ainsi de 38,01 %[92]. Pour 45 % (dernière tranche du barème), le taux réel T_a monte à 40,21 %.
- Enfin, pour obtenir des intérêts nets disponibles pour les créanciers, il faut normalement prendre un taux plus fort que le précédent puisque l'impôt sur ces produits financiers est calculé hors abattement de 40 %. Si l'on tient compte des prélèvements sociaux, dont une partie est déductible (5,1 % de CSG), et du taux de la tranche la plus haute du barème de l'IRPP (45 %), le taux T_b grimpe à 58,21 %.

---

90. Pour une démonstration de cette nouvelle équation de la valeur, voir Parienté (2013), p. 111-112.

91. $0{,}3443 + (1 - 0{,}3443) \times 0{,}03$.

92. Pour 1 € de dividende, $(1 - 0{,}4) \times 0{,}41 + 0{,}155 - (0{,}051 \times 0{,}41) = 0{,}3801$ (38,01 %).

Valeur d'entreprise et double fiscalité : une tendance à la neutralité de l'endettement

Appliquons à un exemple les trois taux que l'on vient de calculer pour voir comment pourrait évoluer la valeur d'une entreprise au fur et à mesure que son levier financier augmente. On admettra pour l'instant que les investisseurs, actionnaires et créanciers, appartiennent à la tranche la plus haute du barème de l'impôt (45 %).

Pour faciliter la démonstration, on reprend l'approche habituelle calée sur un profit opérationnel (*EBIT*) figé dans le temps (perpétuité constante). Cet *EBIT* est de 5 000 et le rendement attendu par les actionnaires, en rémunération du seul risque économique (k_c^0), atteint 8 %. On suppose que ces données touchent une société initialement non endettée. Appelons-la Oméga pour faciliter la présentation des résultats.

Le coût des capitaux propres de 8 % permet de déterminer la valeur de l'entreprise sans dettes Oméga, soit d'après calculs précis sur ordinateur :

$$V_U = \frac{EBIT(1-T)(1-T_a)}{k_c^0} = \frac{5\ 000(1-0,364)(1-0,4021)}{0,08} = 23\ 768,51$$

Nous examinons maintenant trois hypothèses principales de substitution de capitaux propres marchands par des dettes (25 %, 50 % et 80 %), en situation de fiscalité des sociétés et personnelle, selon les taux d'impôt auparavant expliqués. Les résultats, en termes de valeur d'entreprise, tirés de la formule de V_L (voir plus haut), sont consignés dans le tableau 7.1.

On remarquera que l'introduction d'une fiscalité personnelle dans le cadre des propositions de Modigliani et Miller rend la structure financière quasi neutre (hausse de 7 % seulement de la valeur pour une augmentation très significative de la dette). Pour une imposition des dividendes moins lourde que celle des intérêts, le tassement de V_L est encore plus net.

Cette hypothèse d'une moindre fiscalité des bénéfices distribués a deux explications logiques ou possibles : l'abattement proportionnel de 40 % et une plus grande variance de la stature des actionnaires qui fait que tous ne sont pas soumis à la tranche la plus élevée du barème de l'IRPP (45 %).

Tester un taux moyen d'impôt de 41 %, voire de 30 %, ne paraît pas irréaliste *a priori*[93]. Avec le taux de la troisième tranche du barème (30 %), V_L comme calculé dans le tableau 7.1 (troisième ligne), en modifiant seulement T_a, aurait diminué avec la hausse du poids de la dette. Dans ce dernier cas de figure (T_a = 31,97 % ; T_b = 58,21 %), V_L passerait de 27 041,93 (0 %) à 26 279,96 (80 %).

En prenant une série plus importante de ratios d'endettement, on voit mieux la différence entre la valeur que prendrait la société Oméga si seule la fiscalité des sociétés était retenue et sa valeur en présence des deux formes d'impôt (voir figure 7.1).

93. Si ce n'est que l'imposition des créanciers, qui ne sont pas toujours des particuliers, pourrait ne pas atteindre celle qui a été retenue. Il faudrait donc tenir compte, aussi, de la fiscalité des comptes bancaires au sein desquels figurent les intérêts payés par les sociétés commerciales. Il n'est pas sûr que ces établissements financiers prêteurs supportent un impôt aussi lourd que celui à la charge des personnes physiques. Le taux moyen T_b pourrait ainsi être tiré vers le bas.

Tableau 7.1 – La valeur de l'entreprise endettée Oméga en présence de fiscalité des sociétés et personnelle ; sont testés (colonnes) plusieurs taux de remplacement de capitaux propres (*CP*) par des dettes (*D*)[a]

	0 %	**25 %**	**50 %**	**80 %**
D en valeur	0,00	5 942,13	11 884,26	19 014,81
$V_L = V_U + D\left[1 - \frac{(1-T)(1-T_a)}{(1-T_b)}\right]$	23 768,51	24 303,85	24 839,18	25 481,59
Solde des impacts fiscaux	0,00	+535,34	+1 070,67	+1 713,08
CP marchands ($V_L - D$)	23 768,51	18 361,72	12 954,93	6 466,78
V_L hors fiscalité personnelle[b]	39 750,00	43 367,25	46 984,50	51 325,20

a. Rappel des taux d'impôt utilisés : $T = 36{,}40$ %, $T_a = 40{,}21$ % et $T_b = 58{,}21$ %. Pour obtenir ces deux derniers taux effectifs, on suppose que les actionnaires et créanciers appartiennent à la dernière tranche du barème de l'IRPP (45 %). Calculs avec ordinateur sans formatage sur les résultats intermédiaires (décimales non limitées).

b. Après recalcul de V_U et *D*.

En première lecture, la prise en compte d'une imposition du revenu des particuliers pousse vers une plus forte insensibilité de la valeur marchande de l'entreprise à la structure des ressources financières.

Mais en arrière-plan de cette neutralité, éventuelle, se trouvent des rendements pour les actionnaires et pour les créanciers. Que faut-il penser de ces taux-là une fois reconstitués ? Par ailleurs, si la neutralité était une option théoriquement défendable, pourquoi, en général (tous secteurs confondus), le nombre de sociétés endettées est-il supérieur à celui des entreprises sans dettes ? Enfin, l'introduction d'un mécanisme de pénalisation de la valeur, en lien avec une possible défaillance, devrait décourager davantage encore l'endettement.

Figure 7.1 – L'impact réducteur de la fiscalité personnelle sur la valeur de l'entreprise Oméga endettée[a]

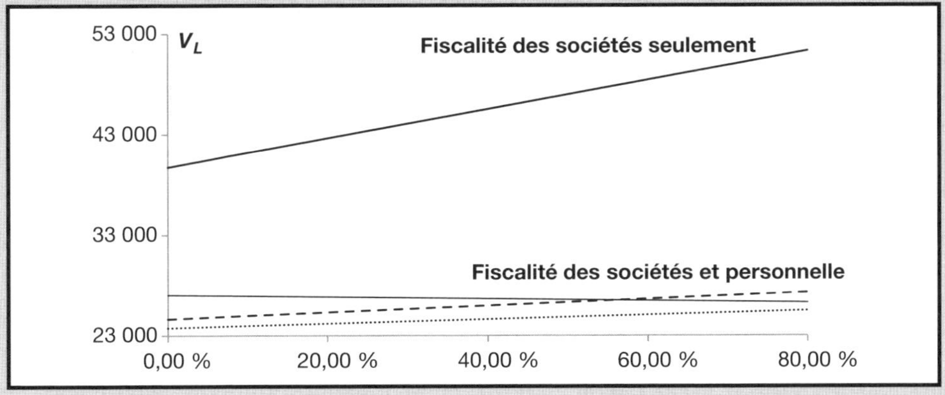

a. En abscisse, le pourcentage initial de substitution de capitaux propres (V_U) par des dettes financières. Pour ce qui concerne la fiscalité applicable aux actionnaires, trois hypothèses de taux marginal d'impôt sont testées : 30 %, 41 % et 45 % ; cela donne, respectivement, des prélèvements nets T_a de 31,97 %, 38,01 % et 40,21 %. En matière d'impôt sur les intérêts, la ponction est calculée en supposant un prêteur soumis aux deux dernières tranches, 45 % (voir tableau 7.1) et 41 %, soit un taux réel T_b de 58,21 % dans le premier cas et 54,41 % dans le second. T_a et T_b sont appariés deux fois (41 % et 45 % du barème) et pour la dernière simulation (trait plein maigre montrant la baisse de V_L), les actionnaires sont supposés soumis au taux de 30 % ($T_a = 31{,}97$ %) et les créanciers à celui de la dernière tranche (45 %), soit $T_b = 58{,}21$ %.

L'effet accentuateur des coûts de faillite sur la neutralité de la structure financière

Endettement et probabilité de défaut

Évoquons le lien logique entre levier et risque de défaillance avant d'aborder, dans la section suivante, l'analyse des taux implicitement requis par une stabilité relative de la valeur d'entreprise.

Sur le principe, l'augmentation des dettes accroît le risque de restructuration, voire de liquidation profonde ou partielle. Une telle situation entraîne des coûts directs et indirects visibles dans la baisse de l'espérance des flux futurs d'activité. Ces coûts dits de faillite rejaillissent sur la valeur de l'entreprise endettée.

Les données empiriques en la matière sont variables. Selon l'étendue des restructurations et la taille de l'opérateur, de tels coûts (conseils, frais de justice, de licenciement, vente à perte d'actifs, commandes réduites par suite d'un brouillage d'image, suspicion des fournisseurs, départ d'employés qualifiés, difficultés de recrutement…) peuvent atteindre, voire dépasser, 20 % de la valeur des actifs[94]. Cela dit, l'estimation faite des coûts de faillite n'est opérante que si l'événement survient. En somme, nous devons pondérer (multiplier) de tels coûts par la probabilité de défaillance.

La probabilité d'occurrence de l'événement (faillite) n'est pas, en définitive, difficile à trouver.

Elle peut être obtenue « simplement » par une analyse du solde comptable (excédent de trésorerie d'exploitation ou ETE) qui assure le règlement des obligations contractuelles (service des intérêts et remboursement du principal). Si cette voie-là est empruntée, on doit se forger une conviction sur la loi de distribution du solde et rechercher, ensuite, la probabilité pour que cet ETE soit inférieur aux paiements financiers programmés.

Le second chemin principal pour trouver la probabilité de défaut repose sur une analyse de données se rapportant à deux échantillons fusionnés de sociétés, un tissu de sociétés saines et un bloc d'entreprises en difficulté. La régression logistique binaire ou l'analyse discriminante livre une combinaison linéaire de variables explicatives en mesure de différencier les deux classes de sociétés. Le levier financier est l'une de ces variables clés. Si des outils existent pour obtenir une probabilité crédible de défaillance, le chiffrage de tous les coûts directs et indirects imputables au défaut pour des raisons opérationnelles ou structurelles (financières) est, en revanche, moins évident.

En somme, plus lourde est la dette financière plus grande est la probabilité de défaut et, par voie de conséquence, plus ferme est le coût pondéré de faillite. Les avantages fiscaux agrégés (voir tableau 7.1) sont donc à comparer aux inconvénients de la déficience, qui augmentent avec la hausse du poids relatif de la dette financière.

Si le solde des impacts fiscaux évolue linéairement, les coûts pondérés de faillite varient, eux, exponentiellement avec la dette. Théoriquement, cette seconde courbe coupe la droite des avantages fiscaux. Le point d'intersection fournit le taux d'endettement pour lequel V_L redevient égal à V_U. Au-delà de ce point, la chute de V_L se poursuit. Une

94. Andrade et Kaplan (1998) donnent une fourchette large de 10 à 23 %. Sur les seuls coûts directs, Almeida et Philippon (2007) parlent de 3 à 5 % du total de la valeur d'entreprise.

structure financière particulière est intéressante. C'est celle pour laquelle le coût marginal de faillite atteint les avantages fiscaux marginaux. Ce point-là correspondrait à une combinaison de ressources de nature à minimiser le coût moyen pondéré du capital.

Valeur d'entreprise, fiscalité et coûts de faillite : une application numérique

Effectuons un retour sur la société Oméga pour retrouver ce qui vient d'être dit.

Par référence aux résultats empiriques, mais de manière arbitraire en définitive, on forme l'hypothèse que les coûts de faillite représentent 20 % de la valeur des actifs (V_L) et que la probabilité de défaut varie avec l'importance relative de la dette selon les chiffres suivants. Jusqu'à 25 % de dettes, la probabilité est très faible : elle atteint 2 %. Entre 25 % et 50 % d'actifs financés par de l'endettement, la probabilité monte progressivement à 15 %. Enfin, sur la dernière tranche de dettes (50 % à 80 %), la hausse de la probabilité est plus franchement exponentielle et arrive à 40 %.

On est maintenant en mesure de comparer l'évolution du solde fiscal (avantages nets), sur double imposition, aux coûts pondérés de faillite afin de montrer que la valeur de l'entreprise endettée, tous impacts confondus, prend la forme d'une courbe concave (voir figure 7.2, partie droite).

La valeur d'entreprise monte jusqu'à un taux d'endettement de 35 % à 40 %, pour atteindre 24 321,84, et redescend parce que le solde net des avantages et inconvénients sur la dette commence à devenir confiscatoire. Pour une dette représentant entre 65 et 70 % des actifs, nous retrouvons V_U (23 768,51). Si l'endettement continue de croître, V_L passe au-dessous de V_U. C'est le cas lorsque le ratio atteint 80 % (23 443,06).

Figure 7.2 – La valeur de l'entreprise Oméga, d'après son taux d'endettement, en présence d'impôt sur les sociétés, de fiscalité personnelle et de coûts de faillite

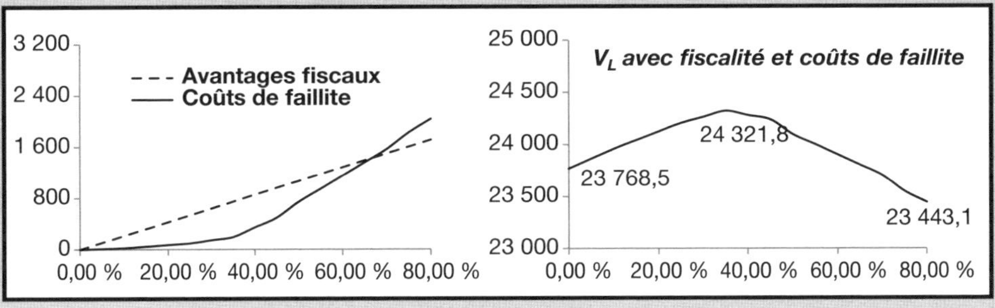

Nous allons maintenant revenir sur le point évoqué précédemment concernant les conditions de rendement requis par les apporteurs de capitaux, les actionnaires spécialement, pour que la structure financière reste relativement neutre. Cette quasi-indifférence du financement est la situation théorique de notre exemple avec fiscalité des sociétés et personnelle en présence de coûts de faillite.

1.3.2. Rendements requis par les investisseurs en présence de fiscalité des sociétés et personnelle : mesure pratique de la dépendance

L'hypothèse d'une amputation de la valeur d'entreprise du fait des coûts pondérés de faillite est maintenant relâchée. On effectue un retour sur les profits nets d'impôt disponibles pour les ayants droit. Nous cherchons à savoir quel doit être le taux d'actualisation applicable à chaque catégorie de revenus pour retrouver les valeurs tirées de l'approche théorique incluant T, T_a et T_b (section 1.3.1.).

Les considérations majeures retenues auparavant pour construire l'application (société Oméga) reposent sur un argumentaire justifiable fondamentalement. Cela a du sens au plan de la doctrine financière. Mais que faut-il penser de la pertinence pratique des résultats, notamment du taux de rendement applicable aux profits nets disponibles afin de retrouver la valeur théorique du capital-actions consignée dans le tableau 7.1 ?

Pour répondre à cette question, il faut déterminer les soldes nets attribuables aux parties prenantes après avoir retenu une hypothèse de coût pour les capitaux empruntés. Nous prenons 3 %, 5 % et 7 %, respectivement pour un endettement de 25 %, 50 % et 80 %. Une fois ces profits nets d'impôt trouvés, on pourra calculer le taux d'actualisation permettant une reconstitution de la valeur de la dette et des capitaux propres. Pour cette recherche de taux, l'option simplificatrice d'un revenu perpétuel constant est conservée. De tels résultats se trouvent dans le tableau 7.2.

Tableau 7.2 – Profits nets d'impôt disponibles pour les investisseurs de la société Oméga et rendements sous-jacents, pour différents taux d'endettement[a]

	0,00 %	25,00 %	50,00 %	80,00 %
EBIT	5 000,00	5 000,00	5 000,00	5 000,00
Dettes en valeur (D)	0,00	5 942,13	11 884,26	19 014,81
Capitaux propres en valeur (CP)	23 768,51	18 361,72	12 954,93	6 466,78
$V_L = CP + D$	23 768,51	24 303,85	24 839,18	25 481,59
Taux d'intérêt (k_d)	–	3,00 %	5,00 %	7,00 %
Profits nets pour les créanciers $k_d D(1-T_b)$	–	74,51	248,35	556,31
Profits nets pour les actionnaires $(EBIT - k_d D)(1-T)(1-T_a)$	1 901,48	1 833,69	1 675,50	1 395,29
Rendement pour les créanciers $\frac{k_d D(1-T_b)}{D}$	0,00 %	1,25 %	2,09 %	2,93 %
Rendement pour les actionnaires[b] $\frac{(EBIT - k_d D)(1-T)(1-T_a)}{CP}$	8,00 % (8,00 %)	9,99 % (8,95 %)	12,93 % (9,40 %)	21,58 % (9,04 %)

a. Rappel des taux d'impôt : $T = 36,40$ %, $T_a = 40,21$ % et $T_b = 58,21$ %. Pour les valeurs prises par D, CP et V_L, voir tableau 7.1.

b. Entre parenthèses, les taux obtenus si la fiscalité des dividendes est ignorée. Ces taux sont conformes à l'équation théorique (MM, 1963) qui nous dit que $k_c = k_c^0 + (k_c^0 - k_d)L(1-T)$. Le levier financier (L) doit être recalculé sur une valeur d'entreprise, plus forte, soumise à la seule fiscalité des sociétés (voir tableau 7.1, dernière ligne).

Il n'y a rien de particulier à dire à propos du rendement pour les porteurs de titres à revenu fixe. Cette rémunération nette découle des hypothèses faites en matière de taux d'intérêt et de tribut fiscal. En revanche, le rendement pour les actionnaires en présence de fiscalité des sociétés et personnelle paraît très excessif, bien au-delà de k_c^0, surtout après impôt sur les dividendes. Cela voudrait dire que la valeur marchande des capitaux propres (*CP*) a été sous-estimée par l'approche fiscale suivie.

Que faut-il faire pour relever *CP* et retrouver des rendements k_c en apparence plus appropriés ?

La première solution consiste à augmenter les taux d'intérêt, fortement, pour de l'endettement significatif. Mais cette réponse ne retouche que modérément k_c. On peut, aussi, pour davantage de correction, ne pas tenir compte de la fiscalité personnelle (voir tableau 7.2, ratios entre parenthèses sur la dernière ligne). Enfin, la troisième solution conserve le double cadre fiscal initial mais admet que, en moyenne, la fiscalité des intérêts est moins lourde que celle portant sur les dividendes car, dans une très large mesure, ce sont des institutionnels qui prêtent aux opérateurs. Si cela est vrai, il n'est pas absurde de penser que les institutions financières, mieux à même de pratiquer de l'optimisation fiscale, sont soumises à des taux d'impôt réels inférieurs à ceux des particuliers. C'est ainsi qu'avec des taux moyens T_a et T_b, de l'ordre de 40 % et 30 %, respectivement, nous trouvons des taux k_c plus réalistes et beaucoup plus proches de ceux de la dernière ligne du tableau 7.2 (entre parenthèses).

Tout cela voudrait-il dire que le marché valorise les entreprises hors considération de la fiscalité personnelle ou en la retenant mais avec un taux effectif d'impôt sur les intérêts bien moindre que celui applicable aux dividendes ? C'est un point important d'information qui mériterait d'être enrichi, voire confirmé, par des travaux empiriques statistiquement significatifs. Les réponses fournies par quelques exemples de titres cotés sur le marché parisien ne peuvent être que très imparfaites. Mais de telles applications numériques (études de corrélation ; voir section 1.3.3) peuvent néanmoins nous donner des tendances indicatives et suggérer des explications plausibles.

1.3.3. Quelques observations sectorielles sur le marché parisien

Le cadre doctrinal présenté, dans une restitution incluant toutes les conséquences possibles, d'ordre fiscal et structurel (risque de défaut), donne à penser que les modalités de financement n'exercent pas d'influence déterminante sur la valeur. Cette remarque extraite d'un construit, conceptuellement défendable mais abstrait, se retrouve-t-elle sur le marché ? Autrement dit, le multiple d'*EBITDA* ou le multiple d'*EBIT*, fréquemment employé pour évaluer une entreprise (approche dite analogique ; voir chapitre 6), est-il corrélé avec le poids relatif de la dette ?

Tests sur les secteurs de l'immobilier, de la santé et du bâtiment

Nous avons effectué trois tests de branche avec les données boursières exploitables des sociétés appartenant aux indices sectoriels respectifs. Il s'agit de l'immobilier (16 unités), du secteur de la santé (17 unités) et de celui du bâtiment et des matériaux de construction (13 unités). L'étude de corrélation nous oblige à collecter des informations portant sur la capitalisation boursière (mai 2015), la dette financière (*D*) anticipée au moment des travaux (2015), l'*EBITDA* et l'*EBIT* attendus pour le même exercice et, enfin, le *PER*. Les agrégats ou ratios estimés viennent du consensus d'analystes financiers de Boursorama.

Nous avons consigné, dans les annexes de ce chapitre, les données brutes nécessaires au calcul des multiples et à des tests indicatifs de dépendance (voir annexe A, tableau 7A.1).

Les trois secteurs choisis ont des particularités intéressantes. De telles propriétés différencient bien les sociétés de ces sphères économiques, les unes par rapport aux autres.

Pour des raisons fiscales, les sociétés appartenant au secteur de l'immobilier sont tenues de distribuer la quasi-totalité de leur résultat. Cela tire vers le bas l'autofinancement, représenté largement par des contreparties d'amortissement, ainsi que les taux de croissance. Cette situation oblige les opérateurs à du financement externe important, notamment à de l'endettement. Dans cette activité financière-là, le *PER* peut être lu, dans une bonne mesure, comme l'inverse du rendement requis par les actionnaires car la croissance médiane intégrée dans les cours est plutôt modérée (variance assez forte des résultats). Les sociétés de ce secteur ont, presque toutes, un ratio de dettes supérieur à la moyenne des deux autres secteurs.

À l'opposé, les sociétés évoluant dans le domaine de la santé sont sur des marchés porteurs (croissance anticipée élevée visible dans la hauteur relativement stable des *PER*). La capacité d'autofinancement est forte et minimise les besoins de capitaux externes (emprunts spécialement). Les sociétés cotées du secteur de la santé sont ainsi très peu endettées.

Quant aux sociétés du bâtiment et des matériaux de construction, elles se situent, en moyenne, entre les deux autres secteurs, aux plans de la dette et des coefficients de capitalisation du bénéfice (*PER*).

L'examen du degré de dépendance de la valeur d'entreprise (*VE*) au poids de l'endettement (*D*/*VE*), pour les trois secteurs choisis, livre les représentations graphiques des figures 7.3 à 7.5. Pour une bonne lecture de ces graphiques, rappelons que la valeur d'entreprise (*VE*) est égale à la capitalisation boursière majorée de la dette financière. Les multiples de revenus supposés influents sont notés *M-EBITDA* (*VE/EBITDA*) et *M-EBIT* (*VE/EBIT*). On trouvera, à l'annexe A de ce chapitre, dans le tableau 7A.1, la matière première essentielle au calcul et à la vérification des mesures.

Figure 7.3 – Corrélations entre multiple de valorisation, inverse du *PER* et endettement financier, dans le secteur immobilier

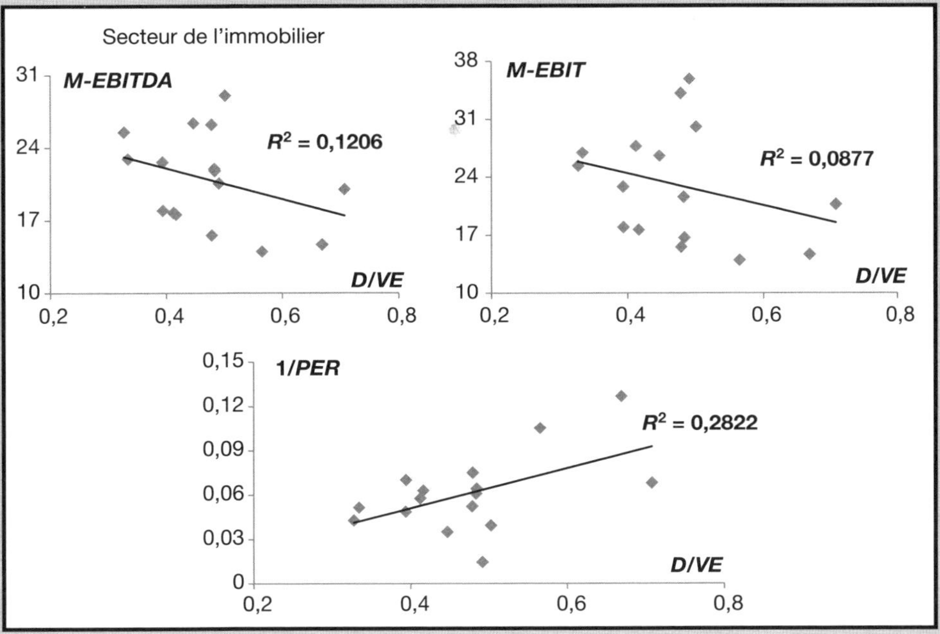

Figure 7.4 – Corrélations entre multiple de valorisation et endettement financier, dans le secteur de la santé

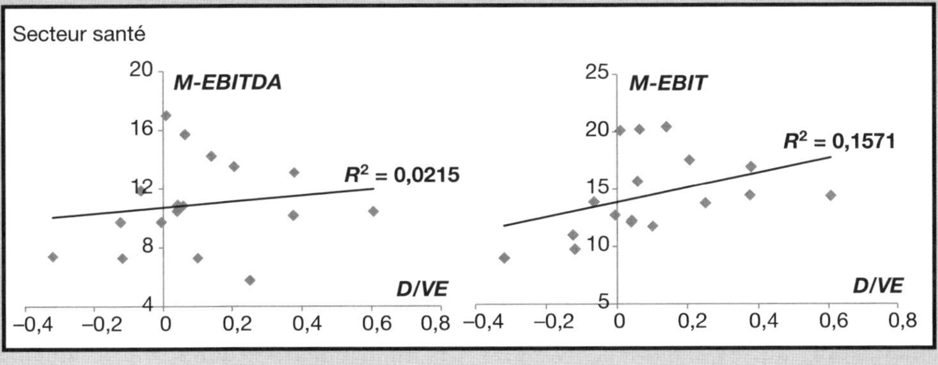

Figure 7.5 – Corrélations entre multiple de valorisation et endettement financier, dans le secteur « bâtiment et matériaux de construction »

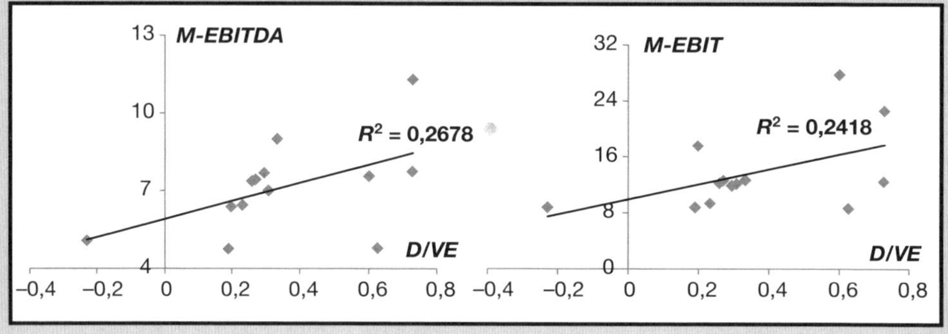

Analyse des relations sectorielles trouvées

Les résultats des figures 7.3 à 7.5 appellent les commentaires suivants :

- D'une manière générale, la corrélation n'est pas franche entre les multiples de valorisation et le poids relatif de la dette financière comme si la neutralité du financement avait un sens pratique. Le coefficient de détermination (R^2) est néanmoins plus significatif dans le secteur du bâtiment où l'endettement semble contribuer à une consolidation de *VE* (voir figure 7.5 et, annexe A, tableau 7A.1).
- Dans les activités financières relevant de l'immobilier, caractérisées par des taux d'endettement élevés, la tendance paraît être quelque peu négative comme si l'endettement excessif présentait beaucoup trop d'inconvénients aux yeux des investisseurs. On le voit bien dans la relation croissante entre l'inverse du *PER*, qui pourrait se situer au voisinage du rendement requis par les propriétaires, et le ratio *D*/*VE* (voir figure 7.3 et, annexe A, tableau 7A.1).
- D'une certaine manière, il est logique que, dans le secteur de la santé, l'endettement n'exerce pas d'influence notable sur la valeur. Il est, par définition, relativement faible (voir figure 7.4 et, annexe A, tableau 7A.1).

2. Calcul du coût actuariel d'un financement contractuel

La mesure du coût d'un financement s'effectue hors considération de l'emploi des capitaux et des autres ressources possibles. Les financements étudiés sont uniquement conventionnels car l'étude du capital-actions a déjà été effectuée, spécialement au chapitre 4. Par conséquent, la couverture par fonds propres n'a plus besoin d'être réexaminée sous l'angle de son coût.

Nous allons donc nous concentrer sur des financements qui font l'objet de contrats. C'est le cas pour l'emprunt, *indivis* ou obligataire, et pour le crédit-bail. Cette technique du crédit-bail concerne des actifs mobiliers et immobiliers. Elle est présentée de manière fouillée, aux plans du fonctionnement et de la mesure du prix.

2.1. Le coût d'un financement spécifique par emprunt

2.1.1. Le cas général des emprunts *indivis*

La règle sous-jacente d'un équilibre entre des flux entrants et sortants

En vertu du précepte d'égalité des valeurs actuelles des engagements réciproques, une relation de dépendance est établie entre le capital emprunté (E), la fenêtre pluriannuelle de remboursement, exprimée en nombre total de termes ou pas (np), les décaissements récurrents (S_t) et le taux d'actualisation représentant le coût périodique de la dette (k_{dp}). Les règlements consécutifs à l'emprunt sont composés de capital amorti, d'intérêts au taux annuel i et de frais annexes (instruction du dossier, assurances, actes notariés…). Le taux k_{dp} indique un coût actuariel par pas (terme pour le calcul des flux nets de trésorerie). Ce prix pour la rémunération du temps, sur une base périodique, est convertible, par la suite, en coût annuel équivalent (k_d).

Sur les intérêts et les frais annexes, des économies d'impôt sont possibles. Celles-ci réduisent le coût actuariel de la dette. De ce fait, k_{dp} est un coût net d'impôt solution de l'équation suivante, si les fonds empruntés sont reçus en une seule fois à la date de signature du contrat ($t = 0$) :

$$0 = +E - \sum_{t=0}^{np} S_t (1 + k_{dp})^{-t}$$

Pratiquement, n est la durée en années de l'emprunt et p la fréquence annuelle des flux sortants de trésorerie ($np = n \times p$). Sachant qu'il y a p termes dans l'année, on bascule de k_{dp} vers k_d par la méthode des taux équivalents $\left(k_d = (1 + k_{dp})^p - 1\right)$.

Application numérique

Prenons un exemple concret pour présenter, dans le détail, les différentes étapes de la démarche technique. Admettons qu'il soit nécessaire d'emprunter 450 K€, sur 5 ans, pour acheter des machines agricoles et viticoles (moissonneuses-batteuses, silos à céréales, sulfateuses et arracheuses).

L'emprunt, à taux annuel fixe de 4,2 %, peut être remboursé, par des annuités constantes, suivant un terme annuel, semestriel, trimestriel ou mensuel. Il pourrait, aussi, faire l'objet d'un remboursement par échéances croissantes ou décroissantes ou encore par acquittement *in fine* du capital.

Données de l'exemple

Considérons, pour l'instant, un amortissement du capital emprunté par périodicités trimestrielles constantes de capital et d'intérêts. Les frais annexes, à la date de décision, se montent à 1,5 % des fonds reçus (instruction du dossier et garanties).

Par ailleurs, avec les échéances sont payés des frais d'assurance décès reposant sur la tête du dirigeant d'entreprise qui signe le contrat de prêt. Ces primes répétitives sont calculées sur le capital restant dû de fin de terme précédent selon un taux de 0,6 % en base annuelle (option 1). Une seconde option est possible concernant la mesure de ces primes d'assurance. Elle prend la forme d'une charge périodique constante. Son assiette pour le calcul est le nombre de tranches de 10 000 € (10 K€) empruntés. Un tel coefficient est multiplié par le prix de couverture d'une tranche, disons 42 € par an pour notre exemple[95].

Enfin, la société qui emprunte est imposée au taux normal (33 1/3 %) majoré de la contribution sociale de solidarité (3,3 %).

Flux imputables à l'emprunt

Bien que les frais annexes tirent vers le haut le coût de la dette, les sorties principales de trésorerie consécutives à l'emprunt sont représentées par le capital amorti et les intérêts servis. Chacune des annuités constantes de capital et d'intérêts (*a*) est tirée de la formule vue au chapitre 2. Appliquée au cas présent, la règle s'écrit :

$$a = E\frac{i_p}{1-(1+i_p)^{-np}}$$

i_p est le taux d'intérêt périodique (trimestriel) équivalent au taux annuel i du contrat d'emprunt (4,2 %), soit :

$$i_p = (1+i)^{1/p} - 1 = 1{,}042^{0{,}25} - 1 = 1{,}034\,\%$$

En remplaçant chaque symbole par sa valeur, il vient, sans arrondir les résultats intermédiaires :

$$a = 450\frac{0{,}01034}{1-(1{,}01034)^{-20}} = 25{,}022 \text{ K€}$$

Chaque annuité de 25,022 K€ est décomposée en capital et intérêts. La part de l'annuité correspondant à du capital diminue régulièrement la dette financière. Le restant dû évolutif ainsi obtenu sert d'assiette au calcul des frais d'assurance payables en même temps que les échéances de l'emprunt (option 1). Par ailleurs, seuls les intérêts et les frais annexes entraînent des économies d'impôt au taux de 34,43 % (33 1/3 % × 1,033).

On aboutit à l'échéancier du tableau 7.3 qui comprend les flux nets à utiliser pour estimer le coût actuariel de l'emprunt.

95. Au départ, et pendant un certain nombre de périodes, les frais d'assurance sont moins élevés quand ils sont calculés avec une prime annuelle constante (42 € par tranche de 10 K€ pour notre exemple). À un moment donné, ces charges d'assurance fixes deviennent supérieures à celles résultant d'un calcul sur le restant dû. Les écarts sont, logiquement, de plus en plus défavorables à la prime fixe au fur et à mesure que le solde de l'emprunt tend vers 0.

Tableau 7.3 – Flux nets de trésorerie, après frais annexes (FAN), d'un emprunt de 450 K€ amortissable sur 5 ans par trimestrialités constantes, selon un taux d'intérêt annuel de 4,2 %[a]

Terme	Emprunt	Restant dû	Intérêts	Capital	FAN	Flux net
0	450	–	–	–	6,750	445,574
1	–	429,630	4,652	20,370	0,675	−23,863
2	–	409,050	4,442	20,580	0,644	−23,915
3	–	388,257	4,229	20,793	0,614	−23,968
4	–	367,249	4,014	21,008	0,582	−24,022
5	–	346,024	3,797	21,225	0,551	−24,076
6	–	324,579	3,577	21,445	0,519	−24,130
7	–	302,913	3,356	21,666	0,487	−24,186
8	–	281,023	3,132	21,890	0,454	−24,242
9	–	258,906	2,905	22,117	0,422	−24,298
10	–	236,561	2,677	22,345	0,388	−24,355
11	–	213,985	2,446	22,576	0,355	−24,413
12	–	191,175	2,212	22,810	0,321	−24,471
13	–	168,130	1,976	23,046	0,287	−24,529
14	–	144,846	1,738	23,284	0,252	−24,589
15	–	121,321	1,497	23,524	0,217	−24,649
16	–	97,554	1,254	23,768	0,182	−24,709
17	–	73,540	1,009	24,013	0,146	−24,771
18	–	49,278	0,760	24,262	0,110	−24,833
19	–	24,766	0,509	24,513	0,074	−24,895
20	–	0,000	0,256	24,766	0,037	−24,958

a. Les entrées/sorties de trésorerie de cet échéancier sont en milliers d'euros (K€). Les flux nets de la dernière colonne du tableau sont obtenus en ajoutant au capital amorti les intérêts et les frais annexes, une fois déduites les économies fiscales pour ces deux derniers postes seulement. Par exemple, pour $t = 10$:

$$\text{Flux net} = 0 - 22{,}345 - ((2{,}677 + 0{,}388) \times (1 - 0{,}3443)) = -24{,}355$$

Si les frais répétitifs d'assurance avaient été calculés sur une assiette fixe (option 2), la prime de $t = 10$ aurait été égale à 0,4725 K€ ((450/10) × (0,042/4)) et le flux net de ce même trimestre serait de –24,410 K€.

Coût actuariel de l'emprunt sous sa forme initiale

Le taux k_{dp}, pour le trimestre, dans la version initiale de cet exemple, est par conséquent solution du polynôme suivant :

$$0 = +445{,}574 - \frac{23{,}863}{(1 + k_{dp})} - \frac{23{,}915}{(1 + k_{dp})^2} - \dots - \frac{24{,}958}{(1 + k_{dp})^{20}}$$

En passant par le logiciel Excel ou en utilisant une calculatrice financière, on trouve un coût actuariel (k_{dp}) de 0,873 % sur le pas trimestriel, soit 3,538 % par an. La solution de l'équation précédente (0,873 %) est supérieure au taux d'intérêt trimestriel net d'impôt résultant du contrat initial d'emprunt (0,678 %) en raison des frais annexes[96]. L'élévation du taux, par suite de ces charges, est donc relativement significative (+29 %).

Autres coûts actuariels sur modalités différentes d'endettement

Variables influentes de l'emprunt

Le coût réel de la dette dépend, en définitive, des modalités de remboursement du capital emprunté et du choix de l'assiette en matière d'assurance. Le calcul des primes se fait sur le restant dû (option 1) ou sur la totalité des fonds reçus (option 2). Pour faciliter les simulations, un calculateur peut être mis au point par un programme informatique adéquat, voire par l'intermédiaire du logiciel Excel qui comporte les fonctions logiques et financières suffisantes pour ce type d'exercice.

Une telle construction informatique interactive permet de tester tour à tour chaque pièce active de l'emprunt ou simultanément des combinaisons de variables influentes. Outre le taux d'intérêt et l'assiette concernant les primes d'assurance, on pourrait examiner l'impact sur les flux, et donc sur le coût actuariel de la dette, d'autres facteurs clés comme les procédés de remboursement, la durée d'amortissement financier, la périodicité des échéances ou encore la variabilité des principaux flux sortants.

Résultats des tests

Les tableaux 7.4, 7.5 et 7.6 regroupent les taux annuel k_d trouvés pour différentes options particulières d'endettement. Ces diverses possibilités portent sur les modalités d'amortissement de l'emprunt (échéances périodiques ou remboursement *in fine* du capital) et la fréquence annuelle des paiements (une à douze fois).

Les tableaux 7.4 et 7.5 rassemblent les résultats que l'on obtient dans le cas d'un échelonnement des paiements, constants ou variables. Pour sa part, le tableau 7.6 donne des coûts actuariels en situation de remboursement *in fine* du capital et intérêts servis de une à douze fois dans l'année.

Pour ce qui est de l'échéancier des principaux flux sortants, de capital et d'intérêts, hors acquittement intégral de la dette à la fin, les règlements peuvent donc être constants (voir tableau 7.4) ou progresser, voire régresser, par paliers annuels, plus ou moins 10 % par exemple (voir tableau 7.5).

Quand les annuités, de capital et d'intérêts, augmentent ou diminuent selon un taux annuel g, l'échéance de l'année 1 (a_1), à l'origine des autres paiements, est le résultat du calcul suivant (voir chapitre 2) :

$$a_1 = \frac{E}{\left(\dfrac{1-(1+i_p)^{-p}}{i_p}\right)\left[\dfrac{1-\left(\dfrac{1+g}{1+i}\right)^n}{\left(\dfrac{i-g}{1+i}\right)}\right]}$$

96. 0,678 % est le taux trimestriel équivalent au taux annuel fixé par le prêteur une fois soustraite l'économie d'impôt sur les seuls intérêts, c'est-à-dire :

$$((1{,}042)^{0{,}25} - 1) \times (1 - 0{,}3443) = 0{,}678\,\%$$

Avec les conditions initiales d'amortissement de l'emprunt, sur 5 ans par des échéances trimestrielles, l'introduction d'une progressivité de +10 % (voir tableau 7.5) donne, pour la première année, une échéance a_1 de 20,654 K€ (25,022 K€ dans le cas d'annuités constantes ; voir plus haut). Pour la dernière année, ce flux sortant, de capital et d'intérêts, hors considérations fiscales, se monte à 30,239 K€ ($20{,}654 \times 1{,}1^4$).

Les primes d'assurances se calculent de la même manière, sur le capital restant dû ou par prélèvements fixes. Les économies d'impôt quant à elles portent toujours sur les charges annexes (assurances notamment) et, plus significativement, sur les intérêts de l'emprunt.

On peut donc, tout comme pour un amortissement par des annuités constantes, obtenir un échéancier de flux nets d'impôt en situation d'amortissement *via* des échéances progressives ou dégressives. À chaque planification des flux, représentant une option possible d'amortissement financier, il correspond un coût actuariel (voir tableau 7.5).

Tableau 7.4 – Coût actuariel annuel d'un emprunt de 450 K€ en fonction des termes de l'échéance et de l'option retenue pour les frais d'assurances ; amortissement financier sur 5 ans, par annuités constantes de capital et d'intérêts[a]

%	Fréquence des échéances constantes			
	Mensuelle	**Trimestrielle**	**Semestrielle**	**Annuelle**
Assurance fixe	3,670	3,642	3,603	3,537
Assurance variable	3,550	3,538	3,521	3,493

a. Les taux de ce tableau sont nets d'impôt. Par ailleurs, en matière de frais d'assurance, les charges sont variables (0,6 % du capital restant dû) ou fixes (calculées en multipliant le nombre de tranches de 10 K€ par 42 € pour un an).

Tableau 7.5 – Coût actuariel annuel d'un emprunt de 450 K€ en fonction des termes du paiement et de l'option retenue pour les frais d'assurances ; amortissement financier sur 5 ans, par annuités constantes de capital et d'intérêts variant annuellement (±10 %)[a]

%	Fréquence des échéances progressives ou dégressives							
	Mensuelle		**Trimestrielle**		**Semestrielle**		**Annuelle**	
	+10%	**−10 %**	**+10%**	**−10 %**	**+10%**	**−10 %**	**+10%**	**−10 %**
Assurance fixe	3,603	3,758	3,579	3,724	3,546	3,677	3,489	3,598
Assurance variable	3,520	3,588	3,510	3,574	3,496	3,554	3,472	3,520

a. Les taux de ce tableau sont nets d'impôt. Sur chaque année, le bloc répétitif de capital et d'intérêts est constant. Par la suite, l'agrégat croît (+10 %) ou décroît (−10 %) tous les ans. La périodicité annuelle des échéances varie de 12 (fréquence mensuelle) à 1 (un seul flux sortant dans l'année).

Tableau 7.6 – Coût actuariel annuel, net d'impôt, de l'emprunt de 450 K€ remboursable *in fine* (5 ans) selon différents termes possibles pour le calcul des intérêts

%	Fréquence des intérêts			
	Mensuelle	**Trimestrielle**	**Semestrielle**	**Annuelle**
Assurance fixe	3,238	3,239	3,241	3,245
Assurance variable	3,360	3,361	3,362	3,364

Commentaires des résultats pratiques obtenus

On remarquera que la formule du remboursement *in fine* du capital emprunté (voir tableau 7.6) est la voie qui minimise le coût actuariel, quelle que soit l'option choisie en matière d'assurance. Le règlement très décalé de la sortie la plus lourde (remboursement du capital à la fin) et la maximisation des économies fiscales sur les intérêts (charges financières toujours au plus haut de leur valeur possible) expliquent la suprématie de cette modalité d'extinction de la dette. Mais le remboursement du capital au terme de la durée de l'emprunt comprend une contrainte, voire un inconvénient. C'est l'exigence d'un provisionnement de ce règlement qui doit intervenir, en une seule fois, au bout des 5 ans de la durée de l'emprunt.

Pour qu'un amortissement fractionné de la dette financière, selon un terme mensuel par exemple, présente un coût actuariel égal à celui d'un remboursement *in fine* du capital, le taux initial d'intérêt doit être plus faible dans le premier cas. Cela serait, en définitive, rationnel puisque la prise de risque pour le prêteur est plus grande quand l'emprunt est intégralement remboursé à la fin.

Il faudrait que le taux d'intérêt demandé par le prêteur passe de 4,20 % à 4,49 %, dans l'hypothèse d'un remboursement *in fine* du capital, pour que cette formule très différée de règlement de tout le principal donne un coût actuariel égal à celui d'un amortissement par mensualités constantes (3,550 % ; voir tableau 7.4) ; on suppose que la technique du remboursement final du capital est couplée avec des paiements mensuels d'intérêts. Par ailleurs, le supplément de taux d'intérêt (+0,29 %) est vrai dans le cas d'une prime variable d'assurance.

Comparativement à des échéances constantes sur la durée (voir tableau 7.4), la formule de l'amortissement financier par des versements en progression annuelle (voir tableau 7.5) présente un coût moindre. En toute logique, la planification de paiements, de capital et d'intérêts, en décroissance annuelle est moins intéressante (voir tableau 7.5). Mécaniquement, un éloignement des échéances les plus lourdes ($g = +10$ %) contracte le taux actuariel ; inversement, quand les paiements décroissent ($g = -10$ %), on a besoin d'un taux d'actualisation plus élevé pour annuler la *VAN* sur flux de l'échéancier (voir tableau 7.5).

Plus accessoirement, il faut noter un impact différencié des frais d'assurance sur le coût actuariel du crédit. En situation de règlements fractionnés de la dette, les primes variables d'assurance sont un meilleur choix que l'option des charges fixes (voir tableaux 7.4 et 7.5). Quand le remboursement de la dette se fait en une seule fois, au terme de la durée de l'emprunt, la prime d'assurance fixe est préférable à celle calculée sur le capital restant dû (voir tableau 7.6).

Pour conclure sur cette application financière, ajoutons que l'échéancier des flux nets, indispensable au chiffrage du coût actuariel de l'emprunt *indivis*, aurait pu être établi avec des sorties de trésorerie consécutives à un amortissement par fractions constantes de capital seulement et intérêts chutant selon une progression arithmétique décroissante. On trouvera, au chapitre 2, les aspects techniques de la procédure et, à la fin du présent chapitre, dans la section « Exercices et cas », une application adossée à cette autre modalité possible d'amortissement du capital emprunté.

2.1.2. Le cas particulier des emprunts obligataires

Le lecteur est invité à consulter le chapitre 2 (voir section 2) pour un complément utile d'informations sur l'émission de titres obligataires.

Caractéristiques générales des emprunts divis

Les emprunts *divis* sont amortissables, le plus souvent, *in fine*. On peut aussi les éteindre par le versement d'annuités constantes (capital remboursé progressif) et par fractions égales de capital seulement (intérêts payés dégressifs).

Tout comme pour les emprunts *indivis*, le coût d'une émission d'obligations subit l'influence de l'étalement des principales dépenses dans le temps (modalités précises de remboursement) ainsi que des charges annexes tels les frais d'émission (publicité et commissions versées aux banques chargées du placement des titres).

De façon plus singulière, le coût des emprunts obligataires est également impacté par de possibles primes d'émission et de remboursement (voir chapitre 2 et plus loin). Lorsque ces deux primes existent, on parle de double prime de remboursement puisque le prix supporté pour éteindre l'obligation est, dans ce cas, supérieur à la valeur nominale qui elle-même se situe au-dessus du prix d'émission.

L'existence d'une clause de remboursement anticipé au gré de l'émetteur complique la recherche du coût actuariel.

En pratique et dans le cas d'une émission d'obligations, les frais d'émission tout comme la prime de remboursement entraînent un supplément de dépenses mais s'accompagnent, aussi, d'économies fiscales. Dans le cas des frais d'émission, l'économie d'impôt est en principe visible immédiatement, durant l'exercice au cours duquel la dépense a été engagée (option 1). Mais ces frais peuvent être également virés en charges à répartir, et donc amortissables sur la durée de l'emprunt, par fractions égales ou au *prorata* des intérêts courus (option 2). Si cette option 2 était choisie, les économies d'impôt sur frais d'émission seraient étalées dans le temps au même titre que l'avantage fiscal sur l'amortissement de la prime de remboursement. En effet, l'écart entre prix de remboursement et prix d'émission d'une obligation est amortissable sur la durée de l'emprunt selon l'une des deux formules de l'option 2 concernant les frais d'émission.

Application numérique

Données hypothétiques d'un emprunt divis

Prenons l'exemple suivant pour spécifier mieux encore la procédure visant à déterminer l'échéancier des flux nets consécutifs à l'emprunt obligataire.

On admet une émission de 10 500 obligations, de 1 000 € de nominal, sur 7 ans, à 3,5 % (intérêt annuel payable en une seule fois). Les obligations sont émises à 990 € et sont remboursées au bout de 7 ans au prix de 1 020 €. Les frais de publicité et les commissions des intermédiaires sont évalués à 1 % du produit de la collecte. Ces frais d'émission sont intégralement virés en charges l'année de leur engagement. Concernant la double prime de remboursement, elle est amortie au *prorata* des intérêts courus[97]. Pour simplifier, nous ignorons les primes éventuelles d'assurance décès sur la tête du dirigeant de la société émettrice. Le taux d'impôt (T) de la section précédente (34,43 %) est conservé.

Toutes ces informations, présumées mais crédibles, donnent un échéancier de flux que l'on traite ensuite pour déterminer le coût de l'émission d'obligations.

Échéanciers de flux et coût de l'emprunt obligataire

Conformément aux conditions initiales de l'émission, le tableau 7.7 affiche les conséquences monétaires de l'emprunt. Les flux de cet échéancier permettent le calcul du coût net d'impôt de l'emprunt obligataire en situation de remboursement *in fine* du principal. Ce prix est le taux k_d pour lequel l'égalité suivante est assurée :

$$0 = 10\,326{,}840 - 225{,}476\sum_{t=1}^{6}(1+k_d)^{-t} - \frac{10\,935{,}476}{(1+k_d)^7}$$

$$\Rightarrow k_d = 2{,}67\ \%$$

Tableau 7.7 – Échéancier des flux nets de trésorerie d'un emprunt obligataire remboursable *in fine* avec frais d'émission et prime de remboursement[a] ; milliers d'euros (K€)

Année	Fonds reçus (1)	Frais d'émission (2)	Amortissement de la prime de remboursement (3)	Intérêts (4)	Capital amorti (5)	CF_t (6)
0	10 395,000	103,950	–	–	–	10 326,840
1	–	–	45,000	367,500	–	–225,476
2	–	–	45,000	367,500	–	–225,476
3	–	–	45,000	367,500	–	–225,476
4	–	–	45,000	367,500	–	–225,476
5	–	–	45,000	367,500	–	–225,476
6	–	–	45,000	367,500	–	–225,476
7	–	–	45,000	367,500	10 710,000	–10 935,476

a. Le flux net de trésorerie de la colonne (6), correspondant à une différence entre des rentrées et des sorties après impôt, est le résultat du calcul suivant : $CF_t = (1) - ((2) + (4)) \times (1 - T) - (5) + (3) \times T$.

Le coût actuariel de l'emprunt obligataire aurait été logiquement plus fort si les titres de créances avaient fait l'objet d'un remboursement étalé sur la durée de l'emprunt.

97. En situation de remboursement *in fine* du principal, les intérêts annuels sont toujours les mêmes. Par conséquent, les dotations aux amortissements sur la prime de remboursement ne changent pas d'une option d'étalement à l'autre. Ce n'est pas le cas lorsque les obligations sont amorties tout au long de la durée de l'emprunt, par portions constantes ou progressives.

Avec des fractions égales d'obligations annuellement éteintes (1 500) et une prime de remboursement toujours amortie au *prorata* des intérêts courus, l'échéancier des flux nets est celui du tableau 7.8, ce qui donne un coût actuariel k_d de 2,97 %. En effet :

$$0 = 10\,326{,}840 - \frac{1\,743{,}856}{(1+k_d)} - \frac{1\,713{,}305}{(1+k_d)^2} - \ldots - \frac{1\,560{,}551}{(1+k_d)^7}$$
$$\Rightarrow k_d = 2{,}97\ \%$$

Toujours dans ce second cas, celui d'un échelonnement des remboursements, si la prime est amortie par fractions égales sur la durée de l'emprunt, ce qui entraîne une dotation annuelle de 45 K€, l'émission d'obligations à taux fixe occasionnerait un coût un peu plus fort encore (2,98 %).

Tableau 7.8 – Échéancier des flux nets de trésorerie d'un emprunt obligataire remboursable par fractions égales de capital avec frais d'émission et prime de remboursement ; milliers d'euros (K€)

Année	Fonds reçus (1)	Frais d'émission 2)	Amortissement de la prime de remboursement (3)	Intérêts (4)	Capital amorti (5)	Flux net[a] (CF_t) (6)
0	10 395,000	103,950	–	–	–	10 326,840
1	–	–	78,750	367,500	1 530,000	–1 743,856
2	–	–	67,500	315,000	1 530,000	–1 713,305
3	–	–	56,250	262,500	1 530,000	–1 682,754
4	–	–	45,000	210,000	1 530,000	–1 652,204
5	–	–	33,750	157,500	1 530,000	–1 621,653
6	–	–	22,500	105,000	1 530,000	–1 591,102
7	–	–	11,250	52,500	1 530,000	–1 560,551

a. (6) = (1) – ((2) + (4)) × (1 – T) + (3) × T – (5) ; T = 34,43 %.

2.2. Le coût d'un crédit-bail

2.2.1. Présentation générale de la technique de mise à disposition d'actifs

D'une manière générale, le crédit-bail est une formule de financement permettant à un agent économique, le crédit-preneur, d'utiliser un bien meuble ou immeuble sans en être propriétaire, au moins dans un premier temps. Le financement de l'investissement est intégral sans mise initiale de fonds, excepté en matière de crédit-bail immobilier où parfois l'utilisateur des actifs effectue une « avance-preneur » rémunérée, sorte d'autofinancement, qui prend la forme d'un prêt au crédit-bailleur. Comme l'avance porte intérêts, ces produits financiers ont pour vocation de réduire les futurs loyers supportés par le crédit-preneur.

Le crédit-bail réunit trois acteurs : le futur locataire qui choisit son matériel ou le terrain sur lequel l'immeuble voulu sera construit, le fournisseur du bien meuble ou l'entrepreneur de bâtiments et un bailleur chargé de financer l'opération. L'existence d'une complémentarité d'intérêts entre ces trois parties explique le succès de ces financements locatifs depuis leur apparition en France, au début des années 1960, soit une dizaine d'années après l'essor de la formule du *leasing* aux États-Unis.

Le montant du loyer est fonction de la durée du contrat, 3 à 7 ans pour du crédit-bail mobilier, 7 à 15 ans pour des opérations immobilières. Les loyers sont fiscalement déductibles y compris le premier loyer majoré, fréquent en matière de contrats mobiliers.

Le fait que la durée d'un contrat de crédit-bail mobilier puisse être inférieure à celle de l'amortissement comptable et fiscal (20 % de moins) accentue la contraction des bénéfices sur la période de substitution, devenue plus courte, tout en augmentant les économies d'impôt sur loyers acquises plus vite.

Concernant le crédit-bail immobilier, la part déductible des loyers doit être celle qui abrite les frais d'acquisition des immeubles, l'amortissement financier des constructions (remboursement du capital emprunté) et le service de la dette (intérêts des emprunts). Quant à la part du loyer couvrant l'amortissement financier du terrain, elle n'est pas fiscalement déductible (voir plus loin).

Les sociétés actives sur le marché du crédit-bail sont des entités ayant le statut d'établissements de crédit. Elles sont regroupées au sein de l'Association française des sociétés financières (ASF).

2.2.2. Le crédit-bail mobilier

Principales caractéristiques

Catégories d'actifs concernées par les contrats

Les actifs mobiliers qui font l'objet d'un contrat de crédit-bail sont des matériels tangibles et amortissables incluant, le cas échéant, des éléments incorporels (logiciels) nécessaires au bon fonctionnement du bien d'équipement. Le prix d'achat de l'actif mobilier est négocié entre le client et le fournisseur. Il est ensuite facturé à l'établissement de crédit. On trouve, dans cette classe d'actifs meubles, les véhicules utilitaires et industriels, les machines-outils, les matériels de manutention et de levage, les machines agricoles, l'informatique et la bureautique, les équipements médicaux ou encore les matériels de travaux publics.

La décision prise par l'établissement de crédit est, dans une bonne mesure, dépendante du bien retenu car c'est lui qui pourrait, en définitive, assurer la garantie de l'opération (sécurité matérielle). Les bailleurs ont par conséquent des secteurs de préférence. Ce sont les domaines d'activité où les matériels font l'objet d'un renouvellement fréquent et bénéficient d'un marché actif de l'occasion comme les véhicules de transport de marchandises et de voyageurs. C'est également le cas pour les engins de chantier, les grues routières de levage, les chariots élévateurs ou encore les matériels médicaux (scanners, IRM, échographes...).

Loyers du crédit-bail mobilier et valeur résiduelle

C'est l'investissement toutes taxes comprises qui est financé par le bailleur, mais les loyers sont calculés sur le prix hors taxes du matériel puisqu'au départ du contrat l'utilisateur n'est pas propriétaire de l'actif et ne peut donc récupérer la TVA qui se rapporte à l'achat. Pratiquement, le crédit-preneur paie son loyer majoré de l'impôt qu'il peut ensuite déduire de la TVA qu'il collecte lui-même pour le compte de l'administration fiscale.

Le crédit-bail se distingue de la location financière sur un point essentiel, la possibilité de devenir propriétaire du bien à l'expiration de la durée initiale du contrat (première période souvent irrévocable). La logique du crédit-bail est celle d'une utilisation, but exclusif de la location financière, couplée avec une appropriation éventuelle (sortie habituelle de la formule). Cette option d'achat correspond à la valeur résiduelle de l'actif incluse dans le dispositif contractuel. Celle-ci représente un pourcentage relativement faible de la valeur initiale de l'actif, généralement entre 1 et 6 %, afin de rendre l'acquisition quasi sûre pour le client et la prise de risque moindre pour le financeur. Dans le cas où le contrat prévoit un dépôt initial de garantie, ce dernier vient en diminution de la valeur résiduelle payable *in fine*.

En définitive, on trouve dans le loyer une somme correspondant à la jouissance du bien ainsi qu'une contribution additionnelle pour la propriété future de l'actif stratégique. Une fois l'option d'achat levée, le bien acquis rentre dans la comptabilité du preneur et est amorti, en linéaire comme tous les matériels d'occasion, sur la durée probable et subséquente d'utilisation.

Les loyers sont usuellement payables d'avance (terme à échoir) sur une durée, avec une périodicité et un profil, pour ce qui est des montants, à la convenance du crédit-preneur.

En règle générale, le locataire adapte les décaissements envisagés à la chronique de ses propres revenus futurs. La fréquence des loyers peut ainsi être mensuelle, trimestrielle, semestrielle, voire annuelle, et la hauteur des échéances fixes ou variables (dégressives/progressives). Pour sa part, le premier loyer est fréquemment majoré, ce qui permet une réduction du risque pour le crédit-bailleur et une diminution de la somme des paiements ultérieurs pour le client. Le loyer majoré n'a pas, en revanche, d'impact théorique réducteur sur le coût actuariel du contrat car la première redevance, payable d'avance, contracte l'importance de la mise initiale évitée.

Traitement comptable du crédit-bail

Dans les comptes sociaux, les actifs ayant fait l'objet de contrats de crédit-bail ne figurent pas dans le bilan. Ils apparaissent seulement dans les engagements reçus (droits de jouissance) et donnés (loyers futurs et valeur résiduelle à payer). En revanche, dans les comptes consolidés, le crédit-bail est traité comme une opération financière au même titre que l'acquisition directe par voie d'emprunt. C'est ainsi que les biens loués, dont la vocation est d'intégrer le patrimoine de l'entreprise, sont logés à l'actif et la contrepartie financière dans les dettes.

De façon plus répétitive, les loyers, qui diminuent l'impôt exigible, sont rapprochés de deux charges résultant d'un retraitement comptable pour une meilleure lecture économique. Il s'agit des amortissements et du service de la dette (intérêts). La comparaison annuelle entre charges fiscalement déductibles (loyers) et charges opérationnelles (dotations aux amortissements et intérêts) donne naissance à de la fiscalité différée. Pour effectuer un tel travail comptable de rapprochement, il est nécessaire de reconstituer, tout d'abord, le taux d'intérêt implicite du crédit-bail et, ensuite, de dégager la part d'intérêts incluse dans chacun des loyers (voir plus loin).

Considérations financières

Les flux touchés par l'opération

Dans le cadre du contrat, le bailleur de fonds se fixe un taux d'intérêt annuel (i) pour l'investissement qu'il réalise (A) et cette rémunération souhaitée détermine la série temporelle des loyers (L_t) que doit payer le locataire pour satisfaire cette exigence de rendement.

Pour un même taux d'intérêt, les loyers sont fonction de la durée du contrat en nombre d'années (n), de la périodicité (p) et de la valeur résiduelle (VR) choisies par le crédit-preneur.

Le traitement des flux nets consécutifs à l'opération de location-vente livre un coût actuariel qui doit tenir compte du capital immobilisé par le biais du dépôt initial de garantie (G). Des primes d'assurance sont à intégrer au calcul, surtout si celles-ci sont prescrites au locataire et payées en même temps que le règlement du loyer. On pourrait aller plus loin en considérant le caractère déductible des charges du contrat, mais en réalité, et tout compte fait, une telle approche par le coût net d'impôt est biaisée.

Prendre en compte des économies d'impôt sur la totalité du loyer revient à intégrer dans le calcul actuariel les bénéfices fiscaux de l'amortissement, ce qui dénature la procédure de mesure du coût d'un financement. Raisonner de la sorte pour le crédit-bail produirait des résultats extravagants (coût actuariel négatif) ou avantagerait, pour le moins, cette technique par rapport à l'acquisition directe d'un actif par voie d'emprunt. La raison est simple. En matière de financement par emprunt, le remboursement du capital, fiscalement non déductible, est retenu pour l'échéancier des flux nets alors que les dotations aux amortissements sur l'actif réel, déductibles pour le calcul de l'impôt, en sont exclues.

En somme, la détermination du coût pour une opération de crédit-bail ne peut être pertinente et opérationnelle, à des fins d'arbitrage, que si les flux nets de l'échéancier sont déterminés par référence à la pleine propriété acquise *via* une couverture totale ou partielle par l'emprunt. Cette analyse comparative des stratégies de couverture d'actifs est effectuée au chapitre 8.

Calcul des loyers et coût du crédit-bail mobilier

Pour l'heure, montrons comment l'on peut reconstituer les loyers si l'exigence de rendement de la part du crédit-bailleur est connue. Lorsque les redevances sont communiquées, c'est le taux d'intérêt implicite du crédit-bail qui fait l'objet d'une captation (voir équation ci-dessous). Un coût actuariel, pour le locataire, pourrait être avancé mais hors considérations fiscales pour contourner les biais auparavant évoqués (voir équation plus bas).

Formellement, la résolution de la première des deux équations présentées ci-après donne la série chronologique des loyers lorsque ceux-ci sont payables d'avance. Quant à la seconde expression, elle est chargée de la mesure du coût actuariel du financement pour le crédit-preneur (k_b sur un pas annuel) en tenant compte de la totalité des dépenses supportées par le locataire et de leur chronologie. Dans cette seconde formule, S_t désigne la série temporelle des sorties de trésorerie, hors avantages fiscaux, que l'usager doit honorer par suite de ses engagements contractuels (loyers et primes d'assurance).

Les équations donnant le loyer et le rendement sont maintenant livrées dans cet ordre-là :

$$A = \sum_{t=0}^{np-1} L_t (1 + i_p)^{-t} + VR(1 + i_p)^{-np+1}$$

np est le nombre total de termes pour le paiement des échéances, c'est-à-dire le nombre d'années (n) multiplié par la périodicité des règlements (p). Pour sa part, i_p désigne le taux d'intérêt périodique équivalent au taux annuel i.

Une fois les loyers du crédit-bail mobilier connus, on recherche le taux d'actualisation pour lequel la *VAN* du contrat de crédit-bail prend la valeur 0. Ce taux particulier exprime le coût de cette technique de financement. Pratiquement, on détermine dans un premier temps le taux périodique k_{bp}. Ce dernier est, ensuite, transformé en taux annuel équivalent k_b, soit :

$$0 = +A - \sum_{t=0}^{np-1} \frac{S_t}{(1 + k_{bp})^t} + (VR - G)(1 + k_{bp})^{-np+1}$$

$$\Rightarrow k_b = (1 + k_{bp})^p - 1$$

Application et résultats pratiques

Énoncé du cas pratique

Prenons l'exemple d'un matériel médical de précision coûtant 150 000 € hors taxes.

Un contrat de crédit-bail, sur 4 ans, avec option d'achat, est établi sur cet actif mobilier. Il est assorti de loyers trimestriels payables d'avance. Le premier loyer, majoré, représente 75 % de plus que tous les autres qui sont identiques. À la date de décision (livraison du bien par le fournisseur), un dépôt de garantie (G) de 3 000 € est prévu. La valeur résiduelle (VR), payable en même temps que le dernier loyer, représente 4 % du prix de départ du matériel. Par ailleurs, on sait que le bailleur de fonds veut que son investissement lui rapporte 5 %. Enfin, l'agent économique utilisateur de l'actif est contraint à des primes fixes d'assurance (décès, invalidité) calculées sur la base d'un ratio annuel égal à 0,48 % de l'investissement hors taxes. Ces charges d'assurance sont payables en même temps que le loyer et déterminées de façon proportionnelle sur le pas trimestriel.

Loyers

Le rendement requis par le bailleur de fonds (5 %) permet le calcul d'un premier loyer majoré (L_1) et des redevances suivantes qui doivent être toutes les mêmes. Si chaque loyer de la série des annuités constantes est noté L, on peut poser :

$$150\,000 = L_1 + L\sum_{t=1}^{15}(1 + i_p)^{-t} + 6\,000(1 + i_p)^{-15}$$

Avec $i_p = 1{,}227\ \% \ (1{,}05^{0{,}25} - 1)$ et $L_1 = 1{,}75L$:

$$150\,000 = 1{,}75L + L\left[\frac{1 - (1{,}01227)^{-15}}{0{,}01227}\right] + 6\,000(1{,}01227)^{-15}$$

$$L = 9\,431{,}51\ €$$

Le premier loyer majoré s'élève, par conséquent, à 16 505,14 € (9 431,51 × 1,75). Il est suivi de 15 loyers trimestriels identiques de 9 431,51 € chacun. Ce sont ces loyers-là, payables d'avance, ainsi que le règlement supplémentaire de 6 000 € (valeur résiduelle) qui permettent à l'investisseur de réaliser un placement lui rapportant 5 %.

Coût du crédit-bail mobilier

Du côté de l'utilisateur du matériel médical de précision, on peut déterminer le coût réel du financement, noté k_b, sans considérer les déductions fiscales sur les charges (loyers et assurances).

L'échéancier du tableau 7.9, qui regroupe les flux nets de trésorerie pour le crédit-preneur, fournit les éléments nécessaires à l'évaluation de ce coût réel hors impôt. Le taux k_b est donc déductible du polynôme suivant sachant que k_{bp} mesure lui aussi le coût, mais sur le terme de chaque échéance (trimestre) :

$$0 = +130\,314{,}86 - 9\,611{,}51\sum_{t=1}^{14}(1 + k_{bp})^{-t} - 12\,611{,}51(1 + k_{bp})^{-15}$$

Le taux k_{bp}, pour lequel la *VAN* du contrat de crédit-bail s'annule, se monte à 1,533 %. Par conséquent :

$$k_b = (1 + k_{bp})^p - 1 = 1{,}01533^4 - 1 = 6{,}27\%$$

Tableau 7.9 – Flux nets de trésorerie du crédit-bail mobilier coûtant 150 000 € pour le preneur

Trimestre *t*	Investissement[a]	Loyer	Assurance	Flux net[b]
0	+147 000	−16 505,14	−180	+130 314,86
1 à 14	–	−9 431,51	−180	−9 611,51
15	−3 000	−9 431,51	−180	−12 611,51

a. Comme le crédit-bail est un financement intégral (100 % de la valeur du matériel médical de précision), la dépense évitée, en $t = 0$, s'analyse comme une recette qu'il faut néanmoins réduire du dépôt de garantie (3 000 €). En revanche, et en fin de contrat ($t = 15$), la valeur résiduelle (6 000 €), déduction faite du dépôt de garantie, est une sortie de trésorerie qui concerne le seul bilan.

b. Le flux net est la différence entre, d'une part, l'opération sur le capital (recette ou dépense) et, d'autre part, les charges décaissables hors économies d'impôt. Il n'y a de recette qu'en $t = 0$. Par la suite, les loyers et les frais d'assurance sont la contrepartie (sortie nette de trésorerie) du financement initial de l'actif. En $t = 15$, l'exercice de l'option d'achat oblige le crédit-preneur à une dépense additionnelle sans effet immédiat sur le résultat (voir plus haut).

La prise en compte d'économies fiscales, sur les loyers et les frais d'assurance, selon un taux d'impôt de 34,43 %, aurait livré un coût actuariel inapproprié de −3,8 % par trimestre (−14,36 % à l'échelle de l'année).

Fiscalité différée sur contrat de crédit-bail

Si les loyers d'un contrat de crédit-bail sont communiqués, le calcul actuariel reconstitue le taux d'intérêt implicite du financement et, dans le cadre du retraitement comptable déjà évoqué, les loyers sont divisés en parties correspondant à des intérêts et en fractions de capital. Une considération additionnelle de l'amortissement fiscal des actifs initialement loués permet le calcul d'une fiscalité différée.

Revenons sur l'application financière précédente et admettons que, pour le contrat de crédit-bail, l'usager soit soumis à des loyers trimestriels constants représentant, chacun,

62/3 % (6,6667 %) de l'investissement hors taxes. Le premier loyer est maintenant majoré non plus de 75 %, mais de 40 %. On sait, aussi, que le crédit-preneur est imposé au taux de 34,43 %. Enfin, si le matériel médical avait été directement acquis, son amortissement fiscal se serait fait sur 4 ans, en linéaire. Les autres termes du contrat sont identiques à ceux initialement retenus.

Avec ces nouvelles hypothèses sur le contrat de financement, calculons tout d'abord le taux d'intérêt implicite du crédit-bail. Sur le pas trimestriel, ce taux (i_p) est solution de l'égalité suivante :

$$150\,000 = 1{,}4L + L\sum_{t=1}^{15}(1+i_p)^{-t} + 6\,000(1+i_p)^{-15}$$

Avec $L = 150\ 000 \times 0{,}066667 = 10\ 000$

$$0 = +136\,000 - 10\,000\sum_{t=1}^{15}(1+i_p)^{-t} - 6\,000(1+i_p)^{-15}$$

Le logiciel Excel tout comme les calculatrices financières résolvent rapidement ce genre d'équations. On trouve $i_p = 1{,}708$ %. Dans ces conditions, le taux annuel équivalent à 1,708 %, noté i, est de l'ordre de 7 % ($1{,}01708^4 - 1$).

Avec les données de cet exemple et le taux d'intérêt implicite du financement ainsi reconstitué, on peut décomposer chaque loyer, en intérêts et capital, et procéder, ensuite, à une comparaison entre impôt exigible et impôt économique dans le cadre d'une harmonisation de la gestion d'un groupe de sociétés (comptes consolidés). Le travail est à effectuer sur les quatre années du contrat de crédit-bail qui coïncident, ici, avec la durée de l'amortissement fiscal. L'impôt économique, formé de l'impôt exigible et d'une fiscalité différée, positive ou négative, est calculé en tenant compte des amortissements fiscaux et des intérêts inclus dans les loyers.

Pour atteindre un tel objectif, il nous faut, préalablement, déterminer les paiements annuels agrégés de capital (*CAP*) et d'intérêts (*INT*) en utilisant les formules techniques présentées au chapitre 2 (section 1 portant sur les lois d'amortissement d'emprunts).

Cela donne, pour les années 1 à 4, les agrégats précis suivants obtenus sur support informatique permettant de conserver toutes les décimales relatives au taux d'intérêt implicite du financement et aux résultats des travaux intermédiaires.

<u>Année 1 (lignes 0 à 3 du tableau d'amortissement) :</u>

$$CAP_1 = 1{,}4L + (L - Ei_p)\sum_{t=0}^{2}(1+i_p)^t$$

Avec $E = 150\ 000 - 1{,}4L = 136\ 000$

$$CAP_1 = 14\,000 + \left(10\,000 - 136\,000 \times 0{,}01708\right)\left(\frac{(1{,}01708^3 - 1)}{0{,}01708}\right)$$

$$= 14\,000 + \left(7\,677{,}30\right)\left(3{,}0515\right)$$

$$CAP_1 = 37\,427{,}49\ €$$

C'est à partir du deuxième loyer que chaque paiement est décomposable en capital et intérêts. Le premier loyer majoré du crédit-bail (début du trimestre 1) correspond, exclusivement, à du capital amorti. C'est ainsi que 7 677,30 €, dans la formule de CAP_1, est la part de capital incluse dans le premier loyer de 10 000 €.

Les intérêts sont déterminés par déduction. Ils représentent le complément au bloc des quatre premiers loyers, soit :

$$INT_1 = (1,4L + 3L) - CAP_1 = 44\,000 - 37\,427,49 = 6\,572,51 \text{ €}$$

Année 2 (lignes 4 à 7 du tableau d'amortissement) :

Le capital remboursé la deuxième année est la différence entre deux restants dus, ceux des lignes 3 et 7 du tableau d'amortissement. Par conséquent :

$$CAP_2 = \left[E - (L - Ei_p)\sum_{t=0}^{2}(1+i_p)^t\right] - \left[E - (L - Ei_p)\sum_{t=0}^{6}(1+i_p)^t\right]$$

$$CAP_2 = (L - Ei_p)\left(\sum_{t=0}^{6}(1+i_p)^t - \sum_{t=0}^{2}(1+i_p)^t\right)$$

$$CAP_2 = (7\,677,30)\big(7,3691 - 3,0515\big) = 33\,146,81 \text{ €}$$

Les intérêts de l'année 2 s'obtiennent de la même manière que pour la première année :

$$INT_2 = 4L - CAP_2 = 40\,000 - 33\,146,81 = 6\,853,19 \text{ €}$$

Année 3 (lignes 8 à 11 du tableau d'amortissement) :

$$CAP_3 = (L - Ei_p)\left(\sum_{t=0}^{10}(1+i_p)^t - \sum_{t=0}^{6}(1+i_p)^t\right) = (7\,677,30)\big(11,9892 - 7,3691\big)$$

$$= 35\,469,90 \text{ €}$$

Comme le capital amorti, annuellement, varie suivant une progression géométrique croissante de raison $(1 + i)$, CAP_3 est aussi égal à 33 146,81 (CAP_2) multiplié par 1,0701 ($1,01708^4$) :

$$INT_3 = 4L - CAP_3 = 40\,000 - 35\,469,90 = 4\,530,10 \text{ €}$$

Année 4 (lignes 12 à 15 du tableau d'amortissement) :

$$CAP_4 = (L - Ei_p)\left(\sum_{t=0}^{14}(1+i_p)^t - \sum_{t=0}^{10}(1+i_p)^t\right) + 6\,000$$

$$= \Big((7\,677,30)\big(16,9332 - 11,9892\big)\Big) + 6\,000$$

$$CAP_4 = 37\,955,80 + 6\,000 = 43\,955,80 \text{ €}$$

Le capital remboursé la quatrième année inclut la valeur de rachat (VR) qui s'élève à 6 000 € :

$$INT_4 = 4L - (CAP_4 - VR) = 40\,000 - 37\,955,80 = 2\,044,20 \text{ €}$$

Nous pouvons maintenant rapprocher les charges fiscalement déductibles (loyers) des charges opérationnelles (intérêts et amortissement de l'actif réel) afin de dégager la fiscalité différée. Les décalages entre résultat fiscal et résultat managérial étant temporaires, la somme des impôts différés, positifs et négatifs, est nécessairement nulle. Le tableau 7.10 réunit ces informations pour chacune des quatre années du contrat de crédit-bail.

Tableau 7.10 – Fiscalité différée sur les 4 ans du contrat de crédit-bail mobilier relatif à du matériel médical de précision coûtant 150 000 €[a]

Année	Loyers (1)	Amortissement fiscal (2)	Intérêts (3)	Impôt différé (4)
1	44 000	37 500	6 572,51	–24,97
2	40 000	37 500	6 853,19	–1 498,80
3	40 000	37 500	4 530,10	–698,96
4	46 000[b]	37 500	2 044,20	2 222,73

a. (2) = 150 000/4 ; (4) = [(1) – ((2) + (3))] × 34,43 %. La somme des impôts différés portés sur la colonne (4) est bien égale à 0.

b. Incluant 6 000 € de valeur résiduelle totalement amortissable la dernière année du contrat.

2.2.3. Le crédit-bail immobilier

Présentation de la formule de financement

Modalités de fonctionnement du contrat

Le crédit-bail immobilier concerne des actifs stratégiques lourds tels que terrains, bâtiments administratifs, locaux commerciaux et industriels ou encore espaces de bureaux.

L'agent économique, futur utilisateur, disposant de la maîtrise d'ouvrage, choisit l'ensemble immobilier et le fait financer par un crédit-bailleur qui ne peut être qu'une banque ou un établissement de crédit. Durant la construction, le crédit-preneur supporte des préloyers adossés aux intérêts sur avances de fonds consenties par l'apporteur de capitaux.

L'opération immobilière de location-financement dure généralement une quinzaine d'années, soit une période plus courte que l'amortissement fiscal des constructions. Elle est assortie d'une option d'achat permettant au locataire initial de devenir propriétaire de l'ensemble des actifs ayant fait l'objet du contrat. La valeur résiduelle est une somme fréquemment symbolique (1 €). Le crédit-bail immobilier concerne également, dans des termes semblables, un ensemble immobilier déjà construit que l'investisseur achète pour le compte du locataire en lui faisant une promesse de vente au terme du bail.

En somme, cette technique d'acquisition assure, généralement, le financement intégral de l'opération sous réserve que le crédit-preneur assume le règlement de loyers (terme à échoir habituellement). Au plan comptable, ni les actifs acquis ni la ressource correspondante ne figurent dans le bilan du locataire puisque celui-ci n'est pas, au départ pour le moins, propriétaire des biens.

En fait, cela est vrai quand il s'agit de comptes sociaux. Lors de la consolidation des comptes d'un groupe, les normes internationales obligent l'opérateur à une procédure de retraitement comptable afin que les contrats de crédit-bail immobilier, avec quasi-certitude d'appropriation d'actifs, soient intégrés à l'intérieur du document patrimonial synthétique et pas uniquement dans les engagements hors bilan.

Plus formellement encore et à la fin du bail, quand l'agent économique utilisateur lève l'option d'achat, les immobilisations lourdes (terrain et constructions) apparaissent dans les comptes sociaux tout comme les nécessaires réintégrations au résultat imposable.

Pour des raisons financières (besoin de *cash*), le contrat de crédit-bail immobilier peut concerner des actifs existants que le propriétaire cède et reloue ensuite (cession-bail ou *lease-back*). Tout comme pour une acquisition de nouveaux actifs, le locataire redevient propriétaire au terme du contrat.

Loyers immobiliers fiscalement déductibles et valeur résiduelle

À la manière du crédit-bail mobilier, le loyer payé, soumis à TVA, assure la rémunération de l'usage des actifs et comprend une fraction de la valeur future de l'ensemble immobilier (foncier et bâti). Comme la valeur résiduelle est peu significative, cette fraction du prix comptable des biens a forcément de l'importance. La quote-part de loyer en question ne représente une charge fiscalement déductible que si elle couvre les frais d'acquisition de l'immeuble, les intérêts du financement ou le remboursement du capital emprunté par le crédit-bailleur. Autrement dit, la part de loyer ayant pour contrepartie la valeur du terrain ne déclenche pas d'économie d'impôt puisqu'un tel actif n'est pas amortissable.

En pratique, des loyers ne sont réintégrés au résultat soumis à l'impôt qu'en fin de bail et à la condition que la valeur résiduelle (option d'achat pour le locataire) soit inférieure au prix d'achat du foncier (terrain).

Plus concrètement, le crédit-preneur supporte des loyers calculés en fonction du rendement requis par l'investisseur. Chaque loyer assure la rémunération du capital nécessaire à l'achat du terrain, aux constructions et aux frais d'acquisition. Le loyer calé sur la demande de rémunération du crédit-bailleur absorbe, dans l'ordre, les frais d'acquisition, le capital remboursé sur le financement des constructions et, enfin, le terrain.

Au terme du bail, à la suite de la levée de l'option d'achat, le locataire devenu propriétaire réintègre dans son bénéfice imposable la différence entre, d'une part, la valeur comptable théorique des constructions et, d'autre part, la valeur résiduelle majorée du loyer non déduit.

Pour le calcul des amortissements qui auraient été effectués par le locataire s'il avait été propriétaire, on tient compte, depuis 2005, de la méthode par composants. Cette approche fragmente le coût des constructions en différentes parts : structure, second œuvre, aménagements intérieurs et installations techniques. Chaque composant est amorti sur une durée fiscale qui lui est propre (10 à 20 ans).

Calculs financiers sur crédit-bail immobilier assorti de loyers annuels

Les loyers et leur affectation fiscale

Connaissant les termes du contrat (montant et structure des acquisitions immobilières, durée, taux d'intérêt demandé par l'investisseur...), on peut calculer des loyers et ensuite les décomposer en quotes-parts dans le but de connaître les parties déductibles et non déductibles de l'impôt sur les sociétés. Le coût immobilier est constitué du prix du foncier et de celui des constructions, le tout étant majoré de frais d'acquisition.

Les loyers récurrents ont donc pour contrepartie les frais engagés par le crédit-bailleur pour réaliser l'opération, les intérêts payés sur le capital emprunté, l'amortissement financier de ce capital (remboursement du principal) et le prix du terrain. Comme le terrain n'est pas amortissable, la part du loyer qui lui est imputable n'est pas fiscalement déductible (voir plus haut).

Au terme du bail, l'écart entre valeur comptable théorique de l'immeuble et prix payé pour acquérir la propriété (valeur résiduelle) est réintégré au résultat imposable. Cela entraîne, à l'échéance du contrat, un impôt additionnel à la charge du locataire devenu propriétaire. Un tel supplément fiscal, dans la mesure où il est connu à l'avance, peut faire l'objet d'un provisionnement comptable. La valeur nette comptable du bloc immobilier est la différence entre le prix d'origine des actifs lourds et les amortissements qui auraient été pratiqués par l'agent économique utilisateur s'il avait été propriétaire dès le départ. Pour le calcul de ces amortissements, et donc du bénéfice à réintégrer, la méthode des composants est utilisée comme indiqué précédemment.

En résumé, la durée du contrat, la périodicité des échéances, la valeur résiduelle (*VR*) stipulée dans le contrat et le taux d'intérêt (*i*) demandé par le crédit-bailleur déterminent le profil des loyers que devra supporter le locataire. Chaque loyer est ensuite affecté au service de la dette et à de l'amortissement financier sachant qu'une petite part des redevances, à la fin du bail, ne seront pas fiscalement déductibles.

La prise en compte d'une réintégration fiscale, lors de la levée de l'option d'achat, complète le dispositif analytique en autorisant le calcul de flux nets d'impôt et la mesure d'un coût actuariel pour le preneur. La mesure de ce coût par les flux nets permet seulement un arbitrage entre plusieurs modalités possibles de contrats de crédit-bail. Elle ne serait pas pertinente pour comparer le crédit-bail à d'autres possibilités de financement comme une combinaison de capitaux propres et de dettes (voir chapitre 8).

Calcul et affectation fiscale des loyers d'un contrat à partir d'une application numérique

Afin de bien caractériser le contrat au plan financier, prenons l'exemple d'une opération réaliste de crédit-bail immobilier se singularisant comme suit. L'investissement lourd (*INV*) est de 1 196 K€ : 900 K€ de constructions et d'aménagements, 210 K€ de terrain et 86 K€ de frais de notaire et d'acquisition. Pour faciliter l'exposé et la présentation des résultats, donnons à ce projet immobilier un nom, Donkoye. La durée du contrat est de 15 ans et au terme du bail la valeur résiduelle (option d'achat) s'élève à 93 K€, soit une dépense additionnelle dans la fourchette des pourcentages habituels (de 5 à 15 %). Le taux d'intérêt fixé par l'investisseur est de 7 % par an.

Considérons, pour l'instant, que le locataire souhaite des loyers annuels (terme échu) sans progressivité ni dégressivité. Pour le calcul des amortissements théoriques jusqu'au terme du contrat, et afin d'évaluer la réintégration fiscale, on considère que les constructions se composent de structure (70 %), de second œuvre (10 %), d'aménagements intérieurs (10 %) et d'installations techniques (10 %). Le premier composant, tout comme le second, est amortissable sur 20 ans et les deux autres sur 10 ans. L'agent économique utilisateur, appelé à intégrer tous ces actifs dans son patrimoine à l'échéance du contrat, est imposé au taux de 34,43 %.

Nous allons, successivement, calculer le loyer immobilier constant (L), ventiler sur la durée du bail (n) chacune des redevances, déterminer la réintégration fiscale et chiffrer le coût actuariel de cette solution initiale de crédit-bail.

Le loyer de terme échu doit satisfaire l'égalité fondamentale et simple ci-après :

$$INV = L\sum_{t=1}^{n}(1+i)^{-t} + VR(1+i)^{-n}$$

$$1196 = L\left(\frac{1-(1{,}07)^{-15}}{0{,}07}\right) + 93(1{,}07)^{-15}$$

$$L = 127{,}613 \text{ K€}$$

Les loyers sont maintenant divisés en intérêts et amortissement financier sachant que ce dernier poste a trois affectations : les frais d'acquisition, le remboursement du capital emprunté pour financer les constructions et le prix du foncier.

Les intérêts sont calculés sur l'investissement initial (1 196 K€). En revanche, le montant du loyer tient compte de la valeur résiduelle (93 K€). Par conséquent, la part de capital amorti durant chaque échéance (loyer moins intérêts) est inférieure à celle qui résulte de l'amortissement d'un emprunt « sec » de 1 196 K€. C'est la raison pour laquelle, au terme du bail, la totalité des remboursements en capital se monte à 1 103 K€ et non à 1 196 K€. La différence est couverte par la valeur résiduelle (93 K€). Les choses peuvent être dites d'une autre manière. La part de capital remboursée est déduite d'un emprunt net de 1 103 K€ amorti selon un taux d'intérêt de 7 %. Quant aux intérêts annuels, ils représentent, chaque année, la différence entre une annuité calculée sur un emprunt de 1 162,293 K€ [98] et les fractions précédentes de capital amorti.

La répartition annuelle du loyer figure dans le tableau 7.11.

Au terme du bail, la valeur théorique des constructions (VNC) et le supplément de bénéfice dû à la réintégration (RIF) ont le contenu et atteignent les niveaux suivants :

$$VNC = CONSTRUCTIONS + TERRAIN - TOTAL\ AMORTISSEMENTS$$

La somme des amortissements sur les structures est calculée sur 70 % du coût des constructions, soit 472,5 K€ (900 × 0,7 × 15/20). En procédant de la sorte pour le second œuvre (10 % du coût), on trouve 67,5 K€. Concernant les aménagements et les installations techniques (10 % du coût), on parvient, pour chaque composant, à 90 K€. Les amortissements qui auraient été comptabilisés par le preneur s'il avait été aussitôt propriétaire s'élèvent par conséquent à 720 K€.

Nous sommes à présent en mesure de calculer ce qu'il faut réintégrer (RIF) au résultat imposable de la 15e année, connaissant la part des loyers immobiliers non déductibles puisque rattachée au prix du terrain (QPT) :

$$RIF = VNC - VR - QPT = (900 + 210 - 720) - 93 - 117 = 180 \text{ K€}$$

98. $1\ 162{,}293 = 1\ 196 - 93(1{,}07)^{-15}$.

Signalons que les PME situées dans des zones aidées[99] sont exonérées d'une telle réintégration fiscale (*RIF*). Cela se traduit, en pareille situation, par un amortissement intégral des constructions sur la durée du contrat de crédit-bail (15 ans minimum).

Tableau 7.11 – Les loyers du crédit-bail immobilier sur le projet Donkoye et leur affectation en intérêts et amortissement financier, quand le terme (échu) de l'échéance est annuel[a]

Année	Loyer	Intérêts	Amortissement financier	Affectation de l'amortissement financier		
				Frais	Constructions	Terrain
1	127,613	83,720	43,893	43,893	0,000	0,000
2	127,613	80,647	46,966	42,107	4,859	0,000
3	127,613	77,360	50,254	0,000	50,254	0,000
4	127,613	73,842	53,771	0,000	53,771	0,000
5	127,613	70,078	57,535	0,000	57,535	0,000
6	127,613	66,051	61,563	0,000	61,563	0,000
7	127,613	61,741	65,872	0,000	65,872	0,000
8	127,613	57,130	70,483	0,000	70,483	0,000
9	127,613	52,196	75,417	0,000	75,417	0,000
10	127,613	46,917	80,696	0,000	80,696	0,000
11	127,613	41,268	86,345	0,000	86,345	0,000
12	127,613	35,224	92,389	0,000	92,389	0,000
13	127,613	28,757	98,857	0,000	98,857	0,000
14	127,613	21,837	105,776	0,000	101,957	3,819[b]
15	127,613	14,433	113,181	0,000	0,000	113,181[b]
Total	**1 914,202**	**811,200**	**1 103,000**	**86,000**	**900,000**	**117,000**

a. Les intérêts se calculent sur le capital restant dû. Pour la première année, les intérêts (83,720 K€) sont le résultat du produit de l'investissement total (1 196 K€) par le taux d'intérêt annuel (7 %) ; le complément au montant du loyer représente l'amortissement du capital emprunté, soit 43,893 K€ (127,613 – 83,720). Les 80,647 K€ d'intérêts de la deuxième année sont obtenus en multipliant le solde au bout d'un an (1 196 – 43,893) par 7 %. La procédure de calcul est identique pour les autres années. On peut vérifier qu'au bout de 15 ans le restant dû correspond très exactement à l'option d'achat (93 K€). Pour le calcul des quotes-parts (affectation de l'amortissement), l'ordre indiqué doit être respecté. C'est ainsi que, pour l'année 1, l'amortissement financier de 43,893 K€ a une seule affectation, les frais d'acquisition. À partir de la deuxième année, une fois les frais de 86 K€ totalement financés, une partie de la dotation peut aller à l'affectation du prix des constructions ; pour cette deuxième année, la fraction est de 4,859 (46,966 – 42,107). De la même manière, à compter de la 14e année, la valeur totale des constructions ayant été couverte, l'amortissement financier a comme destination uniquement le prix du terrain.

b. Ces parts de loyer ne sont pas fiscalement déductibles.

D'autre part, et sur un plan général, en situation de certitude quant à la levée de l'option d'achat, le crédit-preneur a la faculté de provisionner, à titre exceptionnel, pendant la durée du contrat, le paiement de l'impôt lié à la réintégration fiscale. Une telle option ne peut se retrouver dans un échéancier des flux nets de trésorerie sur crédit-bail immobilier car les dotations éventuelles aux provisions exceptionnelles ne sont pas des charges fiscalement déductibles. Elles n'entraînent pas d'économies d'impôt.

99. ZRU (zones de redynamisation urbaine), ZAFR (zones d'aide à finalité régionale) ou encore ZRR (zones de revitalisation rurale).

Calcul du coût actuariel d'un contrat de crédit-bail immobilier : l'exemple Donkoye

On peut, enfin, exploiter les données et résultats de l'opération Donkoye pour déterminer le coût actuariel de la modalité retenue et procéder, le cas échéant, à des comparaisons de formules de crédit-bail immobilier. Les options possibles en la matière portent sur les échéances périodiques (mensuelles, trimestrielles, semestrielles...), le profil progressif, voire dégressif, du loyer ou encore sur la durée du contrat.

Pour la mesure du coût actuariel, sur un terme annuel pour l'instant, il est nécessaire d'établir la série des flux nets de trésorerie en lien avec le contrat de crédit-bail, impact fiscal compris. Un tel échéancier, consigné dans le tableau 7.12, est construit avec des données primaires qui sont celles du tableau 7.11 (loyers immobiliers déductibles et non déductibles) complétées par les calculs de réintégration fiscale.

Avec les hypothèses retenues et les résultats auxquels nous sommes parvenus (voir tableau 7.12), le coût actuariel du contrat, pour le crédit-preneur, est le taux c tel que :

$$0 = +1196 - 83{,}676\sum_{t=1}^{13}(1+c)^{-t} - \frac{84{,}991}{(1+c)^{14}} - \frac{277{,}618}{(1+c)^{15}}$$
$$\Rightarrow c = 2{,}24\ \%$$

Tableau 7.12 – Flux nets de trésorerie, après impôt et réintégration fiscale à l'échéance du contrat, pour le preneur du crédit-bail immobilier sur projet Donkoye ; milliers d'euros (K€)[a]

Années	Dépense évitée (1)	Loyer (2)	Valeur résiduelle (3)	Loyer non déductible (4)	Réintégration (5)	Flux net[b] (6)
0	1 196,000	–	–	–	–	1 196,000
1 à 13	–	127,613	–	–	–	–83,676
14	–	127,613	–	3,819	–	–84,991
15	–	127,613	93,000	113,181	180,000	–277,618

a. La dépense d'investissement évitée s'analyse comme une recette pour le crédit-preneur, dans le cas très général d'un financement à 100 % de l'opération.

b. (6) = (1) – (2) – (3) + ((2) – (4)) × T – (5) × T. T est le taux d'impôt sur les sociétés retenu, soit 34,43 %. Vérifions, par exemple, le flux net de la 15e année.

Le calcul 0 – 127,613 – 93 + (127,613 – 113,181) × 0,3443 –180 × 0,3443 donne bien –277,618 K€.

Le taux actuariel trouvé (2,24 %), représentant le coût du contrat, selon les modalités testées, n'est pas directement comparable à ce que coûterait une acquisition immédiate par emprunt et fonds propres. Cela est dû aux différences de traitement des deux solutions de financement. Le taux c, comme calculé préalablement, est en revanche utilisable pour arbitrer entre plusieurs formules de crédit-bail.

Par exemple, le coût du contrat de crédit-bail immobilier serait-il inférieur ou supérieur au taux constaté (2,24 %) si, comme c'est le cas fréquemment, les loyers étaient trimestriels et payables d'avance ?

Pour répondre à cette question, il faut recalculer des loyers et des amortissements financiers, en respectant le pas trimestriel et un nouveau terme (à échoir). Les résultats doivent ensuite faire l'objet d'une agrégation annuelle afin d'obtenir une autre distribution des loyers et la part non déductible de ces redevances. Un nouveau coût actuariel est par conséquent identifiable avec des flux nets agrégés ou à partir des données trimestrielles, ce qui serait financièrement plus juste.

Testons cette autre modalité possible du contrat de crédit-bail immobilier et comparons, ensuite, le coût obtenu au précédent (2,24 %). Tel est l'objet du travail de formalisation et appliqué qui suit.

Calculs financiers sur crédit-bail immobilier avec pluralité des loyers dans l'année et variation annuelle des paiements

Détermination mathématique des loyers

Nous modifions les éléments du contrat de crédit-bail uniquement sur la périodicité, qui n'est plus annuelle mais trimestrielle, et sur le moment du règlement (terme à échoir). Par ailleurs, ces nouveaux loyers trimestriels peuvent être constants ou faire l'objet d'une variation annuelle, à la hausse comme à la baisse. Seul le cas d'une croissance nulle du loyer est examiné ici dans cette section.

La formule de location-financement assortie de redevances qui varient annuellement est traitée à l'annexe B de ce chapitre.

On trouvera donc, dans cette annexe, des résultats théoriques et pratiques relatifs à des contrats pour lesquels les redevances ne sont pas temporellement constantes. C'est dans l'hypothèse d'un premier paiement majoré, mais aussi dans le cadre de loyers dégressifs, que l'optimisation fiscale est la plus aboutie. Elle procure, dans ces conditions, un taux actuariel (coût) largement contracté par rapport à une chronique de redevances identiques ou en progression par paliers annuels (voir annexe B, tableau 7B.2).

Le loyer périodique de la première année (L_{p1}), ou celui de toutes les échéances si le paiement est constant, doit satisfaire l'égalité actuarielle suivante :

$$INV = L_{p1}\left(\sum_{t=0}^{p-1}(1+i_p)^{-t}\right)\sum_{t=0}^{n-1}\left(\frac{1+g}{1+i}\right)^t + VR(1+i_p)^{-np+1}$$

Dans le cadre de cette formule très générale de calcul de loyers immobiliers variables, g désigne le taux annuel de croissance ou de décroissance du règlement et p la périodicité, soit 4 pour une échéance trimestrielle ; quand g est nul, la formule livre un loyer systématiquement constant qui peut être noté L_p. Les autres symboles ont la même signification que précédemment. Par ailleurs, on considère que l'option d'achat est levée en même temps que le paiement du dernier loyer.

Après développement des suites numériques de la formule posée et arrangement :

$$L_{p1} = \frac{\left(INV - VR(1+i_p)^{-np+1}\right)}{\left(\dfrac{(1+i_p)-(1+i_p)^{-p+1}}{i_p}\right)\left[\dfrac{1-\left(\dfrac{1+g}{1+i}\right)^n}{\left(\dfrac{i-g}{1+i}\right)}\right]}$$

$$L_{p1} = \frac{\left(INV - VR(1+i_p)^{-np+1}\right)(i_p)(i-g)}{\left((1+i_p)-(1+i_p)^{-p+1}\right)\left(1-\left(\dfrac{1+g}{1+i}\right)^n\right)(1+i)}$$

Application numérique pour le calcul du loyer

Avec les hypothèses retenues pour cette application financière sur le crédit-bail immobilier (projet Donkoye), à savoir $INV = 1\ 196$, $VR = 93$, $i = 7\ \%$, $p = 4$, $n = 15$ et $g = 0$, le loyer trimestriel constant se monte à :

$$L_p = \frac{\left(1\ 196 - 93(1+i_p)^{-60+1}\right)(i_p)(0{,}07)}{\left((1+i_p)-(1+i_p)^{-4+1}\right)\left(1-\left(\dfrac{1}{1{,}07}\right)^{15}\right)(1{,}07)}$$

Sachant que le taux i_p est égal à 1,706 % $\left(1{,}07^{0{,}25}-1\right)$:

$$L_p = 30{,}562 \text{ K€}$$

L'agrégation des paiements (loyers et amortissements financiers), à l'échelle de l'année, détermine les redevances déductibles, pour la plupart d'entre elles, et celles qui ne le sont pas parce que destinées à couvrir le prix du terrain.

En situation de loyers constants, le capital remboursé par paliers annuels varie suivant une progression géométrique croissante de raison $(1 + i)$. Cette loi financière a été démontrée au chapitre 2 (voir section 1). Plus précisément, et dans ce cadre spécifique, la suite numérique ne commence qu'à compter de la deuxième année puisque le loyer du premier trimestre, payable d'avance, est exclusivement composé de capital amorti. Ce n'est pas le cas lorsque le terme du loyer est échu et que, par voie de conséquence, le premier paiement est réparti en intérêts et capital. C'est ainsi que dans l'hypothèse de loyers payables à terme échu, le capital amorti forme une suite géométrique dès la première année.

Décomposition des loyers immobiliers en capital et intérêts : formules et résultats

Les formules génériques pour le calcul du capital (*CAP*) et des intérêts (*INT*) sont logées dans le tableau 7.13, dans un contexte de multiplicité régulière des loyers intra-annuels. Comme signalé plus haut, on trouvera au chapitre 2 tous les détails techniques nécessaires à une bonne compréhension du contenu des expressions financières du tableau 7.13.

Grâce aux agrégations rendues possibles avec les formules du tableau 7.13, on peut maintenant diviser les loyers trimestriels cumulés, sur un pas annuel, en intérêts et amortissement financier. Il faut, ensuite, répartir l'allocation globale (amortissement financier) en quotes-parts déductibles et non déductibles comme cela a été fait dans le cas d'une périodicité (p) égale à 1. De telles données, nécessaires à la détermination du coût actuariel du contrat de crédit-bail, figurent dans le tableau 7.14.

Tableau 7.13 – Formules de calcul du capital et des intérêts annuels inclus dans les loyers périodiques constants d'un crédit-bail immobilier ; redevances payables d'avance (terme à échoir)[a]

	Capital remboursé (*CAP*)	Intérêts (*INT*)
Année 1	$CAP_1 = L_p + \left(L_p - (INV - L_p) \times i_p\right)\sum_{t=0}^{p-2}(1+i_p)^t$	$INT_1 = pL_p - CAP_1$
Année 2	$CAP_2 = \left(L_p - (INV - CAP_1) \times i_p\right)\sum_{t=0}^{p-1}(1+i_p)^t$	$INT_2 = pL_p - CAP_2$
Année 3	$CAP_3 = CAP_2(1+i)$	$INT_3 = pL_p - CAP_2(1+i)$
⋮	⋮	⋮
Année *n*	$CAP_n = CAP_2(1+i)^{n-2}$	$INT_n = pL_p - CAP_2(1+i)^{n-2}$

a. La signification des symboles se trouve dans le texte qui précède ce tableau de formules synthétiques. Rappelons néanmoins ces définitions. L_p est le loyer périodique constant, *INV* exprime l'investissement immobilier total, i_p désigne le taux d'intérêt du terme de l'échéance équivalent au taux annuel i (p périodes dans l'année) et, enfin, n représente le nombre d'années du contrat.

Tableau 7.14 – Les loyers du crédit-bail immobilier sur projet Donkoye et leur affectation en intérêts et amortissement financier annuels, si le terme à échoir de l'échéance est trimestriel ; K€

Année	Loyer	Intérêts	Amortissement financier	Affectation de l'amortissement financier		
				Frais	Constructions	Terrain
1	122,247	59,092	63,155	63,155	0,000	0,000
2	122,247	76,135	46,112	22,845	23,267	0,000
3	122,247	72,908	49,340	0,000	49,340	0,000
4	122,247	69,454	52,793	0,000	52,793	0,000
5	122,247	65,758	56,489	0,000	56,489	0,000
6	122,247	61,804	60,443	0,000	60,443	0,000
7	122,247	57,573	64,674	0,000	64,674	0,000
8	122,247	53,046	69,201	0,000	69,201	0,000
9	122,247	48,202	74,046	0,000	74,046	0,000
10	122,247	43,018	79,229	0,000	79,229	0,000
11	122,247	37,472	84,775	0,000	84,775	0,000
12	122,247	31,538	90,709	0,000	90,709	0,000
13	122,247	25,189	97,059	0,000	97,059	0,000
14	122,247	18,395	103,853	0,000	97,975	5,878[a]
15	122,247	11,125	111,122	0,000	0,000	111,122[a]
Total	**1 833,709**	**730,709**	**1 103,000**	**86,000**	**900,000**	**117,000**

a. Ces parts de loyer ne sont pas fiscalement déductibles.

Recherche du coût actuariel du crédit-bail immobilier

Afin que le coût actuariel de cette nouvelle spécificité de crédit-bail immobilier soit la plus juste possible, l'échéancier des flux nécessaires au calcul doit rassembler des résultats trimestriels puisque c'est sur un tel terme que les loyers sont effectivement payés. Cependant, parce que les conséquences fiscales sont annuelles, l'impact de la non-déductibilité des loyers peut être consigné au trimestre 56, à hauteur de 5,878 K€ (14e année ; voir tableau 7.14) et au trimestre 60, pour 111,122 K€ (15e année ; voir tableau 7.14).

Par ailleurs, concernant la valeur résiduelle, son montant, payable avec le dernier loyer, affecte la trésorerie du crédit-preneur à la fin du trimestre 59.

Enfin, tout comme cela a été fait antérieurement, il faut réintégrer au bénéfice imposable de la 15e année (trimestre 60), les 180 K€ de différence entre le prix d'acquisition des actifs (*VR*) et leur valeur nette comptable à la date de la levée de l'option d'achat.

Le tableau 7.15, simplifié, rassemble les cash-flows indispensables au calcul du coût actuariel trimestriel de cette dernière variante optionnelle de financement par du crédit-bail immobilier (opération Donkoye).

Tableau 7.15 – Flux nets de trésorerie, après impôt et réintégration fiscale, pour le preneur du crédit-bail immobilier Donkoye, dans le cas de loyers trimestriels constants (terme à échoir) ; K€

Trimestres	Dépense évitée (1)	Loyer (2)	Valeur résiduelle (3)	Loyer non déductible (4)	Réintégration (5)	Flux net[a] (6)
0	1 196,000	30,562	–	–	–	1 175,961
1 à 55	–	30,562	–	–	–	–20,039
56	–	30,562	–	5,878	–	–22,063
57 et 58	–	30,562	–	–	–	–20,039
59	–	30,562	93,000	–	–	–113,039
60	–	–	–	111,122	180,000	–100,233

a. (6) = (1) – (2) – (3) + ((2) – (4)) × *T* – (5) × *T*. *T* est le taux d'impôt sur les sociétés retenu (34,43 %). Par exemple, le flux net du 60e trimestre (fin de la 15e année) est bien égal à –100,233. En effet :
0 – 0 – 0 + (0 – 111,122) × 0,3443 –180 × 0,3443 = –100,233 K€.

Nous sommes maintenant en mesure de poser le polynôme dont la solution fixe le coût actuariel trimestriel du crédit-bail de cet exemple (opération Donkoye). Une fois connu ce taux périodique, on détermine sans difficulté le coût annuel *c*. C'est ainsi que le coût trimestriel est le taux c_p pour lequel la *VAN* suivante est annulée :

$$+1175,961 - 20,039\sum_{t=1}^{55}(1+c_p)^{-t} - \frac{22,063}{(1+c_p)^{56}}$$

$$-20,039\sum_{t=57}^{58}(1+c_p)^{-t} - \frac{113,039}{(1+c_p)^{59}} - \frac{100,233}{(1+c_p)^{60}} = 0$$

Après résolution de l'équation, par une calculatrice financière ou avec le logiciel Excel, on trouve :

$$c_p = 0{,}476\,\% \text{ et donc } c = (1 + c_p)^p = (1{,}00476)^4 - 1 = 1{,}92\,\%$$

On remarquera que le contrat de crédit-bail assorti de loyers trimestriels, payables d'avance et constants, présente un coût inférieur à la formule de location-financement pour laquelle les redevances sont annuelles et de terme échu, 1,92 % contre 2,24 %. Autrement dit, si les placements de trésorerie pour le crédit-preneur sont très peu rémunérateurs, un accroissement de la périodicité des loyers est préférable à des échéances annuelles. On peut encore réduire le coût actuariel en mettant en place des loyers dégressifs s'ils conviennent au crédit-preneur. Par exemple, si le loyer trimestriel diminue tous les ans de 2 %, le coût pour l'agent économique utilisateur tombe à 1,71 % (voir annexe B, tableau 7B.2).

Exercices et cas

Énoncés

1. Les sociétés *U* et *L* sont semblables en tout point sauf que *L* est une firme endettée, à hauteur de 6 000 selon un taux d'intérêt annuel de 4 %, et que *U* ne l'est pas. Le profit opérationnel (*EBIT*) de ces deux sociétés est assimilable à une perpétuité constante de 4 200. Le rendement requis par les actionnaires en l'absence de dettes (k_c^0) est évalué avec un *bêta* désendetté (β_A) de 1,1, une prime de risque de marché (*PRM*) de 6,7 % et un taux sûr (R_F) de 0,63 %. On admettra que tout investisseur personnel est capable de s'endetter au taux d'intérêt obtenu par *L*.

a. Dans le cadre conceptuel restreint de Modigliani et Miller (1958), en l'absence d'impôt sur les sociétés, calculez la valeur de l'entreprise endettée (*L*) ainsi que le rendement requis par ses actionnaires (k_c). Prouvez qu'un gel du rendement requis, à hauteur de k_c^0, entraînerait des gains d'arbitrage de nature à rétablir rapidement des prix d'équilibre.

Pour effectuer cette démonstration, il suffit de vérifier qu'un actionnaire détenant une part de *L*, admettons 10 %, devrait vendre sa participation, s'endetter et affecter la totalité des ressources ainsi rassemblées à l'achat de titres *U*.

b. Introduisez la fiscalité des sociétés (MM, 1963), au taux de 34,43 %, et vérifiez, dans ce cas, l'absence de gains d'arbitrage lorsque les prix de *L* sont des prix d'équilibre. Montrez que ce n'est plus vrai lorsque le rendement requis par les actionnaires ne change pas en présence de dettes et d'impôt.

2. La PME Germain vient d'emprunter, sur 5 ans, au Crédit du Sud (CDS), la somme de 96 000 €, au taux d'intérêt annuel de 3,38 %.

Cette dette pourrait être éteinte de trois façons différentes : par fractions annuelles constantes de capital seulement, par annuités constantes de capital et d'intérêts et *via* un remboursement *in fine* du capital. Dans chacun des trois cas, les versements sont de terme échu.

Les frais annexes (montage du dossier, garanties, assurances…), fiscalement déductibles, sont payables à la date de déblocage des fonds (1,2 % du capital emprunté) et avec chacune des cinq échéances (42 € par tranche de 10 000 € empruntés). La société Germain est imposée au taux de 331/3 %.

Vérifiez que le coût actuariel net d'impôt de ce financement CDS, remboursable par cinq portions constantes de capital, est de 3 % par an. Montrez, par ailleurs, que seule la formule du remboursement *in fine* du capital change assez significativement le prix du financement, l'amortissement par annuités constantes n'apportant pas de modification perceptible dans le coût net d'impôt de l'emprunt.

Solutions

1. Le rendement requis par les propriétaires en l'absence de dettes est obtenu en utilisant la règle du *CAPM*, soit :

$$k_c^0 = R_F + \beta_A PRM = 0{,}0063 + 1{,}1 \times 0{,}067 = 8{,}00\ \%$$

En présence de dettes, le coût des capitaux propres s'écrit de l'une ou l'autre des deux façons suivantes :

$$k_c = k_c^0 + (k_c^0 - k_d)L = \frac{(EBIT - k_d D)}{CP}\text{, hors impôt}$$

$$k_c = k_c^0 + (k_c^0 - k_d)L(1-T) = \frac{(EBIT - k_d D)(1-T)}{CP}\text{, après impôt}$$

Pour rappel, le socle fondamental du *CAPM* donne :

$$k_c = R_F + \beta_c PRM\text{, avec } \beta_c = \beta_A + (\beta_A - \beta_d)L(1-T)$$

Les leviers ne sont pas les mêmes hors impôt et en présence de fiscalité des sociétés car les valeurs d'entreprise sont influencées par les avantages fiscaux de la dette (voir tableaux 7.16 et 7.17). Par ailleurs, comme le coût de la dette est supérieur au taux sûr, les calculs sont à effectuer avec un index de risque de crédit (β_d) non nul. L'application de la règle générale du *CAPM*, appliquée à k_d, donne 0,5030 pour β_d.

En définitive, le facteur de risque systématique sur capitaux propres (β_c ou *bêta* endetté) se monte à 1,177 et le prix d'équilibre k_c s'élève à 8,52 % d'après la formule théorique du MEDAF (voir ci-dessus et tableaux 7.16 et 7.17).

Nous sommes maintenant en mesure de répondre aux questions posées.

a. Vérification du gain d'arbitrage hors fiscalité des sociétés :

Le tableau 7.16 regroupe les données nécessaires à la détermination des rendements requis et des valeurs d'entreprise à l'équilibre (colonnes U et L_e). La colonne L_a donne des résultats éphémères qui poussent à des opérations d'arbitrage. Ces interventions permettent un retour immédiat à des prix d'équilibre, notamment pour la valeur de l'entreprise endettée.

Tableau 7.16 – Valeurs à l'équilibre (U, L_e) et instabilisée (L_a) d'une même entreprise sans dette financière et endettée, hors considérations fiscales (MM, 1958)

	U	**L_e (équilibre)**	**L_a (arbitrage)**
EBIT		4 200	
Valeur de la dette financière (*D*)	–	6 000	6 000
Coût de *D* (k_d)	–	4 %	4 %
Taux d'impôt (*T*)		0,00 %	
Profits disponibles pour les actionnaires (*P*)[a]	4 200	3 960	3 960
Valeur d'entreprise $VE = CP + D = V_U$	52 500	52 500	55 500
Valeur des capitaux propres $CP = VE - D$	52 500	46 500	49 500[b]
Levier (*L*) = *D*/*CP*	–	0,1290	0,1212
Rendement requis par les actionnaires (k_c)[c]	8,00 %	8,52 %	8,00 %

a. $P = (EBIT - k_d D)$.

b. 3 960/0,08.

c. $k_c = k_c^0 + (k_c^0 - k_d)L = \frac{(EBIT - k_d D)}{CP}$.

Les valeurs portées sur les quatre dernières lignes de la quatrième colonne (L_a) ne sont pas compatibles avec les propositions théoriques de Modigliani et Miller (MM, 1958). En effet, le coût des capitaux propres, en présence de dettes, doit être supérieur à 8 % (demande des actionnaires si la société n'est pas endettée). Il ne peut en être ainsi que de façon très momentanée, le temps que les investisseurs déclenchent des opérations d'arbitrage pour élever le rendement requis et faire tendre la valeur des capitaux propres vers 46 500 (troisième colonne du tableau 7.16).

On vérifie que les opérations d'arbitrage ne produisent des gains que si les prix sont ceux de la quatrième colonne (L_a).

Supposons un investisseur détenant 10 % de L_a. Son intérêt est de vendre ce qu'il possède dans cette société, d'effectuer un emprunt en respectant le même levier, afin que la prise de risque soit identique, et d'affecter le total des ressources ainsi réunies à des placements dans U. Prouvons qu'une telle opération génère des gains d'arbitrage :

- ressources sur vente des actions L_a et emprunt = 4 950 + 600 = 5 550 ;
- profit sur placement dans U = 5 550 × 0,08 = 444 ;
- gain net (après paiement des intérêts) = 444 – (0,04 × 600) = 420 ;
- profit si préservation du *statu quo* (10 % du résultat de L_a) = 396 ;
- gain d'arbitrage = 420 – 396 = 24.

L'échange se poursuit tant que le rendement pour les actionnaires de L_a est inférieur à 8,52 % et la valeur des fonds propres supérieure à 46 500.

Vérifions maintenant que, pour ces prix d'équilibre (8,52 % ; 46 500), le gain d'arbitrage est nul. Répétons l'opération précédente avec les données de la colonne L_e et constatons un gain d'arbitrage égal à 0. Effectivement :

- ressources sur vente des actions L_e et emprunt = 4 650 + 600 = 5 250 ;
- profit sur placement dans U = 5 250 × 0,08 = 420 ;
- gain net (après paiement des intérêts) = 420 – (0,04 × 600) = 396 ;
- profit si préservation du *statu quo* (10 % du résultat de L_e) = 396 ;
- gain d'arbitrage = 396 – 396 = 0.

b. Gains d'arbitrage en présence de fiscalité des sociétés (MM, 1963) :

L'investisseur particulier est toujours apte à s'endetter au même taux que L et, tout comme la société, il est fiscalement imposable au taux de 34,43 %.

Le tableau 7.17 présente de nouveaux résultats. Ils sont en conformité avec les propositions théoriques (colonnes U, L_e) et conceptuellement inappropriés (gains possibles d'arbitrage pour la situation de la colonne L_a).

Tableau 7.17 – Valeurs à l'équilibre (U, L_e) et instabilisée (L_a) d'une même entreprise sans dette financière et endettée, en présence de fiscalité des sociétés (MM, 1963)

	U	L_e (équilibre)	L_a (arbitrage)
EBIT		4 200	
Valeur de la dette financière (D)	–	6 000	6 000
Coût de D (k_d)	–	4 %	4 %
Taux d'impôt (T)		34,43 %	
Profits disponibles pour les actionnaires (P)[a]	2 753,94	2 596,57	2 596,57
Valeur d'entreprise $VE = CP + D = V_U + DT$	34 424,25	36 490,05	38 457,15
Valeur des capitaux propres $CP = VE - D$	34 424,25	30 490,05	32 457,15[b]
Levier (L) D/CP	–	0,1968	0,1849
Rendement requis par les actionnaires (k_c)[c]	8,00 %	8,52 %	8,00 %

a. $P = (EBIT - k_d D)(1 - T)$.

b. 2 596,57/0,08.

c. $k_c = k_c^0 + (k_c^0 - k_d)L(1-T) = \dfrac{(EBIT - k_d D)(1-T)}{CP}$.

Constatons la possibilité de gains d'arbitrage quand les valeurs sont celles de la quatrième colonne (quatre dernières lignes).

On considère à nouveau un individu détenant 10 % de L_a. Il vend, s'endette en prenant le même risque que la société et affecte le tout à l'achat de titres U. Cela donne :

- ressources sur vente des actions L_a et emprunt = 3 245,72 + 600 = 3 845,72 ;
- profit sur placement dans U = 3 845,72 × 0,08 = 307,66 ;
- gain net (après paiement des intérêts) = 307,66 – (0,04 × 600) = 283,66 ;
- profit si préservation du *statu quo* (10 % du résultat de L_a) = 259,66 ;
- gain d'arbitrage, après économie fiscale sur intérêts.

$$= 283{,}66 - 259{,}66 - 8{,}26 = 15{,}74$$

De la même manière que dans la situation précédente (pas d'impôt), de telles opérations d'arbitrage sont censées se poursuivre jusqu'à ce que k_c monte à 8,52 %, entraînant du même coup une baisse de la valeur des capitaux propres.

La substitution ne procure plus rien quand cette valeur atteint 30 490,05 (voir tableau 7.17, colonne L_e). À ce stade, et avec les données de cet exemple, le gain d'arbitrage est nul. En effet :

- ressources sur vente des actions L_e et emprunt = 3 049,01 + 600 = 3 649,01 ;
- profit sur placement dans U = 3 649,01 × 0,08 = 291,92 ;
- gain net (après paiement des intérêts) = 291,92 – (0,04 × 600) = 267,92 ;

- profit si préservation du *statu quo* (10 % du résultat de L_e) = 259,66 ;
- gain d'arbitrage, après économie fiscale sur intérêts = 267,92 – 259,66 – 8,26 = 0.

En fait, les gains d'arbitrage (colonne L_e) en présence de fiscalité des sociétés, bien que généralement faibles, ne sont pas systématiquement nuls. On démontre que pour une même fiscalité des personnes et des sociétés, et des taux d'intérêt égaux pour ces deux catégories, le gain d'arbitrage est effectivement nul uniquement lorsque k_c^0 représente deux fois le coût de la dette. C'est le cas pour l'exercice proposé.

En dehors de cette situation, singulière mais possible, les gains d'arbitrage sur opérations avec résultats L_e (voir tableau 7.17) ne peuvent être nuls que si les taux d'intérêt et/ou d'impôt, pour les sociétés et les personnes, sont différents. C'est ainsi qu'en situation $k_c^0 > 2k_d$, le gain ne peut être nul que si la dette et/ou la fiscalité pèse davantage pour les particuliers que pour les sociétés ; l'inverse est requis lorsque la demande des actionnaires de la société *unlevered* est plus proche de ce que coûte la dette. Par exemple, pour un *bêta* désendetté de 1,3 au lieu de 1,1, ce qui donne un coût du capital de 9,34 % en l'absence de dettes, le taux d'intérêt pour les personnes doit être de 4,34 % (au lieu de 4 %) pour que toute opération d'arbitrage sur L_e produise un gain nul.

2.

a. Modalités d'amortissement du capital emprunté et éléments des échéanciers :

Lorsque les fractions de capital amorti sont identiques, les intérêts suivent une progression arithmétique décroissante dont la raison est égale au produit de la tranche d'amortissement (96 000/5) par le taux d'intérêt i (3,38 %), soit, pour cet exemple, 648,96 € (voir explications techniques au chapitre 2). Quant aux intérêts de la première année, ils se calculent sur la totalité du capital emprunté (E).

L'échéancier des règlements, nets d'impôt, consécutifs à cet emprunt, remboursé selon la formule des fractions constantes de capital, est dans le tableau 7.18 (colonnes F1).

Lorsque l'acquittement de la dette s'effectue par annuités constantes de capital et d'intérêts (a), c'est la part de capital amorti qui prend la forme d'une suite numérique (progression géométrique croissante de raison $(1 + i)$). L'annuité fixe (a), répondant au choix F2 d'amortissement financier, est le résultat du calcul suivant (voir chapitre 2) :

$$a = \frac{E \times i}{1-(1+i)^{-5}} = \frac{96\,000 \times 0{,}0338}{1-(1{,}0338)^{-5}} = 21190 \text{ €}$$

Quant aux intérêts, ils se calculent toujours de la même manière, sur le capital restant dû. Les flux nets résultant de cette option de remboursement sont, eux aussi, consignés dans le tableau 7.18 (colonnes F2).

Enfin, les conséquences induites par un amortissement *in fine* du capital emprunté sont plus simples à déterminer. C'est la troisième formule de remboursement (F3) pour laquelle les impacts se présentent comme suit.

De la première année à la quatrième, les décaissements de cette option F3 sont identiques et correspondent aux intérêts maximum (3 244,8 €) auxquels s'ajoutent les frais annexes (403,2 €). On déduit, ensuite, les économies d'impôt sur de telles charges fiscalement déductibles. Cela donne, pour chacune des quatre années, une sortie nette de trésorerie de 2 432 € (2/3 du bloc 3 244,8 plus 403,2). Le plus gros paiement se situe à la fin du contrat de 5 ans avec le remboursement du capital majoré des intérêts et frais d'assurance, soit un total de 98 432 € après comptage des économies d'impôt.

Tableau 7.18 – Amortissement de l'emprunt de la société Germain et flux nets d'impôt consécutifs au financement[a]

Année (1)	Emprunt (2)	Intérêts (3)		Capital (4)		FAN (5)	Flux net (6)	
		F1	F2	F1	F2		F1	F2
0	96 000	–	–	–	–	1 152	95 232	95 232
1	–	3 245	3 245	19 200	17 945	403	–21 632	–20 377
2	–	2 596	2 638	19 200	18 552	403	–21 199	–20 579
3	–	1 947	2 032	19 200	19 179	403	–20 767	–20 802
4	–	1 298	1 405	19 200	19 827	403	–20 334	–21 032
5	–	649	756	19 200	20 497	403	–19 901	–21 270

a. Les résultats des calculs sont arrondis aux nombres entiers les plus proches. F1 désigne la formule de remboursement de l'emprunt par fractions constantes de capital seulement et F2 l'option prévoyant des échéances identiques de capital et d'intérêts. FAN = frais annexes de la date de déblocage des fonds (1,2 %) et de chaque échéance (96/10 × 42). Les nombres de la colonne (6) s'obtiennent en effectuant le calcul suivant : (2) – [(3) + (5)] × (1–T) – (4) ; T est le taux d'impôt (1/3).

b. Modalités de remboursement et prix du financement :

Amortissement par fractions constantes de capital

Dans le cadre de la première hypothèse (F1), le coût de l'emprunt, net d'impôt, est le taux d'actualisation pour lequel la *VAN* du contrat est nulle, soit, d'après les flux du tableau 7.18, le pourcentage k_d solution de :

$$+95\,232 - \frac{21\,632}{(1+k_d)} - \frac{21\,199}{(1+k_d)^2} - \frac{20\,767}{(1+k_d)^3} - \frac{20\,334}{(1+k_d)^4} - \frac{19\,901}{(1+k_d)^5} = 0$$

Avec un taux k_d de 3 %, l'égalité est bien vérifiée. Par conséquent, ce financement par emprunt coûte, net d'impôt, 3 %, ce qui est supérieur au taux d'intérêt i stipulé dans le contrat (3,38 %) multiplié par $(1 - T)$. En l'absence de frais annexes (FAN), nous aurions eu, effectivement, un taux net d'impôt plus bas, de 2,25 %, ce qui correspond très exactement au résultat de l'application de la règle simplifiée de calcul (3,38 % × 2/3).

Amortissement par annuités constantes

Si le remboursement avait respecté le principe des annuités constantes de capital et d'intérêts (F2), le taux k_d serait solution d'un nouveau polynôme qui s'écrit :

$$+95\,232 - \frac{20\,377}{(1+k_d)} - \frac{20\,579}{(1+k_d)^2} - \frac{20\,802}{(1+k_d)^3} - \frac{21\,032}{(1+k_d)^4} - \frac{21\,270}{(1+k_d)^5} = 0$$

En testant sur ce second polynôme un taux k_d de 3 % (coût précédent), on trouve une *VAN* très proche de 0. Plus exactement, la *VAN* se monte à 20,3 €.

Un calcul précis sur Excel ou avec une calculatrice financière donne un taux d'actualisation de 3,007 %, soit un prix très proche de ce que coûte l'option F1.

Remboursement in fine du capital

Avec la formule du remboursement de la totalité du capital emprunté à la fin du contrat (option F3), la différence de coût est plus significative. Ce troisième taux k_d doit satisfaire la nouvelle équation suivante dont le contenu a été expliqué lors de la présentation des flux de chaque formule (première partie de la solution de cet exercice) :

$$+95\,232 - 2\,432\sum_{t=1}^{4}(1+k_d)^{-t} - \frac{98\,432}{(1+k_d)^5} = 0$$

Pour savoir si le coût de cette troisième formule de remboursement de l'emprunt est supérieur ou inférieur au taux des deux autres options, il suffit de calculer la *VAN* avec un taux de 3 % et de commenter le résultat obtenu.

Une actualisation des flux nets avec 3 % donne, pour le membre de gauche de l'égalité précédente, –1 284 €. Cela veut dire que, pour faire tendre la somme des cash-flows actualisés vers 0, il faut utiliser un taux inférieur à 3 %.

Par conséquent, la modalité d'amortissement de l'emprunt réellement la moins coûteuse, pour un taux d'intérêt figé par le prêteur à 3,38 %, est le remboursement *in fine* du capital (F3). La résolution de ce dernier polynôme sur calculatrice financière ou sur Excel donne très exactement 2,71 %.

Annexe A

Endettement et valeur d'entreprise par les multiples sectoriels

Tableau 7A.1 – Données boursières et financières des principales sociétés françaises formant les indices sectoriels de l'immobilier, de la santé et du bâtiment à la date des travaux (mai 2015)[a, b]

Sociétés	*VE* (M€)		*EBITDA* (M€)		*EBIT* (M€)		*PER*	
	CB	*D*	2015e	2016e	2015e	2016e	2015e	2016e
	Immobilier							
ANF Immobilier	434	438	30	35	29	35	25,43	19,26
Foncière lyonnaise	1 954	1 580	134	145	133	145	28,41	24,76
Icade	5 513	3 867	528	551	338	433	17,27	16,41
Affine	170	410	29	28	28	28	14,68	14,45
Tour Eiffel	349	321	43	52	43	52	13,34	13,34
Foncière Régions	5 567	5 209	490	496	499	516	16,43	15,77
Gecina Nominatif	7 692	3 747	448	457	451	452	23,31	22,50
Paref	67	87	11	11	11	11	9,51	8,38
CeGeREAL	405	380	36	38	47	46	15,54	14,71
Foncière 6 et 7	533	490	39	35	30	26	19,12	21,71
Argan	307	619	63	64	63	63	7,90	7,78
Terreis	711	688	68	66	39	38	68,74	57,90
Altarea	2 247	1 603	219	249	218	286	15,84	14,00
Klépierre	13 568	8 807	989	1 024	980	1 015	20,53	19,82
Mercialys	2 043	1 026	134	137	114	124	19,41	19,08
Foncière des Murs	1 895	1 232	174	176	174	176	14,22	14,47
	Santé							
Bastide Le Confort médical	134	45	31	35	13	15	20,39	17,59
Eurofins Scientific	3 796	619	310	345	216	240	34,13	26,95
Orpea	3 276	1 998	402	437	311	345	22,68	20,54
Le Noble Âge	165	253	40	44	29	33	16,27	13,87
Korian Médica	2 385	1 434	375	409	264	289	19,74	18,11
bioMérieux	3 784	231	370	414	256	291	23,55	20,45
Sartorius Sted Bio	3 490	30	207	233	175	192	31,16	27,04
Audika	167	–1	17	18	13	14	22,25	20,22
Essilor	23 176	1 564	1 573	1 721	1 224	1 354	29,30	26,09
Virbac	1 965	511	183	203	141	158	25,67	21,59
Guerbet	466	52	71	79	44	50	15,59	13,64
Boiron	1 882	–207	172	183	152	161	20,20	19,07
Stallergenes	762	–184	78	81	64	65	17,35	16,95
Sanofi	119 337	5 140	11 410	11 933	10 142	10 596	16,30	15,59
Vétoquinol	416	–44	51	54	38	39	15,98	15,08
Ipsen	4 261	–260	337	369	288	321	19,80	18,34
Merck (M$)	150 389	6 182	14 957	16 074	12 927	13 983	17,47	15,67

a. *VE* = valeur d'entreprise déterminée par *CB* (capitalisation boursière, au 7 mai 2015) et *D* (dette financière estimée pour 2015 par le consensus). *Source des données (M€)* : Boursorama.

b. Le « e » suivant les années 2015 et 2016 signifie que les soldes de gestion utilisés, pour le calcul des multiples, sont des estimations du consensus d'analystes financiers de Boursorama.

Tableau 7A.1 (suite) – Données boursières et financières des principales sociétés françaises formant les indices sectoriels de l'immobilier, de la santé et du bâtiment à la date des travaux (mai 2015)[a, b]

Sociétés	*VE* (M€)		*EBITDA* (M€)		*EBIT* (M€)		*PER*	
	CB	***D***	**2015e**	**2016e**	**2015e**	**2016e**	**2015e**	**2016e**
	Bâtiment et matériaux de construction							
Vicat	2 759	966	505	576	304	367	17,52	13,93
Rougier	32	54	18	20	10	12	11,92	7,89
Samse	369	164	76	83	44	50	12,60	10,95
VM Matériaux	67	100	22	21	6	8	25,74	27,50
Lafarge	18 310	9 139	3 044	3 364	2 167	2 451	23,42	17,70
Ciments français	2 865	674	742	851	404	540	18,20	10,54
Saint-Gobain	22 170	6 716	4 482	4 853	3 089	3 450	15,67	13,34
Tarkett	1 552	575	286	318	169	214	17,30	13,70
SergeFerrari Group	118	−22	19	25	11	16	23,02	13,63
Bouygues	12 234	3 036	2 394	2 515	868	993	32,48	22,94
Vinci	30 869	12 930	5 700	5 863	3 688	3 858	15,84	14,83
Eiffage	4 682	12 515	2 219	2 305	1 383	1 429	15,92	13,26
MND	12	33	505	576	2	5	13,10	5,24

a. *VE* = valeur d'entreprise déterminée par *CB* (capitalisation boursière, au 7 mai 2015) et *D* (dette financière estimée pour 2015 par le consensus). *Source des données (M€) :* Boursorama.

b. Le « e » suivant les années 2015 et 2016 signifie que les soldes de gestion utilisés, pour le calcul des multiples, sont des estimations du consensus d'analystes financiers de Boursorama.

Annexe B

Le crédit-bail immobilier accompagné de loyers périodiques, payables d'avance, variant annuellement selon un taux croissant ou décroissant

Dans le cas de loyers immobiliers progressifs ou dégressifs, les formules portant sur les intérêts et l'amortissement financier sont regroupées dans le tableau 7B.1 (agrégats annuels).

Pour rappel, L_{p1} désigne l'un des p loyers de la première année[100], INV est l'investissement immobilier, frais d'acquisition inclus, i_p représente le taux d'intérêt du terme p équivalent au taux annuel demandé par le crédit-bailleur (i) et g mesure le taux de croissance ou de décroissance de la redevance ; le taux g est annuel.

Par ailleurs, dans les formules du tableau 7B.1, RD mesure le capital restant dû. Par exemple, RD_2 est le solde de l'emprunt au bout de 2 ans.

Tableau 7B.1 – Capital et intérêts annuels inclus dans les loyers périodiques d'un crédit-bail immobilier ; les p redevances de chaque année sont de terme à échoir[a]

	Capital remboursé	**Intérêts**
Année 1	$CAP_1 = L_{p1} + \left(L_{p1} - (INV - L_{p1}) \times i_p\right)\sum_{t=0}^{p-2}(1+i_p)^t$	$INT_1 = pL_{p1} - CAP_1$
Année 2	$CAP_2 = \left(L_{p1}(1+g) - (INV - CAP_1) \times i_p\right)\sum_{t=0}^{p-1}(1+i_p)^t$	$INT_2 = \left(pL_{p1}(1+g)\right) - CAP_2$
Année 3	$CAP_3 = \left(L_{p1}(1+g)^2 - (RD_2 \times i_p)\right)\sum_{t=0}^{p-1}(1+i_p)^t$	$INT_3 = \left(pL_{p1}(1+g)^2\right) - CAP_3$
⋮	⋮	⋮
Année n	$CAP_n = \left(L_{p1}(1+g)^{n-1} - (RD_{n-1} \times i_p)\right)\sum_{t=0}^{p-1}(1+i_p)^t$	$INT_n = \left(pL_{p1}(1+g)^{n-1}\right) - CAP_n$

a. Les loyers augmentent ou diminuent, tous les ans, selon un taux g. Le nombre de loyers annuels est constant et égal à p. À l'intérieur de chaque palier annuel, le capital amorti varie suivant une progression géométrique croissante de raison $(1 + i_p)$. Pour des détails sur les lois d'amortissement des emprunts, voir chapitre 2 (section 1).

À titre illustratif, reprenons l'exemple du crédit-bail immobilier portant sur un investissement de 1 196 K€ (projet Donkoye ; voir section 2.2.3).

Nous conservons la même contrainte de taux d'intérêt annuel (7 %), la durée n du contrat (15 ans), la valeur résiduelle (93 K€) et la périodicité trimestrielle ($p = 4$). En revanche, le loyer n'est plus constant mais dégressif. Il diminue tous les ans de 2 %.

100. Voir explications et formule à la section 2.2.3.

Compte tenu de cette nouvelle hypothèse sur l'évolution du loyer, les agrégats annuels d'intérêts et de capital amorti, distribués en charges fiscalement et non fiscalement déductibles, sont rassemblés dans le tableau 7B.2. Pour leur part, les flux nets d'impôt, sur un terme trimestriel, à l'origine du coût actuariel, sont ceux présents dans le polynôme fourni après le tableau 7B.2.

Tableau 7B.2 – Les loyers du crédit-bail immobilier (projet Donkoye) répartis en intérêts et amortissement financier annuels ; l'échéance est trimestrielle avec dégressivité annuelle des charges (2 %)[a]

Année	Loyers	Intérêts	Amortissement financier du capital	Affectation de l'amortissement financier du capital		
				Frais	Constructions	Terrain
1	136,838[b]	58,715	78,123	78,123	–	–
2	134,101	74,781	59,320	7,877	51,444	–
3	131,419	70,698	60,721	–	60,721	–
4	128,791	66,515	62,275	–	62,275	–
5	126,215	62,223	63,992	–	63,992	–
6	123,691	57,809	65,882	–	65,882	–
7	121,217	53,261	67,956	–	67,956	–
8	118,792	48,567	70,226	–	70,226	–
9	116,417	43,712	72,704	–	72,704	–
10	114,088	38,683	75,405	–	75,405	–
11	111,807	33,464	78,342	–	78,342	–
12	109,570	28,038	81,532	–	81,532	–
13	107,379	22,387	84,992	–	84,992	–
14	105,231	16,494	88,738	–	64,528	24,210[c]
15	103,127	10,336	92,790	–	–	92,790[c]
Total	**1 788,683**	**685,683**	**1 103,000**	**86,000**	**900,000**	**117,000**

a. Terme à échoir pour les loyers trimestriels. Les résultats sont en milliers d'euros (K€).

b. La somme des loyers de cette première année est le résultat du calcul suivant :

$$p \times L_{p1} = p \times \frac{\left(INV - VR(1+i_p)^{-np+1}\right)(i_p)(i-g)}{\left((1+i_p)-(1+i_p)^{-p+1}\right)\left(1-\left(\frac{1+g}{1+i}\right)^{n}\right)(1+i)} = 4 \times \frac{\left(1\,196 - 93(1{,}01706)^{-59}\right)(0{,}01706)(0{,}09)}{\left((1{,}01706)-(1{,}01706)^{-3}\right)\left(1-\left(\frac{0{,}98}{1{,}07}\right)^{15}\right)(1{,}07)}$$

Rappel : L'expression donnant L_{p1} est démontrée à la section 2.2.3.

c. Ces fractions de loyer ne sont pas fiscalement déductibles car rattachées au prix du foncier. De telles quotes-parts de terrain (*QPT*) concernent la 14e année (trimestre 56) et la 15e année (trimestre 60).

Compte tenu du montant d'investissement évité (*INV*), des loyers trimestriels, qui diminuent d'année en année, selon un taux g égal à 2 %, de la valeur résiduelle (*VR*) et des ajustements fiscaux (quotes-parts de charges non déductibles et réintégration), le coût actuariel de cette modalité du crédit-bail immobilier est le taux c_p tel que :

$$INV = \left(L_{p1}(1-T)\right)\sum_{t=0}^{3}(1+c_p)^{-t} + \left(L_{p1}(1+g)(1-T)\right)\left(\sum_{t=0}^{3}(1+c_p)^{-t}\right)(1+c_p)^{-4} + \ldots$$
$$+\left(L_{p1}(1+g)^{14}(1-T)\right)\left(\sum_{t=0}^{3}(1+c_p)^{-t}\right)(1+c_p)^{-56} + (QPT_{56}\times T)(1+c_p)^{-56} + VR(1+c_p)^{-59}$$
$$+\left((QPT_{60}+RIF_{60})\times T\right)(1+c_p)^{-60}$$

Dans cette expression, T est le taux d'impôt, QPT_{56} et QPT_{60} sont les quotes-parts, non déductibles, de loyers se rapportant au prix du terrain (voir tableau 7B.2, années 14 et 15) et, enfin, RIF_{60} représente la réintégration fiscale (180 K€ ; voir section 2.2.3) comptabilisée en fin de contrat (15e année ou 60e trimestre).

L'égalité précédente, à une seule inconnue, peut être reformatée. Après développement et arrangement, sachant que $(1+c_p)^p = (1+c)$, le polynôme du coût actuariel du crédit-bail assorti de loyers variables s'écrit :

$$INV = \left(L_{p1}(1-T)\sum_{t=0}^{p-1}(1+c_p)^{-t}\right)\sum_{t=0}^{n-1}\left(\frac{1+g}{1+c}\right)^t + (QPT_{56}\times T)(1+c_p)^{-56} + VR(1+c_p)^{-59}$$
$$+\left((QPT_{60}+RIF_{60})\times T\right)(1+c_p)^{-60}$$

On remplace les suites numériques par leur valeur et c par $(1+c_p)^p - 1$. Cela donne :

$$INV = \left(\left(L_{p1}(1-T)\right)\sum_{t=0}^{p-1}(1+c_p)^{-t}\right)\left[\frac{1-\left(\frac{1+g}{(1+c_p)^p}\right)^n}{\left(\frac{(1+c_p)^p-1-g}{(1+c_p)^p}\right)}\right] + (QPT_{56}\times T)(1+c_p)^{-56}$$
$$+VR(1+c_p)^{-59} + \left((QPT_{60}+RIF_{60})\times T\right)(1+c_p)^{-60}$$

L'équation à une seule inconnue est maintenant disponible pour résolution. Elle se présente ainsi, une fois remplacé chaque symbole connu par sa valeur :

$$0 = -1196 + \left(34{,}209\,(0{,}6557)\right)\left[\frac{(1+c_p)-(1+c_p)^{-3}}{c_p}\right]\left[\frac{1-\left(\frac{0{,}98}{(1+c_p)^4}\right)^{15}}{\left(\frac{(1+c_p)^4-0{,}98}{(1+c_p)^4}\right)}\right]$$
$$+(8{,}3355)(1+c_p)^{-56} + 93\,(1+c_p)^{-59} + (93{,}9216)(1+c_p)^{-60}$$

En pratique, et pour trouver c_p, il est plus commode d'établir un échéancier trimestriel des rentrées et des sorties, nettes d'impôt, par suite du crédit-bail immobilier. C'est à partir des flux nets de cette planification que l'on extrait le taux d'actualisation pour lequel la *VAN* du contrat est nulle. Sur un support comme Excel, ce travail final n'est pas compliqué.

Le taux actuariel trimestriel (c_p) doit être de 0,425 % pour que l'égalité précédente soit vérifiée. Le coût actuariel annuel (c) est par conséquent égal 1,71 %.

La formule consistant à payer d'avance les loyers, plusieurs fois dans l'année, dans le cadre d'une dégressivité temporelle de leur valeur périodique, tirerait vers le bas le coût du crédit-bail.

Chapitre 8
Arbitrage entre stratégies d'appropriation d'actifs par l'actualisation de flux comparés

Les connaissances acquises dans ce chapitre permettront au lecteur de :

1. Calculer les flux d'une détention directe d'actifs par emprunt et fonds propres.
2. Mesurer les conséquences financières d'une appropriation différée de biens par le crédit-bail.
3. Chiffrer les flux différentiels et les survaleurs sur options stratégiques comparées.
4. Choisir entre les appropriations immédiate et décalée d'actifs.

Après avoir vu, au chapitre 7, comment déterminer le coût des financements spécifiques structurants, hors considération de leur destination, il importe maintenant de poser les bases méthodologiques nécessaires à l'évaluation des stratégies d'appropriation d'actifs. Choisir entre différentes possibilités de financement, en les caractérisant les unes par rapport aux autres, nous oblige à considérer l'emploi de ces ressources. On doit, par conséquent, rechercher des coûts actuariels et des survaleurs avec des flux différentiels obtenus par comparaison de plans alternatifs. Tel est l'objet du présent chapitre.

Il ne s'agit plus de rechercher une mesure indépendante du coût d'un financement à long terme mais de trouver un prix relatif dans un contexte de confrontation de stratégies possibles de couverture d'actifs. C'est le cas, par exemple, lorsque le décideur cherche à savoir si l'appropriation immédiate d'actifs mobiliers ou immobiliers, par emprunt et fonds propres, est une meilleure ou moins bonne solution que l'activation comptable différée de ces mêmes biens par le crédit-bail. Dans ce cadre, les cash-flows sont déterminés par référence à une autre voie de financement. C'est ainsi qu'une recette perdue, par rapport à une autre formule concurrente de couverture, peut être traitée comme de la dépense. De la même manière, une sortie évitée de trésorerie est comparable à une recette.

Cette attention portée à la destination du financement permet des arbitrages en matière de choix d'options possibles après considération des conséquences de la gestion comptable et fiscale des actifs (emplois). Les comparaisons de formules, prises deux à deux, autorise le dégagement de flux différentiels. On peut ainsi savoir si une décision particulière entraîne plus ou moins de sorties nettes de trésorerie que telle ou telle autre formule. Dans ce périmètre comparatif, nous sommes amenés à proposer une mesure des conséquences monétaires du recours à des capitaux propres, que ces ressources soient logées dans un trop-plein du fonds de roulement ou qu'elles proviennent d'apports par variation externe.

La démarche devient ainsi plus opérationnelle, car sélective. Les flux résultant d'une comparaison entre deux solutions de financement, A et B, par exemple, peuvent être actualisés à un taux adapté pour déterminer une valeur présente nette (*VAN*). De tels cash-flows singuliers permettent, également, de décrocher un coût actuariel. Si, par exemple, la *VAN* acquise avec des cash-flows nets différentiels obtenus par comparaison entre le crédit-bail (plan A) et une autre voie possible (plan B) est positive, alors la première solution de financement (*leasing*) apparaît supérieure à la seconde (plan B). La raison est simple. Cette *VAN* différentielle positive traduit le fait que les sorties nettes de trésorerie de l'acquisition différée d'actifs (crédit-bail) sont globalement moindres que celles se rapportant à la solution alternative de financement par acquisition instantanée en pleine propriété (emprunt et/ou fonds propres).

En matière d'évaluation d'options stratégiques de financement, il faut avoir à l'esprit qu'au-delà de la date de décision les flux nets de trésorerie de chaque solution sont négatifs, à quelques exceptions temporaires près (économies d'impôt possibles sur amortissement de la valeur résiduelle d'un contrat de crédit-bail, après la levée de l'option d'achat). Ce qui veut dire qu'une *VAN* positive conquise avec des cash-flows différentiels A moins B dénote des sorties nettes de trésorerie plus fortes côté B que côté A. Cela dit, la *VAN* positive sur A – B peut également être le résultat d'une comparaison entre deux soldes positifs sur flux nets actualisés. En effet, il peut arriver aussi, spécialement pour des taux d'actualisation élevés, que les économies fiscales sur charges tirent vers le bas l'ensemble des coûts jusqu'à rendre leur valeur présente inférieure au cash-flow positif de la date de décision. Ce cash-flow de $t = 0$ (rentrée nette de trésorerie) trouve son origine dans les contreparties monétaires du financement externe obtenu (capital initialement emprunté et fonds propres immobilisés pour réaliser l'opération) ou dans la dépense d'investissement évitée quand c'est la voie du crédit-bail qui est choisie.

Comme un gros travail descriptif et pratique a été effectué au chapitre 7, notamment en matière de crédit-bail mobilier et immobilier, nous utiliserons des résultats déjà en notre possession pour traiter la question discriminante du choix de la détention immédiate d'actifs *versus* leur appropriation différée.

1. Les flux de l'appropriation directe et décalée d'actifs

Pour être sélective, la procédure doit nous conduire à déterminer des flux financiers différentiels. Avant cette mesure pratique des conséquences monétaires sur modalités comparées de mise à disposition d'actifs, les options stratégiques sont à calibrer.

1.1. Présentation du cadre des stratégies possibles

Il faut dans un premier temps connaître les ressources susceptibles d'être mobilisées pour mener à bien l'opération stratégique. De l'examen des solutions budgétaires, une alternative financière est privilégiée. Ensuite, la question est de savoir comment faire, méthodologiquement, pour choisir le meilleur des deux termes de l'alternative retenue.

1.1.1. Les financements courants

D'une manière générale, les investissements de haut de bilan font l'objet de trois formules principales d'accompagnement financier. C'est ainsi que le gestionnaire est fréquemment appelé à arbitrer entre un financement intégral par fonds propres, une couverture dominante par emprunt et le recours à la technique du crédit-bail. Cette troisième formule permet, elle aussi, l'appropriation d'actifs mais de façon repoussée. Le passage au bilan (activation) des biens est rendu possible par la levée d'une option d'achat au terme du contrat proposé par le crédit-bailleur et accepté par le crédit-preneur.

Les apports en fonds propres

Lorsque l'entreprise dispose d'un volant important de trésorerie, par suite d'un excédent excessif du fonds de roulement (FR) sur le besoin en fonds de roulement (BFR), il est logique que la question de cette utilisation du *cash* se pose au détriment d'autres formes de financement. Cela dit, une telle accumulation d'autofinancement ne se montre pas couramment suffisante pour réaliser des acquisitions immobilières lourdes même si des subventions d'investissements provenant de collectivités territoriales sont accordées dans le cadre du projet. Par conséquent, outre sa destination largement mobilière, la trésorerie disponible est plutôt réservée à des projets risqués ou à des acquisitions immatérielles que le décideur aurait du mal à financer par emprunt.

S'il fallait donc financer des projets structurants et dispendieux exclusivement par fonds propres, une variation externe du capital-actions s'imposerait d'elle-même. Dans ce cas, l'ouverture du capital pourrait se révéler significative et présenterait des inconvénients, spécialement pour les actionnaires en place, ainsi que des risques. Ces impacts défavorables de l'augmentation des fonds propres sont connus et se rapportent au partage du pouvoir et des résultats ainsi qu'aux intérêts souvent divergents entre l'entrepreneur et les investisseurs[101]. La nécessité plus impérative de rendre des comptes, à des parties prenantes devenues plus nombreuses, peut également apparaître comme un élément de risque et toucher le degré d'autonomie des dirigeants en matière de gestion d'entreprise. La stratégie avec ses points forts est alors rendue plus largement transparente et, de ce fait, moins fermée aux concurrents.

Tout cela combiné fait que, même en situation de disponibilités supérieures au coût de l'investissement projeté, le dirigeant préférera conserver une partie de son *cash* par précaution ou afin de saisir des opportunités futures. Il limitera son ouverture du capital pour éviter les conflits d'intérêts entre parties prenantes, les unes par rapport aux autres, et complétera son financement par de l'emprunt tout en cherchant, aussi, à accroître la rentabilité financière de son affaire par l'effet de levier.

Sur un autre plan, utile à ce chapitre, car technique, il ne faut pas croire qu'une ressource financière est gratuite dès lors qu'elle est générée en interne et donc disponible. En réalité, ces moyens financiers propres sont soumis à un coût d'opportunité (référence à ce que pourraient rapporter les affectations possibles) et à la rentabilité exigée par les actionnaires. Cela veut dire que la part des emplois financée par des fonds non contractuels doit faire l'objet d'une estimation en ce qui concerne les contreparties (sorties monétaires). C'est une étape nécessaire à la détermination de la totalité des flux de dépenses dans le cas d'un financement combinant capitaux propres et financement externe par emprunt.

Endettement et termes habituels de l'alternative stratégique de financement

Sauf à se trouver dans des branches d'activité à fortes marges (métiers porteurs comme l'aéronautique, la défense, la santé ou les biotechnologies), voire peu exigeants en matière

101. Eurofins Scientific, qui figure parmi les premiers prestataires mondiaux de services bioanalytiques, a renoncé fin 2015 à une importante levée de fonds prévue pour de la croissance externe (1 million d'actions représentant 340 millions d'euros environ). Il semble bien que la famille Martin, fondatrice et actionnaire principal du laboratoire, n'était pas prête à accepter une importante dilution du capital.

de dépenses en capital, les solutions de financement traitées par les opérateurs comprennent très fréquemment l'option de l'endettement. En dehors de cas particuliers, la tendance générale à la baisse des marges, surtout dans le tissu des PME, pousse plus encore vers l'endettement financier.

Le recours à la dette présente des avantages dont certains ont déjà été exposés au chapitre 7, comme le privilège d'un coût inférieur à celui des capitaux propres et la possibilité d'une déductibilité fiscale des intérêts versés au prêteur. C'est également une commodité (mise à disposition rapide des moyens requis et *statu quo* au plan du contrôle de la société). L'occasion de discipliner la gestion du dirigeant est un autre argument en faveur de cette solution de financement ; cela est dû au fait que le manager sait que les flux futurs de dépenses reliés à l'emprunt (amortissement financier et intérêts) sont obligatoires car contractualisés.

Cependant, l'existence de coûts de faillite ou de restructuration profonde et l'impact négatif sur la variance des retours sur investissement (*ROE*) augmentent la demande des propriétaires. Ce relèvement du rendement requis par les actionnaires pousse vers une limitation du recours à la dette pour éviter d'arriver à une contraction de la valeur de la société tout entière par augmentation du coût moyen pondéré du capital (voir chapitre 7).

Cet inconvénient potentiel d'une dévalorisation globale des actifs et la volonté du prêteur de ne pas assumer tous les risques de l'opération font que l'emprunt ne représente, ordinairement, qu'une partie de la totalité de l'investissement projeté. Il faudra, par conséquent, toujours une dose de fonds propres, toutefois moins significative que celle témoignée par l'emprunt. Les arbitrages entre capitaux empruntés et propres sont effectués dans le respect des leviers normatifs que se fixent les entreprises ou de ceux qui leur sont imposés.

En somme, nous insisterons davantage sur l'arbitrage général entre crédit-bail et acquisition directe par variation interne et externe de capitaux financiers. Ce sont les deux termes de l'alternative auxquels il a été fait référence auparavant. Les recommandations en matière d'orthodoxie et l'observation des pratiques financières nous incitent à considérer comme moins pertinentes d'autres préférences de financement comme l'emprunt exclusif comparé au crédit-bail ou l'emprunt exclusif *versus* les capitaux propres.

Le financement autorisant un enregistrement direct des actifs dans le bilan est ainsi, pour une large part, le fait de l'emprunt et, pour une portion complémentaire plus étroite, le résultat de prélèvements sur le FR, de subventions d'équipement (versements définitifs) et d'apports en espèces de la part des actionnaires[102]. Il nous faut donc, dans

102. Alors que les bénéfices retenus et les autres apports externes effectués par les actionnaires ne bougent pas dans le bilan comptable, les subventions d'investissement, elles, sont éteintes par des virements successifs au compte de résultat. Les quotes-parts de subventions sont calées sur le rythme d'amortissement des immobilisations partiellement acquises par les subventions. À propos de la stabilité temporelle des fonds propres et hors considération d'éventuelles pertes comptables, il est intéressant de relever que dans le secteur public le capital peut évoluer à la manière des subventions d'investissement. C'est ce qui se passe dans les universités autonomes ayant obtenu la dévolution du patrimoine. Les amortissements sur les actifs lourds dévolus sont ainsi neutralisés par un jeu d'écritures comptables qui touche les produits calculés (augmentation) et le capital (diminution).

le cas d'une acquisition immédiate en pleine propriété, savoir évaluer le coût des apports en fonds propres, quelle que soit leur origine, même si ceux-ci ne sont pas déterminants.

Résumons-nous. Un investissement stratégique en actifs immobilisés peut être financé, tout d'abord, par des emprunts et, pour une partie complémentaire, par des fonds propres (variation interne et/ou externe). Une fois cette option choisie, l'agent économique opérationnel est propriétaire, d'entrée, des biens permettant la croissance organique du groupe. En d'autres mots, dès que le financement est obtenu et la décision d'investir prise, les biens tout comme leur contrepartie (ressources) figurent dans la comptabilité de l'ordonnateur, simultanément à l'actif et au passif. Mais ce même investissement peut faire l'objet d'un acte de location-financement (crédit-bail) et ne pas figurer, formellement et au départ, dans les comptes sociaux puisque l'opérateur n'est pas tout de suite propriétaire ; l'utilisateur des actifs ne deviendra le possédant effectif qu'une fois levée l'option d'achat et réglée la valeur dite résiduelle.

Le cadre et les financements habituels étant présentés, on doit maintenant mettre en place la procédure d'arbitrage qui commence par une déclinaison formelle de la feuille de route et des attendus économiques.

1.1.2. Le choix économique de l'option stratégique : exposé des principes

La question majeure que doit se poser le promoteur d'un projet de développement est celle portant sur la meilleure formule financière possible d'acquisition. Au plan strictement économique, est-il préférable de financer ses « emplettes » stratégiques par une combinaison d'emprunt et de capitaux propres ou par le recours à la seule technique du crédit-bail qui assure, par principe, une couverture intégrale de l'investissement ?

L'analyse financière en la matière doit reposer, comme ce fut le cas précédemment (voir chapitre 7), sur un échéancier de flux nets de trésorerie si ce n'est que ceux-ci sont maintenant à calculer en rapprochant les deux formules de couverture et en tenant compte des conséquences fiscales de l'amortissement des emplois. Autrement dit, les rentrées et les sorties de trésorerie doivent être spécifiques à la formule mais, également, déterminées par référence à l'autre terme de l'alternative de financement.

Par exemple, le crédit-bail fait perdre au locataire initial le bénéfice des économies d'impôt sur l'amortissement du bien (objet du contrat) puisque, par définition, l'agent utilisateur n'est pas, au départ, propriétaire. Dans le cadre de cette logique d'évaluation du coût des stratégies de financement et d'acquisition patrimoniale, on peut traiter indifféremment l'économie d'impôt comme une rentrée de trésorerie, du côté de la formule d'appropriation directe de l'actif, ou bien la considérer, dans le cas d'une acquisition différée (crédit-bail), comme une sortie de *cash* (gain fiscal perdu).

C'est ainsi qu'avec des flux différentiels, tirés du rapprochement des choix de financement, une valeur actualisée nette (*VAN*) et un coût actuariel (TRI) peuvent être dégagés. Ces deux capteurs classiques sont des critères sur lesquels le décideur peut s'appuyer pour adopter sa stratégie de couverture.

Concrètement, les flux différentiels résultant de la comparaison des choix possibles (crédit-bail *versus* emprunt et fonds propres, ou réciproquement) sont les mêmes mais symétriques. Pour un taux d'actualisation identique, le traitement des flux de trésorerie différentiels, quel que soit leur mode de calcul (ordre comparatif), donne une même survaleur (*VAN*). Quand l'une est positive, l'autre est nécessairement négative, et de même valeur absolue, par suite de la symétrie des conséquences monétaires découlant de la comparaison des possibilités budgétaires.

Si, par exemple, les flux obtenus par différence entre ceux du contrat de crédit-bail et ceux de l'emprunt, ajusté de fonds propres supplémentaires, livrent une *VAN* positive, et donc négative pour une comparaison inversée, le meilleur choix économique serait l'acquisition décalée de la pleine propriété. Pourquoi ? Parce qu'un tel constat signifierait que, globalement, le crédit-bail, comparativement à l'emprunt complété par des fonds propres, oblige l'entreprise ayant choisi cette option-là à moins de sorties de trésorerie nettes d'impôt.

Plus finement, les *VAN* sur flux différentiels, positives ou négatives, sont également déduites de la différence entre deux *VAN* alternatives (détention directe ou appropriation différée d'actifs). Ces deux dernières survaleurs sont elles-mêmes positives ou négatives. La survaleur de chaque option est négative pour des taux d'actualisation plutôt bas. Elle devient positive lorsque le taux d'actualisation augmente. Ce phénomène de *VAN* positive s'explique, dans une large mesure, par les économies fiscales sur intérêts, loyers et amortissements qui réduisent le total des sorties futures de trésorerie (voir section 2).

1.2. Mesure des flux différentiels sur options de financement

1.2.1. Élaboration des échéanciers de flux

Méthodologie

Afin d'établir un comparatif des coûts selon deux modes de financement possibles, il est nécessaire de construire au départ un échéancier des flux nets consécutifs à chaque solution. Pour ce faire, on tient compte des effets, spécialement fiscaux, induits par les emplois effectués (économies d'impôt sur amortissements). On effectue, ensuite, le calcul des différences temporelles entre les flux nets, le crédit-bail comparé à l'acquisition directe ou inversement. Comme nous l'avons souligné précédemment, l'ordre comparatif n'a pas d'incidence sur les valeurs absolues. Il impacte seulement le signe du flux différentiel et, par voie de conséquence, le signe de la somme des cash-flows actualisés (survaleur) qui détermine, pour un même taux de pénalisation, la meilleure solution économique.

La procédure séquentielle débute par une identification des coûts et des avantages respectifs de l'appropriation directe et différée des actifs à immobiliser. Nous ne sommes plus dans un cadre restrictif d'évaluation de ce que coûte une ressource particulière, à partir des seuls flux financiers induits par la décision singulière de couverture. La logique est ici comparative et vise à tenir compte, également, de l'objet du financement (emploi économique) afin de pouvoir choisir l'option ayant le moindre coût d'opportunité.

Pour atteindre cet objectif, il est nécessaire de tenir compte du caractère amortissable ou non des actifs acquis (voir ci-dessus) et des conditions subséquentes d'amortissement de la valeur résiduelle une fois l'option d'achat levée (crédit-bail). Ces points particuliers, non reliés directement au financement, sont importants parce qu'ils ont une influence sur la trésorerie du décideur par l'intermédiaire de la fiscalité (variation d'impôts).

Faisabilité

Pratiquement, les flux monétaires directement liés au mode de financement lui-même doivent être chiffrés avant la mesure des conséquences imputables aux inscriptions des contreparties tangibles à l'actif du bilan.

Concernant la part des emplois financée par des ressources exigibles, les éléments de dépenses sur emprunt sont facilement captables du fait de leur caractère contractuel (voir chapitre 7). Il s'agit des remboursements périodiques de capital (amortissement financier), du service de la dette (intérêts) et des frais accessoires (assurances, commissions, garanties...). Sur les charges financières et les frais annexes, des économies d'impôt sont possibles une fois admise l'hypothèse d'une large capacité bénéficiaire de l'entrepreneur avant l'opération.

Comme le crédit-bail a une même nature contractuelle que l'emprunt, les flux directement liés au service des engagements du crédit-preneur sont, eux aussi, aisément chiffrables, particularités fiscales comprises (voir chapitre 7). De tels flux externes sont néanmoins à retoucher afin de tenir compte de l'influence monétaire de charges calculées (voir plus haut) et, le cas échéant, d'un dépôt de garantie.

Pour ce qui est des conséquences dues à l'utilisation de ressources propres acquises par variation interne ou externe de capitaux, l'estimation des flux sortants est plus délicate. Cette difficulté de mesure a deux origines principales.

La première explication tient au fait que les restitutions de trésorerie aux actionnaires (dividendes) sont discrétionnaires. C'est le dirigeant qui décide sans être tenu par une obligation quelconque. Sur ce plan-là, ajoutons que les propriétaires sont en mesure de s'enrichir également par le biais d'une hausse régulière du cours de l'action. Autrement dit, des raisons fiscales (taxation des plus-values plutôt que des dividendes) et des motifs économiques (opportunités rentables d'investissement) sont de nature à décaler l'origine du rendement final vers le gain en capital. Cela dit, le choix approprié d'un rendement requis sur capital-actions lisse quelque peu cette difficulté d'anticipation portant sur l'arbitrage entre dividendes et plus-values. Cette conciliation touche la structure temporelle des flux entrants et sortants de l'échéancier.

La seconde source d'incommodité réside dans l'absence d'échéance qui caractérise les fonds propres (exigibilité nulle) contrairement aux capitaux empruntés (ressources exigibles) pour lesquels la maturité est connue. Il faut donc introduire, au terme de l'horizon fini de l'échéancier, une valeur terminale représentant la rémunération ultérieure de la part d'actifs couverte par des fonds propres. Par définition, cette rétribution récurrente et postérieure à l'échéancier est perpétuelle. Sur ce sujet, nous disposons d'un outil mathématique pour transformer des flux perpétuels de dividendes, constants, croissants ou décroissants, en équivalent de capitaux actuels. Ce moment pour le calcul d'une valeur présente est la date de bouclage de l'échéancier.

1.2.2. Flux sur capitaux propres : fondements et approximations pratiques

Les dividendes de l'échéancier et ceux qui lui sont postérieurs (valeur terminale)

Rendement requis et dividendes initiaux

Les dividendes de la fenêtre de l'échéancier tout comme la valeur terminale doivent être en ligne avec la rentabilité requise par les actionnaires. Celle-ci est déterminée généralement par les modèles de la finance de marché, spécialement par le *CAPM*. Si cette exigence de rendement est cohérente avec une approche actuarielle par les revenus, du type de celle inhérente au modèle de Gordon (voir chapitre 4), les dividendes de l'échéancier tout comme la valeur de sortie sont estimables même si c'est avec un degré de précision qui peut être discuté (voir ci-après).

À propos de la séquence des dividendes de l'échéancier par suite des apports initiaux en fonds propres, le travail à effectuer porte, dans l'ordre, sur les dividendes additionnels de la première année, l'évolution temporelle ultérieure de ces produits financiers et la valeur terminale. Concernant cette valeur de sortie, une indication de procédure a déjà été fournie (voir ci-dessus).

Les premiers dividendes versés devraient être fonction de la mise initiale (part de la couverture de l'opération par des fonds propres), de la rentabilité financière de l'opérateur et, enfin, du pourcentage habituel de bénéfices que la société verse à ses actionnaires (*pay-out ratio*).

Ce calcul de flux sortants, probables ou virtuels, s'impose quelle que soit l'origine des fonds propres utilisés, que ces ressources proviennent d'une réserve historique d'autofinancement ou d'une variation externe de capitaux. Nous qualifions ces sorties compensatoires de trésorerie (restitutions aux actionnaires) de probables ou virtuelles parce que calculables, théoriquement, d'après la capacité de la source à faire des bénéfices et à respecter un taux de distribution soutenable.

Toujours au plan des principes, le *pay-out ratio* doit être cohérent avec le rendement requis par les actionnaires.

On serait donc en mesure d'estimer les dividendes rattachés à des apports en fonds propres.

Pratiquement, ces anticipations de revenus espérés et non contractuels sont plus commodes à évaluer quand le management contrôle bien ses fondamentaux (persistance dans le temps du niveau des capteurs majeurs d'information). Dans ce contexte favorable, et de façon très explicite, les premiers dividendes (D_1) sont mesurables à partir du *ROE*, du total de fonds propres consacré aux acquisitions d'immobilisation (FP_0) et du *pay-out ratio* (d). De manière abstraite pour le moment, D_1 devrait être égal au produit de ces trois variables, soit :

$$D_1 = ROE \times FP_0 \times d$$

Croissance des dividendes sur l'échéancier et intégrée dans la valeur terminale

Pour la croissance ultérieure du versement D_1, on pourrait s'appuyer sur le *PRAT Model* (voir chapitre 4) qui considère que l'évolution des performances est fonction de quatre facteurs techniques : la marge nette (TMN), la rotation des actifs employés (AT), le taux de rétention des bénéfices ($1 - d$) et le levier financier (L).

Mais l'on sait, aussi, qu'en arrière-plan de cette relation de dépendance fouillée, entre la croissance g et les variables énoncées, existe un rapport plus simple liant cet indice g, le *ROE* et le taux de rétention des bénéfices $(1 - d)$. Tout cela est bien expliqué au chapitre 4. Sur ce point et pour rappel :

$$g = (1 - d) \times TMN \times AT \times (1 + L) = (1 - d) \times ROE$$

Le taux de croissance appliqué aux premiers dividendes trouvés a, au plan de la justesse, une importance toute relative. Ce qui compte, principalement, c'est le rendement requis par les propriétaires de ces fonds propres. Un tel coût détermine la chronique de paiements perpétuels dans un contexte d'équilibre général.

Plus explicitement, la série des dividendes probables ou virtuels de l'échéancier doit être associée à une valeur terminale ; c'est avec l'ensemble de ces flux sortants et du flux entrant (FP_0) que l'on doit vérifier la demande requise par les propriétaires (k_c). Si le taux g est plutôt bas, la valeur terminale sera plus significative ; à l'opposé, retenir une hypothèse de croissance g paraissant forte fera chuter la valeur terminale. Des tests de sensibilité peuvent être effectués sur la variable g afin de se faire une idée précise de l'influence du taux de croissance des dividendes sur la solution économique d'appropriation d'actifs (voir section 2).

Ajoutons que la valeur terminale, compatible avec le rendement requis et une série donnée de dividendes, inclut une croissance à l'infini. Un taux de croissance perpétuel conforme aux hypothèses habituelles faites en la matière confère de la crédibilité au modèle retenu pour déterminer les conséquences monétaires imputables au financement propre en soutien de capitaux empruntés.

Au plan mathématique, la valeur terminale peut néanmoins cacher un coefficient de persistance du dernier dividende avec trajectoire annuelle dégressive et sans fin, à la manière de la proposition empirique de Dechow, Hutton et Sloan (1999) sur les bénéfices anormaux (voir chapitre 4). Cela peut être le cas lorsque la durée de l'échéancier est longue tout en étant associée à une croissance relativement forte proposée par le *PRAT Model* notamment. Comme nous l'avons vu au chapitre 4, ce cadre méthodologique suggère une formule décomposée pour le taux g (voir ci-dessus) mais pour un palier court de départ.

Au final, la subordination à un rendement requis (k_c) délivre l'agrégat de dividendes infinis situés au-delà de l'intervalle de temps durant lequel sont déterminés les flux de trésorerie consécutifs à la modalité de financement. C'est sur cette période de référence (échéancier) que l'on doit travailler pour pouvoir choisir entre une appropriation directe ou une comptabilisation différée d'actifs.

Si les indicateurs élémentaires de gestion (*ROE*, d, k_c et g) sont maîtrisables, voire constants, dans le temps, la valeur terminale (VT_n) est celle financièrement compatible avec le rendement requis par les actionnaires. Cet équivalent de dividendes postérieurs à $t = n$ a l'obligation de satisfaire l'égalité actuarielle suivante :

$$FP_0 = \left(\frac{D_1}{1 + k_c}\right)\sum_{t=0}^{n-1}\left(\frac{1 + g}{1 + k_c}\right)^t + \frac{VT_n}{(1 + k_c)^n}$$

Toutes les variables de cette équation sont connues ou susceptibles d'être estimées, excepté VT_n. Une telle valeur actualisée de dividendes perpétuels répond à l'expression ci-après après arrangement de l'égalité financière précédente :

$$VT_n = \left[FP_0 - \left(\frac{D_1}{k_c - g} \right) \left(1 - \left(\frac{1+g}{1+k_c} \right)^n \right) \right] (1+k_c)^n$$

Comme toute valeur terminale chiffrée selon le principe des rentes perpétuelles, VT_n dissimule une croissance à l'infini (g_i), positive voire négative, calculable comme suit :

$$VT_n = \frac{D_1(1+g)^{n-1}(1+g_i)}{k_c - g_i} = \frac{D_n(1+g_i)}{k_c - g_i}$$

$$g_i = \frac{VT_n \times k_c - D_n}{D_n + VT_n}$$

Cohérence pratique entre dividendes, valeur terminale et rendement requis

Mise en évidence de l'interdépendance par un exemple

Considérons un investissement de 3 000 K€ que l'on pourrait financer par du capital emprunté à hauteur de deux tiers et par des ressources propres pour le tiers complémentaire. Comme la couverture par emprunt est insuffisante, le coût de la formule hybride de financement devra intégrer les conséquences monétaires du recours à des moyens disponibles en interne (fonds propres plus largement).

Admettons que la durée de l'échéancier soit de 7 ans. Cette période de 7 ans est celle sur laquelle seront chiffrées des rentrées et des sorties de trésorerie consécutives à l'option d'acquisition immédiate des actifs coûtant 3 000 K€ par capitaux propres et empruntés. On suppose, par ailleurs, que le *ROE* de l'opérateur est stabilisé dans le temps à hauteur de 13 %. La société instigatrice du projet distribue 35 % de ses bénéfices aux actionnaires, lesquels exigent un rendement de 8 % compte tenu du risque systématique pris et du niveau d'un placement sûr.

Hors considération des dépenses reliées à l'emprunt (amortissement financier, intérêts et frais), on doit tenir compte, pour le calcul des flux nets de cette alternative budgétaire, des conséquences du financement complémentaire par fonds propres. Ces impacts additionnels sur la trésorerie du promoteur sont représentés par des dividendes annuels plus un agrégat terminal indiquant les restitutions aux propriétaires au-delà des 7 ans. Les résultats se présentent ainsi sous les hypothèses retenues.

Pour ce qui est des dividendes supplémentaires de la première année (D_1) du fait de l'utilisation de ressources propres à hauteur de 1 000 K€[103] :

$$D_1 = 0{,}13 \times 1\,000 \times 0{,}35 = 45{,}5 \text{ K€}$$

Ces dividendes vont croître selon un taux g de 8,45 %, produit du *ROE* (13 %) par la proportion de rétention des bénéfices qui est de 65 % ($1 - d$). C'est ainsi que les dividendes de la deuxième année seraient de 49,34 K€ et que ceux de la septième année atteindraient 74,03 K€. À ce flux de la dernière année de l'échéancier, il faudra ajouter une valeur terminale.

Le bouclage de l'opération de financement sur 7 ans nous oblige, effectivement, à introduire une valeur terminale (VT_7) compatible avec le coût des capitaux propres de 8 %. Un tel agrégat de dividendes postérieurs à la durée de l'échéancier est déduit de la formule sur VT_n présentée un peu plus haut. Cela donne, pour $n = 7$:

$$VT_7 = \left[FP_0 - \left(\frac{D_1}{1+k_c}\right)\sum_{t=0}^{6}\left(\frac{1+g}{1+k_c}\right)^t\right](1+k_c)^7$$

$$= \left[FP_0 - \left(\frac{D_1}{k_c - g}\right)\left(1 - \left(\frac{1+g}{1+k_c}\right)^7\right)\right](1+k_c)^7$$

$$VT_7 = \left[1\,000 - \left(\frac{45{,}5}{0{,}08 - 0{,}0845}\right)\left(1 - \left(\frac{1{,}0845}{1{,}08}\right)^7\right)\right](1{,}08)^7$$

$$VT_7 = 1\,202{,}04 \text{ K€}$$

Cette valeur terminale recèle une croissance à l'infini des dividendes postérieurs à la septième année. Une telle croissance sans fin g_i est le résultat du calcul suivant :

$$g_i = \frac{VT_n \times k_c - D_n}{D_n + VT_n} = \frac{1\,202{,}04 \times 0{,}08 - \left(45{,}5(1{,}0845)^6\right)}{\left(45{,}5(1{,}0845)^6\right) + 1\,202{,}04} = 1{,}73\,\%$$

$$g_i = 1{,}73\,\%$$

Commentaires pratiques

Dans cet exemple, les paramètres interdépendants (premiers dividendes, croissance annuelle sur 7 ans de ces restitutions aux actionnaires, taux perpétuel implicite dans

103. Implicitement, le calcul proposé suggère que si les ressources propres stockées n'ont pas été préalablement restituées aux propriétaires c'est parce que l'entreprise estimait qu'elle pouvait obtenir au moins les 8 % de rendement requis. En réalité, les 1 000 K€ retenus, maintenant employés, sont censés rapporter 13 % (*ROE*). Cela veut dire que les revenus induits par cet excès de FR, à présent utilisé, vont augmenter les dividendes des actionnaires en place. Il s'agit de tenir le même raisonnement qu'en situation de financement par variation externe de capitaux propres, sauf que, dans ce second cas, le supplément de dividendes va aux nouveaux titres émis. En termes de *cash* globalement versé aux actions, le résultat est le même.

la valeur terminale et rendement requis) paraissent cohérents les uns par rapport aux autres. C'est le cas notamment pour la croissance perpétuelle de 1,73 % qui est un taux proche de ceux ordinairement retenus pour le calcul de valeurs terminales (inflation sur le long terme). La lecture des résultats serait moins évidente si l'échéancier comprenait un plus grand nombre d'années.

Effectuons un seul changement à notre exemple, sur la durée de l'échéancier qui passe de 7 à 15 ans, comme si les flux du financement mixte, de capitaux propres et empruntés, étaient à comparer à ceux d'un contrat de crédit-bail immobilier plutôt que mobilier. Dans ce cas, les résultats seraient moins logiques en première lecture. C'est ainsi que, avec les mêmes fondamentaux (*ROE*, g, k_c et d) et une croissance sur l'échéancier adossée au *PRAT Model*, la valeur terminale se serait élevée à 1 108 K€. Celle-ci incorporerait une croissance à l'infini (g_i) non plus positive mais négative de –4,24 %.

Pour éviter ce genre de situation, on pourrait inverser l'ordre d'importance. Il faudrait plus spécialement rechercher un taux de croissance du dividende sur les 15 années de l'échéancier qui soit compatible avec un rendement requis de 8 % et une croissance ultérieure à l'infini acceptable en apparence. Elle est fréquemment comprise entre 1 et 2 %. Si g_i doit être de l'ordre de 1,70 %, alors les dividendes de l'échéancier ne peuvent augmenter tous les ans de 8,45 % (0,13 × 0,65) mais de 5,2 %, les autres variables restant inchangées excepté, bien sûr, la valeur terminale. Cette autre valeur de sortie s'élèverait à 1 493,47 K€ et deviendrait compatible avec le taux à l'infini de 1,70 %.

Il ne semble pas que le choix d'un ordre méthodologique prioritaire sur g (progression des dividendes sur l'échéancier) plutôt que sur g_i (taux de croissance de la rente perpétuelle), ou inversement, ait une importance déterminante sur l'ensemble des flux du financement conjoint. Pour des taux d'actualisation k inférieurs au rendement requis (k_c), les gains ou les pertes de survaleur, selon que l'on privilégie g_i ou g, se révèlent très peu significatifs une fois la demande des actionnaires cristallisée (8 % dans notre cas). Avec les données de l'exemple, et un échéancier sur 15 ans, la variation de *VAN* est comprise entre 0,2 % et 1 % du montant total investi (3 000 K€), pour des taux k compris entre 7 % et 4 %.

Nous le verrons à la section 2, un ajustement très fin de la croissance des dividendes, avant et après le terme de l'échéancier, n'a pas de marque significative sur les plages de préférence stratégique (appropriation immédiate ou mise à disposition patrimoniale différée par crédit-bail). En définitive, ce qui importe, c'est l'équilibre global des restitutions aux propriétaires eu égard au niveau du rendement requis. Après tout, prévoir une diminution du dividende au bout de 15 ans n'est pas sans fondement stratégique (difficultés à capter de nouvelles parts de marché, à des horizons aussi lointains, sans réponses financières lourdes)[104].

104. La déformation annuelle du dividende aurait pu, aussi, suivre une progression arithmétique décroissante de la première année à la énième année, date à compter de laquelle le taux g_i est introduit (voir, chapitre 4, plus particulièrement la formule de Fuller et Hsia).

1.2.3. Les conséquences du recours à la technique du crédit-bail

Le crédit-bail mobilier

Rappels des caractéristiques du contrat et formules du loyer mobilier

Le crédit-bail mobilier est un contrat de location qui porte généralement sur des véhicules de transport, des machines-outils, des matériels (travaux publics, imprimerie, agriculture...), de la bureautique et des équipements médicaux. La durée de location est en principe proche du temps d'amortissement fiscal des biens. La location sur des actifs mobiliers ne peut dépasser 7 ans.

Le locataire choisit la fréquence annuelle des paiements et leur profil (annuités constantes, progressives, dégressives, saisonnières...). Les loyers sont, le plus souvent, payables d'avance (terme à échoir). Contrairement à la formule de la location financière simple, le crédit-preneur peut décider de devenir propriétaire des actifs au terme du contrat moyennant une levée de l'option d'achat pour un prix convenu à l'avance (valeur résiduelle).

Connaissant le taux d'intérêt annuel demandé par le crédit-bailleur (i), la durée du contrat en nombre d'années (n), la valeur résiduelle (VR) et la périodicité des paiements (p), il est possible de calculer toute la série des loyers payables d'avance. Pour donner à notre formule la plus grande valeur générale possible, on considérera que la toute première redevance est susceptible d'une majoration au taux m et que le loyer périodique pourrait varier annuellement d'un pourcentage g (nul, positif ou négatif). Afin de compléter le dispositif des notations, on appelle L le loyer courant de la première année du contrat de crédit-bail mobilier et A la valeur du bien ayant fait l'objet du contrat.

Dans ces conditions, L est la seule inconnue de l'équation financière ci-après :

$$A = \left[L(1+m) + L\sum_{t=1}^{p-1}(1+i_p)^{-t} \right] + \left[\left(L(1+g)\sum_{t=0}^{p-1}(1+i_p)^{-t} \sum_{t=0}^{n-2}\left(\frac{1+g}{1+i}\right)^{t} \right)(1+i)^{-1} \right]$$
$$+VR(1+i_p)^{-np+1}$$

Précisons que i_p est le taux périodique équivalent au taux annuel i et que np est le nombre total de termes ($n \times p$). Pour ce qui est du contenu de la formule ci-dessus, le premier terme entre crochets du membre de droite de l'égalité correspond à la valeur actualisée des loyers de l'année 1. Quant au second terme entre crochets, il fournit la valeur présente des loyers de la deuxième à la énième année.

Après développement des suites numériques et accommodement, l'expression du loyer courant de la première année (L) est la suivante :

$$L = \frac{A - VR(1+i_p)^{-np+1}}{\left[(1+m) + \left(\frac{1-(1+i_p)^{-p+1}}{i_p} \right) \right] + \left[\left((1+g)\left(\frac{(1+i_p)-(1+i_p)^{-p+1}}{i_p} \right) \right) \left(\frac{1-\left(\frac{1+g}{1+i}\right)^{n-1}}{\left(\frac{i-g}{1+i}\right)} \right)(1+i)^{-1} \right]}$$

Une fois déterminé le paiement courant de la première année (L), tous les autres sont faciles à calculer puisque le taux de majoration du loyer de $t = 0$ (m) et la croissance annuelle de la redevance (g) sont connus.

Enfin, dans le cas de loyers constants sur toute la durée du contrat, avec toutefois une première redevance majorée, L est déductible d'une égalité actuarielle simplifiée qui s'écrit :

$$A = \left[L(1+m) + L \sum_{t=1}^{np-1} (1+i_p)^{-t} \right] + VR(1+i_p)^{-np+1}$$

Après reconfiguration pour une utilisation pratique :

$$L = \frac{A - VR(1+i_p)^{-np+1}}{\left[(1+m) + \left(\frac{1-(1+i_p)^{-np+1}}{i_p} \right) \right]}$$

Prenons un exemple pour utiliser la formule générique du loyer. On suppose que le contrat de notre application numérique porte sur du matériel de levage coûtant 120 000 € ; sa durée de vie est de 5 ans. Le taux d'intérêt demandé par le crédit-bailleur est de 7,5 % et les loyers, de terme à échoir, sont trimestriels. La première redevance est majorée (40 % de plus que le loyer courant de l'année 1). Une option d'achat est prévue au terme du contrat moyennant un supplément de dépense égal à 3,5 % du prix initial du matériel de levage (valeur résiduelle).

En l'absence de progressivité ou de dégressivité annuelle du paiement trimestriel, le loyer courant (L) et celui du premier terme (L_0) ont les valeurs suivantes :

$$L = \frac{A - VR(1+i_p)^{-np+1}}{\left[(1+m) + \left(\frac{1-(1+i_p)^{-np+1}}{i_p} \right) \right]} = \frac{120\,000 - 4\,200(1+i_p)^{-19}}{\left[(1{,}4) + \left(\frac{1-(1+i_p)^{-19}}{i_p} \right) \right]}$$

Avec un taux périodique i_p égal à 1,8245 % ($1{,}075^{0{,}25} - 1$) :

$$L = 6\,750{,}5 \text{ € et } L_0 = L \times 1{,}4 = 9\,450{,}6 \text{ €}$$

Si le crédit-preneur, en accord avec le crédit-bailleur, choisit des paiements trimestriels en augmentation annuelle de 6 %, le loyer courant de l'année 1 (L) et la première échéance (L_0) ont de nouvelles valeurs. Celles-ci sont :

$$L = \frac{120\,000 - 4\,200(1{,}018245)^{-19}}{\left[(1{,}4) + \left(\frac{1-(1{,}018245)^{-3}}{0{,}018245} \right) \right] + \left[\left((1{,}06) \left(\frac{(1{,}018245)-(1{,}018245)^{-3}}{0{,}018245} \right) \right) \left(\frac{1-\left(\frac{1{,}06}{1{,}075}\right)^4}{\left(\frac{0{,}075-0{,}06}{1{,}075}\right)} \right) (1{,}075)^{-1} \right]}$$

$$L = 6\,052{,}9 \text{ € et } L_0 = 8\,474{,}0 \text{ €}$$

D'après un tel profil de paiements, chacune des quatre dernières redevances (cinquième année) se monte à 7 641,6 € (6 052,9 × $1,06^4$). Cette nouvelle chronique de loyers, tout comme la précédente, assure au crédit-bailleur le rendement requis de 7,5 %.

Voyons maintenant ce qu'il faut faire de plus pour établir des flux différentiels. Ceux-ci doivent nous permettre d'effectuer le meilleur choix économique de financement.

Intégration de l'amortissement de la valeur résiduelle

On vient de le constater, les calculs effectués autour du taux d'intérêt implicite du contrat s'appuient sur les loyers ainsi que sur la dépense complémentaire afin de pouvoir lever l'option d'achat. La logique est celle d'une mesure du coût exclusif du financement par ce chemin-là.

En revanche, quand il s'agit d'évaluer la formule d'acquisition d'actifs par le crédit-bail sous l'angle de la pertinence comparative, d'autres éléments comme le dépôt de garantie (flux décalés) et l'objet du financement (emploi) sont à intégrer au calcul. La garantie réduit le revenu de départ (dépense d'investissement évitée), mais diminue le flux de sortie lors du débouclage de l'opération (récupération du dépôt). De son côté, l'amortissement du prix d'achat, à la fin du contrat, par le locataire devenu propriétaire, présente des avantages en termes de sorties ultérieures de trésorerie.

Au plan comptable, la valeur résiduelle est inscrite dans les immobilisations du nouveau propriétaire et ce bien supplémentaire fait l'objet d'un amortissement sur une durée subséquente d'utilisation appréciée à la date de la levée de l'option d'achat. Comme l'actif acquis prend le statut de bien d'occasion, son amortissement est obligatoirement linéaire.

Par exemple, avec les données de l'application numérique précédente, la valeur résiduelle de 4 200 €, si elle devait être amortie sur 2 ans, augmenterait les flux calculés de 2 100 € pour chacune des deux années suivant le paiement de la valeur résiduelle. Au même titre que les autres dotations aux amortissements, celles se rapportant à l'étalement temporel du prix d'achat (valeur résiduelle) entraînent des économies fiscales ou font l'objet du report illimité en situation déficitaire. Dans notre cas, les économies d'impôt annuelles seraient de 700 € si le bénéfice du crédit-preneur était soumis au taux normal de 33 1/3 %.

Le lecteur trouvera davantage de détails techniques sur la formule du crédit-bail mobilier au chapitre 7.

Le crédit-bail immobilier

Pour ce qui est du crédit-bail immobilier, l'approche est analogue quand on veut choisir entre la comptabilisation repoussée de biens et leur activation immédiate (traitement de conséquences financières comparées).

Les flux nets d'impôt à l'origine du coût de cette technique d'appropriation différée d'actifs dépendent, principalement, des impacts monétaires propres à cette solution budgétaire. De tels flux subissent l'influence des loyers nets d'impôt, de la valeur résiduelle et des effets de la réintégration fiscale au terme du contrat.

Au chapitre 7, des calculs ont été effectués, à partir d'un cas, pour montrer comment il faut affecter l'amortissement financier du capital en frais, bâtiments et terrain. Seules les parts de loyers relatives aux constructions et aux frais de notaire et d'acquisition sont des charges fiscalement déductibles. Les principaux résultats utiles à la démarche technique du présent chapitre se trouvent rassemblés dans les tableaux 7.11 et 7.12 (voir chapitre 7).

Cela étant dit, nous devons, aussi, tenir compte du devenir des actifs au sein de l'entreprise une fois la propriété acquise par la levée de l'option d'achat. Effectivement, des avantages fiscaux sur amortissement du prix de revient de l'immeuble sont possiblement intégrables pour le calcul du coût économique de la formule. De telles baisses d'impôt sont appelées à corriger l'échéancier des flux nets de trésorerie reliés à ce mode d'acquisition différé d'un patrimoine immobilier.

Selon la réglementation en vigueur, le prix de revient de l'immeuble (*PRI*) est le total formé par la valeur résiduelle (option d'achat), la réintégration fiscale[105] et les quotes-parts de loyers non déductibles du fait de leur rattachement au prix du terrain.

Sous la réserve déjà faite à propos de la dispense de réintégration dont peuvent bénéficier certaines PME, l'écart entre ce prix de revient (*PRI*) et la valeur du terrain, censé correspondre aux constructions, est amorti sur une durée d'utilisation estimée au moment du transfert de propriété. Cette fraction amortissable du prix de revient de l'immeuble (*PRA*) correspond en fait à la réintégration fiscale (*RIF*) en raison du « suramortissement » dont a bénéficié le crédit-preneur puisque les loyers immobiliers déductibles du calcul de l'impôt courent sur une période inférieure à la durée d'amortissement des constructions.

Avec les symboles déjà utilisés et les formules de la section 2.2.3 (voir chapitre 7), la démonstration est simple :

$$PRA = PRI - TERRAIN = VR + RIF + QPT - TERRAIN$$

Comme la différence entre le prix initial du terrain et la valeur de l'option d'achat (*VR*) représente les quotes-parts de loyers non déduites (*QPT*), on a bien :

$$PRA = RIF \text{ (en situation habituelle, } VR < TERRAIN\text{)}$$

Techniquement, l'assiette fiscale (*RIF*), supérieure à la valeur d'entrée en comptabilité de l'immeuble lors du transfert de propriété (*VR*), entraîne des amortissements fiscaux forcément supérieurs aux dotations comptables. L'équilibre annuel est donc réalisé par des écritures d'amortissements dérogatoires.

Nous allons voir maintenant comment tout cela s'emboîte et de quelle manière se calculent des flux différentiels. Avec de tels cash-flows particuliers, on pourra identifier des plages de préférence stratégique entre, d'une part, l'activation immédiate d'actifs et, d'autre part, l'enregistrement comptable différé par crédit-bail. Pour cette mesure de flux comparés, nous nous appuierons sur un exemple concret et à larges données. Il s'agit de l'opération immobilière Donkoye dont les informations essentielles figurent au chapitre 7.

105. Cette réintégration fiscale (*RIF*) est la différence entre, d'une part, la valeur théorique des constructions au terme du bail (*VNC*) et, d'autre part, l'ensemble constitué de la valeur résiduelle (*VR*) et des fractions de loyers non déductibles (*QPT*) [pour plus d'informations sur le sujet, voir chapitre 7].

2. Acquisition directe par emprunt et fonds propres *versus* acquisition différée par crédit-bail immobilier : une application financière

Comme le sujet est très pratique, le mieux est de s'adosser à un cas pour fournir une procédure de sélection stratégique la plus claire et opérationnelle possible. On va donc reprendre une application déjà très fouillée, celle du chapitre 7 (Donkoye), et la compléter pour bien traiter la matière. Ce support nous a auparavant servi à bien caractériser le crédit-bail immobilier aux plans comptable, fiscal et financier.

2.1. Retour sur le cas Donkoye

Nous nous proposons d'appliquer la méthodologie brièvement exposée (voir section 1.2.1) à un exemple concret, l'opportunité immobilière Donkoye comprenant foncier et bâti. On rappellera les données principales, qui se trouvent au chapitre 7, et on ajoutera de nouvelles informations pour conduire à son terme la démarche sélective discriminante.

Le règlement financier des investissements lourds pourrait prendre la forme d'une acquisition directe des actifs par emprunt (70 % de la dépense totale) et, pour la partie complémentaire (30 %), par fonds propres. Le second choix possible de financement est, par conséquent, l'appropriation décalée des actifs du projet *via* la technique du crédit-bail immobilier. Nous allons voir comment faire pour choisir l'une ou l'autre de ces deux options.

Afin d'utiliser des résultats déjà en notre possession, nous conservons l'investissement global de 1 196 K€ réparti en constructions (900 K€), terrain (210 K€) et frais d'acquisition (86 K€). Il s'agit bien des éléments de l'opération Donkoye.

Pour ce qui concerne le crédit-bail, nous gardons les hypothèses auparavant choisies en matière de taux d'intérêt requis par le crédit-bailleur (7 %), de durée pour le contrat (15 ans), de périodicité (terme annuel échu) et de valeur résiduelle (93 K€). Nous admettrons, par ailleurs, que la fraction amortissable du prix de revient de l'immeuble (180 K€) est à éteindre fiscalement, et en linéaire, sur 5 ans. Enfin, les économies d'impôt sur l'amortissement des constructions, perdues par le crédit-preneur, sont à calculer en respectant une structure par composants, c'est-à-dire 70 % pour le gros œuvre et 10 % pour chacun des trois éléments adjoints, le second œuvre, les aménagements intérieurs et les installations techniques. La structure et le second œuvre sont amortissables sur 20 ans et les deux autres composants sur 10 ans (voir chapitre 7).

Si l'acquisition directe par emprunt et fonds propres était adoptée, l'endettement, sur une durée de 15 ans, coûterait annuellement 3,5 % hors considérations fiscales au taux d'impôt de 34,43 %. L'amortissement de l'emprunt se ferait par échéances constantes de capital et d'intérêts sur un pas annuel.

Conformément aux formules présentées au chapitre 2 et fréquemment utilisées (voir, par exemple, chapitre 7, section 2), l'annuité *a* de cet emprunt de 837,2 K€ (1 196 × 0,7) atteint 72,690 K€. On pourrait, également, rembourser en une seule fois, au terme du contrat de 15 ans, tout le capital emprunté. Quant aux frais annexes de l'emprunt (commissions, garanties, assurances...), ils sont payables à la date de déblocage des fonds (1,5 % du capital emprunté) et avec les échéances (0,60 % du restant dû).

Pour ce qui est des sorties futures imputables au financement complémentaire par fonds propres (dividendes), elles sont à estimer sur la base d'un rendement requis par les actionnaires de 8 %, un *return* (*ROE*) de 12 %, un *pay-out ratio* (*d*) de 35 % et une croissance annuelle des restitutions aux actionnaires de 7,8 % sur l'échéancier[106].

La durée de l'échéancier des flux entrants/sortants nécessaires aux travaux comparatifs est en définitive de 20 ans. Cette période est obtenue en ajoutant aux 15 ans du contrat relatif à l'emprunt, ou au crédit-bail, les 5 ans additionnels pour aller au terme de l'amortissement des constructions et de la réintégration fiscale.

Soulignons, pour conclure la présentation des données de cette application financière Donkoye, que le choix de la périodicité annuelle des engagements s'est imposé pour des motifs exclusifs de simplification. La procédure suivie aurait pu être déroulée avec d'autres fréquences concernant les règlements (mois, trimestre et semestre notamment). Mais, pour tout autre intervalle que l'année, on se serait heurté à des difficultés formelles de présentation (tableaux trop longs de résultats).

2.2. Mise en place des échéanciers de flux nets de trésorerie

2.2.1. Les conséquences de l'appropriation décalée par le crédit-bail immobilier (plan CB)

Les flux du crédit-bail, sur la durée du contrat de 15 ans, ont été calculés au chapitre 7 (voir tableaux 7.11 et 7.12).

De l'année 1 à l'année 13, les flux du crédit-bail sont des loyers nets d'impôt au taux de 34,43 %, soit 127,613 × 0,6557 (voir tableau 7.12). Pour les années 14 et 15, on doit tenir compte de la non-déductibilité fiscale d'une partie du loyer, celle rattachée au prix du terrain[107], ainsi que de la valeur résiduelle (93 K€) et de la réintégration fiscale (180 K€). La valeur résiduelle est un flux sortant. Quant à la réintégration des 180 K€ au bénéfice imposable de la 15e année, elle s'accompagne d'un surplus d'impôt (flux sortant de 61,97 K€).

Pour aller au terme de l'échéancier du crédit-bail immobilier (CB), qui doit être aussi celui de l'acquisition directe en pleine propriété (AD), soit 20 ans, il suffit de prendre en considération des économies fiscales sur le prix de revient amortissable de l'immeuble (180 K€ ; voir ci-dessus). Si ce prix de revient de 180 K€ est à amortir sur 5 ans, en linéaire, l'économie annuelle d'impôt, de la 16e à la 20e année, se monte à 12,39 K€ (flux entrant).

---

106. Le taux de 7,8 % est égal au produit du *ROE* par le taux de rétention des bénéfices (1 – *d*). Cette hypothèse d'une croissance d'après le *PRAT Model* (voir chapitre 4) sera levée lors des tests de sensibilité (voir plus loin).

107. 3,819 K€ la 14e année et 113,181 K€ la 15e année (voir chapitre 7, tableau 7.11).

2.2.2. Les flux de la détention patrimoniale immédiate (plan AD)

Au sujet des conséquences monétaires induites par le recours à l'emprunt, il nous faut déterminer les règlements contractuels (capital, intérêts et frais accessoires), sur la base d'annuités constantes de 72,69 K€ chacune (voir section 2.1), et déduire les économies d'impôt associées aux charges décaissables tout comme celles se rapportant aux dotations aux amortissements calculées selon la structure par composants.

Les flux nets de la stratégie AD (appropriation directe) sont également touchés par les contreparties du financement par capitaux propres à hauteur de 30 %. Ce sont les dividendes de l'échéancier et au-delà qui ont une résonance sur les cash-flows de la détention immédiate des actifs. Nous présentons ces effets maintenant, sachant que les dividendes sans fin, postérieurs à l'échéancier, sont réunissables dans une valeur terminale.

Les répercussions monétaires du financement par des fonds propres

Concernant le financement complémentaire par capitaux propres (FP_0), dans le cadre de l'alternative AD, les dividendes de la première année (D_1) et l'agrégat des restitutions actionnariales postérieures à la 20e année ou valeur terminale (VT_{20}) s'élèvent, respectivement, à :

$$D_1 = ROE \times FP_0 \times d = 0{,}12 \times (1\,196 \times 0{,}3) \times 0{,}35 = 15{,}07 \text{ K€}$$

$$VT_{20} = \left[FP_0 - \left(\frac{D_1}{k_c - g} \right) \left(1 - \left(\frac{1+g}{1+k_c} \right)^{20} \right) \right] (1+k_c)^{20}$$

$$VT_{20} = \left[(1196 \times 0{,}3) - \left(\frac{15{,}070}{0{,}08 - 0{,}078} \right) \left(1 - \left(\frac{1{,}078}{1{,}08} \right)^{20} \right) \right] (1{,}08)^{20} = 394{,}26 \text{ K€}$$

Cette valeur terminale dissimule une croissance à l'infini des dividendes. C'est le taux g_i en mesure de satisfaire l'égalité actuarielle suivante :

$$g_i = \frac{VT_{20} \times k_c - D_{20}}{D_{20} + VT_{20}} = \frac{394{,}26 \times 0{,}08 - (15{,}07(1{,}078)^{19})}{(15{,}07(1{,}078)^{19}) + 394{,}26}$$

$$g_i = -6{,}84\ \%$$

Le choix d'une augmentation annuelle relativement forte du dividende, sur longue période (20 ans), produit une valeur terminale (VT_{20}) incluant un taux implicite de croissance à l'infini négatif.

Le constat est somme toute logique. Pour trouver, dans la valeur terminale, un taux g_i voisin de ceux retenus en matière de rente perpétuelle (inflation à long terme), entre 1 % et 2 % habituellement, il aurait fallu que la croissance g du dividende sur la durée de l'échéancier soit de l'ordre de 5,3 % et non de 7,8 %[108].

108. Avec une croissance g de 5,354 % sur les 20 ans de l'échéancier, la valeur terminale conciliable avec un rendement requis de 8 % est de 634,16 K€. Cette valeur de sortie (VT_{20}) couvre un taux de croissance à l'infini de 1,50 %.

Nous verrons, au moment des tests de sensibilité, présentés plus loin, que l'hypothèse d'une combinaison g et g_i, plus adéquate en première lecture, n'a pas d'influence significative sur les points d'indifférence stratégique (AD *versus* CB).

L'échéancier des flux sur financement par capitaux propres et empruntés

Les flux de l'appropriation immédiate des actifs immobiliers, par capitaux propres et empruntés, sont rassemblés dans le tableau 8.1.

Tableau 8.1 – Échéancier des flux nets d'impôt de la stratégie de financement du projet immobilier Donkoye, par emprunt (70 %) et fonds propres (30 %)[a, b] ; données en K€

Année	Éléments de mesure des conséquences monétaires de l'option								Flux nets (9)
	EMP (1)	AFP (2)	RDU (3)	INT (4)	CAP (5)	DAM (6)	FAN (7)	DIV (8)	
0	837,20	358,80	–	–	–	–	12,56	–	1 187,77
1	–	–	793,81	29,30	43,39	54,00	5,02	15,07	–62,37
2	–	–	748,91	27,78	44,91	54,00	4,76	16,25	–63,90
3	–	–	702,43	26,21	46,48	54,00	4,49	17,51	–65,53
4	–	–	654,32	24,58	48,10	54,00	4,21	18,88	–67,27
5	–	–	604,53	22,90	49,79	54,00	3,93	20,35	–69,14
6	–	–	553,00	21,16	51,53	54,00	3,63	21,94	–71,13
7	–	–	499,67	19,36	53,33	54,00	3,32	23,65	–73,26
8	–	–	444,47	17,49	55,20	54,00	3,00	25,49	–75,54
9	–	–	387,33	15,56	57,13	54,00	2,67	27,48	–77,97
10	–	–	328,20	13,56	59,13	54,00	2,32	29,63	–80,58
11	–	–	267,00	11,49	61,20	36,00	1,97	31,94	–89,57
12	–	–	203,65	9,34	63,35	36,00	1,60	34,43	–92,56
13	–	–	138,09	7,13	65,56	36,00	1,22	37,11	–95,76
14	–	–	70,23	4,83	67,86	36,00	0,83	40,01	–99,18
15	–	–	–	2,46	70,23	36,00	0,42	43,13	–102,85
16	–	–	–	–	–	36,00	–	46,49	–34,10
17	–	–	–	–	–	36,00	–	50,12	–37,72
18	–	–	–	–	–	36,00	–	54,03	–41,63
19	–	–	–	–	–	36,00	–	58,24	–45,85
20	–	–	–	–	–	36,00	–	457,05[c]	–444,65

a. Dans ce tableau, les symboles utilisés ont la signification suivante. EMP désigne le montant emprunté, AFP les apports en fonds propres, RDU le capital restant dû, INT les intérêts, CAP le capital amorti, DAM les dotations aux amortissements, FAN les frais annexes de l'emprunt et DIV le supplément de dividendes estimés selon les paramètres financiers retenus. Dans la colonne DIV (8) figure la valeur terminale (VT_{20}) représentant l'équivalent de dividendes postérieurs à la 20e année ; VT_{20} permet la réalisation du rendement requis, par les propriétaires, sur un horizon infini. Un tel agrégat de dividendes futurs est ajouté au dividende normal de la 20e année.

b. La colonne (9), représentant le cash-flow net (entrées moins sorties nettes d'impôt), s'obtient par le calcul suivant : (1) + (2) – (5) – [(4) + (7)] × [1 – T] + [(6) × T] – (8) ; T est le taux d'impôt (34,43 %).

c. 394,26 K€ de valeur terminale qui s'ajoutent au dividende normal de la 20e année (62,79 K€).

Puisque la démarche est comparative et que l'objectif consiste à rechercher la meilleure stratégie de financement, à partir du différentiel de flux, entre l'une et l'autre des deux formules, l'économie d'impôt sur l'amortissement des constructions peut être, indifféremment, considérée comme un revenu (AD) ou comme un gain perdu assimilable à une dépense (CB).

Dans le cadre d'un passage direct des actifs dans le bilan de l'opérateur (AD), nous avons considéré que cette économie fiscale, réductrice de débours, majore le flux net de trésorerie de l'option AD.

On peut le vérifier à l'aide du tableau 8.1, plus particulièrement de la colonne (9) où les baisses d'impôt sont déterminées avec des amortissements calculés selon la méthode par composants.

2.3. Le calcul des flux différentiels sur financements comparés

Nous sommes maintenant en mesure de calculer les flux différentiels par rapprochement entre deux types de conséquences monétaires, celles se rapportant à la comptabilisation immédiate des actifs, formule dite AD (voir tableau 8.1), comparées aux effets induits par le choix éventuel du crédit-bail (CB). Les flux nets de l'option CB sont, pour partie (années 1 à 15), dans le tableau 7.12 (voir chapitre 7) ; ce sont des loyers nets d'impôt corrigés des opérations de fin de terme (valeur résiduelle et contrecoup de la réintégration fiscale). Quant aux flux des années 16 à 20, ils ont été expliqués lors de la présentation de l'alternative stratégique (voir section 2.2).

Le tableau 8.2 regroupe les deux catégories de conséquences monétaires ainsi que les flux différentiels, AD moins CB, ou l'inverse, sur les 20 ans de l'échéancier.

On remarquera que les flux différentiels sont, rationnellement, symétriques. Il est également intéressant de relever les pointes de cash-flows, au terme des contrats initiaux (15 ans) et à la fin des 20 ans de l'échéancier. Au bout de 15 ans, le flux net de trésorerie du crédit-bail (CB) est plus négatif que celui se rapportant à la formule de l'appropriation directe des actifs (AD). Cela s'explique par l'introduction, à cette date, de la valeur résiduelle et d'un impôt spécifique dû à la réintégration fiscale. En revanche, au terme de l'échéancier total (20 ans), la comptabilisation des dividendes ultérieurs, sans fin, par le biais d'une valeur terminale, entraîne un cash-flow net très négatif du côté du mode de détention immédiate des biens par emprunt et fonds propres (AD).

Les deux dernières colonnes du tableau 8.2 permettent des calculs financiers susceptibles d'aider le décideur à choisir l'une ou l'autre des deux options possibles de couverture.

On peut, en effet, calculer avec chaque série de flux différentiels des valeurs actualisées nettes (*VAN*). Chaque couple de *VAN* ainsi obtenu, de même valeur absolue, dépend du taux d'actualisation utilisé. Celui-ci pourrait être le coût moyen pondéré du capital, soit un taux k inférieur, en principe, au rendement requis par les actionnaires (8 %) car l'apport le plus cher est celui des propriétaires.

D'une manière générale, pour un taux de pénalisation donné, une *VAN* positive valorise la première option de l'ordre comparatif. C'est l'inverse lorsque le résultat est négatif.

Tableau 8.2 – Flux différentiels d'après crédit-bail (CB) *versus* appropriation directe (AD), ou inversement, sur le projet Donkoye[a] ; les données sont en milliers d'euros (K€)

Année	Flux nets AD	Flux nets CB	Flux différentiels symétriques	
			AD – CB	CB – AD
0	1 187,77	1 196,00	–8,23	8,23
1	–62,37	–83,68	21,30	–21,30
2	–63,90	–83,68	19,78	–19,78
3	–65,53	–83,68	18,14	–18,14
4	–67,27	–83,68	16,40	–16,40
5	–69,14	–83,68	14,54	–14,54
6	–71,13	–83,68	12,55	–12,55
7	–73,26	–83,68	10,42	–10,42
8	–75,54	–83,68	8,14	–8,14
9	–77,97	–83,68	5,70	–5,70
10	–80,58	–83,68	3,10	–3,10
11	–89,57	–83,68	–5,89	5,89
12	–92,56	–83,68	–8,88	8,88
13	–95,76	–83,68	–12,08	12,08
14	–99,18	–84,99	–14,19	14,19
15	–102,85	–277,62	174,76	–174,76
16	–34,10	12,39	–46,49	46,49
17	–37,72	12,39	–50,12	50,12
18	–41,63	12,39	–54,03	54,03
19	–45,85	12,39	–58,24	58,24
20	–444,65	12,39	–457,05	457,05

a. Les flux des lignes 16 à 20, pour ce qui concerne le crédit-bail (CB), sont les économies d'impôt sur l'amortissement fiscal de la réintégration (180 K€), soit pour chaque année (180/5) × 0,3443.

2.4. Option stratégique d'appropriation d'actifs et survaleur induite

2.4.1. *VAN* et plages de préférence stratégique

Signification des VAN et survaleurs pour différents taux d'actualisation

La position, positive ou négative, prise par la *VAN* déduite de flux différentiels s'explique de deux façons distinctes.

Prenons le cas d'une *VAN* positive avec des flux CB – AD. Cette position peut tout d'abord se justifier par un solde sur flux différentiels actualisés moins négatif du côté du crédit-bail (CB) que de l'acquisition directe (AD). C'est ce que l'on peut observer lorsque l'actualisation des flux futurs se fait avec des taux de pénalisation très faibles.

Dans ce contexte-là, les coûts futurs ramenés à de la monnaie d'aujourd'hui ont tendance à dépasser le cash-flow positif de la date de décision.

Mais une *VAN* positive sur flux différentiels (CB – AD) est également la conséquence d'une *VAN* positive plus forte pour CB que pour AD. C'est une situation justifiable, le cas échéant, par des économies fiscales significatives qui tirent vers le bas la valeur présente des charges décaissables, dans des proportions fortes quand les taux d'actualisation sont élevés.

On trouvera, dans le tableau 8.3, une série de doubles *VAN* calculées avec des taux d'actualisation différents.

Par exemple, pour un taux *k* de 6 %, la valeur actualisée nette (*VAN*) calculée avec les flux différentiels AD – CB est négative (–69,60 K€) et celle obtenue avec les flux différentiels CB – AD est identique mais positive (69,60 K€). Cela veut dire, dans ce cas, que le choix CB comparativement à AD se traduit par moins de coûts globaux ou par plus de rentrées nettes de trésorerie actualisées[109]. Pour ce taux de 6 %, la technique du crédit-bail serait ainsi une meilleure solution que l'acquisition immédiate des actifs immobiliers.

En revanche, pour une valeur *k* de 12 %, c'est l'inverse qui se produit (voir tableau 8.3). La *VAN* de AD *versus* CB est positive (21,78 K€) et celle de CB *versus* AD est négative (–21,78 K€). Mais 12 % est un coût du capital moins crédible que 6 % au regard de la demande des investisseurs les plus exigeants, celle des actionnaires, qui veulent 8 %.

Tableau 8.3 – *VAN* sur flux différentiels tirés d'une comparaison entre l'acquisition directe (AD) et le crédit-bail (CB), pour quelques taux d'actualisation ; projet immobilier Donkoye

Taux d'actualisation		**0 %**	**2 %**	**4 %**	**6 %**	**8 %**	**10 %**	**12 %**
VAN (K€)	AD – CB	–410,4	–245,5	–138,7	–69,6	–25,0	+3,7	+21,8
	CB – AD	+410,4	+245,5	+138,7	+69,6	+25,0	–3,7	–21,8

Choix de l'option d'appropriation des actifs

La figure 8.1, qui représente l'évolution de la *VAN* en fonction de *k*, pour les deux séries de flux différentiels possibles, permet une large visualisation des plages de préférence stratégique avec un tassement des écarts entre les options pour des taux élevés.

Les flux différentiels étant symétriques, les *VAN* s'annulent pour un même taux d'actualisation. Ce taux, facile à trouver sur Excel, s'élève à 9,69 %. C'est un point neutre de financement par du passif comptable[110] et par crédit-bail.

109. Pour 6 %, on vérifie que la seconde explication est la bonne. Effectivement, pour cette hauteur de taux (6 %), on trouve avec les flux nets AD et CB du tableau 8.2 deux *VAN* positives : 254 K€ pour la première solution (AD) de financement et 323,6 K€ pour la seconde (CB). La différence entre les deux *VAN* est bien de 69,6 K€ en faveur du crédit-bail (CB), comme indiqué dans le tableau 8.3.

110. Capitaux propres et empruntés.

Par conséquent, pour un coût du capital (k) inférieur à 9,69 % (repère d'indifférence optionnelle), la technique de la location-financement (CB) est un choix supérieur à l'alternative du règlement immédiat par emprunt et fonds propres (AD). Dans la fourchette des taux compris entre 0 % et 9,69 %, la figure 8.1 montre que les coûts actualisés de l'appropriation différée (CB) ont moins d'importance relative que ceux imputables aux engagements contractuels (emprunt) et à la rémunération requise par les actionnaires (fonds propres).

En revanche, pour des taux d'actualisation plutôt élevés, supérieurs à 9,69 %, les engagements en matière de crédit-bail pèsent davantage que les charges obligatoires de l'emprunt majorées des restitutions discrétionnaires aux actionnaires. Cela est dû, en partie, à une pénalisation plus significative des rémunérations anticipées des actionnaires, fortes en fin d'échéancier par suite du regroupement des paiements postérieurs à la 20e année (horizon infini pour les dividendes).

En résumé, sur la plage des taux compris entre 0 % et 9,69 %, qui est plutôt la fenêtre des valeurs probables, le total des cash-flows différentiels actualisés dénote, globalement, plus de rentrées et/ou moins de sorties lorsque la formule CB est préférée à l'option AD. C'est le contraire qui est observé lorsque le coût du capital, plus difficile à défendre conceptuellement, devient supérieur à 9,69 % (voir figure 8.1).

Figure 8.1 – *VAN* pour différents taux d'actualisation d'après flux différentiels sur projet immobilier Donkoye ; le crédit-bail (CB) est comparé à l'acquisition des actifs par emprunt et fonds propres (AD)

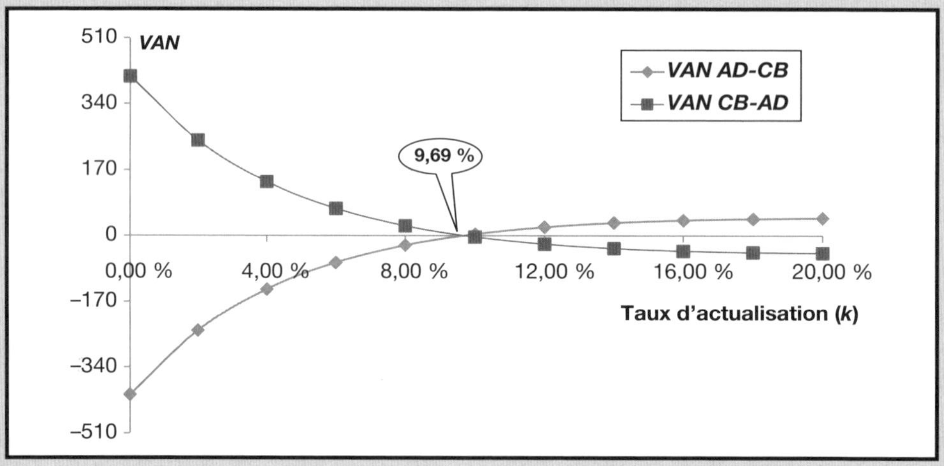

2.4.2. Les variables influençant le point neutre de financement

Dans ce genre d'arbitrage, le rendement requis par les actionnaires (k_c) exerce une influence indéniable sur le choix de la meilleure occasion financière possible. Pour tester le degré de sensibilité du point d'indifférence stratégique aux variables influentes, il suffit de construire un modèle très ouvert sur le logiciel Excel et de modifier tour à tour ou conjointement les facteurs actifs.

C'est ainsi que pour une rémunération espérée des propriétaires de 6 %, et non 8 %, sans changement sur les autres variables, la plage des taux d'actualisation (*k*) pour laquelle le crédit-bail est supérieur au financement classique par emprunt et ressources propres se rétrécit clairement (0 % à 3,57 %). À l'opposé, un rendement requis par les actionnaires supérieur à 8 %, disons 10 %, rend le recours à la location-financement plus largement dominant. Dans ces conditions, tant que le coût moyen pondéré du capital (*k*) ne se situe pas au-dessus de 14,25 %, ce qui paraît difficilement concevable, les soldes de trésorerie sont favorables au crédit-bail comparativement à l'emprunt complété par des fonds propres.

Si le taux k_c exerce une influence importante sur le mode de financement, il n'en va pas de même pour le taux de croissance du dividende. Par exemple, avec une progression annuelle du dividende de 5,354 %, au lieu de 7,8 %, taux permettant une croissance à l'infini positive (1,50 % ; voir plus haut), la fenêtre des valeurs *k* pour laquelle CB est supérieur à AD ne change pas beaucoup (0 % à 9,41 % au lieu de 0 % à 9,69 %).

Une autre variable modifie de façon perceptible le champ des arbitrages. Il s'agit du type d'amortissement de l'emprunt.

Si la dette est remboursée *in fine* et non par annuités constantes de capital et d'intérêts, les économies d'impôt pour charges financières sont en permanence au plus haut et la sortie importante de trésorerie (capital emprunté) est repoussée à 15 ans. Cette condition, plutôt favorable si le taux d'intérêt est préservé, réduit le seuil de taux d'actualisation (*k*) à partir duquel le crédit-bail (CB) est moins bon que la formule combinée de l'emprunt et des ressources propres (AD). Avec des données cristallisées, en dehors de ce changement sur la méthode d'amortissement de l'emprunt (remboursement *in fine*), on trouve que le taux limite (bascule d'un mode de financement à l'autre) est ramené à 5,48 % contre 9,69 % pour des paiements par échéances annuelles constantes de capital et d'intérêts (simulation initiale ; voir ci-dessus).

Enfin, le taux d'intérêt de l'emprunt impacte naturellement la décision de financement. Mais il faudrait que sa diminution soit importante pour améliorer le seuil d'accessibilité d'une acquisition directe des actifs en pleine propriété (AD). Concrètement, le taux d'intérêt de l'emprunt doit passer de 3,5 % à 1,5 % (–57 %) pour obtenir une baisse franche du niveau *k* au-delà duquel la culbute du crédit-bail (CB) vers la formule de l'emprunt et des fonds propres (AD) devient profitable. Le niveau de déclenchement préférentiel pour l'acquisition directe descend à 6,43 % avec un tel taux d'intérêt.

Lorsque les deux dernières conditions sont réunies, sur le remboursement *in fine* et le taux d'intérêt (1,5 %), sans changement en matière de crédit-bail, le coût du capital égalisant les deux *VAN* est tout aussi petit que celui trouvé avec un rendement requis par les actionnaires de 6 % (3,57 %).

En définitive, sauf conditions très basses de rémunération des actionnaires, le crédit-bail, en tant que modalité de financement d'actifs, s'avère être un moyen très économe d'appropriation.

Exercices et cas

Énoncés

1. Reprenez l'application financière du présent chapitre (projet Donkoye). Elle concerne le choix d'une stratégie d'acquisition d'actifs lourds, par voie directe (emprunt et fonds propres) ou par comptabilisation patrimoniale différée (crédit-bail). Le projet immobilier a le même coût total (1 196 K€) et le même contenu (900 K€ de constructions, 210 K€ de terrain et 86 K€ de frais). Les paramètres du crédit-bail (durée, loyers annuels et affectation des redevances) tout comme les conditions supposées de rémunération de l'apport complémentaire en fonds propres, à hauteur de 358,8 K€, sont inchangés.

   On trouvera dans les tableaux 7.11 et 7.12, du chapitre 7, ainsi que dans les tableaux 8.1 et 8.2, du présent chapitre, des données et résultats utiles à cet exercice.

   Il vous est proposé de retrouver des réponses déjà divulguées (voir section 2) quand on modifie la manière d'éteindre la dette et le coût du crédit. Plus concrètement, il s'agit de tester l'introduction d'un remboursement du capital à la fin, et non par périodicités, en même temps qu'une baisse du taux d'intérêt de l'emprunt sur 15 ans. Ce taux passerait de 3,5 % à 1,5 %.

   a. Dans le cadre de l'étude de sensibilité faite sur le complexe immobilier Donkoye (voir section 2.4.2), on dit que ces deux changements font passer le seuil d'indifférence stratégique de 9,69 % à 3,57 %. Ce bord correspond au coût du capital à partir duquel l'acquisition directe des biens immobiliers (AD) devient supérieure au crédit-bail (CB). Vérifiez qu'en effet ces deux modifications ramènent le taux d'actualisation, pour lequel les *VAN* sur flux différentiels sont nulles, à 3,57 %.

   b. Ajoutez aux deux changements précédents, sur l'emprunt, un rendement requis par les actionnaires (k_c) de 7 %, au lieu de 8 %, et montrez que le taux d'indifférence en matière de solution financière tombe plus encore (2,20 %) rendant ainsi l'appropriation immédiate des actifs du projet Donkoye (option AD) beaucoup plus facile à retenir que le crédit-bail (CB).

   c. Commentez les hypothèses et les réponses.

2. La société HDN exploite des cliniques dans le secteur des activités hospitalières. Elle est sur le point d'acquérir des équipements médicaux, notamment des automates de laboratoire, du matériel d'imagerie et des lasers pour un montant total, hors taxes, de 630 K€. L'investissement peut être financé par le recours à la technique du crédit-bail mobilier ou par emprunt (70 %) combiné à des fonds propres (30 %).

   Conformément à la demande de la société HDN, l'établissement de crédit-bail, membre de l'Association française des sociétés financières (ASF), propose un contrat sur 6 ans avec des loyers semestriels (terme à échoir) en augmentation annuelle de 4 %. Le dépôt de garantie est de 63 K€ et la valeur résiduelle, permettant la levée de l'option d'achat au terme du contrat de 6 ans, est fixée à 5 %. Cette dépense supplémentaire, nécessaire pour que la société HDN devienne propriétaire des équipements médicaux, est amortissable en linéaire sur 2 ans à l'expiration du bail.

Dans le cadre de cette formule (CB), le crédit-preneur supporte des frais de dossier et de prise de garantie, payables à la date de décision, représentant 1,4 % de l'investissement. Quant aux assurances à la personne et sur les matériels financés, elles sont comprises dans les loyers que le crédit-bailleur calcule avec un taux d'intérêt annuel de 6,09 %.

La maison mère de cet établissement de crédit-bail, qui est une banque, propose, par ailleurs, à la société HDN un prêt classique sur la même durée (6 ans) et la même périodicité de remboursement (semestrielle). L'emprunt, au taux d'intérêt annuel de 2,96 %, ne couvrirait que 70 % des équipements médicaux (voir ci-dessus) et serait à amortir par annuités constantes de capital et d'intérêts (terme échu). Tout comme les loyers, les annuités de l'emprunt augmenteraient tous les ans de 4 %.

Le taux des frais annexes (dossier et prise de garantie) de la date de déblocage des fonds est le même que précédemment (1,4 %). Les autres frais, notamment les assurances, sont payables avec les échéances semestrielles sur la base d'un ratio égal à 0,3 % du capital restant dû.

Outre l'emprunt, l'appropriation directe (AD) du matériel valant 630 K€ requiert un financement complémentaire par capitaux propres. Cet apport, égal à 30 % de l'investissement, entraîne le versement d'un premier dividende statutaire de 5 %, réparti en deux parts semestrielles égales. Compte tenu de l'historique disponible en matière de restitutions aux actionnaires, incluant de superdividendes, cette première livraison statutaire devrait augmenter annuellement de 3,80 %.

Au bout du compte, le rendement pour l'actionnaire, selon le modèle de Gordon et le *CAPM* (résultat supposé équivalent), doit être de l'ordre de 8,9 %. Les dividendes infinis, postérieurs au terme de l'échéancier des flux consécutifs au crédit-bail (CB), seront regroupés dans une valeur terminale compatible avec le rendement de 8,9 %. Cet agrégat de dividendes futurs doit être positionné au terme de la durée du contrat (CB) augmentée du temps d'amortissement de l'option d'achat (valeur résiduelle).

Enfin, la société HDN est imposée au taux de 34,43 % et, si les équipements médicaux sont achetés par emprunt et apports personnels, ils seront amortis en linéaire sur 6 ans.

Après avoir établi un échéancier des flux différentiels crédit-bail *versus* appropriation directe, ou inversement, sur la durée contractuelle et comptable la plus longue de ces deux options, montrez que le financement combiné (AD) est une meilleure solution que l'achat décalé par crédit-bail (CB), pour un coût du capital de 8 %.

En est-il de même si le taux d'actualisation des flux différentiels pouvait tomber à 5 points ?

Quels sont les facteurs clés, d'ordre financier, qui exercent une influence manifeste sur le choix du mode de règlement des équipements médicaux ?

Solutions

1. Les flux nets du crédit-bail sont supposés rester les mêmes que ceux déjà utilisés dans le cadre de l'application financière initiale (voir chapitre 7, tableaux 7.11 et 7.12). Si les changements ne concernent que l'emprunt, les restitutions aux actionnaires (dividendes) sont égales à celles auparavant déterminées (voir tableau 8.1, colonne [8]). En revanche, si les actionnaires devaient réduire leurs prétentions, la série des dividendes, incluant une valeur terminale conciliable avec un taux k_c de 7 % et non de 8 %, est à recalculer.

   a. Conséquences sur modifications des modalités de l'emprunt :

   Dans le cas où les conditions de l'emprunt changent sur les deux points indiqués (remboursement à la fin et contraction du taux d'intérêt), on démontre que pour un coût du capital de 3,57 % le décideur est indifférent aux deux solutions envisagées.

   Pour retrouver ce taux de 3,57 %, il suffit de corriger uniquement l'échéancier des flux nets attachés à l'acquisition immédiate en pleine propriété (voir tableau 8.1). En fait, c'est une partie seulement des flux du tableau 8.1 qui change, celle relative à l'emprunt car la série temporelle des dividendes reste identique comme cela a été dit. Ces nouveaux flux nets sont dans le tableau 8.4 et ce dernier échéancier remplace le tableau 8.1.

   Une fois les cash-flows nets de l'acquisition immédiate retouchés, on calcule les flux différentiels avec la série inchangée de flux nets consécutifs au crédit-bail qui se trouvent dans le tableau 8.2. Les nouveaux flux différentiels, résultant de la comparaison entre crédit-bail et acquisition directe, sont maintenant consignés dans le tableau 8.5.

Tableau 8.4 – Nouvel échéancier des flux nets propres à la stratégie de financement du projet immobilier Donkoye par emprunt, remboursable *in fine*, et fonds propres (K€)[a, b]

Année	Éléments du chiffrage des conséquences monétaires de l'option								Flux nets (9)
	EMP (1)	AFP (2)	RDU (3)	INT (4)	CAP (5)	DAM (6)	FAN (7)	DIV (8)	
0	837,20	358,80	–	–	–	–	12,56	–	1 187,77
1	–	–	837,20	12,56	0,00	54,00	5,02	15,07	–8,01
2	–	–	837,20	12,56	0,00	54,00	5,02	16,25	–9,18
3	–	–	837,20	12,56	0,00	54,00	5,02	17,51	–10,45
4	–	–	837,20	12,56	0,00	54,00	5,02	18,88	–11,81
5	–	–	837,20	12,56	0,00	54,00	5,02	20,35	–13,29
6	–	–	837,20	12,56	0,00	54,00	5,02	21,94	–14,87
7	–	–	837,20	12,56	0,00	54,00	5,02	23,65	–16,58
8	–	–	837,20	12,56	0,00	54,00	5,02	25,49	–18,43
9	–	–	837,20	12,56	0,00	54,00	5,02	27,48	–20,42
10	–	–	837,20	12,56	0,00	54,00	5,02	29,63	–22,56
11	–	–	837,20	12,56	0,00	36,00	5,02	31,94	–31,07
12	–	–	837,20	12,56	0,00	36,00	5,02	34,43	–33,56
13	–	–	837,20	12,56	0,00	36,00	5,02	37,11	–36,25
14	–	–	837,20	12,56	0,00	36,00	5,02	40,01	–39,14
15	–	–	–	12,56	837,20	36,00	5,02	43,13	–879,46
16	–	–	–	–	–	36,00	–	46,49	–34,10
17	–	–	–	–	–	36,00	–	50,12	–37,72
18	–	–	–	–	–	36,00	–	54,03	–41,63
19	–	–	–	–	–	36,00	–	58,24	–45,85
20	–	–	–	–	–	36,00	–	457,05	–444,65

a. Les symboles utilisés ont la même signification que celle déjà fournie (voir tableau 8.1). Dans ce nouveau tableau, les intérêts tout comme les frais annexes (FAN) payables avec les échéances ($t = 1$ à $t = 15$) sont chronologiquement identiques. Les premiers représentent 1,5 % du restant dû et les seconds 0,6 % (voir énoncé du cas Donkoye). Pour leur part, les dotations aux amortissements (DAM) et les dividendes (DIV) ne sont pas touchés par le test de sensibilité effectué sur les variables de l'emprunt. Enfin, la dernière colonne (9) doit être recalculée afin de tenir compte de ce changement (voir note *b* ci-après).

b. Les flux nets de la colonne (9) sont ainsi calculés : $(1) + (2) - (5) - [(4) + (7)] \times [1 - T] + [(6) \times T] - (8)$; T est le taux d'impôt sur le bénéfice des sociétés (34,43 %).

Tableau 8.5 – Nouveaux flux différentiels, crédit-bail (CB) *versus* appropriation directe (AD), tenant compte des modifications sur l'emprunt dans le cadre du projet Donkoye (K€)

Année	Flux nets AD	Flux nets CB	Flux différentiels symétriques	
			AD – CB	CB – AD
0	1 187,77	1 196,00	–8,23	8,23
1	–8,01	–83,68	75,67	–75,67
2	–9,18	–83,68	74,50	–74,50
3	–10,45	–83,68	73,23	–73,23
4	–11,81	–83,68	71,86	–71,86
5	–13,29	–83,68	70,39	–70,39
6	–14,87	–83,68	68,80	–68,80
7	–16,58	–83,68	67,09	–67,09
8	–18,43	–83,68	65,25	–65,25
9	–20,42	–83,68	63,26	–63,26
10	–22,56	–83,68	61,11	–61,11
11	–31,07	–83,68	52,61	–52,61
12	–33,56	–83,68	50,12	–50,12
13	–36,25	–83,68	47,43	–47,43
14	–39,14	–84,99	45,85	–45,85
15	–879,46	–277,62	–601,84	601,84
16	–34,10	12,39	–46,49	46,49
17	–37,72	12,39	–50,12	50,12
18	–41,63	12,39	–54,03	54,03
19	–45,85	12,39	–58,24	58,24
20	–444,65	12,39	–457,05	457,05

Les flux des deux dernières colonnes du tableau 8.5 étant symétriques, le taux d'indifférence stratégique est également le coût du capital pour lequel la *VAN* de chaque série s'annule. C'est le taux k_0 solution de l'une ou l'autre des deux équations suivantes :

$$0 = -\frac{8,23}{(1+k_0)} + \frac{75,67}{(1+k_0)^2} + \frac{74,50}{(1+k_0)^3} + \ldots - \frac{58,24}{(1+k_0)^{19}} - \frac{457,05}{(1+k_0)^{20}}$$

$$0 = +\frac{8,23}{(1+k_0)} - \frac{75,67}{(1+k_0)^2} - \frac{74,50}{(1+k_0)^3} + \ldots + \frac{58,24}{(1+k_0)^{19}} + \frac{457,05}{(1+k_0)^{20}}$$

En remplaçant k_0 par 3,57 %, on trouve bien une *VAN* nulle, quelle que soit la série des flux différentiels retenue (première ou seconde). La figure 8.2 montre bien un rapprochement du seuil d'indifférence stratégique (point neutre de financement).

Avec ces nouveaux éléments concernant l'emprunt (remboursement *in fine* et plus petit taux d'intérêt), sans effet sur les termes du contrat de crédit-bail, le choix de l'acquisition immédiate des actifs immobiliers (AD) est rendu beaucoup plus plausible.

Figure 8.2 – *VAN* pour différents taux d'actualisation, d'après flux différentiels corrigés sur projet Donkoye : crédit-bail (CB) comparé à acquisition des actifs par emprunt et fonds propres (AD)

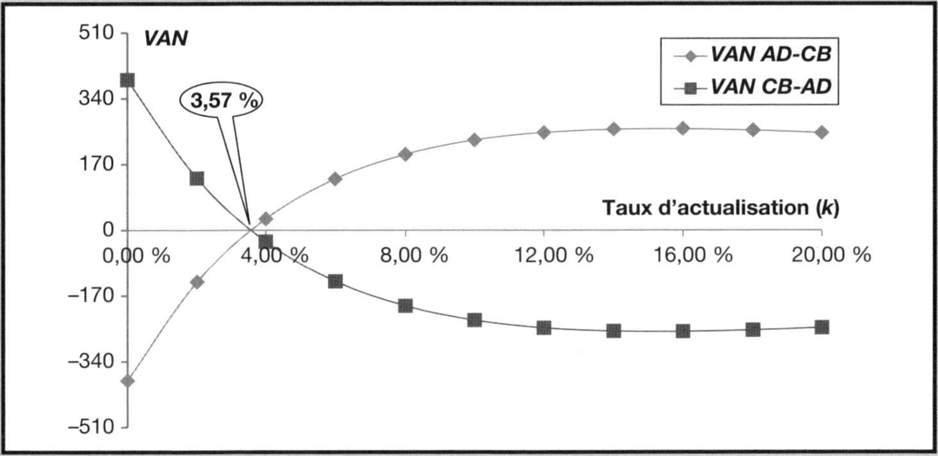

b. Tassement des conditions de rémunération des propriétaires :

En plus des corrections sur l'emprunt, nous introduisons maintenant une légère baisse du rendement requis par les actionnaires. Celui-ci passe de 8 à 7 %.

Pour vérifier la limite basse de 2,20 % du changement optionnel, au profit du plan dit AD, il suffit de corriger la colonne des dividendes du tableau 8.4 puisque cette nouvelle hypothèse sur le coût des capitaux propres est sans effet sur les autres résultats.

En fait, un seul nombre de cette colonne (8) du tableau 8.4 doit être rectifié, celui de la dernière année (valeur terminale). C'est par l'intermédiaire de cet agrégat de dividendes postérieurs à la 20e année que la demande globale des propriétaires est satisfaite. Dans la mesure où cette exigence de rendement est réduite, l'équivalent de dividendes futurs, à la date de clôture de l'échéancier (20e année), est nécessairement plus faible que la valeur terminale précédente qui était de 394,26 K€.

En somme, la chronique des dividendes annuels ne change pas car les déterminants que sont les apports en fonds propres (FP_0), le *ROE* et le *pay-out ratio* (d) n'ont pas été modifiés. C'est ainsi que les restitutions aux actionnaires de la première année (D_1) sont toujours de 15,07 K€ ($ROE \times FP_0 \times d$). Quant à la croissance annuelle des dividendes sur l'échéancier, elle est toujours de 7,8 %, c'est-à-dire le produit du *ROE* par le taux de rétention des bénéfices ($1 - d$).

Pour sa part, le nouvel agrégat de dividendes, égal aux rémunérations qui se situent au-delà de l'échéancier et jusqu'à infini, prend la hauteur suivante en euros de la 20e année :

$$VT_{20} = \left[FP_0 - \left(\frac{D_1}{k_c - g} \right) \left(1 - \left(\frac{1+g}{1+k_c} \right)^{20} \right) \right] (1 + k_c)^{20}$$

Toutes les variables de cette expression ont la même valeur que dans le scénario initial, sauf k_c qui passe de 8 % à 7 %. On trouve bien une valeur terminale inférieure à celle de la première application financière (394,26 K€ ; voir tableau 8.1, note *c*). En effet, le nouvel agrégat de dividendes s'élève à :

$$VT_{20} = \left[(1196 \times 0,3) - \left(\frac{15,070}{0,07 - 0,078} \right) \left(1 - \left(\frac{1,078}{1,07} \right)^{20} \right) \right] (1,07)^{20} = 217,44 \text{ K€}$$

Par rapport aux flux différentiels de la question précédente, il y a un seul changement (20e année). En conséquence, la limite des taux d'actualisation au-delà de laquelle la formule du financement combiné (AD), par emprunt et fonds propres, devient supérieure au crédit-bail (CB) est le taux k_0 qui annule la *VAN* de l'une ou l'autre des deux équations suivantes :

$$0 = -\frac{8,23}{(1+k_0)} + \frac{75,67}{(1+k_0)^2} + \frac{74,50}{(1+k_0)^3} + \ldots - \frac{58,24}{(1+k_0)^{19}} - \frac{280,23}{(1+k_0)^{20}}$$

$$0 = +\frac{8,23}{(1+k_0)} - \frac{75,67}{(1+k_0)^2} - \frac{74,50}{(1+k_0)^3} + \ldots + \frac{58,24}{(1+k_0)^{19}} + \frac{280,23}{(1+k_0)^{20}}$$

Le dernier cash-flow différentiel (±280,23 K€) comprend le dividende normal de la 20e année (62,79 K€ ; voir tableau 8.1, note *c*) et l'agrégat de dividendes perpétuels précédemment calculé (217,44 K€). Pour un taux d'actualisation k_0 de 2,20 %, les deux *VAN* sur nouveaux flux différentiels sont bien égales à 0.

Si cette autre condition relative à la rémunération des actionnaires est remplie, la fenêtre de préférence pour le crédit-bail (CB) devient très étroite rendant largement plus accessible le recours à l'appropriation immédiate (AD).

Un test effectué avec des taux de croissance du dividende sur l'échéancier (g) et au-delà (g_i), en apparence plus normaux, n'a pas d'empreinte marquante sur le TRI des flux différentiels.

Effectuons un bref retour sur la valeur terminale (VT_{20}). Cette valeur de sortie de 217,44 K€, obtenue avec un taux g de 7,8 %, cache une croissance à l'infini g_i largement négative (–17 %). Pour une croissance perpétuelle de 1,5 % (taux dans la fourchette habituelle des rentes sans fin), il faut que le dividende de l'échéancier augmente tous les ans de 3,765 % au lieu de 7,8 %. Cette nouvelle combinaison pour g, g_i et k_c (3,8 % environ, 1,5 % et 7 %) donne des flux différentiels à l'origine d'un TRI de 2,79 % contre 2,2 % pour le test initialement proposé.

La formule AD resterait toujours plus facilement abordable que le crédit-bail immobilier en situation de remboursement *in fine* de l'emprunt, au taux de 1,5 %, et pour un rendement requis par les actionnaires de 7 %. Mais ces changements unilatéraux, spécialement en matière d'emprunt, appellent des commentaires de nature à relativiser les résultats livrés par l'analyse de sensiblité.

c. Commentaires :

Comme le crédit-bail est une alternative de même nature contractuelle que l'emprunt, le changement sur les conditions d'endettement pourrait bien rejaillir sur la formule de l'appropriation différée. Une baisse du coût de l'emprunt devrait, en principe, se retrouver dans le taux d'intérêt implicite du contrat de crédit-bail.

Par exemple, si le taux d'intérêt demandé par le crédit-bailleur suit la diminution générale des taux sur le marché, et passe de 7 % (condition initiale) à 5 %, la borne d'indifférence en matière de choix stratégique (point neutre de financement) n'est plus de 3,57 % mais de 5,48 % (hors changement sur k_c).

Pour ce qui est du remboursement du crédit classique, en une seule fois, à la fin, le prêteur pourrait considérer qu'il prend beaucoup plus de risques comparativement à une procédure de recouvrement échelonné. Il serait donc incité à relever le taux d'intérêt.

Avec un taux d'intérêt de 2,5 %, au lieu de 1,5 %, et une prétention du crédit-bailleur ramenée à 5 %, la plage en faveur du crédit-bail (plan CB) redevient significative (0 % à 6,57 %) quand la demande des actionnaires n'est pas réduite. Avec un rendement requis par les actionnaires ramené à 7 %, l'intervalle favorable à CB se contracte légèrement (0 % à 5,35 %).

2. Le travail technique préparatoire consiste à identifier les flux nets de trésorerie de chaque modalité possible de financement, la location avec option d'achat (CB) et la couverture par emprunt et fonds propres qui autorise la détention immédiate des actifs (AD).

Un tel échéancier des entrées et des sorties de trésorerie sur financements comparés, après considération des impacts fiscaux, doit être construit sur la durée la plus longue des deux formules examinées. Cette fenêtre la plus étendue est, ici, celle du crédit-bail mobilier qui oblige à calculer des conséquences monétaires sur 16 semestres plus la date de décision (8 ans au total incluant les 2 ans d'amortissement de la valeur résiduelle).

L'emprunt, quant à lui, entraîne des obligations de nature contractuelle sur 12 périodes (6 ans découpés en semestres).

Pour ce qui concerne les dividendes, non soumis à un terme légal, ils sont à prévoir sur les semestres 1 à 16. On doit par ailleurs ajouter, aux dividendes du 16e semestre, une valeur terminale équivalente à toutes les restitutions postérieures à l'échéancier.

a. Travaux préparatoires :

Calcul des dividendes

La série des dividendes périodiques, commençant par deux fois D_1 (versements de l'année 1), et l'agrégat de versements infinis à compter du 17e semestre (VT_{16}) se calculent comme suit.

Pour ce qui concerne chacun des deux premiers dividendes semestriels :

$$D_1 = \left(0{,}05 \times 630 \times 0{,}3\right) / 2 = 4{,}725 \text{ K€}$$

Quant au cumul de dividendes postérieurs à la 8e année (16e semestre), assimilable à une valeur terminale, notée VT_{16}, il est à extraire de l'égalité financière ci-après :

$$630 \times 0{,}3 = D_1 \sum_{t=1}^{2} (1 + k_{cp})^{-t} \sum_{t=0}^{7} \left(\frac{1 + g_{DIV}}{1 + k_c} \right)^t + VT_{16}(1 + k_c)^{-8}$$

Toutes les variables de cette dernière équation sont connues, sauf la valeur terminale qu'il nous faut calculer. Après développement des deux suites numériques précédentes et arrangement, il vient :

$$VT_{16} = \left[\left(630 \times 0{,}3\right) - D_1 \left(\frac{1 - (1 + k_{cp})^{-2}}{k_{cp}} \right) \left(\frac{1 - \left(\frac{1 + g_{DIV}}{1 + k_c} \right)^8}{\left(\frac{k_c - g_{DIV}}{1 + k_c} \right)} \right) \right] \left(1 + k_c\right)^8$$

Avec k_c = 8,9 %, k_{cp} = 4,36 % ($1{,}089^{0{,}5} - 1$) et g_{DIV} = 3,80 % (croissance du dividende sur l'échéancier) :

$$VT_{16} = \left[(189) - 4{,}725 \left(\frac{1 - (1{,}0436)^{-2}}{0{,}0436} \right) \left(\frac{1 - \left(\frac{1{,}038}{1{,}089} \right)^8}{\left(\frac{0{,}089 - 0{,}038}{1{,}089} \right)} \right) \right] (1{,}089)^8 = 254{,}50 \text{ K€}$$

Un positionnement immédiat sur l'horizon infini du modèle de Gordon permet de donner un contenu théorique au rendement requis (8,9 %), connaissant les deux premiers dividendes D_1, appelés à croître annuellement au taux de 3,8 %, et la mise initiale des propriétaires (189 K€).

Effectivement, l'égalité suivante, dérivée du modèle de Gordon (approche actuarielle par les dividendes sur une seule période), est assurée :

$$189 = D_1 \sum_{t=1}^{2} (1 + k_{cp})^{-t} \sum_{t=0}^{\infty} \left(\frac{1 + g_{DIV}}{1 + k_c} \right)^t = 4{,}725 \left(\frac{1 - (1{,}0436)^{-2}}{0{,}0436} \right) \left(\frac{1{,}089}{0{,}089 - 0{,}038} \right)$$

Pour compléter l'information du lecteur, disons que la valeur terminale de 254,50 K€ renferme une croissance à l'infini du dividende dont on sait qu'elle est de 3,8 %, aux erreurs d'arrondi près. Fondamentalement, ce taux g_i doit garantir l'égalité formelle suivante :

$$VT_{16} = D_1(1 + g_{DIV})^7(1 + g_i)\sum_{t=1}^{2}(1 + k_{cp})^{-t}\sum_{t=0}^{\infty}\left(\frac{1 + g_i}{1 + k_c}\right)^t$$

Après développement des suites géométriques et mise en forme de cette équation à une seule inconnue, on trouve la formule générale suivante pour g_i :

$$g_i = \frac{(VT_n \times k_c) - \left[\left(D_1(1 + g_{DIV})^{n-1}\right)\left(\sum_{t=1}^{p}(1 + k_{cp})^{-t}\right)(1 + k_c)\right]}{VT_n + \left[\left(D_1(1 + g_{DIV})^{n-1}\right)\left(\sum_{t=1}^{p}(1 + k_{cp})^{-t}\right)(1 + k_c)\right]}$$

Dans cette expression de la croissance à l'infini, n est le nombre d'années de l'échéancier et p la périodicité du dividende. Cela donne, avec respectivement 8 et 2, pour les valeurs n et p, un taux perpétuel conforme de 3,8 % comme justifié ci-dessous :

$$g_i = \frac{(254{,}5 \times 0{,}089) - \left[\left(4{,}725(1{,}038)^7\right)\left(\frac{1 - (1{,}0436)^{-2}}{0{,}0436}\right)(1{,}089)\right]}{254{,}5 + \left[\left(4{,}725(1{,}038)^7\right)\left(\frac{1 - (1{,}0436)^{-2}}{0{,}0436}\right)(1{,}089)\right]} = 3{,}8\,\%$$

Les loyers variables du crédit-bail mobilier

Parmi les flux reliés au contrat de location-financement (CB), le loyer est la variable qui nécessite une évaluation préalable. La série des loyers est fonction du taux d'intérêt annuel requis par le crédit-bailleur (6,09 %) et du profil des règlements choisis par le crédit-preneur (échéances semestrielles en progression annuelle de 4 %).

En vertu du principe de l'égalité des valeurs actuelles des engagements réciproques des parties, le loyer L_1 de la première année est solution de :

$$630 = L_1\sum_{t=0}^{1}(1 + i_{bp})^{-t}\sum_{t=0}^{5}\left(\frac{1 + g_L}{1 + i_b}\right)^t + VR(1 + i_b)^{-6}$$

$$630 = L_1\left(\frac{(1 + i_{bp}) - (1 + i_{bp})^{-1}}{i_{bp}}\right)\left[\frac{1 - \left(\frac{1 + g_L}{1 + i_b}\right)^6}{\left(\frac{i_b - g_L}{1 + i_b}\right)}\right] + VR(1 + i_b)^{-6}$$

Dans cette nouvelle égalité, i_{bp} est le taux semestriel équivalent au taux annuel i_b stipulé dans le contrat de crédit-bail mobilier (6,09 %), soit 3 %. g_L est le taux de croissance annuel du loyer (4 %) et VR la valeur résiduelle autorisant l'appropriation des actifs (31,5 K€). En conséquence :

$$L_1 = \frac{630 - 31,5(1,0609)^{-6}}{\left(\frac{1,03-(1,03)^{-1}}{0,03}\right)\left[\frac{1-\left(\frac{1,04}{1,0609}\right)^{6}}{\left(\frac{0,0609-0,04}{1,0609}\right)}\right]} = 54 \text{ K€}$$

Pour les autres années, ce loyer semestriel de 54 K€ augmente de 4 % pour atteindre, la dernière année, 65,70 K€ ($54 \times 1,04^5$).

Tableau des flux de trésorerie consécutifs au contrat de crédit-bail mobilier

Outre les loyers prescrits par la formule d'activation différée des biens mobiliers, d'autres flux relatifs au crédit-bail doivent être pris en compte : la dépense d'investissement évitée (630 K€), la garantie (63 K€), l'économie d'impôt sur amortissement de la valeur résiduelle ($31,5 \times 0,5 \times 0,3443$) et les frais annexes (1,4 %).

Ces éléments sont directement inscrits dans le tableau 8.6 qui regroupe toutes les conséquences monétaires induites par le choix du crédit-bail comme mode d'appropriation d'actifs.

Tableau 8.6 – Cash-flows nets d'impôt du contrat de crédit-bail portant sur l'acquisition d'équipements médicaux envisagée par la société HDN (K€)[a]

Terme (1)	INV (2)	Garantie (3)	FAN (4)	Loyer (5)	VR (6)	VR-DAM (7)	FNT (8)
0	630,00	63,00	8,82	54,00	–	–	525,81
1	–	–	–	54,00	–	–	–35,41
2	–	–	–	56,16	–	–	–36,82
3	–	–	–	56,16	–	–	–36,82
4	–	–	–	58,40	–	–	–38,30
5	–	–	–	58,40	–	–	–38,30
6	–	–	–	60,74	–	–	–39,83
7	–	–	–	60,74	–	–	–39,83
8	–	–	–	63,17	–	–	–41,42
9	–	–	–	63,17	–	–	–41,42
10	–	–	–	65,70	–	–	–43,08
11	–	–	–	65,70	–	–	–43,08
12	–	–63,00	–	–	31,50	–	31,50
13	–	–	–	–	–	–	0,00
14	–	–	–	–	–	15,75	5,42
15	–	–	–	–	–	–	0,00
16	–	–	–	–	–	15,75	5,42

a. FAN désigne les frais annexes de la date de décision, pour le montage du dossier et les garanties (1,4 %). Les loyers sont payables d'avance. La série VR-DAM représente les dotations aux amortissements (DAM) sur la valeur résiduelle (VR). Ces dotations, qui entraînent des économies fiscales, sont annuelles. Les flux nets de trésorerie (FNT) semestriels de la huitième colonne se calculent comme suit :

$(8) = (2) - (3) - ((4) + (5)) \times (1 - T) - (6) + (7) \times T$

T est le taux d'impôt sur les sociétés (34,43 %).

Les flux sur capitaux empruntés et le total des cash-flows nets de la formule de détention directe des actifs mobiliers

Concernant les conséquences monétaires du choix de l'appropriation immédiate des équipements médicaux, par emprunt et capitaux propres, quelques calculs sont à effectuer à titre préliminaire. Ils portent, principalement, sur l'amortissement de l'emprunt et la rémunération des apports (fonds propres). Par ailleurs, les économies d'impôt sur dotations aux amortissements (actifs acquis), perdues dans le cas du crédit-bail, sont maintenant comptabilisables. C'est un avantage comparatif. Pour ce qui est de la rémunération des capitaux propres, les éléments clés ont déjà été fournis.

À propos des flux relatifs au remboursement de l'emprunt, les deux semestrialités constantes de la première année sont à extraire d'une formule semblable à celle sur laquelle nous nous sommes appuyés pour déterminer les loyers du crédit-bail. Il s'agit, en définitive, d'un amortissement d'emprunt par annuités variables. Concrètement, les annuités de terme semestriel sont les mêmes sur chaque plateau annuel et augmentent, tous les ans, selon un taux fixe.

Si une telle échéance semestrielle de terme échu est notée a_1, celle-ci doit permettre l'égalité ci-après :

$$630 \times 0{,}7 = 441 = a_1 \sum_{t=1}^{2} \left(1 + i_{dp}\right)^{-t} \sum_{t=0}^{5} \left(\frac{1 + g_A}{1 + i_d} \right)^{t}$$

Après développement des suites géométriques, la valeur de l'emprunt (441 K€), ayant pour inconnue unique l'échéance semestrielle a_1, s'écrit :

$$441 = a_1 \left(\frac{1 - \left(1 + i_{dp}\right)^{-2}}{i_{dp}} \right) \left[\frac{1 - \left(\frac{1 + g_A}{1 + i_d} \right)^{6}}{\left(\frac{i_d - g_A}{1 + i_d} \right)} \right]$$

L'équation qui vient d'être écrite obéit à la même logique que celle sur laquelle repose l'expression technique du contrat de crédit-bail précédemment livrée.

Les paiements sont maintenant de terme échu et non plus à échoir et i_{dp} exprime le taux d'intérêt semestriel demandé par la banque sur la dette représentant 70 % de l'investissement, soit 441 K€. Ce taux périodique i_{dp} se monte à 1,47 % ($1{,}0296^{0{,}5} - 1$). C'est un équivalent semestriel au taux annuel i_d donné (2,96 %). Pour sa part, g_A désigne la croissance annuelle (4 %) de l'échéance semestrielle constante sur chaque palier d'un an.

Une fois remplacés les symboles par leur valeur, il vient :

$$a_1 = \frac{441}{\left(\frac{1 - (1{,}0147)^{-2}}{0{,}0147} \right) \left[\frac{1 - \left(\frac{1{,}04}{1{,}0296} \right)^{6}}{\left(\frac{0{,}0296 - 0{,}04}{1{,}0296} \right)} \right]} = 36{,}62 \text{ K€}$$

Ce paiement de capital et d'intérêts augmente tous les ans de 4 % pour atteindre, au bout de 6 ans, 44,56 K€. Chaque annuité de terme semestriel est décomposable en intérêts, sur restant dû, et capital réducteur de principal (dette).

Le tableau 8.7 réunit tous les flux nets d'impôt de la formule d'acquisition immédiate des équipements par emprunt et fonds propres (option AD). Les résultats de la dernière colonne de ce tableau seront comparés aux flux nets de trésorerie en provenance du choix alternatif de financement par la technique du crédit-bail (CB).

Tableau 8.7 – Cash-flows nets d'impôt consécutifs à l'option d'appropriation directe (AD) des équipements médicaux par la société HDN (K€)[a]

Terme (1)	EMP (2)	AFP (3)	ANN (4)	INT (5)	CAP (6)	RDU (7)	FAN (8)	DAM (9)	DIV (10)	FNT (11)
0	441,00	189,00	–	–	–	441,00	6,17	–	–	625,95
1	–	–	36,62	6,48	33,87	407,13	1,32	0,00	4,73	–43,72
2	–	–	36,62	5,98	34,37	372,75	1,22	105,00	4,73	–7,67
3	–	–	38,09	5,48	34,88	337,88	1,12	0,00	4,90	–44,11
4	–	–	38,09	4,96	35,39	302,49	1,01	105,00	4,90	–8,06
5	–	–	39,61	4,44	35,91	266,58	0,91	0,00	5,09	–44,51
6	–	–	39,61	3,92	36,44	230,14	0,80	105,00	5,09	–8,47
7	–	–	41,20	3,38	36,97	193,17	0,69	0,00	5,28	–44,93
8	–	–	41,20	2,84	37,52	155,65	0,58	105,00	5,28	–8,89
9	–	–	42,85	2,29	38,07	117,59	0,47	0,00	5,49	–45,36
10	–	–	42,85	1,73	38,63	78,96	0,35	105,00	5,49	–9,32
11	–	–	44,56	1,16	39,19	39,77	0,24	0,00	5,69	–45,80
12	–	–	44,56	0,58	39,77	0,00	0,12	105,00	5,69	–9,77
13	–	–	–	–	–	–	–	–	5,91	–5,91
14	–	–	–	–	–	–	–	–	5,91	–5,91
15	–	–	–	–	–	–	–	–	6,13	–6,13
16	–	–	–	–	–	–	–	–	260,63	–260,63

a. ANN désigne l'annuité d'amortissement de l'emprunt correspondant à une échéance semestrielle qui augmente, tous les ans, de 4 %. Les intitulés des autres colonnes ont la même signification que celle figurant dans les tableaux 8.1 et 8.4 (voir notes). Comme l'écriture comptable des amortissements est annuelle, les dotations (DAM), qui produisent des économies fiscales, sont positionnées tous les deux semestres. Par ailleurs, 260,63 K€ (ligne 16, colonne 10) est le total formé par le dividende de la huitième année (6,13 K€) auquel on ajoute l'agrégat de dividendes postérieurs à cette date (254,50 K€ ; voir calcul déjà effectué). Enfin, la dernière colonne donne le flux net de trésorerie ou cash-flow net (FNT) calculé en respectant une logique comparative (économie d'impôt sur amortissement gagnée du fait de l'entrée immédiate en comptabilité des actifs). Plus explicitement, cette colonne (11) se calcule ainsi :

$$(11) = (2) + (3) - ((5) + (8)) \times (1 - T) - (6) + (9) \times T - (10)$$

T est le taux d'impôt sur les sociétés (34,43 %).

b. Flux comparés de l'appropriation directe (AD) et décalée (CB) des actifs mobiliers :

On est maintenant en mesure de déterminer les flux différentiels symétriques, CB moins AD ou inversement, afin de choisir la meilleure solution de financement.

Avec les deux séries de flux différentiels, des *VAN* peuvent être calculées. Si pour un taux d'actualisation donné la *VAN* acquise avec les flux CB moins AD est positive, cela veut dire que l'option du crédit-bail se traduit, globalement, par plus de rentrées et/ou moins de sorties de trésorerie que la formule du financement composite par dettes et ressources propres[111].

Le plan CB serait donc supérieur à l'autre stratégie de financement (AD). En revanche, dans le cas d'une somme négative, de flux différentiels actualisés, c'est l'appropriation immédiate (AD) qui représenterait la meilleure solution.

Les flux différentiels, en mesure de permettre une discrimination entre crédit-bail (CB) et accompagnement financier mixte (AD) en vue d'une appropriation immédiate des biens, se trouvent dans le tableau 8.8.

Tableau 8.8 – Flux différentiels déduits des financements envisagés par la société HDN pour acquérir des équipements médicaux : crédit-bail (CB) *versus* appropriation directe (AD)

Année	Flux nets AD[a]	Flux nets CB[b]	Flux différentiels symétriques	
			AD – CB	CB – AD
0	625,95	525,81	100,14	−100,14
1	−43,72	−35,41	−8,31	8,31
2	−7,67	−36,82	29,15	−29,15
3	−44,11	−36,82	−7,28	7,28
4	−8,06	−38,30	30,23	−30,23
5	−44,51	−38,30	−6,21	6,21
6	−8,47	−39,83	31,36	−31,36
7	−44,93	−39,83	−5,10	5,10
8	−8,89	−41,42	32,53	−32,53
9	−45,36	−41,42	−3,94	3,94
10	−9,32	−43,08	33,75	−33,75
11	−45,80	−43,08	−2,73	2,73
12	−9,77	31,50	−41,27	41,27
13	−5,91	0,00	−5,91	5,91
14	−5,91	5,42	−11,33	11,33
15	−6,13	0,00	−6,13	6,13
16	−260,63	5,42	−266,06	266,06

a. Tableau 8.7, dernière colonne.

b. Tableau 8.6, dernière colonne.

111. On retrouve, ici aussi, le raisonnement déjà tenu à propos d'acquisitions lourdes susceptibles de faire l'objet d'une couverture par crédit-bail ou par financement combiné (emprunt et fonds propres) ; voir, section 2, le cas Donkoye (projet immobilier).

c. Meilleur choix stratégique pour des taux de 8 % et 5 % :

Pour répondre à la question principale posée, sur le choix du financement pertinent, il faut calculer la *VAN* avec le taux d'actualisation proposé de 8 %. Ce taux suggéré est à ramener au semestre puisque c'est sur une telle période que l'échéancier des flux du tableau 8.8 a été établi.

On doit, par conséquent, tester la *VAN* avec un taux de 3,92 % qui est le coût semestriel équivalent au prix annuel de 8 %. Cela donne :

$$VAN(AD - CB) =$$
$$+\frac{100{,}14}{1{,}0392} - \frac{8{,}31}{(1{,}0392)^2} + \frac{29{,}15}{(1{,}0392)^4} - \ldots - \frac{6{,}13}{(1{,}0392)^{15}} - \frac{266{,}06}{(1{,}0392)^{16}} = 13{,}37$$

$$VAN(CB - AD) =$$
$$-\frac{100{,}14}{1{,}0392} + \frac{8{,}31}{(1{,}0392)^2} - \frac{29{,}15}{(1{,}0392)^4} + \ldots + \frac{6{,}13}{(1{,}0392)^{15}} + \frac{266{,}06}{(1{,}0392)^{16}} = -13{,}37$$

Avec un taux d'actualisation de 8 % (3,92 % par semestre), et au plan strictement économique, le choix financier approprié est donc le recours à l'emprunt combiné à des fonds propres pour acquérir immédiatement les équipements médicaux. Cette solution financière (AD), comparativement à la technique du crédit-bail (CB), apporterait plus de trésorerie nette actualisée[112].

Le même calcul de *VAN*, avec un taux d'actualisation de 5 points par an, ramené à 2,47 % par semestre, donne une réponse différente. Dans ce cas, la formule du crédit-bail apparaît supérieure au choix d'une détention immédiate et en pleine propriété des actifs convoités. En effet, pour 2,47 %, la *VAN* sur flux différentiels CB – AD ne serait plus négative mais positive (+21,76 K€) et la *VAN* symétrique obtenue avec des flux inversés AD – CB deviendrait négative (–21,76 K€).

d. Point d'indifférence stratégique et tests de sensibilité :

Les plages de préférence stratégique avec les données initiales du cas

La figure 8.3 positionne le taux d'indifférence politique pour les deux solutions examinées (point d'intersection entre les deux courbes représentant le point neutre de financement). Il est de 3,32 % par semestre, c'est-à-dire 6,76 % par an. 3,32 % est le taux d'actualisation qui annule la *VAN* calculée avec les flux nets différentiels du tableau 8.8 (deux dernières colonnes).

Pour un taux d'actualisation inférieur à 6,76 %, la technique du crédit-bail (CB) s'avère meilleure que l'acquisition directe (AD).

A contrario, pour des taux d'actualisation relativement plus élevés, au-dessus de 6,76 % par an, le financement par de la dette et des capitaux propres est une réponse préférable à l'appropriation différée par crédit-bail et levée d'une option d'achat. Dans une bonne mesure, cela est dû au fait que la rémunération

112. Par suite d'économies d'impôt sur charges fiscalement déductibles, les *VAN* sur flux nets des options AD et CB sont positives. Pour 8 %, la *VAN* de AD est supérieure à celle concernant CB : 220,4 K€ contre 207 K€.

des actionnaires s'étale sur un horizon infini et que, par conséquent, un agrégat important de dividendes est calé sur le dernier terme de l'échéance. Cette masse de sorties, au bénéfice des actionnaires, est d'autant moins importante, en valeur d'aujourd'hui, que le coût du capital est élevé rendant ainsi plus aisément profitable le recours au financement mixte (appropriation immédiate des actifs mobiliers).

Figure 8.3 – *VAN* sur flux nets de trésorerie résultant d'une comparaison entre le crédit-bail (CB) et l'emprunt combiné à des ressources propres (AD) pour la possession d'équipements médicaux par la société HDN

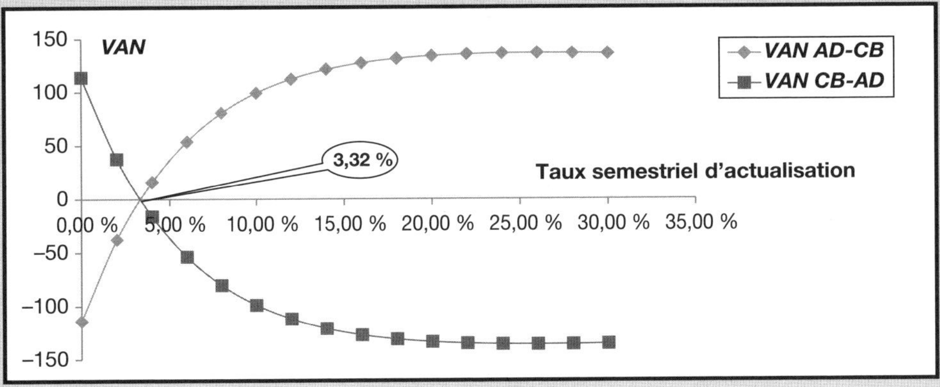

Tests de sensibilité sur financements comparés

L'arbitrage entre les deux options de financement subit, en théorie, l'influence de trois groupes principaux de variables : le profil des contreparties ou sorties de trésorerie pour chaque solution, l'importance relative de la garantie, dans le cas du crédit-bail mobilier, et les paramètres relatifs aux restitutions aux actionnaires.

Hors modification portant sur le niveau du taux d'intérêt, de nature à rejaillir indistinctement sur le crédit-bail et l'emprunt classique, les changements concernant l'allure générale des règlements (constants plutôt que variables) n'ont pas d'empreinte significative sur la stratégie de couverture financière.

Par exemple, un procédé plus courant pour le crédit-bail (premier loyer majoré suivi de redevances stables) et l'emprunt (échéances constantes sur toute la durée du contrat) ne change pas beaucoup le taux d'indifférence politique. Avec des loyers mensuels identiques, après un premier versement majoré de 20 %, des annuités (emprunt) également constantes sur le même terme (mois) et des dividendes annuels, l'impact sur le point neutre de financement est relativement faible. Un tel point d'intersection entre les deux courbes passe de 6,76 % à 7,15 %. Pour cette nouvelle simulation, les frais annexes (assurances spécialement), payables avec les échéances, devenues mensuelles, sont ajustés (0,05 %) et les dividendes augmentent toujours de 3,8 % par an.

En fait, seul le remboursement *in fine* du capital emprunté, dans le cadre de la formule AD, exerce une influence visible sur le point d'intersection entre les deux courbes de *VAN*. Effectivement, pour un remboursement intégral de la dette à la fin, avec un gel des autres paramètres (hypothèses de départ), le point d'indifférence stratégique tombe à 4,86 % sur un pas annuel. Encore faut-il accepter le principe d'une insensibilité du taux d'intérêt au mode de remboursement de l'emprunt. Ce qui n'est pas nécessairement le cas. Le remboursement en une seule fois de la dette, au terme des 6 ans, pourrait coûter plus cher qu'un amortissement financier étalé dans le temps.

Le dépôt de garantie, dans le cadre du crédit-bail, exerce pour sa part un pouvoir perceptible. Avec les conditions initiales de l'application financière, pour CB et AD, corrigées uniquement du dépôt de garantie devenu nul, la plage des taux d'actualisation favorable au crédit-bail (CB) s'élargit fortement (0 % à 9,33 % contre 0 % à 6,76 %). À l'opposé, si le crédit-bailleur exige un dépôt de garantie plus important, disons 25 % au lieu de 10 %, la probabilité d'une suprématie de CB sur AD diminue notablement avec une plage de préférence pour l'acquisition différée des actifs beaucoup plus étroite (0 % à 4,87 %).

Enfin, les conditions de rémunération des ressources propres impactent également le choix de la stratégie de couverture financière des équipements médicaux. Avec un rendement requis par les actionnaires de 10 %, au lieu de 8,9 %, et une croissance annuelle du dividende de 4,9 %, le taux d'actualisation à partir duquel AD devient supérieur à CB est repoussé à 8,07 % contre 6,76 % pour la configuration de départ[113].

113. Un rendement requis de 10 %, une croissance annuelle de l'ordre de 4,9 %, un dividende statutaire de 5 % pour la première année et la mise initiale de 189 K€ (30 % de l'investissement) sont des données cohérentes (modèle de Gordon), les unes par rapport aux autres, sur un horizon infini (sans valeur terminale) ou sur la période de l'étude (avec valeur terminale).

Bibliographie

Almeida H. et Philippon T., « The Risk-Adjusted Cost of Financial Distress », *Journal of Finance*, 62, décembre 2007, p. 2557-2586.

AMF (Autorité des marchés financiers), « Le financement des entreprises non financières : y a-t-il une structure optimale du capital ? », *Lettre économique et financière*, 2013-2.

Andrade G. et Kaplan S., « How Costly is Financial (not Economic) Distress? Evidence from Highly Leverage Transactions that Become Distressed », *Journal of Finance*, 53, 1998, p. 1443-1493.

Albouy M. et Schatt A., « La politique de dividende permet-elle de discipliner les dirigeants ? », *Cahier du Fargo*, n° 1100603, juin 2010.

Alphonse P., Desmuliers G., Grandin P. et Levasseur M., *Gestion de portefeuille et marchés financiers*, 2e édition, Pearson, 2013.

Bar-Yosef S., Callen J.L. et Livnat J., « Modeling Dividends, Earnings and the Book Value of Equity: An Empirical Investigation of the Ohlson Valuation Dynamics », *Review of Accounting Studies*, vol. 1, n° 3, 1996.

Berk J. et DeMarzo P., *Finance d'entreprise*, 3e édition, Pearson Education, 2014.

Bodie Z. et Merton R., *Finance*, 3e édition, Pearson Education, 2011.

Bogliolo F., *La Création de valeur*, éditions d'Organisation, 2000.

Boissonnade M. et Fredon D., *Mathématiques financières*, 3e édition, Dunod, 2012.

Brealey R., Myers S. et Allen F., *Principes de gestion financière*, 8e édition, Pearson Education, 2006.

Caby J. et Hirigoyen G., *Création de valeur et gouvernance de l'entreprise*, 2e édition, Économica, 2004.

Ceddaha F., *Fusions-acquisitions-scissions*, 4e édition, Économica, 2013.

Charlier P. et Du Boys C., « Gouvernance familiale et politique de distribution aux actionnaires », *Finance Contrôle Stratégie*, vol. 14, n° 1, mars 2011, p. 5-31.

Charreaux G., *Finance d'entreprise*, 3e édition, éditions EMS, 2014.

Chrissos J. et Gillet R., *Décision d'investissement*, 3e édition, Pearson Education, coll. « Gestion appliquée », 2012.

Copeland T., Koller T. et Murrin J., *Valuation: Measuring and Managing the Value of Companies*, 3e édition, John Wiley & Sons, 2000.

Cuthbertson K. et Nitzsche D., *Investments*, 2e édition, Wiley, 2008.

Damodaran A., *Investment Valuation*, 3e édition, Wiley, 2012.

Dechow M., Hutton P. et Sloan R.G., « An Empirical Assessment of the Residual Income Valuation Model », *Journal of Accounting & Economics*, n° 26, 1999, p. 1-34.

Denglos G., *La Création de valeur*, Dunod, 2003.

Devolder P., Fox M. et Vaguener F., *Mathématiques financières*, 2e édition, Pearson, 2015.

Elkamhi R., Ericsson J. et Parsons C., « The Cost and Timing of Financial Distress », *Journal of Financial Economics*, 105, juillet 2012, p. 62-81.

Fama E.F. et French K.R., « The Cross-Section of Expected Stock Returns », *Journal of Finance*, n° 47, juin 1992, p. 427-465.

Fama E.F. et French K.R., « Common Risk Factors in the Returns on Stocks and Bonds », *Journal of Financial Economics*, n° 33, septembre 1993, p. 3-56.

Fama E.F. et French K.R., « Size and Book-to-Market Factors in Earnings and Returns », *Journal of Finance*, n° 50, mars 1995, p. 131-155.

Farber A., Laurent M-P., Oosterlinck K. et Pirotte H., *Finance*, 3e édition, Pearson, coll. « Synthex », 2013.

Fuller R.J. et Hsia C.-C., « A simplified Common Stock Valuation Model », *Financial Analysts Journal*, septembre-octobre 1984, p. 49-56.

Ginglinger E. et Hasquenoph J.-M., *Mathématiques financières*, 2e édition, Économica, 2006.

Goffin R., *Principes de finance moderne*, 6e édition, Économica, 2012.

Gordon M.J., *The Investment, Financing and Valuation of the Corporation*, Homewood, R.R. Irwin, 1962.

Gordon M.J. et Shapiro H., « Capital Equipement Analysis: The Required Rate of Profit », *Management Science*, n° 3, octobre 1956.

La Chapelle (de) P., *L'Évaluation des entreprises*, 2e édition, Économica, 2004.

Langlois G., Friédérich M. et Burlaud A., *Comptabilité approfondie*, 9e édition, Foucher, 2015.

Legros B., *Mini-manuel de mathématiques financières*, Dunod, 2011.

Massal M., *Mathématiques financières*, Économica, coll. « Exercices et cas », 2005.

Masiéri W., *Aide-mémoire mathématiques financières*, 2e édition, Dunod, 2008.

Modigliani M. et Miller M.H., « The Cost of Capital, Corporation Finance and the Theory of Investment », *The American Economic Review*, 48, 3, juin 1958.

Modigliani M. et Miller M.H., « Corporate Income Taxes and the Cost of Capital: A Correction », *The American Economic Review*, 53, 3, juin 1963.

Ohlson J.A., « Earnings, Book Values and Dividends in Equity Valuation », *Contemporary Accounting Research*, n° 11, printemps 1995.

Palou J.M., *Les Méthodes d'évaluation d'entreprise*, 2e édition, groupe Revue fiduciaire, 2008.

Parienté S., *Techniques financières d'évaluation*, Économica, 1995.

Parienté S., *Analyse financière et évaluation d'entreprise – Méthodologie – Diagnostic – Prix d'offre*, Pearson, 2013.

Penman H.S. et Sougiannis T., « A Comparison of Dividend, Cash-Flow and Earnings Approaches to Equity Valuation », *Contemporary Accounting Research*, vol. 15, n° 3, automne 1998.

Peterson P.P. et Peterson D.R., « Company Performance and Measures of Value Added », *The Research Foundation of the Institute of Chartered Financial Analysts*, 1996.

Pinto J.E, Henry E., Robinson T.R., Stowe J.D. et Cohen A., *Equity Asset Valuation*, 2e édition, CFA Institute, John Wiley & Sons, 2010.

Poncet P., Portrait R. et Hayat S., *Mathématiques financières, évaluation des actifs et analyse du risque*, 2e édition, Dalloz, 1996.

Quittard-Pinon F., *Mathématiques financières*, EMS, 2002.

Rolando T., *Mathématiques financières*, Vuibert, 2012.

Ross S. « The Arbitrage Theory of Capital Asset Pricing », *Journal of Economic Theory*, 13, décembre 1976.

Shaked I., Michel A. et Leroy P., « Pourquoi l'EVA s'est imposée ? », *L'Expansion management review*, septembre 1998.

Sharpe W.F., « Capital Asset Prices: A Theory of Market Equilibrium under Conditions of Risk », *Journal of Finance*, 19, septembre 1964.

Stern J., « Value and People Management », *Corporate Finance*, n° 104, juillet 1993.

Stewart G.B., *The Quest for Value*, New York, Harper Business, 1991.

Stewart G.B., « EVA: Fact and Fantasy», *Journal of Applied Corporate Finance*, vol. 7, n° 2, 1994.

Thauvron A., *Évaluation d'entreprise*, 4e édition, Économica, 2013.

Vernimmen P., Quiry P. et Le Fur Y., *Finance d'entreprise*, 14e édition, Dalloz, 2016.

Index général

Index des entreprises